21世纪全国高等院校**财经管理**系列实用规划教材

·湖南省精品课程配套教材·

管理学原理

（第2版）

主　编／陈　阳　禹海慧
参　编／何　玮　宋子慧
　　　　李　旭　周云芳
　　　　李　增　肖　俊

北京大学出版社
PEKING UNIVERSITY PRESS

内 容 简 介

本书为湖南省省级精品课程——"管理学原理"课程最新教材建设成果。全书共分为 16 章,系统、全面地阐述了管理学的基本原理和方法,并融入了管理学原理的最新研究成果。本书的主要内容包括:管理与管理学,中西方早期管理思想,管理理论的形成与发展,计划,决策,战略,组织设计,人员配备,组织力量整合与变革,领导,激励,沟通,控制,控制方法与危机管理,管理创新、领导创新与文化创新,组织创新。

本书既适合作为高等院校工商管理类专业的教材,也可作为理、工、农、医等非工商管理专业的选修课教材,同时对企业管理人员的自学和培训也有较高的参考价值。

图书在版编目(CIP)数据

管理学原理 / 陈阳,禹海慧主编. —2 版. —北京:北京大学出版社,2016.7
(21 世纪全国高等院校财经管理系列实用规划教材)
ISBN 978-7-301-27145-2

Ⅰ. ①管… Ⅱ. ①陈…②禹… Ⅲ. ①管理学—高等学校—教材 Ⅳ. ①C93

中国版本图书馆 CIP 数据核字(2016)第 107221 号

书 名	管理学原理(第 2 版) GUANLIXUE YUANLI
著作责任者	陈 阳 禹海慧 主编
策划编辑	李 虎 王显超
责任编辑	李瑞芳
数字编辑	陈颖颖
标准书号	ISBN 978-7-301-27145-2
出版发行	北京大学出版社
地 址	北京市海淀区成府路 205 号 100871
网 址	http://www.pup.cn 新浪微博:@北京大学出版社
电子信箱	pup_6@163.com
电 话	邮购部 62752015 发行部 62750672 编辑部 62750667
印 刷 者	三河市博文印刷有限公司
经 销 者	新华书店
	787 毫米×1092 毫米 16 开本 24.75 印张 594 千字 2013 年 8 月第 1 版 2016 年 7 月第 2 版 2016 年 9 月第 2 次印刷
定 价	49.00 元

未经许可,不得以任何方式复制或抄袭本书之部分或全部内容。
版权所有,侵权必究
举报电话:010-62752024 电子信箱:fd@pup.pku.edu.cn
图书如有印装质量问题,请与出版部联系,电话:010-62756370

第2版前言

21世纪是人类面临新挑战的世纪,是经济发展全球化、知识化、信息化的时代。企业所面临的生存与发展环境发生了很大的变化,企业要在竞争激烈的现代市场环境中求生存、求发展,所采取的管理策略和管理方法就必须适应现代市场环境的要求。所以,管理学知识的学习和传播对企业在现代市场环境中的生存和发展具有重要的理论意义和实际意义。

本书较全面、系统地阐述了管理学的基本理论和方法,并结合案例分析来说明理论与方法的应用,同时,吸收了国内外管理学领域研究的新成果和新经验。在内容方面,本书注重理论联系实际,并力求对问题进行全面分析,使读者对每一个问题的认识能达到一定的深度,为在实践中灵活运用打下基础。本书结构严谨、形式活泼,将理论性、实用性和先进性融为一体,具有较强的系统性、启迪性和可操作性。

本书的特点主要表现在以下三个方面。

(1)结构清晰,体系完整。在内容处理上,既注重保存管理学原理完整的理论体系,又注重全书结构的简单明了,同时,还注意到重点内容的突出。

(2)传统知识与现代理论相结合。在系统介绍传统管理学原理和方法的同时,还介绍了管理学的新发展,如管理创新、文化创新、学习型组织等现代管理理论方面的内容。

(3)理论体系与实践体系相结合。每章的开篇皆附有导入案例,结尾也都附有案例应用分析,每章中间还有结合理论的插入案例,形成理论与实践相结合的知识体系。

本书由陈阳、禹海慧任主编,具体编写分工如下:李旭编写第1~3章,周云芳编写第4~6章,宋子慧编写第7~9章,何玮编写第10~12章,禹海慧编写第13~14章,李增、肖俊、陈阳编写第15~16章。全书由陈阳、禹海慧总纂定稿。

本书第1版于2013年8月出版,第2版保留了原书的特色和风格,精简了内容,增加了一些新的知识点,替换了部分案例,以适应时代发展的要求。

编者在编写本书的过程中,参考了很多国内外出版的管理学教材、专著和论文,在此,谨向这些作者致以衷心的感谢!由于编者水平有限,疏漏之处在所难免,敬请广大读者批评指正。

编 者

2016年3月

【精彩汇总】

目 录

绪 论

第1章 管理与管理学 1
- 1.1 管理 2
  - 1.1.1 管理的概念与性质 2
  - 1.1.2 管理的职能与层次 5
  - 1.1.3 管理的原则与方法 7
- 1.2 管理者 10
  - 1.2.1 管理者的类型 10
  - 1.2.2 管理者的角色 11
  - 1.2.3 管理者的技能 12
- 1.3 管理学 13
  - 1.3.1 管理学的特点与研究内容 13
  - 1.3.2 管理学的研究方法 14
  - 1.3.3 学习管理学的重要性 15
- 本章小结 15
- 思考题 18

第2章 中西方早期管理思想 19
- 2.1 中国早期管理思想 20
  - 2.1.1 中国传统文化中的管理思想 20
  - 2.1.2 中国近代管理思想 26
- 2.2 西方早期管理思想 28
  - 2.2.1 西方古代管理思想 28
  - 2.2.2 西方中世纪的管理思想 31
  - 2.2.3 西方近代管理思想 32
- 2.3 中西方早期管理思想的比较 35
  - 2.3.1 中西方管理思想渊源比较 35
  - 2.3.2 中西方早期管理思想各自的利与弊 37
- 本章小结 40
- 思考题 42

第3章 管理理论的形成与发展 43
- 3.1 古典管理理论 44
  - 3.1.1 科学管理理论 44
  - 3.1.2 一般管理理论 47
  - 3.1.3 行政组织理论 49
  - 3.1.4 古典管理理论的特征与意义 50
- 3.2 行为科学理论 51
  - 3.2.1 人际关系理论 51
  - 3.2.2 行为科学理论的研究 54
- 3.3 现代管理理论 57
  - 3.3.1 管理理论的丛林 57
  - 3.3.2 现代管理理论的发展 58
- 本章小结 62
- 思考题 64

计划篇

第4章 计划 65
- 4.1 计划与计划工作 66
  - 4.1.1 计划与计划工作的概念 66
  - 4.1.2 计划工作的特征 67
  - 4.1.3 计划工作的作用 68
- 4.2 计划的类型与有效性 68
  - 4.2.1 计划的类型 68
  - 4.2.2 计划的有效性 73
- 4.3 计划的程序与方法 75
  - 4.3.1 计划工作的程序 75
  - 4.3.2 计划工作的方法 77
- 本章小结 86
- 思考题 88

第5章 决策 89
- 5.1 决策概述 90
  - 5.1.1 决策的概念与特点 90
  - 5.1.2 决策的类型 92
- 5.2 决策的过程与影响因素 95
  - 5.2.1 决策的程序 95
  - 5.2.2 决策的影响因素 97
- 5.3 决策的方法 99
  - 5.3.1 定性决策方法 99
  - 5.3.2 定量决策方法 101
- 本章小结 107

思考题 ……………………………… 109

第6章 战略 …………………………… 111
6.1 战略的概念与类型 …………… 112
6.1.1 战略的概念 ……………… 112
6.1.2 战略的类型 ……………… 113
6.2 战略制定过程 ………………… 118
6.2.1 企业使命陈述 …………… 118
6.2.2 环境分析 ………………… 120
6.2.3 战略分析和选择 ………… 123
6.3 战略的实施与控制 …………… 124
6.3.1 战略实施 ………………… 124
6.3.2 战略控制 ………………… 129
 本章小结 ………………………… 131
 思考题 …………………………… 133

组织篇

第7章 组织设计 ……………………… 134
7.1 组织与组织结构 ……………… 135
7.1.1 组织的基本问题 ………… 135
7.1.2 组织结构 ………………… 136
7.1.3 管理幅度与管理层次 …… 137
7.1.4 常见的组织结构类型 …… 138
7.2 组织设计的任务、依据与原则 … 144
7.2.1 组织设计的含义 ………… 144
7.2.2 组织设计的任务 ………… 145
7.2.3 组织设计的依据 ………… 146
7.2.4 组织设计的原则 ………… 148
7.3 横向组织设计 ………………… 149
7.3.1 职能部门化 ……………… 150
7.3.2 产品部门化 ……………… 151
7.3.3 区域部门化 ……………… 152
7.4 纵向组织设计 ………………… 153
7.4.1 职权、职位与职责 ……… 153
7.4.2 职权关系 ………………… 154
7.4.3 职权分布——集权与分权 … 154
 本章小结 ………………………… 158
 思考题 …………………………… 160

第8章 人员配备 ……………………… 161
8.1 人员配备的任务与原则 ……… 161
8.1.1 人员配备的任务 ………… 162
8.1.2 人员配备的工作内容和程序 … 163
8.1.3 人员配备的原则 ………… 164
8.2 管理人员选聘 ………………… 166
8.2.1 管理人员需要量的确定 … 166
8.2.2 管理人员招聘的来源与方法 … 167
8.2.3 管理人员选聘的标准及原则 … 169
8.3 管理人员培训 ………………… 172
8.3.1 培训与管理队伍的稳定 … 172
8.3.2 管理人员培训的目标 …… 172
8.3.3 管理人员培训的内容 …… 173
8.3.4 管理人员培训的方法 …… 174
8.4 人事考评 ……………………… 176
8.4.1 人事考评的目的和作用 … 176
8.4.2 健全有效的人事考评制度的要求 … 177
8.4.3 人事考评的内容 ………… 179
8.4.4 人事考评的工作程序与方法 … 179
 本章小结 ………………………… 182
 思考题 …………………………… 184

第9章 组织力量整合与变革 ………… 185
9.1 正式组织与非正式组织 ……… 186
9.1.1 正式组织 ………………… 186
9.1.2 非正式组织 ……………… 186
9.1.3 正确对待非正式组织 …… 188
9.2 直线与参谋 …………………… 191
9.2.1 直线和参谋的概念 ……… 191
9.2.2 参谋的主要工作内容 …… 192
9.2.3 直线与参谋的矛盾及处理 … 193
9.3 委员会 ………………………… 195
9.3.1 委员会的优点 …………… 195
9.3.2 委员会的缺点 …………… 195
9.3.3 有效利用委员会 ………… 196
9.4 组织变革 ……………………… 198
9.4.1 组织变革的必要性和驱动因素 … 198
9.4.2 组织变革的程序 ………… 200
9.4.3 组织变革的方式 ………… 201
9.4.4 组织变革的阻力及其克服 … 203

9.4.5 组织变革的发展趋势………… 205
本章小结 ………………………… 207
思考题 …………………………… 209

领导篇

第 10 章 领导 …………………… 210

10.1 领导的内涵……………………… 211
　　10.1.1 领导的概念 …………… 211
　　10.1.2 领导与管理 …………… 214
　　10.1.3 领导的作用 …………… 216
10.2 领导理论………………………… 217
　　10.2.1 领导特质理论 ………… 217
　　10.2.2 领导行为理论 ………… 220
　　10.2.3 领导权变理论 ………… 223
　　10.2.4 当代领导视角 ………… 228
10.3 领导艺术………………………… 230
　　10.3.1 领导艺术的含义和
　　　　　 作用 ………………… 230
　　10.3.2 领导艺术的内容 ……… 231
本章小结 ………………………… 234
思考题 …………………………… 235

第 11 章 激励 …………………… 236

11.1 激励原理………………………… 237
　　11.1.1 激励的概念与作用 …… 237
　　11.1.2 激励的对象与原因 …… 238
　　11.1.3 激励的过程 …………… 239
11.2 激励理论………………………… 240
　　11.2.1 内容型激励理论 ……… 240
　　11.2.2 过程型激励理论 ……… 244
11.3 激励实务………………………… 247
　　11.3.1 激励的原则 …………… 247
　　11.3.2 激励的基本方法 ……… 249
　　11.3.3 当代激励面临的问题 … 252
本章小结 ………………………… 256
思考题 …………………………… 257

第 12 章 沟通 …………………… 258

12.1 沟通原理………………………… 259
　　12.1.1 沟通的概念和作用 …… 259
　　12.1.2 沟通的过程与方式 …… 260
　　12.1.3 人际沟通 ……………… 263

12.1.4 组织沟通 ……………… 267
12.2 组织沟通的障碍与消除………… 270
　　12.2.1 有效沟通的障碍 ……… 270
　　12.2.2 实现有效沟通 ………… 271
12.3 冲突管理………………………… 274
　　12.3.1 冲突的含义、特点及
　　　　　 类型 ………………… 274
　　12.3.2 冲突的作用 …………… 278
　　12.3.3 冲突的管理方法 ……… 280
本章小结 ………………………… 282
思考题 …………………………… 284

控制篇

第 13 章 控制 …………………… 285

13.1 控制原理………………………… 286
　　13.1.1 控制的概念 …………… 286
　　13.1.2 控制的特点 …………… 287
　　13.1.3 控制的重要性 ………… 287
　　13.1.4 控制的目标 …………… 289
　　13.1.5 控制的内容 …………… 290
13.2 控制的类型……………………… 290
　　13.2.1 按控制发生的时间
　　　　　 划分 ………………… 291
　　13.2.2 按控制所采取的手段
　　　　　 划分 ………………… 292
　　13.2.3 按控制的力量来源
　　　　　 划分 ………………… 293
　　13.2.4 按控制的层次划分 …… 294
13.3 控制的过程……………………… 295
　　13.3.1 确定标准 ……………… 296
　　13.3.2 衡量绩效 ……………… 299
　　13.3.3 纠正偏差 ……………… 301
13.4 有效控制系统…………………… 302
　　13.4.1 有效控制的特点 ……… 302
　　13.4.2 有效控制的原则 ……… 304
　　13.4.3 影响有效控制的因素 … 305
本章小结 ………………………… 307
思考题 …………………………… 310

第 14 章 控制方法与危机管理 …… 311

14.1 控制模式………………………… 312
　　14.1.1 员工行为控制模式 …… 312

|　　　14.1.2　财务控制模式……………315
|　　　14.1.3　综合控制模式……………317
|　14.2　预算控制方法……………………319
|　　　14.2.1　预算的性质与种类………319
|　　　14.2.2　预算的编制程序与
|　　　　　　　方法……………………321
|　14.3　非预算控制方法…………………322
|　　　14.3.1　传统的非预算控制
|　　　　　　　方法……………………322
|　　　14.3.2　典型领域的非预算控制
|　　　　　　　方法……………………326
|　14.4　危机管理…………………………327
|　　　14.4.1　危机与危机管理…………327
|　　　14.4.2　危机管理的程序…………331
|　本章小结…………………………………333
|　思考题……………………………………334

创新篇

第15章　管理创新、领导创新与文化创新……………………336

15.1　管理创新……………………………337
　　　15.1.1　创新与竞争优势…………337
　　　15.1.2　创新的种类………………338
　　　15.1.3　管理创新的要素与
　　　　　　　原则……………………339
　　　15.1.4　管理创新的过程及
　　　　　　　方法……………………341
15.2　领导创新……………………………342
　　　15.2.1　领导创新的特征及
　　　　　　　作用……………………342
　　　15.2.2　领导创新的内容…………345
15.3　文化创新……………………………346
　　　15.3.1　企业文化及其创新………346
　　　15.3.2　企业文化创新的内容……350
　　　15.3.3　企业文化创新建设的
　　　　　　　途径……………………351
本章小结…………………………………355
思考题……………………………………357

第16章　组织创新……………………358

16.1　组织创新概述………………………359
　　　16.1.1　组织创新的含义与
　　　　　　　原则……………………359
　　　16.1.2　组织创新的影响因素……360
　　　16.1.3　组织创新的作用和
　　　　　　　内容……………………361
　　　16.1.4　组织创新的模式…………363
16.2　业务流程重组………………………366
　　　16.2.1　业务流程重组的特征和
　　　　　　　作用……………………366
　　　16.2.2　业务流程重组的关键成功
　　　　　　　因素……………………369
　　　16.2.3　业务流程重组融合的
　　　　　　　趋势……………………370
16.3　学习型组织…………………………373
　　　16.3.1　学习型组织的内涵………373
　　　16.3.2　学习的层次………………374
　　　16.3.3　学习型组织的特征………377
　　　16.3.4　学习型组织的策划………381
本章小结…………………………………384
思考题……………………………………387

参考文献……………………………………388

绪 论

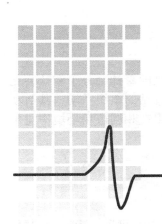

第 1 章 管理与管理学

教学要求

了解管理的产生和基本属性；掌握管理的概念与特征、管理的职能与层次、管理的原则与方法、管理学的研究对象与研究方法；理解管理者的分类、角色和技能。

本章知识点

管理的基本概念；管理的二重性；管理的职能；管理层次；管理者的角色；管理者的技能；管理方法。

■ 导入案例

日本家电巨头的困境

新技术层出不穷，竞争对手迅速崛起，销售业绩下滑，成本负担过重，这是很多公司的近况。企业应该采取哪些有效的管理措施才能改变现状呢？

据《深圳商报》报道，2011年日本几大家电巨头齐陷巨亏泥潭。其中，索尼公司电视机业务亏损额高达9.26亿美元，已经连续七年亏损；松下公司2011年电视机业务亏损98亿美元；夏普公司液晶面板和电视机业务亏损46.6亿美元。

业界普遍认为，日本家电企业大衰退的原因很复杂。一方面，行业竞争异常激烈，同时，新兴市场诸如印度、巴西、中国等本土企业快速崛起也带来了不小冲击；另一方面，真正的衰退实际发生在日本企业内部，一直以来，一流的制造能力和技术优势是日本企业最主要的核心竞争力，但是，对中国这样的新兴市场缺乏持续的长期战略，被业内认为是日本企业最终被韩国企业超越的根本原因之一。而且，日本家电巨头普遍固守自身技术，在关键转型期行动迟缓。除此以外，2011年日元对美元升值了10%，而同期的韩元对美元却一直都在贬值。所以在欧美市场上，日本电子产品在价格上跟韩国三星电子公司等企业相比没有任何优势，这在一定程度上解释了韩国三星电子公司为什么能够赚取利润,而日本的电子产品却出现了亏损。

现代企业所处的经营环境日益复杂,如果企业的管理者缺乏竞争意识,经营思维僵化,对市场趋势反应迟缓,最终会使企业举步维艰。那么企业管理者应该如何理解自己在企业经营管理活动中扮演的角色和发挥重要作用?本章将给出答案。

1.1 管 理

人类文明程度与社会发展到一定阶段便出现了管理,而且随着社会分工和社会化大生产的发展,管理的重要性日益显现。在现代社会中随处可见的组织活动,其活动绩效与管理工作是密不可分的,也正是因为有了管理,才使得在相同市场环境中竞争的不同组织的绩效有着天壤之别。

1.1.1 管理的概念与性质

1. 管理的概念

管理活动自古即有,但什么是"管理",从不同的角度出发,可以有不同的理解。从字面上看,管是主其事,理是治其事,管理是管辖、治理、控制的意思,即对一定范围的人员及事务进行安排和处理。长期以来,许多学者从不同的研究角度出发,对管理做出了不同的解释,其中比较有代表性的解释有以下几种。

(1)"科学管理之父"弗雷德里克·泰罗认为,"管理就是确切地知道你要别人干什么,并使他用最好的方法去干。"(《科学管理原理》)根据泰罗的观点,管理者应该头脑清晰,在脑海中有完整的计划和方法,然后明确地分配工作,并教授大家好的工作方法,通过集体努力,去实现工作目标。

(2)"现代经营管理之父"亨利·法约尔认为,管理是所有的人类组织都有的一种活动,是实行计划、组织、指挥、协调和控制的基本过程。计划,就是为探索未来制定行动方案;组织,就是建立企业的物质和社会的双重结构;指挥,就是上级使其下属人员发挥作用;协调,就是连接、联合、调和所有的活动及力量;控制,就是注意是否一切都按已制定的规章和下达的命令进行。

(3)赫伯特·西蒙对管理的定义是"管理就是制定决策。"(《管理决策新科学》)决策贯穿管理的全过程,决策是管理的核心。西蒙指出组织中经理人员的重要职能就是做决策。他认为,任何作业开始之前都要先做决策,制定计划就是决策,组织、领导和控制也都离不开决策。

(4)彼得·德鲁克认为,管理是一种工作,它有自己的技巧、工具和方法;管理是一种器官,是赋予组织以生命的、能动的、动态的器官;管理是一门科学,一种系统化的并到处适用的知识;同时管理也是一种文化。

(5)哈罗德·孔茨强调管理的概念、理论、原理和方法,认为管理工作是一种艺术,它的各项职能可以分成五类,即计划、组织、人事、指挥和控制,组织的协调是五种职能有效应用的结果。管理是一种在正式组织团体中通过别人并同别人一道完成工作任务的技能;在正式组织团体中创造一种环境,使人们能为达到团体目标,互相协作地完成工作的技能;一种消除完成工作障碍的技能;是有效地实现目标最大化的技巧。简单地说,"管理就是设计一种良好环境,使人在群体里高效率地完成既定目标。"

(6) 詹姆斯·穆尼认为，管理就是领导，这是一种强调管理者个人作用的观念。该定义的出发点是，任何组织中的一切有目的的活动都是在不同层次的领导者的领导下进行的，组织活动的有效性，取决于领导的有效性，所以管理就是领导。

从以上对管理定义的描述中可以看出，这个定义包含着以下六层含义：①管理的主体是管理者；②管理的客体是所有资源；③管理的实质是协调；④管理的手段或措施是计划、组织、领导和控制；⑤管理的载体是组织；⑥管理的目的是有效地实现组织目标。综述各种不同意见，本书认为：管理就是管理者通过计划、组织、领导和控制等环节来协调所有资源，以有效地实现组织目标的过程。

2. 管理的特征

（1）管理是以管理者为主体进行的活动。管理主体呈现多样性的特点，包括政府的领导者，生产资料的所有者及由他们以各种形式委托的代理人，也包括各种非政府公共组织的领导者。管理主体可以以个人形式存在，也可以以集体形式存在。

案例1-1

管理者不等于"老好人"

2010年，香恩科技集团进行了人力资源战略规划，从战略出发对企业人力资源情况进行了盘点，并制定了针对性的人力资源政策，以保障战略实现。根据人力资源战略规划，为了完成优化员工年龄结构、学历结构和专业结构的目标，2011年，香恩科技集团在短时间里将一批年轻的主管提拔至部门正职或副职的岗位上。一时之间，这些年轻人被压抑许久的积极性得到了充分调动，也在各个部门"烧了几把火"。

过了一段时间，人力资源总监李学而着手对这些新的中层管理干部的工作情况进行调查。调查过程中，李学而接到了一些普通员工对新中层管理干部的投诉，反映新领导是"老好人"，对下级要求过松。特别是有一些普通员工认为，新中层管理干部很少对他们"红脸"，跟着新中层对个人成长无益。

李学而感到奇怪：这些管理者虽然年轻，但均已担任过相当长时间的主管，为什么做主管时一直都没有暴露过这样的问题呢？

若要分析这一问题，我们应对"管理者"相关概念进行分析。管理者和非管理者最大的区别，无疑是前者比后者承担了更多的责任。具体来看，后者直接执行工作或任务，不必肩负监督他人工作的责任，而前者需督导、组织其他人的工作。

（2）管理是在一定的环境下进行的。管理者的日常工作需要分析内、外部环境带给组织的各类机会与威胁。其中，外部环境主要是管理者所管理的组织面对的自然环境和社会环境，具体包括生产力水平、自然资源状况、特定的社会文化、制度、法律和政策等。内部环境是指管理者所管理的组织内部的各类情况，包括组织性质、人员构成等，特别是各类资源的具体状况。

（3）管理的目的是实现特定的目标。管理的目标是管理的出发点和归宿。首先，企业必须具备统一的目标；其次，企业发展取决于目标是否明确；最后，企业各部门及所有员工的绩效评估又必须以各类工作目标为衡量标准。

（4）管理基本的职能是计划、组织、领导和控制。计划是为探索未来制定行动方案；组织是建立企业的物质和社会的双重结构；领导是领导者通过指挥、沟通协调、激励来调动员工的主动性、积极性和创造性的各类活动；控制是检查是否一切都按已制定的规章和下达的命令进行。

3. 管理的性质

管理作为一种特殊的实践活动,具有自己独特的性质。

1)管理的二重性

管理的性质是双重的,这是马克思主义管理理论的主要内容。马克思认为,任何社会的管理都具有两重属性——自然属性和社会属性。"指挥劳动"是同生产力直接相联系的,是由共同劳动的社会化性质产生的,是进行社会化大生产的一般要求和组织劳动协作过程的必要条件,它体现了管理的自然属性。"监督劳动"是同生产关系直接相联系的,是由共同劳动所采取的社会结合方式的性质产生的,是维护社会生产关系和实现社会生产目的的重要手段,它体现了管理的社会属性。

管理的二重性是相互联系、相互制约的。一方面,管理的自然属性不可能孤立存在,它总是在一定的社会形式、社会生产关系的条件下发挥作用;同时,管理的社会属性也不可能脱离管理的自然属性而存在,否则,管理的社会属性就会成为没有内容的形式。另一方面,管理的二重性又是相互制约的。管理的自然属性要求具有一定的社会属性的组织形式和生产关系与其相适应;同样,管理的社会属性也必然对管理的科学技术等方面产生影响或制约作用。

2)管理的科学性与艺术性

管理的科学性是指管理作为一个活动过程,其间存在着一系列基本客观规律。人们经过无数次的失败和成功,通过从实践中收集、归纳、检测数据,提出假设,验证假设,从中抽象总结出一系列反映管理活动过程中客观规律的管理理论和一般方法。人们用这些理论和方法来指导自己的管理实践,又以管理活动的结果来衡量管理过程中所使用的理论和方法是否正确,是否行之有效,从而使管理的科学理论和方法在实践中不断得到验证和丰富。因此,"管理是一门科学"是指它以反映管理客观规律的管理理论和管理方法为指导,有一套分析问题、解决问题的科学的方法论。

管理的艺术性指在掌握一定理论和方法的基础上,灵活运用这些知识的技巧和诀窍。管理的艺术性就是强调其实践性,没有实践则无所谓艺术,仅凭停留在书本上的管理理论,或背诵原理和公式来进行管理活动,是不能保证其成功的。主管人员必须在管理实践中发挥积极性、主动性和创造性,因地制宜地将管理知识与具体管理活动相结合,才能进行有效的管理。所以,管理的艺术性,就是强调管理活动除了要掌握一定的理论和方法外,还要有灵活运用这些知识的技能。

京东商城:人才培养是门艺术

2010年,京东商城董事局主席兼首席执行官刘强东做了一个决定:从这一年起,公司斥资6 000万元,陆续将中高级管理人员送到学校里读EMBA(executive master of business administration,高层管理人员工商管理硕士)课程。直到今天,刘强东表示自己仍不知道这个决定对公司的未来是对还是错。

"至少在商学院读EMBA的两年里,我自己学到了很多的东西。"刘强东说。在他看来,京东商城的管理层多出身于基层,长于流程和细节的把控,但对公司的管理和更宏观层面的判断和掌握有很多欠缺。"在这方面,他们一直只能靠个人的领悟和摸索。"刘强东认为,随着京东商城的规模越来越大,这对公司来说会成为越来越危险的问题,因此,改变已迫在眉睫。

此前,刘强东自己就读的是中欧商学院EMBA班,该班的学费目前已涨到近50万元。总计6 000万元的成本,并不是刘强东担心的问题。他所担心的是这一批放出去学习的人或许会受到更多的诱惑,因为 EMBA 班里能够接触到更多的企业家，丰富的同学关系本身就是很多人读 EMBA 的原因。为此，刘强东甚至做好 30% 的管理层可能回不来的准备。

实际上，在员工培训成为京东商城人力资源工作重要内容的同时，这家公司也正在成长为令市场尊敬的卓越雇主之一。对员工进行充分的培训，并为他们提供广阔的成长空间，毫无疑问是其中的关键因素。刘强东深知，企业的成功与失败大都是因为人。"我想不到第二个因素。"他说。

1.1.2 管理的职能与层次

管理是人们进行的一项实践活动，是人们的一项实际工作、一种行动。人们发现在不同的管理者的管理职能工作中，管理者往往采用具有某些类似的程序、存在某些共性内容的管理行为。在 20 世纪初，法国工业家亨利·法约尔在其著作《工业管理与一般管理》中写道，所有管理者都行使着五种管理职能：计划、组织、指挥、协调和控制。到 50 年代中期，美国加利福尼亚州大学洛杉矶分校教授哈罗德·孔茨和西里尔·奥唐内尔（1955）把管理的职能划分为五种：计划、组织、人员配备、指导和控制。其后，许多学者对管理的职能进行了进一步的探究，有了许多新的认识，但当代管理学家对管理职能的划分，基本上没有超出亨利·法约尔的范围。

1. 管理的职能

1）计划

管理意味着展望未来，预见是管理的一个基本要素，预见的目的就是制定行动计划。公司的计划要以三个方面为基础：①公司所有的资源，即公司的人、财、物等；②目前正在进行的工作的性质；③公司所有的活动及预料的未来的发展趋势。

管理人员在制定计划时，要对企业的经营状况有一个整体的了解，要有积极参与的观念，并且对企业每天、每月、五年、十年等经营状况进行预测，企业各部门的负责人都要对自己的部门进行总结和预测，对自己部门的计划负责，根据实践的推移和情况的变化适当地修订以前的计划。高层的管理人员主要负责制订计划，而中层与基层的管理人员主要负责执行计划。

2）组织

组织就是为企业的经营提供所必需的原料、设备、资本和人员。管理中的组织职能是指企业的部门设置、各职位的职责、人员的安排等。不同的企业，即使资源大致相同，但是如果它们的组织设计不同的话，其经营状况就会有很大的差异。

3）指挥

当组织建立以后，通过指挥的协调，才能使本组织的所有人作出最好的贡献，实现本组织的利益。担任组织中指挥工作的领导人应具备以下能力：①对自己的员工要有深入的了解；②培训或淘汰工作能力不强的人；③能够很好地协调企业与员工之间的关系；④作为领导要做出榜样；⑤对组织进行定期检查；⑥善于利用会议和报告；⑦不要在工作细节上耗费精力；⑧在职工中保持团结、积极、创新和效忠的精神。

4）协调

协调就是指企业的各部门与各位成员要和谐地配合，促使企业经营顺利进行，以有利于企业取得成功。协调能使各职能机构与资源之间保持一定的比例，收入与支出保持平衡，材料与消耗形成一定的比例。

有效协调的组织一般具有以下特征：①每个部门的工作都与其他部门保持一致。企业的所有工作都能够有序进行；②各部门的各个分部对自己的任务都很了解，并且相互之间协作较好；③各部门及所属各分部的计划安排经常随情况变动而调整；④召开各部门领导人的会议，使工作成员保持良好的状态。

5）控制

控制就是要检查企业的各项工作是否已经和计划相符，其目的在于指出工作中的缺点和错误，以便纠正并避免重犯。从管理者的角度看，应确保企业有计划，并且执行，而且要反复地修正计划与纠正偏差，保证组织的目标得以实现。

企业中控制人员应该具有持久的专业精神、敏锐的观察力，能够预见与观察到工作中的错误，及时地加以修正；还要有决断力，当发现偏差时，应该知道如何解决。

案例 1-3

QC 信用卡公司的客户服务质量控制

QC 信用卡公司卡片分部的副总裁凯西·帕克认为："一段时间以来，公司传统的评价客户服务的方法不太科学。客服部门向决策层提交的客服质量报告有偏差，内容很少包括有问题但没有抱怨的客户，或那些只是勉强满意公司服务的客户。"她相信，真正衡量客户服务的标准必须基于和反映持卡人的见解，这就意味着要对公司控制程序进行彻底检查。

第一项工作就是确定用户对公司的期望。对抱怨信件的分析指出了客户服务的三个重要特点：及时性、准确性和反应灵敏性。持卡者希望准时收到账单、快速处理地址变动、采取行动解决抱怨。第二项工作是在了解客户期望之后，公司质量保证人员开始建立控制客户服务质量的标准，诸如申请处理、信用卡发行、账单查询反应及账户服务费代理等服务项目的服务质量。第三项工作，除了客户见解，还引入公司竞争性、盈利能力和一些宏观经济因素，建立客户服务质量控制标准体系。

于是，公司开始实施服务质量控制的计划。计划实施效果很好，比如处理信用卡申请的时间由 35 天降到 15 天，更换信用卡时间从 15 天降到 2 天，回答用户查询时间从 16 天降到 10 天。这些改进给公司带来的潜在利润是巨大的。据测算，办理新卡和更换旧卡节省的时间就给公司带来了 1 750 万美元的年度额外收入。

客户服务不仅影响公司信誉，也跟公司利润息息相关。对客户服务质量进行控制还使得整个公司都注重客户期望，各部门都以自己的客户服务记录为骄傲；每个雇员都对改进客户服务做出了贡献，使得员工士气大增，群体的凝聚力增强；每个雇员在为客户服务时，都认为自己是公司的一部分，是公司的代表，员工工作满意度不断提高！

2. 管理的层次

所谓管理的层次，就是在职权等级链上所设置的管理职位的级数。当组织规模相当有限时，一个管理者可以直接管理每一位作业人员的活动，这时组织就只存在一个管理层次。而当规模扩大导致管理工作量超出了一个人所能承担的范围时，为了保证组织的正常运转，管理者就必须委托他人来分担自己的一部分管理工作，这可能会使管理层次增加。随着组织规模的进一步扩大，受委托者又不得不进而委托其他人来分担自己的部分工作，依此类推，形成了组织的等级制或层次性管理结构。因此，管理者要有效地领导下属，就必须考虑究竟能直接有效管辖多少下属及授权的问题，于是管理层级就产生了，如图 1.1 所示。

图 1.1　管理的基本层次

从一定意义上来讲，管理层次是一种不得已的产物，其存在本身带有一定的副作用。首先，层次多意味着费用也多。层次的增加势必要配备更多的管理者，管理者又需要一定的设施和设备的支持，而管理人员的增加又加大了协调和控制的工作量，所有这些都意味着费用的不断增加。其次，随着管理层次的增加，沟通的难度和复杂性也将加大。一道命令在经由管理层次自上而下传达时，不可避免地会产生曲解、遗漏和失真，由下往上的信息流动同样也存在扭曲和速度慢等问题。此外，众多的部门和层次也使得计划和控制活动更为复杂。一个在高层显得清晰完整的计划方案，会因为逐层分解而变得模糊不清，失去协调。随着层次和管理者人数的增多，控制活动会更加困难，但也更为重要。

在组织的纵向结构中，通过管理层次的划分，组织目标也随之呈梯状分化。因此，客观上要求每一个管理层次都应有明确的分工。同时，一个组织中管理层次的多少，应具体地根据组织规模的大小、组织活动内容及管理宽度而定。一般来说，大部分组织的管理层次往往分为三层，即高层、中层、基层。

（1）对于高层来讲，其主要任务是从组织整体利益出发，对整个组织实行统一指挥和综合管理，并制定组织目标及实现目标的一些大政方针。

（2）中层的主要任务是负责分目标的制定、拟定和选择计划的实施方案、步骤和程序，按部门分配资源，协调下级的活动，以及评价组织活动成果和制定纠正偏离目标的措施等。

（3）基层的主要任务就是按照规定的计划和程序，协调基层员工的各项工作，完成各项计划和任务。

1.1.3 管理的原则与方法

1. 管理原则

管理原则是组织活动一般规律的体现，是人们在管理活动中为达到组织的基本目标而在处理人、财、物、信息等管理基本要素及其相互关系时所遵循和依据的准绳。

一方面，管理原则是对管理活动的科学抽象，是对管理规律的总结和概括，是管理理论的重要组成部分；另一方面，管理原则是以客观事实为依据，并在管理实践中逐步产生和发展起来的。

1）效益最优原则

管理的目的是获得最大、最优的效益。所谓效益最优原则，是指在一定条件下，管理系统的内部根据内外条件的相互作用，使系统的某个方面最大限度(或最小限度)地接近或适合某种客观标准，实现最优化。效益最优原则要求管理不仅要追求效益，而且要综合分析，追求最优效益。同时效益最优是一个相对的、动态的概念，短期最优不一定长期最优，局部最优不一定整体最优。效益最优无限性要求，企业必须从全局的角度考虑企业长远的发展。

在管理领域中，效益最优原则几乎存在于各个方面。在生产管理、质量管理、财务管理、人事管理等方面，都有最优的存在。然而，实现最优是长期奋斗的过程。因此，坚持效益最优原则是管理的普遍准则，是每个管理者不可忘却的责任。

2）人本原则

管理活动必须以人及人的积极性、主动性和创造性为核心来展开，管理工作的中心任务就在于调动人的积极性,发挥人的主动性,激发人的创造性。因此,人本原则研究和解决的核心问题是积极性问题。

依据人本原则的内容,可以延伸出以下几条管理原则。

(1) 激励原则。满足人类各种需求产生的效果通常是不一样的。物质需求的满足是必要的,没有它会导致不满,但是仅仅满足物质需求又远远不够,即使获得满足,它的作用往往也很有限,不能持久。因此要调动人的积极性,不仅要注意物质利益和工作条件等外部因素的满足,更重要的是要从精神上给予鼓励,使员工从内心情感上真正得到满足。

(2) 行为原则。现代管理心理学强调,需要与动机是决定人的行为的基础,人类的行为规律是需要决定动机,动机产生行为,行为指向目标,目标完成,需要得到满足,于是又产生新的需要、动机、行为,以实现新的目标。掌握了这一规律,管理者就应该对自己的下属行为进行行之有效的科学管理,最大限度地挖掘员工的潜能。

(3) 能级原则。所谓能级原则是指根据人的能力大小,赋予相应的权力和责任,使组织的每一个人都各司其职,以此来保持和发挥组织的整体效用。一个组织应该有不同层次的能级,只有这样才能构成一个相互配合、有效的系统整体。能级原则也是实现资源优化配置的重要原则。

(4) 动力原则。现代管理学理论总结了三个方面的动力来源:物质动力、精神动力、信息动力。物质动力指管理系统中员工获得的经济利益及组织内部的分配机制和激励机制;精神动力包括革命的理想、事业的追求、高尚的情操、理论或学术研究、科技或目标成果的实现等,特别是人生观、道德观的动力作用,将能够影响人的一生;为员工提供大量的信息,通过信息资料的收集、分析与整理,得出科学成果,创造社会效益,使人产生成就感,这就是信息动力的体现。

(5) 纪律原则。没有规矩无以成方圆。作为现代社会的组织,没有纪律也是不可能长期生存下去的。因此,组织内部从上到下都应该制定并遵守共同认可的行为规范,违反了纪律,就应该受到相应的处罚。

3)系统原则

管理的系统原则源于系统理论,它认为应将组织作为人造开放性系统来进行管理。它要求管理应从组织整体的系统性出发,按照系统特征的要求从整体上把握系统运行的规律,对管理各方面的前提做系统的分析,进行系统的优化,并按照组织活动的效果和社会环境的变化,及时调整和控制组织系统的运行,最终实现组织目标。

依据系统原则的内容,可以延伸出如下几条管理原则。

(1) 动态相关性原则。该原则是指任何企业管理系统的正常运转,不仅要受到系统本身条件的限制和制约,还要受到其他有关系统的影响和制约,并随着时间、地点及人们努力程度的不同而发生变化。

(2) 整分合原则。该原则的基本要求是充分发挥各要素的潜力,提高企业的整体功能,即首先要从整体功能和整体目标出发,对管理对象有一个全面的了解和谋划;其次,要在整体规划下实行明确的、必要的分工或分解;最后,在分工或分解的基础上,建立内部横向联系或协作,使系统协调配合、综合平衡地运行。

(3) 反馈原则。该原则指的是成功高效的管理,离不开灵敏、准确、迅速的信息反馈。

(4) 封闭原则。该原则是指在任何一个管理系统内部,管理手段、管理过程等必须构成一个连续封闭的回路,才能形成有效的管理活动。该原则的基本精神是企业系统内各种管理机构之间,各种管理制度、方法之间,必须具有相互补充、相互制约的作用,管理才能有效。

4) 权变原则

权变原则是指在组织管理过程中要根据组织所处的内、外条件随机应变,没有什么一成不变、普遍适用的"最好的"管理方法与技术,只有切合实际出发的"适合的"管理理论与方法。

权变原则的核心是通过组织的各子系统内部和各子系统之间的相互联系,以及组织和它所处的环境之间的函数关系,客观地确定各种变数的关系类型和结构类型,从而确定相应的管理模式与管理方式。它强调在管理活动中要根据组织所处的内、外部条件做相应决策,针对不同的具体条件寻求不同的、适合的模式、方案或方法。

权变原则的要点主要体现在:权变原则要求把环境对管理的作用具体化,并使管理理论与管理实践紧密地联系起来,环境是自变量,而管理的观念和技术是因变量。这就是说,在特定的环境条件下,为了更圆满地达到组织目标,就要采用相应并适合的管理原理、方法和技术。权变原则的核心内容是管理变量与环境变量之间的函数关系,亦即权变关系。

2. 管理方法

管理方法是指用来实现管理目的而使用的手段、方式、途径和程序的总和。也就是运用管理原理,实现组织目的的方式。任何管理,都要选择、运用相应的管理方法。

管理方法可按以下标志分类:按作用的原理,可分为经济方法、行政方法、法律方法和社会学心理学方法;按管理方法适用的普遍程度,可分为一般管理方法和具体管理方法;按方法的定量化程度,可分为定性管理方法和定量管理方法。本书主要介绍按作用的原理分类的管理方法。

1) 经济方法

经济方法是指依靠利益驱动,利用经济手段,通过调节和影响被管理者物质需要而促进管理目标实现的方法。其主要特点:①利益驱动性;②普遍性;③持久性。常见形式有价格、税收、信贷、经济核算、利润、工资、奖金、罚款、定额管理、经营责任制等。

2) 行政方法

行政方法是指依靠行政权威,借助行政手段,直接指挥和协调管理对象的方法。其主要特点:①强制性;②直接性;③垂直性;④无偿性。常见形式有命令、指示、计划、指挥、监督、检查、协调等。

3) 法律方法

法律方法是指借助国家法规和组织制度,严格约束管理对象为实现组织目标而工作的一种方法。其主要特点:①高度强制性;②规范性。常见形式有国家的法律、法规,组织内部的规章制度,以及司法和仲裁等。

4) 社会心理学方法

社会心理学方法是指借助社会学和心理学原理,运用教育、激励、沟通等手段,通过满足管理对象社会心理需要的方式来调动其积极性的方法。其主要特点:①自觉自愿性;②持久性。常见形式有宣传教育、思想沟通、各种形式的激励等。

案例 1-4 格兰仕公司的激励体系

格兰仕公司是微波炉界的"大白鲨",它凭借持续不断的价格战,大幅挤占竞争对手的利润空间,提前结束了微波炉行业的战国时代。它在拼搏三年登上"中国第一"的宝座之后,仅用两年的时间又拿下了"全球第一"的桂冠。是什么力量驱动着格兰仕公司这个"大白鲨"斗志不已、不停游弋呢?答案是格兰仕公司的激励体系焕发了广大员工的热情和积极性,从而为自身的发展提供了澎湃的动力和竞争的活力。

格兰仕公司看重员工对企业的感情投入,认为只有员工发自内心地认同企业的理念、对企业有感情,才能自觉地迸发出热情,为企业着想。在1万多人的企业里,要让员工都具备主人翁的心态,站在企业利益的角度来做好各环节的工作,在保证质量的同时严格控制成本,这无疑是很难的。因而他们加强对全体员工的文化培训,用群众的语言和通俗的故事,将公司的理念和观点传达给每一位员工。"为自己的长远、共同的利益而工作"成了格兰仕人的共识。

在注重感情投入、文化趋同的基础上,格兰仕公司对待不同的员工,采取不同的激励方法和策略。对待基层工作人员,他们更多地采用刚性的物质激励;而对待中高层管理人员,则更注重采用物质和精神相结合的长期激励。

基层工人的收入与自己的劳动成果、所在班组的考核结果挂钩,既激励个人努力又激励他们形成团队力量。格兰仕公司对中高层管理者更强调用工作本身的意义和挑战、未来发展空间、良好信任的工作氛围来激励他们。格兰仕公司的岗位设置相当精简,每个工作岗位的职责范围很宽,这既给员工提供了一个大的舞台,可以尽情发挥自己的才干,同时也给了他们压力与责任。格兰仕公司对高层管理者工作的业绩和表现进行考核,只发几千元的月度工资,而把激励的重点放在财务年度上。他们将格兰仕公司的整体业绩表现、盈利状况和管理者的薪酬结合起来,共同参与对剩余价值的分配,从而形成长期的利益共同体。他们采取年终奖、配送干股、参与资本股的方式,递进式地激励优秀的高层管理者。

"适合就是最好的",每个企业都有自身的特点,都有千差万别的历史背景、人际关系和经营理念,但最关键的是要设计和运行适合自身特点的激励体系,才能更好地解决发展的动力问题,格兰仕公司的激励体系无疑能给我们一些有益的启示。

1.2 管 理 者

管理者是管理行为过程的主体,管理者一般由拥有相应的权力和责任,具有一定管理能力并从事现实管理活动的人或团体组成。管理者及其管理技能在组织管理活动中起决定性作用,影响最终的管理效果。管理者通过协调和监控其他人的工作来完成组织活动的目标。

1.2.1 管理者的类型

1. 按管理层级划分

(1)基层管理者。基层管理者是指直线部门中把中层管理者的计划更加具体化地分配给组织中的业务活动者,并对业务活动者的活动进行协调的管理人员,经常被称为主管。

(2)中层管理者。中层管理者指组织中各个部门(包括职能管理部门和直线管理部门)的管理者。其主要职责是落实高层管理者的计划与决策,并协调基层管理者的活动。中层管理者通常为区域经理、项目经理、策划经理等。

(3)高层管理者。高层管理者是指处于最高管理层次的管理者,其主要职责是制定组织的发展目标、发展战略;代表组织与外部环境进行联系;对组织的所有者负责;协调与管理组织内部的各项活动。高层管理者经常被称为执行副总裁、总裁、总经理、业务总裁等。

2. 按从事的管理领域和专业划分

（1）综合管理者。管理组织的全部活动。这种类型的管理者能够站在企业发展战略的高度，面向未来，将自己的管理思路、观念、行为、习惯及计划形成系统的管理行为，通过自身的综合管理素质，运用系统性的管理方法与技巧，来协调并提升组织的综合绩效。

（2）职能管理者。从事某种具体职能管理。这种类型的管理者强调以自身的专业特长、能力获取组织的职位与权力，在具体的职能部门或专业岗位从事管理工作。

案例1-5
总经理决策知情权的丢失

年终总结，公司全年的业绩已经按照既定目标完成，可是，身为总经理的季宾还是感受到某些不愉快的情绪。在年终总结大会上，居然有员工提出意见，要求将社团补助款折成现金发放给员工。公司很重视员工的健康，过去半年来特别补助员工成立各种社团并提供经费，如成立了羽毛球、网球、保龄球等社团，鼓励员工加强身体锻炼。可是，由于公司过去一年来业务量增长非常迅猛，新聘员工上岗需要假以时日，而绝大部分的资深员工皆自早上8:30上岗后，经常工作到夜晚9:00左右才能离开，有些员工开始抱怨没有时间去体会这项政策的益处。员工的反映让季宾十分不舒服。真正触及季宾的神经让他觉得不愉快的是，这项员工福利计划是在他不知情的状况下制定的，做出这项决策的是公司的副总，是他的亲密战友。季宾觉得自己在这件有关公司政策制定的事情上事前并未被告知，未能表示任何意见和看法，觉得自己没有得到足够的尊重。

不愉快的情绪容易引起不愉快的经验，季宾对副总经理所督导的部门有时太重视人情颇有微词，部门经理在处理员工犯错的问题上更重视人际关系，以至于公司所强调的原则或价值观被忽视了，有几次副总在这件事情上对部门经理的错误并未做出合适的处置，几个星期过后，当他接到员工的投诉，才发现公司在处置部门经理的犯错时，未按照公司的规定执行。法外开恩的方式说明了副总对部门人员的喜爱决定了处置的方向和结果，这样的工作方式及结果不是季宾想要见到的。可是基于副总和他的多年情谊，他必须更有技巧地与他沟通，不伤及双方的信任与感情。若是只为这些"小事"而当面做一个正式的交流，好像有点小题大做，可能使亲密战友感受到不被信任，可是，如果置之不理，也不予反馈，则这种现象还会继续出现。季宾是公司的总经理，他理应在工作的场合上得到副总应有的尊重。季宾常常在两难中把这些不愉快的情绪压抑下去，他该怎么做？

每一家企业在发展过程中，早期的人治应当逐渐为制度所取代，继续维持人治的传统，可能给组织发展带来不健康的后果或大的风险。太重视人情、怕伤和气的领导方式，往往会忽视公司所强调的原则或价值观。

1.2.2 管理者的角色

亨利·明茨伯格一项广为引用的研究认为，管理者扮演着十种角色，这十种角色又可进一步归纳为三大类：人际角色、信息角色和决策角色。

1. 人际角色

人际角色直接产生于管理者的正式权力基础，管理者在处理与组织成员和其他利益相关者的关系时，他们就在扮演人际角色。人际角色又包括代表人角色、领导者角色和联络者角色。

（1）代表人角色。作为所在组织的负责人，管理者必须行使一些具有礼仪性质的职责。如管理者有时出现在社区的集会上，代表组织参加社会活动，代表组织签署协议，或宴请重要客户等，在这类情境下，管理者行使着代表人的角色。

（2）领导者角色。由于管理者对所在单位的成败负重要责任，他们必须在工作小组内扮演领导者角色。对这种角色而言，管理者和员工一起工作并通过员工的努力来确保组织目标的实现。

（3）联络者角色。管理者无论是在与组织内的个人和工作小组一起工作时，还是在与外部利益相关者建立良好关系时，都起着联络者的作用。管理者必须对重要的组织问题有敏锐的洞察力，从而能够在组织内外建立关系和网络。

2. 信息角色

在信息角色中，管理者负责确保和其一起工作的人员具有足够的信息，从而能够顺利完成工作。由管理责任的性质决定，管理者既是所在单位的信息传递中心，也是组织内其他工作小组的信息传递渠道。整个组织的人依赖于管理结构和管理者以获取或传递必要的信息，以便完成工作。管理者必须扮演的信息角色，具体又包括监督者、传播者、发言人三种角色。

（1）监督者角色。管理者持续关注组织内外环境的变化以获取对组织有用的信息。管理者通过接触下属来收集信息，并且从个人关系网中获取对方主动提供的信息。根据这种信息，管理者可以识别组织的潜在机会和面临的威胁。

（2）传播者角色。这个角色是面向组织内部的。管理者把他们作为信息监督者所获取的大量信息分享并分配，要把外部信息传递到企业内部，把内部信息传递给更多的人知道。当下属彼此之间缺乏便利联系时，管理者有时会分别向他们传递信息。

（3）发言人角色。这个角色是面向组织外部的。管理者必须把信息传递给单位或组织以外的人。管理者作为组织的权威，要求对外传递关于本组织的计划、政策和成果信息，使得那些对企业有重大影响的人能够了解企业的经营状况。

3. 决策角色

在决策角色中，管理者处理信息并得出结论。如果信息不用于组织的决策，这种信息就失去了其应有的价值。决策角色具体又包括企业家、干扰对付者、资源分配者、谈判者四种角色。

（1）企业家角色。管理者要密切关注组织内外环境的变化和事态的发展，以便发现机会，并对所发现的机会进行投资，以利用这种机会。

（2）干扰对付者角色。管理者必须善于处理冲突或解决问题，如平息客户的怒气，同不合作的供应商进行谈判，或者对员工之间的争端进行调解等。

（3）资源分配者角色。管理者决定组织资源用于哪些项目。

（4）谈判者角色。管理者把大量时间花费在谈判上，管理者的谈判对象包括员工、供应商、客户和其他工作小组成员。

1.2.3 管理者的技能

所谓管理技能是指使用某一专业领域内有关的工作程序、技术和知识完成管理任务的能力。一般而言，管理者的技能主要包括以下几点。

（1）概念技能。是指综观全局，把握关键，认真思考，扎实谋事的能力，也就是洞察组织与环境之间相互影响及其复杂性的能力。它包括理解事物的相互关联性，从而找出关键性影响因素的能力；确定和协调各方面关系的能力；权衡不同方案优劣和内在风险的能力等。

（2）人际技能。是指把握与处理人际关系的有关技能，即理解、动员、激励他人并与他人共事的能力。"世事洞明皆学问，人情练达即文章。"要成为一个好的管理者，离不开良好的人际关系。管理者在管理工作中需要协调与上级的关系、协调与同级的关系和与下属的关系，还包括其他方面的公共关系。

（3）技术技能。是指从事自身管理范围内的工作所需的基本技术和具体方法。例如，企业的车间主任，就要熟悉本部门各种设备的性能、使用方法、操作程序，各种材料的用途、加工工序，各种成品或半成品的指标要求等。技术技能对基层管理者来说尤为重要，因为他们的大部分时间都是指导、训练、帮助下属人员或回答下属人员的有关问题，因而必须熟悉下属人员所做的各种工作。管理者具备技术技能，方能更好地指导下属工作，更好地培养下属，同时受下级成员尊重。

一般情况下，处于较低层次的管理者，主要需要的是技术技能与人际技能；处于中间层次的管理者，三种技能同样重要；处于最高层次的管理人员，尤其需要较强的概念技能。

1.3 管 理 学

管理学是一门研究人类社会管理活动中各种现象及规律的学科，是在近代社会化大生产条件下和自然科学与社会科学日益发展的基础上形成的。

管理学是在自然科学和社会科学两大领域的交叉点上建立起来的一门综合性交叉学科，涉及数学（概率论、统计学、运筹学等）、社会科学（政治学、经济学、社会学、心理学、人类学、生理学、伦理学、哲学、法学）、技术科学（计算机科学、工业技术等）、新兴科学（系统论、信息科学、控制论、耗散结构论、协同论、突变论），以及领导科学、决策科学等。

1.3.1 管理学的特点与研究内容

1. 管理学的特点

（1）一般性。管理学是从一般原理、普遍情况的角度对管理活动和管理规律进行研究，不涉及管理分支学科的业务与方法的研究。管理学是研究所有管理活动中共性原理的基础理论科学。无论是"宏观原理"还是"微观原理"，都需要管理学的原理作为基础来加以学习和研究，管理学是各门具体的或专门的管理学科的共同基础。

（2）综合性。从管理内容上看，管理学涉及的领域十分广阔，它需要从不同类型的管理实践中抽象概括出具有普遍意义的管理思想、管理原理和管理方法；从影响管理活动的各种因素上看，除了生产力、生产关系、上层建筑这些基本因素外，还有自然因素、社会因素等；从管理学科与其他学科的相关性上看，它与经济学、社会学、心理学、数学、计算机科学等都有密切关系，是一门非常综合的学科。

（3）实践性。也称实用性，管理学所提供的理论与方法都是实践经验的总结与提炼，同时管理的理论与方法又必须为实践服务，才能显示出管理理论与方法的强大生命力。

（4）社会性。构成管理过程主要因素的管理主体与管理客体，都是社会系统中最有生命力的人，这就决定了管理的社会性；同时，管理在很大程度上带有生产关系的特征，因此没有超阶级的管理学，这也体现了管理的社会性。

（5）历史性。管理学是对前人的管理实践、管理思想和管理理论的总结、扬弃和发展；割断历史，不了解前人对管理经验、理论的总结和管理历史，就难以很好地理解、把握和运用管理学。

2. 管理学的研究内容

（1）从管理的二重性出发，着重从三个方面研究管理学。①从生产力方面：研究如何合理配置组织中的人、财、物，使各要素充分发挥作用的问题；研究如何根据组织目标的要求和社会的需要，合理地使用各种资源，以求得最佳的经济效益和社会效益的问题。②从生产关系方面：研究如何正确处理组织中人与人之间的相互关系问题；研究如何建立和完善组织结构及各种管理体制等问题；研究如何激励组织内成员，从而最大限度地调动各方面的积极性和创造性，为实现组织目标而服务。③从上层建筑方面：研究如何使组织内部环境与其外部环境相适应的问题；研究如何使组织的规章制度与社会的政治、经济、法律、道德等上层建筑保持一致的问题，从而维持正常的生产关系，促进生产力的发展。

（2）着重从历史的方面研究管理实践、思想、理论的形成、演变、发展，知古鉴今。

（3）着重从管理者出发研究管理过程，主要包括管理活动中有哪些职能，这些职能涉及哪些要素；执行职能应遵循哪些原理，采取哪些方法、程序、技术；执行职能会遇到哪些困难，如何克服。

1.3.2　管理学的研究方法

管理学的研究方法通常有以下四种。

（1）历史研究的方法。管理学是在企业发展的历史过程中形成与发展起来的，研究历史，才能分析现状和预测未来。

（2）比较研究的方法。有比较才能鉴别，管理学的理论最早是在西方国家形成的，我们要把中国的企业管理搞好，就必须借鉴外国的先进管理经验，在中外管理的比较中更好地实现"洋为中用"。

（3）案例分析的方法。管理学是实践性非常强的学科，因此必须重视实际案例的分析，不断总结经验教训。

案例 1－6
人性化管理的楷模——索尼大家庭

索尼公司前任总裁盛田昭夫谆谆教诲新入职的员工，"索尼是个亲密无间的大家庭，每一位家庭成员的幸福都靠自己的双手来创造。在这种崭新的生活开始之际，我想对大家提出一个希望：当你的生命结束的时候，你们不会为在索尼度过的时光而感到遗憾。"

索尼的确是一个大家庭，不仅仅因为绝大多数索尼职工都要在这里度过一生，在公司里，领导同职工之间保持着良好的关系，把职工当作索尼家庭的成员来对待。在有些情况下，职工与老板处于同样的地位：索尼工厂的任何一位管理人员都没有个人办公室，连厂长也不例外，公司主张管理人员与他的办公室职员坐在一起办公，共同使用办公用品和设备。在车间里，领班对工人表现出真诚的尊重与关心，强调家庭式的责任感和协作精神，以此激发每一位成员发挥主动性，激发他们参与管理的热情。盛田昭夫主张，衡量一位管理人员的工作成果，主要是看他能把一大批人组织到什么程度，以及能否有效地使每一位成员做出最好的成绩，并使他们真正融为一体。

索尼大家庭式的管理还表现在对职工工作的关心和对偶然过失的包容。如果某一位职工不适应他的岗位和工种，公司领导绝不会对此漠然视之，公司也从来不因为某一位员工的偶然过失而解雇职工。公司认为，在出现事故时，最重要的不是把错误归罪于某人，而是找出错误的原因。如果澄清失误原因并公之于众，犯错误的人就可以从中吸取教训，其他人也就不会犯同样的错误。这种做法是以对职工的充分尊重和坚定的信任为基础的。

古语云："得人心者得天下！"在企业管理中多一些人情味，有助于赢得员工对企业的认同感和忠诚度。只有真正俘获了员工心灵的企业，才能在竞争中无往而不胜。

（4）归纳演绎的方法。管理学的学习要善于总结经验，处理好个别与一般的关系。从个别到一般，就是从事实到概括的归纳推理方法；从一般到个别，就是由一般原理到个别结论的推理方法。

1.3.3 学习管理学的重要性

学习管理学的重要性主要体现在如下几个方面。

（1）管理的重要性决定了学习、研究管理学的必要性。管理是有效地组织共同劳动所必需的。随着生产力和科学技术的发展，人们逐渐认识到管理的重要性。从历史上看，经过了两次转折，管理学才逐步形成并发展起来。第一次转折是弗雷德里克·泰罗的科学管理理论的出现，意在加强生产现场管理，使人们开始认识到管理在生产活动中所发挥的作用。第二次转折是第二次世界大战后，世界"500强"企业的成功与市场竞争的日益白热化使人们看到，不依照管理规律运营企业，就无法使企业正常运转并长盛不衰，因此企业越来越重视管理的作用，这促进了管理学的发展。

（2）学习、研究管理学是培养管理人员的重要手段之一。判定管理是否有效的标准是管理者的管理成果。通过实践可验证管理是否有效，因此，实践是培养管理者的重要一环。而学习、研究管理学也是培养管理者的一个重要环节。只有掌握扎实的管理理论与方法，才能很好地指导实践，并可缩短或加速管理者的成长过程。目前，我国的管理人才，尤其是合格的管理人才是缺乏的。因此，学习、研究管理学，培养高素质的管理者成为当务之急。

（3）学习、研究管理学是未来的需要。随着社会的发展，专业化分工会更加精细，社会化大生产会日益复杂，而日新月异的社会将需要更加科学的管理。因此，管理学在未来的社会中将处于更加重要的地位。

【拓展期刊】

 本章小结

管理是在特定的环境下，对组织所拥有的资源进行有效的计划、组织、领导和控制，以便达成既定的组织目标的过程。管理活动都必须由以下四个基本要素构成：管理主体、管理客体、组织目的、组织环境或条件。管理学者亨利·法约尔最初提出把管理的基本职能分为计划、组织、指挥、协调和控制。现在最为广泛接受的是将管理分为四项基本职能：计划、组织、领导和控制。

管理者是管理行为过程的主体，管理者一般由拥有相应的权力和责任、具有一定管理能力、从事现实管理活动的人或团体组成。管理者及其管理技能在组织管理活动中起决定性作用。管理者通过协调和监视其他人的工作来完成组织活动中的目标。管理者角色分为三大类：人际角色、信息角色、决策角色。管理者还必须在概念技能、人际技能和技术技能三个方面具备一定的能力表现。

管理学是系统研究管理活动的基本规律和一般方法的科学。管理学是适应现代社会化大生产的需要产生的，它的目的是：研究在现有的条件下，如何通过合理地组织和配置人、财、物等因素，提高生产力的水平。管理学是一门综合性的交叉学科，常用的管理方法包括经济方法、行政方法、法律方法和社会心理学方法等。管理学的研究方法主要有历史研究方法、比较研究方法、案例分析方法和归纳演绎方法等。

关键术语

基层管理者——first-line managers　　中层管理者——middle managers
高层管理者——top managers　　管理角色——management roles
人际角色——interpersonal roles　　信息角色——informational roles
决策角色——decisional roles　　管理技能——management skills
技术技能——technical skills　　人际技能——human skills
概念技能——conceptual skills

案例应用分析

百年柯达：成也胶卷，败也胶卷

【相关视频】

1. 案例背景

柯达公司曾是世界上最大的影像产品及相关服务的生产和供应商，总部位于美国纽约州罗切斯特市，业务遍布150多个国家和地区，全球员工约8万人。柯达公司主要从事传统和数码影像产品、服务和解决方案的开发、生产和销售，服务对象包括一般消费者、专业摄影师、医疗服务机构、娱乐业及其他商业客户。公司设有4个业务部门：摄影事业部、医疗影像部、商业影像部和元器件事业部。柯达公司120多年的历史正是世界影像行业发展的缩影。但是，柯达公司于2012年1月19日申请破产保护。仔细研究柯达公司的成长历史与发展轨迹，就不难理解管理对于企业的重要性了。

2. 管理与成功

1）产品定位：人人都会用

其实在柯达公司创立之前，世界上已经发明了照相机，那时的照相机是一个庞然大物，包括一个黑色的大帐篷、一个水箱、一个装着厚厚感光玻璃的容器，比电影《黄飞鸿》里的照相机还要复杂。带着这样的一个照相机去旅行拍照，就像带着一个巨大的实验室，需要用一匹马驮着才行。这还不算，最主要的是操作技术复杂，非专业人员是无法操作的。

银行职员乔治·伊斯曼第一次接触到照相机的时候就大胆地设想："照相机能不能做得简单一点，小一点，使照相、摄影像用铅笔画画一样简单？"这些疑问加上坚持不懈的努力，乔治终于在1886年创造出了世界上第一款小型的、轻便的、人人都会用的照相机，这给感光界带来了一场革命，而且一发不可收拾。1888年柯达公司打出了第一个广告口号："你只需轻轻按一下按钮，其余由我负责。"从此，"人人都会用"这个理念始终贯穿柯达公司的经营历程，如何方便消费者使用照相机是柯达公司一直孜孜不倦的追求目标。1964年，经过十多年的潜心研究，柯达公司推出了一款"立即自动"照相机，这款照相机更加轻便，易于操作、便于携带，无需测距对光，就可以拍出"高清"的画面，底片装卸便利，是一款地地道道的老少皆宜的照相机，刚刚上市没多久，就卖出750万台，一举创下了照相机销量的世界纪录。在旺销的同时，柯达公司了解到照相机的闪光设备不够完善，经过改进，增加了镁制的四方形闪光灯。1970年，柯达公司为弥补四方形闪光灯离不开电池的缺陷，进一步推出了"新奇X系列闪光灯"。1973年，超小型匣式柯达照相机诞生，这种照相机方便到可以放在口袋或手提袋里，而且照出的相片画面清晰。这种照相机上市后仅3个月，在美国就销售了100多万台，全世界销量达1 000万台，在中国台湾地区，柯达照相机的家庭普及率高达40%。人们亲切地称它为"傻瓜照相机"。

2）定价：高低协调的策略

柯达公司的市场定价策略是不惜代价，并且取得了辉煌的成绩。所谓不惜代价，就是用一种产品以低价格在市场作为先锋产品，等站稳脚跟后，就用扩大其相关产品的销量来弥补先锋产品的损失。

1964年柯达公司推出的"立即自动"照相机的价格是相当低的,最低的才十几美元,在推出的八款照相机中,有一半以上的价格在50美元以下。在"立即自动"照相机旺销的时刻,柯达公司却做出了一件令人费解的事情:以市场老大哥的身份把自己十多年的"立即自动"照相机的研究成果公布于众,并且宣布,人人都可以仿制,人人都可以模仿。当各大照相机厂家争相模仿的时候,柯达公司已经把重点转移到胶卷产业,因为柯达公司知道照相机是耐用品,而胶卷属于易耗品,一台照相机需要用很多的胶卷。当各大厂家明白过来的时候,为时已晚,柯达胶卷已是供不应求,在市场上占据了老大的地位,几乎垄断了胶卷和冲印市场。"傻瓜照相机"上市的时候,柯达还是用"人人买得起"的不惜代价策略,而柯达公司的相关器材的销售却扶摇直上,如胶卷、冲印纸。尽管其他的竞争对手爱克、富士、樱花等公司拼命追赶,但已无法改变市场份额。

3)品牌战略:享受快乐时光

柯达公司建立品牌忠诚的策略之一是经常举办或赞助一些摄影大赛或文体活动。1897年,柯达公司第一次举办业余摄影大赛,同年又发起了一次旅游柯达摄影展。1920年,柯达公司在美国许多公路两旁的风景点竖起了写有"前面有风景"的路标,提醒开车的人注意安全。1984年洛杉矶奥运会之前,柯达公司一直垄断着世界体育大赛的胶卷专售权。柯达公司建立品牌忠诚的另一策略是建立清晰而有力的品牌识别。柯达公司的品牌识别可以总结为两个词:简单(主要针对产品特征而言)、家庭(主要通过营销沟通和视觉形象来传播)。20世纪初,柯达公司推出了两个重要人物来代表产品,即男孩布朗尼和女孩柯达。两个人物形象不仅代表着产品容易操作(因为连小孩都可以操作),而且将孩子和家庭联系起来。柯达公司早期的广告多表现为孩子、狗和朋友的家庭场景,而且大多是发生在我们身边的、易于拍摄到的镜头。20世纪30年代,人们常可以从电台上收听到"柯达时刻"的特别节目,节目主要是描述一些家庭影集。

3. 危机与衰落

1)行动迟缓的巨人

20世纪90年代末,这家百年老字号走到了十字路口:主营的胶卷业务占据了市场半壁江山的份额,但"影像数码化"的市场趋势也越来越明显。如何选择?对于处在行业龙头地位的柯达公司来说,尤为纠结。企业战略上一再迟疑,导致柯达公司错失数码转型的恰当时机。等到2003年柯达公司下定决心转型,却为时已晚。在昔日光环的萦绕下,柯达公司遇到了一家规模庞大的百年老店常常会遇到的问题——船大难掉头、多层管理、效率低下、人事冗杂。

尽管柯达公司率先发明数码照相机,但柯达公司的成功此前一直是传统业务的成功。正因如此,传统业务部门对决策影响力甚大,企业资源也会优先配置到传统业务部门,从而导致其转型迟缓。2003年,公司首席执行官邓凯达曾宣布柯达公司全面向数码转型,要削减72%的红利派发额度并向新兴的数码技术投资30亿美元,但该意见遭到了部分股东的强烈抵抗。

2)管理保守,错失发展良机

由于公司管理层偏于保守,在拍照胶片时代进入数字时代之后,市场定位模糊,满足于传统胶片市场的市场份额和垄断地位,缺乏对市场的前瞻性分析。而且,由于对数字技术给予传统影像的冲击估计不足,反应迟钝,政策犹豫不决,没有及时调整公司的经营重心和部门结构,导致产品转型不坚决,错失了发展良机,柯达公司开始停滞不前。2002年,柯达公司的产品数字化率只有25%左右,而竞争对手富士已经达到了60%,这与100年前伊斯曼果断抛弃玻璃干版转向胶片技术的速度形成莫大反差。

从2003年开始,柯达公司销售利润急剧下降。到2008年,柯达公司开始靠出卖专利来维持公司的运转,最终到2012年1月公司再也维持不下去了:对现有技术带来的现实利润和新技术带来的未来利润之间的过渡和切换时机把握不当,造成柯达公司大量资金用于传统胶片工厂生产线和冲印店设备的简单投资,挤占了对数字技术和市场的投资,使公司陷入知错难改、船大难掉头的窘境。眷恋传统、忽视市场的变化造成柯达今天的悲剧,是市场选择了柯达,最后也是市场抛弃了柯达。

讨论:

(1)柯达公司的百年沉浮对经营管理者有何启发?

（2）如何理解创新对于企业发展的重要性？在公司内推动创新时，管理者应该扮演什么角色？

（3）如果你是柯达公司的高层管理者之一，在目前情况下，如何通过有效管理使得柯达重生？

思 考 题

1. 结合实际，分析管理的概念。
2. 管理的职能有哪些？它们之间存在什么关系？
3. 在你所在的组织中，哪些是管理者？为什么？
4. 对管理者进行分类，对管理实践有什么指导意义？
5. 你认为管理者应该做哪些工作？
6. 如何理解"管理既是一门科学，又是一门艺术"？

第 2 章 中西方早期管理思想

教学要求

了解中西方管理思想发展的历史背景；理解管理实践与管理思想之间的关系；理解中国传统文化中的管理思想；掌握中西方各历史阶段的主要管理思想；掌握中西方管理思想的特征。

本章知识点

儒家的管理思想；道家的管理思想；法家的管理思想；兵家的管理思想；中国早期管理思想的特点；西方早期管理思想的特点。

■ 导入案例

金字塔闪现的管理光辉

金字塔的建筑技术从现代的观点看可能是原始的，但其工程成就却无声地向我们昭示了古埃及人的管理和组织能力。例如，胡夫金字塔的塔身高达 146.5 米，塔底每面长 230 米，占地 13 英亩（1 英亩 ≈ 4 046.86 平方米），共包含 230 万块平均两吨半的巨石；海夫拉金字塔比胡夫金字塔只低 3 米，塔前卧着一座狮身人面像，高 21 米、长约 57 米，用一整块巨石凿成。这些工程成就堪称世界奇迹。

一位古希腊历史学家为了了解金字塔建造情况曾访问过埃及人。根据他的研究，修造胡夫金字塔时曾在全国征调了大量的人力，组成各种庞大的专业队。当时吉萨并不产石料，石料是从很远的地方运到现场的，光铺设运石通路，就用了 10 万人，花了 10 年时间，建造工程又用了 10 万人，花了 20 年的时间。如此庞大的工程，显然离不开出色的组织管理者的努力。在什么地方和什么时间采掘石头，石块要多大，以及如何运输等，都需要现代管理中被称为"项目管理"的工作。例如，采石工作要在冬、春两季进行；在采好的每块石头上事先标明它准备在什么时候运到皇家墓地去，并在石块上标明石块的顶端；运石块工作安排在汛期，以便尽可能减少陆地运输；最后，所有运送到工地上的石块要凿刻成形并编上号码。金字塔所有石块的采掘和搬运工作突出地表明了古埃及人的组织制度。

古埃及人由于使用大量有组织的劳动力，得以完成令现代人也感到惊异的工作，他们的组织制度可能显得笨拙、不方便，甚至浪费，但事实上无需节约劳动力，因为他们有很多农民、雇佣兵和奴隶可供使用。他们能够利用可利用的资源实现目标，留下的宏伟建筑，清楚地昭示着他们在管理上的有效性。

彼得·德鲁克曾在1987年的一次美国闭路电视演讲中说："世界上最伟大的管理者是那些修建金字塔的人。"今天，人类的管理思想已发展成为一门内容丰富多彩、日臻成熟的独立学科，但管理的历史是源远流长的，人类在一开始就面临组织和管理的问题，并在实践中不断地发现和运用着被现代人称为管理原则和管理理论的东西指导他们的行为。

2.1　中国早期管理思想

中国是世界上公认的四大文明古国之一，中华民族悠久的历史积累了丰富的管理实践和许多影响深远的管理思想与管理理论，这些理论和实践都对人类社会文明的进步与管理的发展产生了巨大的影响。

2.1.1　中国传统文化中的管理思想

1. 儒家的管理思想

儒家文化对中国的影响最大，是整个中华民族价值观念背后的基本哲学。它不仅对中国有深远的影响，而且流传至日本、韩国、新加坡等许多亚洲国家。

1）孔子的管理思想

孔子的思想与治国从政有密切的关系，记录他言行的《论语》被中国历代统治者奉为"圣经"，有"半部论语治天下"的美誉，足见其在中国管理思想史上的地位。孔子政治思想的核心是"仁政"，即民本思想或人本主义，其主要内容包括和、中庸、仁、富民、德治、教化、正己、礼、正名、义利、信、尚贤等，本书仅对其中四点进行介绍。

（1）和。孔子说："君子和而不同，小人同而不和"；主张"礼之用，和为贵"。"和"是孔子管理思想的基石。它是指不同的事物结合到一起，达到平衡、和谐、统一，而不是对矛盾视而不见或取消矛盾，不是无差异的等同。后者是表面的形式，前者是本质和内容。在现代管理中，可以理解为企业成员之间通过彼此理解和沟通，建立良好的人际关系，同心协力，完成组织目标。从广义的观点看，还包括企业与外部环境之间、部门之间相互协调和平衡。

（2）中庸。孔子在《雍也》中说："中庸之为德也，其至矣乎！民鲜久矣。"意思是说中庸作为实现道德的法则是最正确的，但是人们缺乏它已经很久了。中庸是孔子和儒家管理思想的基础，其本意是讲对事不偏不倚，折中调和，并不能简单地理解为保守、妥协和守旧。中庸思想体现了孔子认识事物的三分法，即"过""中"与"不及"，主张要把握住"过"和"不及"两个极端，用中庸去指导人们的行为。所谓"执其两端，用其中于民"，教诲人们在思考和处理矛盾时，不要走极端。例如，在现代管理范畴中，理性与感性，硬管理与软管理，物质激励与精神激励，专制与放任等，都是"两端"；中庸之道是要求把它们有机地结合起来，而不是"非此即彼"。中庸思想还启发人们去认识在管理工作中存在一个"度"的问题，如用财有度、用人有度、赏罚有度、批评有度、处理人际关系有度等。

（3）德治。孔子与弟子冉有曾有这样一段对话："子适卫，冉有仆。子曰：'庶矣哉!'冉有曰:'既庶矣,又何加焉?'曰:'富之。'曰:'既富矣,又何加焉?'曰:'教之。'"大体意思是,孔子到卫国去,冉有为他驾车。孔子说:"人口真多呀!"冉有说:"人口已经够多了,还要再做什么呢?"孔子说:"使他们富起来。"冉有说:"富了以后还要做些什么?"孔子说:"对他们进行教化。"

这段对话最能反映孔子德治思想的精髓,德治的内容依次为庶、富、教,而"教之"是德治的最高层次。至于如何教化,孔子认为关键在于管理者能否以身作则。他说,"政者,正也。子帅以正,孰敢不正?","其身正,不令而行;其身不正,虽令不从","苟正其身矣,於从政乎何有?不能正其身,如正人何?"而要正己,关键在于加强自身修养,即"修己",不断发现和改正自身的错误。他说:"君子之过也,如日月之食焉;过也,人皆见之;更之,人皆仰之。"

(4)信。"信"是孔子管理思想中的一个重要概念。在《论语》中,"信"字被提及达35次之多。所谓"信",包括两个方面的含义,一是指民众对管理者的信任,二是管理者自身的信用。关于民众对管理者的信任,《论语》中有云:"子贡问政。子曰:'足食,足兵,民信之矣。'子贡曰:'必不得已而去,于斯三者何先?'曰:'去兵。'子贡曰:'必不得已而去,于斯二者何先?'曰:'去食。自古皆有死,民无信不立。'"关于管理的信用,孔子的论述很多,如"信则人任焉","君子信而后劳其民;未信,则以为厉己也","上好信,则民莫敢不用情","人而无信,不知其可也"等。

2)孟子的管理思想

孟子以"仁"为出发点和归宿认识人的本性,提出了"性善论"观点。他认为,人性的本源是善的,现实中种种不善行为是后天习得的。因此他主张人们要"养吾浩然之气"以达到"仁"。把这个观点引入政治管理,孟子主张"王道",反对"霸道",指出王道的基本原则是"义",霸道的基本原则是"利"。如何实施"王道仁政"呢?孟子认为,一是实行"省刑罚,薄税敛"的养民政策,二是以礼制教化人民,即"教以人伦:父子有亲,君臣有交,夫妇有别,长幼有序,朋友有信"。可见,"养"和"教"是对孔子"庶、富、教"的继承和发展。

方太:兼收并蓄的国学精粹管理模式

从2009年起,茅忠群在方太开始推行"国学精粹"管理企业。他所指的国学精粹是指以儒家思想为主,兼收各家精华。他认为儒家思想是中国数千年来的思想主流,之所以被历史选择,也被中国人广泛接受,并非偶然。茅忠群引用《论语》来举例:"道之以政,齐之以刑,民免而无耻;道之以德,齐之以礼,有耻且格。"意思是用政令和刑法来统治老百姓,老百姓行为规规矩矩的,是因为害怕受到处罚;而用道德和礼法来约束和管理老百姓,老百姓会从内心建立起羞耻感,自然就规规矩矩。方太推行国学精粹管理以来的一些数据似乎正好验证了这一说法,2009年全年的违纪事件,比2008年下降了50%,"而且是在把罚款取消了的情况下"。

重视教育是儒家的一大传统。"'不教而杀谓之虐',没有教育过,就随便拿一个制度处罚员工是不可取的,所以要教育先行。"茅忠群解释说,儒家文化里理解的教育和我们现在理解的教育有很大差别,企业的教育主要是知识技能方面的,称为培训,而儒家的教育则是为人处世方面的,守孝悌,次见闻。方太为每位员工购置了《三字经》《弟子规》和《千字文》等传统文化启蒙读物。这些书籍看似简单,但是却合乎"仁、义、礼、智、信"的行为指南。方太的"孔子堂"里有一尊2米高的孔子铜像,"不是用来膜拜的,而是让研习者感受中国文化",茅忠群解释说,"目前采用DVD方式授课,公司并不设定考试、业绩挂钩等方式,适当时候,会聘请有专业资质的讲师来,包括我在内,也是学生。"

除了"孔子堂"等显性的做法外，方太专门成立了相关的推进小组，用流程化的做法，把儒家思想与管理制度模式结合起来。"我利用一切机会向员工讲'义'和'利'应该相互平衡、相互统一。君子爱财，取之有道。"茅忠群说。

方太的管理给予我们一些启示：可以治理国家的思想，也可以管理企业。经济发达国家都有符合自己国情和文化特征的管理模式，欧洲、美国、日本都有自己的管理模式，中国要成为发达国家，中国的企业要成为有竞争力的企业，也一定要有适合自己的管理模式。中国传统文化中的经典管理思想完全可以与管理实践相结合，中学明道，西学优术，中西合璧。

（1）贤能政治与民贵君轻。孟子认为，只有"贤者在位，能者在职"，王政才能得人心，使天下"定于一"，即达到统一。同时，他认为"民为贵，社稷次之，君为轻。"所以，杀掉暴君，不能叫"以臣弑君"，只不过"诛一夫纣矣"。

（2）君臣互重与以和为贵。孟子说："君之视臣如手足，则臣视君如腹心；君之视臣如犬马，则臣视君如国人；君之视臣如土芥，则臣视君如寇仇。"孟子从他的政治主张出发，提出要把仁心"推己及人"，保持人与人之间的和谐关系，以达到群体的安定协调。这种观点至今仍被现代管理视为信条。

（3）劳动分工论。孟子在与陈良的对话中说道："且一人之身，而百工之所为备，如必自为而后用之，是率天下而路也。"而如能"通功易事"，以自己之余换别人之余，大家都会受益。可见，孟子对分工的利益有所认识，只可惜它并没有把中国历史引向商品经济，这是因为孔孟之道重义而轻利，认为君子不言利，言利是小人。这与商品经济追求利益和财富的要求是格格不入的，以致后朝历代轻商观点流行，抑商政策频出。

3）荀子的管理思想

荀子是战国末期的最大儒者。当时中国社会经济已完成封建地主制对封建领主制的替代，土地所有权的分散化引起了错综复杂的社会矛盾，追逐私利似乎已成普遍现象；而在学术界，百家争鸣愈演愈烈。因此，荀子的思想中包含了对孟儒学说的继承，也有其他学派的影响。

（1）"性恶论"的基本思想。荀子从道家吸取了自然天道观，对儒家的"礼义"提出了修正。一方面，他从另一个角度探索孔子的"仁"性观。他对孟子的"性善论"提出了质疑。他说，人生而好利恶害，这种本性就如同人饿而思食、寒而思暖的本能一样。他把这种天生的禀赋称为"性恶"，认为人性本恶，君子小人概莫能外。另一方面，他认为人性是可变的。荀子认为，"圣人化性而起伪"，"待事而后然"，即通过圣人制定礼义和法度，可以克服人性之恶。荀子由此还提出了"人定胜天"的原理。

（2）组织论。荀子改变了儒家思想中的"天命观"，认为一切事在人为，人定胜天。这就要求人类要形成组织，并按分工各司其职。"人之生也，不能无群"，这是人们异于动物之处，"人能群，彼不能群。""人何以能群？曰：'分。''分何以能行？'曰：'义。'故义以分则和，和则一，一则多力，多力则强，强则胜物。"这里，荀子在确立组织群体结构和层次划分的标准上与孔子如出一辙，即以圣人制礼为据。按照这个标准，荀子设计的社会组织模式首先把群体划分为"治人者"和"治于人者"两大类，主张"劳心者治人，劳力者治于人"。然后按社会关系把人划分为君臣、父子、兄弟；按职业划分为农、工、士、商，按礼义标准划分为贵、贱、长、幼、知、贤、愚、能、不能等，"皆使人载其事而各得其宜"。

（3）"礼""法"结合的治理观。孔孟主张以克己、习礼的方式发展"仁"，实现对人的统治。即使对小人，也应按"仁"的要求实施怀柔："恭、宽、信、敏、惠"。同样，荀子也认为"礼不下庶人",对庶人百姓,主张以"法数制之"。但由于他是按贤能差异而划分人的身份的,笼统地按"君子""小人"节之以礼乐或制之以法数,即不能以其人,而是以其"位"为准则,这就需要加以具体规定,从而使荀子在其"礼"的内容中加入了法制的内容。他说,"非礼,是无法也";"礼者,法之大分"。荀子依然认为人治最重要,他说:"法不能独立,类不能自行得其人则存,失其人则亡。"人与法具备以后,行"法"者还需有势(强制权力)以维护法的推行,这就要发挥君主的作用。所以他说:"立君上之势以临之,明礼义以化之,起法正以治之,重刑罚以禁之,使天下皆出于治,合于善也。"

(4)需要论。荀子认为,人对需要的追求是人之所欲,"人之所生而有也"。但由于人的需要是无止境的,就需要用礼来调节,使其不超过"分际",使满足欲望的手段与欲望相适应。至于"礼起于何也?"荀子曰:"人生而有欲,欲而不得,则不能无求,求而无度量分界,则不能不争。争则乱,乱则穷。先王恶其乱也,故制礼义以分之,以养人之欲,给人以求。使欲求不穷乎物,物必不屈于欲,两者相持而长,是礼之所起也。"

2. 道家的管理思想

道家的代表人物主要是老子与庄子。其中,老子是道家学派的创始人,著有《老子》一书,又称《道德经》,分《道经》和《德经》上、下两篇。

1)老子的管理思想

老子的《道德经》蕴含着丰富的管理思想,既有"治国",又有"用兵";既有宏观调控,又有微观权术;是被称为"君王南面之术"的重要著作。

(1)无为而治的管理原则。老子哲学的最高范畴是"道"。"道"本义指道路,后来引申为法则、规律的意思。老子把"道"作为宇宙本源,认为万物都由"道"派生出来。自然界是无为的,道法自然也是无为的,人循道也要无为。于是,"无为"就成为老子及其道家管理的最高原则。首先,"无为"的原则是适用于一切人的,但首先却是对上层统治者,尤其是对君主的要求。老子认为,实现"无为"的管理原则,是要使社会上的一切人,包括统治者和被统治者,都"无为"和"不敢为"。其次,"无为"是一个普遍适用于任何管理过程的原则。不论是政治管理、经济管理、军事管理,还是社会文化管理,都概莫能外。最后,"无为"作为一个宏观的管理原则,意味着国家对私人的活动,尤其是经济活动,采取不干预和少干预的态度,也就是采取放任的态度。

(2)"善下"的用人思想。老子说:"知人者智。"意思是说,认识人才,发现人才,才称得上有智慧。如何使用人才呢?老子形象地比喻:"江海之所以为百谷王者,以其善下之,故能为百谷王。"这句话的意思是:江海之所以能使许多河流集聚,是因为它处于低下的好地位。老子把江海比作领导者,把许多河流比作众多的人才,领导者对待人才应该谦下。老子认为,高层的基础在下面,领导者应当时时处下,事事居后,不要显示自己的高贵,更不要把自己摆在前面,而应该永远谦恭、温和,做到"善用人者为之下"。另外,领导者还要做到"常善救人",这样才"故无弃人"。意思是说,管理者要做到人尽其才,才能做到不遗弃人才。

2)庄子的管理思想

庄子继承老子的思想,认为社会不安定是虚伪的仁义观念所致,指出"毁道德以为仁义,圣人之过也",他与老子一样,主张采取无为、无欲的治术。但是,庄子对于道家学说做了一些补充发展，形成了自己的学说体系。

（1）厚积薄发的战略思想。《庄子·逍遥游》中讲道："且夫水之积也不厚，则其负大舟也无力。覆杯水于坳堂之上，则芥为之舟；置杯焉则胶，水浅而舟大也。风之积也不厚，则其负大翼也无力。故九万里，则风斯在下矣，而后乃今培风；背负青天而莫之夭阏者，而后乃今将图南。"意思是，水汇积得不深，它就没有力量浮载大船；风聚积得不雄厚，它就没有力量承载鹏鸟巨大的翅膀。现代企业若要在市场中占据一席之地，若要在行业中引领潮流，就必须具有战略远见，创造最符合市场需求的产品，打造最卓越的团队，提炼优秀的企业文化，树立良好的形象。只有积淀了深厚的功力，才能在时机成熟的时候，像大鹏一样一飞冲天。

（2）创新与变革的思想。《庄子·天运》中说，礼义法度，要适应时代的要求而不断变化，并以东施效颦、孔子问道于老聃等故事，来阐明不假思索效仿他人的不良结果及变化发展的重要性。现代企业管理的一个重要职能就是革新。只有不断地推陈出新，才能提供更适合人们的产品和服务；只有不断地根据环境调整企业战略，才能在未来竞争中处于优势；只有不断地思考企业自身状况，才能更多地发掘自身潜能。

（3）企业形象与经营特色的思想。《庄子·秋水》曰："且子独不闻夫寿陵余子之学行于邯郸与？未得国能，又失其故行矣，直匍匐而归耳。今子不去，将忘子之故，失子之业。"现代企业，必须树立自己独特的形象，打造自己与众不同的品牌特色。否则就会像到邯郸学走路、最终只能爬着回家的那位寿陵少年一样，失去了企业本身的产品、服务和理念。若只是一味照搬其他企业品牌，不能形成自己的产品特色，企业的前途就非常令人担忧了。

3. 法家的管理思想

法家是战国时期形成的一个重要学派，它是代表当时新兴地主阶级的一个政治派别，是适应时代需要的管理思想体系。法家对封建地主阶级经济生产关系的产生，国家的统一，以及封建中央集权制的建立发挥了重要的积极作用。法家主要代表人物有李悝、吴起、商鞅、韩非等。

（1）以法治国的行政管理思想。法家"以法治国"思想的主要内容是严刑厚赏，包含强调刑法和注重赏罚两个方面，其中，李悝的《法经》实际上是我国历史上第一部较完备的封建成文法典。需要指出的是，法家的"法治"观念和国家主义是密切相关的，法家强调富国，却又主张"民弱""民愚""民贫""民怯"等。法家认为民弱则国强，"故有道之国，务在弱民"，所以，法家以法治国的目的，是要达到"富国强兵"，而不是"富民"，主张"国强民弱"。

（2）富国以农的经济管理思想。法家是极端的重农主义者，他们把农业看做富国的唯一途径，甚至看做国民经济的唯一部门，其他非农业部门统统可以取消。"百人农一人居者，王；十人农一人居者，强；半农半居者，危。"法家的重农思想不仅有理论体系，而且还以基本国策的形式表现出来，成为法家学派"富国之学"的核心。此外，商鞅提出了"无宿治"的思想，即办事不拖拉积压，兢兢业业。韩非指出"治大国而数变法则民苦之"，即治理国家要注意相对稳定和事物发展的阶段性，切不可朝令夕改。

（3）用人唯贤的人事管理思想。法家提倡用人唯贤的人事管理思想，主张利用人们趋利避害的天性实行赏罚制度，反对单凭个人喜怒好恶用人的人事管理原则。法家还主张对全国的人才进行管理，认为真正精明的管理者并不在于他个人的才智要比一

第 2 章 中西方早期管理思想

般人高明多少，而是善于集中众人的智慧。

4. 兵家的管理思想

兵家的管理思想从商朝末年到东周末年，发端于《六韬》的治兵之学，经由孙武、尉缭子整理和发展，大体上形成了比较完整的兵家管理思想体系。从秦汉时期到唐朝前期，兵家管理思想逐步完善，开始进入分支学科研究的时期。其中，孙武所著《孙子兵法》成书于 2 500 多年前，是世界上最早的军事巨著，其管理思想具有普遍意义，日益受到当今中外管理界的重视。

（1）"索情"与信息管理思想。《孙子兵法》一书开篇即说："兵者，国之大事，死生之地，存亡之道，不可不察也，故经之以五事，较之以计而索其情。"所谓"索情"，即掌握信息。兵家认为，高质量的"索情"必然具备两个方面的特征——客观真实性和全面精细性。客观真实性是指在索情活动中应该摒弃任何带有主观色彩的方法或手段。孙武就明确反对三种"索情"方法：一是"取于鬼神"，认为占卜问神无济于事；二是"象于事"，即对信息做经验主义的模拟揣测；三是"验于度"，即运用陈旧方法对信息做教条主义演绎、验证。强调"索情"的正确方法是"必取于人，知敌之情者也"，不允许掺杂一点迷信或主观的成分，这样才能确保信息的客观与真实。全面精细性是指应当搜集所有的相关信息。唐代著名军事家李靖就说"料敌者，料其彼我之形"，而他所说的"彼我之形"，就包含了将吏、主客、排甲、器械、教练、地势、城池、骑畜、粮储、工匠、赀货等多方面的情况。

（2）"五事"与系统管理。孙武将影响战争胜负的诸多因素归纳为"五事"："一曰道，二曰天，三曰地，四曰将，五曰法。""道"指军队的指导思想或目标，需要全体成员共同协作达成，西方管理学者在 20 世纪末才把"共同价值观"或"共同愿景"（即"道"）的建立作为管理的重要内容。"天"和"地"，是指组织所处的外部环境，包括自然环境和社会环境，这是一个组织活动的条件和约束，任何组织要达到目标，必须了解和分析自己所处的环境。"将"是指军队或其他任何组织中的最高管理者或管理层，担负着领导、指挥、监督全体成员共同努力以实现目标的职能。"法"即法度，如军队的编制、指挥信号的规定、将校的职责区分、军事物资的供应与管理等，这些是实现目标的组织保证。

（3）"五德"与领导理论。孙子曰："将者，国之辅也"，必须具备智、信、仁、勇、严"五德"。智，能谋虑，通权变；信，号令如一；仁，得人心；勇，英勇无畏；严，威严能肃众心。"故善战者，求之于势，不责于人，故能择人而任势。"意思是，善于指挥打仗的将帅，他的主要工作应放在依靠、运用、把握和创造有利取胜的形势上，而不是去苛求手下的将士，这样他就能从全局态势的发展变化出发，选择适于担当重任的人才，从而取得决定全局胜利的主动权。这是孙子对领导艺术所做的精辟概括。《孙子兵法·行军篇》中说："故令之以文，齐之以武，是谓必取。令素行以教其民，则民服；令不素行以教其民，则民不服。令素行者，与众相得也。"意思是，要用"文"的手段即用政治道义教育士卒，用"武"的方法即军纪来统一协调，这样的队伍必胜。平时能认真贯彻命令，教育士卒，士卒就会养成服从的习惯；平素不认真贯彻命令，教育士卒，士卒就会养成不服从的习惯。而命令平素得以认真贯彻，是将帅和士卒相互信任的缘故。"令之以文，齐之以武"体现了孙子文武兼施、恩威并重的治军思想和领导原则。

官以任能，爵以酬功

《资治通鉴》中记载了这样一则故事。

唐安史之乱时，郭子仪、李光弼两员大将为匡扶唐室、平息叛乱立下了汗马功劳，毫不夸张地说，这两人对唐王朝可谓有再造之功。这不，仗还没打完，皇帝就犯愁了：郭、李二人都是宰相，这官已经当到头了，再若立功，"则无官以赏之"——总不能封他们当皇帝吧。正当皇帝犯愁的时候，李泌进言"官以任能，爵以酬功"，官职不是奖品，有能力的人才能当官，有功劳的人应该得到的是爵位而不是官位。

这种"官以任能，爵以酬功"的理念颇为符合现代企业人力资源管理的思想。我们可以做一个简单的比喻，古代的官位体系对应着现代企业中的职位体系，古代的爵位体系对应着现代企业的薪酬待遇体系。"官以任能，爵以酬功"换作企业管理的语言来说，就是企业在职位任命时应该主要考虑员工的能力素质；对于有功劳（业绩优秀）的员工，应该给予他们相应的薪酬待遇，而不是更高的职位。

但在实际的企业管理中，管理者们往往混淆了这两者之间的关系，最典型的现象就是走进了"以官酬功"的误区。我们在很多企业看到，在岗位竞聘的时候，员工以往的工作业绩（或者贡献、功劳等）被当作主要甚至是唯一的考虑标准。这样就导致那些劳苦功高（而不一定胜任岗位）的员工因为年功累积，被一步步推到他不能胜任的岗位上去，这对于企业、对于个人来说都是很大的损失。

中国传统文化是一个博大精深的人类文化宝库，它影响着东方，以至于整个世界。中国的传统文化以儒、释、道为中心，以法、墨、农、名、兵、纵横、阴阳为副线，形成一个多元文化体系。它们对中国历史的发展起着重要作用，对东方管理思想的影响起着决定性的作用。中国古代的管理思想都是出于治国的需要而建立的，其传统的社会分工、典章制度和伦理道德规范及贯穿其中的人文理念皆是为了统治阶级的需要。可以这样说，古代中国的管理主要是政府管理，管理思想是一些如何巩固集权统治的基本原则与基本方法。

2.1.2 中国近代管理思想

这一时期的代表人物有林则徐、魏源、李鸿章、梁启超等，其中林则徐、魏源等最早尝试引进西方管理思想，他们的经济管理思想多半与抵抗外国侵略有关。

1. 林则徐的管理思想

魏源赞誉林则徐是中国近代"开眼看世界第一人"，史学界称他为近代中国的第一人臣。同时，他也是一位伟大的爱国主义者，鸦片战争时期主张严禁鸦片、抵抗侵略的爱国政治家。林则徐在任云贵总督时撰写了《查勘滇省矿厂情形试行开采折》，就云南铜矿、银矿的经营管理问题做了系统阐述，创造性地提出"官督商办"的主张，有效制止了官吏的"暴敛病民"，防止民众的聚集为乱，切实加强了政府对矿厂的有效管理。对于"官督"的内涵，林则徐进行了较为系统的阐述，包含"宽铅禁""减浮费""严法令""杜伪诈"等诸多内涵。此外，林则徐还提出"官督"的几项重要职责：①协调，即协调约束采矿商民，维护生产秩序。②激励，即"总须该地方官激励厂民，奋勉从事，不可任其半途而废"。③甄别，即查勘甄别老矿的价值，要分别处置，对还有使用价值的矿厂，就要让"习于厂事者"尽力补救；对"硐产全枯、徒劳无益"的矿厂即予废弃，以免浪费资金。总之，"不得因广采新山，而转置旧厂于不问"，要让资源得到合理利用。

2. 魏源的管理思想

魏源是清代启蒙思想家、政治家、文学家，近代中国"开眼看世界"的先行者之一。他的管理思想主张"经世致用"，提出"变古愈尽，便民愈甚"的变法主张，倡导学习西方先进科学技术，总结出"师夷之长技以制夷"的新思想，主张学习西方制造战舰、火械等先进技术和选兵、练兵、养兵之法，改革中国军队。他在著作《圣武记》中提出"今夫财用不足国非贫，人才不竞之谓贫；令不行于海外国非羸，令不行于境内之谓羸。故先王不患财用，而惟亟人才；不忧不遑志于四夷，而忧不遑志于四境。官不才，则国祯富；境无废令，则国柄强。"的观点，其主要内容可以概括为才先于财、才重于财的人才观，才生于情、才情并茂的取才观，以及取人之长、避人之短的用人观三个方面，其思想对现代人力资源管理的选人、育人、用人等方面都具有重大的启示。

3. 张謇的管理思想

张謇是中国近代实业家、政治家、教育家，中国棉纺织领域早期的开拓者，他创办了我国第一所纺织专业学校，开中国纺织高等教育之先河；首次建立棉纺织原料供应基地，进行棉花改良和推广种植的工作；以家乡为基地，努力进行发展近代纺织工业的实践，为中国民族纺织工业的发展壮大作出了重要贡献。

张謇的管理思想主要体现在以下四个方面。

（1）改革币制，提倡新式金融业。1913年张謇在《政见发言》中指出，"金融基础未立"，是我国民族工业失败的四个根本原因之一。此后，张謇先后组织颁布了《证券交易所法》《典当业条例》，对当时证券市场制度、组织、监督等进行了说明，从而促进了金融市场稳定，使其更规范和完善。

（2）提出"利润积累""公积者，工商之命脉也"的主张。这实际上是指出了利润资本化和商业生存发展的因果关系。他反对只顾眼前利益，不顾商业长存发展的态度，因此他主张把目光投到成本管理上，派人学习其他企业优秀的生产管理并运用到自己产业，以降低成本。除此以外，张謇希望按照其他发达国家商业机器设备的折旧周期来更新自己的商业机器设备，提高商业的利润积累，增强商业的生产能力。

（3）股份制思想。1895年张謇从创办南通大生纱厂起，就开始了工业股份制的探索与实践。为了集合社会资本，在后来建成的大生纱厂资本中，官股占56.7%，地方公款占9.41%，真正的商股并不占大头。虽然官股所占比例最大，但官方在企业中没有决策权，公司的运营和管理都交由张謇自己负责。

（4）"利用官力而不为所制"思想。洋务运动时期，政府积极创办军事工业和民营企业，当时采取的形式主要是官督商办、官商合办，很少有商人独立创办的企业，即使有，在运营期间，也由于得不到有效的保护而经常受到各方面的排挤。在这样的前提下，张謇凭借自己状元的身份，通过和当时一些重要官员的关系，利用地方特权成功创办企业，成为民国时期著名的民族资产阶级，但是在获得利益的同时，张謇也要分一些利润给政府，以争取官府的支持。

4. 荣宗敬的管理思想

荣宗敬，著名慈善家、爱国志士、杰出民族实业家，与其胞弟荣德生先生创办的荣氏兄弟实业公司，是近代中国著名的企业之一。兄弟二人毕生致力于实业救国，有"棉纱大王""面粉大王"的美誉。

兄弟二人在企业创办、经营的自始至终，一直是千方百计地让企业生存，想方设法使企业扩大。荣宗敬创办企业的指导思想是：创办要快，设备要新，开工要足，规模要大。荣氏企业的管理思想主要表现在以下方面。

（1）在经营管理方面荣宗敬主张多方集聚资金，不断增加投入；大胆租赁、兼并，扩大生产规模；创立名牌，占领市场；股份公司形式与家族式管理相结合，生产技术、设备和财务管理改革；建设独特的企业文化。

(2) 在发展战略方面，对于企业利润，荣氏企业实行"不提得利，肉烂锅里"，尽可能地累积资本，扩大发展。

(3) 在经营方针上，荣氏企业集团勇于、善于竞争，依靠自己开拓市场，主张实行立足本地、面向全国、放眼全世界的开放型经营方针。

5. 卢作孚的管理思想

卢作孚是中国著名爱国实业家、教育家、社会活动家，他于1925年创办的民生公司是中国近现代最大和最有影响的民营企业集团之一。卢作孚跨越了"革命救国""教育救国""实业救国"三大领域，一生充满艰辛、风险和挑战，并且在几个方面都各有成就。

民生公司的成功与卢作孚的创新精神、卓有成效的企业管理是分不开的。

(1) 废除"买办制"，建立"轮船经理制"，开中国航运业组织管理体制改革之先河。"轮船经理制"也就是所谓的"四统制"，即全船人员由公司统一任用；每船设船长一人，统一指挥全船驾驶事宜；船上业务、事务统一由公司派经理负责；船上的五金材料、燃料、润滑油等统一由公司核发分配。这样，公司通过派遣经理到船上负责轮船的全面工作，有了管理轮船的大权，使轮船的指挥调度灵活，公司的各种意图和管理措施可以得到全面贯彻落实，服务质量和经济效益显著提高。

(2) 建立总公司、总经理集权制与分级管理体制。卢作孚认为，"不宜事事都到上层，更不宜事事均到最上一层，万不可因考虑下层不能负责，遂替下层负责，致令任何文件，层层送达；任何事件，层层交下，迄无一明白负责之人。""必须每一阶层各施其应负的责任，各有其负责处理的问题。"

(3) 高度重视人的因素，提高人的效率。重视人在企业生产中的地位和作用，是卢作孚效率管理思想的核心。卢作孚从创办民生公司开始就把人的因素看做企业生产中的决定性因素。因此，民生公司在人的录用、培训、考核及奖惩制度上，有一套有效的机制，以提高人的工作效率和积极性。

近代中国是国家与民族内忧外患的艰难时期，当时的有志之士和民族工商业者为求得国家和自身的生存与发展，一方面尝试引进西方的管理思想，发展国家经济与技术；另一方面高度重视企业的管理，积累了丰富的管理经验，形成了自己独特的管理思想。

2.2 西方早期管理思想

管理思想的每一次进步，都会极大地促进生产力的发展，使之成为人类社会发展的基本动力之一。西方管理思想发展的历史轴线，向我们展示了人类自觉意识发展的过程。

2.2.1 西方古代管理思想

人类社会形成以后，在各种活动中产生了"群体"的概念。群体活动为了达到高效率与高效果的结合，就必须考虑组织结构、领导人、权力等管理活动的具体属性。我们在讨论西方早期管理思想时，以"国家"这一特殊"群体"为研究对象。

1. 古埃及的管理思想

古埃及拥有很多人类历史上不可思议的壮举，如建造金字塔、水利系统等，这些令现代人都大感惊异的宏伟建筑都需要使用大量劳动力，这就需要管理者在系统规划、组织设计、资源配置等各方面体现出管理的有效性。根据考古发现和一些零散的文献记录显示的信息，我们发现古埃及人很早就懂得了分权：法老作为"赖神之子"享有神权，而辅助法老的宰相则集"最高法官""宰相""档案大臣""工部大臣"等职衔于一身，掌管着全国的司法、行政及经济事务。另外，古埃及人是首先意识到"管理跨度"的实践者，人们从考古中发现，在法老的陪葬品中，奴仆的雕像特别令人感兴趣，"每一个监督者大约管理 10 名奴仆"，后来的希伯来人在《圣经》里提出的以 10 为限的管理思想即源于此。

2. 古巴比伦王国的管理思想

古巴比伦王国的第六代国王汉谟拉比统一了两河流域并建立了中央集权的专制统治。汉谟拉比颁布了一部法典，作为改进行为的准绳。法典共分为三部分，即引言、法典本文和结语。《汉谟拉比法典》是人类已知的、最古老的法典之一，该法典共 282 条，内容几乎无所不包，涉及财产、借贷、租赁、转让、抵押、遗产、奴隶等各个方面，对各种职业、各个层面人员的责、权、利关系给予了明确的规定。通过法律进行政府管理，是古巴比伦人对管理思想的最大贡献。

3. 古希腊的管理思想

古希腊是欧洲文明的摇篮。恩格斯说："只有奴隶制才使农业和工业之间的更大规模的分工成为可能，从而为古代文化的繁荣，即为希腊文化创造了条件。没有奴隶制，就没有罗马帝国。没有希腊文化和罗马帝国所奠定的基础，也就没有现代的欧洲。"古希腊文化是丰富多彩的，构成了人类文明的重要组成部分，希腊人在规章制度、艺术、语言、戏剧和文学方面的成就，至今仍为人们所敬仰。

1）苏格拉底的管理思想

苏格拉底很早就认识到管理的普遍性原则。他认为，不同组织的管理技术和管理职责是相通的，"管理私人事务和管理公共事务仅仅在量上有所不同"，它们都涉及对人的管理。如果一个人不能管理好他的私人事务，他肯定也不能管理好公共事务。苏格拉底与尼科马齐德斯的辩论表明了自己的管理观点，一个好商人的职责与一个好将军的职责是相同的，都要求：①把恰当的人安排在恰当的地方；②使其下属顺从或服从；③取得事业的胜利或成功；④吸引同盟者或助手；⑤在工作中做到努力和勤勉。

2）色诺芬的管理思想

色诺芬是第一位论述劳动分工优越性的学者，著有《家庭管理》（又称《经济论》）。色诺芬对社会分工进行了充分的肯定，并对劳动分工的必要性做了精彩的分析：一个人不可能精通一切技术，而在社会分工的情况下，一个人只要从事一种工作就可以谋生，甚至不要做一种手工业的产品或全部工艺过程。例如，可以一个人专门做男鞋，另一个人专门做女鞋，甚至可以一个人仅仅缝鞋，另一个人剪鞋样，而第三个人缝鞋帮，与此同时还有一个人不干上述任何一样活计，而只是把各个部分拼装起来，他们都能维持生活。这里所遵循的原则是：一个从事高度专业化工作的人，只做一种最简单的工作，肯定能把工作做得最好。

3）柏拉图的管理思想

柏拉图对管理思想的贡献是从国家组织原理角度考察了社会分工问题。他认为，每一个人都有多方面的需求，但人生来就只具有某一方面的才能，因此，一个人不能不求于他人做到自立自足，而必有待于互助。"如果一个人根据自己的天生才能，在适当的时间内不做别的工作，只做一件事，那么他就能做得更多、更出色、更容易。"人们自愿地形成团体，这些团体联合起来便是国家；理想国家的组织和构造，应以社会分工为基础，即一国中应该有专门从事各种行业的人，而每一个人应担任哪种行业和职务，取决于其自身的秉性，是先天决定的。如果一个人专门从事一种与他性情相近的行业，其产品就较优且较多；相反，如果互相交换职业和地位，必然给国家带来大害，甚至亡国。由此他得出结论说："每个人必须在国家里面执行一种最适合于他天性的职务。"

4）亚里士多德的管理思想

亚里士多德是古希腊集大成的学者，他既是哲学家，又全面地总结了希腊的多学科成果，代表了古希腊科学发展的最高水平。亚里士多德对管理思想的最大贡献，在于他摒弃了神秘主义，提出了通过感觉和推理了解现实世界的观点，从而成为科学方法之父，并为文艺复兴和理性时代奠定了思想基础。在此基础上发展起来的科学精神和科学观点，也是后来科学管理运动的思想基础。亚里士多德在《政治学》中揭示了管理者和被管理者的关系问题："从来不知道服从的人不可能是一位好的指挥官。"此外，亚里士多德在探讨家庭管理时，同苏格拉底一样，也谈到管理一个国家和管理一个家庭的艺术之间的类似之处，认为它们都涉及对财产、奴隶和自由人的管理，唯一的不同在于经营管理范围的大小。

4. 古罗马的管理思想

古罗马没有管理方面的专著，但是我们从奴隶主政治家、思想家、哲学家的论述中可以发现其萌芽状态的管理思想。概括起来，可集中为以下几点。

（1）古罗马首先意识到了现代企业的某些性质。古罗马人发展了一种类似工厂的体制，并且用建立公路体系的办法以保障军事调动和商品分配。古罗马首创性地采取类似现代股份制公司的形式，向公众出售股票。

（2）在罗马帝国的建立过程中，罗马人具有了集权、分权到再集权的实践经验。在这个过程的不同阶段，罗马人建立了相应的管理机构和政治体制。例如，元老院由氏族长和退任执政官组成，有决定内外政策及审查和批准法案之权，并监督执政官。这些对后来国家管理机构与政治体制影响很大。

（3）罗马人在长期军事生涯中，具备了遵守纪律的品格，又具备了以分工和权力层次为基础的管理职能设计能力。

 案例2-3

宗教与古代管理思想

基督教信奉上帝（或称天主）创造并管理世界。耶稣是上帝的儿子，降世成人，救赎人类。《圣经》中所体现出的管理思想对后世影响很大。据《旧约全书·出谷记》第十八章中记载，摩西是希伯来人的领袖，他在行政法、人际关系、人员挑选和训练等方面都有出色的能力。摩西的岳父耶特鲁，曾批评摩西在处理政务时事必躬亲的做法。他提出三点建议：第一，制定法令，昭示民众；第二，建立等级制度，委任管理人员；第三，分级管理，各司其职。下面这段文字集中体现了这种管理思想。

"从以色列人中挑选有才能的人，立他们做百姓的首领，作千夫长、百夫长、五十夫长、十夫长，他们随时审断百姓的案件，有难断的案件就呈到摩西那里，各样的小事由他们自己审判。"（《圣经·出谷记》）

罗马天主教除了崇拜天主（即上帝）和耶稣外，还尊称玛丽亚为"圣母"。强调教徒必须服从教会权威，声称教士有受自天主的神秘权力，可以代表天主对人定罪，并有一整套等级森严的教阶制度。罗马天主教严密的管理制度可以从两个方面来概括：第一，层次分明的组织结构，形成金字塔式的指挥体系；第二，在决策过程中充分运用"幕僚职能"，即各地教会在进行某项决策时，不能由一个人主持决定，小事情必须事先征询长老的意见，大事情必须征得全体僧侣的同意。这种征询的过程，在程序上是具有强制性的。

但它们不妨碍该地教会主教的幕僚或顾问团成员，这些幕僚和顾问团成员不能由主持人自行选任，必须由上级教会代为选定，以防止主持人选任无反对意见的"好好先生"滥竽充数，失去制衡作用。

2.2.2 西方中世纪的管理思想

公元 5 世纪末，古罗马帝国在奴隶、隶民和各族被压迫人民的不断起义，以及日耳曼"蛮族"入侵的联合打击下灭亡了。欧洲的社会发展从此进入了封建主义的新时代。它延续了约 1 000 年，在历史上通常称为中世纪。这段时期的经济发展相对来说是比较缓慢的，但是生产力还是有了一些发展，生产工具也有了一些改进，人们对自然的认识尽管受到中世纪教会思想的禁锢，但对自然的观察却越来越精确，提出了新的管理思想与理论。

1. 阿奎那的管理思想

托马斯·阿奎那，中世纪神学家和经院哲学家，他把理性引进神学，用"自然法则"来论证"君权神圣"说。从管理学的角度来总结阿奎那的思想，我们可以得到以下几方面具有启发意义的思想线索。

（1）阿奎那认为，宇宙秩序是按等级的阶梯来安排的，即从非生物体开始，逐渐上升到人、圣徒、天使，最高是上帝。每一个较低的等级都有高一级的目的，并力图达到这个目的。整个体系又都倾向于上帝，上帝是整个系统的最终目的，整个系统按上帝的旨意运转。

（2）在阿奎那的理论中，自然的观点占有重要的地位。从自然的观点出发，他得出进一步的推论：①"每一个人对于获得仅与自然有关的东西，胜过于对所有的人或许多别人的共同事务的关系。"②"当各人有他自己的业务需要照料时，人世间的失误就会处理得更有条理。"③"如果各人都对自己的处境感到满意的话，可以使人类处于一种比较和平的境地"，相反的，"在那些联合地和共同地占有某种东西的人们中间，往往最容易发生纠纷。"

（3）阿奎那对一系列经济问题进行了论述，其中包括消费的适可原则，生产上的二因素论——劳动和土地、经济活动的干预主义、公平价格论、货币论、利息论、商业论等，都显示出其宗教伦理思想。这种宗教伦理思想，在某种程度上，也影响了管理思想中的某些关于社会和人的地位的基本理解，并构成了后来管理思想中，关于人性的某些基本假设中的伦理学基础。

2. 马基雅维利的管理思想

尼克罗·马基雅维利，意大利文艺复兴时期的政治思想家、历史学家。他著有《君主论》《战争的艺术》《佛罗伦萨史》等著作。在这些著作中，很多地方闪烁着管理思想的光辉。

（1）马基雅维利从唯心主义观点出发，把"权力欲望"和"财富欲望"看做人性的基础。马基雅维利的人性论是"人性本恶论"。他认为人"是反复无常的、忘恩负义的，是怯懦、虚假、伪善、嫉妒、对人满怀敌意的"。进而得出结论：必须使用强制手段对人进行管理和控制才能达到目标、完成任务，而这种强制性是可以不顾道德原则的。

（2）马基雅维利的"物质利益决定论"认为，人们冲突的根本原因是物质利益。他在研究罗马历史时认识到，"罗马贵族总是不经过特别反抗就把自己的崇高地位让给人民，但是问题涉及财产的时候，他们就如此顽强地保护自己，以致人民不得不采取特别措施才能满足自己的要求。"马基雅维利较早认识到"物质利益"在管理中的重要性。

（3）马基雅维利在对政治体制的研究中认识到：人民在国家生活中具有重要作用。在与君主制进行比较时，他指出共和制的优越性所在，人民比国王高明，比国王更会选举公职人员，更富有理智，在道德方面比国王更高尚。在国家生活中公开强调人民的作用，这对管理思想的影响是巨大的。

（4）马基雅维利论述了领导者的素质问题。在他的著作《君主论》中，第一次运用了案例分析，说明了一个君主应该具备的条件和才能。他说："我们时代的经验证明，正是那些忽视诺言，善于诡计惑人，而最后战胜了那些专讲信义的人的君主，才创下了丰功伟绩。"他对领导者的素质提出的名言是"要比狮子还勇敢，比狐狸还狡猾"，这样才能使"狼"感到恐惧，才能使自己不落入陷阱。他还告诫领导者，"必须会那样随机应变，以便遵循时代潮流和变幻无常的命运所指的方向。"

3. 莫尔的管理思想

托马斯·莫尔，欧洲早期空想社会主义学说的创始人，才华横溢的人文主义者和阅历丰富的政治家，因其用拉丁文写成的《乌托邦》而名垂史册。书中的管理思想主要是通过他对英国现实的批判和对未来社会的设想而表现出来。

（1）莫尔敏锐地观察到私有制是一切罪恶的根源。他根据英国当时的情况把人分为两种：食利者和生产者。并进一步认为这种分化的根源在于私有制，只要私有制存在，这种贫富不均和少数人掌握巨大财富，而多数人遭受苦难和重压的状况就要存在。"只有完全废止私有制度，财富才可以得到平均、公正的分配，人类才有福利。"

（2）莫尔的"乌托邦"已十分注意生产的布局和生产的组织。他的"乌托邦"分为54个城市，城市的周围环绕着农场和田野。人们都是错落有致的城市的居民，并在城市中从事某一职业。而农场的生产劳动则由人们轮换完成。"乌托邦"中已有专门从事管理工作的非体力劳动者，如极少数学者和行政长官。"乌托邦"中的城市，由若干个以户为单元的工场作坊组成，每一户由10~16个成年人组成，从事某一项手工业产品制作。每个生产出来的产品交公共仓库保管，以供统一分配。在岛中每人每天只需要劳动6个小时，其余的时间从事科学、艺术等活动。

（3）在国家管理方式上，莫尔主张用民主的方式选举政府官员，按民主的方式治理国家。在"乌托邦"中，人民具有选举权和被选举权，一切权力机关都是选举产生的，除去最高执政官是终生职务外，所有其他公职人员每年选举一次。在这里，公职人员不是高高在上的老爷，而是植根于人民之中的公仆，他们的职责是组织、监督人民从事生产和消费，杜绝浪费和懒散，使人人都能敬业、爱业。

（4）在经济管理方式上，莫尔设想整个社会经济是按照一定的统一原则进行管理的。国家估量全岛产品，并在必要时重新进行分配；国家可以统一调动劳动力；国家统一经营对外贸易，实行按需分配的产品分配原则；岛上实行公有制，岛上居民所生产的一切产品都归公有，并成为整个社会的财产，每个人从公共仓库领取他所需要的一切，由于社会产品十分的丰富，因此每个人都会自觉地需要多少就领多少。这一点对企业组织的内部分配原则有着一定的启发意义。

2.2.3 西方近代管理思想

18世纪中叶，英国人瓦特改良蒸汽机之后，由一系列技术革命引起了从手工劳动向动力机器生产转变的重大飞跃，标志着工业革命的开端。当时的工厂，面临着三个方面的问题：首先，是产品能否卖出去，这是市场和竞争者的问题；其次，是产品质量和成本问题；最后，是工人的管理问题。因此，这一时期的管理思想及理论着重研究这些问题。

1. 亚当·斯密的管理思想

亚当·斯密在 1776 年发表了代表著作《国民财富的性质和原因的研究》。他在这部著作中也涉及许多管理思想，这些管理思想对现代企业管理具有重要的影响。

（1）分工理论。分工问题是管理中的首要问题。可以说，没有分工也就没有管理。亚当·斯密论述了分工的好处，认为劳动生产力的提高和国家的富有均是分工的结果。亚当·斯密认为，无论是行业分工还是行业内部的分工，"分工的效果总是一样的。凡能采用分工制作的工艺，一采用分工制，便相应地增进劳动的生产力。"

（2）影响劳动报酬和资本利润的因素分析。亚当·斯密在其著作中讨论了工资和利润问题，提出了平均工资和平均利润的概念。他认为在一个一切听其自由，每个人都能自由选择自己认为适当的职业，并能自由改业的社会，工资和利润在同一个地方，总的来说是完全相等或不断趋于相等的。因为"在同一地方内，假若某一用途，明显比其他用途更有利，这样，这种用途的利益，不久便和其他各种用途相等"。亚当·斯密具体分析了影响工资的五种因素：①劳动工资因业务有难易、有污洁、有尊卑而有所不同；②劳动工资因业务学习有难易，学费有多寡而有所不同；③各种职业的劳动工资因业务是否安定而有所不同；④劳动的工资，因劳动者所须负担的责任的大小而有所不同；⑤各种职业的劳动工资，随取得资格可能性的大小而有所不同。

2. 萨伊的管理思想

让·巴蒂斯特·萨伊生活在法国资产阶级革命和第一次产业革命时期，他最主要的著作是 1803 年出版的《政治经济学概论》。萨伊的经济政治学著作当中蕴含着丰富的管理思想，影响深远。

（1）制约分工的因素与分工的利弊。萨伊认为制约分工的因素主要有三个：产品的消耗量、资本的实力、行业本身的性质。同时，萨伊指出不仅要看到分工的好处，更要注重分工的"流弊"："一生专门从事一种工作的人，对于这项工作很有可能比别人干得好，干得快，但同时他将不能适应其他的一切工作，不管是体力的还是脑力的，他的其他技能将逐渐消失，或完全消失，作为一个人来说，他实际上是退化了。"

（2）共同劳动的思想。萨伊把财富看做科学家、企业主和工人共同劳动的结果，认为三种人的劳动都是有效的，能产生经济效益的。企业主作为管理人员，在社会财富的创造中具有不可替代的作用。

（3）劳动报酬的思想。萨伊将报酬和收入统称为利润，提出了决定劳动利润率的两条原则：①在充足的资本引起大量劳动力需求的地方，劳动利润的比率最高；②从不同生产部门的劳动利润比较看，利润的大小和以下情况成比例：工作的危险、困难和疲劳的程度，工作愉快或不愉快的程度，工作的定期性或不定期性，所需技巧和才干的程度。

3. 罗伯特·欧文的管理思想

罗伯特·欧文是一位英国的空想社会主义者，也是一位企业家、慈善家，是现代人事管理之父、人本管理的先驱。

（1）欧文的管理思想基于"人是环境的产物"这一法国唯物主义学者的观点，他在新拉纳克所进行的一切实验都是为了证明"用优良的环境代替不良的环境，是可以使人由此洗心革面，清除邪恶，变成明智的、有理性的、善良的人；从出生到死亡，始终苦难重重，是能够使其一生仅为善良和优良的环境所包围，从而把苦难变成幸福的优越生活"。

（2）柔性管理方法。首先，他在工厂内推行了一种新的管理制度，其核心是废除惩罚，强调人性化管理。欧文根据工人在工厂的表现，将工人的品行分为恶劣、怠惰、良好和优质四个等级，用一个木块的四面涂上黑、蓝、黄、白四色分别表示。每个工人都有一个木块，部门主管根据工人的表现进行考核，厂长再根据部门主管的表现对部门主管进行考核。考核结果摆放在工厂里的显眼位置上，员工一眼就可以看到各人木块的不同颜色。这样，每人目光一扫，就可以知道对应的员工表现如何。刚开始实行这项制度的时候，工人表现恶劣的很多，而表现良好的却很少。但是，在众人目光的注视中和自尊心理的驱使下，表现恶劣的次数和人数逐渐减少，而表现良好的工人却不断地增多。这种无惩罚的人性化管理，在当时几乎是一个奇迹。同时，部门主管考核员工，经理考核部门主管，同时辅之以越级申诉制度，开创了层级管理的先河，也有利于劳资双方的平等沟通和矛盾化解。

案例 2-4

自我改善的柔性管理

大连三洋制冷有限公司（以下简称大连三洋）的管理者发现，随着公司的发展和员工素质的不断提高，原有的制度、管理思想和方法，有的已不能适应企业的管理需求，有的满足不了员工实现其精神价值的需要。更为重要的是，随着国内外市场竞争的激烈，大连三洋如何增强自身应变能力，为用户提供不同需求的制冷机产品，就成为公司发展过程中必须要解决的问题。因此，公司使逐渐培养起来的员工自我管理的意识逐步升华成为立足岗位的自我改善行为，即自我改善的柔性管理，从而增强了公司在激烈的市场竞争中的应变能力。

员工是改善活动的主体，公司从员工入厂开始，即坚持进行以"爱我公司"为核心的教育，以"创造无止境改善"为基础的自我完善教育，以"现场就是市场"为意识的危机教育。他们在吸纳和研究员工危机意识与改善欲求的基础上，总结出了自我改善的10条观念：①抛弃僵化固定的观念；②过多地强调理由，是不求进取的表现；③立即改正错误，是提高自身素质的必由之路；④真正的原因，在"为什么"的反复追问中产生；⑤从不可能中寻找解决问题的方法；⑥只要你开动脑筋，就能打开创意的大门；⑦改善的成功，来源于集体的智慧和努力；⑧更要重视不花大钱的改善；⑨完美的追求，从点的改善开始；⑩改善是无止境的。

这10条基本观念，如今在大连三洋已成为职工立足岗位自我改善的指导思想和自觉的行为。企业与员工共存，为员工提供舒适的工作环境，不断提升着员工的生活质量；员工以极大的热情关心公司的发展，通过立足岗位的自我改善成了公司发展的强大动力。

"柔性管理"的最大特点，在于它主要不是依靠外力强制进行管理，而是依靠人性解放、权力平等、民主管理，从内心深处来激发每个员工的内在潜力、主动性和创造精神，使他们能真正做到心情舒畅、不遗余力地为企业开拓优良业绩，成为企业在全球激烈的市场竞争中取得竞争优势的力量源泉。

（3）环境塑造人性。欧文认为，好的环境可以使人形成良好的品行，坏的环境则使人形成不好的品行。他对当时很多资本家过分注重机器而轻视人的做法提出了强烈批评，并采用多种办法致力于改善工人的工作环境和生活环境。在工厂里，欧文通过改善工厂设备的摆设和搞好清洁卫生等方法，为工人创造出一个在当时看来尽可能舒适的工作场所。他还主动把工人的工作时间从13～14小时缩短到10.5小时。欧文很注重绿化环境，在工人住宅的周围，树木成荫，花草成行。欧文还专门为工人建造了供他们娱乐的地方——晚间文娱中心，这对工人的身心健康有着十分积极的效应。

（4）教育引导成功。欧文的管理思想中，教育制度占有很大比重。为了普及教育，他主张建立教育制度，实行教育立法。欧文认为，"教育下一代是最最重大的课题""是每一个国家的最高利益所在""是世界各国政府的一项压倒一切的紧要任务"。他的教育理念是:"人们在幼儿时期和儿童时期被培养成什么样的人,成年后也就是什么样的人。现在如此,将来也是如此。"

4. 查尔斯·巴贝奇的管理思想

查尔斯·巴贝奇是科学管理的先驱者,是第一台可编程的机械计算机的设计者。在产业革命后期,他是对管理思想贡献最大的人员之一。

(1) 劳动分工与生产率提高的原因分析。包括:节省了学习所需要的时间;节省了学习期间所耗费的材料;节省了从一道工序转移到下一道工序所需要的时间;经常从事某一工作,肌肉能够得到锻炼,不易引起疲劳;节省了改变工具、调整工具所需要的时间;重复同一操作,技术熟练,工作较快;注意力集中于单一作业,便于改进工具和机器。

(2) 关于科学管理的建设性意见。包括:制造程序及成本;应用时间研究技术;搜集资料时应使用印好的标准表格;分析企业机构的实际工作时,宜采用比较分析法;应研究各种不同颜色的纸张与油墨的效果,以确定何种颜色不易使眼睛疲劳;提问题时,要研究如何发问才能获得最佳效果;应根据以所得为基础的统计资料,来确定所需;生产程序的管理应集权化,以求经济;应重视研究发展工作;应考虑厂址是否邻近原料供应地,以确定厂址位置;应建立一套对每个人都有利的建议制度。

2.3　中西方早期管理思想的比较

管理思想主要有两种类型:一种是源于古希腊文化传统的西方管理思想,它在近代资本主义的条件下演变为具有一定科学形态的管理理论,对现代人类的经济社会发展产生了重大影响;另一种是源于中华文化传统的中国管理思想,它具有鲜明的东方文化色彩。但由于社会历史条件的限制,中国管理思想在近代没有能够与产业革命及资本主义企业经营相结合,以致今天一般认为科学管理的观念和方法都来自西方。直到20世纪80年代,日本及"亚洲四小龙"经济的飞速发展,才使人们的眼光重新从西方转向东方,开始研究中国古代管理思想在当代社会中的重大意义。

2.3.1　中西方管理思想渊源比较

美国著名管理学家彼得·德鲁克指出,"管理是以文化为转移的,并且受其社会的价值观、传统与习俗的支配。"中国和西方的管理思想各自打上自己民族的烙印,它们不同的特征和内容来源于不同的历史条件和社会背景。

1. 中国早期管理思想的渊源

中国一贯"以农立国",历史上,虽然经历了许多经济政治制度的变迁,但以农业生产为基础的社会生活和社会结构却一直延续下来,很少变动。这种农业社会的管理形态反映在思想观念上就具有以下特点。

(1) 在管理体制上,是以专制为核心的思想。中国古代农业社会是由大量分散、小型、雷同的以自然经济为主体的村落和城镇组成的,要维持这种社会结构的稳定就必须有一个高高在上、君临一切的集权管理体制和万众臣服的管理思想。这种体制在组织上等级森严、上下有序;在领导上强调绝对服从,抹杀个性,强调严格统一,忽视差别;在控制上重视整体效果,忽视个体利益,重视自上而下的控制,忽视自下而上的反馈。

(2) 在管理方法上,是经验与理性相互补充的思想。农业生产必须注重经验、注重实际、注重应用。一方面在管理上时刻保持着一种清醒的理性态度,重人事,轻鬼神,把管理活动放在实实在在的人间实务上,讲求入世,不重出世;重视德育,轻视宗教;崇尚经验,无视神异;尊崇王权,压抑神权。另一方面,它不重言论,不重思辨,注重在实际经验基础上的切实领会和直觉领悟,注重实际行动本身。它又善于从长远的、整体的角度来考察和估量事态的发展,从而采取恰当的、系统性的长期战略计划和管理措施。这种经验理性的管理方法从不依靠那些不切实际的幻想,也不重视通过严格的逻辑判断来进行决策,而更多的是应用兵、医、农、艺等实用文化来进行直观性的类比,做出决策和计划。

(3) 在管理规范上,避免过与不及而力争保持适中状态的思想。周而复始的农业生产,自给自足的自然经济,形成了中国人力求稳定、少走极端和反对冒险的中庸精神。表现在管理行为上,则力求使事物不致处于过分偏离稳态的"过"或"不及"的状态,而能保持中和、适度、协调、平衡。《中庸》所说的"中也者,天下之大本也,和也者,天下之达道也。致中和,天地位焉,万物育焉。"成为中国管理行为的信条;而"不偏不倚,无过不及",则是中国管理控制过程的标准和规范。

案例2-5

经营之神——王永庆的管理思想

王永庆是我国台湾著名的企业家、台塑集团创办人,被誉为台湾的"经营之神"。王永庆50多年的企业管理生涯不仅缔造了一个石化王国,更总结出了一套对所有中国企业都有益的管理思想。

什么是中国企业管理之魂?

王永庆对此做出了明确回答:只能是中华民族的信仰和文化。具体地说,就是要靠中华民族的"勤劳朴实""止于至善"的精神来办好企业,这也是民族精神的精髓,只要以这个民族精神为"根",经过不断实践和思考,再实践,再思考,没有企业办不好的。"什么时候企业经营偏离了民族信仰和文化,什么时候我们在竞争对手面前就彻底忘记了自己是谁!"这就是一位中国企业前辈的情愫与人文关怀。王永庆动情地说:"若能为整个民族文化做几件重要的事,这一生也算没有白活,即使是血本无归,又何足惜之。"

什么是企业家的做人准则?

王永庆说:"就是对自己负责,对他人负责。也就是要'利己利人,回馈社会'。"具体地说,王永庆强调了四个善待:善待客户、善待员工、善待社会、善待自然。王永庆认为发展企业有两大依靠:一是靠不断演进的领先理念带动企业员工行动,以优质的产品和服务获得客户和社会的信赖;二是以实践为本,不断探讨实践,发现新理念,引领企业的进步。

什么是管理的最高境界?

管理是发现问题,解决问题,更多地表现在人与人关系的矛盾问题上。王永庆认为人与人对立与矛盾是"划分你我给划分出来的"。例如,劳资关系,不应该是对立斗争的关系,应该是为公司长远发展共同努力的伙伴,是为消灭贫困共同努力的。双方要看到彼此的矛盾是"分则两败俱伤,合则共赢",一切只要认真贯彻实事求是的合理化原则,彼此之间的矛盾是可以化解的。矛盾是绝对存在的,但斗争则是不可取的。在合理化原则指导下,取双方共识之长,通过协商与检讨,矛盾不仅没破坏性,还会形成共存共荣的动力源泉。在王永庆眼中,管理的终极目标是给每个人发展空间、发展目标、发展希望,实现在企业内要让每个人有"切身感"。

几十年来,全球化工行业一直把王永庆尊为"经营之神",其经营之道更是备受推崇,很多台湾企业家都将王永庆的管理经验当作最为实用的教科书。我们追寻王永庆的管理思想渊源,不禁发现,他深受中国传统文化的影响,他的经营管理之道也是中华文化在企业管理领域的实践与发扬。

2. 西方早期管理思想的渊源

西方的管理形态则是在商品经济的社会中发展起来的,它围绕着如何使工商业主和资本家获取更大的利润而展开，与中国农业社会型的管理形态有明显的区别。

（1）西方的管理在相当长的一段时期，有重物不重人的倾向，重经济利益，不重道德教育。与此相适应，西方的管理着重于企业的微观管理，不太重视社会的宏观管理；重视个人劳动能力和技术的最大限度发挥，不大重视群体之间的协调和心理状态的适应；重视短期效益和单个经济单位的利益，不太重视社会整体的长远目标。

（2）在管理方法上，西方管理善于思辨，重视逻辑推理，依靠科学试验，因此，一方面，在管理上具有经验论的传统，但又不局限于直观经验，而是把管理理论建立在感性丰富、知性清晰的管理试验基础上。这种经验论方法直接导致了以弗雷德里克·泰罗为代表的"科学管理"运动和管理科学理论的形成。另一方面，西方管理在管理中又具有反理性的传统，把管理的最高目标和理想寄托于虚无缥缈的天国或"乌托邦"上面，宗教信念在西方历史上对管理的活动和思想有着极大的影响。西方的管理思想就是在这种经验的与反理性的惊人的分裂和对立中发展的。

（3）西方的管理在市场经济土壤的培育下，既有严密的形式，又具有创新的精神。一方面，它依靠明确细致的法律条文和规章制度进行统一管理，尽可能把管理活动纳入严密的机械式的体系中，在这个体系里，每个部分都有严格的责、权、利的规定。另一方面，为了适应剧烈变动的商品经济生活，它又不得不经常地超越和打破自己的管理规范，不断进行着管理思想和理论的革新和创造，因而没有一种管理理论能够在西方保持长期的主导地位，在现代更形成了"管理理论的丛林"，这与中国具有强大继承性的管理思想形成了鲜明的对照。

2.3.2 中西方早期管理思想各自的利与弊

中华民族的祖先生活在东亚大陆，这种一面临海，三面陆路，对外交通极不便利而内部回旋余地又相当开阔的自然环境，使中国的管理活动具有典型的大陆民族的管理模式。

1．中国早期管理思想的特点和优、缺点

1）中国早期管理思想的特点

中国传统思想文化虽然学派众多，典籍汗牛充栋，但从根本上看，其出发点和落脚点都是为了提出一套治国安邦的万全之策。正如司马谈在《论六家之要旨》中所说："天下一致而百虑，同归而殊途。夫阴阳、儒、墨、名、法、道德，此务为治者也。"因此，中国传统文化也可以说是一种"管理型"文化。由于特定的地理、历史和社会条件的因素的影响，虽然诸子百家的管理思想各自不同，但从两汉开始一直以儒家为主干，儒道交融，吸收各家之长，形成了相当稳定的统一的基本构架和模式。这种构架和模式的基本点是管理的人本观、整体观、和谐观和经权观。

（1）人本观是中国传统管理思想的核心。它把人作为管理活动的出发点和归宿，一切管理都以"修己"作为起点，达到"安人"的目标。"道之以政，齐之以刑，民免而无耻；道之以德，齐之以礼，有耻且格。"这是儒家管理思想的最高纲领，也是这种人本观的理论基础。中国传统管理思想的人本观具体表现为管理的人道原则、心理原则和主体性原则。

（2）整体观是中国传统管理思想的基础。它把管理作为一个统一的整体和过程，力求达到社会与自然、管理系统与外部环境、管理组织内各种组成和状态的最佳和谐为目标，把管理的各个要素和功能组合成为一个统一的有序结构。在具体操作上，这种管理整体观表现为以计划为依归，以组织为工具，以领导为中心，以控制为根本，以训练为起点，形成一个有机联系的管理系统。

(3) 和谐观是中国管理思想的灵魂。它以追求管理系统的协调、和谐、稳定为目标。在生产管理上实现"天人合一",在社会管理上实现"天下一家",在人事管理上实现"知行合一"和"情理合一"。管理不仅是一种科学的理性操作,更是一种人们所创造的艺术境界。这种管理的理想境界即是孔子的"从心所欲,不逾矩",也就是老子的"无为而无不为"。

(4) 经权观是中国管理思想的规范。"经"指"变中不易的常理",即管理中普遍的稳定的原则;"权"指"应变的权宜",即根据时空和势态变化而不断改变着的方法和策略。它要求"执经达权",即根据普遍的管理原则和事物运动的客观规律,来选择和确定合适的管理策略和方法,最后达到管理的目标。

2) 中国早期管理思想的优、缺点

中国早期管理思想的优点主要是,重视发挥人在管理中的能动作用,注意各种管理因素的协调平衡,善于从整体的长远的管理目标出发来决定各种管理措施。中国的传统管理思想闪耀着辩证法的异彩,具有顽强的生命力,在现代的管理中仍可以发挥重要的作用。中国经济的腾飞,日本及"亚洲四小龙"的崛起,都得益于对这种中华管理文化的借鉴。

但是,中国传统管理思想是在封建的农业社会的土壤中生长起来的,它有自身先天的缺陷:一是缺乏与近代工业生产和科学技术的有机联系,二是缺乏与市场经济的紧密联系。它自身也没有形成系统的科学形态,在管理思想的各种长处中,本身也包含着各种弊端:①人本观,既把人放在管理的中心地位,却又不重视个人的价值和独立的人格;②整体观,既科学地把管理诸要素及过程作为一个有机整体,这个整体却又可能成为失去活力、缺少个性、束缚生产发展的樊笼;③和谐观,既正确对待自然、社会的各种辩证关系,注意保持管理系统的和谐稳定,又可能成为反对变革、摒弃竞争、害怕冒险的强大心理惯性;④经权观,辩证地处理了管理过程中的变与不变、运动与静止的对立统一关系,但"天不变,道亦不变",万古不变的"经"就可能成为社会进步、组织更新、模式变革的极大障碍。传统管理思想中的许多信条,如"不患寡而患不均""何必曰利""父母在不远游""子为父隐"等,不仅在历史上成为管理方式变革和生产力发展的绊脚石,而且在今天改革开放和建立社会主义市场经济的体制中,仍是沉重的历史包袱。

2. 西方早期管理思想的特点和优、缺点

1) 西方早期管理思想的特点

作为西方管理思想源头的古希腊,其地理环境与中国大不一样。西方有漫长的海岸线,内陆交通却极不方便,没有什么回旋的余地,因而只能向外拓展以求发展,这使古希腊商业和航海业发展较早。这种海洋民族的管理思想具有以下几个鲜明的特征。

(1) 外向性。海上交通的发达、人员交流的频繁造就了一种外向型的民族心理,以地中海为走廊,几个文明古国之间发生过规模巨大的文化融合,其管理经验和管理思想曾多次相互交流,在一定程度上成为一个浑然一体的系统。

(2) 创新精神。标新立异是西方文化的一个特征,它一方面表现为对知识和智慧的追求,形成了求知的科学方法(如形式逻辑)。这种探究知识的榜样以后成为弗雷德里克·泰罗、弗兰克·吉尔布雷思和其他许多著名管理学者的最终目标。另一方面,在社会管理方面,西方早期管理进行过多种形式的试验,特别是城邦形式复杂的奴隶制民主管理制度,这种城邦提供了自由讨论的实践经验,并证明了我们称之为"协商式管理"的价值。

(3) 重功利。商业的发达和人员的频繁往来,使西方人在管理活动中一开始就较少关心血统的亲缘关系,他们重利益,讲功效,追求现实的成功。为了获取最大的经济利益,

第2章 中西方早期管理思想

他们很早就提出了用统一的标准进行管理的思想。这种思想在柏拉图的《理想国》一书中提出的经济管理中的专业化和劳动分工原理，已经有了深刻的诠释。

2）西方早期管理思想的优、缺点

西方早期管理思想中各种"管理科学"都重视对管理的理性分析，但这种过分重视理性的传统却造成了忽视人的主观能动性，无视人的心理情感的结果。西方早期管理思想对管理中的某一要素进行了深入的科学的逻辑分析，总结出某一管理方面的规律，但却往往把这种局部的规律看成是整个管理活动的普遍法则，产生了以偏概全、好走极端的弊病。西方早期管理思想过分强调专业化、规范化、严密化、制度化，走到把人机器化的极端；管理技术的复杂化造成了片面追求管理的数学化、模型化的倾向，无视人的心理情感因素和管理艺术的丰富性，以致被美国人称为对"象牙之塔中的分析和理财手段的迷信"。

3M公司的创新精神

3M公司营销6万多种产品，从砂纸、胶黏剂到隐形眼镜、心肺仪器和新潮的人造韧带及从反射路标到不锈钢、羊毛、肥皂垫和几百种胶条（如创可贴、防护胶带、超级捆绑胶带），甚至还有一次性尿片、再扣紧胶带。3M公司视革新为其成长的方式，视新产品为生命的血液。公司的目标是：每年销量的30%从前4年研制的产品中取得（公司长期以来的目标都是5年内25%的销量来自新研制的产品）。这足以令人吃惊，但更令人吃惊的是它通常能够成功。每年，3M公司都要开发200多种新产品，它传奇般的革新精神已使3M公司连续成为美国最受人羡慕的企业之一。

新产品不是自然诞生的，3M公司努力地创造一个有助于革新的环境，它通常要投资约7%的年销售额用于产品研究和开发，这相当于一般企业的二倍。

3M公司鼓励每一个人开发新产品，公司有名的"15%规则"就是允许每个技术人员至多可用15%的时间来"干私活"，即研发个人感兴趣的工作方案，不管这些方案是否直接有利于公司。当产生一个有希望的构思时，3M公司会组织一个由构思开发者及来自生产、销售、营销和法务部门的志愿者组成的风险小组来培育此产品，并保护它免受公司苛刻的调查。每年，3M公司都会把"进步奖"授予那些新产品开发后3年内在美国销售额达到200多万美元，或者在全世界销售额达到400万美元的风险小组。

在创新的过程中，3M公司始终与顾客保持着紧密的联系。在新产品开发的每一个时期，3M公司都会对顾客偏好重新进行评估，营销人员和科技人员在开发新产品的过程中会紧密合作，而且研发人员也会积极参与制定整体营销战略。3M公司知道，为了获得最大的成功，它必须尝试成千上万种新产品构思，它把错误和失败当作创造和革新的正常组成部分。事实上，它的哲学似乎成了"如果你不犯错，你可能不再做任何事情"。但正如后来的事实所表明的，许多"大错误"都成为3M公司最成功的一些产品。

创新是一个企业生存和发展的灵魂。技术创新可以提高生产效率，降低生产成本；体制创新可以使企业的日常运作更有秩序，便于管理，同时也可以摆脱一些旧的体制的弊端；思想创新可以增强企业的凝聚力，发挥员工的创造性，为企业带来更大的效益。

中西方早期管理思想各具自己的长处和短处，而且优劣共生、利弊相通。这就是所谓"文化悖论"的一种普遍的、必然的现象，值得注意的是，这种长处和短处，在中西方的管理思想中往往具有对应和互补的关系。因此，中西方管理思想的交流、移植和融合，中国传统管理思想在新的历史条件下的改造和重建，是一种必然的历史发展趋势。

【拓展期刊】

本章小结

管理思想就是人们在社会实践中对管理活动的思考所形成的观点、想法和见解的总称。它是人们对管理实践中种种社会关系及其矛盾活动自觉的和系统的反映。

管理思想是在管理实践基础上逐渐形成发展起来的，它经历了从思想萌芽、思想形成到不断系统与深化的发展过程。在古代社会的长期历史进程中，人们对管理实践的思考处在不自觉的状态中，对管理的具体问题与具体环节、方法等方面，提出了很多见解，记录下了许多成功的管理经验和方法，从而形成了丰富的古代管理思想的遗产。其中，中国传统文化中的儒家、道家、法家、兵家的管理思想具有代表性；而在西方，一些文明古国的管理思想也闪现着智慧的光芒。

19世纪后期，在社会生产力高度发展与科学技术飞跃进步的推动之下，管理问题得到重视和关注，对管理实践的观察研究和总结不断发展，使人们对管理的认识不断系统与深入，管理思想逐渐形成一个独立的思想体系。在中国，主要是一些企业家在管理实践中表现出各具特色的管理思想；在西方，主要是一些经济学家和社会活动家在自身理论体系阐述和实践中蕴含着丰富的管理思想。

通过比较中西方早期管理思想，我们发现，中西方管理思想在文化起源、研究对象、研究方法等各方面都有差异，使其各具特征，也各有优劣。管理思想的研究和比较对各个行业的管理者都有意义，同时也是我们吸收国外管理科学成果的有效途径。

关键术语

劳动分工——division of labor
科学管理——scientific management
管理原则——principles of management
高绩效的工作实践——high-performance work practice
产业革命——industrial revolution
自我监控——self-monitoring
定量方法——quantitative approach

案例应用分析

中华管理智慧——同仁堂传奇

1. 案例背景

同仁堂（原名同仁堂药室、同仁堂药铺）是乐显扬创建于1669年的一家药店，是国内最负盛名的老药铺，其服务宗旨是"修合无人见，存心有天知"。历经数代、载誉300余年的北京同仁堂，如今已发展成为跨国经营的大型国有企业——同仁堂集团公司，其产品以其传统、严谨的制药工艺、显著的疗效享誉海内外。2006年同仁堂中医药文化进入国家非物质文化遗产名录。

2. 管理与成功

1）质量第一

创始人乐显扬的三子乐凤鸣不惜五易寒暑之功，苦钻医术，刻意精求丸散膏丹及各类型配方，分门汇集成书，提出"遵肘后、辨地产、炮制虽繁，必不敢省人工；品味虽贵，必不敢减物力。"为同仁堂制作药品建立起严格的选方、用药、配比及工艺规范，代代相传。同仁堂除严格按照国家明确规定的上乘质量用药标准外，对特殊药材还采用特殊办法以保证其上乘的品质。同仁堂生产的中成药，从购进原料到包装出厂，有上百道工序，加工每种药物的每道工序，都有严格的工艺要求，投料的数量必须精确，各种珍贵细料药物的投料误差控制在微克以内。例如犀角、天然牛黄、珍珠等要研为最细粉剂，除灭菌外，要符合规定的罗孔数，保证粉剂的细度，此外还要颜色均匀，无花线、无花斑、无杂质。

第 2 章　中西方早期管理思想

2）仁行天下

同仁堂以"养生济世"为己任,从不为不义之财所动。前几年我国南方一些城市流行肝炎,特效药板蓝根冲剂供不应求,到同仁堂拉板蓝根的汽车排起了长队。同仁堂的职工昼夜奋战,生产高质量的板蓝根。有人提出药品需求量这么大,况且配料之一白糖的库存没有了,用的是高价糖,如果按原价出厂不合算,应提高价格。但同仁堂将治病救人视作自己的天职,药品一律按原价出厂。

代顾客煎药是药店的老规矩,冬去春来,尽管煎药岗位上的操作工换了一茬又一茬,但从未间断,也从未发生任何事故。现在药店每年平均要代顾客煎药近2万副,此举深受患者和顾客欢迎。同仁堂的邮寄部和咨询服务台,对各地患者有信必答、有求必应,为患者介绍适合症状的药品,解答顾客提出的各种问题,40多年来接待上千万人次。

药店还安排专人夜间售药,设立患者和客户急需药品登记簿,为残疾人送药上门,增设ATM、磁卡电话、助听器测试仪及外币兑换业务,目前已可兑换21个国家的货币。1996年,同仁堂又本着"社会效益第一,一心为病患者服务"的指导思想,创办了医馆,聘请26名有丰富临床经验的北京市有名的老中医坐堂应诊,为百姓解决了看专家号难的问题。由于医馆专家的医术精湛,疗效显著,国内外各阶层人士纷纷慕名而来。

3）商标生命

同仁堂商标已在新加坡、泰国、菲律宾、意大利、英国、日本等国家和地区及28个马德里协约国注册或申请注册。由于全面考虑商标的可读性和可传播性,同仁堂又在以上国家申请注册"Tongrentang"英文商标,双龙加英文为同仁堂出口产品的专用标志。

同仁堂对商标管理极为严格。同仁堂包装广告公司行使对集团商标的管理职能,商标问题的重大决策必须经过集团总经理、主管副总经理、有关处室处长召开办公会,讨论通过。使用同仁堂商标的单位,按统一表格填报申请材料,交同仁堂包装广告公司,申请材料经商标办公会议审批,申请批准后,要签订统一的商标使用许可合同,被许可人无权再转让他人使用。商标使用许可合同签订后3个月内报注册人和被许可单位所在工商局备案,委托手续中产生的一切文书材料,同仁堂包装广告公司负责归档。商标使用期限最长为3年,使用期满后如继续使用,应重新申报使用手续。商标的制版和印刷交给工商行政部门批准的、有资格承揽该项业务的厂家负责印刷。每块版都要有档案,每批印刷都要登记留样。同仁堂商标被许可使用单位要对商标标识物建立入库、领料手续。商标管理人员定期对车间、仓库的商标标识物、各种包装材料的使用及仓储情况进行现场检查、监督,并完善使用、回收和销毁制度。

4）与时俱进

目前,同仁堂拥有境内外两家上市公司,连锁门店、各地分店、遍布各大商场的店中店600余家,海外合资公司、门店20家,遍布21个国家和地区,产品行销40多个国家和地区。规模、实力的壮大并没有让同仁堂停止前进的脚步。同仁堂人十分清楚自己的处境,中国大地上有不少中外合资、外商独资的制药企业。他们的西药简单方便、疗效快的优势对同仁堂冲击很大。而且,欧美仍有不少国家和地区对中医、中草药持怀疑态度,这块市场很难抢占。现今中国年轻一代受现代文化的影响,对"同仁堂"只有少许印象。

面对这些不利因素,同仁堂集团公司投资3.4亿元改造生产环境,增添现代化设备。他们添置的高压液相仪、原子吸收光谱仪、薄层扫描仪等全套检测设备,使产品质量有了科学保证。店内还完善了计算机信息管理系统,各业务部销售情况、物价、资金使用情况、人员档案、广告宣传,以及水蜜丸、药酒等的生产过程中的投料、监控等均采用微机操作。同仁堂积极巩固国内"阵地",在北京、香港等建立分店,电视上也出现了他们的广告。与此同时,他们还大胆地走出国门,目前"同仁堂"已取得了十几个国家和地区的质量认证和进口许可,产品通过直接和转口贸易形式出口40多个国家和地区,同仁堂在亚洲、欧洲、大洋洲的4个城市设立销售分公司,以拉近与这些地区的消费者的距离。为了适应国外的习惯,同仁堂集团努力在药品的剂型、包装、销售等方面与世界接轨。以前藿香正气丸一次要吃一大把,外国患者不习惯。他们反复研究,生产出了浓缩的软胶囊,每次只服两粒,这个改进扩大了销量。中药的说明采用的往往是古老的四六句,外国消费者弄不明白,且不标明毒理和病理数据,同仁堂集团把出口药品的说明改成普通语言,标明有关检测数据,甚至用图解说明。这些努力在世界卫生组织及西亚太地区举办的首届国际传统医药大会上得以回报：牛黄清心丸获首届长城国际金奖，国公酒、白凤丸获银奖。

3. 成功之道

1) 质量观

从古至今，同仁堂质量观形成的原因大致有两个。一个是同仁堂人的自律意识。历代同仁堂人恪守诚实敬业的药德，提出"修合无人见，存心有天知"的信条，制药过程严格依照配方，选用地道药材，从不偷工减料，以次充好。另一个原因是同仁堂的外在压力。这外在的压力就是皇权的压力，因为是为皇宫内廷制药，所以来不得半点马虎，稍有不慎就有可能导致杀身之祸。历代同仁堂人坚持"配方独特，选料上乘，工艺精湛，疗效显著"四大制药特色，生产出了众多疗效显著的中成药，从而赢得了国内外人士的广泛赞誉和青睐。

2) 信誉观

若用一句话概括同仁堂的企业精神，那就是：同修仁德，济世养生。同仁堂的创业者尊崇"可以养生，可以济世者，唯医药为最"，把行医卖药作为一种济世养生、效力于社会的高尚事业来做。历代继业者，始终以"养生""济世"为己任，恪守诚实敬业的品德，对求医购药的八方来客，无论是达官显贵，还是平民百姓，一律以诚相待，始终坚持童叟无欺，一视同仁。在市场经济的竞争环境中，同仁堂始终认为"诚实守信"是对一个企业最基本的职业道德要求，讲信誉是商业行为最根本的准则。

3) 形象观

同仁堂历代传人都十分重视宣传自己，树立同仁堂形象。例如，利用朝廷会考机会，免费赠送"平安药"，冬办粥厂夏施暑药，办"消防水会"等。如今的同仁堂不仅继承了原有的优良传统，而且又为它赋予了符合新时代特征的新内容，世纪之交的同仁堂主要抓了以下几方面的工作：第一，利用各种媒体进行同仁堂整体形象的宣传，提高企业的知名度和美誉度；第二，以《同仁堂报》为载体进行企业内部宣传，提高企业的凝聚力和向心力；第三，发挥同仁堂文化力的作用，用同仁堂精神鼓舞、教育员工，激发员工的积极性、主动性和创造性；第四，抓同仁堂企业识别系统的设计工作，树立同仁堂面向21世纪的新形象；第五，积极参与社会公益事业，向社会无私奉献一份爱心，提高企业的社会责任感。

讨论：

（1）"修合无人见，存心有天知"体现了中国传统文化的哪些管理思想？

（2）如何理解经营者的管理思想对于企业发展的重要性？

（3）同仁堂的成功之道对于我国现代企业的管理与发展有哪些启示？

思 考 题

1. 如何理解管理实践与管理思想之间的关系？
2. 中国早期管理思想为何没能与资本主义萌芽很好地结合？
3. 请用兵家管理思想解读"商场如战场"。
4. 如何理解西方早期管理思想中"重功利"思想对于企业经营管理的重要性？
5. 你认为西方早期管理思想与工业革命之间有什么联系？

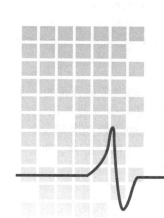

第 3 章 管理理论的形成与发展

教学要求

掌握古典管理理论、人际关系学说和行为科学理论的主要代表人物及其思想；理解现代管理理论的主要思想；了解现代管理理论阶段的最新发展。

本章知识点

科学管理理论；一般管理理论；管理十四条原则；霍桑实验；人际关系理论；现代管理理论。

■ 导入案例

阿斯旺大坝的争论

尼罗河上所筑的阿斯旺大坝，为世界七大水坝之一。它横截尼罗河水，长 3 830 米，高 111 米。1960 年在苏联援助下动工兴建，1971 年建成，历时十年多，耗资约 10 亿美元，使用建筑材料 4 300 万立方米，相当于胡夫金字塔的 17 倍，是一项集灌溉、航运、发电于一体的综合利用工程。

大坝水库的巨大容量不仅调节了下游流量，防止了洪水泛滥，还利用蓄积的水量扩大了灌溉面积，一改尼罗河泛滥性的灌溉为可调节的人工灌溉，大面积的沙漠得以被开垦成可耕地。同时，大坝电站每年发电 80 亿千瓦时，解决了埃及的能源短缺问题。除此以外，修造大坝所形成的巨人水库及对下游水位的调节，可以发展淡水养殖及内河航运。

但是，大坝建成 20 多年后，工程的负面作用逐渐显现出来，并且随着时间的推移，大坝对生态和环境的破坏也日益严重。这些当初未预见到的后果不仅使沿岸流域的生态和环境持续恶化，而且给全国的经济社会发展带来了负面影响。

首先是大坝工程造成了沿河流域可耕地的土质肥力持续下降。其次，修建大坝后沿尼罗河两岸出现了土壤盐碱化。再次，库区及水库下游的尼罗河水水质恶化，使得水生植物及藻类到处蔓延，不仅蒸发掉大量河水，还堵塞河道灌渠。最后，尼罗河下游的河床遭受严重侵蚀，尼罗河出海口处海岸线内退。

在 20 世纪 60 年代阿斯旺大坝兴建时，人们对大坝的认识还是片面的。阿斯旺大坝建成后陆续出现的生态和环境问题当中，有些是设计时预料到但无法避免或无力解决的，有些则是有所预料但对其后果的严重性估计不足的，还有些问题则是完全没有预料到的。虽然在兴建大坝前，要判断大坝工程的后果有很大的不可预测性，但是，我们应当秉持系统观念，从工程整体和历史长远性的角度系统思考和决策。

管理科学产生于19世纪末20世纪初，是随着资本主义工业的发展而逐渐形成和发展起来的。一般认为，管理科学是从美国管理学家弗雷德里克·泰罗开始出现的，至今历经了古典管理理论、行为科学理论和现代管理理论三个发展阶段。当然，各种管理理论的产生虽然有先有后，但在产生之后，却是并存发展，且相互影响，也存在着继续、借鉴关系。

3.1 古典管理理论

在20世纪初，由弗雷德里克·泰罗发起的科学管理革命导致了古典管理理论的产生。古典管理理论的代表人物弗雷德里克·泰罗、亨利·法约尔、马克斯·韦伯从三个不同角度，即车间工人、办公室总经理和组织来解决企业和社会组织的管理问题，为当时的社会解决企业组织中的劳资关系、管理原理和原则、生产效率等方面的问题，提供了管理思想的指导和科学的理论方法。

3.1.1 科学管理理论

1. 泰罗的生平

弗雷德里克·泰罗出生于1856年，1878年进入费城米德维尔钢铁公司工作。他从机械工人做起，历任车间管理员、小组长、工长、技师等职。1881年，泰罗开始在米德维尔钢铁厂进行劳动时间和工作方法的研究，为以后创建科学管理理论奠定了基础。同年，他在米德维尔开始进行著名的"金属切削试验"，经过两年初步试验之后，给工人制定了一套工作量标准。1884年，泰罗担任米德维尔钢铁公司的总工程师。

此后，他在多家公司进行科学管理的实验。在斯蒂尔公司，泰罗创立成本会计法。在西蒙德滚轧机公司，泰罗改革了滚珠轴承的检验程序。1895年，在美国机械工程师协会发表《计件工资制》。1898年，在伯利恒钢铁公司大股东沃顿的鼓动下，以顾问身份进入伯利恒钢铁公司，此后在伯利恒进行了著名的"搬运生铁块试验"和"铁锹试验"。1903年，泰罗正式出版《工厂管理》。1909年，泰罗受哈佛大学企业管理研究生院院长盖伊的邀请，到哈佛大学讲授科学管理。1911年，泰罗发表《效率的福音》，同年正式出版《科学管理原理》。1915年3月21日，泰罗因患肺炎在费城逝世，终年59岁。在管理思想史上，泰罗被誉为"科学管理之父"，这个称号被刻在他的墓碑上。

2. 科学管理理论

泰罗科学管理理论的内容主要有以下几点。

1）科学管理的中心问题是提高劳动效率

泰罗认为，科学管理的根本就在于提高劳动生产效率，因为科学管理如同节省劳动的机器一样，其目的正在于提高每一单位劳动力的产量。他认为，企业提高劳动生产率的潜力非常大，在当时条件下，每个工人的能力在工作中只发挥 1/3。泰罗在一项工人搬运生铁块的实验中，使工人每天搬运铁块的数量普遍从 12.5 吨提高到 47.5 吨，增加了 2.8 倍。可是，当时无论是雇主还是工人，对于一个工人一天到底能做多少工作、该做多少工作都没有明确的标准。

2) 为工作挑选第一流的工人

泰罗认为，所谓第一流工人包括两个方面：一是该工人的能力最适合他所从事的工作，二是该工人内心愿意从事这项工作。因为每个人的天赋与才能不同，他们所适宜做的工作也各异，身强力壮的人干体力活可能是第一流的，心灵手巧的人干精细活可能是第一流的。所以要根据人的不同能力和天赋把他们分配到相适应的工作岗位，使之成为第一流的工人。对那些不适合从事某项工作的工人，应加以培训，使之适应工作需要，或把他们重新安排到其他适宜的工作岗位上去。培训工人成为第一流的工人，是领导的职责。

3) 研究工时与标准化

泰罗通过改变不同的工作因素来观察哪些因素与工人日工作量变化有关。例如，工人在搬运生铁块时有时曲下膝盖，有时不曲膝盖而是弯腰。泰罗测试了休息时间、行走速度、搬运位置及其他各种变量。在长时期对各种过程、技术、工具等的组合进行科学测试之后，泰罗成功地达到他预期的水平，使工人确切地按规定方法劳动，通过采用高工资效率激励工人，就能达到日工作量目标。除了操作方法标准化，还应对工具、机械、原料和作业环境等进行改进，并使与任务有关的所有要素都最终实行标准化。工时研究与标准化为了解如何更为合理地完成一件工作找到了一条较为科学的途径。

4) 实行差别计件工资制

通过大量的工时与动作研究，泰罗把每一项工作都分成尽可能多的简单基本动作，把其中无效动作去掉，并通过对熟练工人操作过程观察记录，找出每一个基本动作的最好、最快操作方法，这构成了他确定日工作定额的基础。在标准定额的基础上，泰罗建议实行新的工资制度，即差别计件工资制。差别计件工资制是在"工资支付对象是工人而不是职位"思想指导下，按照工人是否完成其定额而采取高低不同的工资率。即完成定额的可按工资标准的 125% 计算工资，而完不成定额的只按 80% 计算工资，以鼓励工人千方百计完成工作定额。

5) 计划与执行分开，实行职能工长制

泰罗认为一位"全面"的工长应具备九种品质：智能、教育、专门的技术知识、手脚灵活、机智老练、刚毅不屈、忠诚老实、判断力和一般常识、身体健康。泰罗认为要找到一个具备上述品质中三种品质的人并不太困难，找到一个具备上述品质中五种或六种品质的人就比较困难，而要找到一个能具备七八种上述品质的人，那几乎是不可能的。为解决这种矛盾，他提出了分阶段的职能工长的主张，因为把工长的工作专业化后，对任职者的体力和脑力的要求也就相应降低了。

泰罗把责任分为两大类：执行职责和计划职责。在执行部门工长可分解为：①工作分派负责人；②速度管理员；③检查员；④维修保养员。在计划部门工长又可分解为：①工作流程管理员；②指示卡片管理员；③工时成本管理员；④车间纪律管理员。这样，原来旧式组织中一个工长的工作由八位职能工长分管，解决了当时缺少综合管理人才的矛盾。泰罗认为，每一个工人在其工作中的任何一个具体方面只有一个职能工长领导，因此不会出现多头领导而使工人无所适从的问题。而且，由于每个职能工长只需学会履行有限的职责,所以培训职能工长的工作将较为容易。

6) 对组织机构的管理控制实行例外原则

泰罗强调了企业中经理人员的特殊作用,经理人员应避免管理中的细小问题,而应把这些日常例行事务留给专门人员去处理,本人只需关心"例外的问题"。这个"例外原理"能够检查究竟谁履行了他承担的责任及谁没有做到这一点。"例外原理"对于帮助经理人员摆脱日常具体事务,以集中精力对重大问题进行决策监督,是必要且有利的。执行这一原理的经理人员不仅要授权给下级,而且应当使日常业务工作标准化、制度化,使下级人员有章可循。

根据例外原则,经理收到的应是简洁明了、具有对比性的报告,其内容应包括在过去正常情况下未出现过的或非标准的各种例外情况,既有特别好的例外情况,也有特别坏的。这样只要几分钟时间,就可使经理全面了解事态的发展过程与进退,使他能有时间去考虑更广泛的政策方针和研究他领导下的重要人员的特性和工作胜任问题。

7) 为实现科学管理,应开展一场"心理革命"

泰罗认为,通过开展一场"心理革命",变劳资对立为互相协作,共同为提高劳动生产率而努力,这才是科学管理理论的真谛。他强调,必须使工人认识到,科学管理对他们有好处,只有在改善操作方法的条件下,才能不增加体力消耗而提高劳动生产率,从而使工人工资得以提高;也只有实现科学管理,才能够降低成本,满足雇主的利润要求。

泰罗的管理理论倡导在管理中运用科学的方法和科学的实践精神,从而用调查研究和科学知识代替管理者个人的主观判断与经验。正是"泰罗制"的出现,才使人类的管理由经验走向科学。在科学管理理论基础上,创造和发展出了一系列有助于提高劳动生产率的技术和方法,而这些技术和方法又反过来成为近代以来管理系统合理组织生产的基础。当然,泰罗的科学管理理论也存在着许多不足之处,除了受其所代表的资产阶级的阶级局限性限制之外,还表现在三个方面:一是对工人的看法是错误的。他认为工人的主要动机是经济利润,工人最关心的是增加自己的金钱收入。他认为工人是笨拙的,对作业的科学化完全是无知的。二是仅重视技术因素,忽视社会、群体因素对管理的影响。三是注重基层管理或车间管理,忽视企业作为一个整体如何经营与管理的问题。

 案例 3-1

吉尔布雷斯的动作分析研究

动作研究是研究和制定正确合理的动作、节约工时、提高工效、改善工时利用的有效方法,目的是以最少体力消耗来取得最大成果,也就是在实际工作中尽量增加有价值的动作,缩短或取消徒劳的动作,提高劳动生产率。

在工作中,吉尔布雷斯发现工人们砌砖的动作各不相同,速度也有快有慢。由此,他对砌砖动作和速度的关系产生了兴趣。他仔细观察砌砖工在工作中运用的各种动作模式,探索究竟哪一种动作模式是最好而且是效率最高的。在此基础上,他联系工人所做的工作和使用的工具,对工人的动作进行了进一步研究,并制定了一种经过改进的工作方法。例如,在砌外层砖时,他把砌每块砖的动作从18个减少到4.5个;在砌内层砖时,把动作从18个减少到2个,使每个工人一小时的砌砖数量从120块增加到350块。他还想出了一种堆放砖的方法,使工人不用像往常那样检查砖的哪一面最好。他设计出一种可调整的支架,使得工人不必像往常那样弯腰取砖。他还调制了一种有精确浓度的灰浆,使得砌砖时不必多余地用泥刀涂抹。吉尔布雷斯通过对工人的动作进行科学的研究和分析,制定出更有效且省时间的砌砖方法。

吉尔布雷斯的科学研究成果逐步在实践中被应用，并从商业的标准上得以证明。例如，在一幢砖结构建筑物上，由砌砖工砌一堵12英寸(1英寸≈0.025 4米)厚的墙，用两种砖，给墙两边的接缝抹泥和画线，计算了一下，一批经挑选并熟练了新方法的工人，每人每小时能砌砖350块，而未经训练的工人用老方法操作的平均速度是每人每小时120块。砌砖工是由他们的班组长教给其砌砖的新方法，如果谁经过培训仍然不能提高效率，即予以解雇，而那些在新方法培训下变得熟练起来的工人，工资便会得到大幅度的增长。为了鼓励每人发挥自己的能力，他会计量和记录每人砌砖的数量，并在操作的间隙告诉每个工人已完成的砌砖量。

在任何行业中，动作研究和工时研究都可以将任何不必要的动作完全排除，慢动作也可以由较快的动作所替代，从而提高劳动效率和增强管理效果。

3.1.2 一般管理理论

1. 法约尔的生平

一般管理理论的主要代表人物是法国的亨利·法约尔。亨利·法约尔出身于富裕家庭，1858—1860年间，他就读于圣艾蒂安国立高等矿业学院；1860年毕业后，他进入科门特里富香博公司担任工程师，并显示出他的管理才能；1868年，公司的财务状况极为困难，公司几乎濒于破产时，法约尔被任命为总经理，到1918年法约尔77岁退休时，公司的财务状况已极为良好。几十年的总经理生涯，使他得以从最高层来探讨组织的管理问题。他提出的一般管理理论对西方管理理论的发展具有重大影响，成为管理过程学派的理论基础，也是以后各种管理理论和管理实践的重要依据之一。亨利·法约尔的代表著作是1916年发表的《工业管理与一般管理》。

2. 一般管理理论的内容

法约尔一般管理理论的主要内容有以下几点。

1）区分了经营与管理的概念并论述了人员能力的相对重要性

法约尔认为，经营和管理是两个不同的概念。经营是指导或指导一个组织趋向目标，它由六项活动组成，即技术活动，指生产、制造、加工等；商业活动，指购买、销售、交换等；财务活动，指资金的筹措及运用；安全活动，指财产和人员保护；会计活动，指存货盘点、成本核算、统计等；管理活动，指组织内行政人员所从事的计划、组织、指挥、协调和控制活动，如图3.1所示。

法约尔认为，所有的组织成员都应具备上述六种活动能力，但对不同层次和不同组织的人员来说，这些能力的相对重要性不同。一方面表现在，愈往高层，管理能力的重要性愈强，技术能力的重要性愈弱；愈往低层，管理能力的重要性愈弱，技术能力的重要性愈强。另一方面表现在，不同规模组织的领导人员，各种能力的相对重要性不同。组织的规模越大，领导人员的管理能力的重要性越强，技术能力的重要性越弱，组织规模越小，领导人员的技术能力的重要性越强，管理能力的重要性越弱。

2）概括了管理的五项职能

法约尔指出，管理是一种普遍存在于各种组织的活动，这种活动对应着计划、组织、指挥、协调和控制五种职能。

（1）计划：对有关事件的预测，并且以预测的结果为根据，拟订出一项工作方案。

（2）组织：为组织中各项劳动、材料、人员等资源提供一种结构。

（3）指挥：有关促使组织为达成目标而行动的领导艺术。

（4）协调：为达成组织目标而维持统一的工作。

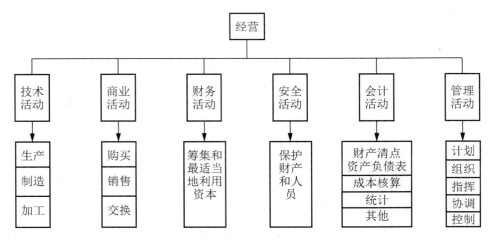

图 3.1　企业经营活动的分类

（5）控制：保证各项工作按既定计划进行。

3）提出了管理的十四条原则

（1）劳动分工。法约尔认为，分工不仅限于技术工作，也适用于管理工作，但专业分工要适度。

（2）权力与责任。法约尔认为，责任是权力的孪生物，是权力的当然结果和必要补充，凡有权力行使的地方，就有责任。

（3）纪律。法约尔认为，纪律对于企业取得成功是绝对必要的，同时还认为纪律是领导人创造的，组织的纪律状况取决于领导者的道德状况。

（4）统一指挥。法约尔认为，无论什么时候，一个下属都应接受而且只应接受一个上级的命令。这是一条普遍的、永久必要的原则。

（5）统一领导。法约尔认为，凡是具有同一目标的全部活动，仅应有一个领导人和一套计划。

（6）个人利益服从集体利益。法约尔认为，要实现这一原则，领导者必须以身作则并经常监督，尽可能签订公平的协议。

（7）合理的报酬。法约尔认为，人员的报酬是其服务的价格，应保证合理，尽可能使雇主和雇员都满意，但他并没有提出一个明确的标准。

（8）适当的集权和分权。法约尔认为，集权作为一项管理制度，本身无所谓好或坏，领导者应根据实际情况的不同把握集权的程度。

（9）秩序。法约尔认为，一切要素应各有其位，特别强调按照事物的内在联系事先选择好要素的恰当位置，如设备、工具、人员等。

（10）公平。法约尔认为，公平是由善意和公道产生的，公平是指实现已订立的协议，但这些协议要经常加以阐明和补充。领导者应该经常发挥自己最大的能力使公平感深入人心。

（11）保持人员稳定。法约尔认为，人们熟悉自己的工作需要时间，这就要根据实际情况，有秩序地安排人员并补充人力资源。

（12）首创精神。法约尔认为，全体人员的首创精神对企业来说，是一种巨大的力量，尤其是在困难时刻。

（13）人员的团结。法约尔认为，团结就是力量，要努力在企业内部建立起和谐与团结的气氛。

（14）跳板原则。企业管理中的等级制度显示命令统一是必要的，但这会产生信息延误现象。为解决这个问题，亨利·法约尔提出跳板原则，以便跨过权力执行的路线而直接联系。但只有在有关各方都同意且上级知情的情况下才能这样做。

4）阐述了管理教育和建立管理理论的必要性

法约尔认为，人的管理能力可以通过教育来获得，管理能力像其他技术能力一样，首先在学校里，然后在车间里得到。法约尔很强调管理教育的必要性与可能性，认为当时缺少管理教育的原因是缺少管理理论，每一个管理者都按自己的方法、原则、判断行事，没有人把可以为大家共同接受的经验教训总结概括为管理理论。法约尔强调了建立管理理论的必要性，并担起了这一重任。

作为古典管理理论的一个重要组成部分，法约尔的一般管理理论具有更强的理论性和系统性，他对管理职能的概括和分析为管理学提供了一套科学的理论框架和内容，对现代管理科学仍具有直接的重大影响。他从企业最高管理者的角度概括总结的管理理论具有普遍意义，也适用于其他管理领域，故称一般管理理论。不过，由于他过于追求管理理论的一般性，因而对具体的管理过程重视不够，这是有待于后人补充的。

【拓展期刊】

3.1.3 行政组织理论

1. 韦伯的生平

马克斯·韦伯出生在德国爱尔福特的一个中产阶级家庭，1882 年韦伯进入了海德堡大学攻读法律专业；1884 年，韦伯就读柏林大学，最后在柏林大学担任讲师；1889 年他完成了一篇标题为"中世纪商业组织的历史"的博士论文，取得了法律博士学位。两年后，韦伯撰写了《罗马的农业历史和其对公共法及私法的重要性》一书，通过了教授资格审核，韦伯也因此成为正式的大学教授。他的主要著作有《新教伦理与资本主义精神》《一般经济史》《社会和经济组织的理论》等。韦伯是现代社会学的奠基人之一，他在组织管理方面有关行政组织的观点对社会学家和政治学家都有着深远的影响。他不仅考察了组织的行政管理，而且广泛地分析了社会、经济和政治结构，深入地研究了工业化对组织结构的影响。他提出了所谓"理想的行政组织体系"理论，其核心是组织活动要通过职务或职位而不是通过个人或世袭地位来管理。韦伯的理论是对泰罗和法约尔理论的一种补充，对后世的管理学家，尤其是组织理论学家有重大影响，因而在管理思想发展史上被人们称为"组织理论之父"。

2. 行政组织理论的内容

韦伯行政组织理论的主要内容有以下几点。

1）权力是组织的基础

韦伯认为，任何组织都必须以某种形式的权力作为基础，没有某种形式的权力，任何组织都不能达到自己的目标。人类社会存在三种为社会所接受的权力：一是传统权力，由传统惯例或世袭得来；二是超凡权力，来源于别人的崇拜与追随；三是法定权力，理性——法律规定的权力。

对于传统权力，韦伯认为：人们对其服从是因为领袖人物占据着传统所支持的权力地位，同时，领袖人物也受着传统的制约。但是，人们对传统权力的服从并不是以与个人无关的秩序为依据，而是在习惯义务领域内的个人忠诚。领导人的作用似乎只是为了维护传统，因而效率较低，不宜作为行政组织体系的基础。而超凡权力的合法性，完全依靠对领袖人物的信仰，他必须以不断的奇迹和英雄之举赢得追随者，超凡权力过于带有感情色彩，并且是非理性的，其管理不是依据规章制度，而是依据神秘的启示。所以，超凡的权力的形式也不宜作为行政组织体系的基础。

韦伯认为，只有法定权力才能作为行政组织体系的基础，其最根本的特征在于它提供了慎重的公正。原因在于：首先，管理的连续性使管理活动必须有秩序地进行；其次，其管理为以"能"为本的择人方式提供了理性基础；最后，领导者的权力并非无限，应受到约束。

2）理想的行政组织模式

有了适合于行政组织体系的权力基础，韦伯勾画出理想的行政组织模式，具有下列特征。

（1）组织中的人员应有固定和正式的职责并依法行使职权。组织是根据合法程序制定的，应有其明确的目标，并依据这一套完整的法规制度，规范成员的行为，以期有效地追求与达到组织的目标。

（2）组织的结构是一层层控制的体系。在组织内，按照地位的高低规定成员间命令与服从的关系。

（3）人与工作的关系。成员间的关系只有对事的关系而无对人的关系。

（4）成员的选用与保障。每一职位根据其资格限制（资历或学历），按自由契约原则，经公开考试，合格者予以录用，务求人尽其才。

（5）专业分工与技术训练。对成员进行合理分工，并明确每人的工作范围及权责，然后通过技术培训来提高工作效率。

（6）成员的工资及升迁。按职位支付薪金，并建立奖惩与升迁制度，使成员安心工作，培养其事业心。

韦伯认为，凡具有上述六项特征的组织，可使组织表现出高度的理性化，其成员的工作行为也能达到预期的效果，组织目标也能顺利地达成。韦伯对理想的官僚组织模式的描绘，为行政组织指明了一条制度化的组织准则，这是他在管理思想上的最大贡献。

韦伯组织理论认为一套支配行为的特殊规则的存在，是组织概念的本质所在。这些规则对行政人员的作用是双重的：一方面他们自己的行为受其制约，另一方面他们有责任监督其他成员服从于这些规则。韦伯理论的主要创新之处源于他对有关官僚制效率争论的忽略，而把目光投向其准确性、连续性、纪律性、严整性与可靠性。韦伯这种强调规则、强调能力、强调知识的行政组织理论为社会发展提供了一种高效率、合乎理性的管理体制。现在我们普遍采用的高、中、低三层次管理就是源于他的理论。

3.1.4 古典管理理论的特征与意义

1. 古典管理理论的特征

第一，效率主义是古典管理最显著的特征。管理学诞生之初，所要解决的问题相当现实，就是通过寻找和运用科学的管理手段和方法，全力提高生产效率，降低企业的社会必要劳动量。无论是泰罗及其追随者，还是法约尔和韦伯，尽管理论视野各有侧重，学术观点也有差异，但他们皆视科学管理为提高工作效率的方法和手段。

第二，古典管理理论有浓郁的经验论、技术论的色彩。古典管理理论乃至整个管理学，就其理论源泉来说，主要有两类：一类是通过其他学科的渗透，吸取思想资源；另一类是对实践经验的总结提升。很显然，古典管理理论的形成是实践经验的结晶，其开创者大多出身于厂矿企业，对管理的理解或者来源于基层亲身实践，或者来源于长期管理具体组织的体验。

2. 古典管理理论的意义

第一，古典管理理论确立了管理学是一门科学。通过科学研究的方法能发现管理学的普遍规律，古典管理理论使管理者开始摆脱传统的经验和凭感觉来进行管理。

第二，古典管理理论建立了一套有关管理理论的原理、原则、方法等。古典管理理论提出了一些管理原则、管理职能和管理方法，并且主张这些原则和职能是管理工作的基础，对企业管理有着很大的指导意义，也为总结管理思想史提供了极为重要的参考价值。

第三，古典管理学家同时也建立了有关的组织理论。韦伯提出的行政组织理论是组织理论的基石，他提出了一种官僚管理体制的设想，还就应当建立组织的结构，以及维护这种组织结构的正常运行，提出了一系列的原则。今天企业管理的组织结构虽然变得更加复杂，但是，古典组织理论设计的基本框架仍未失去其存在的意义。

第四，古典管理理论为后来的行为科学和现代管理学派奠定了管理学理论的基础，当代许多管理技术与管理方法皆来源于古典的管理理论。古典的管理学派所研究的问题有一些仍然是当今管理上所要研究的问题，是对古典的管理思想的继承和发展。

3.2 行为科学理论

行为科学是20世纪30年代开始形成的一门研究人类行为的新学科，是一门综合性科学，并且发展成管理理论研究的主要学派之一。行为科学是综合应用心理学、社会学、社会心理学、人类学、经济学、政治学、历史学、法律学、教育学、精神病学及管理理论和方法，研究人的行为的边缘学科。它研究人的行为产生、发展和相互转化的规律，以便预测人的行为和控制人的行为。

3.2.1 人际关系理论

行为科学理论始于20世纪20年代中期至30年代初期乔治·梅奥的霍桑实验，该项研究的结果表明，工人的工作动机和行为并不仅仅为金钱收入等物质利益所驱使，他们不是"经济人"而是"社会人"，有社会性的需要。梅奥因此建立了人际关系理论，也称为人际关系学。1949年在美国芝加哥召开的一次跨学科会议上，首先提出"行为科学"这一名称。1953年这门综合性学科被正式定名为"行为科学"。

1. 霍桑实验

1924—1932年，以梅奥为首的美国国家研究委员会与西方电气公司合作，在美国西方电器公司霍桑工厂进行的长达9年的实验研究——霍桑实验，真正揭开了作为"组织中的人"的行为研究的序幕。霍桑实验先后进行了四个阶段的实验：车间照明实验、福利实验、大规模访谈实验和群体实验。

（1）车间照明实验。照明实验的目的是为了弄清楚照明的强度对生产效率所产生的影响。当时关于生产效率的理论占统治地位的是劳动医学的观点，认为影响工人生产效率的是疲劳和单调感等，于是当时的实验假设便是"提高照明度有助于减少疲劳，使生产效率提高"。

照明实验的具体结果是：当实验组照明度增大时，实验组和控制组都增产；当实验组照明度减弱时，两组依然都增产，甚至实验组的照明度减至 0.06 烛光时，其产量亦无明显下降；直至照明减至如月光一般实在看不清时，产量才急剧下降。实验发现，照明度的改变对生产效率并无多大影响。

（2）福利实验。福利实验也称继电器装配实验，实验目的总的来说是调查福利待遇的变换与生产效率的关系。梅奥选出 6 名女工在单独的房间里从事装配继电器的工作。在实验过程中逐步增加一些福利措施，如缩短工作日、延长休息时间、免费供应茶点等。实验者原来设想，这些福利措施会刺激生产积极性，一旦撤销这些福利措施，产量一定会下降，因此在实验进行了 2 个多月之后取消了各种福利措施。结果仍与实验者的设想相反，产量不仅没有下降，反而继续上升。经过两年多的实验发现，不管福利待遇如何改变，都不影响产量的持续上升，甚至工人自己对生产效率提高的原因也说不清楚。

后经进一步的分析发现，导致生产效率提高的主要原因如下：①参加实验的光荣感。实验开始时 6 名参加实验的女工曾被召进部长办公室谈话，她们认为这是莫大的荣誉。这说明被重视的自豪感对人的积极性有明显的促进作用。②成员间良好的相互关系。最后得出"改变监督与控制的方法能改善人际关系，能改进工人的工作态度，促进产量的提高"的结论。

（3）大规模访谈实验。上一阶段的实验表明管理方式与职工的士气和劳动生产率有密切的关系，为了解职工对现有管理方式的意见，为改进管理方式提供依据，梅奥制定了一个征询职工意见的访谈计划。在 1928 年 9 月至 1930 年 5 月不到两年的时间内，研究人员与工厂中 2 万名左右的职工进行了访谈。

在访谈计划的执行过程中，研究人员对工人在交谈中的怨言进行分析，发现引起他们不满的事实与他们所埋怨的事实并不是一回事，工人表述的自己的不满与隐藏在他们内心深层的不满情绪并不一致。例如，有位工人表现出对计件工资率过低不满意，但深入地了解以后发现，这位工人是在为支付妻子的医药费而担心。

根据这些分析，研究人员认识到，工人由于关心自己个人问题而影响到工作的效率。所以管理人员应该了解工人的这些问题，为此，需要对管理人员，特别是要对基层的管理人员进行训练，使他们成为能够倾听并理解工人的访谈者，能够重视人的因素，在与工人相处时更为热情、更为关心他们，这样能促进人际关系的改善和职工士气的提高。

（4）群体实验。实验目的是要证实在以上的实验中，研究人员似乎感觉到在工人当中存在着一种非正式的组织，而且这种非正式的组织对工人的态度有着极其重要的影响。

实验者为了系统地观察在实验群体中工人之间的相互影响，在车间中挑选了 14 名男职工，其中有 9 名是绕线工，3 名是焊接工，2 名是检验工，让他们在一个单独的房间内工作。实验开始时，研究人员向工人说明，他们可以尽力地工作，因为在这里实行的是计件工资制。研究人员原以为，实行了这一套办法会使得职工更为努力地工作，然而结果却是出乎意料的。事实上，工人实际完成的产量只是保持在中等水平上，而且每个工人的日产量都是差不多的。根据动作和时间分析，每个工人应该完成的标准定额为 7 312 个焊接点，但是工人每天只完成了 6 000~6 600 个焊接点就不干了，即使离下班还有较为宽裕的时间，他们也自行停工不干了。这是什么原因呢？研究者通过观察，了解到工人们自动限制产量的理由是：如果他们过分努力地工作，就可能造成其他同伴的失业，或者公司会制定出更高的生产定额来。

研究者为了了解他们之间能力的差别，还对实验组的每个人进行了灵敏度和智力测验，发现 3 名生产最慢的绕线工在灵敏度的测验中得分是最高的。其中 1 名最慢的工人在智力测验上排名第一，灵敏度测验排名第三。测验的结果和实际产量之间的这种关系使研究者联想到群体对这些工人的重要性。一名工人可以因为提高他的产量而得到小组工资总额中较大的份额，而且减少失业的可能性，然而这些物质上的报酬却会带来群体非难的惩罚，因此每天只要完成群体认可的工作量就可以相安无事了。即使在一些小的事情上也能发现工人之间有着不同的派别，如绕线工就一个窗户的开关问题常常发生争论，久而久之，就可以看出他们之间不同的派别了。

2. 霍桑实验的结论

霍桑实验的结论由梅奥于 1933 年正式发表，书名是"工业文明的人类问题"，提出了以下见解。

（1）以前的管理把人假设为"经济人"，认为金钱是刺激积极性的唯一动力，霍桑实验证明人是"社会人"，是复杂的社会关系的成员，因此，要调动工人的生产积极性，还必须从社会、心理方面去努力。

（2）以前的管理认为生产效率主要受工作方法和工作条件的制约，霍桑实验证实了工作效率主要取决于职工的积极性，取决于职工的家庭和社会生活及组织中人与人的关系。

（3）以前的管理只注意组织机构、职权划分、规章制度等，霍桑实验发现工人中除了正式组织外还存在着非正式团体，这种无形组织有它的特殊情感和倾向，左右着成员的行为，对生产效率的提高有举足轻重的作用。

（4）以前的管理把物质刺激作为唯一的激励手段，而霍桑实验发现工人所要满足的需要中，金钱只是其中的一部分，大部分的需要是感情上的慰藉、安全感、和谐、归属感。因此，新型的领导者应能提高职工的满足感，善于倾听职工的意见，使正式团体的经济需要与非正式团体的社会需要取得平衡。

（5）以前的管理对工人的思想感情漠不关心，管理人员单凭自己个人的复杂性和嗜好进行工作，而霍桑实验证明，管理人员，尤其是基层管理人员应像霍桑实验人员那样重视人际关系，设身处地地关心下属，通过积极的意见交流，达到感情的上下沟通。

3. 人际关系理论的内容

霍桑实验的研究结果否定了传统管理理论对于人的假设，表明了工人不是被动的、孤立的个体，他们的行为不仅仅受工资的刺激，影响生产效率的最重要因素不是待遇和工作条件，而是工作中的人际关系。人际关系理论的主要观点如下。

（1）工人是"社会人"而不是"经济人"。人们的行为并不单纯出自追求金钱的动机，还有社会方面、心理方面的需要，即追求人与人之间的友情、安全感、归属感和受人尊敬等，而后者更为重要。因此，不能单纯从技术和物质条件着眼，而必须首先从社会心理方面考虑合理的组织与管理。

（2）企业中存在着非正式组织。企业中除了存在着古典管理理论所研究的为了实现企业目标而明确规定各成员相互关系和职责范围的正式组织之外，还存在着非正式组织。这种非正式组织的作用在于维护其成员的共同利益，使之免受其内部个别成员的疏忽或外部人员的干涉所造成的损失。为此，非正式组织中有自己的核心人物和领袖，有大家共同遵循的观念、价值标准、行为准则和道德规范等。因此，管理当局必须重视非正式组织的作用，注意在正式组织的效率逻辑与非正式组织的感情逻辑之间保持平衡，以便管理人员与工人之间能够充分协作。

案例 3-2

办公室里的非正式群体

小张顺利通过了某市公务员考试，被该市政府法制办公室录用。初入新单位，每天小张早早地来到办公室，扫地打水，上班期间更是积极主动承担各种工作任务，回家还钻研办公室业务。

法制办公室是一个原有五个人的大科室，包括主任甲，副主任乙，三位年纪较长的办事员 A、B、C。几位老同志听说办公室要来这么一个年轻人，顾虑重重，他们认为现在的大学生从小娇惯，自视甚高，很难相处，而且业务又不熟，还需要他们手把手地教，无异于来了一个累赘。令他们没有想到的是，这个年轻人热情开朗，待人谦虚，很容易相处。更重要的是，小张有行政学专业背景，再加上聪明好学，很快就熟悉了业务，成为法制办公室工作的一把好手。而且小张很勤快，承担了办公室大量工作，让几位老同志一下子减轻了许多压力。几位老同志渐渐喜欢上了这个年轻人，主任、副主任也经常在办公室会议上表扬小张。可是聪明的小张发现，随着科长表扬的次数增多，几位老同志对自己越来越冷淡。有一次，他正忙着赶材料，B 居然冷冷地对他说："就你积极！"小张一时间丈二和尚摸不着头脑。

市政府办公室在年终考核的时候认为，法制办公室的工作按量优质提前完成，授予其"优秀科室"的称号，并且在制订下一年度计划时，又增加了法制办公室的工作量。法制办公室的几位老同志本来因为小张的到来轻松了许多，这下子又忙起来。而且他们发现，虽然繁忙依旧，但是"名"却给夺走了，每次得到表扬的总是小张。小张更加被排斥了。随着小张被评为法制办公室先进个人，A、B、C 对小张的反感达到了顶点。从此，几位老同志再也不邀请小张参加任何一次集体活动，还在背后称小张是："工作狂""神经病""都这么大了还不谈恋爱，是不是身体有毛病"。话传到小张耳朵里，小张很伤心："我这么拼命干不也是为办公室吗？要不是我，去年办公室能评上先进科室？怎么招来这么多怨恨？"他一直都不能理解。有一次，小张把自己的遭遇同另外一个部门的老王讲了。老王叹了口气："枪打出头鸟，你还年轻，要学的还很多啊！"小张恍然大悟，正是自己的积极破坏了办公室原有的某些东西，让几位老同志备感压力，才招来如今的境遇。

从此，小张学"乖"了，主任不布置的任务，再也不过问了，一天能做完的事情至少要拖上两天甚至三天。办公室又恢复了平静与和谐，先进个人大家开始轮流坐庄，几位老同志见到小张的时候又客气起来了，集体活动也乐意邀请上他。小张觉得，这样很轻闲，与大家的关系也好多了，心理压力骤减，生活也重新有了快乐。

（3）新的领导能力在于提高工人的满意度。在决定劳动生产率的诸多因素中，置于首位的因素是工人的满意度，而生产条件、工资报酬只是第二位的。职工的满意度越高，其士气就越高，从而产生效率就越高。高的满意度来源于工人个人需求的有效满足，不仅包括物质需求，还包括精神需求。

3.2.2 行为科学理论的研究

1．关于个体行为的研究

梅奥等人的人际关系学说的问世，开辟了管理和管理理论的一个新领域，并且弥补了古典管理理论的不足，更为以后行为科学的发展奠定了基础。

1）人性假设理论

人性假设是行为科学管理理论的出发点。不同时期，管理者对管理对象的认识可以分为六种基本类型："工具人"假设、"经济人"假设、"社会人"假设、"自我实现人"假设、"复杂人"假设、"文化人"假设。

（1）"工具人"假设产生于管理学尚未正式形成的时期。"工具人"假设认为，人在生产活动中所起的作用和机械的作用没有多大区别。"工具人"假设的一个突出特点，就是将作为管理者的人和作为被管理者的人完全对立起来，其实质在于取消作为管理对象的人的人格，不顾劳动者生存以外的需要，认为他们的存在和作用，只在于成为管理者实现其目的的手段，对劳动者实施"皮鞭加大棒"式的管理。

（2）"经济人"假设最早由英国经济学家亚当·斯密提出。他认为人的行为动机根源于经济诱因，人都要争取最大的经济利益，工作就是为了取得经济报酬。为此，需要用金钱与权力、组织机构的操纵和控制，使员工服从和为此效力。基于这种假设所引出的管理方式是，组织应以经济报酬来使人们服从，做出绩效；并应以权力与控制体系来保护组织本身及引导员工，其管理的要点在于提高效率，完成任务。其管理特征是订立各种严格的工作规范，加各种法规和管制。为了提高员工士气则用金钱刺激，同时对消极怠工者严厉惩罚，即采取"胡萝卜加大棒"政策，"泰罗制"就是"经济人"假设的典型代表。

（3）"社会人"假设最早来自于梅奥主持的霍桑实验。梅奥认为，人是有思想、有感情、有人格的活生生的"社会人"，人不是机器和动物。作为一个复杂的社会成员，金钱和物质虽然对其积极性的产生具有重要影响，但是起决定因素的不是物质报酬，而是职工在工作中发展起来的人际关系。

（4）20世纪40年代，马斯洛提出了"需要层次理论"。他提出"自我实现人"假设，认为人的需要是多层次的，人们有着最大限度地利用和开发自己的才能的需要，希望能够有机会获得自身发展与成熟，"自我实现"是工作的最大动力。组织给予挑战性的任务才能激发出员工的强烈工作热情。

（5）"复杂人"是20世纪60年代末至70年代初提出的假设。"复杂人"假设的含义有两个方面：其一，就个体人而言，其需要和潜力会随着年龄的增长、知识的增加、地位的改变、环境的改变及人与人之间关系的改变而各不相同；其二，就群体的人而言，人与人是有差异的。从"复杂人"假设出发提出的超Y理论，要求管理人员根据人的不同情况，灵活地采取不同的管理措施。

（6）20世纪80年代，美国加利福尼亚州大学的日裔美籍学者威廉·大内在他的《Z理论——美国企业怎样迎接日本的挑战》一书中提出"文化人"假设，从社会和组织文化的角度来考察、分析日美两国企业的不同和利弊，强调要重视人的问题，对员工要信任、亲密及一致的组织目标和共同的价值观念，才能使企业获得成功。

案例 3-3

摩托罗拉：肯定个人尊严

举世闻名的摩托罗拉公司这样阐述自己对人力资源的看法："人才是摩托罗拉最高贵的财富和胜利源泉。"摩托罗拉将对人才的投资摆在比追求单纯的经济利益更重要的位置，尊重个人是摩托罗拉在全球所提倡的处世信念。为此，摩托罗拉将深厚的公司文化融合在中国的每一项业务中，致力于培养每一个员工。尊重个人，肯定个人尊严，构成了摩托罗拉企业文化的最主要内容。

1. 培训和专业发展机会

公司制订了培训计划，向公司中层和高层输送管理人才，以实现由中国人负责公司的管理和决策，从而加速人才本土化的进程。

2. 众多沟通方式

摩托罗拉（中国）电子有限公司推出了"沟通宣传周"活动，内容之一就是向员工介绍公司的12种沟通方式。例如：

"我建议活动":书面形式提出您对公司各方面的改善建议,全面参与公司管理。

"畅所欲言活动":保密的双向沟通渠道,您可以对真实的问题进行评论、建议或投诉。

"总经理座谈会活动":定期召开的座谈会,您的问题会在当场得到答复,7日内对有关问题处理结果予以反馈。

公司每年都召开高级管理人员与员工沟通对话会,向广大员工代表介绍公司的经营状况、重大政策等,并由总裁、人力资源总监等回答员工代表的各种问题。

3. 一块铜匾

如果参观者来到摩托罗拉(中国电子有限公司)摆满奖杯、奖状的"荣誉厅",就会看到一块"先进党组织"的铜匾,这令很多人感到诧异。有人问:"不是外资企业吗?怎么还允许党组织存在?党员活动受不受限制?"事实上,在摩托罗拉,"党员公开,组织公开,活动公开",企业的经营者对党员活动给予方便,给予支持,给予经费,真正做到肯定个人的尊严。他们自己这样解释:"有这么多党员,如果不发挥他们的作用,就是资源的浪费!"

管理的本质在于通过对人性的正确认识而采取适宜的组织行为以提高组织绩效。因而,要了解组织中人的行为,就必须对管理活动中人的观念和需要进行深入细致的研究。

2)激励理论

激励理论是行为科学中用于处理需要、动机、目标和行为四者之间关系的核心理论。行为科学认为,人的动机来自需要,由需要确定人们的行为目标,激励则作用于人内心活动,激发、驱动和强化人的行为。激励理论是绩效评价理论的重要依据,它说明了为什么绩效评价能够促进组织业绩的提高,以及什么样的绩效评价机制才能够促进组织业绩的提高。激励理论的详细内容见本书第11章。

2. 关于群体行为的研究

群体行为理论是行为科学管理理论的重要支柱,掌握群体心理是研究群体行为的重要组成部分。群体行为理论除了对正式组织与非正式组织的特征、相互关系及其作用等方面的继续探讨外,还包括对群体的沟通与冲突及群体的动态发展的研究。其中以群体动力学理论研究影响最为深远。

群体动力学作为一个独立的研究领域形成于20世纪30年代后期,是以群体的性质、群体发展的规律、群体和个人的关系、群体和群体的关系等作为研究对象。主要研究群体的凝聚力(如决定群体凝聚力强弱的因素),群体压力和社会规范(如从众现象等),群体目标(如群体目标的有无对群体性能的影响)和成员的动机作用(如竞争与合作),群体的结构特性(如交往结构、势力结构等)等。

3. 关于组织行为的研究

组织行为理论是行为科学管理理论的重要组成部分,主要包括领导理论、组织变革理论和组织发展理论。其中,领导理论是组织行为理论研究的重点领域。

领导理论是研究领导有效性的理论,影响领导有效性的因素及如何提高领导的有效性是领导理论研究的核心。领导理论详见本书第10章。

 案例3-4

管仲的"领导观"

管仲生病,齐桓公问:"仲父啊,您病重,不避讳地说,万一您有不测,我该把国政托付给谁?"管仲曰:"您的意思呢?"答:"鲍叔牙。"管仲说:"不可。他是廉洁的好人,但他对不如自己的人就不亲近和来往,一听到别人过失与过错就不原谅且终身不忘。让他治国,对上会约束君主,对下会违逆民意。

这必然得罪君主而无法长久!"公曰:"那谁可以?"对曰:"实在不行,则隰朋行。他为人,居上位时忘记自己,与居下者不分贵贱,自愧不如黄帝,同情和怜悯不如自己的人。用德行帮助别人叫'圣',把财产分给别人叫'贤'。因为自己贤明而傲视别人者,是不会得到别人拥戴和追随的;因为自己贤明而谦恭对待别人者,是能够得到人心。治理国家,他知道哪些事情该听而不闻,治理家庭,他知道哪些事情该视而不见。因此隰朋可以。"

并非正人君子就具有领导力。鲍叔牙是儒家人格的典型,他的道德操守是做人的戒律,却未必是做事的智慧。有效的领导能力能够充分的利用人力和客观条件,通过提高整个团队的办事效率,以最小的成本达成组织目标。

3.3 现代管理理论

第二次世界大战以后,现代自然科学和技术,以及生产和组织规模的变化,导致生产力迅速发展,生产社会化程度不断提高,管理理论引起了人们的普遍重视。由于研究条件、掌握材料、观察角度及研究方法等方面的不同,必然产生不同的看法和形成不同的思路,从而形成了多种管理学派。

3.3.1 管理理论的丛林

多种管理理论和学派在历史渊源和理论内容上互相影响和联系,形成了盘根错节、互相争荣的局面,被哈罗德·孔茨形象地称作"管理理论的丛林"。

1. 管理过程学派

管理过程学派代表人物是哈罗德·孔茨。该学派的主要观点是:管理是一个过程,即让别人或同别人一起实现既定目标的过程。管理是由一些基本步骤(如计划、组织、控制等职能)所组成的独特过程。该学派注重把管理理论、管理者的职能和工作过程联系起来,目的在于分析过程,从理论上加以概括,确定出一些管理的基本原理、原则和职能。由于过程是相同的,从而使实现这一过程的原理与原则,具有普遍适用性。

2. 经验主义学派

经验主义学派代表人物是彼得·德鲁克,代表作是《有效的管理者》。该学派主张通过分析管理者的实际管理经验或案例来研究管理问题。他们认为,成功的组织管理者的经验和一些成功的大企业的做法是最值得借鉴的。因此,他们重点分析许多组织管理人员的经验,然后加以概括和总结,找出他们成功经验中具有共性的东西,然后使其系统化、理论化,并据此为管理人员提供在类似情况下采取的有效管理策略和技能,以达到组织的目标。

3. 社会系统学派

社会系统学派代表人物是切斯特·巴纳德,代表作是《经理的职能》。他被誉为"现代管理理论之父"。该学派的主要观点如下:首先,组织是一个由个人组成的协作系统,个人只有在一定的相互作用的社会关系下,同他人协作才能发挥作用。其次,组织作为一个协作系统包含三个基本要素——能够互相进行信息交流的人们,这些人们愿意做出贡献,实现一个共同目的。因此,一个组织的要素是信息交流、做贡献的意愿、共同的目的。再次,组织是两个或两个以上的人所组成的协作系统,管理者应在这个系统中处于相互联系的中心,并致力于获得有效协作所必需的协调。因此,经理人员要招募和选择那些能为组织目标的实现而做出最好贡献、并能协调地工作在一起的人员。最后，经理人员的作用就是在一个正式组织中充当系统运转的中心，并对组织成员的活动进行协调，指导组织的运转，实现组织的目标。

4. 系统管理学派

系统管理学派代表人物是弗雷蒙特·卡斯特和詹姆斯·罗森茨韦克。该学派强调应用系统的观点，全面考察与分析研究企业和其他组织的管理活动与管理过程等，以便更好地实现企业的目标。他们认为，组织是由人们建立起来的相互联系并且共同工作着的要素所构成的系统。系统的运行效果是通过各个子系统相互作用的效果决定的，组织这个系统中的任何子系统的变化都会影响其他子系统的变化。为了更好地把握组织的运行过程，就要研究这些子系统及它们之间的相互关系，以及它们怎样构成了一个完整的系统。

5. 决策理论学派

决策理论学派代表人物是赫伯特·西蒙。该学派主要观点是：管理就是决策，决策贯穿于整个管理过程；把决策分为程序化决策和非程序化决策，二者的解决方法一般不同；信息本身及人们处理信息的能力都是有一定限度的，现实中的人或组织都只是"有限理性"而不是"完全理性"的；决策一般基于"满意原则"而非"最优原则"；组织设计的任务就是建立一种制定决策的"人－机系统"。这一学派重点研究决策理论，强调决策的重要性。

6. 管理科学学派

管理科学学派代表人物是埃尔伍德·伯法等人。该学派将管理作为数学模式或过程加以处理。他们认为，由于管理全过程（计划、组织、控制）的工作是一个合乎逻辑的过程。把管理看成是一个类似于工程技术、可以精确计划和严格控制的过程，因此管理科学学派也被称为"技术学派"。但是该类管理方法适用范围有限，因为不是所有管理问题都能定量。此外，采用此种方法大都需要相当数量的费用和时间，往往只用于大规模复杂项目，管理人员与管理科学专家之间也容易产生隔阂。

7. 权变理论学派

权变理论学派代表人物有保罗·劳伦斯和杰伊·洛尔希。该学派把管理看成一个根据企业内外部环境选择和实施不同管理策略的过程，强调权宜应变。其主要观点是，权变主要体现在计划、组织与领导方式等方面：①计划要有弹性；②组织结构要有弹性；③领导方式应权宜应变。权变管理理论强调随机应变，主张灵活应用各学派的观点，但是，过于强调管理的特殊性，忽视管理的普遍原则与规律。

3.3.2 现代管理理论的发展

从 20 世纪 80 年代至今，是现代管理理论的最新发展阶段。20 世纪 80 年代初，西方管理学界曾经出现一股强大的并影响至今的"非理性主义"思潮，对除经验主义学派以外的其他现代管理学派一概否定，甚至否认"管理科学"的存在；而另一批管理学家则从反思走向后现代化，使现代管理理论进入新的发展阶段。

以下主要介绍其中几种管理理论。

1. 比较管理理论

比较管理理论是 20 世纪 80 年代初对现代管理理论反思后，首先盛行于西方的一种管理理论。这是一种通过研究许多国家和企业在工业化发展过程中管理的历史经验和动态，采用科学的比较分析，以探索最佳的管理模式和普遍适用于发达国家和发展中国家的管理基本原理的理论。这一理论的著名代表人物有美国的理查德·帕斯卡尔、托马斯·彼得斯、巴里·里奇曼、威廉·大内，日本的大岛国雄，英国的密勒和罗杰·福尔克等。

比较管理理论的主要特点如下。

（1）在研究方法上，以比较研究为基础，把所研究的对象放在更为广阔的背景下考察。通过两国或多国企业管理的比较研究，能清楚看出不同国家企业管理的相似之处和不同特点，这就提高了研究的立足点，扩大了研究的范围。

（2）在研究重点上，由注重理论转向注重管理实践比较。例如，美国对日本的研究，发现日本和美国的根本差异不在于表面的一些具体做法，而在于对管理因素的认识有所不同。美国管理过分强调技术等"硬"因素，而日本则注重信念、宗旨、人等"软"因素。

（3）提出了一系列比较管理研究模式。比较管理学派的学者提出了各自的比较模式，如法默-里奇曼模式，认为外部环境是影响管理过程与管理效果的一个重要因素，无论这个外部环境是指不同国家的环境还是指影响企业的国内环境。这是因为，在不同经济发展程度的国家之间，政治、经济、文化、法律、社会道德等方面的差异很大，有时在同一个国家内，文化的差异也比较明显。他们列出了被认为对管理过程与管理效果有特别影响的外部制约因素的四个变量：教育变量、社会变量、政治法律变量、经济变量。而管理过程与管理效果决定了公司的效率，进而又决定了一个国家或社会的效率。

比较管理理论中最有代表性的是日裔美国管理学者威廉·大内提出的 Z 理论。他把美国企业组织形式称为 A 型组织，把日本企业组织称为 J 型组织。他认为美国的企业必须通过学习日本实行革新，形成一种既能有高生产率、又能有高度职工满足的民主的企业组织。他把这种新型组织称为 Z 型组织。Z 理论的核心是强调信任和关心员工。他认为，美国的管理界要理解和认识到必须建立一种有特色的美国管理方法，要运用独创性去找出新的组织和新的管理方法。

2. 企业文化理论

企业文化理论，又称公司文化理论。20 世纪 80 年代初，在西方管理理论研究的非理性主义倾向中，企业文化理论是首先向现代管理理论学派提出挑战的。随着日本企业竞争力的快速增强，许多学者开始对日本企业的管理进行研究，结果他们发现日本企业的文化特征是促使企业发展的重要因素。强调管理中的文化因素，提倡管理实务和企业文化研究，形成了西方管理理论的一股新的潮流。

企业文化理论认为，企业文化是指企业经营管理中，根据企业的任务、性质和所处环境所提出的一系列以共同价值观为核心的观念和信条。这至少包含了三层含义：企业文化是在企业长期生产经营和管理中产生的，并为企业经营管理服务；企业文化的核心是企业群体的共同价值观；企业文化虽属精神文明范畴，但它又不等同于精神文明，而是企业一系列精神文明成果的抽象、升华和规范，它是企业群体共同价值观的反映，又要求每个企业职工接受、传播和遵从。

企业文化主要包括以下内容。从直接意义上来说，主要包括企业共同价值观、企业精神、企业民主、企业风俗习惯、企业道德规范等企业的纯精神、纯观念因素，也可称隐性文化。从间接意义上来说，可分为两种情况：一种是在企业制度、企业规章、企业形象、企业典礼仪式、企业组织领导方式及其他一切行为方式中所体现的精神因素，可称为行为精神因素，也可称半显性文化；另一种是在企业产品和服务、企业技术和设备、企业外貌和标志形象、企业教育与文化活动等一切有形物质因素中体现的精神因素，即物化精神因素，也称显性文化。

与企业文化理论相联系的是组织文化理论。组织文化理论的代表人物是美国麻省理工大学斯隆商学院教授艾德佳·沙因，代表作是《组织文化研究》。在组织文化领域中，他率先提出了关于文化本质的概念，对于文化的构成因素进行了分析，并对文化的形成、文化的同化过程提出了独创的见解。他认为真正的文化是隐含在组织成员中的潜意识，而且文化和领导者是同一硬币的两面，当一个领导者创造了一个组织或群体的同时就创造了文化。

金融航母花旗银行的企业文化

成立于1812年的美国花旗银行，历经两个世纪的潜心开拓，已成为当今世界规模最大、声誉最响的全能金融集团。花旗银行之所以取得长盛不衰的奇迹，除了它始终奉行开拓创新的发展战略外，还和它卓越的企业文化所产生的"文化生产力"分不开。

（1）以人为本：企业文化的核心。花旗银行自创业初始就确立了"以人为本"的战略，十分注重对人才的培养与使用。它的人力资源政策主要是不断创造出"事业留人，待遇留人，感情留人"的亲情化企业氛围，让员工与企业同步成长，让员工在花旗有"成就感""家园感"。花旗银行首席执行官的年薪高达1.52亿美元，居美国首席执行官年薪的前列。再以花旗银行上海分行为例，各职能部门均设有若干副经理职位，一般本科毕业的大学生工作3年即可提升为副经理，硕士研究生1年就可提升为副经理，收入则是我国同等"职级"的几倍甚至几十倍。

（2）客户至上：企业文化的灵魂。花旗银行企业文化的最优之处就是把"提高服务质量"和"以客户为中心"作为银行的长期策略，并充分认识到实施这一战略的关键是要有吸引客户的品牌。经过潜心探索，花旗银行获得了成功。目前花旗银行的业务市场覆盖全球100多个国家的1亿多客户，服务品牌享誉世界，在众多客户眼里，"花旗"两字代表了一种世界级的金融服务标准。

（3）寻求创新：在花旗银行，大至发展战略、小到服务形式都在不断进行创新。它相信，转变性与大胆性的决策是企业突破性发展的关键，并且如果你能预见未来，你就拥有未来。这就是说，企业必须永无止境、永不间断地进行创新。

20世纪80年代初，美国哈佛大学教育研究院的教授泰伦斯·迪尔和科莱斯国际咨询公司顾问艾伦·肯尼迪在长期的企业管理研究中积累了丰富的资料。他们在6个月的时间里，集中对80家企业进行了详尽的调查，写成了《企业文化——企业生存的习俗和礼仪》一书。该书在1981年7月出版后，就成为最畅销的管理学著作。后又被评为"20世纪80年代最有影响的10本管理学专著之一"，成为论述企业文化的经典之作。它用丰富的例证指出：杰出而成功的企业都有强有力的企业文化！

3. 竞争战略理论

1965年，伊戈尔·安索夫出版了第一本有关战略的著作《公司战略》，成为现代企业战略理论研究的起点。特别是20世纪80年代以来，经济学界和管理学界一直将企业竞争战略理论置于学术研究的前沿地位，从而有力地推动了企业竞争战略理论的发展。回顾企业竞争战略理论的发展历程，主要有以下具有代表性的战略学派。

1）行业结构学派

行业结构学派的创立者和代表人物是迈克尔·波特。波特的杰出贡献在于，实现了产业组织理论和企业竞争战略理论的创新性兼容，并把战略制定过程和战略实施过程有机地统一起来。波特认为，构成企业环境的最关键部分就是企业投入竞争的一个或几个行业，行业结构极大地影响着竞争规则的确立以及可供企业选择的竞争战略。因此，行业结构分析是确立竞争战略的基石，理解行业结构永远是战略制定的起点。他认为一个行业的竞争状态和盈利能力取决于 5 种基本竞争力量之间的相互作用，即进入威胁、替代威胁、买方讨价还价能力、供方讨价还价能力和现有竞争对手的竞争，而其中每种竞争力量又受到诸多经济技术因素的影响。在这种指导思想下，波特提出了赢得竞争优势的三种最一般的基本竞争战略：总成本领先战略、差异化战略、集中化战略。

2）核心能力学派

1990 年，C.K. 普拉哈拉德和加里·默尔在《哈佛商业评论》上发表了《企业核心能力》一文。其后，越来越多的研究人员开始投入企业核心能力理论的研究。所谓核心能力，就是所有能力中最核心、最根本的部分，它可以通过向外辐射，作用于其他各种能力，影响着其他能力的发挥和效果。一般说来，核心能力具有如下特征：①核心能力可以使企业进入各种相关市场参与竞争；②核心能力能够使企业具有一定程度的竞争优势；③核心能力应当不会轻易地被竞争对手所模仿。

核心能力学派认为，现代市场竞争与其说是基于产品的竞争，不如说是基于核心能力的竞争。企业的经营能否成功，已经不再取决于企业的产品、市场的结构，而取决于其行为反应能力，即对市场趋势的预测和对变化中顾客需求的快速反应，因此，企业战略的目标就在于识别和开发竞争对手难以模仿的核心能力。另外，企业要获得和保持持续的竞争优势，就必须在核心能力、核心产品和最终产品三个层面上参与竞争。在核心能力层面上，企业的目标应是在产品性能的特殊设计与开发方面建立起领导地位，以保证企业在产品制造和销售方面的独特优势。

3）战略资源学派

战略资源学派认为，企业战略的主要内容是如何培育企业独特的战略资源，以及最大限度地优化配置这种战略资源的能力。在企业竞争实践中，每个企业的资源和能力是各不相同的，同一行业中的企业也不一定拥有相同的资源和能力。这样，企业战略资源和运用这种战略资源的能力差异，就成为企业竞争优势的源泉。因此，企业竞争战略的选择必须最大限度地有利于培植和发展企业的战略资源，而战略管理的主要工作就是培植和发展企业对自身拥有的战略资源的独特的运用能力，即核心能力；而核心能力的形成需要企业不断地积累战略制定所需的各种资源，需要企业不断学习、不断创新、不断超越。只有在核心能力达到一定水平后，企业才能通过一系列组合和整合形成自己独特的、不易被人模仿、替代和占有的战略资源，才能获得和保持持续的竞争优势。

尽管波特的行业结构分析以及稍后出现的核心能力和资源观在企业战略研究的侧重点上各有不同，但鉴于它们把市场以买方市场为主要经济特征，环境呈现复杂多样性的变化作为战略研究的时代背景，而将市场竞争作为战略研究的主要内容，以谋求建立和维持企业的竞争优势作为战略目标，我们可以将它们统称为竞争战略理论。

除了上述理论，许多管理学家对于管理理论的研究也做出了创造性的贡献。如迈克尔·哈默与詹姆斯·钱皮提出了企业流程再造理论，他们认为企业应以工作流程为中心，重新设计企业的经营、管理及运作方式，进行所谓的"再造工程"。美国企业从 20 世纪

80年代起开始了大规模的企业重组革命,日本企业也于20世纪90年代起进行所谓第二次管理革命。彼得·圣吉在著作《第五项修炼》中明确指出,企业唯一持久的竞争优势源于比竞争对手学得更快、更好的能力,学习型组织正是人们从工作中获得生命意义、实现共同愿景和获取竞争优势的组织蓝图。

  信息化和全球化浪潮迅速席卷全球,顾客的个性化、消费的多元化决定了企业必须适应不断变化的消费者的需要,在全球市场上争得顾客的信任,才有生存和发展的可能。现代管理理论的研究既是对现实管理实践活动的总结和提炼,同时也是对企业经营发展的洞悉和预判;它们承袭着管理理论研究的脉络,同时也开启着管理理论发展的未来。

 本章小结

  古典管理理论阶段是管理理论最初形成阶段,在这一阶段,侧重于从管理职能、组织方式等方面研究企业的效率问题,对人的心理因素考虑很少或根本不去考虑。其代表人物有科学管理之父泰罗、现代经营管理之父法约尔及组织理论之父韦伯。

  行为科学学派阶段主要研究个体行为、群体行为与组织行为,重视研究人的心理、行为等对高效率地实现组织目标的影响作用。行为科学的主要成果有梅奥的人际关系理论、马斯洛的需要层次理论等。

  除了行为科学学派得到长足发展以外,许多管理学者都从各自不同的角度发表自己对管理学的见解。这其中主要的代表学派有管理过程学派、人类行为学派、经验主义学派、社会系统学派、系统理论学派、决策理论学派、管理科学学派、群体行为学派、权变理论学派和经理角色学派等。这些管理学派研究方法众多,管理理论不统一,每个学派都有各自的代表人物,各自的用词意义,各自所主张的理论、概念和方法,孔茨称其为管理理论丛林。

  20世纪80年代以后,研究人员开始了对现代管理理论的反思,使现代管理理论重新走向空前活跃,形成了现代管理理论发展的新阶段。

 关键术语

业务流程重组——business process reengineering   学习型组织——learning organization
组织文化——organizational culture   工作分析——job analysis
非正式组织——informal organization   正式组织——formal organization
自我实现的需要——self-actualization needs   企业资源计划——enterprise resource planning

 案例应用分析

海尔集团的"学习型团队"

1. 案例背景

  2008年3月,海尔集团(以下简称海尔)第二次入选英国《金融时报》评选的"中国十大世界级品牌"。2008年6月,在《福布斯》"全球最具声望大企业600强"评选中,海尔排名第13位,是排名最靠前的中国企业。2008年7月,在《亚洲华尔街日报》组织评选的"亚洲企业200强"中,海尔连续五年荣登"中国内地企业综合领导力"排行榜榜首。

  截至2009年年底,海尔累计申请专利9 738项,其中发明专利2 799项,稳居中国家电企业榜首。仅2009年,海尔就申请专利943项,其中发明专利538项,平均每个工作日申请2项发明专利。在自主知识产权的基础上,海尔已参与23项国际标准的制定,其中无粉洗涤技术、防电墙技术等7项国际标准已经发布实施。这表明海尔自主创新技术在国际标准领域得到了认可。海尔主导和参与了232项国家标准的编制、修订，其中188项已经发布，并有10项获得了国家标准创新贡献奖。海尔参与制定行业及其他标准447项。海尔是参与国际标准、国家标准、行业标准最多的家电企业。海尔是唯一一个进入国际电工委员会(International Electrotechnical Commission，IEC)管理决策层的发展中国家企业代表。

2. 管理与成功

1) 建设互动的学习型团队

海尔在1998年把"建设互动的学习型团队"作为其工作方针的重要内容，以此为基础，致力于把这个公司转变成学习型组织。张瑞敏指出，互动是形势的需要，也是市场竞争的需要。

在海尔，生产中存在的问题，如质量、生产均衡、设备管理、文明生产等，都是班组管理的主题。这样做的目的是让员工自己管理自己，并接受所属小组的管理。在"班前会"基础上，海尔发起了"自主管理班组"活动，为的是让各层次的工人更多地运用自己的才能和指挥，通过授权改变人际关系的性质，创造出管理部门和工人之间的相互信任。

不仅如此，有些班组长还搞起了自发的管理创新。例如，冰箱二厂总装车间班长梁军在班组长管理方法上做了一次大胆的尝试，采用"25分钟班长"制，让班组成员共同参与管理，进一步发挥了工人的主人翁作用。"25分钟班长"就是每天上午10分钟、下午15分钟的25分钟班长制度，由指定的工人来行使班长职权，每天当25分钟班长。虽然仅有25分钟，但每天承担的任务却不少，必须保持工位整洁，巡视整个流水线，帮助其他员工领取物品，到其他工位学习技术等。实施一段时间后，总体效果不错，每个当临时班长的人在"任期"都能尽守职责。

2) 自主管理——学习型班组的建设

管理专家们一致认为，未来管理的最高境界是"没有管理的管理——自主管理"。海尔通过创建学习型班组真正实现了员工管理从制度管理到自我管理、再到自主管理的飞跃，在员工不断创建自我能力的基础上，使班组和团队的创新能力也得到了快速提高，为海尔的稳健发展提供了坚强有力的管理基础。海尔认为，企业的成功绝不取决于严密的制度管理，而在于全体员工的参与意识和自主管理水平。不能自我控制的员工不是好员工，缺乏自我控制的企业也不是好企业。海尔要把员工培养成为自觉工作的员工，而员工不自觉的行为往往会导致失败。

3) "双元双层法则"——活出生命的意义

企业要生存，要发展，就要注意"双元双层法则"的运用，兼顾企业和员工的双层利益，使员工和企业双元发展，使企业的发展带动员工的发展。海尔真正做到了不断为员工的发展创造条件，搭建舞台，制造走向辉煌的机会，让一批又一批的员工在和企业一起发展的同时，体验到了工作中的生命意义。索尼公司的创始人盛田昭夫说："如果每个员工都投入到发明创造中，那么我们企业将战无不胜。"

在海尔，普通员工在岗位上的小发明、小改革，会以他的名字来命名，并给他一个发明专用号，在海尔的各个单位都可以使用。员工的创新成果得到尊重，创新的热情更加高涨，1997年以来，员工提出的合理化建议有13.6万条，采用7.8万条，创造了4.1亿元的效益。而1996年以来以员工名字命名的小发明就有746项。

4) 学习型组织中的领导新角色

新型的领导者应该是企业的设计师、教练和共同愿景的仆人。美国一家报社的记者问海尔首席执行官在企业中应该扮演什么角色？张瑞敏说："第一应该是设计师，在企业的发展中如何使组织结构适应企业文化，把员工自身价值的体现和企业目标的实际结合起来，为企业的共同愿景而努力奋斗。"

海尔领导者已经把文化的设计作为一个紧迫的业务问题来对待，这表明海尔领导者的基本职能发生了重大变化。作为教师和教练的海尔领导者，其工作并非是在制定完善的教育方案或教授各种战术，而是做到了真正重视员工，真正信任员工，真正关心员工，真正让员工参与进来。海尔的领导者善于出主意，他们不断向年轻的经理们提出意见并听取这些经理的反馈，为年轻人敞开大门，给年轻人以锻炼的机会，使年轻的经理们能自由进行实验，并勇于面对失败。海尔的许多年轻经理视张瑞敏为严师，他会提出很艰巨的任务要求他们出色地完成，但他并不是一味苛求，而是在这样做的同时提供大量的帮助，帮助他们明确自身的职业价值、工作方式、业务能力，对于他们个人如何提高自己的工作成就做出具体的行动建议，提示他们把个人的工作目标与组织的需要和战略意图联系起来，同时为经理们提供实施计划所需要的资源。

3. 成功之道

学习型组织指的是这样一种组织：它通过自我超越、心智模式、共同愿景、团体学习和整体思考的五项修炼，具有相应的思维能力、创造能力、沟通能力、亲和力、开阔胸怀的方法和境界，以组织为单位向外界汲取营养，提高组织的各种能力和素质。我们可以从海尔的成功中总结出三个方面的经验。一是要有开放的胸怀和民主作风。传统的权威组织靠控制、管理来管理团体，学习型组织依靠价值观的引导，依靠员工的合作和相互学习来共同进步。二是要注意学习型团队领导的培养，因为在中国文化背景下创建学习型领导是关键。在海尔，许多领导者已经把文化的设计作为一个重要业务来对待，使文化职能变成其基本的职能，使得他们成为年轻人的表率，为年轻人的成长提供资源。三是要使员工和企业共同进步，同时兼顾两者的利益。企业与员工是一体的，员工的发展可以带动企业的发展；同样，企业的发展可以促进员工的进步。总之，海尔的学习型组织有其独特的氛围，正是这样，使海尔取得了更大的进步与更高的成绩。

讨论：

（1）什么是学习型组织？海尔的学习型组织有什么特点？

（2）在学习型组织中，领导的作用是什么？

（3）通过本案例你得到了什么启示？

思 考 题

1. 如何理解管理思想与管理理论之间的关系？
2. 古典管理理论有哪些共同之处？
3. 非正式群体在正式组织中有何作用？
4. 如何理解各种管理理论之间"互相借鉴，相互影响"的内涵？
5. 你认为西方管理理论的蓬勃发展与欧美近代经济繁荣之间有什么联系？

计划篇

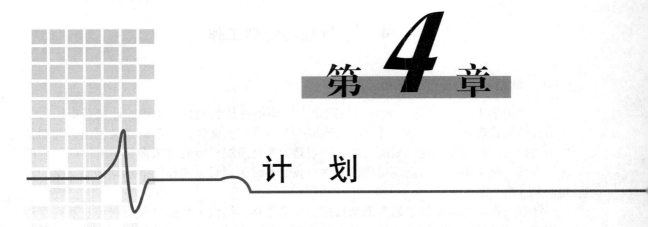

第 4 章 计　划

教学要求

理解和掌握计划与目标管理的概念及其作用；熟悉计划的类型及其相互关系；掌握制订计划的方法和步骤，并且能够运用所学理论对企业的计划及其相关管理活动进行分析。

本章知识点

计划的概念；计划的表现形式及类型；计划工作的程序和方法。

■ 导入案例

伊泰克系统有限公司

伊泰克系统有限公司（Etec System Inc.，以下简称伊泰克）几乎拥有模板生产设备的全部市场，其所生产的价格高昂的设备采用激光和电光在硅晶片上印制复杂模板。然而，当斯蒂芬·库泊接任伊泰克总裁时，公司每月的赤字达 100 万美元。更为糟糕的是，政客和媒体都视伊泰克为衰退的美国工业的象征。当库泊宣布 2000 年年底的目标收入设定为 5 亿美元时，每个人都认为是痴人说梦。

4 年以后，伊泰克被誉为硅谷重现生机最为成功的公司之一。其收入以 75% 的速度递增，而且大有持续增长之势，利润保持持续稳定增长。高科技行业瞬息万变，许多人认为难以谋划未来。

以前，伊泰克管理人员花费大量时间处理危机，但库泊通过恢复基础计划制定工作却使伊泰克转危为安。他说："当一个公司有了明确的使命，人们知道如何把个人的使命融入一个大的愿景时，每个人都会朝着同一个方向迈进。"

现在伊泰克正沿着库泊新创的目标健康前进。由于计划具体，阶段明确，员工面对快速多变的环境，有条不紊。库泊认为，要想获得成功，需要理解两个基本问题，即"我需要做什么"和"我如何去实现它"。

管理学原理(第2版)

库泊知道，领导的基本职责之一就是决定公司在未来的定位和如何实现这一定位。而目前，在一些组织，特别是一些小型组织中，计划制订不太正规。而在另外一些组织中，管理人员遵从精心制订的计划框架，这些公司明确基本使命，确定正式目标，并制订要贯彻执行的战略计划。

4.1 计划与计划工作

4.1.1 计划与计划工作的概念

在管理学中，"计划"一词可以从两个方面理解：从名词意义上说，计划是指用文字和指标等形式表达的、在制订计划中所形成的各种管理性文件；从动词意义上说，计划是指为实现决策目标而制订计划的过程。计划是为实现组织目标而对未来行动所做的综合的统筹安排，是未来组织活动的指导性文件。我们有时用"计划工作"表示动词意义上的计划内涵。

计划工作给组织提供了通向未来目标的明确道路，给组织、领导和控制等一系列管理工作提供了基础。计划工作从狭义的角度讲就是制订计划，是一种预测未来、设立目标、决定政策、选择方案的连续过程，以求能经济地使用资源，在动态的环境中，获得最大的组织成效。从广义的角度讲，计划工作除了制订计划外，还包括执行计划和检查计划的执行情况这两个方面的工作内容。

本章主要讨论的是狭义的计划工作，它是指根据环境的需要和组织自身的实际情况，通过科学的预测，确定在未来一定时期内组织所要达到的目标及实现目标的方法。它是组织各个层次管理人员工作效率的根本保证，能够帮助我们实现预期的目标。其内容可用"5W2H"来表示。

Why(Why to do)，为什么做？即明确活动的宗旨、目标和战略意图，并论证其可行性。大量的实践证明，计划工作人员对组织的宗旨、目标和战略意图了解得越清楚，认识得越深刻，就越有助于他们在工作中发挥主动性和创造性。

What(What to do)，做什么？要明确所要进行的活动内容及其要求。例如，一个企业的生产计划离不开确定生产产品的品种、规格、型号、数量、质量和生产进度等内容，目的是在按质、按量和按期完成订货合同的前提下，使生产能力得到尽可能充分的利用。

When(When to do)，何时做？选定计划实施的时机，以及规定计划中各项工作的开始和完成的进度和安排，以便进行有效的控制和对能力、资源进行平衡。

Where(Where to do)，何地做？规定各项活动实施的地点或场所，了解实施的环境条件和限制，以便合理安排活动实施的空间组织与布局。

Who(Who to do)，谁去做？规定各项活动实施的主体，明确有哪个部门、哪位主管负责，哪些部门或哪些人员协助，以协调部门之间、管理者之间的关系，减少活动中可能出现的摩擦和阻力。

How(How to do)，怎样做？明确活动遵循的政策与规则，以及具体的方式、方法和措施，以求对资源合理分配和集中使用，对各项资源及对各种派生计划进行综合平衡等。

How(How much)，该项计划需要多少成本？计划是否经济有效？

实际工作中，一个完整的计划还应明确考核指标和控制标准，以使实施计划的部门或人员明确做成什么样，达到什么程度就是完成了计划。

4.1.2 计划工作的特征

计划工作的基本特征可以概括为以下六个方面。

1. 目的性

任何组织制订计划都是为了确定奋斗目标并力争有效地实现某种目标。目标一旦明确，计划工作就要使今后的行动均集中于这一目标，要分析判断哪些行动有利于达成目标，哪些行动不利于达成目标或者与目标无关，从而指导今后的行动朝着目标的方向前进。

2. 首位性

计划工作相对于其他管理职能来讲处于首要地位。计划工作的主要任务就是为组织活动确定目标。组织、人事、领导和控制等管理活动，只能在确定目标之后才能进行，因此计划工作理应放在其他工作之前。例如，一位经理只有明确目标以后才能确定相应的组织结构或设立新的职能部门或改变原有的职权关系，使下级的职责和权力与计划所规定的目标任务相一致。

3. 普遍性

计划工作的普遍性主要体现在如下两方面。首先，计划工作涉及组织管理的每个层次。虽然计划工作的特点和范围随各级主管人员的层次、职权不同而不同，但计划工作是每位管理者无法回避的职能工作，只不过不同层次的管理者所从事的计划工作的侧重点和内容有所不同。其次，计划工作涉及各个不同的管理部门，无论生产、财务、销售、供应、技术等部门或职能领域，都需要做计划。因此，计划工作是各级管理人员的一个基本职能，具有普遍性。

4. 经济性

计划工作不仅要有效地确保实现目标，还要从众多的方案中选择最优的资源配置方案，以求合理利用资源和提高配置效率，也就是说计划工作要讲究效益。如果计划能得到最大的剩余，或者如果计划按合理的代价实现目标，这样的计划就是有效益的。

5. 创造性

计划工作需要管理者针对组织所面临的新环境来发现和解决新问题。面对出现的新变化和新机会，管理人员要敢于打破旧观念的束缚，及时提出适应本企业特点的一些新思路、新观点和新方法，使计划更加符合客观实际。所以说计划工作是一项创造性的管理工作。

6. 动态性

计划不是一成不变的，应根据组织所面临的内外环境的变化做出及时、切合实际的调整。

案例 4-1

联想集团的计划

1984 年 11 月 1 日，一个仅靠 20 万元开办费起家的自负盈亏的计算机公司成立了，它就是闻名全国的联想集团。1988 年 4 月，联想集团宣布开始向海外进军。第一步联想集团准备在香港设立一个贸易公司，目的在于为创办产业积累资金；第二步联想集团决定于 1995 年以前，建立科、工、贸一体化的跨国集团；第三步在 20 世纪末形成经济规模，使联想股票在海外上市，公司的营业额达到 10 亿美元。

2004 年 12 月 8 日联想集团演绎了一出新的 IT 版"蛇吞象"的惊人故事，联想集团以 12.5 亿美元的价格兼并了 IBM 公司的全球 PC 及笔记本业务，只不过联想集团这次吞下的只是大象的一条腿。

由于联想集团从成立至今，每一步都有清晰的发展计划，所以它已发展成为我国 IT 产业的领头羊，目前该集团位居中国民营企业前列，正在向世界级的企业迈进！

4.1.3　计划工作的作用

计划是管理活动赖以开展的依据，不仅是组织的结构在一定程度上需要根据计划的情况来做出调整和变革，而且管理者所采取的每一个步骤，做出的每一项指示，下达的每一个命令，都需要以计划为基准。

1. 计划可以预测未来的不确定因素，减少变化带来的影响

计划是面向未来的，但未来的组织生存环境又具有很大的不确定性。计划的重要性就是充分分析并了解未来环境的变化规律和趋势，掌握未来组织可能出现的机会和面临的挑战，从而将不确定性降到最低限度。环境预测越准确，计划执行的效果会越好。

2. 有利于组织目标的实现

每个计划及其派生出来的计划，目的在于促使组织目标的实现。计划为组织确立了明确而具体的目标，并且选择了有利于组织实现目标的方案，计划工作可以使人们的行动对准既定的目标。由于周密细致、全面的计划工作统一了部门之间的活动，才使主管人员从日常的事务中解放出来，而将主要精力放在随时检查、修改、扩大计划上来，放在对未来不确定性的研究上来。这既能保证计划的连续性，又能保证全面地实现奋斗目标。

3. 计划工作设计了良好的工作流程，便于有效地进行管理

计划工作强调效率性。在具体的目标方案中，计划工作明确了组织中每个部门的职能分工，使得每个职能部门的工作能够协调一致，均匀的工作流程有利于资源的合理配置。同时，计划工作对人力、物力、财力和时间都做出了明确而具体的规定，保证各种资源得到较合理的安排，能有效降低经营活动的费用，从而提高组织的经济效益。

4. 计划设立目标，有利于进行控制

计划和控制是一个事物的两个方面，没有计划的活动是无法控制的，可以说，计划是控制的基础。控制活动就是通过纠正计划的偏差使活动保持既定的方向与进程，正是由于计划工作确定了目标，才使得控制职能能够将实际的业绩与计划目标进行对照，一旦出现重大偏差，可以及时纠正。因此，没有计划，也就没有控制。

4.2　计划的类型与有效性

4.2.1　计划的类型

由于组织活动是多样复杂的，使得组织的计划种类也很多，它们的重要程度也有差别。为便于研究和指导实际工作，有必要按不同的标准对计划进行分类。

1. 计划的层次体系

哈罗德·孔茨和海因·韦里克从抽象到具体，按照不同的表现形式，将计划分为使命、目标、战略、政策、程序、规则、方案和预算等几种类型。它们的关系可以描述为一个等级层次体系，如图 4.1 所示。

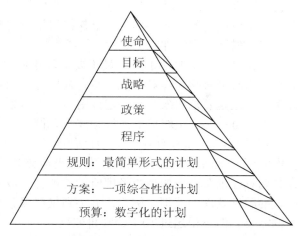

图 4.1 计划的层次体系

1) 使命

使命指明一定的组织机构在社会上应起的作用和所处的地位。它决定组织的性质，是此组织区别于彼组织的标志。各种有组织的活动，如果要使它有意义，至少应该有自己的目的或使命。例如，医院的使命是治病救人，法院的使命是解释和执行法律，企业的目的是在满足社会需要的前提下生产、分配商品和服务。不同的企业的使命见表 4-1。

表 4-1 典型企业的组织使命

企业名称	业务范围	使　命
华为	交换机	追求在电子信息领域实现顾客的梦想
麦肯锡	管理咨询	帮助别的组织更加成功
沃尔玛	大型零售	让普通百姓找到富人一样的感觉
惠普	高技术产品	为人类做出技术贡献
迪士尼	各种娱乐产品和娱乐服务	使人们更快乐

2) 目标

目标是在充分理解组织使命的条件下建立起来的，是组织活动在一定条件下要达到的预期结果。确定目标本身也是计划工作，目标不仅是计划工作的终点，而且也是组织工作、人员配备、领导及控制等活动所要达到的结果。组织中各个管理层次都应该建立自己的目标，低层次目标必须与高层次目标相一致。

3) 战略

对于组织来说，战略是为了实现组织长远目标所选择的发展方向与资源的中长期配置策略。战略的目的是通过一系列的主要目标和政策，来决定组织未来的发展方向。总目标和总战略要通过分目标和分战略来逐步加以实现。

4) 政策

政策是指组织在决策或处理管理问题时，指导及沟通思想活动的方针和一般规定。政策是管理的指导思想，它为管理人员的行动指明了方向，并明确了在一定范围内怎样进行管理。政策的种类很多，一个组织的各个部门都要制定各部门相应的政策，制定政策要充分分析组织的目标，要保持一贯性、完整性和稳定性。

主管人员应该注意的问题是，一定要使下属人员不要把较小的管理决策解释为政策。既然政策是指导决策的，那么政策必须允许对某些事情有酌情处理的自由。政策是鼓励酌情处理和主动性的一种手段，但是要把它限制在一定范围内。自由处理的权限大小将取决于政策，但它又将反映管理人员在一个组织里的地位和权力。例如，一家公司采用进取性的价格竞争政策，这家公司的总经理拥有解释和应用这种政策的广泛酌情处理权和主动权。地方的销售经理，常常要向区域销售经理报告工作，也应该遵守同一基本政策，但是，总经理、主管销售的副总经理及区域的销售经理所做的解释，成为了派生政策。这些派生政策缩小了地方经理的酌情处理的范围，例如，缩小到仅仅限于批准一种特价销售产品的价格，以适应竞争的需要，但不得超过10%的降价幅度。

5）程序

程序也是一种计划，它规定了某些经常发生的问题的解决方法和步骤。如果说政策是人们思考问题的指南，那么程序则是行动的指南，它具体规定了某一件事情应该做什么、如何去做，其实质是对未来要进行的行动规定时间与内容顺序，对组织内大多数政策来说，都应该规定相应的程序来指导政策的执行。例如，组织的上层主管部门应当有重大决策程序、预算审批程序、会议程序等；组织的中层职能管理部门，应当有各自的业务管理程序。

管理的程序化水平是管理水平的重要标志，制定和贯彻各项管理工作的程序是组织的一项基础工作。

6）规则

规则是一种最简单的计划，它规定了某种情况下能采取或不能采取的某种具体行动。规则是没有酌情处理的余地的。程序由许多步骤组成，如果不考虑时间顺序，其中的某一步就是规则。在通常情况下，一系列规则的总和就构成了程序。但规则又不同于程序。首先，规则知道行动但不说明时间顺序；其次，可以把程序看做一系列的规则，但是规则可能不是程序的组成部分。例如，"禁止吸烟"是一条规则，但和程序没有任何联系，而一个规定为顾客服务的程序可能表现为一些规则，如"在接到顾客需要服务的信息后30分钟内必须给予答复"。

规则也不同于政策。政策的目的是指导行动，并给执行人员留有酌情处理的余地；而规则虽然也起指导行动的作用，但是运用规则时，执行人员没有自行处理之权。

7）方案

方案是指实现目标的具体行动计划、具体途径和方法，包括人员的组织、行动的步骤、投入的资金、预期的结果等内容。通常，实现一个目标有几种不同的方案，它们的预期结果基本一致，但人员的组织、行动的步骤、投入的资金等内容会有不同。我们必须依照一定的标准对实现同一目标的不同方案进行选优，这就是方案优化的过程。

8）预算

预算也被称为数字化的计划，是用数字表示预期结果的一份报表。预算可以用财务术语或其他计量单位来表示，这种数字形式有助于更准确地执行计划。通过预算可以考核管理工作的成效和对预算目标的偏离情况，从而实现控制的目的。

案例 4-2

明鑫玻璃厂 2015 年第三季度生产计划

在提高质量、增加品种、搞好节约、保证安全的前提下，努力增产适销对路的产品，预计 1—9 月份总产值为 1 200 万元。

1. 指导思想

全面提高各项技术经济指标，努力增产短线产品，厉行节约，实现增产增收，并贯彻四个原则：超额完成生产任务，增产 4% 的原则；以质量求生存的原则；充分利用企业人力、物力资源的原则；计划的权威性、先进性和灵活性原则。

2. 努力抓好以下四个方面的工作

（1）加强市场预测，狠抓产品质量和品种，最大可能地生产适销对路的产品，特别是对玻璃管瓶及青霉素瓶要根据市场需求进行生产，防止库存积压。

（2）通过企业整顿，建立和健全各项生产管理制度，把重点转移到提高经济效益上去，各项经济指标要努力达到本厂的最高水平，增强科室之间的协调，降低成本，增加收入。

（3）切实抓好原材料和能源的供应和节约，确保生产稳定增长，根据目前部分原材料供应紧张的情况，必须竭尽全力，保质、保量地供应原材料、辅助材料，搞好能源适用和节约等工作。

（4）搞好安全生产，做好防暑降温和防台、防汛工作，采取可行办法预防事故发生，确保安全生产。

3. 各车间生产安排

一车间（部分情况，其他略）：1 号炉四台行列机生产青霉素瓶，其中，1 号、2 号、3 号机生产 7 毫升的青霉素瓶，4 号机生产 10 毫升的青霉素瓶，日产 72.6 万只。设备利用率 95%，产品合格率 92%。

生产安排中要注意的问题：

（1）根据药厂需要，本季度需要增加生产 7 毫升的青霉素瓶，减少生产 10 毫升的青霉素瓶，因此 4 号机在 6 月底前做好调换 7 毫升的青霉素瓶生产的准备工作。

（2）2 号机要加强维护保养，争取年内不修。

（3）1 号、2 号机的中修要做好备品备件的准备工作。

其他车间生产安排略。

附件一：总产值计划表（略）。

附件二：产量计划表（略）。

2. 按计划的期限分类

按计划的时间跨度可将计划分为长期计划、中期计划和短期计划。

长期计划是方向性和长远性的计划，它主要回答的是组织的长远目标与发展方向及大政方针问题，通常以工作纲领或规划的形式出现。规划是为了实现既定方针所必须具有的目标、政策、程序、规则、任务分配、执行步骤、使用资源及其他要素的复合体。长期计划的期限一般在五年以上。

中期计划是根据长期计划制订的，它比长期计划详细具体，是考虑了组织内部与外部的条件与环境变化情况后制订的可执行计划。中期计划的期限一般为一至五年。

短期计划则比中期计划更加详细具体，它是指导组织具体活动的行动计划，它一般是中期计划的分解与落实。短期计划的期限一般为一年左右。

3. 按组织职能分类

组织的类型和规模不同，具体职能部门的设置也不同。通常根据职能部门把计划划分为供应计划、生产计划、销售计划、财务计划、人力资源计划、新产品开发计划和安全计划等。

我们通常用"人财物，供产销"六个字来描述一个企业所需的要素和企业的主要活动。例如，作为经济组织，企业业务计划包括产品开发、生产作业及销售促进等内容。长期业务计划主要设计业务方面的调整或者业务规模的发展，短期业务计划则主要设计业务活动的具体安排。长期产品计划主要设计产品新品种的开发，短期产品计划则主要与现有品种的结构改进、功能完善有关；长期生产计划安排了企业生产规模的扩张及实施步骤，短期生产计划则主要涉及不同车间班组季、月、旬乃至周的作业进度安排；长期营销计划关系到推销方式或销售渠道的选择与建立，而短期营销计划则是对现有的营销手段和网络的利用。

4. 按计划范围的广度分类

按计划范围的广度可将计划划分为战略计划、策略计划和作业计划。

战略计划指应用于整个组织，为组织设立总体目标和寻求组织在环境中的地位的计划。战略计划一般由组织的高层管理人员来制订。战略计划能够促使组织为达到目标而努力。当组织中的这些计划被筛选、细化之后，策略计划的基础就形成了。所谓策略计划，有时也称战术计划，是为实现战略计划而采取的手段，比战略计划具有更大的灵活性。策略计划一般由中层管理人员制订。作业计划是指规定总体目标如何实现的细节的计划，是根据战略计划和策略计划而制订的执行性计划。作业计划一般由基层管理人员制订。战略计划与作业计划的不同见表4-2。

表4-2 战略计划与作业计划的对比

项目	战略计划	作业计划
时间跨度	三年或者三年以上	一年或者一年以内
范围	涉及整个组织	局限于特定的部门或者活动
侧重点	确立组织宗旨、目标、战略等重大问题	明确实现的具体目标和贯彻落实战略、措施的各种方法
目的	提高效益	提高效率
特点	全局性、指导性、长远性	局部性、具体性、时期性

5. 按计划的明确程度分类

按计划的明确程度分类，可把计划划分为指导性计划和具体性计划。指导性计划只规定一些重大方针，指出重点但不把管理者限定在具体的目标，或特定的行动方案上。具体计划则明确规定了目标，并提供了一整套明确的行动步骤和方案。例如，企业销售部经理打算使企业销售额在未来半年中增长10%，他会制定明确的程序、预算方案及日程进度表，这就是具体性计划。对于同一问题，指导性计划可能只规定未来半年内销售额要增加12%~16%。相对于指导性计划而言，具体性计划虽然更易于执行、考核及控制，但是缺少灵活性，它要求的明确性和可预见性条件往往很难满足。

6. 按计划的程序化程度分类

按计划的程序化程度分类，可把计划分为程序性计划和非程序性计划。赫伯特·西蒙把组织活动分为两类：例行活动和非例行活动。

例行活动，指一些重复出现的工作，如订货、材料的出入库等。有关这类活动的决策与计划是经常出现的，而且具有一定的结构，因此可以建立一定的决策与计划程序。每当出现这类工作或问题时，就利用既定的程序来解决，而不需要重新研究。这类计划是程序性计划。

非例行活动，指不重复出现的工作，如新产品的开发、生产规模的扩大、品种结构的调整、工资制度的改变等。处理这类问题没有一成不变的方法和程序，因为这类问题在过去尚未发生过，或者因为其确切的性质和结构捉摸不定或极为复杂，或者因为其十分重要，需要个别方法加以处理。解决这类问题的计划是非程序性计划。

案例 4-3　壳牌公司的情景计划

在 1984 年，原油价格为每桶 30 美元，包括壳牌公司在内的绝大多数分析人员和管理人员都认为到 1990 年原油价格将涨到每桶 50 美元。但是，壳牌公司进行了一项情景计划。在这项计划中，他们假定原油价格下降到每桶 15 美元，然后要求管理人员提出在这种情况下应做出何种对策。最后，管理人员提出了一系列的计划方案，包括通过采用新的技术降低开采成本、提高低成本的炼油设备的投资、卖掉不盈利的加油站等。

通过审议这些建议，公司高层管理人员得出结论：即便原油价格继续上涨，上述措施同样可使公司利润增加。所以，公司高层管理人员决定全心全意将这些计划付诸实施。20 世纪 80 年代末，原油价格果然下跌到每桶 15 美元。与其他竞争对手不同，壳牌公司早已采取了在低价原油市场上获取利润的一系列措施。结果，到 1990 年，壳牌公司的盈利水平是其竞争对手的两倍。

4.2.2　计划的有效性

管理工作的好坏不能仅仅只是归结为计划的有无，更多的是要看计划对组织的效用如何。一项计划对组织的效用如何，只有通过实践才能做出最终的回答。当然，计划的有效性还依赖于人们执行计划的方式。

1. 评价计划有效性的标准

1）计划的统一性

计划的统一性并不是指计划的唯一性，主要指的是一项复杂的活动除了一个总计划外，往往还有许多的分计划或者辅助计划，分派给不同的部门去执行。因而计划的统一性是指针对某一活动的所有计划的目标必须统一，步调必须一致，且它们之间的关系是相互促进、相互配合的。统一的计划有助于组织快而好地完成任务，达到目标。如果计划不统一，就会造成资源的浪费，机构的紊乱。

2）计划的灵活性

计划是为未来服务的，主要是针对不确定的未来做出承诺，做出规划的管理工作。但是事情的发展总是受到各方面因素的影响，出乎我们的预料，所以就意味着我们应该在制订计划的时候具有一定的灵活性，能够满足没有预见或者不能预见到的未来需要。

计划的灵活性主要是体现在计划本身具有改变方向的能力，即制订计划的时候依据未来可能发生的偶然事件，事先拟订出若干套可供选择的替代方案。这样，不管环境如何变化，都能使计划有回旋的余地，甚至原有计划失误时，仍能使计划沿着既定的目标前进。当然，计划并不是为了锁定变化，而是更好地去了解，在把握变化的同时，制订计划，适应未来。

3）计划的精确性

计划的灵活性和计划的精确性并不矛盾。灵活性主要是指计划的应变适应能力，而精确性主要是指计划精细明确的程度，精确的计划能比较好地指导和控制未来的活动顺次开展，避免管理人员的猜测和随意决断，保证计划自身的准确执行。科学的预测方法和客观的分析推理是提高计划精确性的手段。

4）计划的经济性

计划的经济性是指计划的经济效果，即所制订的计划能否保证组织的活动以最少的投入获取最大的收益。所以，计划的有效性应该是那些能比较经济地达到组织目标的计划。要实现计划的经济性，要求企业在制订计划的时候，一定要考虑各种费用支出，做好投入预算，选定那些投入产出比较高的计划方案。

2. 制订有效计划的基本要求

1）管理人员的领导艺术

亨利·法约尔曾经说："缺乏计划或者一个不好的计划是领导人员没有能力的标志。"即计划制订得优劣能反映出管理人员领导水平的高低。能力强的管理人员和领导人员，能合理安排、组织人员，能激发、调动员工的积极性和创造力，能指导、沟通、协调、控制，能为计划工作创造一种适宜的环境。

2）积极性和勇气

亨利·法约尔说："胆小的人总想取消计划或者是使它变为可有可无，以免自己遭受批评。"人都有一种逃避压力，随意散漫的本性，因而制订计划，提出严格的考核标准是需要勇气的。

3）领导的稳定性

不同领导的领导风格是不一样的，过于频繁地更换领导不利于计划制订的统一性，另外，还可能造成更多的重复性工作，诸如了解情况、召开会议、人员调换、权力的重新指定、资料的收集和整理、草案计划的重新拟订等，造成时间、资金、人员的巨大浪费。

4）专业能力和一般业务知识

计划的制订必须依赖于科学的方法，缺乏高瞻远瞩的眼光、专业能力和一般业务知识的人是无法制订出正确有效的计划的。只有一个经过较长时期深思远虑、精心准备的计划，才能使人们对未来有一个清楚的认识，并能尽最大可能来应对可能出现的危险。因而，制订计划是每个组织最重要的一项工作，它需要组织中所有的部门，特别是管理人员齐心协力，集中知识和智慧，发挥创造性精神。

3. 影响计划有效性的权变因素

在有些情况下，长期计划会比中期计划与短期计划有效，而在其他情况下可能相反。与此类似，具体性计划有些情况下比指导性计划有效，而在有些情况下就未必如此。影响计划有效性的权变因素，包括组织层次、组织的产品生命周期、环境的不确定性程度、组织文化等。

1）组织层次

在大多数情况下，基层管理者的计划活动主要是制订作业计划和战术计划，当管理者在组织中的等级上升时，他的计划角色就会发生变化。对于大型组织中的最高管理者，他的计划任务基本上都是战略性及战术计划。因此，管理者所在的组织层次决定了其计划的主要类型及其有效性。

2）组织的产品生命周期

组织的产品都要经历一个生命周期，开始于形成阶段，然后是成长、成熟，最后是衰退。在组织的产品生命周期的各个阶段，计划的类型并非都具有相同的性质，计划的时间长度和明确性应当在不同的阶段上做出相应的调整。

在组织的产品的形成阶段，管理应当更多地以指导性计划为主，因为处于这一阶段，要求组织具有很高的灵活性。在这个阶段上，目标是尝试性的，资源的获取具有不确定性，辨认目标顾客很难，而指导性计划使管理者可以随时按需要进行调整。

在组织的产品成长阶段，随着目标更确定，资源更容易获取和顾客的忠诚度的提高，计划也更具有明确性，因此管理者应当制订短期的、更具体的计划。

当组织的产品从成熟期进入衰退期，计划也从具体性转入指导性，这时目标要被重新考虑，资源要被重新分析，管理者应制订短期的、更具指导性的计划。

3）环境的不确定性程度

环境的不确定性越大，计划越应当是指导性的，计划期限也应缩短。如果正在发生迅速和重要的技术、社会、经济、法律和其他变化，那么，精确制订的计划反而会成为组织取得绩效的障碍。此时，环境变化越大，计划就越不需要精确，管理就越应当具有灵活性。例如，当家电企业正进行如火如荼的价格战时，计划就越应当具有灵活性，指导性计划比具体性计划有效。

4）组织文化

组织成员所共有的价值体系，也会对计划内容的重点产生影响，在过程倾向型的组织文化中，组织的计划更侧重具体、操作性的内容；在结果倾向型的组织文化中，组织的计划则会侧重于目标性、指导性的内容。

4.3 计划的程序与方法

4.3.1 计划工作的程序

计划职能是管理的基本职能。为使集体的努力有效，人们必须知道在一定时期内应该去做什么。由于管理的环境是动态的，管理活动也在不断地变化和发展，计划是作为行动之前的安排，因此计划工作是一种连续不断的循环。计划工作的程序一般包括估量机会、确定目标、确定前提条件、确定备选方案、评价备选方案、选择可行方案、拟订派生计划，以及编制预算等。

1. 估量机会

估量机会是在实际的计划工作开始之前就着手进行的，是对将来可能出现的机会加以估计，并在清楚、全面地了解这些机会的基础上，进行初步的探讨。组织的管理者要充分认识到自身的优势、劣势，分析面临的机会和威胁，要做到心中有数，知己知彼，才能真正摆正自己的位置，明确组织希望解决什么问题，为什么要解决这些问题，期望得到什么，等等。

2. 确定目标

计划工作的目标是指组织在一定时期内所要达到的效果。目标是组织存在的依据，是组织的灵魂，是组织期望达到的最终结果。在确定目标的过程中，要说明基本方针和要达到的目标是什么，要告诉人们战略、政策、程序、规划和预算的任务，要指出工作的重点。

3. 确定前提条件

计划工作的前提条件就是计划工作的假设条件，也就是执行计划时的预期环境。确定计划的前提条件主要靠预测，但未来预期环境的内容多种多样、错综复杂，影响的因素很多。这些因素有的可以控制，如开发新产品、新市场、资源分配等；有的不能控制，如宏观环境、政府政策等。一般来说，不可控因素越多，预测工作的难度就越大，对管理者的素质要求就越高。

4. 确定备选方案

在计划的前提条件明确以后，就要着手去寻找实现目标的方案和途径。完成某一项任务总会有很多方法，即每一项行动都有异途存在，这就是"异途原理"。方案不是越多越好，我们要做的工作是将备选方案的数量逐步地减少，对一些最有希望的方案进行分析。通常，最显眼的方案不一定是最佳的方案，只有发掘了各种可行的方案，才有可能从中选出最优的方案。

5. 评价备选方案

评价备选方案就是要根据计划目标和前提条件来权衡各种因素，比较各个方案的优点和缺点，对各个方案进行评价。各种备选方案一般都各有其优缺点，如有的方案利润大，但支出大，风险高；有的方案利润小，但收益稳定，风险低；有的方案对长远发展有益；有的方案对眼前形势有利。这就要求管理者根据组织的目标并结合自己的经验和直观判断能力，借助数学模型、计算机手段对方案做出评价。

6. 选择可行方案

选择方案是计划工作最关键的一步，也是抉择的实质性阶段。在做出抉择时，应当考虑在可行性、满意度和可能效益三个方面结合得最好的方案。有时在评选中会发现可能有两个或多个方案是合适的，在这种情况下，管理者应决定首先采用哪个方案，而将其余的方案也进行细化和完善，作为后备方案。

7. 拟订派生计划

在选定一个基本的计划方案后，还必须围绕基本计划制订一系列派生计划来辅助基本计划的实施。几乎所有的基本计划都需要派生计划的支持和保证，完成派生计划是实施基本计划的基础。例如，某企业在做出新建一个分厂的决策后，这个决策就成为制订一系列派生计划的前提，各派生计划都要围绕它来进行，如人员的招聘和培训计划、材料和设备的采购计划、广告宣传计划、资金筹措计划等。

8. 编制预算

计划工作的最后一步就是编制预算，使计划数字化。预算是用数字形式表示的组织在未来某一确定期间内的计划，是计划的数量说明，是用数字形式对预期结果的表示。这种结果可能是财务方面的，如收入、支出和资本预算等；也可以是非财务方面的，如材料、工时、产量等方面的预算。预算是汇总各类计划的工具，同时也是衡量计划执行情况的重要标准。

由于实际情况总是在变化，所以预算在必要时也应有所变化，以便能更好地指导工作。变动预算的方法有两种,一种是将预算与产量相联系,使预算随产量的变化而变动。另一种是滚动预算,即每隔一定时间就修正预算,使其符合新情况。

不管是建设一座新工厂,还是开发一种新产品,尽管所涉及的人力、资金或者所花费的时间会有所不同,而且有些计划比较简单,有些比较复杂,但计划的步骤却是相同的,任何一个完整的计划活动都要遵循这些步骤。应该指出的是,计划过程中拟订可供选择的方案、对被选方案进行分析评价、选择最佳方案这几个步骤,实际上也就是决策的过程。可见,决策是计划活动的核心。只有经过决策,即对资源和行动方向做出承诺之后,计划方案才能产生。

施温自行车公司的计划之殇

伊格纳茨·施温于 1895 年在芝加哥创办了施温自行车公司。在 20 世纪 60 年代,施温公司占有美国自行车市场 25%的份额;在 70 年代,施温公司不断投资于它的强大的零售分销网络和品牌,以便主宰十挡变速车市场——这是公司的战略计划重点。但是进入 80 年代,市场悄悄地发生了变化,山地车开始取代十挡变速车成为销量最大的车型,并且轻型的、高技术的、外国生产的自行车在成年自行车爱好者中日益普及。施温公司对市场的变化反应太慢,管理当局专注于削减成本而不是创新。结果,施温公司的市场份额开始迅速地被更富于远见的自行车制造商夺走。

公司迟迟未能开发海外市场和利用国外的生产条件。一直拖到 20 世纪 80 年代,施温公司才开始把大量自行车转移到日本进行生产,但到那时,不断扩张的台湾地区的自行车工业已经在价格上击败了日本生产厂家。作为对付这种竞争的一种计划和策略,施温公司开始少量进口台湾制造的巨人自行车,然后贴上施温商标在美国市场上出售。到 1984 年,巨人公司每年交付给施温公司 70 万辆自行车,以施温商标销售,占施温公司年销售额的 70%。几年后,巨人公司利用从施温公司那里获得的知识,在美国市场上创建了他们自己的商标。1992 年,巨人公司和中国大陆的自行车厂商,已经在世界市场上占据了统治地位。施温公司的市场份额在 1992 年 10 月跌到 5%时,公司开始申请破产。

施温公司不能快速应对市场发生的变化,说明公司计划缺乏弹性,不能很好地适应越来越动态变化的环境,无法及时准确地把握住消费者的需求,违反了计划的稳定性和灵活性相结合的原则。施温公司没有意识到自行车是一种全球产品,其长期计划缺乏远见,直接影响了对短期计划的指导作用。

4.3.2 计划工作的方法

计划制订得效率高低和质量好坏,在很大程度上取决于所采用的计划方法。过去人们常常认为战略和计划的制订是高层领导的事情。而在目前组织的发展过程中,计划过程并不单单是由高层领导控制,而是每一个人都参与的过程。在有些公司,计划已经不再由管理人员开会决定,中心计划部门也成为参与整个组织日常工作的一部分。目前,常用的计划方法主要有滚动计划法、线性规划法、网络计划法、目标管理法、综合平衡法、定额法等。本书主要介绍前四种计划方法。

1. 滚动计划法

滚动计划法是一种动态编制计划的方法,即根据一定时期计划的执行情况,考虑组织内外环境条件的变化,适时调整计划,并相应地将计划期顺延一个时期,把近期计划与长期计划结合起来的一种编制计划的方法。滚动计划法采用分期制订、近细远粗、执行反馈、定期调整、按期顺延滚动的方法。这个"期"可长可短,中长期计划可以按年调整,年度计划可以按季或按月调整,如图 4.2 所示。

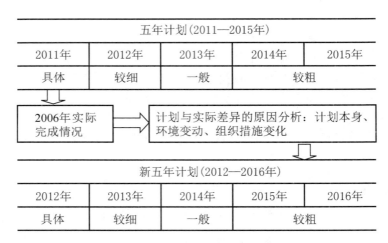

图 4.2　五年滚动计划示意图

滚动计划法一般适用于产品品种比较稳定情况下的生产计划和销售计划的调整。

滚动计划法的优点如下。

（1）使计划更加切合实际，由于滚动计划相对缩短了计划时间，使其对未来估计的准确性提高，从而使计划的指导性加强。

（2）使短期计划、中期计划与长期计划有机地联系在一起，并根据环境的变化对其进行及时的调节，能使各期计划保持一致。

（3）提高了计划的弹性并有效地提高了组织的应变能力，这对环境剧烈变化的时代尤为重要，它可以提高组织的应变能力。

滚动计划的不足之处是编制计划的工作量较大，而且由于变更较频繁，降低了计划的权威性。

案例 4-5

滚动计划让思聪公司插上成功的翅膀

思聪公司是中国东部地区的一家企业，原来计划管理水平低下，粗放管理特征显著，计划管理与公司实际运营情况长期脱节。为实现企业计划制订与计划执行的良性互动，在管理咨询公司顾问的参与下，思聪公司逐步开始推行滚动计划管理。

首先，思聪公司以全面协同量化指标为基础，将各年度分解为四个独立的、相对完整的季度计划，并将其与年度计划紧密衔接。在企业计划偏离和调整工作中，思聪公司充分运用了动态管理的方法。

所谓动态管理，就是思聪公司年度计划执行过程中要对计划本身进行三次定期调整：第一季度的计划执行完毕后，就立即对该季度的计划执行情况与原计划进行比较分析，同时研究、判断企业近期内外环境的变化情况。根据得出的结论对后三个季度计划和全年计划进行相应调整；第二季度的计划执行完毕后，使用同样的方法对后两个季度的计划和全年计划进行相应调整；第三季度的计划执行完毕后，仍然采取同样方法对最后一个季度的计划和全年计划进行调整。

思聪公司各季度计划的制订是根据近细远粗、依次滚动的原则开展的。这就是说，每年年初都要制订一套繁简不一的季度计划：第一季度的计划率先做到完全量化，计划的执行者只要拿到计划文本就可以一一遵照执行，毫无困难或异议；第二季度的计划要至少做到50%的内容实现量化；第三季度的计划至少使20%的内容实现量化；第四季度的计划只要做到定性即可。同时，在计划的具体执行过程中对各季度计划进行定期滚动管理：第一季度的计划执行完毕后，将第二季度的计划滚动到原第一计划的位置，按原第一季度计划的标准将第二季度计划细化到完全量化的水平；第三季度的计划则滚动到原第二季度计划的位置，并将之细化到至少量化50%内容的水平，依此类推。第二季度或第三季度计划执行完毕时，按照相同原则将后续季度计划向前滚动一个阶段并予以相应细化。本年度四个季度计划全部都执行完毕后，下年度计划的周期即时开始，如此周而复始，循环往复。

其次，思聪公司以全面协同量化指标为基础建立了三年期的跨年度计划管理模式，并将其与年度计划紧密对接，使跨年度计划的执行和季度滚动计划的思路一致。

思聪公司立足于企业长期、稳定、健康地发展，将季度计划－年度计划－跨年度计划环环相扣，前后呼应，形成了独具特色的企业计划管理体系，极大地促进了企业计划制订和计划执行相辅相承的功效，明显提升了企业计划管理、分析预测和管理决策的水平，为企业整体效益的提高奠定了坚实的基础。

2. 线性规划法

线性规划法是在第二次世界大战中发展起来的一种重要的数量方法，是运筹学的一个重要的分支，理论上最完善，实际应用最广泛。它主要用于研究有限资源的最佳分配问题，即如何对有限的资源做出最佳方式地调配和最有利地使用，以便最充分地发挥资源的效能去获取最佳的经济效益。

由于有成熟的计算机应用软件的支持，采用线性规划模型安排生产计划，并不是一件困难的事情。在总体计划中，用线性规划模型解决问题的思路是，在有限的生产资源和市场需求条件的约束下，求得利润最大的总产量计划。该方法的最大优点是可以处理产品的多品种问题。

举例说明如下：某企业同时生产甲、乙两种产品。有关资料数据见表4-3，根据表中资料如何安排这两种产品的生产量计划，才能使企业获得的利润最大？

表4-3 各产品的技术经济参数

设备种类		A	B	C	D	产品利润
可利用设备台时		12	8	16	12	/（千元/单位产品）
单位产品需用台时	甲产品	2	1	4	0	2
	乙产品	2	2	0	4	3

这是一个资源优化的问题，即寻求生产要素的最佳配置问题，其解法有两种：一是单纯型方法，二是图解法。这里主要介绍一下图解法。

设甲产品计划生产 X_1 单位，乙产品计划生产 X_2 单位，Z 为产品利润，则目标函数为所获得的总利润要达到最大，即

$$Z_{\max} = 2X_1 + 3X_2$$

约束条件就是可利用的设备台时数，即

$$\begin{cases} 2X_1 + 2X_2 \leq 12 \\ X_1 + 2X_2 \leq 8 \\ 4X_1 \leq 16 \\ 4X_2 \leq 12 \\ X_1 \geq 0, \ X_2 \geq 0 \end{cases}$$

根据上述线性约束方程，可利用两点作一直线的方法确定线性规划问题的可行解域为 ABCDO 多边形的阴影部分，如图4.3所示，即由4个约束条件及 $X_1 \geq 0$，$X_2 \geq 0$ 所组成的可行解域。

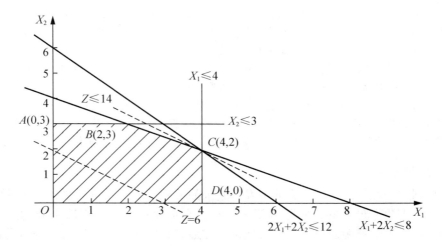

图 4.3 线性规划图解

由于问题所求的是利润最大值,因此,目标函数等值线与原点距离越远越好,但不能脱离可行解域,最远可达到的一点是与可行解域的相切点,其所对应的解为最优解,如图中所示 C 点(4,2),相应目标函数达到最大值。

$$Z_{max} = 2X_1 + 3X_2 = (2 \times 4 + 3 \times 2)千元 = 14 千元$$

3. 网络计划法

网络计划法也称关键路径法、计划评审技术等,是运筹学的一个重要分支。其基本原理是将活动项目的计划、组织和管理作为整体系统,运用统筹兼顾的思想,通过带箭头线的网络形式反映和表达计划的安排,并据此进行方案的优化、组织、协调、控制活动的进度和成本费用,使其达到预定目标的一种科学管理方法。

1) 网络图的组成

网络图又称箭线图,它以图解形式表示一项工程及其构成要素之间的逻辑关系。一项具体的工程或任务由许多工序或活动组成,这些工序或活动按其工艺性和组织性的相互关系,依照流程方向,按其先后顺序,从左至右,用箭线和结点相互衔接地排列起来,即成为网络图。

网络图的组成要素包括以下几点。

(1) 工序(箭线),指在一项生产(工程)任务中的一项作业或一道工序,它表示需要消耗时间和资源的生产活动的实体。在网络图中用实箭线表示。箭尾表示一项活动的开始,箭头表示一项活动的结束,并表示活动的前进方向,箭线的长短与消耗的时间及资源无关。

在网络图中有时也用虚箭线表示工序之间的逻辑衔接关系。虚箭线表示虚工序,本身不消耗时间与资源。

(2) 事项(结点),是表示前道工序的结束和紧接的后道工序的开始点,在网络图中,它是两条或两条以上箭线的交接点,用标有数字的圆圈表示。

(3) 线路(路径),在网络图中,线路是指从初始点开始,顺着箭线的方向连续到达终点为止的通道。网络图中一般都有若干条线路。

在网络图中,相邻工序之间的名称,如图 4.4 所示。

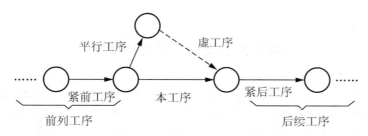

图 4.4 相邻工序之间的名称

2）网络图的绘制

绘制网络计划图要经过以下两个步骤。

（1）调研分析，确定各项作业（活动）之间的逻辑衔接关系及作业时间，并列表（清单）。例如，某项活动经分析得出数据，见表 4-4。

表 4-4 各工序的关系与需要时间

工序名称	工序代号	紧前工序	紧后工序	作业时间/天
……	A	/	C、D	3
……	B	/	D、E	5
……	C	A	/	2
……	D	A、B	/	4
……	E	B	/	1

（2）根据表 4-4 中所列的资料正确画图，如图 4.5 所示。

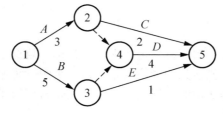

图 4.5 网络图

3）计算网络图时间参数，确定关键线路及总工期

在网络图的所有线路中，耗用时间最长的线路为关键线路，关键线路上的工序叫关键工序，关键工序所耗用的时间之和为项目的总工期。

4）网络计划的优化与管理

网络计划不仅能清晰地反映各项作业的先后逻辑联系及所处的地位，而且还可以利用非关键线路上的时间差合理地调整资源，降低成本；适当分解关键作业，采取平行交叉作业，缩短整个工程的总工期；对关键线路上的关键作业施以重点管理或控制，以保证按期完成工程等。

案例 4-6

蓝德通信管理中的目标体系

北京蓝德通信公司从 2003 年 7 月份开始实行目标管理，并且按照如下几个步骤执行。

（1）目标的制定。总目标的确定：财年初的部门经理会议上总经理和副总经理、各部门经理讨论协商确定该财年的目标，并告之全体员工。部门目标的制定：每个部门在前一个月的 25 日之前确定出下一个月的工作目标，并以目标管理卡的形式报告给总经理，总经理办公室留存一份，本部门留存一份。目标的分解：各个部门的目标确定以后，由部门经理根据部门内部的具体的岗位职责以及内部分工协作情况进行分配。

（2）目标的实施。每个月月中由相关负责人了解目标进行的情况，了解工作进展与完成情况。

（3）目标结果的评定与运用。①目标管理卡首先由各部门的负责人自评，自评过程受人力资源部与办公室的监督，最后报总经理审批，总经理根据每个月各部门的工作情况，对目标管理卡进行相应的调整以及自评的调整。②目标管理卡最后以考评得分的形式作为部门负责人的月考评分数，部门的员工的月考评分数一部分来源于部门目标管理卡。同时，这些考评分数作为月工资的发放的主要依据之一。

这是一个看起来比较完善的计划，但在一年多的执行过程中却有诸多不顺，各部门经理都对每个月目标管理卡的填写或制作不满。而且有一些部门，例如财务部门目标管理卡的内容重复性特别的大；而行政部门的工作临时性的特别多，目标管理卡很难确定。最严重的问题是员工认为，如果领导每个月不对本部门员工解释明白，他们根本就不知道他们的工作目标是什么，只是每个月领导叫干什么就干什么，显得很被动。

管理启示：目标管理虽然强调以目标为导向，以人为中心，以成果为标准；但同时强调"自我控制和自我管理"。蓝德通信公司管理中的目标体系在一开始应该调动员工的主动性、积极性和创造性，主动参与工作目标的讨论和制定，实现目标体系自上而下分解和目标自下而上参与相结合，并在工作中实行"自我控制"。

4. 目标管理法

1）目标的概念与特点

任何一个组织要想生存，都要有一定的使命和目标。目标是一个组织根据其任务和目的确定在未来一定时期内所要达到的最终结果。对于组织管理来说，目标是管理行动的出发点，是组织内部各项管理活动的依据；同时目标又是管理行动的归宿，是判断一个组织管理有效性和合理性的标准。

目标具有以下特点：

（1）目标的层次性。管理组织是分等级、分层次的，因而管理的目标也是分等级、分层次的，目标的层次性与组织的层次性密切相关。一个组织的总目标确定之后，就要围绕着总目标依次确定下级各个分目标、子目标，从而形成一个有层次的目标管理体系。

（2）目标的网络性。组织中各类、各级目标不是相互孤立的，而是相互联结、相互支持的。一个组织的目标通常是通过各种活动的相互联系、相互促进来实现的，各等级、各层次的目标之间彼此左右关联、上下贯通，形成一个整体的目标网络。组织内各目标之间只有彼此相互协调，才能保证组织目标的实现。

（3）目标的多样性。组织的主要目标是多种多样的，同时在目标层次体系中的每个层次的具体目标也可能是多种多样的，目标的多样性是组织为更好地适应环境变化的需要所必需的。但值得注意的是，目标并非越多越好，过多的目标会使管理人员应接不暇而顾此失彼。因此，应该尽量减少目标的数量，必须对各目标的相对重要程度进行区分，突出主要目标，以免因过于注重小目标而有损于主要目标的实现。

（4）目标的时间性。目标是一定时期内所要达到的预期结果，因而目标是有时间性的。从时间上可以将目标划分为长期目标、中期目标和短期目标，组织内层次越高，目标越抽象，目标的时间跨度就越长。但有时短期目标的实现并不能保证长期目标的实现，反之，有时为了长远利益又不得不牺牲眼前利益。因此，管理者要注意目标在时间上的衔接，使各时期的目标协调一致。

（5）目标的可考核性。组织完成业绩的好坏是通过目标的实现来衡量的，因而目标是能够考核的。目标考核的途径是将目标量化，但不是所有的目标都适宜定量考核，主管人员在组织中的地位越高，定性目标就可能越多。

此外，目标还具有可接受性、可挑战性、信息反馈性等特点。

 案例 4-7

从销售部经理到总经理

王勇曾经在一家有名的外商独资企业中担任过销售部经理，成绩卓著，几年前，他离开了这家企业，自己开了一家建材贸易公司，由于有以前的底子，所以生意很不错。年初，他准备进一步扩大业务，在若干个城市设立经销处，同时，扩大经营范围，增加产品的花色和品种。

面对众多要处理的问题，王勇决定将部分权力授予下属的各部门经理。他逐一与经理们谈话，一一落实要达到的目标。其中他给采购部经理定下的目标是，保证每一个经销处所需货物的及时供应；所采购的货物的合格率需保持在98%以上；采购成本保持在采购额的5%以内。采购部经理当即提出异议，认为有的指标不合理。王勇回答说："可能吧，你尽力而为就是了。"

到年终考核时王勇发现，采购部达到了王勇给他们规定的前两个目标，但采购成本大大超出目标，约占当年采购额的8%。王勇问采购部经理怎么会这样时，采购部经理解释说："有的事情也只能如此。就目前而言，我认为，保证及时供应和货物质量比我们在采购时花掉多少钱更重要。"

2）个人目标与组织目标

个人目标与组织目标一样，存在着共同之处，但就两者的方向和内容来看，则存在许多不一致的地方，组织中的个人目标有经济收入、工作满足、兴趣爱好、荣誉感、事业成就感等。而组织目标除了考虑增加员工的收入、改善员工的生活条件之外，更多的是考虑组织自身的发展，如组织规模、实力、经济效益、地位等。

企业中的个人目标和组织目标存在着如何取得最大程度上的协调统一的问题。企业的组织目标是其成员的共同利益的体现。在现实社会中，个人要实现自己的目标并维持它的稳定性和低风险状态，往往需要借助于某个组织，即通过与该组织订立某种契约成为组织的一员，将自己的行动支配权交予组织，由组织目标的实现来保证个人目标的实现。从这个角度来说，组织目标的实现是个人目标实现的前提和基础，在组织目标实现的过程中，个人目标才有可能实现，这是两者之间统一的地方。

但是，个人为组织做出贡献的意愿却是不定的，有时很积极，有时很消极，有时很强烈，有时很微弱，这取决于他对组织的满意程度。当这种合作的意愿很微弱或者很消极时，对立便显露出来。最早对这一问题进行研究的是美国管理学者切斯特·巴纳德，他认为，如果组织中的个人目标得不到满足，他们就会停止贡献或者退出该组织，此时这个组织是无效率的，如果一个组织是无效率的，那它就不可能有效果，即组织不能成功地协作完成目标。

组织目标与个人目标之间存在矛盾冲突的一面及两者之间尽可能和谐一致的必要性，是"目标管理"产生的主要原因之一。

案例 4-8

地区经理的目标管理

徐辉是食品公司的一位地区经理，他管辖一批连锁超级市场，他在新年前夕向各经理发出下列通知。

我们打算在市场竞争中成为最具有竞争力的连锁公司，为了保持这种地位，希望每一位商店经理做好以下几方面的工作：①将食品的腐损降低到最低程度；②将加班费尽可能地降下来；③把商品库存压缩到最低程度；④订货单尽早地发出，以便公司采购员有足够的时间去讨价还价；⑤确保广告费不得超支；⑥对采用购物优惠券购物的顾客要格外当心。

6个月后，公司总经理吴悦把地区经理徐辉叫去训斥时，他再也高兴不起来了。吴悦向他说明了下列几个问题：①在他所管辖的那个地区，利润并非像预计得那么高；②吴悦认为食品的质量和对顾客的服务比销售价格更能获得利润。

吴悦还向他出示了上半年在徐辉管辖的地区各商店经营的财务分析报表，食品的腐损与加班费都已经超过了公司的平均水平，广告开支也是如此。不过，库存积压减少了，购物优惠券的费用少了。但是，各商店经理的订货单要么来得太晚，要么急得要命，采购部门一再向他抱怨这类事情。

3）目标管理的原理与特点

目标管理最先在1954年由彼得·德鲁克提出，他在《管理的实践》一书中阐述了"目标管理和自我控制"的理论，并对目标管理的原理做了较全面地概括。组织的最高领导层与各级管理人员共同参与制定出一定时期内经营活动所要达到的各项工作目标，然后层层落实，要求下属各部门主管人员以至每个员工根据上级制定的目标制定出自己工作的目标和相应的保证措施，形成一个目标体系，并把目标完成情况作为各部门或个人考核依据的一套管理方法。由于这种方法特别适用于对各级管理人员进行管理，所以也有人称之为"管理中的管理"。

目标管理的特点如下。

（1）目标管理强调以目标网络为基础的系统管理。目标管理首先由管理层确定一定时期的总目标，然后对总目标进行分解，层层下达，逐级展开，形成不同层次、不同要求的多个目标。这些目标之间相互关联、相互支持，形成整体的目标网络系统，从而保证组织目标的整体性和一致性。

（2）目标管理强调"自我控制"。目标管理既重视科学管理，又重视人的因素。目标管理认为，员工是愿意负责的，愿意在工作中发挥自己的聪明才智和创造力。如果我们控制的对象是一个社会组织中的"人"，则必须通过对其动机的控制来实现对行为的控制。目标管理的主旨是用"自我控制管理"代替"压制性的管理"，这种"自我控制"可以激励员工尽自己最大的努力把工作做好。从这里也可以看出在目标管理中，是以人性理论中的"Y理论"为基础和前提条件的。

（3）目标管理促使权力下放。目标管理的网络化将目标层层分解下达，这就要求各级管理人员要明确自己的管理目标和管理责任。上级要根据目标的需要，授予下级部门和个人相应的权力，才能激励下级部门和个人充分发挥自己的聪明才智，保证目标的顺利实现。因此，授权是提高目标管理效果的关键，推行目标管理，可以促使权力下放。

（4）目标管理注重成果。彼得·德鲁克强调，凡是其业绩影响企业组织健康成长的所有方面，都必须建立目标。由于目标管理有一套完整的目标考核体系，能够对组织成员中的实际贡献和业绩大小进行评价,从而克服了以往凭印象、主观判断等传统的管理方式中的不足。

4）目标管理的基本过程

由于各个组织活动的性质不同,目标管理的步骤可能不完全一样,但一般来说,可以分为以下四步。

（1）建立一套完整的目标体系。实行目标管理,首先要建立一套完整的目标体系。这项工作总是从企业的最高主管部门开始的,然后由上而下地逐级确定目标。上下级的目标之间通常是一种"目的—手段"的关系,某一级的目标,需要用一定的手段来实现,这些手段就成为下一级的目标,按级顺推下去,直到作业层的作业目标,从而构成一种锁链式的目标体系。

（2）制定目标。制定目标的工作如同所有其他计划工作一样,需要事先拟定前提条件。这是一些指导方针,如果指导方针不明确,就不可能希望下级主管人员会制定出合理的目标来。此外,制定目标应当采取协商的方式,应当鼓励下级主管人员根据基本方针拟定自己的目标,然后由上级批准。

（3）组织实施。目标既定,主管人员就应放手把权力交给下级成员,主要靠执行者的自我控制完成目标。如果在明确了目标之后,作为上级主管人员还像从前那样事必躬亲,便违背了目标管理的主旨,不能获得目标管理的效果。当然,这并不是说,上级在确定目标后就可以撒手不管了。上级的管理应主要表现在指导、协助、提出问题、提供情报及创造良好的工作环境方面。

（4）检查和评价。对各级目标的完成情况,要事先规定出期限,定期进行检查,检查的方法可灵活地采用自检、互检和责成专门的部门进行检查。检查的依据就是事先确定的目标。对于最终结果,应当根据目标进行评价,并根据评价结果进行奖罚。经过评价,使目标管理进入下一轮循环过程。

5）目标管理的评价

目标管理使企业效益性提高,组织整体性能力提高,并且使员工的自主性增强,在提高管理效率上非常有效。目标管理的优点主要表现在以下几个方面。

（1）目标管理对组织内易于度量和分解的目标会带来良好的绩效。目标管理使各项活动的目的性非常明确,避免搞形式主义花架子。以往企业着重管理作业程序、方法的问题,忽略了对成果的重视。目标管理是一种达到目标的科学、周密的方法。

（2）目标管理有助于改进组织结构的职责分工,由于组织目标的成果和责任划分到每一个职位或部门,容易发现授权不足与职责不清等缺陷。目标管理是促进分权管理,使组织具有弹性的最好方法。

（3）目标管理有助于调动员工的主动性、积极性和创造性。由于目标管理强调自我控制、自我调节,将个人利益和组织利益紧密联系起来,因而提高了士气,营造了更好的氛围。

（4）目标管理表现出良好的整体性,组成一个完整的目标锁链和目标体系,将企业的所有任务和目标连成一个有机的整体,促进了意见的交流和相互了解,使人际关系更加和谐。

目标管理尽管有很多优点,但它在运作过程中也存在目标难以制定、短期化、不灵活等问题。

本章小结

本章重点讨论了组织的计划制订问题。组织计划的制订包括界定目标和制定能够实现目标的计划。组织存在的目的是为了追求一个唯一的、高于一切的目标,这个目标就是使命。使命是战略目标和计划的基础。组织内的目标是以分层形式表现的,首先是战略目标,其次是战术目标和运营目标。用于取得目标的计划同样可以划分为战略性、战术性和运营性计划。

了解计划的分类,可以使我们认识到计划的多样性,在实践中,不能忽视某些重要的计划,有效发挥计划的作用。编制计划应遵循一定的原则,依照编制的程序进行编制,常用的计划方法主要有滚动计划法、线性规划法、网络计划法及目标管理法。

关键术语

计划——plan
目标——objective
政策——policy
程序——procedure
规则——rule
目标管理——management by objects

宗旨——purpose
战略——strategy
预算——budget
方案——program
生命周期——life cycle

案例应用分析

东亚机床厂的目标管理

东亚机床厂从2011年开始推行目标管理。为了充分发挥各职能部门的作用,充分调动1 000多名职能部门人员的积极性,该厂首先对厂部和科室实施了目标管理。经过一段时间的试点后,逐步推广到全厂各个车间、工段和班组。

按照目标管理的原则,该厂把目标管理分为三个阶段进行。

1. 第一阶段:目标制定阶段

1) 总目标的制定

该厂通过对国内外市场机床需求的调查,结合长远规划的要求,并根据企业的具体生产能力,提出了2012年"三提高""三突破"的总方针。所谓"三提高",就是提高经济效益、提高管理水平和提高竞争能力。"三突破"是指在新产品数目、创汇和增收节支方面要有较大的突破。在此基础上,该厂把总方针具体化、数量化,初步制定出总目标方案,并发动全厂员工反复讨论、不断补充,送职工代表大会研究通过,正式制定出全厂2012年的总目标。

2) 部门目标的制定

企业总目标由厂长向全厂宣布后,全厂就对总目标进行层层分解,层层落实。各部门的分目标由各部门和厂企业管理委员会共同商定,先确定项目标,再制定各项目标的指标标准。其制定依据是厂总目标和有关部门负责拟定经厂部批准下达的各项计划任务,原则是各部门的工作目标值只能高于总目标中的定量目标值,同时,为了集中精力抓好目标的完成,目标的数量不可太多。为此,各部门的目标分为必考目标和参考目标两种。必考目标包括厂部明确下达目标和部门主要的经济技术指标;参考目标包括部门的日常工作目标或主要协作项目。其中必考目标一般控制在2~4项,参考目标项目可以多一些。目标完成标准由各部门以目标卡片的形式填报厂部,通过协调和讨论最后由厂部批准。

第4章 计 划

3) 目标的进一步分解和落实

部门的目标确定以后，接下来的工作就是将目标进一步分解和层层落实到每个人。

(1) 部门内部小组(个人)目标管理。其形式和要求与部门目标制定相类似，拟定目标也采用目标卡片，由部门自行负责实施和考核。要求各个小组(个人)努力完成各自目标，保证部门目标的如期完成。

(2) 该厂部门目标的分解是采用流程图方式进行的。具体方法是，先把部门目标分解落实到职能组，再把任务分解落实到工段，工段再下达给个人。通过层层分解，全厂的总目标就落实到了每一个人身上。

2. 第二阶段：目标实施阶段

该厂在目标实施过程中，主要抓了以下三项工作。

1) 自我检查、自我控制和自我管理

目标卡片经主管副厂长批准后，一份存企业管理委员会，一份由制定单位自存。由于每一个部门、每一个人都有了具体的、定量的明确目标，所以在目标实施过程中，人们会自觉地、努力地实现这些目标，并对照目标进行自我检查、自我控制和自我管理。这种自我管理，能充分调动各部门及每一个人的主观能动性和工作热情，充分挖掘自己的潜力，因此，完全改变了过去那种上级只管下达任务、下级只管汇报完成情况，并由上级不断检查、监督的传统管理办法。

2) 加强经济考核

虽然该厂目标管理的循环周期为一年，但为了进一步落实经济责任制，及时纠正目标实施过程中与原目标之间的偏差，该厂打破了目标管理的一个循环周期只能考核一次、评定一次的束缚，坚持每一季度考核一次和年终总评定。这种加强经济考核的做法，进一步调动了广大职工的积极性，有力地促进了经济责任制的落实。

3) 重视信息反馈工作

为了随时了解目标实施过程中的动态情况，以便采取措施，及时协调，使目标能顺利实现，该厂十分重视目标实施过程中的信息反馈工作，并采用了两种信息反馈方法。

(1) 建立"工作质量联系单"来及时反映工作质量和服务协作方面的情况。尤其当两个部门发生工作纠纷时，厂管理部门就能从"工作质量联系单"中及时了解情况，经过深入调查，尽快加以解决，这样就大大提高了工作效率，减少了部门之间的不协调现象。

(2) 通过"修正目标方案"来调整目标。内容包括目标项目、原定目标、修正目标及修正原因等，并规定在工作条件发生重大变化需修改目标时，责任部门必须填写"修正目标方案"提交企业管理委员会，由该委员会提出意见，交主管副厂长批准后方能修正目标。

该厂在实施过程中由于狠抓了以上三项工作，因此，不仅大大加强了对目标实施的动态了解，更重要的是加强了各部门的责任心和主动性，从而使全厂各部门从过去等待问题找上门的被动局面，转变为积极寻找和解决问题的主动局面。

3. 第三阶段：目标成果评定阶段

目标管理实际上就是根据成果来进行管理的，故成果评定阶段显得十分重要。该厂采用了"自我评价"和上级主管部门评价相结合的做法，即在下一个季度第一个月的10日之前，每一部门必须把一份季度工作目标完成情况表报送企业管理委员会(在这份报表上，要求每一部门自己对上一阶段的工作做恰如其分的评价)。企业管理委员会核实后，也给予恰当的评分，如必考目标为30分，一般目标为15分。每一项目标超过指标的3%加1分，以后每增加3%再加1分。一般目标有一项未完成而不影响其他部门目标完成的，扣一般项目中的3分，影响其他部门目标完成的则被扣分数增加到5分。加1分相当于增加该部门基本奖金的1%，减1分则扣该部门奖金的1%。如果有一项必考目标未完成，则扣至少10%的奖金。

该厂在目标成果评定工作中深深体会到：目标管理的基础是经济责任制，目标管理只有同明确的责任划分结合起来，才能深入持久，才能具有生命力，才能达到最终的成功。

讨论：

(1) 在目标管理过程中，应注意一些什么问题？

(2) 目标管理有什么优、缺点？

(3) 增加和减少员工奖金的发放额是实行奖惩的最佳方法吗？除此之外，你认为还有什么激励和约束措施？

(4) 你认为实行目标管理时，营造完整严肃的管理环境和制定自我管理的组织机制哪一个更重要？

思 考 题

1. 什么是计划？计划工作的特征有哪些？
2. 计划如何影响组织的绩效？如何消除变化的冲击？如果计划被证明是不正确的，其效果是否与原目标正相反？
3. 最高管理者的计划工作与第一线监工的计划有何区别？
4. "计划跟不上变化"指的是一种什么现象？应该怎样正确处理计划和变化的关系？
5. 工商企业只有一个真正的目标——创造利润吗？利润目标对工商企业宣称的其他目标有什么影响？
6. 你认为在计划与传统的目标设定方法之间存在什么关系？计划与控制是什么关系？

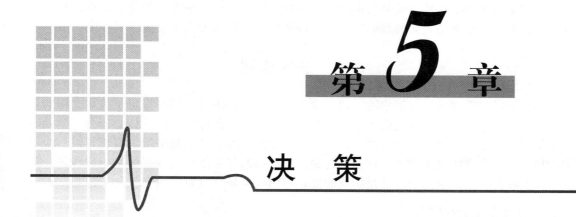

第 5 章

决 策

教学要求

明确决策的含义和特点；掌握决策的类型；熟知并掌握影响决策的因素；掌握德尔菲法和头脑风暴法的使用方法；掌握盈亏平衡分析法、决策树的计算方法并能熟练应用。

本章知识点

决策；决策类型；决策程序；决策方法。

导入案例

"挑战者"号航天飞机的升空失败事故

1986年1月28日，美国"挑战者"号航天飞机从卡纳维拉尔角航天基地发射升空后73秒起火爆炸。事故的主要原因是航天飞机发射当天气温很低，发射器上的O形橡胶圈无法按设计要求在发射时迅速膨胀以弥合部件间缝隙，结果燃料油从部件连接处的缝隙中渗出，导致燃烧爆炸。

在航天飞机失事后的调查中发现，导致事故发生的主要原因不是技术上的失误，而是组织决策上的失败。就在发射前一天的傍晚，为航天飞机设计、制造固态燃料火箭助推器的莫顿瑟奥科尔公司的两位高级工程师——博伊斯乔利和埃比林通过电视会议，足足花了6个小时，力劝推迟"挑战者"号的发射。因为，在此之前他们被告知，佛罗里达的气温已经降至0℃以下。专业知识和经验告诉他们，这样的条件对火箭助推器的性能将产生重大影响。然而，瑟奥科尔公司的高层却给了他们当头一棒。在莫顿瑟奥科尔公司内部讨论可否发射的过程中，包括博伊斯乔利在内的工程师被排除在外，4名高级经理投票赞成发射。就这样，公司主管为了取悦他们最主要的客户——宇航局而做出了"可以发射"的建议。当载着公司新建议的传真在午夜时分传到卡纳维拉尔角时，宇航局下定了在第二天上午发射"挑战者"号的决心。失误的决策于是导致了大悲剧的发生。

本章中，我们将考察有关决策的基本原则。在上一章中，我们讨论了企业为长期生存和日常经营做出计划。在做这些计划的过程中，实际上隐含着管理者的决策过程。计划不是凭空想象出来的，而是仔细分析得出，在衡量各种可供选择的方案的优、缺点之后，管理者选择那些最能满足企业利益的方案，这种选择的过程就是决策过程。

5.1 决策概述

美国著名的管理学专家赫伯特·西蒙认为：管理就是决策。只有拟定了决策，即对资源方向、战略等做出了选择之后，才能说有了计划，决策是计划工作的核心部分。计划与决策是相互联系的，这是因为：第一，决策是计划的前提，计划是决策的逻辑延续，决策为计划的任务安排提供了依据，计划则为决策所选择的目标活动实施提供了组织保证；第二，在实际工作中，决策与计划是相互渗透，有时甚至是不可分割地交织在一起的。

5.1.1 决策的概念与特点

1. 决策的概念

任何一个组织和管理者的大部分工作都在做决策，管理的各项职能也离不开决策。决策是指人们为实现既定的目标，从拟定实现目标的各种可行方案中选择一个合理方案的分析判断过程。对于这一定义，可作如下理解。

（1）决策的主体是管理者，管理者既可以是单个的管理者，也可以是多个管理者组成的集体或小组。

（2）决策的本质是一个过程，这一过程由多个步骤组成。

（3）决策的目的是解决问题或者利用机会。

案例 5-1

企业的成功决策

IBM 公司为了从规模上占领市场，大胆决策购买股权。1982 年用 2 亿美元从美国英特尔公司手中买下了其 12% 的股权，从而足以对付国内外计算机界的挑战；另一次是 1983 年，以 2.28 亿美元收购了美国一家专门生产电信设备的企业罗姆公司 15% 的股权，从而维持了办公室自动化设备方面的"霸主"地位。

又如，早在 1956 年，美国的一家公司发明了盒式电视录像装置。可是美国公司只用它来生产一种非常昂贵的广播电台专用设备。而日本索尼公司的经营者通过分析论证，看到了电视录像装置一旦形成大批量生产，其价格势必降低，许多家庭可以购买得起此种录像装置。这样一来，家用电子产品这个市场就会扩大，如果马上开发研究家用电视录像装置，肯定会获得很好的经济效益和社会效益。由于这一决策的成功，家用电视录像装置的市场一度被日本占去了 90% 多，而美国则长期处于劣势。

这些案例说明，经营决策正确，可以使企业在风云变幻的市场上独居领先地位，并可保持企业立于不败之地。

2. 决策的特点

决策并非主观武断或盲目选择，科学的决策应当在科学、认真、实事求是分析的基础上，把握住事物变化的规律，从而做出合理、可行的决断。正确的决策应具有以下的特点：

1）目标性

任何决策都是为了实现一定的目标而进行的方案选择，如果决策的目标是模糊不清的，那就无法以目标为标准评价方案，也就无从选择方案，因此也就谈不上决策。目标体现的是组织想要获得的结果。目标明确以后，方案的拟订、比较、选择、实施及实施效果的检查就有了标准与依据。

2）可行性

一个合理的决策是以充分了解和掌握各种信息为前提的，即通过组织外部环境和组织内部条件的调查分析，根据实际需要与可能，选择切实可行的方案。缺乏必要的人力、物力和财力，理论上再完善的方案也只是空中楼阁。因此，在决策过程中，决策者不仅要考虑采取某种行动的必要性，而且要注意实施条件的限制。

3）选择性

决策的关键是选择，没有选择就没有决策。而要能有所选择，就必须提供可以相互替代的多种方案。事实上，为了实现同样的目标，组织总是可以从事多种不同的活动。这些活动在资源要求、可能结果及风险程度等方面存在着或多或少的差异。因此，不仅有选择的可能，而且有选择的必要。

4）满意性

所谓满意决策。是指在现实条件下，决策者的决策使得目标的实现在总体上已达到预期的效果。决策过程是一个研究复杂的、多变的和多约束条件的问题的过程，同时人们对客观事物的认识也是一个不断深化的过程，对于任何目标，都很难找出全部的可行方案。因此，决策者只能得到一个适宜和满意的方案，不可能得到最优的方案。

因为，最优化决策需要具备三个条件，缺一不可：决策者了解与组织活动有关的全部信息；决策者能正确地辨识全部信息的有用性，了解其价值，并能据此制定出所有可能的、没有疏漏的行动方案；决策者能够准确地预料到每个方案在未来的执行结果。然而，因为组织的一切环境对组织的现在和未来都会直接或间接地产生某种程度的影响，但决策者很难收集到反映这一切情况的信息。对于收集到的有限信息，决策者的利用能力也是有限的，从而决策者只能制定数量有限的方案。任何方案都需要在未来实施，而人们对未来的认识是不全面的，对未来的影响也是有限的，从而决策时所预测的未来状况可能与未来的实际情况有出入。客观存在的上述状况决定了决策者难以做出最优决策，只能做出令人满意的决策。

5）过程性

决策不是简单地罗列方案和选择方案，而是需要决策者做一系列大量的工作。决策者应先进行调查、分析和预测，然后确定行动目标，找出可行方案，再进行判断、分析，选出最终方案。因此，决策是一个过程。

从另外一个方面来说，组织中的决策并不是单项决策，而是一系列决策的综合。这是因为组织中的决策牵涉到方方面面，当令人满意的行动方案被选出后，决策者还要就其他一些问题做出决策，以保证该方案的顺利实施。只有当配套决策都做出后，才能认为组织的决策已经完成。

而且，在这一系列决策中，每个决策本身就是一个过程。为了理论分析的方便，我们把决策的过程划分为几个阶段。但在实际工作中，这些阶段往往是相互联系、交错重叠的，难以截然分开。

6）动态性

决策的动态性与过程性有关。决策作为一个过程，没有真正的起点，也没有真正的终点，而是一个不断循环的过程。作为过程，决策是动态的，因为组织的外部环境处在不断变化中。这要求决策者密切监视并研究外部环境及其变化，从中发现问题或找到机会，及时调整组织的活动，以实现组织与环境的动态平衡。

5.1.2 决策的类型

企业生产经营活动涉及的决策问题范围十分广泛，内容较多，且各有特点。为了便于决策者从不同层次上把握各类决策的特点，我们可将企业决策问题作如下分类。

1. 按决策层次划分

按决策层次划分，决策可分为战略决策、战术决策和业务决策。

1）战略决策

战略决策指事关企业未来发展的全局性、长期性的重大决策。这种决策旨在提高企业的经营效能，使企业的经营活动与外部环境的变化保持正常的动态协调。战略决策一般由企业最高管理层制定，故又称高层决策。企业经营目标和方针的决策、新产品开发决策、投资决策、市场开发决策等都属于战略决策。

2）战术决策

战术决策指为实施战略决策，在人、财、物等方面做出的管理性决策。这种决策旨在提高企业的管理效能，以实现企业内部各环节的高度协调和资源的有效利用。战术决策具有指令化、定量化的特点，其正确与否关系到战略决策的顺利实施。这种决策一般由企业中层管理层做出，故又称中层决策。生产计划决策、设备更新改造决策等均属此类决策。

3）业务决策

业务决策指在日常生产管理中旨在提高生产效率和工作效率，合理组织生产过程的决策。这种决策一般由企业基层管理层做出，故又称基层决策。属于这种决策的问题有生产作业计划决策、库存决策等。

战略决策、战术决策和业务决策之间有时没有绝对的界限，三个层次的决策者都应或多或少地参与相邻管理层的决策方案的制定。

2. 按决策事件发生的频率划分

按决策事件发生的频率划分，决策可分为程序化决策和非程序化决策。

1）程序化决策

程序化决策指在日常管理工作中以相同或基本相同的模式重复出现的管理业务决策。由于这类决策问题产生的背景、特点及其规律易被决策者所掌握，所以，决策者可根据以往的经验或惯例制定决策方案。这种具有常规性、例行性的决策称为程序化决策，如生产方案决策、采购方案决策、库存决策、设备选择决策等。这种决策一般由职能部门进行，高层决策者很少过问。

2）非程序化决策

非程序化决策指受大量随机因素的影响，很少重复发生，常无先例可循的经营事务的决策。这种决策由于缺乏可借鉴的资料和准确的统计数据，决策者大多对处理这种决策问题经验不足，在决策时没有固定的模式和规则可循。这样，决策者及其机构的洞察力、思维、知识及对类似问题决策的经验将起重要作用。这种决策包括经营方向决策、目标决策、新产品开发决策、新市场开拓决策等。由于决策过程不能标准化，所以需要高层决策者亲自参与，并依赖他们的知识、经验、智慧和判断能力，同时需要民主决策。

决策类型及决策制定技术见表 5-1。

表5-1 决策类型及决策制定技术

决策类型	决策制定技术	
	传统式	现代式
程序化决策：常规性、反复性决策，组织为处理上述决策而研制的特定过程	① 习惯； ② 事务性常规工作，标准操作规程； ③ 组织结构，普遍可能性、一次目标系统，明确规定的信息通道	① 运筹学（数学分析、模型、计算机模拟）； ② 电子数据处理
非程序化决策：单射式，结构不良，新的政策性决策，用通用问题解决过程处理的	① 判断、直觉和创造； ② 概测法； ③ 经理的遴选和培训	探索式问题解决技术适用于： ① 培训人类的决策制定者； ② 编制探索式计算机程序

3. 按决策分析的方法划分

按决策分析的方法划分，决策可分为确定型决策、风险型决策、非确定型决策。

1) 确定型决策

确定型决策指决策者对每个可行方案未来可能发生的各种情况（自然状态）及其后果十分清晰，特别是对哪种自然状态将会发生有较确定的把握，这时从可行方案中选择一个最有利的方案作为决策方案的决断过程。在确定型决策中，各种可行方案所需的条件是已知的，每个方案只有一个结果，最终选择哪个方案取决于对各个方案结果的直接比较。确定型决策一般可以用数学模型来选择，如利用量本利分析法来确定企业的保本销售量等。

2) 风险型决策

风险型决策也称随机决策，是指决策者不能预先确知环境条件，可供选择的方案可能有几种自然状态，只能根据自然状态发生的概率进行决策。在风险型决策中，决策者虽然不知道哪种自然状态会发生，但能够知道有多少种自然状态及每种自然状态发生的概率，根据概率进行计算并做出决策，如股票投资等。风险型决策可采用决策收益表、决策树等方法。

3) 非确定型决策

非确定型决策指决策者无法确定决策事件未来各种自然状态的概率，完全凭借个人的经验、感觉和估计做出的决策。在不确定型决策中，决策者不知道有多少种自然状态，也不知道每种自然状态发生的概率，只能根据决策者的直觉、经验和判断能力来决策。目前，这种决策已经有一些决策准则供不同类型和风格的决策者选用。

4. 按决策的时间跨度划分

按决策的时间跨度划分，决策可分为长期决策与短期决策。

1) 长期决策

长期决策是指在较长时期内，对组织的发展方向做出的长远性、全局性的重大决策。长期决策一般属于战略决策，具有周期长、风险大的特点，如投资方向的选择等。

2) 短期决策

短期决策是指对一年之内要解决及执行的有关问题的决策。短期决策是为实现长期战略目标而采取的短期策略手段。短期决策一般属于战术决策或业务决策，具有花费少、时间短的特点，如企业的日常营销决策、物资储备决策等。

5. 按决策的主体划分

按决策的主体划分，决策可分为个人决策和群体决策。

1）个人决策

个人决策就是决策者只有一个个体的决策制定过程。个人决策最大的优点是效率高且责任明确。但也会受到决策者本身的特性影响。个人的行为特征对决策制定起着重要的影响作用。

2）群体决策

在一个正式组织里，纯粹的个人决策还是很少的，更多的决策都是两人或者两人以上的群体做出的。俗话说："三个臭皮匠，顶个诸葛亮。"群体制定决策的一个最大优点，就是群体比任何个体拥有更广泛的知识、经验，从而有利于识别问题、设计方案和评价方案。此外，群体参与制定决策，还有助于人们更好地理解和接受所制定的决策，特别是那些实施的人们。因而，群体决策的实施比个体决策的实施能得到更积极和更正确的执行。

当然，由于群体成员的价值观和目标多样化，影响力、能力和个性也有差异，因而群体决策也有许多个人决策所没有的特殊问题，其中最大的问题是"从众现象"，即有意识或者无意识的趋同。另外，群体决策通常比个人决策花费更多的时间，也没有个人决策的责任清楚。表5-2具体列出了群体决策的优势和劣势。

表5-2 群体决策的优势与劣势

优　势	劣　势
① 知识的更大集中 群体与个人相比，能带来更多的信息和经验处理决策问题	① 社会压力 不愿意"触礁"和顺从的压力相结合的结果，会抑制个人的贡献和创造性
② 不同的观点 具有不同经验和利益的个人能使群体从不同角度去看决策环境	② 少数人统治 当群体中某些人讲话时间最长、声音最大时，群体活动的质量会下降
③ 更大的理解力 群体对于不同行动方案取舍的讨论能使人们更好地理解最终决策的理由	③ 互相吹嘘 政治性结盟会取代明智的思考
④ 决策的接受性 那些在群体决策中发挥积极作用的人会把决策当作是自己制定的而不是别人强加的	④ 目标转移 有时为了赢得争论、阐明一种观点或回击对手而忘了真正要解决的问题
⑤ 训练基地 那些缺乏参与经验的个人可以通过参与群体决策学会如何适应群体动态	⑤ 集体思维 有时群体中的凝聚力使得达成全体一致的愿望限制了理智的判断，从而不能正确评价各被选方案，并做出最后选择

群体决策不仅受个体心理的影响，而且还受群体心理的影响。群体的心理现象包括舆论、社会压力、默契、士气、内在的氛围等。群体决策的效果很大程度上取决于群体心理的积极程度，而后者又取决于管理人员的领导水平。如果引导得不好，群体决策的效果比个人

决策的效果还差,如果引导得好,那么群体决策就会产生"1+1＞2"的整体扩张效应。

此外,按决策的起始点划分,决策可以分为初始决策与追踪决策;按决策的方法,可分为定量决策与定性决策。

5.2 决策的过程与影响因素

5.2.1 决策的程序

现代决策理论认为,决策是一个从提出问题、分析问题到解决问题、反馈控制的系统工程。为保证决策的科学性、可行性,决策者必须遵守科学的决策程序,如图5.1所示。

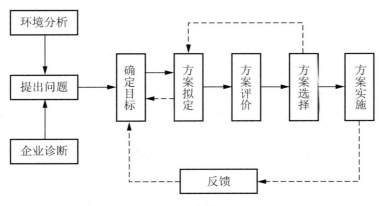

图5.1 决策程序

1. 明确经营问题,确定决策目标

确定决策目标是企业进行决策的起点。决策的最终目的就是要达到既定的目标。目标不明确或者不合理,就很容易无的放矢,导致决策失误。所以说,确定决策目标是经营决策的出发点。

1)明确经营问题

决策的第一步就是找出经营中存在的问题,分析在特定环境下经营所应达到的理想状态和实际所达到的现实状态之间有多大的差距。

找出差距主要有两种方法:一是横向分析法,即与国内同行业企业经营状况进行比较,分析企业所处的地位,寻找差距的大小;二是纵向分析法,即分析比较企业经营活动的各项技术指标较历史最佳水平的变化趋势及幅度。

2)确定决策目标

决策目标明确制定要达到三个要求:目标是可以计量与分解的;目标是可以落实和确定责任的;目标有明确的约束条件。在企业经营过程中往往会遇到各种问题,于是就同时存在多个目标。例如,企业的竞争力弱,可能是价格过高,也可能是工艺落后,产品质量差,于是就产生了更新产品、提高制造工艺、降低成本和售价三个目标。在处理多目标的问题时,要遵循三条原则:一是减少目标数量;二是根据目标的重要程度进行排序;三是目标之间的协调。

"沙格型"汽车的理想与现实

1985年,由马来西亚国营重工业公司和日本三菱汽车公司合资2.8亿美元生产的新款汽车"沙格型"隆重推出市场。马来西亚政府视之为马来西亚工业的"光荣产品",产品在推出后,销售量很快跌至低潮。经济学家们经过研究,认为"沙格型"汽车的一切配件都从日本运来,由于日元升值,使它的生产成本急涨,再加上马来西亚本身的经济不景气,所以汽车的销售量很少。此外,最重要的因素是政府在决定引进这种车型时,主要考虑满足国内的需要。因此,技术上未达到先进国家的标准,无法出口。由于在目标市场的决策中出现失误,"沙格型"汽车为马来西亚工业带来的好梦,只是昙花一现而已。

2. 拟定可行方案

确定目标后,要制定为实现决策目标可供选择的各种行动方案,即可行方案。这是决策的基础工作。

可行方案应满足三个条件:能够保证经营决策目标的实现;企业内外部环境都能保证方案的实施;方案之间具有互相排斥性。

3. 评价和选择方案

拟定可行方案是决策的基础,而评价和选择方案是决策的关键。因此应确定合理的评价方案的标准,并确定科学的选择方法。

对于目标可以计量的方案,如企业的产量、产值等,数量化目标本身就是它的评价标准。对于目标无法计量的方案,可以用以下标准衡量。

(1) 价值标准。即以方案对实现目标作用效果的大小来评价方案的好坏。这里所指的价值,不仅包括决策方案所带来的以货币计量的价值,还包括决策方案的社会意义。

(2) 满意标准。由于现实条件的限制,决策往往很难达到理想的状态。所以,只有"满意"方案,没有最优方案。

(3) 期望值标准。对于风险性决策,一个方案可以产生几种可能结果的情况,可以通过计算期望值的大小来选择方案,如期望值最大可以作为选择方案的标准。

(4) 实效标准。决策者要不失时机地进行决策,如果一味追求决策百分之百的成功而坐失良机,并不是优秀的决策者。

以上四种标准,应因地制宜进行选择。一项决策在确定后,能否最后取得成功,除了决策本身性质的优劣外,还要依靠对决策运行的控制与调整,包括在决策执行过程中的控制,以及在决策确定过程中各阶段的控制。

"协和"民航客机

1962年,英法航空公司开始合作研制"协和"式超音速民航客机,其特点是快速、豪华、舒适。经过10多年的研制,耗资上亿英镑,终于在1975年研制成功。十几年时间的流逝,情况发生了很大变化。能源危机、生态危机威胁着西方世界,乘客和许多航空公司都因此而改变了对客机的要求。乘客的要求是票价不要太贵,航空公司的要求是节省能源,多载乘客,噪声小。但"协和"式飞机却不能满足消费者的这些要求。首先是噪声大,飞行时会产生极大的声响,有时甚至会震碎建筑物上的玻璃。其次是由于燃料价格增长快,运行费用也相应大大提高。这些情况表明,消费者对这种飞机需求量不会很大。因此，不应大批量投入生产。但是，由于公司没有决策运行控制计划，也没有重新进行评审，而且，飞机是由两国合作研制的，雇佣了大量人员参加这项工作，如果中途下马，就要大量解雇人员。

上述情况使得飞机的研制生产决策不易中断，后来两国对是否要继续协作研制生产这种飞机发生了争论，但由于缺乏决策运行控制机制，只能勉强将决策继续实施下去。结果，飞机生产出来后卖不出去，原来的"宠儿"变成了"弃儿"。

5.2.2 决策的影响因素

调整企业活动方向和内容的决策要受到众多因素的影响，其中主要有环境、过去决策、决策者对待风险的态度、企业文化、时间等。

1. 环境

环境从两个方面对决策施加影响。首先，环境的特点影响着组织的活动选择。就企业而言，如果市场相对稳定，则今天的决策基本上是昨天决策的翻版与延续；而如果市场急剧变化，则需要经常对经营方向和内容进行调整。处在垄断市场上的企业，通常将经营重点放在内部生产条件的改善、生产规模的扩大及生产成本的降低上；而处在竞争市场上的企业，需要密切关注竞争对手的动向，不断推出新产品，努力改善促销宣传，建立、健全销售网络。其次，对环境的习惯反映模式也影响着组织的活动选择。对于相同的环境，不同的组织可能做出不同的反应。而这种调整组织与环境关系的模式一旦形成，就会趋于稳固，限制着决策者对行动方案的选择。

2. 过去决策

在一般情况下，组织中的决策不是在一张白纸上进行的初始决策，而是对初始决策的完善、调整或者改革。过去的决策是目前决策的起点；过去方案的实施，给组织内部状况和外部环境带来了某种程度的变化，进而给"非零起点"的目前决策带来了影响。

过去的决策对目前决策的影响程度取决于过去决策与现任决策者的关系情况。如果过去的决策是由现在的决策者做出的，决策者考虑到要对自己当初的选择负责，就不会愿意对组织活动做重大调整，而倾向于将大部分资源继续投入到过去方案的实施中，以证明自己的一贯正确。相反，如果现在的决策者与过去的决策没有什么关系，重大改变就可能被其接受。

3. 决策者对风险的态度

风险是指失败的可能性，由于决策是人们确定未来活动的方向、内容和目标的行动，而人们对未来的认识能力有限，目前预测的未来状况与未来的实际状况不可能完全相符。因此，在经营决策指导下展开的活动，既有成功的可能，也有失败的危险。任何决策都必须冒一定程度的风险。

企业及其决策者对待风险的不同态度会影响决策方案的选择。愿意承担风险的组织，通常会在被迫对环境做出反应以前就已经采取进攻性的行动；而不愿承担风险的企业，通常只对环境做出被动的反应。愿意冒风险的企业，其经营领域的选择往往非常广泛；而不愿承担风险的企业，其活动则要受到过去决策的较多限制。

案例 5－4

领袖与原子弹的诞生

20世纪40年代初期，整个战局对德国基本上是有利的。欧洲几乎被它占领了。当时很多科学家很快被召集到了德国。德国邮电部部长很有远见，很早就把一批物理学家集中到他的部里进行原子弹研究。但因人力、物力和财力有限，不得不求助于希特勒。希特勒一听就火了，大发雷霆，骂他乱搞新花样，并宣布，以后凡是研究武器，6个星期不能上战场的统统不要研究，结果宣判了原子弹的死刑。

而美国总统罗斯福和希特勒大不一样。他对一个问题总是思前想后，选择很慎重。尽管当时美国有很多的科学家联名上书给他，一再提醒他，德国人已经在研制原子弹，但他仍然说目前没有精力。后来科学家们找到罗斯福的私人顾问萨克斯，并说服了他，请他去说服罗斯福。萨克斯想方设法，用拿破仑不接受科学家把蒸汽机装在船上的建议的实例，终于说服了罗斯福。罗斯福虽然不是一个物理学家，但却是一个政治家，他很敏感地意识到了制造原子弹的重要性。于是请来了一些专家讨论，最后做出了制造原子弹的决策。历史证明，原子弹的使用，对早日结束第二次世界大战起到了重要作用。

苏联当时的决策者斯大林与罗斯福不一样，他具有果断的性格。当知道有些国家已经在着手研究原子弹时，他马上意识到要立即研制原子弹。于是召集来一批科学家，问他们是否知道原子弹，当他得知科学家知道原子弹，但他们认为美国是盟国，苏联不需要研究时，他火了。当科学家们推荐一个在前线打仗的年轻物理学家担负起研制原子弹的任务时，斯大林马上下令将此人从前线召回来。在极其困难的条件下，抽调两个师的兵力，扫平了一个地区作为研制基地，将附近几个电厂的电全部供应给这个地区，提供了一切方便，终于在1947年研制出了原子弹。

4. 企业文化

任何决策都是在某种程度上对过去的否定；任何决策的实施，都会给企业带来某种程度上的变化。企业成员可能对这种变化产生抵御或者欢迎两种截然不同的态度。在偏向保守、怀旧、维持的企业中，人们总是根据过去的标准来判断现在的决策，总是担心在变化中会失去什么，从而对将要发生的变化产生怀疑、害怕和抵御的心理与行动；相反，在具有开拓、创新气氛的企业中，人们总是以发展的眼光来分析经营决策的合理性，总是希望在可能产生的变化中得到什么，因此渴望变化、欢迎变化、支持变化。显然，欢迎变化的企业文化有利于新决策的产生，而抵御变化的企业文化则可能给任何新决策的实施带来灾难性的影响。在后一种情况下，为了有效实施新的决策，人们必须首先通过大量的工作改变企业成员的态度，建立一种有利于改革的企业文化。因此，决策方案的选择不能不考虑到为改变现有企业文化而必须付出的时间和费用的代价。

案例 5-5

文化特质对决策风格的影响

决策风格及决策者愿意承担的风险程度，是反映一国文化环境下决策差异的两个方面。

日本人更倾向于群体决策，这可以从日本的民族文化特征中得到解释。日本人崇尚遵奉与合作，你可以在他们的学校和企业组织中体会到这一点。制定决策前，日本企业的首席执行官要收集大量的信息，以便在群体决策时形成一致的舆论。由于日本组织中的雇员享有高度的工作保障，所以管理决策是从长远观点出发的，而不是只考虑短期的利润，而后者在美国企业中却十分普遍。

在法国普遍以独裁方式制定决策。

德国的管理方式反映了德国文化讲究结构和秩序的特征。在德国组织中制定有大量的规则和条例，管理者有明确的责任并且按照规定的组织路径进行决策。

瑞典管理的决策风格与法国和德国的管理者不同，他们更富于进取性，主动提出问题，并且不怕风险。瑞典的高层管理者也愿意把决策权层层委让，他们鼓励低层管理人员和雇员参与影响他们利益的决策。

5. 时间

美国学者威廉·R. 金和大卫·I. 克里兰把决策类型划分为时间敏感决策和知识敏感

决策。时间敏感决策是指那些必须迅速而尽量准确的抉择。战争中军事指挥官的决策多属于此类。这种决策对速度的要求远甚于质量。相反，知识敏感决策，对时间的要求不是非常严格。这类决策的执行效果主要取决于其质量，而非速度。制定这类决策时，要求人们充分利用知识，做出尽可能正确的选择。

特别是战略性决策，它基本属于知识敏感决策。因为这类决策着重运用机会，而不是避开威胁，着重于未来而不是现在，所以选择方案时，在时间上相对宽裕，并不一定要求必须在某一日期以前完成。但是，也可能出现这样的情况，外部环境突然发生了难以预料和控制的重大变化，对企业造成了重大威胁。这时，企业如果不迅速做出反应，进行重要改变，则可能引起生存危机。这种时间压力可能限制人们能够考虑的方案的数量，也可能使人们得不到足够的评价方案所需的信息；同时，还会使人们偏重消极因素，忽视积极因素，仓促决策。

5.3　决策的方法

随着决策理论和实践的不断发展，人们在决策中所采用的方法也不断地得到充实和完善。当前，常用的决策方法一般可分为两大类：一类是定性决策方法；另一类是定量决策方法。

案例 5-6

直升机解决电线积雪问题

有一年，美国北方格外寒冷，大雪纷飞，电线上积满冰雪，大跨度的电线常被积雪压断，严重影响通信。过去，许多人试图解决这一问题，但都未能如愿以偿。后来，电信公司经理应用亚历克斯·奥斯本发明的头脑风暴法，尝试解决这一难题。他召开了一种能让头脑卷起风暴的座谈会，参加会议的是不同专业的技术人员，要求他们必须遵守以下原则：自由思考、延迟评判、以量求质、结合改善。

按照这种会议规则，大家七嘴八舌地议论开来。有人提出设计一种专用的电线清雪机；有人想到用电热来化解冰雪；也有人建议用振荡技术来清除积雪；还有人提出能否带上几把大扫帚，乘坐直升机去扫电线上的积雪。对于这种"坐飞机扫雪"的设想，大家心里尽管觉得滑稽可笑，但在会上也无人提出批评。相反，有一名工程师在百思不得其解时，听到用飞机扫雪的想法后，大脑突然受到冲击，一种简单可行且高效率的清雪方法冒了出来。他想，每当大雪过后，出动直升机沿积雪严重的电线线路飞行，依靠高速旋转的螺旋桨即可将电线上的积雪迅速扇落。他马上提出"用直升机扇雪"的新设想，顿时又引起其他与会者的联想，有关用飞机除雪的主意一下子又多了七八条。不到一小时，与会的 10 名技术人员共提出 90 多条新设想。

会后，公司组织专家对设想进行分类论证。专家们认为设计专用清雪机、采用电热或电磁振荡等方法清除电线上的积雪，在技术上虽然可行，但研制费用大，周期长，一时难以见效。那种因"坐飞机扫雪"激发出来的几种设想，倒是一种大胆的新方案，如果可行，将是一种既简单又高效的好办法。经过现场试验，发现用直升机扇雪真能奏效，一个久悬未决的难题，终于在头脑风暴会中得到了巧妙的解决。

5.3.1　定性决策方法

定性决策法又称主观决策法，是指在决策中主要依靠决策者或有关专家的智慧来进行决策的方法，这是一种"软技术"。管理决策者运用社会科学的原理并依据个人的经验和判断能力，采取一些有效的组织形式，充分发挥各自丰富的经验、知识和能力，从对决策对象的本质特征的研究入手，掌握事物的内在联系及其运行规律，对企业的经营管理决策目标、决策方案的拟定及方案的选择和实施做出判断。这种方法适用于受社会、经济、政治等非计量因素影响较大，所含因素错综复杂，涉及社会心理因素较多及难以用准确数量表示的综合性问题。

1. 头脑风暴法

头脑风暴法又称风暴式思考，是由被称为"风暴式思考之父"的亚历克斯·奥斯本提出的方法，它是通过专家们的相互交流，在头脑中进行智力碰撞，产生新的智力火花，使专家的讨论不断集中和升华。头脑风暴法是比较常用的集体决策方法，便于发表创造性意见，因此主要用于收集新设想。通常是邀请一些业内人士和专家学者，在完全不受约束的条件下，畅所欲言地发表自己的看法，通过相互启发、集思广益，使人们的看法趋向一致，做出决策。头脑风暴法的创始人亚历克斯·奥斯本为该决策方法的实施提出了四项原则：对他人的意见不做任何评价，将相互讨论限制在最低限度之内；建议越多越好，在这个阶段，参与者不要考虑自己建议的质量，想到什么就应该说出来；鼓励每个人独立思考，广开思路，想法越新颖、奇异越好；可以补充和完善已有的建议，使某种意见更具说服力。

头脑风暴法的目的在于创造一种畅所欲言、自由思考的环境，诱发创造性思维的共振和连锁反应，产生更多的创造性思维。这种方法的时间安排在 1～2 小时，参与者 5～10 人为宜。参加的人员中不一定都与讨论的问题专业一致，可以包括学识渊博、对讨论问题有所了解的其他领域的专家。其原则如下。

（1）严格限制问题范围，明确具体要求以便使注意力集中。

（2）不能对别人的意见提出怀疑和批评，不管这种设想是否适当和可行。

（3）发言要精练，不要详细论述。冗长的发言将有碍产生富有成效的创造性气氛。

（4）不允许参加者用事先准备好的发言稿，提倡即席发言。

（5）可以补充完善已有的建议。

（6）创造一种自由的气氛，激发参加者的积极性。

2. 歌顿法

这是美国人威廉·歌顿在 1964 年创造的专家会议讨论法。它是针对与会者的心理活动、社会关系及决策问题的保密性而提出的。主持会议者不讲明会议的主题，而是围绕主题提出一些相关问题，以启示专家们发表见解。主要的办法是把决策问题分解成几个局部小问题，或采用类比的方式，暂时隐蔽主要决策问题。例如，要决策整顿老产品、设计和发展新产品问题，而考虑到此项目上马，组织人事变更可能牵扯与会者的利害关系，便先拿出市场发展趋势问题、材料性能等问题进行讨论，最后再转向主题。这种先从其他方面谈起，最后转回讨论决策问题本身的方法，可使与会者不受限制地发挥和独立思考。这种方法也被称为提喻法、综摄法等。

3. 德尔菲法

这是按照规定的程序，背靠背地征询专家对经营决策的意见，然后集中专家的意见做出决策的方法。它是由美国兰德公司在 20 世纪 40 年代首创并推广运用的。德尔菲法的基本程序如下：

（1）确定决策课题。这通常是定性的、技术性的决策问题，如确定产品发展方向、研究技术推广应用的可能性等。

(2) 选择有关部门的专家。物色专家是决策成败的关键。专家人数不宜过多,一般在 10~20 人;主要是根据决策课题的需要,选择那些精通业务、有真才实学的专家。

(3) 设计咨询和信息反馈。这是最重要的环节。一般要经过四轮征询和信息反馈:第一轮,组织者根据决策课题设计出反映决策主题、便于专家填写和整理归类的咨询表,连同有关的背景资料分别寄发给各位专家,征得专家的初次书面意见,并汇总归纳成决策时间表;第二轮,要求专家针对决策时间表的每一项写出自己的意见,由组织者整理汇总,列出几种不同的判断;第三轮,要求专家根据第二轮的统计材料,重新评价,修改自己的意见和判断,并陈述理由;第四轮,在第三轮的修正结果基础上,由专家做再一次的判断,此时的意见就可以达到较为集中和比较固定的程度。

(4) 采用统计方法对所得数据进行处理,即可确定决策方案。

德尔菲法由于采用了背靠背分开征求专家意见的方式,能充分发挥各位专家的作用,同时有利于专家根据别人的意见修正自己的判断,不致碍于情面而固执己见。加上经过统计处理,可以对专家的意见进一步进行定量化,从而取得较为准确的决策结果。当然,这种方法也存在着一些缺点,如背靠背分开的讨论不够彻底、对结论缺乏严格论证等。

通用电气公司的全员决策

通用电气公司是一家集团公司,1981 年杰克·韦尔奇接任总裁后,认为公司管理得太多,领导得太少,指出"工人们对自己的工作比老板清楚得多,经理们最好不要横加干涉"。为此,他实行了"全员决策制度",使那些平时没有机会互相交流的职工、中层管理人员都能出席决策讨论会,参与决策。"全员决策制度"的开展,弱化了公司中官僚主义的弊端,减少了烦琐的程序,使公司在不景气的情况下取得了巨大的发展。杰克·韦尔奇被誉为"全美最优秀的管理者之一"。

5.3.2 定量决策方法

定量决策方法是指建立在数学模型的基础上,运用统计学、运筹学和电子计算机技术对决策对象进行计算和量化研究以解决决策问题的方法。本书主要介绍确定型决策方法、风险型决策方法和非确定型决策方法。

1. 确定型决策方法

确定型决策方法是指决策的自然状态是一种既定的情况,即事件的各种自然状态是完全肯定而明确的,经过分析计算可以得到各个方案的明确结果。确定型决策常用的方法主要是盈亏平衡分析法。

1) 盈亏平衡分析法原理

盈亏平衡分析法也称量本利分析法。它是指根据产品销售量、成本、利润的关系,通过数学模型,来分析和选择决策方案的方法。它广泛应用于生产方案的选择、目标成本预测、利润预测、价格制定等决策问题上。其核心就是通过盈亏平衡点的分析,可以预先判定产量或者销售量达到什么水平才能保证企业不亏损,如图 5.2 所示。

从图 5.2 中可以得知,当销售收入与总成本相等时,这一点所对应的产量(销量)就称为盈亏平衡点(Q_0)。在盈亏平衡点上,企业既不盈利也不亏损,因此盈亏平衡点又称为保本点或盈亏临界点。企业的产量若低于平衡点的产量,则会发生亏损;而高于平衡点的产量,则会获得盈利。

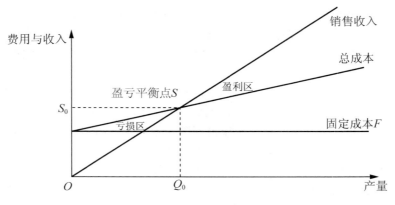

图 5.2 盈亏平衡图

2) 成本分析

总成本是一个厂商的总固定成本和总可变成本之和，即总成本＝固定成本＋变动成本。固定成本，又称固定费用，是指成本总额在一定时期和一定业务量范围内，不受业务量增减变动影响而能保持不变的成本。变动成本是指那些成本的发生总额在相关范围内随着业务量的变动而呈线性变动的成本。直接人工、直接材料都是典型的变动成本，在一定时期内它们的发生总额随着业务量的增减而成正比例变动，但单位产品的耗费则保持不变。

3) 盈亏平衡分析法的基本公式

$$Z = S - C = S - V - F = (P-v)Q - F \quad (5-1)$$

式中：Z 为利润；S 为销售额；C 为总成本；F 为固定成本；V 为总变动成本；P 为销售单价；v 为单位变动成本；Q 为销售量。

根据盈亏平衡点定义，企业的销售量处在盈亏平衡点时，企业不亏不盈，即 $Z = 0$。

$$Q_0 = F/(P-v) \quad (5-2)$$

$$S_0 = F/(1-v/P) \quad (5-3)$$

式中，Q_0 为盈亏平衡点销售量；S_0 为盈亏平衡点销售额；$P-v$ 为单位边际贡献；$1-v/P$ 为边际贡献率。

从式(5-1)和图 5.2 中可以看出，销售额减去变动总成本后的余额，补偿了固定成本后剩余的部分即为利润。这个余额为边际贡献。可见，边际贡献是对固定成本和利润的贡献。当总的边际贡献与固定成本相当时，恰好是盈亏平衡，这时再增加一个单位的产品，就会增加一个单位边际贡献利润。

【例 5-1】某企业销售一种商品，单位变动成本 85 元，固定成本 100 000 元，销售单价为 100 元。据市场预测，年度销售量为 8 000 件，企业可获利润是多少？

$$\begin{aligned} Z &= (P-v)Q - F \\ &= [(100-85) \times 8\,000 - 100\,000] \text{元} \\ &= 20\,000 \text{元} \end{aligned}$$

经过计算，企业预计可获利润 20 000 元。

2. 风险型决策方法

风险型决策是指由于存在着不可控的因素，一个决策方案可能出现几种不同的结果，但对各种可能结果可以用客观概率为依据来进行的决策。由于客观概率只是代表可能性的大小，与未来实际还存在着差距，这就使得任何方案的执行都要承担一定的风险，所以称为风险型决策。

风险型决策的主要方法有决策收益表法和决策树法。

1）决策收益表法

决策收益表又称决策损益矩阵，该表包括可行方案、自然状态及其概率、各方案的损益值等数据。

决策收益表法就是以决策收益表为基础进行决策的方法。这种方法常用在决策变量因素少、决策目标单一的决策情形中。

决策收益表法的主要步骤如下。①确定决策目标；②根据经营环境对企业的影响，预测自然状态，并估计其发生的概率；③根据自然状态的情况，充分考虑本企业的实力，拟定可行方案；④根据不同自然状态下的资源条件、生产经营状况，运用系统分析方法计算损益值；⑤列出决策收益表；⑥计算各可行方案的期望值；⑦比较各方案的期望值，选择最优方案。

【例 5-2】某商业公司准备在春节期间经营一种新的熟食品，供应时间预计 30 天，该食品每箱成本为 80 元，销售单价为 100 元，如果当天卖不出去，就会变质而失去使用价值。目前对这种新产品的市场需求情况不是很了解，但有去年同期类似产品的日销售量资料可供参考，见表 5-3。

表 5-3　去年春节期间某商品的销售资料表

日销售量/箱	完成天数/天	概　　率
50	3	0.1
51	6	0.2
52	15	0.5
53	6	0.2
总计	30	1.0

现请你确定一个使公司获利最大的日进货量的决策方案。

第一步，决策目标是找到一个商业公司经营该商品获利最大的进货方案。

第二步，根据去年同期类似商品销售资料的分析，可确定今年该商品的市场自然状态情况，并计算出各种自然状态下的概率，绘制决策收益表。

第三步，根据去年的销售情况，经过分析可以拟定出新商品销售的可行方案，日进货量分别为 50 箱、51 箱、52 箱和 53 箱。

第四步，计算出各个方案在各种自然状态下的损益值。

第五步列出决策收益表，见表 5-4。

表 5-4　决策收益表

自然状态 日进货量	市场日销售量/箱				期望值/元
概率	50	51	52	53	
	0.1	0.2	0.5	0.2	
50	1 000	1 000	1 000	1 000	1 000
51	920	1 020	1 020	1 020	1 010
52	840	940	1 040	1 040	1 000
53	760	860	960	1 060	940

第六步，计算期望值(expected monetary value，EMV)。

$EMV_{50} = (1\,000 \times 0.1 + 1\,000 \times 0.2 + 1\,000 \times 0.5 + 1\,000 \times 0.2)元 = 1\,000 元$

$EMV_{51} = (920 \times 0.1 + 1\,020 \times 0.2 + 1\,020 \times 0.5 + 1\,020 \times 0.2)元 = 1\,010 元$

$EMV_{52} = (840 \times 0.1 + 940 \times 0.2 + 1\,040 \times 0.5 + 1\,040 \times 0.2)元 = 1\,000 元$

$EMV_{53} = (760 \times 0.1 + 860 \times 0.2 + 960 \times 0.5 + 1\,060 \times 0.2)元 = 940 元$

第七步，进行最优决策。选择期望值最大的(1 010 元)所对应的方案(即每天进货51箱)为决策方案。

2）决策树法

在风险型决策中，除了可以用决策收益表来进行决策外，还可以用决策树来进行决策。所不同的是，决策树既可以解决单阶段的决策问题，还可以解决决策收益表无法表达的多阶段序列决策问题。它具有思路清晰、一目了然、便于决策者集体讨论等优点。这种方法在经营管理上已被广泛应用于较复杂问题的决策。

简单地说，决策树法就是利用树型图进行决策的方法。它是通过图解的方式将决策方案的相关因素分解开，确定并逐项计算其发生的概率和期望值，从而进行比较和选优的方法。

(1) 决策树的构成要素包括决策点、方案枝、状态点、状态枝，如图5.3所示。

决策点：所要决策的问题，用"□"表示。

方案枝：由决策点引出的直线，每条直线代表一个方案，并由它与状态结点相连。

状态点：反映各种自然状态所能获得的机会，在各个方案枝的末端，用"○"表示。

状态枝：从状态结点引出的若干条直线，每条直线代表一种自然状态。

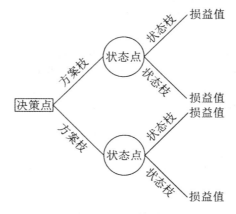

图5.3　决策树

(2) 决策树法的决策步骤。应用决策树法进行决策，主要有三个步骤。

第一步是绘制决策树形图。从左至右，首先绘出决策点，引出方案枝，再在方案枝的末端绘出状态点，引出状态枝，然后将有关参数(包括概率、不同自然状态、损益值等)注明于图上。

第二步是计算各方案的期望值。期望值的计算要从右向左依次进行。首先将各种自然状态的收益值分别乘以各自状态枝上的概率，再乘以计算期限，然后将各状态枝的值相加，标于状态结点上。

第三步，剪枝决策。比较各方案的期望值(如方案实施有费用发生，应将状态结点值减去方案的费用后再进行比较)。剪掉期望值小的方案(在落选的方案枝上画上"‖"表示舍弃不用),最终只剩下的方案枝,它的期望值最大,是最佳方案,将此最大值标于决策点上。

【例 5-3】某企业准备今后五年生产某种产品,需要确定产品批量。根据预测,这种产品的市场状况概率如下:畅销为 0.3,一般为 0.5,滞销为 0.2。产品生产提出大、中、小三种批量的生产方案,怎样决策才能取得最大经济效益?有关数据见表 5-5。

表 5-5 决策方案损益值表

自然状态 方案	损益值/万元		
	畅销	一般	滞销
大批量	30	25	12
中批量	25	20	14
小批量	18	16	15

步骤一:先绘制决策树形图和计算期望值,如图 5.4 所示。

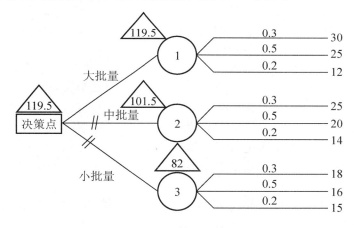

图 5.4 决策树计算图

结点① EMV =(30×0.3 +25×0.5 +12×0.2)万元×5 =119.5 万元
结点② EMV =(25×0.3 +20×0.5 +14×0.2)万元×5 =101.5 万元
结点③ EMV =(18×0.3 +16×0.5 +15×0.2)万元×5 =82 万元

步骤二:选择最佳方案。

把以上计算结果注明在各个方案的结点上,然后在各个方案之间比较期望值,从中选择出期望值最大的作为最佳方案,并把此方案的期望值写到决策点方框的上面,以表示决策的结果。根据比较,剪去中批量生产和小批量生产方案枝,选择大批量生产方案。

3. 非确定型决策方法

非确定型决策是指由于存在不可控制的因素,一个方案可能出现几种不同的结果,而对各种可能出现的结果没有客观概率作为依据的决策。对于非确定型决策来说,有一些公认的决策准则,下面结合实例依次说明。

【例 5-4】某厂准备开发一种新产品,为此设计了三种生产方案:甲方案,新建车间,大批量生产;乙方案,扩建车间,中批量生产;丙方案,利用原设备,小批量生产。由于缺乏相关资料,对未来市场上的需求状况只能做大致的估计,可能是高需求、中需求、低需求三种状态,每种方案在各种自然状态下的损益值见表5-6。

表5-6 各种自然状态下的收益值和最大收益值

自然状态 \ 方案	损益值/万元		
	甲方案	乙方案	丙方案
高需求	960	720	580
中需求	520	540	320
低需求	-240	10	60

由于决策者的意志、胆识经验等个性特征不同,可能根据不同的标准和原则,选择自己认为满意的方案。根据实践经验的总结,可以有下述选择标准。

(1) 乐观决策标准,又称好中求好标准。这是指决策者对未来状况非常乐观,他从最好的自然状态出发,假设未来是高需求,各方案的收益值都是最大的,从各方案最大的收益值中选出其中最好的方案作为决策方案。

本例中,各方案的最大收益值分别为960万元、720万元、580万元,最大收益值中的最大者为960万元,因此选择甲方案。

显然,这是一个比较冒险的决策。因为"未来是高需求"只是决策者一种乐观的假设,如果确实应验,可获最大收益。而一旦未来销路不好就要承受更大的损失。因此,应用这一标准进行决策,要十分慎重,一般只有风险较小、把握较大的问题才可采用。

(2) 悲观决策标准,又称坏中求好标准。决策者从多次决策失误的教训中,认为所选的方案在最坏的状态下也不至于造成很大损失。因此,决策者从最坏的自然状态出发,假设未来是低需求,各方案的收益值都是最小,从各方案最小的收益中选择一个最大的作为决策方案。

本例中,各方案的最小收益值分别为-240万元、10万元、60万元。其中最大者为60万元,因此应选择丙方案。

显然,这是一种保守的决策,属于怕担风险、不求大利的稳妥型决策。应当说,当决策者遇到把握很小、风险较大的决策问题时,采用这一标准是可取的。

(3) 折中标准,又称乐观系数标准。这是一种介于乐观标准和悲观标准之间的折中决策,决策者认为按照某种极端的原则行事是不现实的,应该折中一下,既应对未来有乐观的态度,又要注意不利因素的影响。具体做法是,由决策者对最好的结果和最坏的结果出现的可能性做出估计,确定一个乐观系数。乐观系数介于0~1之间,乐观系数为0时,即为悲观决策;乐观系数为1时,即为乐观决策。

假设本例中,决策者的乐观系数为0.6。

$EMV_{甲} = [960 \times 0.6 + (-240) \times 0.4]$ 万元 $= 480$ 万元

$EMV_{乙} = [720 \times 0.6 + 10 \times 0.4]$ 万元 $= 435$ 万元

$EMV_{丙} = [580 \times 0.6 + 60 \times 0.4]$ 万元 $= 372$ 万元

比较结果,其中最大者为480万元,因此选甲方案。

这种方法决策的结果受乐观系数选用的大小的影响。

（4）最小后悔值原则。这种决策方法是以方案的机会损失大小来判别方案的优劣。决策者在选定方案后，如果实践证明对自然状态的估计出现失误，无形中企业就遭受了机会损失，决策者就会为此感到后悔，后悔遗憾原则就是要使这种后悔减到最低程度。后悔结果的大小可通过后悔值来计算，每种自然状态下的最大收益值与各方案的收益值之差即为后悔值。

后悔遗憾标准的决策过程是，先确定各方案的最大后悔值，然后选择这些最大后悔值中的最小后悔值所对应的方案为最优方案，即大中取小。现以前例进行分析，从最大后悔值中选择最小值，见表5－7。其所对应的方案为最优方案。Min ｛300，240，380｝＝240（万元）。所以乙方案是最优的决策方案。

表5－7　各种自然状态下的后悔值

自然状态 \ 方案	后悔值/万元		
	甲方案	乙方案	丙方案
高需求	0	240	380
中需求	20	0	220
低需求	300	50	0
最大后悔值	300	240	380

用不确定型决策来选择最优方案有不同的评价标准，每种评价标准都有其存在的理由，也都有其片面性与适应性。决策者可以根据决策目标、企业环境及对风险的态度，决定取舍。

本章小结

决策是指人们为实现既定的目标，借助一定的科学手段和方法，制定若干个可行方案，从中选择一个令人满意的方案并付诸实施的过程。

正确的决策具有以下特点：目标性、可行性、选择性、满意性、过程性、动态性。

按决策层次可划分为战略决策、管理决策和业务决策；决策的类型按决策事件发生的频率可划分为程序化决策、程序化决策；按决策分析的方法可划分为确定型决策、风险型决策、不确定型决策；按决策的时间跨度可划分为长期决策和短期决策。

决策的过程分为三个阶段，即明确经营问题和确定决策目标、拟定可行方案、评价和选择方案。

决策方法包括定性决策方法和定量决策方法。定性决策方法有专家论证决策法、经验判断决策法。定量决策方法有盈亏平衡法、决策收益表法、决策树法、非确定型决策方法等。

关键术语

决策——decision making　　　　理性决策——rational decision making
问题——problem　　　　　　　　决策标准——decision criteria
最优化——maximize　　　　　　　头脑风暴法——braining storming
德尔菲技术——Delphi technique　　总成本——total cost
固定成本——fixed cost　　　　　　变动成本——variable cost

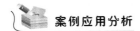

案例应用分析

可口可乐公司铤而走险的"决策"

1985年4月23日，可口可乐公司董事长罗伯特·戈伊朱埃塔宣布了一项惊人的决定。

他宣布："经过99年的发展，可口可乐公司决定放弃它那一成不变的传统配方，因为现在消费者更偏好口味更甜的软饮料。为了迎合这一市场需求的变化，可口可乐公司决定更改配方，调整口味，推出新一代可口可乐。"

1. 决策的背景及过程

直到20世纪70年代中期，可口可乐公司一直是美国饮料市场上无可争议的领导者，然而，1976—1979年，可口可乐在市场上的增长速度从每年递增13%猛跌至2%。与此形成鲜明对比的是，百事可乐来势汹汹，异常红火。

可口可乐公司市场调查部的研究表明，可口可乐独霸饮料市场的格局正在转变为可口可乐与百事可乐分庭抗礼的新格局。根据可口可乐公司市场调查部门公布的数据，在1972年，有18%的软饮料消费者只认可口可乐这一种品牌，只有4%的消费者非百事可乐不饮。10年后只有12%的消费者忠诚于可口可乐，而坚持只喝百事可乐不喝其他饮料的消费者比例竟几乎与可口可乐持平，达到11%！

2. 戈伊朱埃塔的决策

1980年，可口可乐公司董事长保罗·奥斯汀已届退休之年，保罗的继任者竟是罗伯特·戈伊朱埃塔。上任伊始，戈伊朱埃塔召开了可口可乐公司全球经理会议，声称可口可乐公司已经没有什么东西值得沾沾自喜了，他要求各位经理必须接受这一现实——可口可乐公司非变不可了。

这位可口可乐公司的新领导人宣布可口可乐公司进入了变革的新时代，变革的突破口选择为可口可乐公司那曾经神圣不可侵犯的，但如今却不能适应时代变化的99年未变的配方。

（1）市场调查。尽管可口可乐公司广告开销巨大、分销手段先进、网点覆盖面广，但从20世纪70年代末到80年代初，它的市场占有率一直在下滑，于是公司决定从产品本身寻找原因。种种迹象表明，口味是造成可口可乐市场份额下降的一个最重要的原因。这个99年秘不示人的配方似乎已经合不上今天消费者的口感了。于是，可口可乐公司在1982年实施了"堪萨斯工程"。

"堪萨斯工程"是可口可乐公司秘密进行的市场调查行动的代号。在这次市场调查中，可口可乐公司出动了2 000名调查员，在10个主要城市调查顾客是否愿意接受一种全新的可口可乐。根据调查结果，可口可乐公司市场调查部门得出了如下数据：只有10%～12%的顾客对新口味可口可乐表示不安，而且其中一半人认为以后会适应新可口可乐。这表明顾客们愿意尝试新口味的可口可乐。

可口可乐公司技术部决意开发出一种全新口感的、更惬意的可口可乐。1984年9月，他们终于拿出了样品。这种新饮料比原来的可口可乐更甜、气泡更少。它的口感柔和且略带胶黏感，这是因为它采用了比蔗糖含糖量更多的谷物糖浆。可口可乐公司组织了品尝测试，在不告知品尝者饮料品牌的情况下，请他们说出哪一种饮料更令人满意。测试结果令可口可乐公司兴奋不已，顾客对新可口可乐的满意度超过了百事可乐。而以前的历次品尝测试中，总是百事可乐打败可口可乐。可口可乐公司的市场调查人员认为，这种新配方的可口可乐至少可以将公司在饮料市场所占的份额向上推动一个百分点，这意味着多增加2亿美元的销售额！

为了确保万无一失，可口可乐公司又耗资400万美元进行了一次规模更大的口味测试。13个大城市的19.1万名顾客参加了这次测试，而且在这次测试中新可口可乐又一次击败了百事可乐。

（2）"新可乐"上市。新可口可乐马上就要投产了，但此时可口可乐公司又面临着一个新问题：是为"新可乐"增加一条生产线呢，还是用"新可乐"彻底取代传统的可口可乐呢？决策层经过反复权衡后，决定"新可乐"取代传统可乐，停止传统可乐的生产和销售。

1985年4月23日，戈伊朱埃塔在纽约市的林肯中心举行了盛大的新闻发布会，正式宣布"新可乐"取代传统的可口可乐上市了。可口可乐公司向美国所有新闻媒介发出了邀请，共有200余份报纸、杂志和电视台记者出席了此次新闻发布会。消息闪电般传遍美国。在24小时之内，81%的美国人都知道了可口可乐改变配方的消息，这个比例比1969年7月阿波罗登月时的24小时内公众获悉消息的比例还要高。

新可乐上市初期，市场反映非常好。1.5亿人在"新可乐"问世的当天品尝了它。历史上没有任何一种新产品会在面世当天拥有这么多买主。发给各地瓶装商的可乐原浆数量也达到5年来的最高点。

（3）决策的后果。虽然可口可乐公司事先预计会有一些人对"新可乐"取代传统可乐有意见，但却没想到反对的声势如此浩大。

在"新可乐"上市4小时之内，可口可乐公司接到650个抗议电话。到1985年5月中旬，公司每天接到的批评电话多达5 000个，而且更有雪片般飞来的抗议信件。可口可乐公司不得不开辟83条电话热线，雇用了更多的公关人员来处理这些抱怨与批评。

有的顾客称可口可乐是美国的象征，是美国人的老朋友，可如今却突然被抛弃了。还有的顾客威胁说将改喝茶水，永不再买可口可乐公司的产品。在西雅图，一群忠诚于传统可口可乐的人们组成了"美国老可乐饮者"组织，准备在全国范围内发动抵制"新可乐"的运动。许多人开始寻找已停产的传统可口可乐，这些"老可乐"的价格一涨再涨。到6月中旬，"新可乐"的销售量远低于可口可乐公司的预期值，不少瓶装商强烈要求改回销售传统可口可乐。

可口可乐公司的市场调查部门再次出去，对市场进行了紧急调查。结果他们发现，在5月30日前还有53%的顾客声称喜欢"新可乐"，可到了6月份，一半以上的人说他们不喜欢"新可乐"。到7月份，只剩下30%的人说"新可乐"的好话了。

愤怒的情绪继续在美国蔓延，传媒还在煽风点火。对99年历史的传统配方的热爱被传媒形容成美国的象征。堪萨斯大学的社会学教授罗伯特·安东尼奥说："许多人认为可口可乐公司把一个神圣的象征给玷污了。"就连戈伊朱埃塔的父亲也站出来批评"新口乐"，甚至他威胁说要不认这个儿子。

可口可乐公司的决策者们不得不认真考虑问题的严重性了。在一次董事会上，戈伊朱埃塔决定暂时先不采取行动，到6月份的第四个周末再说，看看到那时销售量会有什么变化。

但到6月底，"新可乐"的销量仍不见起色，而公众的抗议却愈演愈烈。于是，可口可乐公司决定恢复传统配方的生产，其商标定名为"Coca-Cola Classic"（可口可乐古典）。同时继续保留和生产"新可乐"，其商标为"New Coke"（新可乐）。7月11日，戈伊朱埃塔率领可口可乐公司的高层管理者站在可口可乐标志下向公众道歉，并宣布立即恢复传统配方的可口可乐的生产。

百事可乐公司美国业务总裁罗杰尔·恩里克说："可口可乐公司推出'新可乐'是个灾难性的错误，是20世纪80年代的'爱迪塞尔'。"

讨论：

（1）你认为可口可乐公司的决策方法正确吗？为什么？

（2）你认为可口可乐公司的决策依据是什么？

（3）为什么说可口可乐公司推出"新可乐"是个灾难性的错误？从可口可乐的决策中可以吸取什么教训？

思 考 题

1. 决策的概念是什么？决策的过程包括几个步骤？
2. 怎样理解"管理就是决策"？
3. 常用的定量决策方法有哪些？
4. 一位满脑袋都是方法的美国教授说："制定决策很容易，只是确定适当的模型，定义变量，代入数字并求出答案。"这种完全理性的决策方法有什么缺陷？
5. 过去，专家们否定在决策过程中运用直觉，认为这是一种非理性的方法，后来，专家们又说理性分析被强调得过了头。你怎么看直觉和理性分析在决策中的作用？
6. 有人向经理们提出三个问题："每天花时间最多的是在哪些方面？""每天最重要的事情是什么？"

"在履行职责时感到最困难的是什么？"绝大多数人的回答就两个字：决策。这个调查说明了什么？

7. 某企业生产雨伞，销售单价为 10 元，生产该产品的固定成本为 5 000 元，单位产品的可变成本 5 元，你需要销售多少产品才能做到不亏不赚？

8. 某纺织厂的老板，计划开发一种新产品，有三种设计方案可供选择，不同设计方案的制造成本、产品性能各不相同，在不同的市场状态下的损益值也不同。有关资料见表 5-8，请分别用乐观、悲观、折中标准和最小后悔值标准选择最佳方案(乐观系数取 0.8)。

表 5-8　设计方案损益值

方案 自然状态	损益值/万元		
	畅　销	一　般	滞　销
A 方案	800	400	100
B 方案	900	300	0
C 方案	1 000	300	−100

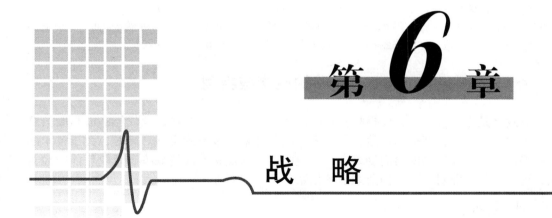

第 6 章 战 略

> **教学要求**

理解和掌握战略的含义及企业战略与战略管理之间的关系；熟悉战略的类型及其应用；熟知并掌握影响战略制定的因素，并能运用相关理论进行案例分析；掌握战略的制定步骤；理解战略实施与战略控制的含义及实施过程。

> **本章知识点**

战略；战略管理；战略类型；战略实施；战略控制。

■ 导入案例

中集集团的战略制定

1990 年，中国国际海运集装箱(集团)股份有限公司(以下简称中集集团)还仅仅是一家位于深圳蛇口、年产量尚不足 1 万箱的集装箱制造企业。20 世纪 90 年代，集装箱行业生产严重过剩，需求与供应之比为 1∶2，而且，集装箱行业的竞争者都非常强大，这些企业投资巨大，技术设备好，并且多有欧美等国家的资本介入并负责管理。

中集集团，于 1993 年拉开了收购的序幕。1993 年，中集集团收购了大连集装箱公司 51% 的股权，1994 年收购了南通顺大集装箱公司，1996 年兼并了广东的一家集装箱工厂。1996 年，中集集团的产销量达到了 19.9 万标准箱，实现了世界第一的梦想。1998 年，中集集团利用集装箱行业内部大调整的机会，又先后兼并了青岛现代冷藏箱公司、青岛现代集装箱公司、天津北洋集装箱公司、上海远东集装箱公司四家企业，战略布局进一步优化，全球集装箱龙头的地位更加巩固。这时的中集集团在集装箱行业已具有了较大的优势，因此，在后期的收购中，其战略主要是强强购并。例如，1999 年，中集集团出资 2 800 万元收购了韩国现代集团在青岛两个工厂的有形资产。

自 1996 年以来，中集集团集装箱产销量一直保持世界第一，目前握有全球市场份额的 38% 以上，其中冷藏集装箱的国际市场占有率超过 50%。21 世纪，中集集团提出其发展的远景："在全球市场中，成为能按照客户需求，提供世界一流的现代化交通运输设备和相关服务的主要供应商，创造为客户所信赖的知名品牌；同时保持公司的健康发展和持续增值，为股东和员工提供良好的回报。"

为了确保企业在竞争中生存，中集集团必须继续向前发展，现在的问题是怎样制定战略、制定什么样的战略及战略如何实施才能保持竞争优势？本章的学习内容可以帮助解答上述问题。

6.1　战略的概念与类型

企业战略是生产社会化程度提高和商品经济进一步发展的产物，现代经济以高度信息化、技术化和全球化为特征，这给企业未来的经营带来很多不确定性。同时，由于技术的快速发展，导致企业产品寿命周期缩短，企业的生产与发展不仅仅取决于企业目前的经营状况，更取决于企业对未来走向所采取的战略。

6.1.1　战略的概念

战略，原为军事用语，是指在战争中由战争指挥者依据战争规律及其进程，制定与实施的具有全局性、长远性与纲领性的方针、策略与计划。

当人类历史进入 20 世纪之后，企业之间的竞争日益加剧，人们渐渐形成了"商场如战场"的观念。第一个真正为企业战略下定义的人是美国著名管理学家艾尔弗雷德·钱德勒。他在其《战略与结构》一书中，将战略定义为"确定企业基本长期目标，选择行动途径并为实现这些目标进行资源分配"。

20 世纪 80 年代以后，关于战略的理论也有了很大的进展。管理学家亨利·明茨伯格在对以往的战略理论进行梳理和深入研究的基础上，将人们对战略的各种定义概括为"5P"，即 plan、pattern、position、perspective 和 ploy。"plan" 是指从企业未来发展的角度来看，战略表现为一种"计划"，它强调的是组织领导要有意识地进行领导，凡事谋划在前行动在后。"pattern" 是指从企业过去的发展历程来看，战略表现为一种"模式"，它强调战略重在行动，否则只是空想。"position" 是指从产业层次来看，战略表现为一种"定位"，它强调企业应适应外部环境，并在激烈竞争的环境中找到一个有利于自己的定位。"ploy" 是指企业在竞争过程中采用的一种"计谋"，它强调战略是为了击败竞争对手而采取的一种手段，以达到企业的预期目标。"perspective" 是指从企业层次来看，战略表现为一种"观念"，它强调战略过程的集体意识，要求企业成员共同享有企业的战略，以此为基础达成一致的行动。至此，战略已经成为管理学中的一个重要词汇，相应地，战略管理的理论与实践也应运而生。

在企业管理中，企业战略是指企业面对激烈变化、严峻挑战的经营环境，为求得长期生存和不断发展而进行的总体性谋划。具体地讲，就是在符合和保证实现企业使命的条件下，在充分利用环境中存在的各种机会和创造新机会的基础上，确定企业同环境的关系，规定企业从事的经营范围、成长方向和竞争对策，合理调整企业结构和分配企业的全部资源，从而使企业获得某种竞争优势。

说到企业战略，必然要涉及企业战略管理。企业战略管理是指企业为实现战略目标，制定战略决策、实施战略方案、控制战略绩效的一个动态管理过程。

案例6-1

《孙子兵法》与战略

大约在公元前400年，齐国出现了一位将军——孙武。他为其君主赢得战争胜利的能力为他带来了声望和权力。

孙武为了将他在多年的战争中总结出的智慧传给后人，写了一本书，这就是《孙子兵法》，它是中国的一部有关战略的经典名著。

在中国，第一个皇帝——秦始皇就研究过《孙子兵法》，他正是运用这些原则才在公元前221年第一次统一了中国。两千多年之后，毛泽东运用《孙子兵法》在1949年打败了国民党，重新统一了中国。

《孙子兵法》大约于公元760年被传入日本，日本的将军们很快将它奉为至宝。在西方，《孙子兵法》于1772年首次出现在欧洲。鉴于拿破仑对一切军事事物都有浓厚兴趣和他对中国文化的浓厚兴趣，他很可能读过《孙子兵法》并受到该书的影响。

《孙子兵法》中讨论的原则已经在各个时期被成功地应用在无数的战役中。诺曼底登陆、古巴导弹危机、苏联红军在斯大林格勒给德国第六集团军以毁灭性的打击、在沙漠风暴行动中施瓦科普夫将军在攻击地点上对萨达姆·侯赛因的愚弄等都是《孙子兵法》原则的成功运用。

现在，《孙子兵法》的魅力早已经超出了军事领域而延伸到了工商业领域中，因为工商业的本质就是竞争，《孙子兵法》的原则非常适合这种竞争的商业环境。在美国和欧洲，《孙子兵法》在无数关于战略、组织和竞争的书籍中被广泛引用，其中的精彩字句被论述工商业问题的无数文章所摘录。

【拓展期刊】

6.1.2 战略的类型

如果所有的企业都生产单一产品或者提供单一服务，则任何企业的管理层只需要制定单一的战略。但是，现实中许多企业都是多元化经营的，如长虹公司涉及了视听、空调、器件、网络等多个领域。并且，这种多元化公司还拥有多种职能部门，如财务部门、营销部门、开发部门等，这些职能部门为公司的每一种业务提供支持。因此，企业战略不仅仅是一个层次。

企业战略一般分为三个层次：公司层战略、事业层战略和职能层战略。三个层次的战略都是企业战略管理的重要组成部分，但侧重点和影响的范围有所不同。企业战略层次及战略体系的框架列于表6-1。

表6-1　企业战略层次及战略体系的框架（针对大中型企业）

企业战略	公司层战略	稳定型战略 增长型战略 紧缩型战略
	事业层战略	成本领先战略 差异化战略 市场集中战略
	职能战略	市场营销战略 人力资源战略 财务战略 研究与开发战略 生产战略 ……

1. 公司层战略

公司层战略,又称总体战略,是企业最高层次的战略。它需要根据企业的目标,选择企业可以竞争的经营领域,合理配置企业经营所必需的资源,使各项经营业务相互支持、相互协调,如在海外建厂、在劳动成本低的国家建立海外制造业务的决策。公司层战略的类型主要有稳定型战略、成长型战略和紧缩型战略。

1)稳定型战略

稳定型战略,是指企业准备在战略规划期使企业的资源分配和经营状况基本保持在目前状态和水平上的战略。按照稳定型战略,企业目前正在经营的产品和面向的市场领域、企业在其经营领域内所达到的产销规模和市场地位都大致不变或以较小的幅度发展或减少。稳定型战略主要依据于前期战略,它坚持前期战略对产品和市场领域的选择,它以前期战略所达到的目标作为本期希望达到的目标。因而,实行稳定型战略的前提条件是企业过去的战略是成功的。

稳定型战略又可以分为以下几种类型:①无变化战略。采用无变化战略的企业除了每年按通货膨胀率调整其目标以外,其他暂时不变。②维持利润战略。维持利润战略注重短期效果而忽视长期利益,维持过去的经营状况和效益,实现稳定发展。③暂停战略。企业遇到问题时,在一段时期内降低企业的目标和发展速度,以便有充分的时间来重新实现资源的优化配置。④谨慎实施战略。企业外部环境中的某一重要因素难以预测或变化趋势不明显,企业有意识地降低实施进度,步步为营。

采取稳定型战略的企业,经营风险相对较小。由于企业基本维持原有的产品和市场领域,可以用原有的生产领域、渠道,避免开发新产品新市场的巨大资金投入、激烈的竞争抗衡和开发失败的巨大风险。由于经营领域主要与过去大致相同,因而稳定战略不必考虑对原有资源的增量或存量的调整,相对于其他类型的战略来说,显然要容易得多。同样也能给企业一个较好的修整期,使企业积聚更多的能量,以便为今后的发展做好准备。

采用稳定型战略也存在着不少缺陷。因为稳定型战略的执行是以市场需求、竞争格局等内外条件基本稳定为前提的。一旦企业的这一判断没有得到验证,会使企业陷入困境。此外,稳定型战略还会使企业的风险意识减弱,甚至形成害怕风险、回避风险的文化,这就会大大降低企业对风险的敏感性、适应性。

2)增长型战略

增长型战略也称扩张战略,它指的是增加组织的经营层次,如扩大企业规模、扩大市场份额、增加雇员、提高收益等。从企业发展的角度来看,任何成功的企业都经历过长短不一的增长型战略实施期,因为从本质上说只有增长型战略才能不断地扩大企业规模,使企业从竞争力弱小的小企业发展成为实力雄厚的大企业。

增长型战略又可分为一体化扩张和多样化扩张。一体化扩张又可分为横向一体化(水平一体化)和纵向一体化(垂直一体化)。

(1)横向一体化。横向一体化指企业现有生产活动的扩展并由此导致现有产品市场份额的扩大。该类增长可以从三个方向进行:①扩大原有产品的生产和销售;②向与原产品有关的功能或技术方向扩展;③向与上述两个方向有关的国际市场扩展或向新的客户类别扩展。通过横向一体化,可以带来企业同类生产规模的扩大,实现规模经济。

(2)纵向一体化。纵向一体化指企业向原生产活动的上游和下游生产阶段扩展。现实中,多数大型企业均有一定程度的纵向一体化。该类扩张使企业通过内部的组织和交易方式将不同生产阶段连接起来，以实现交易内部化。纵向一体化包括后向一体化和前向一体化；后向一体化指企业介入原供应商的生产活动；前向一体化指企业控制其原属客户公司的生产经营活动。例如，化学工业公司可向石油冶炼、采油方向扩展，以实现后向一体化；也可向塑料制品、人造纤维等方向扩展，以实现其前向一体化。

（3）多样化战略。多样化战略是一个意义广泛的概念，它可以涉及相关产品的活动，也可以涉及不相关产品的活动。由于横向一体化已涉及同类产品的多样化，纵向一体化已涉及相关但不同生产阶段产品的多样化，所以这里的多样化仅指不相关产品的多样化。

企业采用增长型战略不仅扩大自身价值，而且通过不断变革创造更高的生产经营效率与效益，从而能在不同的环境中适应并生存，可以使企业利用经济曲线或规模经济效益以降低生产成本，避免企业由于简单的总量发展而导致效率和效益下降。

但是，企业采用增长型战略也可能存在一些弊端：获得初期的效果后，很可能导致盲目的发展和为了发展而发展，从而破坏企业的资源平衡；过快的发展很可能降低企业的综合素质，使企业的应变能力虽然表面上不错，而实质上却出现内部危机和混乱；重视宏观发展而忽视微观问题，因而不能使企业达到最佳状态。

3）紧缩型战略

紧缩型战略又称退却型战略、收缩战略，紧缩型战略是指企业从目前的战略经营领域和基础水平收缩和撤退，是一种消极的发展战略。一般企业实施紧缩型战略只是短期的，其根本目的是使企业渡过风暴后转向其他的战略选择。有时，只有采取收缩和撤退的措施，才能抵御竞争对手的进攻，避开环境的威胁，迅速实施自身资源的最优配置。可以说，紧缩型战略是一种以退为进的战略。

紧缩型战略又可以分为以下三种类型：①抽资转向战略。对原有的业务领域进行压缩投资、控制成本以改善现金流，为其他业务领域提供资金。②放弃战略。放弃战略是指将企业的一个或几个主要部门转让、出卖或停止经营。③清算战略。清算战略是指卖掉其资产或停止整个企业的运行而终止一个企业的存在。

企业采用紧缩型战略有利有弊。紧缩型战略的利主要体现在：能帮助企业在外部环境恶劣的情况下，节约开支和费用，顺利地度过面临的不利处境；能在企业经营不善的情况下最大限度地降低损失；在许多情况下，盲目而顽固地坚持经营无可挽回的事业，而不是明智地采用紧缩型战略，会给企业带来致命的打击；能帮助企业更好地实行资产的最优组合。

紧缩型战略也有可能为企业带来一些不利之处。首先，实行紧缩型战略的尺度较难以把握，可能会扼杀具有发展前途的业务和市场，使企业的总体利益受到损害。其次，实施紧缩型战略会引起企业内外部人员的不满，从而引起员工情绪低落。

事实上，大多数一定规模的企业并不只实行一种战略，大部分企业也并不是长期使用同一种战略，也可能在同一时期采取组合型战略。

2. 事业层战略

事业层战略，也被称为业务战略或竞争战略，涉及各业务单位的主管及辅助人员。这些经理人员的主要任务是将公司战略所包括的企业目标、发展方向和措施具体化，形成本业务单位具体的竞争战略。例如，推出新产品或服务、建立研究与开发设施等。事业层战略的类型分为成本领先战略、差异化战略和市场集中战略三种。

1）成本领先战略

成本领先战略是通过运用一系列针对战略的举措来取得自身在产业中总成本领先的地

位，试图以最低的单位成本和因之产生的低价优势来取得最大的销量。成本领先战略选择的动因来源于大的经济规模、影响显著的经验曲线、削减成本与提高收益的机会及由众多具有价格意识的购买者所组成的市场。

选择成本领先战略、获取低成本地位的企业在下述方面往往居于有利的地位：①就竞争对手而言。从竞争对手手中夺取市场占有率、扩大销售量，凭借更大的边际利润或者更大的销售量，获得超出平均水平以上的利润。②就顾客而言。一方面，由于企业的低价格，可以维护与提高顾客的让渡价值，巩固和维护现有市场占有率和企业的市场地位；另一方面，低价格可以积极争取顾客、扩大销售量和市场占有率，扩大顾客范围。③就供应商而言。对供应商的需求量较大，因而为获得廉价的原材料或零部件提供了可能性，同时也便于同供应商达成稳定的协作关系。此外，低价格对那些生产技术不熟练、经营上缺乏经验的潜在竞争对手或缺乏规模经营的企业构成了很高的进入障碍。

当然，企业选择成本领先战略也存在着弊端。例如，竞争对手开发更低成本的生产方法，或是采取模仿的方法，或是顾客需求的改变，都会对企业的发展带来负面影响。

格兰仕的成本领先战略

格兰仕的成功基本是在一种理论指导下获得的，这就是格兰仕的"全球制造中心"（过去叫全球生产车间）模式。这种理论也被格兰仕自己称为"拿来主义"——将对方的生产线搬过来，贴牌生产（Original Equipment Manufacturer，OEM）的同时做自己的产品。例如，A 品牌的生产线搬过来，就生产 A；B 生产线搬过来，就生产 B；多余出来的生产时间就是属于格兰仕的，因为格兰仕还有另外一招称为"拼工时"。在法国，一周的生产时间只有 24 小时，而在格兰仕可以根据需要进行"三班倒"，一天就可以 24 小时连续生产。也就是说，同样一条生产线，在格兰仕做一天相当于在法国做一个星期。格兰仕现在和 200 多家跨国公司全方位合作，就是依靠这种"拿来主义"。靠这种成本优势，格兰仕连续几次大降价，获得了微波炉界的霸主地位，同时也加速了微波炉这一产业的价格下降趋势。通过降价，格兰仕成功地为这个行业竖起了一道价格门槛：如果想介入，就必须投巨资去获得规模，但如果投巨资超不过格兰仕的盈利水平，就要承担巨额亏损，即使超过格兰仕的盈利水平，产业的微利和饱和也使对手没有多少利润可图。凭此，格兰仕成功地使不少竞争对手退出了竞争，更使很多想进入该产业的企业望而却步。

2）差异化战略

差异化战略是提供与众不同的产品和服务，满足顾客特殊的需求，形成竞争优势的战略。企业形成这种战略主要是依靠产品和服务的特色，而不是产品和服务的成本。但是应该注意，差异化战略并不是说企业可以忽略成本，只是强调这时的主要战略目标不是成本问题。

实施差异化战略的关键条件：首先是，差异化能够为顾客提供独特的价值，这种价值是竞争对手没有或者不能提供的。其次，这种差异化价值被顾客所认知，并且愿意为其支付更高的价格。最后，企业需要拥有能够持续提供独特价值的能力。企业成功地实施差异化战略，通常需要特殊类型的管理技能和组织结构。例如，企业需要从总体上提高某项经营业务的质量、树立品牌形象、保持先进技术和建立完善的分销渠道的能力等。

值得注意的是，不是每一种差异化都具有创造企业与顾客利益的潜力。对于一个具体的企业来说，并非所有的差异性都具有意义或者值得重视。差异化的核心是通过产品或服务的某种独特性为消费者提供其认可的独特价值，并获得产品或服务溢价。因此，企业必须谨慎地选择差异化，使本企业与竞争对手有实质性的区别。

实施差异化战略的主要风险如下：首先，具有独特性价值的产品难以无偿获得，它需要企业进行大量的投资与长时间的努力，这势必引发企业成本的增加，导致成本劣势。其次，随着竞争对手的效仿和顾客偏好的变化，独特性的价值也可能发生变化。

化妆品国际市场的"中国风"

上海家化对公司产品定位、开发和营销做了一个长达3年的可行性研究。品牌研究小组得出的最终结论是：国际化妆品公司的研发中心，科研队伍庞大，研究水准已经非常高了。上海家化如果采取同样发展战略，研发一环就不占优势，因此，差异化战略是公司的最佳选择。这种差异化战略最终确定了公司战略品牌"佰草集"的中医药定位。

上海家化成立了在化妆品企业中少见的"中医药研究室"，全面总结中医理论，分析研究"中医整体论""虚实平易八大平衡"背后的药物开发，并进行细胞学研究、中医理论的总结性研究及提纯中草药。佰草集将其差异性定位于中医、中草药文化，体现出品牌独特的中国风味。佰草集的"中国风"不仅体现在产品的天然、中医的定位上，还体现在专卖店的装修、柜台展示、产品包装、海报设计等营销细节上。多年研究中草药化妆品的充足经验，天然中草药的原料配方，再加上淡雅别致的包装以及富有中国韵味的产品陈列方式使得整个佰草集品牌有机具体，实现概念与产品的完整统一，别具特色。在营销方面，上海家化大胆聘请西方知名设计师进行东方概念的视觉表现，并且使用"太极""阴阳"等为西方熟悉的东方标志来体现中国特色。在佰草集的专卖店、产品发布会以及SPA会所，以花草点缀中式庭院布景，以民族古典音乐构造文化气息，以植物精油营造的芳香氛围，边品茶边了解产品信息似乎已成佰草集的营销特色。这种营销方式着重于产品文化的植入，富有品牌内涵，使得消费者因喜爱企业丰富的中式文化而建立起对产品的认可度与忠诚度。而这种明确的差异化定位和卖点，正是佰草集能够最终打动消费者，成功进驻欧洲市场的关键所在。

迈克尔·波特把总成本领先、差异化、目标集中称为企业竞争的三种基本战略。产品或服务实现差异化战略可以有多种方式：外观设计、品牌形象、生产技术、制造材料、营销手段、售后服务及其他方面的独特性。最理想的情况是公司在几个方面都有其差异化特点。上海家化的差异化战略正是其中的典范。

3）市场集中战略

市场集中战略指企业将经营的重点集中在产业内的局部市场，谋求局部竞争优势的战略。企业选择市场集中战略的主观原因是企业的自身实力较弱，尚难以向整个市场提供产品和开展大范围的竞争；其客观原因是市场与产业的同质性较弱，存在市场细分与产业细分的机会。市场集中战略有两种形式，即企业在目标细分市场中寻求成本优势的成本集中和在细分市场中寻求差异化的差异集中。这两种集中于一点的战略都有赖于目标市场与行业中其他细分市场之间的差异性。

市场集中战略的本质是公司能够以更高的效率、更好的效果为某一狭窄的战略对象服务，从而超过在更广泛范围内的竞争对手。但是企业实施集中化战略也有弊端，主要表现在必须经常放弃规模较大的目标市场；有时需要企业付出很高的代价，抵消企业为目标市场服务的成本优势，或抵消通过集中化战略而取得的产品差别化优势，导致企业集中化战略的失效。

3. 职能战略

职能战略是指企业中的各职能部门制定的指导职能活动的战略。职能战略描述了在执行公司战略和事业层战略的过程中，企业中的每一个职能部门所采用的方法和手段。职能战略一般可分为市场营销战略、人力资源战略、财务战略、生产作业战略、研究与开发战略、公关战略等。职能战略是为企业战略和事业层战略服务的，所以必须与企业战略和事业层战略相配合。例如，企业战略确立了差异化的发展方向，要培养创新的核心能力，企业的人力资源战略就必须体现对创新的鼓励；要重视培训，鼓励学习；把创新贡献纳入考核指标体系；在薪酬方面加强对各种创新的奖励。

企业战略是一个总体战略，是事业层战略和职能层战略相互协调的体系。总体战略主要决定企业的远景和产业组合，是企业最高管理层指导和控制企业的一切行为的最高行动纲领。事业层战略是在企业总体战略的指导下，针对某一个战略单位的战略计划，所要考虑的主要问题是本业务单元如何竞争的问题，核心竞争力的营造与竞争优势的建立是该层次战略的重要组成部分。职能战略是各职能如何适应总体战略和事业层战略要求的战略，是职能工作如何配合总体战略和事业层战略实现的战略。没有总体战略和事业层战略，职能战略也就失去了为之服务的对象，失去了方向；没有职能战略，总体战略和事业层战略也就失去了各职能领域的支持，成为空中楼阁，其实施也就没有了基础。

6.2　战略制定过程

联想集团的反思

联想集团2003年第三季度业绩发布会上，新老领袖一齐上阵。由于联想集团远没有达到三年前预定的目标，在新年度财务报告发布之际，这家国内IT业的"领头羊"将全面反思自身弊病并且制定新的战略。

早在2001年4月，杨元庆执掌联想时就许诺未来5年使联想集团的销售收入达到500亿元。3年过去了，联想集团的销售收入仍徘徊于200亿元人民币。甚至有分析师对联想集团本来就微薄的利润也表示出质疑：联想集团截至2003年12月底的纯利润轻微上升，完全是出售中国电信投资所得。联想除计算机以外的业务全面出现亏损，仅仅手机业务前三季度亏损就达6 200万元。联想集团目前的状况是传统业务停滞不前，新业务拓展不利，竞争对手风起云涌，这种状态需要集团实行新的战略变革。

在召开发布会的那天晚上，联想集团对自己做了较全面的反思。首要的问题归结为对于外部环境的估计过分乐观，"当年很多目标与策略都是以2 000年以前互联网高速膨胀所带来的这个产业蓬勃发展作为参照来制定的，同时也未能准确地预知之后泡沫破灭、增速的放缓和调整"，杨元庆说。

柳传志代表联想集团董事会承认，由于对实现长期业务目标的强烈追求，更由于经验方面的原因，上一个三年计划目标定得太高了。而对于未来，集团领导层一致认为：应该重新分析市场环境，评估集团资源和能力，制定新的战略……

战略制定是由企业专门的组织依照特定的程序进行的，通常要收集数据进行综合分析，对特定的问题做深入的研究，通过研讨会来探索、质疑和筛选被选战略方案，最后制定出各个层次的战略。一般来说，战略制定包含三个关键步骤：企业使命陈述——了解企业使命与企业目标；环境分析——对企业的外部环境和自身的条件与竞争优势进行分析；战略分析与选择——根据战略目标对备选战略进行选择。

6.2.1　企业使命陈述

使命陈述有时也被称为任务陈述、纲领陈述、目的陈述、宗旨陈述、信念陈述、经营原则陈述或对"企业业务定义"的陈述。使命陈述的目的就是明确企业的使命和目标，揭示了企业想成为什么样的组织和要服务于哪些用户这样的远景内容。一个好的企业使命陈述可以起到集中企业资源、统一企业意志、振奋企业精神的作用，从而引导、激励企业取得出色的业绩。作为战略制定者，首要任务就在于认定和表明企业的使命。

通常一个好的使命陈述应具有高度概括、用户导向、社会责任等特点。

虽然各企业的使命陈述在长度、内容、形式和具体性方面各有不同，但绝大多数的战略管理专家认为，一个有效的使命陈述应尽量完整地包含以下九种要素。

（1）用户（Customers）：企业的用户是谁。

（2）产品或服务（Products or Services）：企业的主要产品或服务项目是什么。

（3）市场（Markets）：企业在哪些地域竞争。

（4）技术（Technology）：企业的技术是否最新的。

（5）对生存、增长和盈利的关切（Concern for Survival, Growth and Profitability）：企业是否努力实现业务的增长和良好的财务状况。

（6）观念（Philosophy）：公司的基本信念、价值观、志向和道德倾向是什么。

（7）自我认知（Self-concept）：公司最独特的能力或最主要的竞争优势是什么。

（8）对公众形象的关切（Concern for Public Image）：公司是否对社会、社区和环境负责。

（9）对雇员的关心（Concern for Employees）：公司是否视雇员为宝贵的资产。

以上九种要素的范例见表6-2。

表6-2 使命陈述中九种要素的范例

要素名称	介 绍
用户	我们坚信，我们对医生、护士、患者、母亲和其他所有使用和享受我们的产品与服务的人负有重要的责任（强生公司）
产品和服务	美孚石油公司的业务是：寻找和开采石油、天然气、液化天然气，以这些为原料为社会生产高质量的产品，并以合理的价格向大众销售这些产品和提供相应的可靠服务（美孚石油公司）
市场	我们将竭尽全力使科宁玻璃制造公司取得全面的成功，并使它成为全球市场上的竞争者（科宁玻璃制造公司）
技术	数据控制公司经营应用微电子和计算机产业，其两个主要业务领域为计算机硬件和计算机升级服务，具体服务范围为计算、信息、教育和金融（数据控制公司）
对生存、增长和盈利的关切	通过收集、评价、生产和营销有价值的信息而满足全球顾客的需求，同时使我们的用户、雇员、作者、投资人及整个社会受益（麦格劳-希尔出版公司）
观念	玫琳凯公司的全部宗旨都基于一条重要的原则，即分享与关怀。出于这种精神，人们将愉快地贡献他们的时间、知识与经验（玫琳凯化妆品公司）
自我认知	克朗·泽勒巴克公司将通过释放其全体雇员的能量，利用他们的建设和创造能力，在未来1 000天的竞争中实现飞跃（克朗-泽勒巴克公司）
对公众形象的关切	为增强社会经济力量做出贡献，在我们从事业务活动的所有国家，以及在地方、州和全国范围内都作为一个优秀的公司公民而发挥作用（辉瑞公司）
对雇员的关心	以良好的工作条件、高超的领导方式、按业绩付酬的原则、有吸引力的福利待遇、个人成长的机会和高度的就业保障，来召集、培养、激励、回报和留住高能力、高品格和有奉献精神的人员（瓦克维亚公司）

6.2.2 环境分析

环境分析包括企业外部环境分析和企业内部环境分析两个部分。当企业确定企业使命后，就进入内、外部环境分析的步骤。它是制定企业战略的重要依据，因为企业的内部环境是企业进行生产经营活动的基础，一切战略的制定和实施都必须建立在企业现有的实力基础上。同时，企业总归要生存在某一特定的外部环境之中，这一环境直接或间接地影响着企业的生产经营。由此可见，进行环境分析对企业战略制定是十分重要的。环境分析的方法很多，这里主要介绍产业竞争分析、公司环境匹配分析、公司业务组合分析。

1. 产业竞争分析

各产业因其产业结构、竞争状况及成长潜力的不同而有很大的差异。为了判别某产业是否具有投入的价值，需要回答以下几个问题：该市场有多大？成长率如何？其中竞争对手有多少？著名战略管理专家迈克尔·波特构建了基于产业竞争分析条件下的竞争战略理论，并用简单的五种竞争力模型来描述和分析产业的竞争环境，如图 6.1 所示。

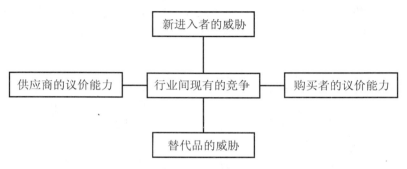

图 6.1 五种竞争力模型

1）供应商的议价能力

供应商主要通过其提高投入要素价格与降低单位价值质量的能力，来影响行业中现有企业的盈利能力与产品竞争力。供应商力量的强弱主要取决于他们所提供给买主的是什么投入要素，当供方所提供的投入要素其价值构成了买主产品总成本的较大比例，对买主产品生产过程非常重要或者严重影响买主产品的质量时，供应商对于买主的潜在讨价还价力量就大大增强。此外，满足如下条件的供应商也具有比较强大的讨价还价能力。

（1）供应商的产品独特而且转换成本高。典型的例子是英特尔公司。它于 20 世纪 80 年代和 90 年代以微处理器在个人电脑行业为自己创立了有利的地位。如果它的直接或间接的客户试图转向使用另一种微处理器，那么势必面临着巨额的转换成本。

（2）供应商有能力构成前向一体化的威胁。例如，英特尔公司确实有前向一体化潜力制造个人电脑，它不但制造微处理器，而且也生产主板(个人电脑的主要组装部件)。另外它还为一小部分客户生产品牌电脑。

（3）参与竞争的供应商相当少，而且他们比为之服务的客户要更集中。可口可乐公司对可口可乐瓶装厂就拥有很大的控制权力，因为它掌握着品牌和原浆的垄断及供应。

2）购买者的议价能力

购买者主要通过压价与要求提供较高的产品或服务质量的能力，来影响行业中现有企业的盈利能力。一般来说，满足以下条件的购买者可能具有较强的讨价议价还价能力。

（1）购买者的总数较少，而每个购买者的购买量较大，占了卖方销售量的很大比例。当客户购买的产品固定成本高，生产商保持高生产量的动机强烈而不惜低价销售时，客户就具有特别的影响力。例如，我国在世界飞机市场和美国农产品市场上就具有较强的影响力。

（2）卖方行业由大量相对来说规模较小的企业所组成。而且购买者所购买的基本上是一种标准化产品，同时向多个卖主购买产品在经济上也完全可行。

（3）购买者有能力实现后向一体化，而卖主不可能实现前向一体化。近几年，这已经成为电子行业某些细分市场中客户的有力手段，许多公司现在能够设计自己的集成电路，并且与铸造厂联系生产这些部件。这种发展趋势就给一些半导体公司造成很大的压力。

3）新进入者的威胁

新进入者在给行业带来新生产能力、新资源的同时，希望在已被现有企业瓜分完毕的市场中赢得一席之地，这就有可能会与现有企业发生原材料与市场份额的竞争，最终导致行业中现有企业盈利水平降低，严重的话还有可能危及这些企业的生存。新进入者威胁的严重程度取决于两方面的因素：进入新领域的障碍大小与预期现有企业对于进入者的反应情况。当发生下述情况时，进入市场的行业障碍就会增大：第一，原竞争者在研发、生产、营销及售后服务和技术支持方面具有相当可观的规模经济；第二，新进入者面临与规模或者范围无关的成本劣势；第三，新进入者很难接近分销渠道。此外，原竞争者对新进入者做出强烈反应的能力和意愿也影响着竞争者进入市场。

4）替代品的威胁

两个处于同行业或不同行业中的企业，可能会由于所生产的产品互为替代品，从而在它们之间产生相互竞争行为，这种源于替代品的竞争会以各种形式影响行业中现有企业的竞争战略。

替代品价格越低、质量越好、用户转换成本越低，其所能产生的竞争压力就强；而这种来自替代品生产者的竞争压力的强度，可以具体通过考察替代品销售增长率、替代品厂家生产能力与盈利扩张情况来加以描述。

5）同业竞争者的竞争程度

行业内的竞争者是五种竞争力中最强大的竞争力量。为了获得竞争的成功，这些竞争者往往会不惜代价地开展竞争，甚至会出现产品价格低于单位成本的价格大战，从而导致全行业亏损，如中国的彩电行业在2001年就出现了这样惨烈的竞争局面。一般来说，在同一个行业内部，竞争者间的竞争激烈程度是由一些结构性因素决定的，如竞争者数目、行业增长率、产品或服务的差异化程度及退出障碍等。

在下列情况出现时，行业的竞争会比较激烈：第一，竞争对手规模大致相同。第二，行业固定成本高，产品或服务难以持久。第三，行业成熟且增长缓慢。在这种市场环境下，公司必须抓住额外的市场份额以增加自己的销售额。第四，产品或服务没有差异性或转换成本较低。第五，退出障碍大。

根据以上对于五种竞争力量的讨论，企业应该尽可能地将自身的经营与竞争力量隔绝开来，努力从自身利益需要出发影响行业竞争规则，先占领有利的市场地位，再发起进攻性竞争行动等手段来对付这五种竞争力量，以增强自己的市场地位与竞争实力。

2. 公司环境匹配分析

公司环境匹配分析可用SWOT分析法，是一种对企业外部环境中存在的机会、威胁和企业内部的优势、劣势进行综合分析,并据此提出企业可行战略的分析方法。其中的 S 是指企业的优势(Strengths),W 是指企业的劣势(Weakness),O 是指企业外部环境的机会(Opportunities),T 是指企业外部环境的威胁(Threats)。使用 SWOT 分析法的前提是企业已经对一个或者几个业务有了初步的选择意向,通过分析可以进一步考察这些业务领域是否适合企业进入,是否能够建立持久竞争优势。

SWOT 分析法可以判定某个组织内在环境的优劣及外在环境的机会和威胁点,该工具适合于任何行业中的任何企业。SWOT 分析法的目的是确认组织当前的战略与特定的优势与劣势之间的关系程度,从而处理并组织好应对环境变化的能力,帮助组织找出自我在复杂环境和激烈竞争中的准确定位。另外,通过 SWOT 分析法可以了解内部环境与外部环境的共同作用,明确自身的战略地位,为组织下一步选定具体战略奠定基础。

企业进行 SWOT 分析的程序如下。

(1) 分析企业外部环境的变化,寻找可能出现的机会和威胁等关键因素。
(2) 根据企业内部资源和能力分析,确定企业内部不利和有利的关键因素。
(3) 对决定企业的 S、W、O、T 的各种关键因素进行加权平均,并做总体评价。
(4) 在 SWOT 分析图上定位,确定企业的战略能力,如图 6.2 所示。

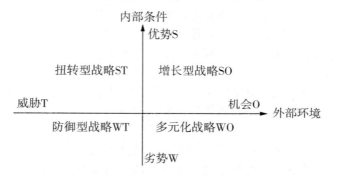

图 6.2　SWOT 分析图

(5) 进行战略分析。SWOT 分析法为企业提供了四种可供选择的战略:增长型战略(SO)、扭转型战略(WO)、防御型战略(WT)和多元化战略(ST)。

位于第 Ⅰ 象限的企业拥有强大的内部优势和众多的环境机会,可以采取开发市场、增加产量等增长型战略(SO)。位于第 Ⅱ 象限的企业有外部机会但缺少内部条件,可以采取扭转型战略(ST),改变企业内部的不利条件。位于第 Ⅲ 象限的企业既有外部威胁,内部状况又不佳,应该采取防御型战略(WT),以避开威胁和消除劣势。位于第 Ⅳ 象限的企业拥有内部优势而外部存在威胁,应利用自身优势开展多种经营,以多元化战略(WO)避免或减轻外在威胁的打击,分散风险,寻找新的发展机会。

3. 公司业务组合分析

最著名的公司业务组合分析方法是波士顿咨询公司(Boston Consulting Group)提出的,也叫 BCG 矩阵。BCG 矩阵主要通过三个方面来衡量每个部门的情况,即它的销售量、市场的发展情况和这个部门在运作中是吸收现金还是产出现金。它的目标就是平衡消耗现金和产出现金的各个部门。BCG 矩阵的示意图如图 6.3 所示,其中横轴代表市场占有率,纵轴代表预计的市场销售增长率,四个方框分别为"金牛"(Cash Cows)、"吉星"(Stars)、"问号"(Question Marks)和"瘦狗"(Dogs)。

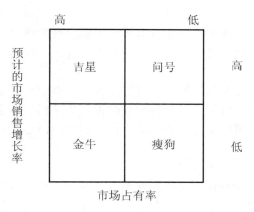

图 6.3 BCG 矩阵

（1）"金牛"方框是低增长和高市场占有率。处于这一区域的业务可以获得利润，缓慢发展的市场不需要投资去保持企业或产品在市场中的现有地位，所以能挤出大量的现金流，但是其未来的增长前景可能是有限的。

（2）"吉星"方框是高增长和高市场占有率的区域。处于此区域的业务刚开始崭露头角，成长率很高，市场占有率也不错。但现金流或许是正的或许是负的，这取决于该业务所需要的投资量的大小。

（3）"问号"方框指高增长与低市场占有率的区域。处于此区域的业务多数具有投机性，带有较大的风险。一开始的时候市场占有率往往很低，需要从其他地方拿些钱过来投资，好培养它成为吉星，但它也可能成为瘦狗。

（4）"瘦狗"方框身处低度成长的市场，报酬率很低，市场占有率也不高。若是它不再有利可图的话，就会被企业所淘汰。

公司业务组合分析为管理当局提供了如何在这些业务中配置现金和资源的方法。一般而言，管理当局应该从"金牛"身上挤出尽可能多的"奶"来，把"金牛"的新投资额限制在最必要的水平上，而利用现"金牛"产生的大量现金投资于"吉星"业务，也可以投资于"问号"业务，来促使其发展。来自于"瘦狗"业务的现金资源也可能流向"吉星"和"问号"，"吉星"和"问号"的数量应该和"金牛"之间取得平衡。"问号"由于具有很大的风险，相应地应该限制这种投机性业务的数量。"瘦狗"则应该逐渐地被放弃。

6.2.3 战略分析和选择

进行环境分析后，战略制定者可以根据企业外部环境和自身实际情况选择相应的战略。但是企业战略方案的种类很多，形式也多种多样，究竟应该如何选择适合本企业的战略，这也是战略制定者要面对的难题之一。企业的理想战略首先应当能够利用外部市场的机会并且能够减轻外部不利因素的影响，同时它也应当能够强化企业内部的优势并改进自身存在的不足。实际选择战略的过程则要求决策者考虑多方面的因素，进行综合均衡。在选择某一特定战略的过程中，以下几个因素影响着战略制定者的选择结果：企业对外界环境的依赖程度、管理者对待风险的态度、企业过去的战略、企业中的权力关系、中层管理人员和职能人员的影响。基于以上因素的考虑，战略制定者可以采用以下几种制定战略的方法。

1）根据目标选择

根据组织的具体目标，尽可能量化后直接作为标准来选择战略。将各种战略根据量化后的标准进行评估打分，然后选择分数最高的战略，这是一种运用比较广泛的方法。

2）参考上级意见

有时负责评估、选择战略的管理人员可能并没有权力做出战略选择的决定。而对战略做出决策的高级管理人员也可能并没有参加战略评估的过程。那么在这种情况下，应该将评估结果交给有权做出决策的高层管理人员，让他们利用评估报告并结合公司的实际情况做出选择。

3）部分实施战略

在很多情况下，企业的目标本身也存在不确定性，但是先将资源和力量集中起来以实现特定的战略也是十分必要的。这种情况下，可以先实施阶段性战略，将企业的一部分资源先合理地使用起来，而将最终的战略目标推迟，此时将在获取足够的经验后再将其完善。

4）外部机构选择

在企业内具有同等权力而具有不同利益的关系者，常常会对战略的选择持相反意见。在这种情况下，通过外部机构，如咨询公司或者上级机关为公司评估并选择战略。由于外部机构的评估比较客观，在这种情况下由其选择战略也是比较合理的。

6.3 战略的实施与控制

案例 6-5

日产汽车的复兴

日产汽车公司创建于1933年，是日本最早建立的汽车工业企业之一。2012年列全球500家最大企业的第42位，在全球汽车工业企业中名列第7位。但是，很多人也许想不到，20世纪90年代以来，伴随日本经济的不景气，日产汽车公司1992—1999年经历了除1996年之外的连续亏损7年的历程。尤其是1999年，其亏损额在全球500家企业内排在第2位。于是，法国雷诺公司乘虚而入，收购了日产汽车公司36.8%的股权，并派出卡洛斯·戈恩亲自制订"日产复兴计划"。

日产汽车公司在经历连续亏损的历程后，在短短不到3年的时间内变亏损为盈利，成为全球汽车行业财务表现最佳的公司。

日产汽车公司在卡洛斯·戈恩的管理下，迅速复兴。"日产复兴计划"以开发新产品为核心，而这一核心又建立在日产企业的优势之上。

在战略计划的执行过程中，卡洛斯提出，制订计划只是完成了任务的5%，剩余的95%在于战略计划的执行。

企业一旦选择了合适的战略，战略管理活动的重点就从战略制定转移到战略实施和控制阶段。所谓战略实施，就是执行战略目标的战略计划或者战略方案，这是将战略付诸实际行动的过程。因为，制定出的战略如果不去执行和实施，那只不过是纸上谈兵，浪费时间和精力。因此，战略实施必须紧随战略制定之后。而要想达到预期的战略目标，战略控制必须贯穿于战略实施的过程之中。

6.3.1 战略实施

在战略实施中，并不像战略制定和选择的过程中所参与的人员只是高层管理者，而是公司中的每一个人，从最高层管理者到作业人员，都参与其中。因此，战略实施较之战略分析和战略选择来说，所涉及的问题更多，难度更大。赫伯特·西蒙对美国93个公司的总经理和事业部经理的调查结果表明，当这些公司企图实施一项战略计划时，半数以上的企业都会面临很多的问题或者困难。例如，出现很多没有预料到的主要问题；没有有效地协调各种活动；出现了不可控制的外部环境因素；对所实施的关键任务和活动缺乏明确的说明等。博拿马（T. V. Bonoma）阐明了战略制定与战略实施的关系，如图6.4所示。从图中可以看出，即使一个合适的战略，如果不能很好实施，也会导致制定的战略失败。然而，一个很好的实施方案，不仅可以使一个合适的战略取得成功，还可以挽救一个不太适宜的战略。正是由于其重要性，目前越来越多的经理人将其的注意焦点转向了战略实施。

	战略制定 好	战略制定 差
战略实施 好	成功 实现增长和市场占有率目标，并能获利	挽救或毁灭 好的实施可挽救一个不好的战略，也可能加速其失败
战略实施 差	麻烦 差的实施会妨碍好的战略发挥作用，而管理者却可能认为是战略出了问题	失败 尽管失败的原因很难分析，但一个糟糕的战略加上没有能力实施，肯定会失败

图6.4　战略制定和战略实施的关系

战略实施是一个全新的领域，至今还没有对它的各个层面达成共识，但是学者和管理者们都赞同一些共同观点。第一个观点是成功的战略实施部分取决于组织结构。第二个观点是战略必须制度化，换句话说就是战略必须融入价值观、规范和职责体系中，以塑造员工行为，为实现战略目标创造便利条件。

1. 战略与组织结构的关系

企业组织结构的调整是实施企业战略的一个重要环节，任何一项企业战略都需要有一个相适应的组织结构去完成。美国学者艾尔弗雷德·钱德勒等人通过对美国70家大公司经营发展史的研究发现，如果组织结构不适应新的战略变化，就会导致企业效益下降；而当这些公司的组织结构改变后，保证了战略的实施，则企业的获利能力大幅度提高。艾尔弗雷德·钱德勒由此得出一个著名的结论：企业的组织结构要服从企业战略。企业战略规范着企业的组织结构，组织结构是为企业战略服务的。

在企业战略实施过程中，如果组织结构与企业战略相匹配，就会对战略的成功实施产生巨大的保证作用。反之，就会对战略的成功实施产生严重的阻碍。特别是企业战略出现了大跨度创新时，必然会导致企业组织结构的再造。

1) 组织结构的战略类型

战略的一个重要特性就是适应性。它强调企业要运用已有的资源和可能占有的资源去适应外部环境和内部条件所发生的变化。这种适应是一种复杂的动态的调整过程，要求企业在加强内部管理的同时，不断推出适应环境的有效组织结构。在选择的过程中，企业可以考虑以下四种类型。

(1) 防御型战略组织。防御型战略组织试图建立一种稳定的经营环境，即通过清楚界定其市场或顾客范围，并在该范围内生产相应的产品和服务。其规划重点是突出通过商誉、高生产率和低成本来巩固已占据的市场份额，阻止外来者加入。防御型战略组织为了达到其目的，通常将精力放在营造一种具有高度成本效率的核心技术和开辟出一个经久不衰的市场上。在这类组织中，往往采取机械式组织结构，以保证生产技术上的高效率。

(2) 开拓型战略组织。开拓型战略组织实施的焦点是放在产品的研究与开发上。战略规划要突出不断推出新产品，以领导时代潮流作为竞争的手段。对于一个开拓型组织来说，在行业中保持一个创新者的声誉，比获得大量利润更为重要。

一般来说，开拓型组织面对的是一个广阔的、不断变化的市场，因此要求开拓型组织具有一种从整体上把握环境变化的能力。首先，开拓型组织在技术上应具有产业远见，根据产业发展的趋势来构建自己的核心技术。其次，开拓型组织在管理上应保持较大的灵活性，即在大量分散的单位和目标之间调度和协调资源，而不采取集中的计划控制全部生产的方式。

(3) 分析型战略组织。采用分析型战略的组织往往是开拓型战略组织的追随者，因为分析型战略组织虽然不会主动去开发新的产品，但它们却对新产品进行评估，可以在较短的时间内生产已确认受市场欢迎的产品。分析型组织的模仿能力极高，它通过模仿开拓型组织已开发成功的产品进入市场，其特点是只有在新的产品被市场证明具有生命力时，才开始进入该市场领域。

分析型战略组织综合了防御型与开拓型战略组织的特点，其处理技术问题和管理问题有两重性。一是在技术上，分析型组织要在技术的灵活性和稳定性之间寻求平衡。因此常将生产活动分成两个部分，形成双重的技术核心：一部分技术与防御型战略组织的技术极为类似，另一部分则类似于开拓型战略组织。在实践中，主要是通过具有一定权力的应用研究小组来建立双重技术核心，找到开发或模仿新产品的现有技术。二是在管理上，分析型战略组织既要适合稳定性业务的需要，又要适合变动性业务的需要，因而常采用矩阵制组织结构。

(4) 被动反应型战略组织。通常，开拓型、防御型和分析型等战略组织对产品和市场都是极度敏感的，属于先觉型的典范。而被动反应型战略组织则是另一个极端。被动反应型战略组织，顾名思义，是对外部变化被动接受和调整的战略组织。若不是因为强大的市场竞争已经影响它们的生存，它们对产品或市场都不会做任何的探索。一般被动反应型企业在一个保守的社会较容易生存，但在外部环境变化频繁的环境中，便很容易被淘汰。

腾讯公司的组织结构调整与战略意图

2012 年 5 月 18 日，腾讯公司的组织机构从之前的业务系统制(BU)升级成了事业群制(BG)，现有业务重新划分成企业发展事业群(CDG)、互动娱乐事业群(IEG)、移动互联网事业群(MIG)、网络媒体事业群(OMG)、社交网络事业群(SNG)，整合原有的研发和运营平台，新的技术工程事业群(TEG)，并成立腾讯电商控股公司(ECC)。

马化腾在一封内部邮件中，提出此次整合要实现的几大目标，包括强化大社交网络、拥抱全球网游机遇、发力移动互联网、整合网络媒体平台、聚力培育搜索业务、推动电商扬帆远航。业界普遍看好这一调整。那么,腾讯调整组织架构的动因是什么呢?

从外部看,是顺应移动互联网、电子商务及社交网络发展的必然需求。第一,本次调整强化了移动互联网(原无线业务和搜索的整合)、电子商务(独立分拆,提高运营灵活性)和社交网络(基于QQ三大网络平台的整合)三大业务;第二,搜索业务的双引擎组织架构设计(搜索业务分别纳入移动互联网事业群和技术工程事业群),推进搜索的商业化;从内部看,随着腾讯人员及组织的不断扩充,已有的组织机构出现了诸多弊端:①腾讯之前研发+业务系统+运营平台的组织架构,导致不同业务部门自立山头,开发近似产品,出现资源浪费情况。②随着组织的庞杂,各业务部门间沟通成本增加,且效率降低;再者,KPI导向的管理机制导致组织僵化,忽视了用户体验及需求。本次组织架构调整,移动互联网业务由之前的无线业务系统整合而来,并增加了之前搜素研发平台的资源,可以看到腾讯对移动互联网业务的重视。

管理启示:企业所拟定的战略决定着组织结构类型的变化。当企业确定战略之后,为了有效地实施战略,必须分析和确定实施战略所需要的组织结构。因为战略是通过组织来实现的,要有效地实施一项新的战略,就需要一个新的,或者至少是被改革了的组织结构。

2) 7S模式

麦肯锡公司曾提出了一个成功实施战略的7S模式,公司顾问们发现,忽视七个因素中的任何一个,都可能使战略实施的努力变成一个缓慢、痛苦甚至失败的过程。

这七个S分别为结构(Structure)、战略(Strategy)、系统(System)、风格(Style)、员工(Staff)、专长(Skills)和总目标(Shared Values)。七个因素同等重要,且每一个因素与所有其他因素互相作用,如图6.5所示。在不同形势下,执行不同的战略,将决定哪个因素是主要驱动力。

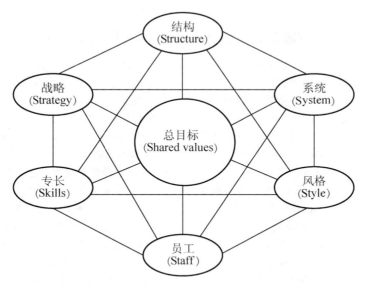

图6.5 7S模式

7S模式为组织结构问题增添了一种顺应形势的解决办法。麦肯锡公司的顾问们指出,在今天动态变化的复杂环境里,一个成功的企业可以临时调整结构,以适应某些特定的战略任务,无须放弃企业的基本结构单位。

2. 战略制度化

为了强调战略的系统、风格、专长和总目标,需要审视战略是如何制度化的。为了完成某个目标而形成的价值观、规范、职责,被称之为制度。为了使战略制度化,企业领导们必须建立一个由规范、职责和群体组成的、有利于战略目标实现的系统。如果某一战略与文化、质量系统和其他驱动力联系在一起,那么就说此战略是制度化的。

1) 首席执行官的作用

由于企业家大部分时间花在发展并指导战略上,所以他们的个人目标和价值观不可避免地塑造了企业战略。例如,沃尔特·迪士尼注重家庭娱乐,构想出一个"神奇公园"娱乐和教育儿童及其父母。他的梦想使迪士尼乐园在1955年诞生了。虽然沃尔特·迪士尼1966年去世了,但他的价值观和构想仍影响着他的公司。

一旦组织的高层换人的话,那么意味着战略将要发生一些转变。事实上,组织高层的更迭常常与战略变革相伴在一起。例如,迪士尼的现任首席执行官迈克尔·艾斯纳虽然继续发展着主题公园,但他已经改变了沃尔特·迪士尼以针对儿童为主的G级(适于一般观众的)电影,创建了试金石电影公司,制作PG级(父母指导的)和PG13级(父母指导的13岁以上儿童)电影,以吸引更广泛的观众群。

首席执行官在战略形成中发挥的作用使其对战略实施特别重要。第一,他们负责实施战略,并在经理们对具体实施难以达成一致时做最终裁决。第二,首席执行官通过语言和行动决定了企业对某一项战略的投入程度。第三,首席执行官激励员工,是工资以外的无形的动力,借助于员工的价值观、信念和忠心,首席执行官能调动员工支持某项战略。

打败总统的女人:凯瑟琳·格雷厄姆

凯瑟琳·格雷厄姆是《华盛顿邮报》前发行人、董事会主席,被称为"美国报业第一夫人"。

1965年,凯瑟琳初掌大权不久便做出重大决策,提拔著名记者本·布莱德利担任邮报的总编,并放权让各级主管、编辑、记者充分发挥自己的能量,尽力确保报道全面、准确、公正和质量最佳。1972年6月,两名年轻的邮报记者获得了有关共和党在总统大选中做手脚的情报,凯瑟琳力主支持记者们,将美国历史上赫赫有名的"水门事件"率先报道给公众。当时执政的尼克松政府为了掩饰丑行,不断向《华盛顿邮报》施压,警告凯瑟琳不要"出风头",司法部长更是暴跳如雷对她进行了恐吓。面对总统集团的巨大压力,她一直支持旗下的编辑和记者:"我们已游到河水最深的地方,再没退路了。"她把司法部长的话登在了第二天的报纸上,所有的人都被惊呆了,引起了美国新闻界对"水门丑闻"的轮番轰炸,最后逼得尼克松下了台,最终赢得了新闻史上里程碑式的胜利。华盛顿邮报因报道"水门事件"而赢得了1973年普利策金奖——公共服务奖;凯瑟琳·格雷厄姆也成了当世的不朽传奇——一位用勇气与才华扳倒美国总统的女人。更重要的是,新闻业得以大放异彩,它对自由与正义的追求赢得了无比的尊敬。凯瑟琳·格雷厄姆改变了美国报业轻视女性的倾向,她曾多次在盛大晚宴后,拒绝与场内女士退到楼上让男士们在楼下抽雪茄边谈论世界大事,而是参与其中。她热爱简朴的生活,最喜欢黄昏时分在厨房与朋友一起协助准备菜肴,当有人替她代劳时,她还会不悦地说:"那是我的工作。"

管理启示:企业的首席执行官会将其自身的价值理念融入公司的经营哲学,继而指导和实践公司的相关战略;同时,首席执行官的个人特质也会在具体的管理过程中影响和激励员工,会在整个组织打上深深的烙印。凯瑟琳·格雷厄姆是企业首席执行官的典范。

2) 文化与战略

企业文化若与战略一致,实施战略相对容易推行。而一个与企业文化相悖的战略,想

第6章 战　略

要实现几乎是不可能的。正因如此，美国电话电报公司（American Telephone & Telegraph，AT & T）自其垄断时期起就树立的关于全球电话服务的传统信仰就变成新的市场战略实施的绊脚石，因为以市场为中心的新战略需要区分满足不同顾客需要的不同服务。直到，罗伯特·艾伦引入了明确的文化变革计划之后，美国电话电报公司才开始对顾客的不同需求更加敏感，及时采取了必要的行动。

要想使战略有效地得到实施，管理者必须建立适应战略的文化，当旧文化阻碍战略执行时，要及时进行企业文化变革，不断保证企业文化随着战略而调整。

案例6-8　IBM公司的经营哲学

（1）尊重个人。这虽是一个简单的概念，但在我们公司，它却占去了管理者的大部分时间。他们在这方面所做的努力超过了其他任何方面。

（2）我们希望在世界上的所有公司中，给予顾客最好的服务。

（3）我们认为，一个组织应该树立一个信念，即所有工作任务都能以卓越的方式去完成。

在小托马斯·华森表述这三条基本信念若干后，该公司董事长弗兰克·卡里说："我们的工艺、组织、市场经营和制造技术已经发生了若干次变化，并且还会继续发生变化，但是在所有这些变化中，这三条基本信念依然如故。它们是我们顺利航行的指路明灯。"

6.3.2　战略控制

战略控制主要指在企业经营战略的实施过程中，检查企业为达到目标所进行的各项活动的进展情况，评价实施企业战略后的企业绩效，把它与既定的战略目标与绩效标准相比较，发现战略差距，分析产生偏差的原因，纠正偏差，使企业战略的实施更好地与企业当前所处的内外环境、企业目标协调一致，使企业战略得以实现。

战略实施的控制与战略实施的评价既有区别又有联系，要进行战略实施的控制就必须进行战略实施的评价，只有通过评价才能实现控制，评价本身是手段而不是目的，发现问题实现控制才是目的。战略控制着重于战略实施的过程，战略评价着重于战略实施的结果。战略控制是战略管理的重要阶段。战略控制的循环包括战略计划、衡量产出活动以确定是否符合战略目标，通过纠正或改变所需的活动确保战略目标的实现。战略控制也包括对生产活动的投入及其产出的衡量，包括掌握关于外部环境的持续信息，以决定战略计划是否对出现的最新发展做出反应等。一般企业战略控制体系包含三种基本控制方法，即市场控制、官僚控制和文化控制。

1. 市场控制

市场控制指企业利用竞争性价格来评估企业产生和生产效率。市场控制的思想来自于经济学，高层管理者几乎总是用价格机制比较企业的业绩。企业销售额和成本通过损益表的形式归集，以便同以往年份的业绩或其他企业的业绩相比较。

市场控制主要应用于企业整体层次，但亦能应用于产品事业部。利润中心是自我维系的可以独自产出产品，并能够进行独立核算的经营单位。因此，每一个事业部都能在与其他事业部比较损益的基础上进行评估。此外，市场控制的概念也可应用于会计、数据处理、法律事务、信息服务等职能部门，以及评估高层管理者个人业绩。

从20世纪90年代开始，一些企业决定只限于从事自身擅长的活动，而将剩余部分交由外部专业机构或专家来处理。这种做法称为"资源外取"或"外包"。借助于外包，企

129

业把一定的任务分派给那些能以低成本提供高质量服务的公司。网络型组织结构以自由市场模式组合替代传统的纵向层级组织。公司自身保留关键活动，对其他职能，如销售、会计、制造进行资源外取，大幅度提高了企业效率。创造内部市场的趋势与目前企业对外包和网络结构的倾向联系十分紧密。例如，我国的邯郸钢铁股份公司就在企业内部模拟市场，创造出一个与外部市场环境相类似的内部市场，实现了产品成本的降低。

2. 官僚控制

官僚控制利用规则、政策、权威层级、书面文件、标准和其他行政官僚机制来使企业业务和行为标准化，并以此评估业绩。几乎每个组织都使用某种程度的官僚控制。官僚机制使用的主要工具是管理控制系统。管理控制系统被广义地定义为使用信息以维持或改变组织活动形式的规范化的正式规则、报告及程序。管理控制系统包括规范化的基于信息的活动，如计划、预算、业绩评价、资源配置、员工薪酬等。

过去，大多数企业依赖财务会计方法作为衡量其业绩的基础。但今天，企业意识到在竞争性和快速变化的环境中成功地进行组织控制，需要一个对财务和经营衡量方法的均衡观点。表6-3中所列出的四个控制系统是管理控制系统的核心因素。这四个因素包括预算、定期性的非财务统计报告、薪酬系统和标准经营过程。管理控制系统的这些因素使中层和高层管理人员可以有效监控、影响组织的主要部门。

表6-3 官僚控制系统的核心因素

子系统	内容和频度
预算	财务，资源成本
定期性的非财务统计报告	非财务产出，每周或每月，通常是基于计算机
薪酬系统	基于部门目标和业绩，对管理者的例行评估
标准经营过程	规则和规章，描述正确行为的政策，具有经常性

3. 文化控制

文化控制即用社会手段，如公司文化、共享的价值观、承诺、传统、信念来控制组织和员工行为。使用文化控制的企业需要建立共享的价值观和员工之间的相互信任。当企业中问题的模糊性或不确定性程度增高时，文化控制尤为重要。高度不确定性意味着企业不能为其服务定价，并且无法用规则和规章来规范每一个行为。

文化控制是使个体融合到团体中去的功能，自我控制来源于个人价值观、目标和标准。企业试图导入使员工个人内在价值观和工作偏好与企业价值观相一致的改变，实现员工和企业的共同协调发展。然而依赖于自我控制的企业仍然需要强有力的领导，这时领导的作用在于能清楚地划分员工实践自己的知识和判断力的边界。

企业设计控制系统时需要使其与既定的战略相适应。现实中，官僚控制是企业中应用最为广泛的控制方式。几乎在每一个企业中都将官僚制控制作为内部管理控制系统的基础。当企业规模很大并且环境和技术明确、稳定、例行时，官僚控制最为适用，官僚控制着重于横向的信息和控制过程。文化控制几乎与官僚控制相反。当企业很小且环境和技术不明确、不稳定、非例行时，信任、传统、共享的文化和价值观就是重要的控制资源。当需要横向信息共享和合作时，文化控制就极为适宜，正如在以矩阵式、团队为基础的组织结构中那样。当然，规则和预算仍将被使用，但信任、价值观、承诺将是员工遵从的基本要素。市场控制的应用价值有限,但其作用在增长。当成本和产出能够被准确定价并且存在一个竞争性价格的有效市场时,就能够使用市场控制方法。市场控制可以应用于企业整体、产品事业部等利润中心,也可以用于高级经理层。

本章小结

　　企业战略是指企业面对激烈变化、严峻挑战的经营环境,为求得长期生存和不断发展而进行的总体性谋划。而战略管理是指企业为实现战略目标,制定战略决策、实施战略方案、控制战略绩效的一个动态管理过程。

　　企业战略一般分为公司层战略、事业层战略和职能战略等三个层次。公司层战略的类型包括稳定型、增长型、紧缩型。制定战略主要有企业使命陈述、环境分析和战略分析与选择三个步骤,其中战略制定分析方法主要有产业竞争分析、公司状况分析、公司业务组合分析、产品生命周期分析。

　　在战略实施过程中,要注意与组织结构,企业文化等相匹配。企业战略控制体系包含三种基本控制方法,即市场控制、官僚控制和文化控制。现实中,官僚控制是企业中应用最为广泛的控制方式。

关键术语

战略——strategies　　　　　　　　　　增长型战略——growth strategies
扩张型战略——expansion strategies　　后向一体化——backward integration
前向一体化——forward integration　　　集中化战略——focus
公司层战略——corporate-level strategy　稳定型战略——stability strategy
战略控制——strategic control　　　　　战略实施——strategy implementation
成本领先战略——overall cost leadership strategies

案例应用分析

雅戈尔集团的战略选择

　　雅戈尔集团(以下简称雅戈尔)创建于 1979 年,通过这些年的努力和摸索,逐步确立了以纺织服装为主业、房地产和国际贸易为两翼的经营格局,旗下拥有上市公司雅戈尔集团股份有限公司及各类子公司,并荣获"中国名优产品售后服务十佳企业"称号。2007 年 8 月,全球知名商业杂志《福布斯》中文版发布 2007 "中国顶尖企业榜",雅戈尔入围百强榜。全国工商业联合会在北京公布了 2006 年度上规模民营企业调研结果,雅戈尔集团股份有限公司以 174.04 亿元的营业收入名列第 19 位。

　　雅戈尔积极向服装产业的上下游产业拓展:不但向商业、零售业、连锁方向发展,组建庞大的分销网络;还向上游的纺织面料进军,建立自己的纺织面料城。它采用纵向一体化战略,投巨资打造了服装和分销零售网络的商业链条。

　　雅戈尔一体化战略是逐步形成的。为客观真实地分析其演变状况,有必要对中国服装产业的发展历程进行回顾,同时对雅戈尔在各历史发展进程中的企业核心竞争力形成要素及其经营状况进行剖析。

　　中国服装产业通过几十年的努力,经历了几个重要的发展时期,尤其是近 20 多年来中国服装业随着市场结构的改变,产业结构发生了具有历史意义的重大变化,雅戈尔就是其典型代表。

1. 小作坊加工阶段

　　中国服装产业最初起步于以传统加工技术为支撑的朴素服装产品消费市场。在这个阶段,基本上属于简单的传统加工产业,而且是小作坊形式,是典型的劳动密集型和材料密集型产业。

　　在此阶段的雅戈尔处于新建企业的创业期,其主要业务就是为国内具有一定规模的服装企业做贴牌加工业务。雅戈尔起步时只是一个不足10个人、几台缝纫机的小型民办服装加工工厂,与中国其他服装企业相比,除了简朴、勤奋之外没有任何竞争优势可言。当时雅戈尔的利润结构构成只是廉价的制造加工费。

2. 传统批发市场阶段

一定规模的服装来料、来样外贸加工,给中国服装业带来市场格局上的变化和加工品质与管理规范上的冲击。该阶段中国服装产业的市场结构,从单一朴素的内销批发市场向内销加一般性国际消费市场转化。

在此阶段,雅戈尔抓住了几次发展的机遇(有效利用规模经济,并积累经验利用学习曲线降低成本提高质量),扩大了企业的规模。雅戈尔在为国内其他服装公司挂牌加工生产的同时,还向中国服装零售市场进行批发销售。

3. 国际品牌 OEM 阶段

20世纪80年代末至90年代初期,一些有影响、有地位的国际化服装品牌和中国服装业终于握手合作了。国际品牌服装的加工订单陆续投向中国,使中国服装业的整体加工能力和质量管理水平逐渐与国际化标准接近。同时这种国际化的市场需求,对中国服装制造业的发展提供了进一步提升的空间。雅戈尔就是在该发展阶段迅速崛起的具有代表性的企业。

在前面几个阶段,雅戈尔人不断引进先进的制造技术和管理方法,通过大规模生产实现规模经济,通过学习曲线提高产品质量降低成本,并且使其在加工品质、生产规模、管理方法上取得了相对的产业优势,也使雅戈尔在中国劳动密集型和材料密集型服装企业群中成为佼佼者,同时这也为后期雅戈尔服装品牌在中国服装消费市场上的崛起和企业的整体高速发展奠定了坚实的基础。

4. 自主品牌生产和营销阶段

到20世纪90年代中期,中国大中城市的服装消费者开始关注服装的品牌和时尚元素。服装零售业向服装产业的回归,是这个阶段中国服装产业结构变化最显著的特点,许多具有一定加工规模和加工品质管理能力的国内服装企业,先后在国内市场启动了品牌运作经营模式,并获得了不同程度的成功。中国服装产业结构格局的变化同时改变了雅戈尔的市场结构,使其从以批发销售和贴牌加工为主体的服装加工厂家转化为以服装加工为基础、以初级品牌服装营销为主体的复合型服装企业。当时雅戈尔的企业利润已含有相当的品牌附加值,初级品牌市场巨大的营销利润成为雅戈尔真正的第一桶金。

5. 进军面料产业加快响应初步整合阶段

雅戈尔目前虽然是国内大型的服装生产企业之一,但与国际大公司比起来,还是太小。要做百年企业,要在国际上有竞争力,必须做大。为此,就要不断投资,扩大规模。成衣制造模仿很快,但是面料的模仿需要一个更长的阶段,雅戈尔期望在面料方面能够赶超世界水平,同时形成和加强自己的核心竞争能力。

雅戈尔最终选择与日本最大的几家综合商社合资开发纺织城,其中雅戈尔占70%的股份,日方占30%。雅戈尔纺织工业城先期上棉纺,占地面积200亩,主要生产衬衫面料,同时上印染,再上毛纺、化纤等项目。整个纺织城预计总投资1亿美元,建成后年销售额可达到10亿美元。雅戈尔将投巨资兴建纺织工业城自己生产面料的消息传出后,业内外一片哗然。面料生产厂商、成衣生产厂,管理学专家、行业专家都在关注!雅戈尔要做的不只是一个纺织厂,而是一个庞大的纺织工业城,总占地面积高达500亩,雅戈尔服装工业城已是目前中国最大的服装生产基地,占地也才350亩。

同时,为了提升品牌、提高服务水平、加快物流周转速度,2002年雅戈尔开始逐步对其全国庞大的分销网络进行整合,合并、撤销了很多分公司,建立省级配送中心实体。

至此,已经形成了雅戈尔纺织、服装和分销零售网络整条链的纵向一体化,而且这个产业链结构相当复杂。面料生产既可供应自家下游,也可供应国内外其他服装厂;成衣生产的面料既可来自自家生产,也可以从国内外其他面料厂采购或来料;成衣生产后既可以供自家的分销网络,也可以供国内外其他服装分销商;分销网络的服装既可来自自家生产,也可以是由其他厂商帮它贴牌生产或代销其他品牌,这么长的一个纺织服装分销网(每一个环节内部还有很多子环节,如面料生产环节,包括染纱、织布、印染、后整理等,而且每一个子环节都是复杂的子系统)的平衡与协同将是非常复杂和具有挑战性的。

雅戈尔抓住了每次历史的机遇，在重大转折点都抓住机会迅速做大做强，不但实现了生产的规模经营，而且通过对男装趋势的把握确定了品牌的范围经济。从整体来讲，雅戈尔经济效益非常好，特别是产业链理顺以后，其毛利润比较高(50%以上)，将每一个环节的附加值都掌握在手中。而且它自己决定自己的命运，需要什么产品就生产什么产品，这样可以带动整个产业链，还增强了整个企业的竞争能力，增加了效益。

讨论：
（1）试分析雅戈尔采用纵向一体化战略的动因。
（2）除了纵向一体化战略外，雅戈尔集团还采用了哪些公司基本战略？请举例说明。
（3）你认为雅戈尔在以后战略制定过程中应该注意哪些因素？

思 考 题

1. 计划和战略之间有什么差异？
2. 与只生产单一产品的大型企业相联系的是什么层次的战略？
3. 高层、中层与低层管理者做不同类型的决策，你认为这种等级制度怎样适用于三种战略计划层次？
4. 增长始终是一个组织追求的最佳战略吗？
5. 什么力量支配着一个产业的竞争规划？
6. 为什么有些企业不想吸引所有的顾客，而是以集中化战略为主呢？
7. 管理者应该怎样在 BCG 矩阵的四种业务间分配资源？
8. 组织文化与战略之间有什么联系？

组织篇

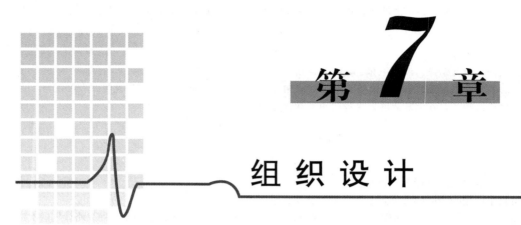

第 7 章 组织设计

教学要求

了解组织及组织结构的特点及功能；掌握常见的几种组织结构类型及其特点；明确组织设计的任务、依据及原则；掌握横向组织设计中的部门划分标准，纵向组织设计中直线职权与参谋职权、集权与分权的概念。

本章知识点

组织及组织结构的定义；常见的组织结构类型及其特点；组织设计的任务；直线职权与参谋职权的概念；集权与分权的概念；授权的途径。

■ 导入案例

格林利传媒公司的组织

路易斯·格林利一直面临一个困难的决定。他的格林利传媒公司最初成立于美国西部，是一家经营多种业务的传媒公司，公司拥有报纸、广播电台和电视台。但多年来，平面媒体和电视媒体之间始终无法融合。

公司现有的组织架构是以行业类别来组织的，分为报纸事业部、广播电台事业部和电视台事业部。每个事业部都有自己的会计、销售、市场、运作和服务部门。公司对财务和会计进行统一管理。

在报纸事业部，新闻和广告之间有明显的隔阂。因为出身于记者家庭，格林利总是担心在报纸上对本地居民做广告促销会影响报纸的新闻覆盖率，因为新闻编辑一定会删掉那些可能给本地广告商带来负面影响的好新闻。

在格林利公司，各事业部之间显然有地域上的重叠，公司在同一个地区拥有重复的资产。格林利的得力助手广播事业部副总裁，建议对组织结构进行调整，按地区重新划分事业部。允许地区事业部经理组建一支自己的销售力量，使用报纸、收音机或电视中的任何一种方式来销售广告。这个建议对格林利

第 7 章 组织设计

是有吸引力的。而且公司能减少需要的人数,从而节约很多人力资本。那么,格林利公司究竟该如何调整与设计自己的富有高效率的组织结构呢?通过本章的学习,将得到答案。

7.1 组织与组织结构

组织是一种最为普遍的社会现象,是人们群体活动的主要形式。组织既是管理的载体,又是管理工作的重要职能。组织结构的合理与否、组织工作是否科学高效,对管理活动的效果有着重要的影响。

7.1.1 组织的基本问题

1. 组织的含义

组织是为了达到某些特定目标,在分工合作及不同层次的权力和责任制度的基础上构成的人的集合。它是人们为了实现一定目的,有意识地协同劳动而产生的群体。虽然不同的组织所从事的活动各不相同,但这些组织都有目的、有计划、有步骤地对个体行为进行协调,使之形成集体的行为。组织的具体含义包括以下几个方面。

1) 组织必须具有特定目标

目标是组织存在的前提。不管目标是明确的,还是隐含的,组织都是为这一特定目标而存在的。组织目标反映了组织的性质和其存在的价值。

2) 组织必须有分工与协作

分工与协作关系是由组织目标限定的。企业为了达到经营目标要有采购、生产、销售、财务和人事等许多部门,每个部门都专门从事一种特定的工作,这就是一种分工。但各部门又要互相配合,如采购要根据生产的需要进行,生产要"以销定产",这就是一种合作。只有把分工和合作结合起来,才能提高效率。

3) 组织必须要有不同层次的权力与责任制度

权责关系的统一,使组织内部形成反映组织自身内部有机联系的不同的管理层次。这种联系是在分工协作基础上形成的,是实现合理分工协作的保障,也是实现企业目标的保障。只有权力而没有责任,可能导致滥用职权,只有责任而没有权力,可能会使资源无法有效配置,它们都会影响组织目标的实现。

4) 组织是一个人为的系统

所谓"人为的系统",通常是指这一系统是由人建立的,以人为主体组成的具有特定功能的整体。由于是人为的系统,系统的功能差异较大,相同要素组成的系统可能因结构的不同而直接影响系统的功能。

2. 组织的功能

组织的功能,绝不是仅仅为了简单地把个体力量集合在一起。个体力量的集合可以形成一堆散沙,也可以成为一个"抱团"的群体。群体的力量可以完成单独个体力量的简单总和所不能完成的任务。无论是在自然界,还是在人类社会,组织的功能都是显而易见的。例如,金刚石和石墨,其化学成分都是碳,构成要素一样,但由于分子结构不同,硬度就相差很大;一队士兵,数量上没有变化,仅仅由于组织和列阵方式的不同,在战斗力上就会表现出巨大的差异。

优良组织具有多重功能,具体表现在以下三个方面。

1）汇聚功能

把分散的个体汇集成为集体，用"拧成一股绳"的力量去完成任务，这是组织力量会聚功能的表现。在社会发展过程中，当个人有所期望而又因个人力量的渺小和分散无力实现这一期望时，就需要和他人合作，联合起来共同行动。这种联合与协作是以各种组织的形式实现的，组织能使个体汇集成集体，用 $1+1=2$ 的"相和"效果去完成组织任务。

2）放大功能

良好的组织还能通过有效的分工与资源配置，取长补短，明确职责，使汇聚的力量发挥出放大或"相乘"的功能，在 $1+1=2$ 的基础上实现 $1+1>2$ 的功能。组织只有借助于放大功能，才能取得产出大于投入的经济效益，维持组织的正常运转，求得组织的发展与壮大。

3）交换功能

这是指个人与机构之间的交换作用。从个人的要素角度来看，个人之所以加入某一机构并对其投入一定的时间、精力和技能，其目标不外乎是想从机构中得到某种利益或报酬，以满足个人的需求。而机构之所以愿意对个人投入上述成本花费，则是希望个人能因此对机构有所贡献，以达到机构预定的目标。从个人的立场看，往往会要求得自于所服务机构的利益或报酬大于其对该机构所做出的投入；而从机构的立场看，它要求取自于个人的贡献大于其为个人所投入的成本花费。这就必须借助组织活动的合成效应的发挥，使个人集合成的整体在总体力量上大于所有组成人员的个人力量的简单相加。这样，个人与机构之间的关系，可以说是建立在一种相辅相成、平等交换的基础之上，形成双方都感到满意的关系。

7.1.2 组织结构

任何组织都有一定的内部结构。组织的不同结构形式，以及组织结构是否与组织本身特征相适应，在一定程度上决定了组织的素质水平和组织管理能力。构建组织的基本结构离不开横向的管理幅度和纵向的管理层次两个决定性因素的影响。

蒙特·卡斯特在《组织与管理》一书中指出："很简单，我们可以把结构看做一个组织内各构成部分和各部分之间所确定的关系形式。"海茵茨·韦里克在《管理学精要》里又把组织结构解释为："组织结构是指职权与职责的关系、工作及个人分组，一般而言，组织结构是为了协调组织中不同成员的活动而形成的一个框架机制。"本书认为，组织结构就是指组织内部各级各类职务职位的权责范围、联系方式和分工协作关系的整体框架，是组织能够保持有效地运行，完成经营管理任务的体制基础。

组织结构具有以下三个特征：

1）复杂性

复杂性指的是组织分化的程度。各种组织由于规模大小不一，组织内部劳动分工的细致程度有差异，导致横向与纵向的管理幅度与层次关系各不相同。

2）正规化

正规化指组织内部的人员行为规范化的程度。一个组织为实现共同目标，就需要制定各种规则和程序来引导员工行为。一个组织建立的各种规章条例越多越完善，它的组织结构就越正规。

3）集权化

集权化是指决策制定权力在管理层中分布与集中的程度。每一个组织都会形成自己特有的职位或职务结构，这必然产生职权、授权与分权的问题。而决策制定权力的分布状况，决定了组织的集权程度。例如，为了能够迅速适应复杂的环境，组织规模越大，越需要分权。

7.1.3 管理幅度与管理层次

1. 管理幅度

1)管理幅度的概念

所谓管理幅度,也称管理跨度或管理宽度,是指管理系统或某一机构主管能够直接有效地指挥和监督下属人员数量的范围。

管理幅度适度是组织设计中的一个重要问题,幅度过大或过小都是不恰当的。关于管理幅度的形式或大小,众多学者给出了各自不同的结论。管理幅度研究的首创者亨利·法约尔指出,不管领导处于哪个级别,他从来只能直接指挥极少的部下,一般上级指挥的人数少于6人。当工序比较简单时,工长有时能指挥20个或30个工人。英国著名的管理顾问林德尔·厄威克发现:"对所有的上层管理人员来说,理想的下属人数是4人。在组织的最低层次,下属人员的数目可以是8~12人。"一般来讲,研究者发现,高层管理人员的管理幅度通常是4~8人,较低层次的管理人员的管理幅度则为8~15人。

案例 7-1

艾森豪威尔和罗马教皇的管理幅度

第二次世界大战时,盟军总司令艾森豪威尔和当时的罗马教皇,两个人都可以被认为是高层管理者,他们的管理幅度谁大谁小呢?当然是艾森豪威尔要小一些,因为他所面临的是战争的环境,战场上瞬息万变,所以他不可能指挥过多的下级。

那么,两者之间管理幅度的差别会有多大呢?答案是惊人的。据记载,艾森豪威尔当时直接指挥的下级实际上只有3个人,也就是说他的管理幅度是3人,而罗马教皇的直接下级是红衣主教,当时罗马教皇直接指挥着700多个红衣主教。3:700,可见在不同的环境下,管理幅度会有多大的差别。

2)管理幅度的影响因素

(1)人员素质和能力。主管人员的素质高、能力强、精力充沛、经验丰富,管理幅度可以较大;下级人员的素质高,处理问题的能力强,能准确地理解上级意图,能自觉、主动、独立地完成所赋予的任务,上级的管理幅度也可以增大。

(2)工作内容和性质。下属工作相近、相似性越强,工作任务越简单、新问题越少,重复性、稳定性的工作越多,所采用的技术越单一,则管理幅度就越大;计划越完善、越明确,管理层次越低,非管理性事务越少,管理幅度也越大。

(3)工作条件和环境。主管人员的助手越多、越得力,信息手段的配备越先进,下属工作地点越近、越集中,管理幅度可以越大;而上下级沟通包括业务信息沟通和思想沟通要求越高、越勤,管理幅度当然也就越小;环境变化越快,变化程度越大,越不稳定,管理幅度就越受限制,就会越小。

2. 管理层次

所谓管理层次,是指组织中所形成的不中断的等级系列的环节数,也称组织层次。每一个组织等级就是一个管理层次。一个组织设置多少管理层次,表明这个组织内部纵向分工的状态和组织结构的形态,也直接影响着管理的成效。

一个组织管理层次的多少,受到组织规模和管理幅度的影响。当组织规模一定时,管理层次与管理幅度存在反比例关系。管理幅度越大,管理层次就越少;反之,管理幅度越小,管理层次就越多。这两种相反情况,相对应地出现两种类型的组织结构形态,前者被称为扁平型结构,后者则被称为金字塔形结构。这两种组织形态各有其特点。扁平型组织上下层次少,信息和思想沟通方便,且因管理幅度大,更多采取分权的管理方式,容易适应环境,较为灵活,成员参与度相对较高,但也容易出现"管不过来"的情况,造成局部失控和组织松散。金字塔形组织,偏重于控制和效率,有利于统一指挥和控制,但因层次多,信息传递环节多,易失真,上下沟通较难,容易造成组织僵化。这两种组织形态很难说绝对的优劣,要根据组织的需要和条件来确定。

管理层次的多少,还受组织规模大小及其变化的影响。在管理幅度给定的条件下,管理层次与组织的规模大小成正比,组织规模越大,组织成员越多,其所需设置的管理层次也越多。

微软公司的组织结构

微软公司是世界上最具盈利能力的软件公司,创建者比尔·盖茨也成为世界上最富有的人之一。微软公司的成功与其采用的小组和团队组织方式紧密相关。

在微软公司,程序员以五或六人的小组方式工作,由不同的小组负责手写的软件应用,多个小组往往在一个项目经理负责的大型项目的不同方面工作。例如,在开发 Windows 98 操作系统时,共有 300 多人以小组的形式共同参与。产品小组的运用使员工能把他们所拥有的技能和资源协调起来,推动小组成员间的深度互动,而这种互动又往往容易产生突破,从而有助于公司迅速开发出新产品。此外,小组成员还能够相互学习和了解对方的行动。

在组织层次上,比尔·盖茨尽可能减少组织层次,以使他和小组之间的距离保持最近。同时,公司围绕着这些小组来设计组织结构,并且把职权分散到各小组,授权各小组进行一些重要决策,扩大其自主性和自由度,以使其保持创造性并敢于冒风险。

7.1.4 常见的组织结构类型

组织结构是随着组织内外部要素的变化而变化的,企业发展的不同时期、具有不同特点的企业具有不同的组织结构。组织结构的形式多种多样,常见的组织形式包括以下几种。

1. 直线制组织结构

直线制组织结构是最为简单也是最早出现的集权式组织结构形式。其基本特点是,组织中的各种职位按垂直系统直线排列,不设专门的职能机构,如图 7.1 所示。

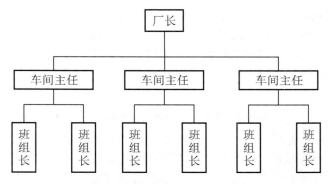

图 7.1 直线制组织结构示意图

这种组织结构类型的优点是机构设置简单,管理人员少,职责权力明确,信息沟通方便，便于统一指挥、集中管理。缺点是缺乏横向的协调关系，没有职能机构当领导的助手，容易忙乱。所以，一旦企业规模扩大，管理工作日益复杂，领导者势必因能力不足、精力不够而顾此失彼，难以进行有效的管理。

因此，直线制组织结构的适用范围比较窄，一般只适用于那些企业规模不大、职工人数不多、生产和管理工作都比较简单，没有必要按职能实行专业化管理的小型企业，或现场作业管理。

2. 职能制组织结构

职能制组织结构又称"U"结构，最早由弗雷德里克·泰罗提出，并在米德维尔钢铁公司以职能工长制的形式加以采用。这种结构形式的特点是，在总负责人之下，按专业分工设立相应的职能机构，把相应的管理职责和权力交给这些职能机构，各职能机构在自己业务范围内可以向下级单位下达命令和指示，直接指挥下级单位。这种组织结构如图7.2所示。

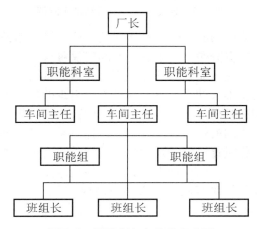

图 7.2 职能制组织结构示意图

这种组织结构的优点是，能适应现代生产技术比较复杂和管理分工较细的特点，提高了管理的专业化程度，能够充分发挥职能机构的专业管理作用；由于吸收专家参加管理，减轻了直线领导人员的工作负担，使他们有可能将注意力集中于自己的职责。

但这种组织结构也有缺点，主要体现在以下几个方面：由于实行多头领导，妨碍对企业生产经营活动的统一指挥，造成管理混乱，不利于明确划分直线领导人员和职能机构的职责和权限；各职能机构往往都从本单位的业务工作出发，不能很好地相互配合，横向联系差，对环境变化的适应性也较差；不适合培养高层管理人员。

3. 直线职能制组织结构

直线职能制组织结构是在直线制组织结构的基础上发展起来的，最早是由法国管理学家亨利·法约尔提出并采用的。这种组织结构的特点是，以直线制组织结构为基础，在各级生产行政领导者之下设置相应的管理职能部门，分别从事专业职能管理工作。职能部门拟订的计划、方案，以及有关指令，统一由直线领导批准下达，职能部门对下级领导者和下级机构无权直接下达命令和进行指挥，只起业务指导作用，除非上级直线管理人员授予他们某种职能职权，如图7.3所示。

这种组织结构实质上是综合了直线制组织结构和职能制组织结构的优点而形成的一种组织结构形式。因此，它既保持了直线制组织结构集中统一指挥的优点，又吸取了职能制

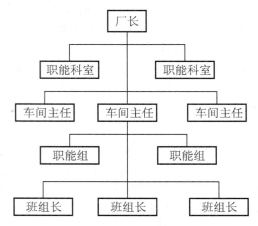

图 7.3 直线职能制组织结构示意图

组织结构发挥专业管理职能作用的长处。具体地说,这种结构指挥权集中,决策迅速,容易贯彻到底;分工细密,职责分明;由于各职能部门仅对自己应做的工作负有责任,既可减轻直线管理人员的负担,又可充分发挥专业管理人员的特长;容易维持组织纪律,确保组织秩序,在外部环境变化不大的情况下,易于发挥组织的整体效率。

直线职能制组织结构在管理实践中也有不足之处:权力集中于最高管理层,下级缺乏必要的自主权;职能部门之间的横向联系较差,目标不易统一,容易产生脱节与矛盾,增加高层管理人员的协调工作量;职能管理人员只重视与其有关的专业职能领域,因而不利于从组织内部培养熟悉全面情况的管理人才;信息传递线路较长,反馈较慢,不易迅速适应新情况,实际上是典型的"集权式"管理组织结构。

案例 7-3
乐百氏的直线职能制组织结构

乐百氏公司(以下简称乐百氏)创立于 1989 年,在广东中山市小榄镇,何伯权等五个年轻人租用"乐百氏"商标开始创业。据乐百氏一位高层人员介绍,创业伊始,何伯权等人与公司的每个员工都保持一种很深的交情,甚至同住、同吃、同玩,大家都感觉得到,乐百氏就是一个大家庭,"有福同享,有难同当",公司的凝聚力很强。这时采用直线职能制组织结构这种架构模式,使乐百氏在创业初期得到快速稳定的发展。

12 年间,五位创始人不但使乐百氏从一个投资不足百万的乡镇小企业发展成中国饮料工业的龙头企业,而且把一个名不见经传的地方小品牌培育成中国驰名商标。然而,随着乐百氏的壮大,原来的组织结构显得有点力不从心。此时,何伯权不可能再与公司的每一个员工同吃、同住,原来的领导方式发生了变化,起不到原有的作用了。何伯权有些迷茫了。特别自 2000 年 3 月与法国最大的食品饮料公司达能集团签订合作协议,并由达能控股后,直线职能制组织结构的弊端更加暴露无遗。为了完成销售任务,分公司都喜欢把精力放在水和乳酸奶这些好卖的产品上,其他那些不太成熟的产品(如茶饮料)就没人下功夫,这对新产品成熟非常不利。更糟糕的是,由于生产部门只对质量和成本负责,销售部门只对销售额和费用负责,各部门都不承担利润责任,其结果就变成了整个集团只有何伯权一个人对利润负责。

4. 事业部制组织结构

事业部制组织结构又称部门化组织结构,是美国通用汽车公司总裁艾尔弗雷德·斯隆于 1924 年提出的,目前已成为特大型企业、跨国公司普遍采用的组织结构。它的特征是,把企业的生产经营活动，按产品或地区不同，建立不同的经营事业部；同时，每个经营事业部均是一个独立的利润中心，在总公司领导下，实行统一政策、分散经营、独立核算、自负盈亏的经营。

这种结构把政策制定与经营管理相分离，实施"政策制定集权化，业务经营分权化"。企业的最高管理层是企业的最高决策机构，它的主要职责是研究和制定公司的总目标、总方针、总计划及各项政策。各事业部在不违背总目标、总方针和公司政策的前提下，可自行处理其经营事务。事业部制组织结构如图7.4所示。

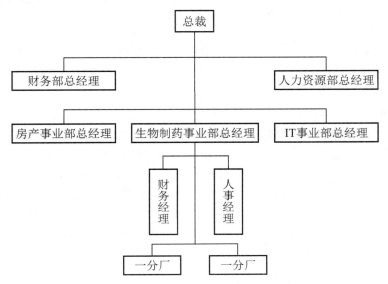

图 7.4 事业部制组织结构示意图

事业部制组织结构的优点表现在：改善了企业的决策结构，缩小了核算单位，可使最高管理层领导从繁重的日常事务中解放出来，得以从事重大问题的研究和决策，有利于总公司进行目标管理；既保持了公司管理的灵活性和适应性，又发挥了各事业部的主动性和积极性，提高了总公司的经营效率；各事业部相当于公司内部独立的组织，不论在公司内外，彼此都可以展开竞争，比较业绩好坏，从而克服组织僵化和官僚主义的弊端；有利于大公司开展多元化经营，增强企业生产经营活动的适应能力；由于各事业部的独立运作，使得各个主管有机会从整体观念出发，得到训练，因此有助于高层管理人员的培养。

但事业部制组织结构，也存在一些缺点，主要体现在：从整个公司的角度来看，管理部门和人员重叠设置，增加了管理费用负担；各事业部往往只重视眼前利益和自我利益，本位主义严重，调度和反应都不够灵活，影响各事业部之间的协作；由于各事业部相当于一个独立的企业，如果总部控制不力，会导致独立的事业部向"小公司"发展，而且各事业部要求相对自我经营、自我管理，因此对高层管理人员的能力要求较高。

 **案例 7-4**

通用汽车公司的事业部制组织结构

在20世纪20年代，当时的通用汽车公司由于组织规模的扩大，导致了组织层次的不断增加。由于当时采取的还是职能制的组织结构方式,随着层次的不断增多,组织的效率变得越来越低,组织中的各种问题变得越来越多,从而导致通用汽车公司几乎濒临破产。在当时,人们就在考虑怎么来解决这个问题。

我们都知道,我国以前有很多大家族,一般是四世同堂、五世同堂。这时就会上演各种各样的故事,家族中的各种矛盾、各种事情会变得越来越多。在这个时候,通常在这些大家族中会采取分家的办法来处理。

通用汽车公司也采取了这种分家的办法。传统的职能制组织结构无法维系这样一个巨大的机构,只好把下属的各个单位分成相对独立的一些子部门。在战略上、对外关系上、财务上等,由公司来统一管理,但是在具体的运营上,则赋予下级单位相当大的自主权。这种做法非常类似于大家族的分家。

这种分家式的办法导致管理上出现了一种新的组织结构的形式,这种结构就是事业部制组织结构。事业部制组织结构是按照产品,或者是按照地区为依据来进行划分的。一定意义上,它是一种分权制的结构,它解决了当组织规模扩大到一定程度以后,职能制组织结构所不能解决的一些问题。

5. 矩阵制组织结构

矩阵制组织结构是因其形态横、纵排列如数学里的矩阵而得名的。矩阵制组织结构又可分为按照项目设置的矩阵组织结构和按照产品或地区设置的矩阵组织结构。其特点是:既有按管理职能设置的纵向组织系统,又有按产品、项目、任务等划分的横向组织系统;横向组织系统的项目组所需的人员从各职能部门抽调,接受本职能部门和项目组的双重领导;项目组一般针对某一项目暂时成立,项目结束后,项目组即自行撤销,人员回原部门工作;为了保证完成特定的组织目标,每个项目小组都设有负责人,在企业最高领导人的直接领导下进行工作。矩阵制组织结构如图 7.5 所示。

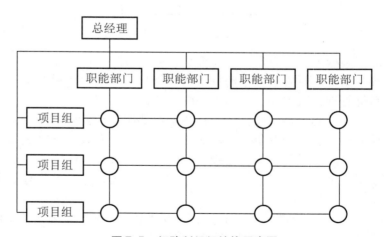

图 7.5 矩阵制组织结构示意图

矩阵制组织结构的优点是:机动灵活,有较强的应变能力,可以适应变化较大的环境;组织中的纵横结合的联结方式有利于各职能部门及职能部门与任务之间的协调;组织到一起的都是各职能专业人员,具有较强的专业性和创造性,并易于接受新观念、新方法,有效地促进工作进展;设立项目负责人,为训练全面的管理人员提供了机会。

但这种组织结构形式也具有明显的缺点:矩阵制组织结构严格说来是一种非长期性的组织结构,当任务完成后,成员仍要回到原来的工作部门,因此稳定性较差,成员易产生临时观念;小组成员要接受来自纵横两方面的双重领导,一旦两方面发生矛盾,成员会面临两难的困境;小组成员的实际隶属关系不变,因此横向项目经理的管理工作更多地要依靠协调,对其协调能力要求比较高;从职能部门看,人员经常调进调出,也会给正常工作造成某些困难。

这种组织结构形式常常出现于以完成工程项目为主的企业,尤其是设计、研制等具有创新性质的工作,如军工、航天工业、高科技产业等。

世界钢铁公司的矩阵制组织结构

在人们的记忆中,美国钢铁工业是处于稳定的确定性环境中的。只要钢铁厂能以合理的价格生产出具有一定质量水平的钢材,就能销售出去。然而,到了19世纪70年代和80年代,通货膨胀、全国性经济衰退、汽车消费的缩减以及来自德国和日本钢铁厂商的竞争彻底地改变了钢铁业。钢铁制造商纷纷转向生产特种钢。而且,他们不得不展开强有力的推销,并有效地利用内部资源以适应迅速变化的环境。

世界钢铁公司雇有2 500名员工,年产钢铁30万吨。该公司已有120年的历史。在之前的很长一段时间里,职能型组织结构运转良好。然而,随着环境更加动荡和竞争更加激烈,这家公司的管理者认识到他们已跟不上形势的发展。世界钢铁公司有50%的订单不能如期交货。劳动力、原材料和能源成本的上升吞噬着公司的利润,市场份额不断下降。

通过向外部专家咨询,世界钢铁公司的总裁发现他的公司正如履薄冰。公司需要在各职能领域维持规模经济和复杂的技能,同时又不得不适应不同市场的需要而生产几种高附加值的特制商品。这种双重的压力导致它采用了一种钢铁企业中很少见的解决方案,即实行矩阵制组织结构。

世界钢铁公司有四个产品线:开模锻件、环形轧制产品、车轮和车轴及铁钢制造。每个产品线的业务经理均被授予一定的权责,包括为各自负责的产品线制订业务计划,设定产品成本、库存、发运日期及毛利润方面的目标。这些产品线业务经理拥有达成这些目标所需的职权,同时他们要确保所负责的产品线获利。职能副总裁则负责该职能相关的技术决策。职能经理要跟踪了解其专业领域的最新技术动态,对手下的人员进行新技术培训并使这些新技术能应用于各产品线。世界钢铁公司每月会接到约2万种特种钢及几百种新品种的订单,因此,职能人员的技能必须保持能与技术发展趋势同步。因为现场销售和工业关系这两个职能部门是独立运作的,因此它们没有纳入矩阵制结构中。这样,最终的设计就是一个具有矩阵和职能两类关系的混合矩阵组织结构。

矩阵制组织结构的实施进展缓慢,中层管理者陷入了混乱之中,跨职能部门协调会议似乎每天都要召开。在通过外部咨询顾问进行了大约一年的培训之后,世界钢铁公司才逐渐走上正轨。现在90%的订单能按时交货,市场份额也恢复了,生产率和盈利水平稳步上升。

6. 网络式组织结构

网络式组织结构也叫虚拟组织结构。这是一种规模较小,依靠其他组织以合同为基础进行制造、分销、营销或其他关键业务经营活动的结构。网络式组织结构的特点是,决策集中化程度很高,但部门化程度很低,或根本不存在。管理人员把公司基本职能大部分移交给了外部力量,组织的核心是一小群管理人员。管理者的工作是直接督察公司内部的经营活动,协调为本公司进行生产、分配及其他重要职能活动的各组织之间的关系。网络式组织结构如图7.6所示。

网络式组织结构的优点:一是使得管理群体可以将精力放在自己最擅长的业务上;二是有高度的灵活性,管理人员如果认为别的公司在生产、配送、营销、服务方面比自己更好,或成本更低,就可以把有关业务出租给他们。

其缺点是公司主管人员对主要职能活动缺乏有效控制,对信息沟通技术手段依赖性强。网络式组织结构代表了当代组织结构发展的潮流,如IT业、通信业、服装玩具业等

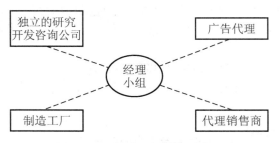

图 7.6　网络式组织结构示意图

许多跨国公司具有这种组织结构特征。

以上介绍的是六种典型的组织结构形式，需要指出的是这些组织结构类型基本上是对实际存在的组织结构形式一定程度的理论抽象，仅仅是一个基本框架，现实组织要复杂得多。此外，多数组织的组织结构并不是单纯的一种类型，而是多种类型的综合体。随着社会生产力的发展和人们对管理客观规律认识的逐步深化，组织结构形式的类型也将得到进一步的完善和发展。

7.2　组织设计的任务、依据与原则

组织的绩效在很大程度上取决于组织结构的合理性和适应性。在明确了组织目标之后，管理者必须按照组织目标所提出的要求，根据组织所处的环境条件及自身特点，设计出合理、高效的组织结构和体系，从而保证有限资源的充分利用，顺利实现组织目标。

7.2.1　组织设计的含义

组织设计是指对一个组织的结构进行规划、构建、创新或再造，以便从组织的结构上确保组织目标的有效实现的过程。

1）组织设计是一个动态的工作过程，包含了以下工作内容

（1）确定组织内各部门和人员之间的正式关系和各自的职责——设计组织结构系统图与职务说明书。

（2）规划出组织最高部门向下属各个部门、人员分派任务和从事各种活动的方式。

（3）确定组织内各部门、人员活动的协调方式。

（4）确立组织中权力、地位和等级的正式关系，即确立组织中的职权系统。

以下三种状况需要进行组织设计：一是新建的企业需要进行组织结构设计；二是原有组织结构出现较大的问题或企业的目标发生变化，如企业经营机制转换后，原有企业组织结构需重新评价和设计；三是组织结构需进行局部的调整和完善。

2）在进行组织设计之前，必须在以下几个方面统一认识

（1）要确定判断组织结构有效性的基准。该基准可能包括，以其他企业为基准，即是否模仿其他企业的组织设计；是否需要管理人员的认同，因为组织结构取得上下层的共同认同难度很大，特别是在权限的分配上，所以只能达到基本认同；对绩效的贡献、对竞争优势发挥的贡献，取决于与环境、战略、技术、人员、规模等要素的整合性，是组织结构设计的根本标准。

（2）要树立这样一种理念：没有最好的组织结构，只有适宜的组织结构。判断组

织结构优劣的标准以是否能促进企业的发展为基准。

（3）组织结构是动态的。组织所处的环境在变化，组织结构必定也要随之改变，没有一成不变可适应所有环境的组织结构。随着企业的发展，组织结构也需要相应地进行调整。

（4）我们必须认识到，一个精心设计的组织架构是组织成功的必要条件，但不是组织成功的充分条件。组织成功还受到其他重要因素的影响，如组织战略、人力资源状况、制度设计和管理、文化建设等。

新上任的副总应如何调整组织结构

惠光设备制造公司多年来一直聘请施斌任副总经理。施斌是位科学家，负责公司的研究开发工作。在他的领导下，公司建立了正规的研究机构，有五个管理层次。施斌手下有三个关键人物：研究部主任、行政管理部经理和专利注册部经理。研究部主任管理两个处长，一个抓基础研究，另一个搞应用开发。这两部分，各有五个探索领域：物理、有机合成、化学工艺、反应装置和分解学。再往下，负责每个领域的科长手下有两三个具体抓课题的组长。在整个研究开发过程中，施斌复审所有项目，然后拨款放权，让这些项目进入下一个阶段。如此安排，使研究工作大见成效，公司长期保持生意兴隆，获得了上千项专利。

但是近两年来，日本、德国的一些公司在竞争中不断有惊人之举，它们的研究队伍很快就能在技术上有新的改进，并且能快速投入生产开发。当施斌退休时，公司任命了一位新的副总经理负责研究工作，授权他重新组织研究队伍，以便从整体上对环境做出快速反应，使工作更见成效。

这位新上任的副总经理应该采取哪些基本措施改进研究活动、提高工作效率呢？

7.2.2 组织设计的任务

组织设计的根本任务是建立有益于管理的组织，从而有效地实现组织的各项目标。也就是说，组织设计实质上是组织实现目标的一种手段。组织设计的任务是提供组织结构系统图和编制职务说明书。

组织结构系统图的基本形状如图7.7所示。图中的方框表示各种管理职务或相应的部门，箭线表示权力的指向，通过箭线与各方框的连接，标明了各种管理职务或部门在组织结构中的地位及它们之间的相互关系。例如，A产品经理必须服从总经理的指示，并向总经理报告工作；同时，他又直接领导着A产品营销负责人和生产技术负责人的工作。

职务说明书要求能够简单而明确地指出：该管理职务的工作内容、职责与权力、与组织中其他部门和职务的关系，担任该职务者所必须拥有的基本素质、技术知识、工作经验、处理问题的能力等条件。

为了提供上述两种组织设计的最终成果，组织设计者需完成以下三个步骤的工作。

（1）职务设计与分析。组织结构系统图是自上而下绘制的，我们在研究现有组织结构的改进时，也往往自上而下地重新划分各个部门的职责来。但是，设计一个合理的组织结构需要从最下层开始，也就是说，组织设计是自下而上的。

职务设计与分析是组织设计最基础的工作。职务设计是在目标活动逐步分解的基础上，设计和确定组织内从事具体管理工作所需的职务和人员数量，分析担任每个职务的人应负的责任，应具备的素质。

（2）部门划分。根据各个职务所从事的工作内容的性质及职务间的相互关系，依照一定的原则，可以将各个职务组合成被称为"部门"的管理单位。组织活动的特点、环境和条件不同，划分部门所依据的标准也会不一样。对同一组织来说，在不同时期，划分部门

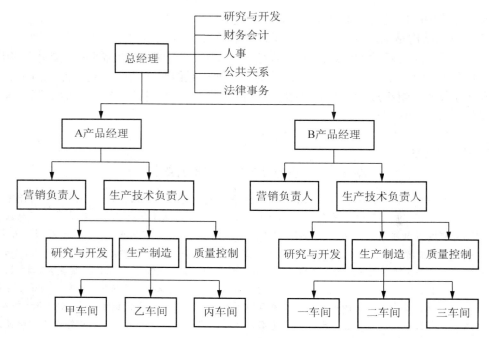

图 7.7　组织结构系统图

的标准也可能会不断调整。

（3）结构的形成。职务设计和部门划分是根据工作要求进行的。在此基础上，还要根据组织内外能够获取的现有人力资源，对初步设计的部门和职务进行调整，并平衡各部门、各职务的工作量，以使组织机构的设置合理。最后，根据各自工作的性质和内容，规定各管理机构之间的职责、权限及义务关系，使各管理部门和职务形成一个严密的网络。

7.2.3　组织设计的依据

组织结构的设计是为了合理安排组织成员的劳动。需要管理的组织活动总是在一定的环境中利用一定的技术条件，并在组织总体战略的指导下进行的，此外，组织的规模及其所处阶段不同，也会要求与之相应的结构组织形式，组织设计不能不考虑到这些因素的影响。

1. 战略

组织结构必须服从组织所选择的战略的需要。适应战略要求的组织结构，为战略的实施和组织目标的实现，提供了必要的前提。

战略是实现组织目标各种行动方案、方针和方向选择的总称。为实现同一目标，组织可以在多种战略中进行挑选。例如，作为经济组织企业，为实现利润、求得成长的目标，既可以生产低成本、低档次的产品，以廉价去争取众多的普通用户，求得数量优势，也可以利用高精技术和材料生产高档次产品，争取高收入消费者，以求得质量优势。

战略选择的不同，在两个层次上影响组织结构：不同的战略要求不同的业务活动，从而影响管理职务的设计；战略重点的改变会引起组织的工作重点、各部门与职务在组织中重要程度的改变，因此要求各管理职务及部门之间的关系做相应的调整。

2. 环境

任何组织作为社会的一个单位，都存在于一定的环境中。组织外部的环境必然对内部的结构形式产生一定程度的影响。这种影响主要表现在两个方面。

（1）对职务设计和部门设计的影响。组织是社会经济大系统的一个子系统。组织与外部存在的社会子系统之间也存在分工问题。社会分工方式的不同决定了组织内部的工作内容，从而决定了所需完成的任务、所需设立的职务和部门的不同。例如，重能耗生产企业一般设有环保部门，而零售企业则不需设置该部门。

（2）对各部门关系的影响。环境不同，使组织中各项工作完成的难易程度及对组织目标实现的影响程度也不相同。在市场经济体制中，当产品的需求大于供给时，企业更关心如何增加产量、扩大生产规模，增加新的生产设备或车间，企业的生产职能、生产部门会显得非常重要。一旦市场供大于求，则企业的营销职能会得到强化，营销部门会成为组织的中心。

外部环境是否稳定，对组织结构的要求也不一样。稳定环境中的组织，要求设计出被称为"机械式管理系统"的稳固结构，管理部门与人员的职责界限分明，工作内容程序经过仔细的规定，各部门的权责关系固定，等级结构严密；而多变的环境则要求组织结构灵活，要求设计出被称为"有机式管理系统"的组织结构，各部门的权责关系和工作内容需要经常做适应性的调整，等级关系不甚严密，组织设计中强调的是部门间的横向沟通而不是纵向的等级控制。

3. 技术

组织的活动需要利用一定的技术和反映一定技术水平的物质手段来进行。技术及技术设备的水平不仅影响组织活动的效果和效率，而且会作用于组织活动的内容划分、职务的设置和对工作人员的素质要求。例如，在某些条件下，人们必然在一个封闭的生产车间内完成某一类产品的制造；而在另一条件下，人们又可以让不同车间的生产专门化，只完成对各类产品的某几道工序的加工。

4. 规模与组织所处的发展阶段

规模是影响组织结构的一个不容忽视的因素，适用于仅在某个区域的市场上生产和销售产品的企业组织结构形态不可能也适用于在国际经济舞台上从事经营活动的巨型跨国公司。

组织的规模往往与组织的发展阶段相联系。伴随着组织的发展，组织活动的内容会日趋复杂，人数会逐渐增多，活动的规模会越来越大，组织的结构也随之经常调整。

美国学者杰·汤姆逊提出了组织发展五阶段的理论，认为组织的发展过程中要经历创业、职能发展、分权、参谋激增和再集权阶段，指出发展的阶段不同，要求有与之相适应的不同的组织结构形态。

5. 权力控制

斯蒂芬·罗宾斯在长期研究的基础上总结得出了一个结论：组织的"规模、战略、环境和技术等因素组合起来，对组织结构会产生较大的影响。但即使组合起来，也只能对组织结构产生50%的影响作用。而对组织结构产生决定性影响作用的是权力控制。"

以斯蒂芬·罗宾斯为代表的权力控制决定组织结构的研究者认为，组织的规模、战略、技术和环境等因素对组织结构模式的备选方案起着限制性作用，但是，从诸个备选方案中挑选哪一个方案，则最终由权力控制者决定。

案例 7-7
联合利华的组织结构与变化

1929 年，英国 Lever 公司与荷兰 Margarine Unie 公司签订协议，组建 Unilever（联合利华）公司。经过 80 多年的发展，联合利华公司已经成为世界上最大的日用消费品公司之一，在全球 100 个国家和地区拥有 16 多名雇员。联合利华是全球最大的冰淇淋、茶饮料、人造奶油和调味品生产商之一，也是全球最大的洗涤、洁肤和护发产品生产商之一。

联合利华成立之初，因为它由来自两个不同国家的公司合并组成，就有了一种很奇怪的结构。它有两家母公司、两个总部、两个董事长，而且两个母公司股票分别单独上市。这种结构造成了责任不分明、决策不高效的局面。由于这种组织结构，联合利华在组织结构的变革上就一直在不断地摸索，找寻一个适合它的一个形式。联合利华的第一次重要组织结构改革，将公司调整为区域事业部制，各区域事业部各自开展生产、营销、销售活动，国家和地区的管理人员可以按照它特定情况生产有针对性的产品，以及开展营销和销售活动。在最初的一段很长的时期内，这种战略和组织结构很适合联合利华，促使它成为一家显赫的消费产品企业。但是，随着各子公司的业务范围不断扩大，子公司之间的利益冲突越来越明显，生产成本的上升，竞争对手日益强大，所以联合利华不得不启动第二次组织结构改革。变革后的联合利华在各个地区业务集团下面细分为各个产品部门，再分管研发和生产，这样可以使各个子公司内的管理更加有条理，公司不断地发展扩大，各子公司也不断地扩张，但是这种结构还是不利于集团总部的统一筹划，企业高层领导者不易控制；产品种类多，市场分散，不便于管理，造成了职责不清、决策缓慢。2005 年 4 月，联合利华再次对其组织结构进行了改革。原来的执行委员会以及 11 个业务部被取消，管理大权掌握在集团 CEO 及其运营团队手中。该团队成员包括欧洲区、非洲区和亚洲区总裁，食品业务总裁和家庭及个人护理业务总裁，首席财务官以及首席人力资源官。这次改革之后和原来的组织结构有了很大的分别，产品职能部门和地区职能部门属于同一个级别上，这有利于他们之间相互的监督和牵制，更加有利于集团总部的控制和统筹策划。

管理启示：随着组织的不断成长和发展，规模会逐渐扩大，管理活动也日趋复杂，竞争更加激励，组织结构的变革不可避免。组织在不同的发展阶段要求有与之相适应的结构形态。

7.2.4 组织设计的原则

1. 有效管理幅度原则

由于管理幅度的大小影响和决定着组织的管理层次，以及主管人员的数量等一些重要的组织问题。所以，应根据不同情况并结合工作的性质及被管理者的素质等特征来确定每一个管理者适合本组织的管理幅度，从而既能保证统一指挥，又有利于组织内信息的沟通。

2. 统一指挥原则

统一指挥原则就是指组织中每一个下级只能接受一个上级的指挥，并向这个上级负责。统一指挥原则避免了组织中更高级别的主管或其他部门的主管越级指挥或越权发布命令的现象，有利于组织政令统一，高效率地贯彻执行各项决策。但是，在实践中这一原则会使同层次的不同部门之间的横向沟通困难。因此，在组织结构设计和沟通联系方式设计时应采取适当的措施予以弥补。

3. 责权一致原则

责权一致原则是指在赋予每一个职务责任的同时，必须赋予这个职务自主完成任务所需的权力，权力的大小需要和责任相适应。有责无权，无法保证完成所赋予的责任和任务，有权无责将会导致权力滥用。组织赋予每一个职务的权力不能太小，也不能太大，一定要与所赋予的职责相适应。

4. 分工与协作原则

分工是指按照不同专业和性质将组织的任务和目标分成不同层次的部门或个人的单项任务或目标，并规定出完成各自任务或目标的手段和方式。协作是指规定各个部门之间或部门内部的协调关系和配合方法。组织是一个系统,作为其子系统的各个部门不可能相互脱离而独立运行。因此,在进行组织设计时,按照不同专业和性质进行合理的分工,并规定各个部门之间或部门内部的协调关系和配合方法,是提高组织运行效率的有效手段。

5. 机构精简原则

所谓机构精简原则,是指在能够保证组织业务活动正常开展的前提下,尽可能减少管理层次,简化部门机构,并配置少而精的主管人员。坚持这个原则的优点非常明显:首先,组织精干,反应敏捷,协调工作量小,工作效率高;其次,节省人员的费用和组织的管理费用。

6. 弹性结构原则

弹性结构原则是指组织的部门结构、人员的职位和职责是可以随着实际需要而变动的,以便使组织能快速适应环境的变化。

为了使职位保持弹性,应按任务和目标需要设立岗位,而不是按人设岗。人员的岗位职责要根据不同时期的组织目标和任务的特性进行调整。各级管理人员要定期更换,努力做到一专多能,一人多岗。还可以通过实行多种用工制度使人员富有弹性。

7. 集权与分权相平衡原则

集权与分权相平衡原则就是根据组织的实际需要来决定集权和分权的程度。集权是指组织的大部分决策权都集中在上层。集权和分权的程度需要根据组织在不同时期、不同环境下的经营特点来确定。例如,当组织的外部环境比较稳定时宜采用集权,当外部环境变化激烈时宜采用适当程度的分权;当组织规模较小时宜采用集权,当组织规模较大时宜采用适当程度的分权。集权和分权的程度没有固定的尺度,关键是组织的决策者要高瞻远瞩,审时度势,根据需要把握好这个尺度。

凯迪公司的组织结构

凯迪公司是上海市的一家中型企业,主要业务是为企业用户设计和制作商品目录手册。公司在浦东开发区和市区内各设有一个业务中心,这里简称为A中心和B中心。

A中心内设有采购部和目录部。采购部的职责是接受用户的订单,并选择和订购制作商品目录所需要的材料,目录部则负责设计用户定制的商品目录。凯迪公司要求每个采购员独立开展工作,而目录部的设计人员则需服从采购员提出的要求。

凯迪公司的总部和B中心都设在市区。B中心的职责是专门负责商品目录的制作。

刘利是凯迪公司负责业务经营的主管,他经常听到设计人员抱怨自己受到的约束过大,从而无法实现艺术上的创新与完美。

最近,刘利在听取有关人员的建议后,根据公司业务发展的需要,决定在B中心成立一个市场部,专门负责分析市场需求和挖掘市场潜力,并向采购员提出建议。市场部成立后不久,刘利听到了各种不同的意见。例如,采购员和设计员强烈反映说,公司成立市场部不但多余,而且干涉了他们的工作。关于此问题,市场部人员则认为,采购员和设计员太过于墨守成规,缺乏远见。

刘利作为公司的业务经营主管,虽然做了大量的说服工作并先后调换了有关人员,但效果仍不理想。他很纳闷:公司的问题究竟出在什么地方?

7.3 横向组织设计

组织设计的实质是通过对管理劳动的分工,将不同的管理人员安排在不同的管理岗位和部门中,通过他们在特定环境、特定相互关系中的管理作业来使整个管理系统有机地运转起来。

管理劳动的分工,包括横向和纵向两个方面。横向的分工,是根据不同的标准,将管理劳动分解成不同岗位和部门的任务,横向分工的结果是部门的设置,或组织的部门化;纵向分工,是根据管理幅度的限制,确定管理系统的层次,并根据管理层次在管理系统中的位置,规定管理人员的职责和权限,纵向分工的结果是责任分配基础上的管理决策权限的相对集中或分散。

本节主要讨论部门化的问题。部门化组织的横向设计,其任务是将整个管理系统分解,并将其再分解成若干个相互依存的基本管理单位,它是在管理劳动横向分工的基础上进行的。分工的标准不同,所形成的管理部门及各部门之间的相互关系也不同。组织的横向设计中经常运用的部门划分的标准有职能、产品及区域三种。

7.3.1 职能部门化

职能部门化是根据业务活动的相似性来设立管理部门。判断某些活动是否相似的标准是这些活动的业务性质是否相近,从事活动所需的专业技能是否相类似,这些活动的开展对同一目标(或分目标)的实现是否具有紧密相关的作用。

在商品经济中,企业为了实现生存和发展的目标,必须盈利,而盈利的前提是有效地向社会提供人们需要的商品。因此,不同的企业,虽然所属行业、产品类型、制造工艺不同,但它们的活动都围绕着生产条件的筹集与组合、物质产品或劳务的用户寻找,以及为这两者提供资金保证而展开的。生产、营销及财务被认为是企业的基本职能,缺少了其中的任何一项,企业便无法生存。除了这些非常重要的基本职能外,企业还需要一些保证生产经营顺利开展的辅助性的或次要的职能,如人事、公共关系、法律事务等职能。图 7.8 是一个典型的职能部门化的组织结构系统图。

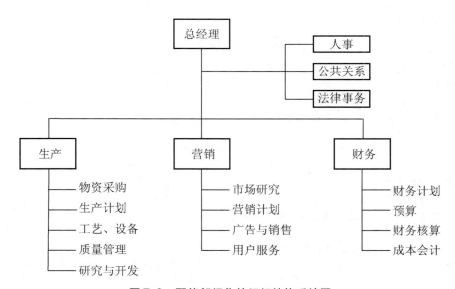

图 7.8 职能部门化的组织结构系统图

职能部门化是一种传统的、普遍的组织形式。这首先是因为职能是划分活动类型的自然、方便、符合逻辑的标准,据此进行分工和设计的组织结构可以带来专业化分工的种种好处。同时,按职能划分部门,由于各部门成为在最高主管的领导下从事相互依存的整体活动的一部分，因此有利于维护最高行政指挥的权威，有利于维护组织的统一性。此外，由于各部门只负责一种类型的业务活动，因此有利于工作人员的培训、相互交流，从而提高技术水平。

职能部门化的局限性主要表现在以下几个方面：由于各种产品的原料采购、生产制造、产品销售都集中在相同的部门进行，各种产品给企业带来的贡献不易区别，因此不利于指导企业产品结构的调整；由于各部门的负责人长期只从事某种专门业务的管理，缺乏总体的眼光，因此不利于高级管理人才的培养；由于活动和业务的性质不同，各职能部门可能只注重依据自己的准则来行动，因此可能使本来相互依存的部门之间的活动难以协调，影响组织整体目标的实现。

案例 7-9　东信公司的部门划分

东信公司近几年在总裁周聪的带领下发展迅速。然而，一向运行良好的组织结构开始阻碍公司的发展。公司原来是根据职能来设计组织结构的，职能部门包括财务、营销、生产、人事、采购、研究与开发等。随着公司的壮大，产品已从单一的电视机扩展到冰箱、洗碗机、热水器、空调、洗衣机等诸多电器。旧结构已无法适应产品的多样化。于是，周聪决定根据产品类型将公司分成 9 个独立经营的分公司，每一个分公司经理对各自经营的产品负有完全责任，只要能盈利，总部不再干涉分公司的具体运作。

但是，公司重组后，周聪感觉到很难再对每一个分公司实行充分的控制了，各分公司经理常常不顾总公司的方针、政策，各自为战。同时，分公司之间在采购、人事等职能方面也出现了许多重复。周聪认识到他在分权方面有些问题，下令收回分公司经理的一些职权，强调以后下列决策权归总裁掌管：超过 10 万元的支出；新产品的研究与开发；营销战略的制定；重要人员的任命。

职权被收回后，分公司经理纷纷抱怨，还有人递上了辞呈。为什么会出现这种情况呢？

7.3.2　产品部门化

随着企业的成长和产品品种多样化，把制造工艺不同和用户特点不同的产品集中在同一生产或销售部门管理，会给部门主管带来日益增多的困难。因此，与扩大企业规模相对应，如果主要产品的数量足够大，这些不同产品的用户或潜在用户足够多，就应该考虑根据产品来设立管理部门，划分管理单位，把同一产品的生产和销售工作集中在相同的部门进行。图 7.9 是一个典型的产品部门化的组织结构系统。

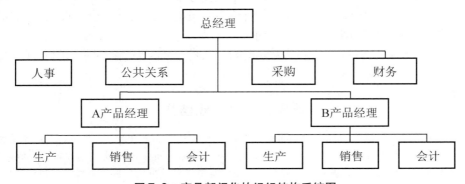

图 7.9　产品部门化的组织结构系统图

产品部门化具有以下几个方面的优势。

（1）能使企业将多元化经营和专业化经营结合起来。整个企业向社会提供多种产品，而每一个部门只专门生产一种产品，既可以使企业因多元化经营减少市场风险，提高经营的稳定性，又可以使企业的各部门因专业化经营而提高生产率，降低劳动成本。

（2）有利于企业及时调整生产方向。按产品设立管理部门，要比按职能设立部门更容易区分和摊派各种产品的收益与成本，从而更容易考察和比较不同产品对企业的贡献，因此有利于企业及时限制甚至淘汰或扩大发展某种产品的生产，使整个企业的产品结构更加合理。

（3）有利于促进企业的内部竞争。由于各个产品部门对企业的贡献容易辨认，因此可能导致部门间的竞争。这种内部竞争如果加以正确引导，则可以促进不同的产品部门竞相改善本部门工作，从而有利于促进企业的成长。

（4）有利于高层管理人才的培养。每个部门的经理都需独当一面，完成同一产品制造的各种职能活动，这类似于对一个完整企业的管理。因此，企业可以利用产品部门化来作为培养有前途的高层管理人才的基地。

产品部门化的局限性是需要较多的具有综合能力的人去管理各个产品部门。同时各个部门的主管也可能过分强调本单位利益，从而影响企业的统一指挥。此外，产品部门某些职能管理机构与企业总部重叠会导致管理费用的增加，影响企业竞争能力。

7.3.3 区域部门化

区域部门化是根据地理因素来设立管理部门，把不同地区的经营业务和职责划分给不同部门的经理。

组织活动在地理上的分散带来的交通和信息沟通困难曾经是区域部门化的主要理由。我们很难设想在一个交通和通信联络不方便的区域或国家，公司总部的经理人员能正确合理地遥控指挥一个远在千里之外的生产单位的产品制造活动。但是，随着通信条件的改善，这个理由已不再那么重要。

取而代之的是社会文化环境方面的理由。随着管理理论研究的深入，人们越来越清楚地认识到社会文化环境对组织活动有着非常重要的影响：不同的文化环境决定了人们不同的价值观，从而使人们的劳动态度、对物质利益或工作成就的重视程度及消费偏好不一样，需要企业采用不同的人事管理或营销方法。因此，根据地理位置的不同设置管理部门，可以更好地针对各地区劳动者和消费者的行为特点来组织生产和经营活动。尤其是在国际范围内从事经营业务的跨国公司，它们不仅使分散在世界各地的下属公司成为独立的实体，而且对公司总部协调国际经营的高级管理人员的业务划分，也是根据区域标准来进行的。区域部门化组织结构如图 7.10 所示。

在实际工作中，还有一些企业按人数、时间、工艺、顾客等特性不同，进行部门化设置。

案例 7-10

苹果公司的组织结构

几年前，苹果计算机公司（Apple Computer）将其组织结构从职能型重组为地区型，目的就是便于面向全世界的顾客制造和销售计算机产品，图 7.11 所示的就是苹果公司按地区设立的组织结构的一个局部。通过这种结构形式，苹果公司使其管理者和员工的精力集中在满足特定地区的顾客需要和销售目标上。

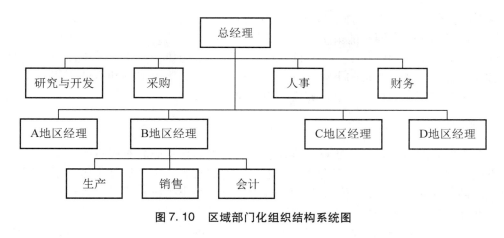

图 7.10 区域部门化组织结构系统图

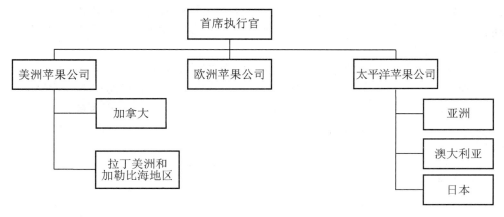

图 7.11 苹果计算机公司的地区型组织结构系统图

7.4 纵向组织设计

纵向组织设计是将管理权力在不同管理层次之间进行分配。组织的不同部门拥有的权力范围不同，会导致部门之间、部门与最高指挥者之间及部门与下属单位之间的关系不同，导致组织的结构不同。例如，同样是按照产品划分设立的管理单位，既可以是单纯的生产车间，也可以是一个与其他部门的性质相同、拥有相同自主权的分权化经营单位（事业部甚至公司）。这便是纵向组织设计要解决的任务，主要涉及组织的集权与分权问题。

7.4.1 职权、职位与职责

所谓职权，就是指组织设计中赋予某一管理职位的做出决策、发布命令和希望命令得到执行而进行调配资源与奖惩成员的权力。

所谓职位，是指企业赋予每个员工的工作职务及其所承担的责任。每一个管理职位都具有某种特定的、内在的权力，任职者可以从该职位的等级或头衔中获取这种权力。因此，职权与组织内的一定职位相关，而与担任该职位管理者的个人特性无关，它与任职者没有任何直接的关系，所以它通常又被称为制度权或法定权力。当某人从以前的职位上被辞退后，离职者就不再享有该职位的任何权力。职权仍保留在该职位中,并给予新的任职者。

职责是指承担一定职务的员工,对其工作标准与要求的同意或承诺。职权与职责具有对等的重要性。应区别两种不同形式的职责:最终职责与执行职责。其中,最终职责是指管理者应对他授予执行职责的下属人员的行动最终负责,所以最终的责任不能下授;而执行职责是指管理者应当授予所授职权者相应的执行责任。

7.4.2 职权关系

一个正式组织一般包括的职权有直线职权、参谋职权和职能职权三种。

直线职权是指给予一个管理者指挥其下属工作的权力。正是这种上级—下级职权关系从组织内的最高层贯穿到最底层,从而形成指挥链。在指挥链中,拥有直线职权的管理者均有权指导下属人员的工作,并且无须征得他人意见而做出某些决策。

参谋职权,即作为主管人员的参谋或幕僚所拥有的辅助性职权,主要是建议、咨询的权力。当组织规模得到扩大并变得更为复杂后,直线管理者会发现他们没有足够的时间、技能或办法使工作得到有效完成。为此,他们配置了专业助手并授予其参谋职能来支持、协助自己的管理工作。

职能职权指参谋或某职能部门的主管人员所拥有的原属直线主管拥有的那部分权力。在纯粹参谋的情形下,参谋人员所拥有的只是建议权。当组织的规模较小,管理职能相对集中的情形下,参谋的职能是比较广泛的。随着组织规模的扩大,许多职能日益独立化、专业化,原来专为实施这种职能而出谋划策的参谋人员也就获得了一部分专门履行这种职能的权力,这种权力被称为职能职权。

7.4.3 职权分布——集权与分权

1. 集权与分权的概念

职权在整个组织中的分布可以是集中化的,也可以是分散化的。所谓集权,即职权的集中化,也就是指决策权在很大程度上向处于较高管理层次的职位集中的组织状态和组织过程。所谓分权,即职权的分散化,也就是决策权在很大程度上分散到处于较低管理层次的职位上。

在现实中,集权与分权是相对的,绝对的集权或分权是不可能的。因为绝对的集权意味着职权全部集中到一个人手中,这样的人不需要配备下属,管理组织设计也就成为多余;而绝对的分权也不可能,因为如果最高主管把他所拥有的职权全部委派给下属,那他作为管理者的身份就不复存在,管理组织也就不复存在。因此,集权与分权是两个彼此对立但又互相依存的概念,它们只能存在于一个连续统一体中。

2. 集权倾向的产生原因

集权倾向主要与组织的历史和领导的个性有关,但有时也可能是为了追求行政上的效率。

1) 组织的历史

如果组织是在自身较小规模的基础上逐渐发展起来的,发展过程中没有其他组织加入的话,那么集权倾向可能更为明显。因为组织规模较小时,大部分决策都是由最高主管(层)直接制定和组织实施的。决策权的使用可能成为习惯,一旦失去这些权力,主管可能产生失去了对"自己的组织"控制的感觉。因此,即使事业不断发展、规模不断扩大,最高主管或最高管理层仍然愿意保留不应集中的大部分权力。

2）领导的个性

权力是赋予一定管理人员的，它是地位的象征。权力的运用可以证实、保证并提高其使用者在组织中的地位。组织中个性较强和自信的领导者往往喜欢所辖部门完全按照自己的意志来运行，而集权则是保证个人意志绝对服从的先决条件。当然，集中地使用权力，统一地使用和协调本部门的各种力量，创造比较明显的工作成绩，也是提高自己在组织中的地位、增加升迁机会的重要途径。

3）政策的统一与行政的效率

从积极方面来看，集权化倾向的普遍存在有时也是为了获得它的利益。集权至少可以带来两个方面的好处：一是可以保证组织总体政策的统一性；二是可以保证决策执行的速度。集中的权力制定出组织各单位必须执行的政策，可以使整个组织统一认识、统一行动、统一处理内外的各种问题，防止各自为政、政出多门、互相矛盾；同时，集权体制下决策的制定可能是一个缓慢的过程，但任何问题一经决策，便可借助高度集中的行政指挥体系，使各个层次"闻风而动"，迅速组织实施。

3. 过分集权的弊端

一个组织，当它的规模还比较小的时候，高度集权可能是必需的，并且具有一定的优越性。但随着组织规模的发展，若仍将许多决策权过度地集中在较高的管理层次，则可能表现出种种弊端，其中最主要的弊端有以下几方面。

1）降低决策的质量

大规模组织的主管远离基层，基层发生的问题经过层层请示汇报后，高层管理者再做决策，则不仅影响决策的正确性，而且影响决策的及时性。高层主管了解的信息在传递过程中可能被扭曲，而根据被扭曲的信息制定的决策是很难保证其质量的；即使制定的决策正确，但由于信息多环节的传递需要耽误一定的时间从而可能导致决策的迟缓，等到正确的方案制定出来时，问题可能已对组织造成了重大的危害，或者形势已经发生了变化，问题的性质已经变换，需要新的解决方法。

2）降低组织的适应能力

作为社会细胞的组织，其整体和各个部分与社会环境有着多方面的联系。随着组织的发展，这种联系变得更频繁、更复杂。而与组织有联系的外界环境也是在不断发展和变化的。处在动态环境中的组织必须根据环境中各种因素的变化不断调整，这种调整既可能是全局性的，也可能是局部性的。过度集权的组织，可能使各个部门失去自我适应和自我调整的能力，从而削弱组织整体的应变能力。

3）降低组织成员的工作热情

权力的高度集中，使得组织中的大部分决策均由最高主管或高层管理人员制定，基层管理人员和操作人员的主要任务甚至唯一的任务是被动地、机械地执行命令。长此以往，他们的积极性、主动性、创造性会被逐渐磨灭，工作热情消失，劳动效率下降，从而使组织的发展失去基础。

上述弊端的任何一项的发展，都有可能对组织造成致命性的危害。同时，由于集权是一种方便的行为、普遍化的现象，因此，我们应着重研究其对应面：非集权化或权力的分散。

案例 7-11

福特的高度集权管理

1903年，40岁的福特聘请了当时著名的汽车专家詹姆斯·卡曾思出任总经理。卡曾思采取了流水线作业方式，极大地提高了生产效率，先后推出了"T型车"和"N型车"，并获得成功，福特因此成为"汽车大王"。

20世纪20年代初，福特晚年又对总经理的职权发生了浓厚兴趣，他辞退了卡曾思，开始实行个人独裁，收回了管理人员的权力，依靠亲信来控制企业，甚至利用秘密警察暗中监视经理人员，一旦某位经理人员拥有自己的职权时就会被解雇。

福特每隔一两年就要将第一线的领班降职，他的理由是："不这么做，这些人会变得傲慢，忘了他们的权力是福特先生的恩惠。"同时，每当有些管理人员为成功而骄傲时，福特总是指着办公楼楼顶的福特公司的标志，意指："该公司是我的，是福特家族的。"结果，除了几名销售经理之外，福特公司的正式组织几乎被破坏殆尽，优秀人才大量流失，公司经营陷入极度混乱。到1944年，福特公司已经濒临破产。

在这种情形下，老福特不得不让位给他的孙子——26岁的小福特。小福特上台后，立即重金礼聘通用汽车公司的副总裁欧内斯特·薄里奇。薄里奇首先申明："管理人员的权力来自于其担负的职责，而不是来源于所有者的恩赐。"在这一思想的指导下，薄里奇重建福特的管理机构，解散了老福特的亲信，一年之后，福特公司便扭亏为盈。

4. 分权及其实现途径

1) 分权的标志

要研究和指导组织的分权，首先要确定组织是否实行了分权及分权程度的标志。

评价分权程度的标志主要有如下四个。

（1）决策的频度。组织中较低管理层次制定决策的频度或数目越大，则分权程度越高。

（2）决策的幅度。组织中较低层次决策的范围越广，涉及的职能越多，则分权程度越高。例如，按地区划分的管理单位，如果只有权对生产问题做出决策，则组织的分权程度较低；相反，如果它对市场营销甚至财务问题也有一定的决策权，则该企业是一个分权化组织的可能性就比较大。

（3）决策的重要性。决策的重要性可以从两个方面衡量：一是决策的影响程度，二是决策涉及的费用。如果组织中较低层次的决策只影响该部门的日常管理，不影响部门今后的发展，那么决策对整个组织的影响程度较小，则组织的分权程度较低，反之则较高；类似地，低层次管理部门能够制定需要较多费用决策的组织，其分权程度就比另一个相应层次的管理部门只能做出需要较少费用决策的组织要高。

（4）对决策的控制程度。如果高层对较低层的决策没有任何控制，则分权程度极高；如果低层在决策后要向高一级管理部门报告备案，则分权程度次之；如果低层在决策前要征询上级部门的意见，向其"咨询"，则分权程度较低。

2) 分权的影响因素

分权虽然是必要的，组织中也存在许多因素有利于分权，但同时也存在不少妨碍分权的因素。

（1）组织中促进分权的因素。组织活动及其管理在诸多方面要求分权，其中最主要的因素有以下三个方面。

第一，组织的规模。组织的规模越大，管理的层次就会越多。各个层次的管理人员为了协调和指挥下属的活动，必然要求相应的权力。因此，权力往往随着组织规模的扩大和管理层次的增加而与职责一起逐层分解。

第二，活动的分散性。组织的某个工作单位如果远离总部，则往往需要分权。这是因为对总部来说，不在现场的指挥难以正确、有效地指挥现场的操作；同时，分散在各地区的单位主管往往表现出强烈的自治欲望，这种欲望如果不能得到一定程度的满足，则可能破坏组织的效率。

第三，培训管理人员的需要。低层管理人员需要在权力的使用中学会使用权力。如果很少有实践权力的机会，则难以培养其成为能够统御全局的人才，从而不能使组织在内部造就高层管理的后备力量。

（2）不利于分权的因素。不利于分权的因素主要有两个方面。

第一，政策的统一性。组织作为一个统一的社会单位，要求内部各方面的政策是统一的。如果一个企业在同一产品销售给不同用户的价格、职工的报酬标准等方面采取不同的政策，则可能导致统一组织的解体。分权则可能对组织的统一性起到某种破坏作用。

第二，缺乏受过良好训练的管理人员。分权与管理人员的培训是互为因果的。正确地运用权力，要求管理人员具有相应的素质。现有组织如果缺乏足够的符合要求的低层管理人员，则往往对进一步分权造成限制。缺乏受过良好训练的管理人员，也往往成为组织的主管不愿分权的借口。

3）分权的途径

权力的分散可以通过两个途径来实现：组织设计中的权力分配（制度分权）与主管人员在工作中的授权。

制度分权与授权的结果虽然相同，都是使较低层管理人员行使较多的决策权，即权力的分散化，但实际上这两者是有很大区别的。

制度分权，是在组织设计上考虑到组织规模和组织活动的特征，并在工作分析、职务和部门设计的基础上实行的。而授权则是担任一定管理职务的领导者，在实际工作中，为了充分利用专门人才的知识和技能，或出现新增业务的情况下，将部门解决问题、处理新增业务的权力委任给某个或某些下属。

在授权时，应考虑以合适的方式，按照规范的程序进行操作。

（1）要明确哪些任务可以委派给下属。并不是每项工作都是可以委派的，一般常规性的重复工作均可以委派，对于部分要求较高又富有挑战性的工作也可以委派给合适的下属，这对其发展是有帮助的。

（2）决定将工作委派给哪些下属。在选择由谁来承担任务时，管理者应根据下属的时间、能力、发展机遇等方面综合考察。

（3）给予受任者充足的资源。必须给予接受任务的下属充足的资金、时间和人员等资源，否则授权就变成一纸空文。在当今社会中，在向下属授权时，也会将优惠政策作为一个有效的资源。

（4）实施委派的行为。管理者应明确告诉下属与任务相关的信息，提出工作的目标，而不必明确具体的工作方法，并与受任者建立一种良好的沟通渠道。

（5）做好必要时参与的准备。下属在接受任务后，可能面临资源不够充分，或是遇到了来自其他方面的阻力，继续执行任务将会陷入困境。因此，管理者有必要做适度的介入，以下属的工作为基础，为他们解决所遇到的困难。

（6）建立反馈制度。管理者在授权，即委派任务之后，还应注意建立一套核查和反馈的机制，以便及时了解被委派者的工作进度，必要时对他们的工作提出建议或进行调整。

罗斯福总统的成功秘诀：智囊团与授权艺术

从1933年入主白宫，到1945年去世，罗斯福连任四届总统，打破了美国总统不能连任3届的先例。在13年的总统生涯中，罗斯福推行"新政"，使美国从20世纪30年代大危机的打击中恢复过来，成为"世界兵工厂"；他与孤立主义斗争，引导美国走上反法西斯战争的征程，为战胜轴心国做出了重要贡献；战争期间，他致力于盟国合作，并成为联合国的缔造者之一。作为领袖人物，罗斯福之所以取得了令人瞩目的成就，重要的原因就在于他拥有一个美国历史上独一无二的"智囊团"及其授权艺术。

罗斯福早在担任州长时期，就开始积极组建顾问团队，逐渐形成了"智囊团"，如战略家马歇尔，经济学家特格韦尔、阿道夫伯利和雷蒙德莫利，外交家霍普金斯，陆军部长史汀生，海军部长诺克斯等，不讲究资历，不论党派出生。正是这批杰出的智囊人物，成为罗斯福决策的主要思想来源。

罗斯福缺乏对付经济危机和管理企业的经验，但能积极运用经济专家们的智慧，新政开始的100天，罗斯福就签署了15项重大法令；在智囊团的帮助下，他整顿银行，恢复生产，兴办公共工程，使得美国经济越过了大危机的死谷。太平洋战争爆发后，他采纳马歇尔"先欧后亚"的战略建议，在大西洋集中力量，在太平洋采取守势，历史证明了他的正确性。苏德战争期间，罗斯福派霍普金斯出使苏联，他致电斯大林："我要求你对他完全信任，就像你直接与我对话一样。"诸如第二战场问题，租借援助问题，波兰问题等等，霍普金斯享有全权处理。

管理启示：罗斯福在一些领域，他自身的造诣并不深刻，不见得是一个见地卓绝的思想家。强大的"智囊团"弥补了他专业知识的缺陷，授权艺术又使得他不必事必躬亲，能够集思广益，充分发挥专业人士的才能，保证了他政治上的成功。

作为分权的两种途径，制度分权与授权是互相补充的。组织设计中难以预料每个管理岗位上的工作人员的能力，同时也难以预测每个管理部门可能出现的新问题，因此，需要各层次领导者在工作中的授权来补充。

本章小结

组织是为了达到某些特定目标，在分工合作及不同层次的权力和责任的基础上构成的人的集合。组织的功能主要是会聚和放大功能。常见的组织结构类型有：直线制、职能制、直线职能制、事业部制、矩阵制、网络式组织结构。每种组织结构类型各有利弊。在选择组织结构时，必须根据企业的具体情况，按照各种结构的特征选择最合适的。

组织设计的必要性是由主管人员的管理幅度的有限性决定的。管理幅度的大小决定了组织中管理层次的多少，从而决定了组织的扁平结构和金字塔形结构两种基本形态。组织设计的任务是在职务设计与分析的基础上，划分部门并确定各部门的相互关系。在开展上述工作的过程中要考虑到组织的战略、环境、技术及规模与组织所处的发展阶段等因素的要求与影响，遵循有效管理幅度、统一指挥、责权一致、分工与协作、机构精简、弹性结构以及集权与分权相平衡的原则。

组织设计的实质是将管理工作进行横向和纵向分工。横向分工是将管理工作分解成不同岗位和部门的任务，并据此设置不同的部门。根据任务分解标准的不同，横向组织设计的结果可形成不同的职能部门、产品部门、区域部门形式。纵向分工是在管理系统中规定各层次管理人员的职责和权限，纵向分工的结果是在权责分配基础上管理决策权限的相对集中和分散。

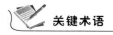

组织——organization 　　　　　　　　　组织结构——organization structure

第 7 章 组织设计

管理幅度——management ranges　　管理层次——management level
直线制结构——line structure　　职能制结构——functional structure
直线职能制结构——linear-functional structure　　事业部制结构——divisional structure
矩阵式结构——matrix structure　　网络式结构——network structure
组织设计——organization design　　职能部门化——functional departmentalization
产品部门化——product departmentalization　　区域部门化——regional departmentalization
直线职权——line authority　　参谋职权——staff committee terms of reference
职能职权——functions terms of reference　　集权——centralization
分权——decentralization　　授权——authorized

案例应用分析

明鑫公司的组织结构

江西明鑫公司现有职工1 200余人，产品涉及饲料、兽药、化肥、绿色食品等六个产业，在省内外共有生产经营企业、科研机构20余个，资产总额达2亿余元，年利润最高时超过4 000万元。

近几年，公司的经营开始出现滑坡。公司所属六个产业共十几家企业，除了饲料厂的盈利水平令人满意外，其他好几个厂的利润都几乎为零。最为严重的是作为公司第二大规模的兽药厂还存在较严重的亏损。为此，公司总裁江明向有关专家做了咨询，专家们一致认为，目前兽药厂与发酵制品厂连年亏损，其中一个很重要的原因就是公司内部的兽药产业存在着严重的管理体制问题。因此，必须彻底改组公司的兽药产业管理体制，调整其组织结构，并就此项改革提出了方案。江明认为这份材料分析透彻，很有见地。他觉得，内部管理体制的问题也许并不仅仅存在于兽药产业，或许整个公司的组织结构都有问题。要使公司有较大的起色，调整公司的组织结构也许就是一项重要的前提性工作。但是，调整公司的组织结构是一件非常复杂的事情。它不仅涉及公司组织机构增减撤并和各机构权、责、利重新确认的问题，还涉及非常复杂的人事问题。江明最担心的是对公司管理体制动如此大的手术，是否真能达到预期目的，让公司目前停滞不前的经营状况出现明显的改观。他觉得这项工作事关重大，一定要慎重。

客观地说，明鑫公司所采取的组织结构确实是一种比较简单的形式。最上面是公司总部，设有财务部、人力资源部等职能部门，这些职能部门只对总部负责，无权向下级各部门发布命令。下面是各个工厂、公司和科研所等，它们之间的关系是并列的，它们均直属企业总部领导，并且只负责产品生产与销售，完成总部下达的生产销售任务和利润（或减亏）指标，而在财务、劳动人事、固定资产与技术等无形资产的管理方面，均无任何自主权。这种简单的组织结构有它的优点，其中最突出的优点就是有利于公司对下属各个单位的有效控制，另外也有一定的适用性。因为在公司内部的各个工业企业中，只有发酵制品厂是完全为本公司内的兽药厂、生物药厂和饲料厂生产相关发酵制品，它们之间在生产经营上存在着内在的紧密联系。而其他各厂在生产经营上都是独立的，彼此之间很少有生产经营联系与协作。就是包装纺织袋厂与饮料厂之间也是如此。如果不是公司强调饲料厂只能使用本企业生产的编织袋，那么它们两家在生产经营上也是完全独立的。所以让所有企业都直属公司总部领导，在一定情况下也是可行的。但是它也存在许多不足，例如，不能适应产业差别和产品市场差别较大的企业内部实行的专业化管理的要求等。

经过再三思考，江明最后认为，明鑫公司的组织结构必须进行调整，而且在反复斟酌后确定了这次调整的三条基本原则：第一，组织结构的调整应该涉及整个公司，而不应仅仅包括兽药产业。第二，调整后的组织结构必须有利于提高管理效率和各种信息传递与反馈，有利于明确各部门、各单位的责任、权限与分工协作关系，能够充分调动公司内各部门、各单位生产经营的积极性与创造性。第三，调整后的组织结构必须能够明显地改善公司管理目前存在的各种缺陷，使整个公司能有效地组织起自己的各项生产经营活动，使各个企业单位以后的减亏增盈工作能够取得突出的成效。有关组织结构调整的具体方案，江明准备在认真听取各位副总、各企业主要负责人和公司聘请的各位有关专家、教授的意见以后再确定。

讨论：

（1）你认为明鑫公司现有的组织结构属于哪种类型？它具有哪些优点？又存在哪些不足？

（2）你认为明鑫公司在下一步的组织改革中应采取什么样的组织结构形式？为什么？

（3）结合企业实际，请你谈谈如何选择合理的组织结构形式。

思 考 题

1. 试论述组织的含义及功能。
2. 组织结构有哪些类型？各有哪些优、缺点？适用于什么情况？
3. 什么是管理幅度？制定管理幅度应考虑哪些因素？
4. 你认为管理层次是多好，还是少好？为什么？它与管理幅度有何关系？
5. 组织设计的依据和原则有哪些？
6. 职权有哪些类型？它们之间的关系是怎样的？
7. 过分集权有哪些弊端？为避免这些弊端应如何授权？

第8章 人员配备

教学要求

掌握人员配备的任务和原则；熟悉人员招聘的来源与方法；掌握人员培训的内容与方法；了解人事考评的内容、工作程序及方法。

本章知识点

人员配备的任务及原则；管理人员需要量的确定因素；管理人员招聘的来源及方法；人员培训的方法；人事考评的内容、工作程序及方法。

■ 导入案例

丰田汽车公司的人员配备

丰田汽车公司位于肯塔基州乔治敦的汽车装配厂，自从1986年开张以来，总共接受了200 000名应聘者对7 500个装配空缺岗位的申请。公司的选拔系统试图确认具有适当能力的应聘者，公司认为身体敏捷、团队工作技能和问题解决技能是装配团队工作的关键。通过最初的应聘程序，应聘者将向丰田评价中心申请参加一天的模拟工作。他们在模拟装配线上工作四个小时，拧紧或拧松螺母、螺钉和金属板；另外的时间用于检查错误、群体问题解决及书面测试。在体验了现实工作以后，一些应聘者选择退出下一步的竞聘程序。那些留下来的人必须参加进一步的工作面试测试。测试成功的应聘者会获得一个初始的工作合同，然后还要检查身体。在与应聘者讨论最适合的工作岗位之后，最后的工作合同会给予那些被认为最匹配的人。

8.1 人员配备的任务与原则

人员配备工作是组织机构、组织制度有效运转不可或缺的工作，是组织设计的延续。科学合理的人员配备，有助于充分开发人力资源，提高群体的质量和活动效率，有利于发挥组织结构功能，形成最佳工作组合，推进管理职能的有效实施，对充分发挥组织力量有着极为重要的作用。

8.1.1 人员配备的任务

人员配备就是管理者为确保任务目标的实现，为每个岗位配备适当数量和类型的工作人员，并使他们能够有效地完成任务的过程。也就是说，在设计了合理的组织机构和组织结构的基础上，管理者要根据每个岗位的实际需要进行职务分析，按照每个人的情况安排适当的工作，使其能力符合岗位的需要。

人员配备既要满足组织的需要，又要考虑个人的特点、爱好和能力，因此人员配备的任务也要从组织需要和个人需要两个不同的角度来考察。

1. 从组织需要的角度来看

（1）要通过人员配备使组织系统开动运转。设计合理的组织系统要能有效地运转，必须使机构中的每个工作岗位都有相应的人去占据，使实现组织目标所必须开展的每项活动都有合格的人去完成。这是人员配备的基本任务。

（2）为组织发展准备干部力量。组织的目标、活动的内容需要经常根据环境的变化做适当的调整，由目标和活动决定的组织机构也会随之发生相应的变化。组织的适当调整过程往往也是组织发展壮大的过程。组织的机构和岗位不仅发生质的改变，而且会在量上不断增加。所以，我们为组织目前的机构配备人员时，还要考虑机构可能发生的变化，为明天的组织准备和提供工作人员，特别是管理干部。由于管理干部的成长往往需要较长的时间，因此组织在使用工作人员的同时，应通过使用来培训管理干部，要注意管理干部培训计划的制订和实施。

（3）维持成员对组织的忠诚。人才流动对个人来说可能是重要的，它可以使人才自己通过不断的尝试，找到最适合自己的才能、给自己带来最大利益的工作。但是对整个组织来说，人才流动虽有可能给企业"输入新鲜血液"，但其破坏性可能更大：人员不稳定，职工离职率高，特别是优秀人才的外流，往往使组织几年的培训费用付之东流，而且可能破坏组织的人事发展计划，甚至影响企业在发展过程中的干部需要。因此，要通过人员配备，稳住人心，留住人才，维持成员对组织的忠诚。

2. 从个人需要的角度来看

（1）通过人员配备，使每个人的知识和能力得到公正的评价、承认和运用。工作的需求与自身的能力是否相符，是否感到"大材小用"，从而"怀才不遇"，工作的目标是否富有挑战性，这些因素与人们在工作中的积极、主动、热情程度有着极大的关系。

（2）通过人员配备，使每个人的知识和能力不断发展，素质不断提高。知识与能力的提高，不仅可以满足人们较高层次的心理需要，而且往往是职业生涯中通向职务晋升的阶梯。通过人员配备，可使每个组织成员都能看到这种机会和希望。

"金字塔"与"圣诞树"

在麦当劳公司有一本人力资源管理手册，将人力资源管理的所有内容都标准化了。手册的内容表明，麦当劳的招聘面试、对员工的考核、员工结构、员工发展系统等均比较独到，其中尤其值得一提的是它的人才发展系统，堪称一绝。

发展包括两个方面：其一是能力的培养与提高，其二是职位的提高与晋升。因此，人才发展系统也包括两个方面，一个是个人能力发展系统，另一个是个人职位发展系统。

麦当劳的个人能力发展系统主要靠培训。原麦当劳中国北方区总经理赖林胜曾说："麦当劳北京公司每年都在培训方面有很大的投入。"首先，麦当劳是强行对员工进行培训，麦当劳在中国有三个培训中心，培训的老师全部都是公司里有经验的劳动人员；其次，麦当劳餐厅经理层以上人员一般要派往国外去学习，在北京的50多家麦当劳里，就有100多人到美国的汉堡大学学习过。他们不单去美国学习，还去新加坡等地，因为麦当劳认为新加坡的培训做得很好，"他们的自然资源很少，主要靠人力资源开发增强综合国力。"而且，不论是出国培训还是平常培训，培训结束后员工都要给他的上级经理写行动计划，然后由经理来评估，以考核培训效果。麦当劳希望通过这些措施让员工觉得在麦当劳有发展前途。

另外，麦当劳比较注重让员工在实践中学习和提高，即平常的"learning by doing"（干中学）。员工进入麦当劳之初，就会有老员工专门对其进行辅导，告诉他工作经验，并带领他从事实际工作。麦当劳的管理人员95%以上要从员工做起，在实践中得到提高和提升，赖林胜就是这样。

尤为特别的是麦当劳的个人职位发展系统。一般企业的职位设置，高高在上的是公司最高管理层，下面还有中层管理人员，最下面是广大员工，像一个金字塔。结果是越往上越小，路越窄，许多优秀人才为了争夺一个职位费尽心机，不能成功者多数选择了自起炉灶或另谋高就，不利于公司和人才的进一步发展。麦当劳的职位系统更像一棵圣诞树，公司的核心经营管理层就像树根，为众多树干和树枝提供根基；只要员工有能力，就可以上一层，成为一个分枝；更出色者还可以"更上一层楼"，又是一个分枝；甚至可以发展成树干，如此等等，永远有机会。正因为这样，麦当劳的离职率很低，其成本无形中大大下降了。

8.1.2 人员配备的工作内容和程序

管理人员配备作为组织管理的重要职能之一，按其程序主要涉及以下内容。

1. 管理人员配备计划

管理人员配备计划是组织人力资源规划的一个重要组成部分。这一过程一般包括五个步骤：审视组织发展的内外部环境；预测组织未来的管理人员需要量；预测组织管理人员可能的供给；确定需求和供给之间的缺口；制订行动计划以消除缺口。

2. 管理岗位分析

一个组织要进行有效的管理人员配备与开发，重要前提之一就是要明确每个管理岗位的主要职责、具体任务和任职资格，这正是管理岗位分析的任务。管理岗位分析主要是通过收集和分析与管理岗位相关的信息，编制成管理职位说明书，作为组织选聘、任用、评价和奖惩管理人员的依据。管理职位说明书的内容通常包括职位概述、工作职责、工作权限、领导关系、工作环境和任职资格等项目。通过阅读管理职位说明书，可以使任职者确切地了解应做什么、怎样做和在什么情况下履行职责。

3. 管理人员选聘

管理人员选聘的重点和难点在于，如何从众多的竞聘者中为管理岗位选拔出合格的任职人选。由于组织与职位申请人之间拥有的信息是不对称的，因此，要从众多的竞聘者中挑选出那些能力和潜质都与管理岗位的所需条件相当的最佳人选并不是一件容易的事。一般说来，在这一选拔过程中可以采用以下方法和技术。

（1）应聘申请表。作为竞聘者个人背景的基本书面材料，应聘申请表的内容应包括接受教育培训经历、工作经历和个人职业期望等。通过应聘申请表可以初步了解申请人是否具有组织要求的基本条件和素质，从中挑选出组织需要的候选人。

（2）面试。面试是最常用的筛选手段，它提供了双方面对面交流沟通的机会。通过面试，可以获得应聘者更多的相关信息，以判断其是否符合本组织的要求。

(3) 测试。测试的目的是预测应聘者未来的工作业绩,最常用的有智力测试、专业技能测试和个性测试等几类。

(4) 体检。体检主要是考查候选人的身体是否适合该管理职位及其环境。

4. 管理人员的培训

管理人员培训的重要性,无论怎么强调都不为过。因为管理只靠个人的自学和摸索是远远不够的,要使其胜任管理工作,必须系统地开发出管理所必需的决策能力、领导能力、组织协调能力和人事能力等。为此,有必要接受专业机构和专业人员所提供的管理专业培训。

5. 管理人员的考评

管理人员考评可以为人事调整、报酬确定和管理培训提供准确而客观的标准。对于管理人员而言,考评可以从两个方面影响他们的积极性:一是考评结果直接反映了组织、上级、同行和下属对自己的评价,从而反映了组织对自己努力的承认程度;二是组织将根据考评结果进行人事和奖酬方面的决策,关系到自己在组织中的地位和发展前途。

6. 管理人员的调整

管理人员的调整主要是组织内部的调整,包括平行调配、晋升与降职等。管理人员晋升可分为常规晋升与破格晋升,晋升依据有年资积累、绩效优异、能力提升等。管理人员降职的原因主要有:内部组织机构调整、不能胜任本职工作、犯错误或本人要求(如身体欠佳)等。但因降职有许多负面效应,因此应谨慎从事,还要对当事人说明缘由并作必要的沟通。

管理人员的调整还包括管理人员的辞职和辞退等。管理人员辞职可能导致组织人力投资的损失,影响组织士气。为此,企业一方面应严格遵守劳动法,尊重员工的自主权;另一方面应改善人力资源管理,提高本组织对管理人员的吸引力。

辞退管理人员是指组织根据自己的业务经营需要,主动与管理人员解除劳动合同。类似的形式还有解雇或资遣等。裁员程序是组织人力调整中自上而下的过程。人力资源部门确定裁员名单后,应以书面形式通知本人,并给被裁人员发放一定的经济补贴(所谓资遣费)。被裁人员服务年限越长、贡献越大、地位越高,资遣费的发放标准就越高。

8.1.3 人员配备的原则

一个企业人员配备工作的好坏,关系到员工个人的职业生涯发展,关系到组织资源利用的效率,进而关系到组织的生存和发展。因此,为做好人员配备工作,必须遵循以下基本原则。

1. 因事择人原则

因事择人即人员的选择要按照空缺职位和工作的实际要求,而不是组织现有人员的状况。暂时找不到符合职位要求的人员时,也不应该降低工作标准。要使工作卓有成效地完成,就是要求所选择的人员具备相应的知识技能。

因事择人的客观条件是要明确"事"的要求,即空缺职位是什么、需要具备什么样能力的人来任职。职务要求越明确,评价主管人员的方法越完善,主管人员工作的质量才会越有保证。职务不明确,人员配备就没有依据,就不能做到量才录用。

因事择人的主观条件是秉公办事，坚持从组织的需要出发，防止因人设事或盲目扩大编制，以致造成机构臃肿、人浮于事、效率下降的后果。

2. 因材施用原则

因材施用即组织根据人员的能力和素质，安排适合的工作。从满足员工个人需要的角度去考察，只有让每位员工都从事与其特点相吻合的工作，才能最大限度地调动员工的积极性，发挥员工的潜能，进而可以维持和提高员工对组织的忠诚度。如果所用非所学、大材小用或小材大用，不仅会严重影响组织的效率，而且也会造成人员的浪费和流失。

人员配备工作贯彻因材施用原则可以从两方面来分析。一方面从人才的特长适用于什么岗位来看，全面的通用型人才是不多的，用人要勇于选择有特长的人才来用，这就需要量才而用，扬长避短，各得其所。另一方面从工作需要什么特长的人才来看，基层岗位要求具有实际操作能力、专门技术能力的人才；中层主管岗位要求有把握一个重要领域的宽广知识面和处理较复杂问题能力的人才；高层领导岗位要求具有宏观调控能力的人才。因此，不同层次和岗位需要有不同特长的人员。用人所长就会如鱼得水，人才的聪明才智将得到充分的体现和发挥；用人所短就会举步维艰，人才的聪明才智会受到很大的制约。

3. 公平竞争原则

公平竞争原则是指在组织内部建立公平、公正、公开的人才竞争聘任机制，保持组织内职务可升可降，组织对外能出能进，人人都有压力和动力的朝气蓬勃的环境。

公平竞争时，空缺的职位对组织内外的人员都是开放的，征聘条件是透明的。通过竞争可以征聘到能胜任此职的人。

公平竞争要求组织对所有参与竞争的人要一视同仁，公开职务的责任、权力和利益等条件，吸引受聘人竭尽全力地完成组织赋予他的使命。公平竞争还要求组织采取有力措施，保证考、评、聘各程序的规范化、制度化，防止先内定、走形式的错误做法。

4. 人事动态平衡原则

首先，组织所处的外部环境是不断变动的，为适应环境的变动组织要进行不断的调整，组织中职务和工作会发生相应的调整和变化，因此相应的人员也要做出调整。其次，在工作中每个员工的知识和能力也在不断地积累和提高，但是由于个体学习能力的差别，员工知识和能力的提高速度和水平是不同的，所以在组织中建立人员的动态流动机制是很有必要的，提倡"能者上，愚者下"的用人观念，实现人和事的动态平衡。最后，由于人的知识总是要老化的，并且随着科技的快速发展，老化的速度也越来越快，因此要对员工进行不断的培养和训练，提倡员工终身学习，构建学习型组织。

5. 终身培养原则

终身培养原则是指组织为每一个刚刚参加工作的人员制订终身培训计划，对人员不同的成长期安排相应的学习内容，以保证个人与组织的共同成长。

由于现代社会已经步入知识经济时代，各门学科的发展使分支学科越来越多。边缘性、交叉性学科的涌现，使人类知识更新的速度越来越快，知识结构综合化、整体化的趋向越来越明显。一名大学生在上大学时所获得的知识也只是他一生中所需知识的10%左右，参加工作后，如不继续学习，知识就会很快老化。目前西方发达国家包括日本都很重视这个问题。许多企业明文规定，学习和培训是人员晋升的条件之一。

6. 责、权、利一致原则

责、权、利一致原则指组织的管理人员要保持权力、责任与利益的有机统一，做到在其位，谋其政；行其权，尽其责；得其利，获其荣。

远翔集团中层干部选聘的困局

远翔机械集团最近几年在物色中层管理干部中遇到了一些两难的困境。该公司是制造、销售高精度自动机床的，目前重组成六个半自动制造部门。高级管理层相信这些部门经理有必要了解生产线和生产过程，因为许多管理决策需要在此基础上做出。传统上，公司一直严格地从内部提升中层管理人员。但后来发现这些提拔的从基层来的中层管理人员缺乏相应的适应他们新职责的知识和技能。因此，公司决定从外部招募，尤其是那些工商管理专业毕业的优等生。在猎头公司的帮助下，公司得到了许多有良好工商管理专业训练的毕业生作为候选人。公司安排这些候选人先做基层管理职位，准备经过这一阶段锻炼以后提升为中层管理人员。但在两年之中，所有的这些人都离开了该公司。公司又只好回到以前的政策，从内部提拔，但又碰到了与过去同样的素质欠佳的老问题。不久就有几个重要职位的中层管理人员退休，亟待称职的后继者来填补有关空缺。

管理启示：公司可能缺乏良好的员工培训制度，结果导致不能有效地提高员工的业务素质，内部员工不能掌握新职责的知识和技能，得不到较好成长；也无法使从外部招募的人员掌握生产流程，使他们始终不能变成内行。除此以外，公司的激励机制可能也存在一定的问题，结果是既不利于激发内部员工提高素质，也不利于留住从外部招募来的人才。远翔机械集团必须有效地解决上述两类问题，其中层干部选聘的困局才有可能破解。

8.2 管理人员选聘

人是组织活动的关键资源，组织中的其他物力或财力资源需要通过人的积极组合和利用才能发挥效用。人在组织中的地位决定了人员配备在管理工作中的重要性。由于每一个具体的组织成员都是在一定的管理人员的领导和指挥下展开工作的，因此管理人员的选拔、培养和考评应该成为企业人事管理的核心。

8.2.1 管理人员需要量的确定

制订管理人员选配和培训计划，首先需要确定组织目前和未来管理人员的需要量。一般来说，计算管理干部的需要量，要考虑以下几个因素。

1. 组织现有的规模、机构和岗位

管理人员的配备首先是为了指导和协调组织活动的开展，因此首先需要参照组织结构系统图，根据管理职位的数量和种类，来确定企业每年平均需要的管理人员数量。

2. 管理人员的流动率

不管组织做出何种努力，在一个存在劳动力市场且市场机制发挥作用的地区，总会出现组织内部管理人员外流的现象。此外，由于自然力的作用，组织中现有的管理队伍会因病老残退而减少。确定未来的管理人员需要量，要有计划地对这些自然或非自然的管理队伍的减员进行补充。

3. 组织发展的需要

随着组织规模的不断发展，活动内容的日益复杂，管理工作量将会不断扩大，从而对管理人员的需要也会不断增加。因此，计划组织未来的管理干部队伍，还需要预测和评估组织发展与业务扩充的要求。

综合考虑上述几种因素，便可大致确定未来若干年内组织需要的管理干部数量，从而为管理人员的选聘和培养提供依据。

8.2.2 管理人员招聘的来源与方法

管理人员招聘的来源可以分为两类：一类是组织内部来源，另一类是组织外部来源。人们传统上认为招聘都是对外的，而事实上，组织内部人员也是空缺岗位的后备人员，而且越来越多的组织开始关注从内部招聘管理人员。

内部招聘与外部招聘各有利弊，两者基本上是互补的，详见表8-1。

表8-1　内部招聘与外部招聘的利弊

	内部招聘	外部招聘
优点	了解全面，准确性高； 可鼓舞士气，激励员工进取； 应聘者可更快适应工作； 使组织培训投资得到回报； 选择费用低	来源广，选择余地大，利于招到一流人才； 新雇员能带来新思想、新方法； 一定程度上可缓和内部竞争者之间的矛盾； 人才现成，节省培训投资
缺点	人才来源局限于内部，水平有限； 容易造成"近亲繁殖"； 可能会因操作不公或因员工心理原因造成内部矛盾	不了解企业情况，进入角色慢； 对应聘者了解少，可能招错人； 内部员工得不到机会，积极性可能受到影响

1. 内部招聘的来源与方法

在组织内部进行招聘，候选人的来源主要有竞争上岗、内部提升、横向调动、岗位轮换等。其中，竞争上岗是面向组织全体人员，通过工作公告，向员工通报现有工作的空缺，让那些自认为具备资格的员工通过工作投标的方式取得空缺职位；内部提升、横向调动和岗位轮换则局限于部分人员。内部招聘的方法主要有查阅组织人才库来搜寻候选人或者通过张贴海报及组织主页等媒体来邀请所有符合条件的雇员参加应聘。

内部招聘在规模较大的企业比较常见，这种方式的特点是所需费用极少，能极大地提高员工士气，申请者对公司相当了解，适应公司的文化和管理，能较快进入工作状态；而且可以在内部培养出一人多能的复合型人才。其局限性也比较明显，就是人员供给的数量有限，易"近亲繁殖"，形成派系，组织决策时缺乏差异化的建议，不利于管理创新和变革。通常这种方式适用于那些对人员忠诚度要求比较高，重要且应熟悉企业情况的岗位。内部招聘也用于内部人才的晋升、调动、轮岗。

2. 外部招聘的来源与方法

1）校园招聘

一般而言，校园招聘的计划性比较强，招聘新人的数量、专业往往是结合企业的年度人力资源规划或者阶段性的人才发展战略要求而定的。因此，进入校园招聘的通常是大中型企业，他们通常会在几个种类的专业中挑选综合素质高的大学生。校园招聘能够极大地提高公司在高校的知名度，为公司储备人才提供人才库，为建立良好的校企合作关系奠定基础，而且校园招聘的费用低廉，对知名企业而言有时甚至是免费入场。校园招聘虽然能够吸引众多的潜在人才，但是这类人员的职业化水平（态度、专业技能、行为习惯等）不高，流失率较高，需要企业投入较多的精力进行系统、完整的培训。所以，这类潜在的人才进入企业后，通常要接受比较完整的培训，再安排到生产经营的一线作为储备干部接受工作训练。通过这样一个过程，那些能够积极融入企业、满足要求的人才会脱颖而出。

2）媒体广告招聘

当前，媒体广告主要有专业的人才招聘报刊、各地主流媒体上的招聘专版或副刊等。由于报刊仍然是普通大众，包括求职者了解信息的重要平台，所以这种形式的广告在当地的覆盖面比较广，目标受众接受的概率非常高，不仅可以提升企业在当地的知名度，而且可以有效宣传公司的业务，有一举多得的功效。但是这种招聘渠道会吸引到很多不合格的应聘者，增加了人力资源部门筛选简历的工作量和难度，延长招聘的周期。通常，公司会采用这种方式招聘有实际工作经验的社会人员。

3）网络招聘

这是网络日益普及的趋势下产生的一种新的媒体招聘形式，招聘信息可以定时定向投放，发布后也可以进行管理，其费用相对比较低廉，理论上可以覆盖到全球。通过在知名的人才网站上发布招聘信息，可以快捷、海量地接收到求职者的信息，而且各网站提供的格式简历和格式邮件可以降低简历筛选的难度，加快处理简历的速度。但是，这种渠道不能控制应聘者的质量和数量，海量的信息（包括各种垃圾邮件、病毒邮件等）会加大招聘工作的压力，在信息化不充分的地区效果较差。这种形式可以在常年招聘较多人员的单位采纳。

4）现场招聘会

现场招聘会是传统的人才招聘方式，费用适中。企业不仅可以与求职者直接面对面交流（相当于初试），而且可以直观展示企业的实力和风采。这种方式总体上效率比较高，可以快速淘汰不合格人员，控制应聘者的数量和质量。现场招聘通常会与媒体广告同步推出，并且有一定的时效性。其局限性在于往往受到展会主办方宣传推广力度的影响，求职者的数量和质量难以有效保证。这种方式通常用于招聘一般型人才。

5）猎头公司招聘

猎头是一种由专业咨询公司利用其储备人才库、关系网络，在短期内快速、主动、定向寻找企业所需要的人才的招聘方式。目前，因为猎头主要面向的对象是企业中高层管理人员和企业需要的特殊人才，其具体操作基本上是由企业高管直接负责，因此这种方式看起来比较神秘。正规的猎头公司收费比较高，通常为被猎成功人员年薪的20%~30%。

人事处长的新难题

老沈是一家电厂的人事处长，以往每年年初就不断有方方面面的人开始向他打招呼、递条子，

第8章 人员配备

要求他帮忙安排某些高校毕业生进厂。电厂的收入虽不高，但好歹也是"旱涝保收"。可是进人指标由政府控制，不该进的人他拦不住，企业真正想要的人他也没办法招进来，有本事进来的人，不是没用就是拿企业作跳板。工作难做，上级领导、协作单位、亲朋好友倒是得罪了不少。

今年企业人事管理有了重大改革，权力下放，企业自主，老沈心想终于可以招聘几个满意的人了。正好厂里要求招聘一两个计算机方面的人，老沈心想名牌大学的学生肯定是不会来的，所以他安排手下在毕业生交流会找几个普遍学校的农村籍学生，经过材料审核、面试，老沈选了两个学生签了协议，他还特意带他们在厂里转了两天。可没想到，一个学生回去后就说不来了，另一个索性从此杳无音信。老沈觉着不可思议："这两个小伙子水平也不怎么样，出去找一份工作工资也高不到哪里去，还随时会被'炒'，怎么就不肯来？"更糟糕的是，厂里原来就所剩无几的本科生又有几个辞职走了。

一天，老沈跟同僚谈起此事，有一个人听了哈哈大笑："来这儿一点奔头没有，谁敢来？"

8.2.3 管理人员选聘的标准及原则

管理人员的配备对组织活动的效率有着非常重要的影响，因此，必须选择合适的管理人员来担任合适的管理工作。怎样才算是合适的管理人员？这就需要讨论管理人员所必须具备的素质，即我们应根据哪些标准去选择管理人员。

1. 选聘的标准

在确定管理人员的选择标准时，必须注意两点。第一，组织中不同层次、不同职能机构的管理职务需要完成不同的工作，要求职务担任者应具备不同的知识和技能。因此，要列出一个适合所有管理岗位工作人员的条件清单非常困难，甚至是不可能的。第二，选聘管理人员的主要依据是贡献还是能力，由于这两者并不总是一致的，个人对组织的贡献并不仅仅取决于自己的能力，还要受到自身以外许多其他因素的影响。因此，我们选择了能力。那么不依成员对组织的贡献程度来提升管理人员是否意味着对贡献者的不公平呢？我们认为不是的。对组织成员贡献的补偿主要是分配中的报酬，特别是给予物质方面的报酬。当然，贡献的大小有时也是能力高低的一种标志，如果某个成员不仅为组织提供了特殊贡献，而且在提供贡献过程中，充实了工作技能和知识，能够胜任更高层次的工作，那么这种特殊贡献应该成为予以提升的补充依据。

不同管理层次具体管理的业务工作是不同的，但其本质特征是一样的，即组织和协调他人的劳动。因此，从不同管理人员的具体要求中可以辨别出一些相同的方面。

1）管理的欲望

强烈的欲望是有效地进行管理的基本前提。担任管理工作，对某些人来说，意味着在组织中取得较高的地位、名声及与之相应的报酬，但对更多成功的管理人员来说，它意味着可以利用制度所赋予的权力来组织他人劳动，意味着通过他人的劳动来实现自己制定的、符合组织需要的目标，并从中获得心理上的满足。

2）正直的品质

正直是每个组织成员都应具备的基本品质，管理人员尤其如此。由于担任管理职务具有相当大的职权，而且组织对权力的运用往往难以进行严密、细致、及时、有效的监督，所以权力能否正确运用在很大程度上只能取决于管理人员的良知。管理人员必须是品德高尚的、值得依赖的，必须具有正直的品质。正直，意味着不对上曲意逢迎，敢于提出自己的观点，指出上级的错误；正直，意味着诚实地总结和汇报工作，不虚报成绩，不隐瞒缺点；正直，意味着对部属一视同仁，不拉帮结派，不分亲疏，在评价下属工作时，有一套客观、公正的标准，而不是根据个人的好恶；正直，意味着脚踏实地地工作，而不是哗众取宠，摆架子，做表面文章。总之，正直意味着很多内容，应该成为管理人员的基本品质。

3）冒险的精神

管理的任务不仅在于执行上级的命令，维持系统的运转，而且要在组织系统或部门的工作中不断创新。只有不断创新，组织才能充满生机，才能不断发展。而创新意味着打破原有机制的束缚，做以前没有做过的事，因此，存在失败的风险，并且往往是希望取得的成功越大，要冒的风险也就越多。因此，要创新，就要敢于冒险。富于冒险但不盲目，应该成为对组织中所有管理人员的共同要求。

4）决策的能力

管理人员不仅要有计划地安排自己的工作，而且更重要的是要组织和协调下属的工作。管理人员在组织下属工作的过程中要进行一系列的决策：本部门在未来时期内要从事什么活动，从事这种活动需达到何种状况和水平，谁去从事这些活动，利用何种条件、在何时完成这些活动等。管理过程中充满了决策。因此，掌握一定的决策能力对管理人员来说非常重要。管理者至少必须具有分析问题的能力和果断抉择的魄力：他们必须能够敏锐地观察事物的变化，善于捕捉信息，发现问题，能够透过现象抓住本质，判断问题的性质，预估事物的发展趋势；必须能够在基本把握事物变化的脉络以后，在制定并比较多种解决问题的可行方案的基础上，迅速果断地做出选择。

5）沟通的技能

管理人员既要理解别人，也需要别人理解自己。组织成员之间的相互理解是组织的基本保证。理解要借助沟通来完成，沟通是在听与说的过程中实现的。管理人员要通过充分地听与艺术地说，来正确地理解上级的意图，认清组织的任务与目标，制定正确的落实措施，巧妙地提出自己的不同意见，争取上司的认同；同时，也要通过娴熟地运用听与说的技巧，准确地表述自己的思想，布置下属的工作，并充分聆听下属的倾诉，体察他们的苦衷，了解下属工作的难度，协调他们的活动。

麦肯锡的择才标准

对很多人来说，进入麦肯锡公司（以下简称麦肯锡）是梦寐以求的事。那么，大家自然关心麦肯锡的择才标准。

第一，要很聪明，是真的聪明。具体来说，表现在领悟力和学习能力上。例如，与应聘者打交道的大多是首席执行官，他们是他们所在行业的专家，有20年的从业经历。而应聘者对他们的行业而言，是个彻头彻尾的新手。在和首席执行官谈话的时候，得很快理解他的意思，揣摩他的想法，明白真正困扰他的问题是什么，这就是一种实实在在的领悟能力。另外，要迅速掌握该行业的信息，有时手头会立即堆起一大摞的资料，如何在"汗牛充栋"中找到最关键的信息，这就是学习的能力。

第二，要能吃苦。这个行业是以青春作代价的，每天平均工作15~16个小时，频频出差。

第三，要有野心，有干劲。麦肯锡是群贤毕至的地方，其员工不敢有所懈怠。竞争压力、"超人"的工作量都是很大的考验。想要在这样的环境下晋升，有两点很重要：一是作为下属，你的目的是让头儿无事可干。要得让上司信任你，觉得把事情交给你很可靠。二是得搞定客户，如果作为一个咨询人员，你服务的首席执行官习惯性地每逢重大决定都和你商量，征求你的意见，那么你就做到"登峰造极"了。

2. 选聘的原则

在选聘中应坚持以下原则。

（1）效率优先。即在选聘的时候首先考虑的应是组织的效率，可招可不招时尽量不招；可少招可多招时尽量少招。一个岗位宁可暂时空缺，也不要让不合适的人占据，选聘来的人员一定要充分发挥其作用，使其产生高效率。

（2）双向选择。在计划分配成为历史、劳动力市场日渐完善的条件下，双向选择也就成为招聘者和求职者的最佳选择。招聘者在劳动力市场上搜寻令其满意的劳动者，而求职者也在劳动力市场上寻找心仪的用人单位，双方应处于平等的法律地位。

（3）公开、公平。在招聘时应把招聘单位、招聘的管理职位种类、数量、要求的各种条件及考试方法向社会公开。这样做不仅可以扩大招贤纳士的范围，而且有助于形成公平竞争的氛围，使招聘单位确实招到德才兼备的优秀管理人才。

与公开原则相适应，招聘单位对应聘者应该一视同仁，努力地为管理人才提供公平的竞争机会，不得人为地制造不平等条件。

（4）竞争、择优、全面。竞争、择优是公平、公正的必然选择。管理人员招聘必须制定科学的考核程序、录用标准，选择合适的测试方法来考核和鉴别人才，只有根据测试结果的优劣来选拔管理人才，才能真正选到良才。

在强调择优的同时不能忽略全面的原则，即考核时应兼顾德、能、勤、绩、廉等诸多方面的因素。

（5）降低招聘成本，提高招聘效率。这里所指的招聘成本包括：招聘时所花的费用，即招聘费用；因招聘不慎，重新招聘时所花费的费用，即重置费用；因人员离职给组织带来的损失，即机会成本。我们必须看到，人力资源招聘工作的投入要素中，招聘资金是有限的资源，在以效益为中心的组织中，招聘同样要讲究效率，以最低的资金消耗招聘到最合适的管理人才。

 **案例 8-5**

雷吉·琼斯与杰克·韦尔奇

1974 年，琼斯担任通用电气公司董事长才 3 年，便开始考虑挑选自己的继任人。琼斯一开始就认定，他要挑选的是一位与自己风格不一样、能够领导通用电气公司改革的继任者。他认为，继任者应当与前任不同，因为公司需要改变：假若继任者仅仅是前任的拷贝，公司无疑会失去活力。

对于继任者，琼斯的脑子中并没有一个现成的人选。他要求公司人事副总裁为他准备一份候选人的预选名单，人事部门提供了一份包含 96 位候选人的名单。琼斯发现名单上少了一个应该有的人，那就是负责塑料企业的杰克·韦尔奇。人事部门认为，韦尔奇"为人特别""好闹独立""而且只有 39 岁，10 年后考虑也不晚"。琼斯以命令方式，将韦尔奇补充进入候选人圈子。综合考虑各种因素后，有效的候选人最后减少到 11 位，韦尔奇名列其中。

为了进一步了解候选人相互之间的关系和对自己本身的感觉，琼斯开始实施他的"机舱面试"计划。1978 年元旦刚过，他把候选人一个个分别叫进办公室。每当一个候选人走进他的办公室时，琼斯总是故作神秘地把门关好。然后点上烟斗，示意对方坐定放松。接着开始说出公式般的第一个问题："听我说，你和我现在乘着公司的飞机旅行，这架飞机坠毁了。谁该继任通用电气公司的董事长？"从这样的谈话中，琼斯了解到许多有关候选人对其他候选人的是非问题的看法，以及他们之前合作的情况。

韦尔奇被叫去接受"机舱面试"也在他自己的意料之外，他对琼斯说，这个公司有过多的程序，牵制因素太多，以致缺乏高效的决策机能。根据琼斯的要求，韦尔奇写下了三个董事长的候选人的姓名，其中包括后来成为他的董事会合作者的埃德·胡德、约翰·柏林盖姆和他本人。当琼斯问及三人中谁最有资格时，韦尔奇脱口而道："这还用问吗，当然是我啦。"他们都忘了，韦尔奇已经"坠机遇难"了。此番谈话使琼斯对韦尔奇越加欣赏。

3个月后，琼斯把候选人压缩到8人，并再次分别召见他们，做第二轮"机舱面试"。当然，问题做了改变："这回，你我同乘一架飞机。但是，飞机坠毁后，我死了，而你幸免于难。你说谁该做公司董事长？"琼斯要求每人列出三名候选人，自己可以列在其中。令琼斯高兴的是，他最中意的三名候选人，韦尔奇、胡德和柏林盖姆，各自在三名董事长候选人名单中包含了另外两位。

琼斯让韦尔奇、胡德和柏林盖姆进入董事会。经过一段时间的考察，琼斯于1980年11月召集董事会，进行年度人事评价。琼斯让人事部门提交了包括聪明才智、吃苦耐劳、自我管理、同情心在内的15个项目的测评结果。韦尔奇在所有董事长、总裁候选人中得分最高。这次，不仅琼斯本人，通用电气公司的其他19名董事会成员，都表示同意推举韦尔奇为下一任通用电气公司董事长。

8.3　管理人员培训

由于组织的发展或由于某种自然与非自然的原因，组织的管理队伍需要不断地更新和补充。人的成长总需要一个相对漫长的渐进过程，明天担任管理职务的管理人员要求今天就要开始培训。因此，组织应重视开展人员培训工作，特别是管理人员的培训工作。

8.3.1　培训与管理队伍的稳定

管理人员的培训，不仅可以为组织的发展准备干部，而且对管理人员自己来说也是非常重要的：通过培训，不仅可直接丰富个人的知识，增强个人的素质，提高个人的技能，而且可以辨识个人的发展潜力，使那些在培训中表现突出的管理人员，在培训后有更多的机会被提拔担任更重要的工作。由于培训为每个人的发展和职务晋升提供了美好的前景，使每个人的未来在一定程度上有了保障，增强了管理人员在职业方面的安全感，因此，它有利于维持管理人员对组织的忠诚，能够促进管理队伍的稳定性。

管理队伍的稳定与组织的人员培训工作是相互促进的：一方面，培训提供了个人发展的机会，能够减少管理人员的离职；另一方面，管理人员的稳定性，又能促进企业放心地进行人力投资，使企业舍得花钱培训，而不需要担心为他人作嫁衣。

8.3.2　管理人员培训的目标

开展管理人员培训旨在提高管理队伍的素质，促进个人发展，同时为企业创造最大的价值，对管理人员的培训必须实现以下四个方面的具体目标。

1. 发展能力，提高竞争力

管理人员培训的一个主要目的就是根据岗位工作的要求，努力提高组织管理人员在决策、用人、激励、沟通、创新等各方面的综合能力，特别是随着工作的日益复杂化和非个人行为化，组织内部对改进人际关系的能力要求不断提高，这使得组织对管理人员的培训要求变得愈发重要，这也是衡量组织竞争力的重要体现。

2. 更新知识，提炼新技能

现代企业在生产过程中广泛地运用了先进的科学技术，员工必须掌握与企业生产经营有关的科技知识。这些知识，既可以在工作前的学校教育中获取，更应该在工作中不断地补充和更新，因为随着科学技术进步速度的加快，人们原先拥有的知识结构在迅速地陈旧和老化。为了使企业的活动跟上技术进步的速度,就必须通过培训,来及时补充和更新组织成员的科学、文化、技术知识,使之在实践中不断地得到锤炼和提升,达到人事相宜。

3. 改变态度,提高素质

每个组织都有自己的文化、价值观念、行动的基本准则。组织成员只有了解并接受了这种文化,才能在其中有效地工作。通过对组织成员特别是对新成员的培训,使他们逐步了解组织文化,接受组织的价值观念,按照组织中普遍的行动准则来从事工作,与组织同化。

4. 传递信息,加强协作

通过培训,可以使组织成员了解组织在一定时期内的生产特点、产品性能、工艺流程、营销政策、市场状况等方面的情况,使他们熟悉组织的各项业务和各方面的信息,熟悉未来的合作伙伴,使他们准确而及时地给自己定位。

案例 8-6

星巴克的培训观

星巴克员工在进入公司前6个月有一系列的正式课程,完成社会化训练后,开始跻身咖啡专家的行列。

星巴克一年花不到100万美元的广告费,却能每年以32%的增幅,成为品牌价值增加百分比最高的企业,比增幅第二的韩国三星电子公司还多10个百分点。这主要靠员工的高素质,员工与顾客面对面接触,传播咖啡文化,并倡导把工业城市的文艺复兴起来。这批在密集而长期训练下充满活力为顾客煮咖啡、不厌其烦教顾客喝咖啡的星巴克子弟兵,成为消费者进行"星巴克体验"的主要动力。在充分表现星巴克文化的员工服务下,享受富有流行感的内部装潢、飘散于席座间浓浓的咖啡香,以及让人心情好转的奇妙气氛,或许才是它最为直接的让人容易上瘾的主要原因。

星巴克之所以能成功扭转美国人原本牛饮咖啡的习惯,用欧式的拿铁、卡布其诺等浓缩咖啡从无到有地培养出一批忠诚客户,靠的是现任执行长霍华德·萧兹"重视员工培训"这个核心理念。对星巴克而言,每位员工都是构成品牌的一分子,在消费者心目中都代表着星巴克。萧兹当年因坚持这一经管理念得不到董事会认同而离开星巴克自行发展,之后又回头并购星巴克,积极推行这一理念。

8.3.3 管理人员培训的内容

管理人员培训的内容涉及思想政治教育、基础文化知识教育、技术业务培训、管理知识培训、法律政策及制度培训等方面。

思想政治教育主要包括政治观和人生观教育,以使员工了解国家的方针政策,热爱祖国,有远大理想,有良好的职业道德。

基础文化知识教育主要包括各类文化课程和基础知识的课程教育及学历教育,以全面提高员工素质,为员工掌握专业技能和职业发展奠定坚实的基础。

技术业务培训主要包括有关专业知识、工艺规程和技术技能方面的培训,以及各类岗位及技术等级培训等,以使员工掌握和提高技术性专业能力。

管理知识培训主要包括有关管理原理、管理思想、管理方法、管理手段和管理技巧等方面的培训,以培养员工的沟通能力、协调能力和根据具体情况独立解决问题的能力。

法律政策及制度培训主要包括法制教育、企业规章制度和纪律教育、劳动安全教育等,以培养员工遵纪守法的自觉性。

8.3.4 管理人员培训的方法

知识的更新和补充可以相对迅速地通过集中脱产或业余学习的方法来完成，而态度的改变与技能的培养则需要在参与管理工作的实践中长期不懈地努力。我们关心的主要是旨在培养能力与改变态度方面的培训方法。

1. 工作轮换

工作轮换包括管理工作轮换与非管理工作轮换。管理工作轮换是在提拔某个管理人员担任较高层次的职务以前，让他先在一些较低层次的部门工作，以积累不同部门的管理经验，了解各管理部门在整个公司中的地位、作用及其相互关系。非管理工作轮换是根据受培训者的个人经历，让他们轮流在公司生产经营的不同环节工作，以帮助他们取得各种工作的知识，熟悉公司的各种业务。

工作轮换作为培养管理技能的一种重要方法，不仅可以使受训人员丰富技术知识和管理能力，掌握公司业务与管理的全貌，而且可以培养他们的协作精神和系统观念，使他们明确系统的各部分在整体运行和发展中的作用，从而在解决具体问题时，能自觉地从系统的角度出发，处理好局部与整体的关系。

为了有效地实现工作轮换的目的，要对受轮换训练的管理人员提出明确的要求，并据此对他们在各部门工作期间的表现进行严格考核，以防止他们产生"做客""体验生活"的思想，从而在各部门匆匆而过，不能很好地利用这些机会。

北电网络：对团队中的每个人做好规划

北电网络公司在激励员工方面更注重员工的职业发展，如让员工轮岗，激励他们继续发挥自己的潜能。员工在工作中能够吸收别人的经验，从而提高自身的发展。在北电网络公司，通常员工大概工作两年就会有轮岗的机会，当然轮岗要征询员工的意见，在北电网络公司有一套制度，叫"内部调度"，用来通过轮岗增强他们的能力。执行内部调度员工至少要在一个岗位工作18个月至24个月，以使他们对现有的工作有一个足够的了解。

如果员工有轮岗的需求，可以向人力资源部提出来，然后人力资源部会在别的部门给他们找机会，有时候别的部门也将这种需求提供给人力资源部。如果双方都有意，可以通过面试交流，如果大家都同意，这个员工通常会到新岗位进行工作试用。为了避免内部部门之间相互挖人，北电网络公司在制度上有一些基本要求，如必须在一个岗位工作满18个月至24个月，另外，挖人方经理要向供人方经理提前打招呼。北电网络公司的用人原则是："不可能让一个人做一个职位直到退休。我们希望留住人才，因为我们请进来的人都是很优秀的，希望他们能够留下来，公司会为其提供职业发展空间。"

2. 设置助理职务

在一些较高的管理层次设立助理职务，不仅可以减轻主要负责人的负担，使其从繁忙的日常管理工作中脱出身来，专心致力于重要问题的考虑和处理，而且具有培训待提拔管理人员的好处。例如，可以使助理开始接触较高层次的管理实务，并通过处理这些实务，积累高层管理的经验，熟悉高层管理工作的内容与要求；可以使助理很好地观察主管的工作，学习主管处理问题的方法，吸收他的优秀管理经验，从而促进助理的成长；此外，还可使培训组织者更好地了解受训人（助理）的管理能力，通过让他

第8章 人员配备

单独主持某项重要工作，来观察他的组织能力和领导能力，从而决定是否有必要继续培养，或是否有可能予以提升。

3. 临时职务与彼得原理

当组织中某个主管由于出差、生病或度假等原因而使某个职务在一定时期内空缺时（当然组织也可以有意识地安排这种空缺），则可考虑让受训者临时担任这项工作。安排临时性的代理工作具有和设立助理职务相类似的好处，可以使受训者进一步体验高层管理工作，并在代理期内充分展示自我，或迅速弥补他所缺乏的管理能力。

设立代理职务不仅是一种培训管理人员的方法，而且可以帮助组织进行正确的提升，防止"彼得原理现象"的产生。

美国管理学家劳伦斯·J.彼得曾经发现"在实行等级制度的组织里，每个人都崇尚爬到能力所不及的层次"，他把自己的这个发现写成了著名的《彼得原理》一书。由于组织中经常有些管理人员在被提升后不能保持原先的成绩，因此可能会给组织带来效率的大滑坡。

彼得原理描述的实际上是这样一种事实，某个人被提拔担任管理工作后，任职初期由于缺乏经验，只能表现平平，甚至有点不自在。但是随着工作时间的延长，管理经验不断丰富，能力不断提高，从而业绩不断改善。如果说，初期他的能力与成绩只能勉强符合职务要求的话，那么现在已可能远远超过了职务所要求的水平。这时，组织便可能考虑将其提升。提升后可能经历与前阶段类似的过程，即逐渐从"表现平平"到"超越职务需要"，这样便可再度获得晋升的机会。这样一直延续下去，直到有一天，他被晋升到某个高层次的职位以后，能力不能继续提高，业绩不能继续改善，甚至不符合职务的要求，工作表现在职务要求的"水平以下"，即彼得的所谓"爬到了能力所不及的阶层"。出现这种情况，对个人来说，会失去继续晋升的机会；对组织来说，则会引起效率的下降，甚至滑坡。

如何才能防止"彼得原理现象"产生呢？消极地在提升后撤换不称职的管理人员的方法，需要组织付出极高的代价。积极的方法应通过分析"彼得原理现象"产生的原因去寻找。导致这种现象出现的一个重要原因是，我们提拔管理人员往往主要是根据他们过去的工作成绩和能力。在较低层次上表现优秀、能力突出的管理者能否胜任较高层次的管理工作？答案是不肯定的。只有当这些人担任高层管理工作的能力得到某种程度的证实以后，组织才应考虑其晋升的问题。检验某个管理人员是否能够担任较高职务的一种可行方法，是安排他担任某个临时性的代理职务。通过对代理者的考察，组织可以更好地了解他的独立工作的能力。如果在代理以前，该管理人员表现突出，部门内的人际关系很好，在执行工作中也表现出一定的创新精神，而在代理过程中，遇事不敢做主，甚至惊慌失措，每天向出差、休假的主管打上十次八次电话，以请示汇报工作，那么，将代理转为正式显然是不恰当的。由于代理只是一个临时性的职务，因此，取消代理使其从事原先的工作，对代理者本人也不会造成任何打击，但这样可以帮助组织避免一次错误的提拔。

案例 8-8

沃尔玛内部培训出人才

沃尔玛坚信内部培训出人才。在沃尔玛，很多员工都没有接受过大学教育，拥有一张 MBA 文凭并不见得能够赢得高级主管的赏识，除非通过自己的努力，以杰出的工作业绩来证明自己的实力。但这并不是说公司不重视员工的素质，相反，公司在各方面鼓励员工积极进取，为每一位想提高自己的员工提供接受训练和得到提升的机会。公司专门成立了培训部，开展对员工的全面培训，无论是谁，只要你有愿望，就有学习和获得提升的机会，而且，如果第一次努力失败了，还有第二次机会。因此，今天沃尔玛公司的绝大多数经理人员产生于公司的管理培训计划，是从公司内部逐级提拔起来的。

沃尔玛看重的是好学与责任感。在一般零售公司，没有10年以上工作经验的人根本不会被考虑提升为经理；而在沃尔玛，经过6个月的训练后，如果表现良好，具有管理好员工、管理好商品销售的潜力，公司就会给他们一试身手的机会，先做助理经理，或去协助开设新店，如果干得不错，就会有机会单独管理一个分店。在公司看来，一个人缺乏工作经验和相关知识没有多大关系，只要他肯学习并全力以赴，绝对能够以勤补拙。而且公司乐于雇用有家室的人，认为他们稳定，能努力工作。而在今日的美国，零售业由于大量使用兼职工、非熟练工以压低成本，各公司的员工流失率均居高不下，唯有沃尔玛是个例外。

沃尔玛崇尚岗位轮换。对于公司的各级主管，公司经常要求他们轮换工作，有机会担任不同工作，接触公司内部的各个层面，相互形成某种竞争，最终能把握公司的总体业务。这样做虽然也可能造成企业内某些主管之间的矛盾，但公司认为是对事不对人，每个人应首先帮助公司的其他人，发扬团队精神，收敛个人野心。

8.4 人事考评

8.4.1 人事考评的目的和作用

人事考评首先是为了列出企业人力资源的清单，了解企业管理队伍的基本状况。但是提供清单本身并不是目的，它是为一系列具体工作服务的。

（1）为确定管理人员的工作报酬提供依据。这是许多企业进行人事评估的主要目的。工作报酬必须与工作者的能力和贡献结合起来，这是企业分配的一条基本原则。如果报酬仅取决于工作的性质（如流水线上的作业）或劳动的数量（如在实际计件工资制的条件下），企业更加关心工作分析，分析作业方法，制定标准的作业时间，确定合理的计件单价，使任何作业者的报酬与其工作量成某种比例关系。

然而，管理人员的工作与流水线上的操作或按件计酬的工人有着本质的区别。这种区别主要表现在：管理人员的工作往往具有较大的弹性；管理人员的工作效果通常难以精确地量化处理；这种结果往往受到存在于管理人员之外的许多难以界定的因素的影响。由于这些特点，在确定管理人员的工作报酬时，不仅要根据担任这项职务所必需的素质确定能力工资或职务工资，而且还应根据管理人员在工作中的态度、努力程度、实际表现等因素来确定绩效工资。如果说前者取决于工作或职务分析的话，后者则需要通过人事考评来提供依据。

（2）为人事调整提供依据。期初配备的管理人员并不一定与工作要求完全相符。有些管理人员在选聘时所表现出的曾令人留下深刻印象的工作能力在管理实践中并未得到充分证实。相反，另一些管理人员在工作过程中素质和能力不断得到提高，表现出强烈的担负更重要工作的欲望，并试图努力证明自己是有能力负起更大责任的。由于诸如此类的原因，必须根据管理人员在工作中的实际表现，对组织的人事安排经常进行调整：将前者安排到力所能及的岗位上，给后者提供晋升的机会，对另一些人则可保持现在的职位。人事考评可以为我们制订包括降职、提升或维持现状等内容的人事调整计划提供依据。

（3）为管理人员的培训提供依据。管理人员的社会阶层、文化背景、过去经历及受教育程度等因素决定了他们在具备一定优秀素质的同时,也存在某些方面的素质缺陷。这些素质缺陷影响了他们管理技能的提高,对他们现在的工作效率或未来的提升构成了不同程度的障碍。这些缺陷往往是由于缺少学习和训练的机会而造成的,因此可以通过企业的人员培训使其消除或改善。人事考评可以帮助企业了解每个管理人员的优势、局限,因而能够指导企业针对管理队伍的状况和特点来制定相应的培训和发展规划。

(4) 有利于促进组织内部的沟通。促进沟通也许只是一种副产品,是人事考评中一种派生的有利因素。制度化的人事考评,可以使下级更加明确上级或组织对自己的工作和能力要求,从而了解努力的方向;可以使上级更加关心下属的工作和问题,从而更加关注他们的成长;可以使上下级经常对某些问题进行讨论,从而促进理解的一致性等。这些由于考评而带来的沟通的增加,必然会促进人们对组织目标与任务的理解,融洽组织成员特别是管理人员之间的关系,从而有利于组织活动的协调进行。

案例 8-9

教学工作绩效考评

某大学电子系的办公室主任张林负责本系教师的学期绩效工作已经三年了。通常的做法是,由学校教务处将两种工作绩效考评表格下发各系:一种是由任课教师所教授班级的学生在教师离开班级后给教师评分的表格,包括优、良、中、差几个等级的大致描述;另一种表格是由教师自己填写的自我评价表,包括对自己教学工作的总体评价和一些具体指标,如备课情况、上课是否认真负责、对专业方向的掌握水平、对学生的引导及教学方法等。在将两种表格填好回收之后,由教务处做出总体评价。近些年来的实践表明,两种评价表格的作用并不一致。学校在对一名老师进行的评价过程中,更加重视的是学生给出的评价,其逻辑是:自我评价是不大可能反映每个人的真实情况的,因为人们通常不会主动将自己的缺点暴露给别人,尤其是当这种考评是与教师的学期奖金有一定的关系的情况下。

这个学期的工作绩效考评又要开始了,很多老师向张林抱怨考评方法的不公正,但是却没有得到任何来自学校有关部门的反馈。甚至教师之间由于考评结果带来的相互矛盾也更加激烈。但是,至少教务处长还在期待学期工作绩效考评给教师带来的激励作用可以发挥得更好。

8.4.2　健全有效的人事考评制度的要求

人事考评制度既要达到考评的各项目的,又要为被考评人员所普遍接受,应满足下列各项要求。

1. 全面性与完整性

全面性与完整性是考评的多维性特点的要求。考评虽不能包罗万象,过于琐细,但必须包括影响工作绩效的各主要方面,才能避免片面性。

2. 相关性与有效性

这是指考评的内容确实与工作有关,如个人生活习惯、癖好之类的琐细内容便不宜包括在考评内容中,使考评成为名副其实的工作绩效考察而非生活作风鉴定或其他,从而保证了考评的有效性。

3. 明确性与具体性

明确性与具体性是要求考评标准明确、具体,如果含混不明、抽象深奥,便无法使用。

4. 可操作性与精确性

这是上一项要求的自然延伸。考评标准必须尽量可以直接操作,即可进行测量;同时还应尽可能予以量化,即可定量测定。综合两项要求,考评标准应是有形的、可度量的、应尽量转化为具体行动。

5. 原则一致性与可靠性

原则一致性与可靠性是指考评标准适用于一切同类型的员工,即一视同仁,不能区别对待;也不能经常变动,致使考评结果的横向与纵向可比性降低或丧失,也就是考评不能达到必要的可信度,就变得不可靠了。

6. 公正性与客观性

公正性与客观性是指考评标准的制定及其执行,必须公正、客观,不掺入个人好恶等感情成分。

7. 民主性与透明度

考评要使被评人员口服心服、诚心接受,确非易事。事实上,民主性常常是实现客观、公正的必要条件。这是指制定标准时要听取员工的意见,在条件允许时,更应吸收各类员工推选的代表参与制定标准。在执行考评时更要保障受评者申诉与解释的权利。透明度既指考评标准与程序要向员工交底,还指考评结论要向被评者反馈。

8. 相对稳定

企业人事办法制定后,要保持相对稳定,切不可朝令夕改,只能在工作情况变化时按照一定的程序进行调整和修改。这样,才能让广大员工适应,在一定的工作时间内有稳定的标准可供参照,才能确保考评标准运用的客观性。

9. 考评项目数量恰当

企业的考评项目在数量上应注意合理恰当,使考评工作既全面又不烦琐。

10. 可接受性

不难想象,如果一个企业的人事考评是少数人臆想出来的,而非科学设计的,那么就会使被考评者有难以接受的感觉或者认为不公正、不恰当,进而就会轻视人事考评工作。因此,企业人事考评要具有可接受性。

案例 8-10

小王的苦恼

小王在一家私营公司做基层主管已经有三年了。这家公司以前不是很重视绩效考评,但是依靠自己所拥有的资源,公司的发展很快。去年,公司从外部引进了一名人力资源总监,至此,公司的绩效考评制度才开始在公司中建立起来,公司中的大多数员工也开始知道了一些有关员工绩效管理的具体要求。

在去年年终考评时,小王的上司要同他谈话,小王很是不安,虽然他对自己一年来的工作很满意,但是他不知道他的上司对此怎么看。小王是一个比较内向的人,除了工作上的问题,他不经常和自己的上司交往。在谈话中,上司对小王的表现总体上是肯定的,同时,指出了他在工作中需要改善的地方。小王也同意那些看法,他知道自己有这些缺点。整个谈话过程是令人愉快的,离开上司办公室时小王感觉不错。但是,当小王拿到上司给他的年终考评书面报告时,他感到非常震惊,并且难以置信。书面报告中写了他有很多问题、缺点等负面的东西,而他的成绩、优点等只有几点。小王觉得这样的结果好像有点"不可思议"。小王从公司公布的"绩效考评规则"上知道,书面考评报告是要长期存档的,这对小王今后在公司的工作影响很大,小王感到很是不安和苦恼。

8.4.3 人事考评的内容

一般来说,为确定工作报酬提供依据的考评,着重于管理人员的平时表现,而为人事调整或组织培训进行的考评则偏向对技能和潜力的分析。然而,组织中具体进行的人事考评,往往不只与一种目的有关,而是为一系列目的服务。因此,考评的内容不能只侧重于某一方面,而应尽可能全面。

1. 岗位职责考评

岗位职责考评指对管理人员在承担本职工作、完成上级交付的任务中所表现出的业绩进行评价。基本要素由工作目标、工作质量、工作成果和工作进度等构成。

2. 能力考评

能力考评指对担任管理职务所需要的基本素质和能力进行测评。基本要素包括担当职务所需要的理解力、创造力、指导和监督能力等经验性能力,以及从工作中表现出来的工作效率和工作方法等。

3. 品德考评

品德考评指对达成工作目标的过程中所表现出的工作责任感、工作勤奋度、协作精神及个人修养等方面的考评。

4. 知识考评

知识考评指对达成工作目标的过程中所需要的相关知识进行测评。基本要素包括担当职务所需要的专业知识、管理知识及其他相关知识等。

5. 组织纪律考评

组织纪律考评指对达成工作目标的过程中所表现出的纪律性及其他工作要求等进行测评。其基本内容包括遵守纪律、仪表仪容、工作规范等。

8.4.4 人事考评的工作程序与方法

1. 人事考评的一般程序

为了提高考评结果的可信度和可接受性,通过考评真正激发起管理人员的工作积极性,必须提高考评的客观性和公正性,而公正的考评要求依据一定的程序进行。

1) 确定考评内容

考评中首先要根据被考评管理岗位的工作性质,确定适当的考评内容,设计合理的考评表,以合理的方式提出考核问题,并通过考评人员对这些问题的填写得到考评所需的资料。

2) 确定考评者和被考评者

一般来说,被考评人员应根据考评目的和考评周期来确定。而考评者则根据被考评对象来确定,在传统上往往是由直接上司来负责考评。但上司考评往往不够全面、公正,因此现代人力资源管理倡导尽可能采用360°考评,考评者包括上级、同事、下属甚至客户。

3) 确定考评方法和时间

管理人员的考评一般可采取自我述职报告和上级主管考核综合评判的方法。考评周期有月度考核、季度考核和年度考核等。一般来说,管理人员层级越高,考评周期越长。

4）确定考评等级及标准

考评等级可分为 A、B、C、D、E 五个等级，各等级的标准如下：A 级（优秀），工作成绩优异，有创新性成果；B 级（良好），工作成果达到目标任务所要求的标准，且成绩良好；C 级（合格），工作成果基本达到目标任务所要求的标准；D 级（较差），工作成果未完全达到目标任务所要求的标准，但若努力可以达到；E 级（差），工作成果均未达到目标任务所要求的标准，经督导而未改善的。

5）分析、反馈和使用考评结果

为了确保考评结果的公正性，在得出初步的考评结论后，首先需要对考评结论的主要内容进行对比分析，仔细检查考评中有无不符合事实的、不负责任的评价，以检验考评结论的可信度。接着应及时将考评结果反馈给有关当事人，在认真听取当事人申辩意见的基础上，通过必要的解释和沟通，让当事人心悦诚服地接受考评结论，并明确自己今后努力的方向。最后才是考评结果的使用，即根据考评结果对有关管理人员进行奖惩和职务的调整。

2. 人事考评的方法

人事考评的方法有多种，这里介绍几种主要的方法。

1）书面描述法

书面描述法是以书面形式描述一个员工的所长、所短、过去的绩效和潜能，并提出改进建议的一种记叙性的人事评估方法。

2）关键事件法

关键事件法是指考评者将注意力集中在那些区分员工有效的和无效的工作绩效的关键行为方面，并记下一些细小的但能说明员工所做的是特别有效果的或无效果的事件的评估方法。其要点是，只记录员工具体的关键的行为事件，而不笼统地评价员工的个人特质，以便给员工指明哪些行为是被期望的或哪些行为是不被期望的。

如果考评者能够长期观察员工的工作行为，对员工的工作情况十分了解，同时也很公正和坦率，那么这种评价报告是很有效的。但是，由于书面报告是对不同员工的不同工作侧面进行描述，无法在员工之间、团队之间和部门之间进行工作情况的比较，并且考评者用自己制定的标准来衡量员工，员工没有参与的机会，因此这种方法不适合用于人事决策。

3）评分表法

评分表法是一种最古老也最常用的人事考评的方法。它是指评估时列出一系列绩效因素，如工作的数量与质量、职务知识、协作与出勤、诚实和首创精神等，然后考评者逐一对表中的每一项给出评分的人事考评方法。评分尺度通常采用五分制，如对忠诚度这一因素的评分可以是一分（员工对组织的忠诚度很差）至五分（员工对组织的忠诚度很高）。

4）行为定位评分法

行为定位评分法是近年来日益得到重视的一种方法，结合了关键事件法和评分表法的特点，较具体地列出绩效因素并采用打分的方法。评分项目是某人从事某项职务的具体事例，而不是一般的特质描述。其结果可以形成对"预测""计划""实施""解决眼前问题""贯彻执行命令"及"处理紧急情况"等行为的描述。

5）多人比较法

多人比较法是将一个员工的工作绩效与一个或多个其他人的工作绩效作比较的一种相对的而不是绝对的衡量绩效的评估方法。

6）目标管理法

现代人事考评更多地采用目标管理法，它是对管理人员和专门职业人员进行人事考评的首选方法。在目标管理法下，每个员工都确定有若干具体的指标，这些指标是其工作成功开展的关键目标，其目标必须是明确的、可证实和可衡量的，因此它们的完成情况可以作为评价员工的依据。目标管理法在管理者中之所以流行，主要归功于它对结果目标的重视。管理者通常非常强调利润、销售额和成本这些带来成果的结果指标，这种趋向恰与目标管理法对工作绩效定量测评的关注相一致。正因为目标管理重结果更甚于重手段，因此使用这一评估方法可以使管理者得到更大的自主权，以便选择其达到目标的最好路径。

7）360°反馈法

360°反馈法是利用从上司、员工本人及其同事处得来的反馈意见进行人事考评的一种方法。换句话说，这种考评使用了与管理者有互动关系的所有人员的反馈信息。

这种方法使用时需注意，360°反馈法的主要目的，应该是服务于员工的发展，而不是对员工进行行政管理，如提升、工资确定或绩效考核等。实践证明，当用于不同的目的时，同一评价者对同一被评价者的评价会不一样；反过来，同样的评价者对于同样的评价结果也会有不同的反应。当360°反馈法的主要目的是服务于员工的发展时，评价者所做出的评价会更客观和公正，被评价者也更愿意接受评价的结果。当360°反馈法的主要目的是进行行政管理，服务于员工的提升、工资确定时，评价者就会考虑到个人利益得失，所做的评价相对来说难以客观、公正；而被评价者就会怀疑评价者评价的准确性和公正性。因此，当企业把360°反馈法用于对员工的行政管理时，一方面可能会使评价结果不可靠，甚至不如仅仅由被评价者的上级进行评价；另一方面，被评价者很有可能会质疑评价结果，造成企业人际关系紧张。

8）平衡计分卡法

平衡计分卡（Balanced Score Card，BSC）是从财务、客户、内部运营、学习与成长四个角度，将组织的战略落实为可操作的衡量指标和目标值的一种新型绩效管理体系。设计平衡计分卡的目的就是要建立"实现战略制导"的绩效管理系统，从而保证企业战略得到有效的执行。因此，人们通常称平衡计分卡是加强企业战略执行力的最有效的战略管理工具。

平衡计分卡中的目标和评估指标来源于组织战略，它把组织的使命和战略转化为有形的目标和衡量指标。BSC中的客户方面，管理者们确认了组织将要参与竞争的客户和市场部分，并将目标转换成一组指标。如市场份额、客户留住率、客户获得率、顾客满意度、顾客获利水平等。BSC中的内部经营过程方面，为吸引和留住目标市场上的客户，满足股东对财务回报的要求，管理者需关注对客户满意度和实现组织财务目标影响最大的那些内部过程，并为此设立衡量指标。在这一方面，BSC重视的不是单纯的现有经营过程的改善，而是以确认客户和股东的要求为起点，以满足客户和股东要求为终点的全新的内部经营过程。BSC中的学习和成长方面确认了组织为了实现长期的业绩而必须进行的对未来的投资，包括对雇员的能力、组织的信息系统等方面的衡量。组织在上述各方面的成功必须转化为财务上的最终成功。产品质量、完成订单时间、生产率、新产品开发和客户满意度方面的改进只有转化为销售额的增加、经营费用的减少和资产周转率的提高，才能为组织带来利益。因此，BSC的财务方面列示了组织的财务目标，并衡量战略的实施和执行是否为最终的经营成果的改善做出贡献。BSC中的目标和衡量指标是相互联系的，这种联系不仅包括因果关系,而且包括结果的衡量和引起结果的过程的衡量相结合,最终反映组织战略。

安利的考评机制

安利公司在人力资源管理方面近年来总走在其他公司的前面,亚洲"最佳雇主"、广州市"员工信得过企业"、国内HR(人力资源)"最青睐的雇主",荣誉接踵而至。据了解,安利(中国)公司员工队伍的和谐稳定、保持活力是很多企业所少有的。特别是对于工作氛围和内部沟通的满意度,公司领导层自评的结果和对员工们调查得出的结果更是前所未有地一致。值得关注的应当是安利先进的绩效考评制度,由此产生的人才忠诚度使安利的全球化市场战略的宏伟目标得以实现,成为《财富》"世界500强"排行榜里长盛不衰的公司之一。安利(中国)公司人力资源总监饶俊认为,如果企业文化和组织动力是一家企业前进的最重要因素的话,完善的绩效考评就是杠杆。饶俊介绍,安利在绩效考评方面没有什么秘密,让员工充分参与、广泛做主就是了。安利(中国)公司的绩效考评机制是建立在突出员工之间的伙伴关系的企业文化和明晰的才能要素上的。

本章小结

人员配备是为岗位配备适当的人,因此,既要考虑组织的需要,也要考虑组织成员的个人特点、爱好和需要。人员配备的任务不仅是为了保证组织目前活动的顺利进行与个人现有能力的充分发挥,而且要为组织与个人的发展提供保证。

选聘管理人员是人员配备的主要工作内容。管理职位特别是高层管理职位出现空缺时,组织可以通过内部招聘或外部招聘两种不同的途径去补齐。当然,究竟选择何种途径,要考虑到多方面的因素,特别是要考虑到对管理人员队伍士气的影响。为了合理地进行人事调整、公平提拔管理人员或对管理者给予报酬,必须对管理人员有目的地进行培训。培训的方式可以是多种多样的,在职培训主要包括工作轮换、设立助理和安排临时职务等途径。为了确定管理人员的工作报酬并对人事进行合理调整,企业必须进行人事考评,人事考评的方法也是多种多样的,企业应合理运用。

人员配备——staffing　　　　　　　　内部提升——internal promotion
外部招聘——external recruitment　　　工作轮换——job rotation
人事考评——personnel evaluation　　 能力考评——capacity evaluation
关键事件法——critical incidents　　　评分表法——graphic rating scales
行为定位评分法——behaviorally anchored rating scales　多人比较法——multiperson comparisons
目标管理法——management by objectives　360°反馈法——360-degree feedback

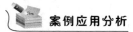

家乐福(中国)公司的管理人员选拔和培训计划

在家乐福(中国)公司培训中心的教室里,一堂关于创造力的课程正在进行着。来自新加坡专业咨询机构的教师正在用英语分配着任务,学员则是来自全国各地的近20位店长候选人。"这里有纸张、胶带,每张纸的成本是5美元,胶带是每5厘米10美元,每分钟的时间成本是20美元,请你们制造出一个大家都可以穿过去的隧道。最后,你们要向大家展示自己产品的总成本、建议销售价格和利润,并向模拟客户推销这种产品。"

上述场景是家乐福店长候选人培训课程的一个片段,类似的课程还很多。它们不仅覆盖了家乐福在全国各地的分店,而且也兼顾了从高管到普通员工各个层面。在接受《每日经济新闻》专访时,原家乐福中国人力资源总监杨孝全表示:"管理人员梯队建设是目前家乐福面临的最大挑战之一。管理人员的梯队建设不好,企业的持续发展就会有问题,这需要培训机制发挥作用。"事实上,在人力资源尤其是管理人员培训方面,家乐福已经走在了众多企业的前列,为外界所称道。

1. 百里挑一的店长候选人

自1995年进入中国至今,家乐福已在华开设200多家分店。每开一家店,就意味着需要1个店长、5个处长、20个课长及更多服务部门的管理人员。公司规模的快速发展,对家乐福的人才储备提出挑战。杨孝全介绍说,在店面管理过程中,家乐福的店长相当于企业的总经理,拥有相当大的权限,家乐福各家分店都有各自不同的特色,主要就是因为店长具有因地制宜快速决策的权力。

目前,家乐福的店长任命以内部提拔为主,近60%的店长都是由本土成长起来的职业经理人担任,其中不乏从收银员一步步成长为店长的。所以,店长培训是家乐福培训项目中的重中之重,也是启动最早的管理人员的培训项目。早在2000年,家乐福就启动了店长培训计划,每年举办一到两届,从全国各地分店中挑选出优秀的候选人,送至上海总部进行每月三次的集中培训,为期10个月。

如果用"百里挑一"来形容这些候选人的产生丝毫不为过。杨孝全说,家乐福的接班人计划分为短期、中期、长期三种,短期接班人是指在一年内可以成为店长的候选人,中期接班人是指一到两年内有望成为店长的候选人,长期接班人则是指对三年内可以成长起来的员工分别进行培训。

2. 店长是这样炼成的

家乐福的店长课程包括店长就职培训、财务、人力资源、团队管理、市场营销和美工培训等15个课程,其中领导力是非常重要的一项。杨孝全表示:"领导力是店长的重要素质。作为处长,只管辖二三十人,但升任店长后,要管几百人。"所以在测评时,家乐福会对候选人创造成绩的动机、宏观把握能力、想象力及决策眼光、影响力和推动力等各项指标进行测试与培训,本文开篇描述的活动便是其内容之一。

经过这样的课程后,最终能够成为店长的人,在正式上任前还要再经过一个10个月的店长培训课程。他们除了要接受更为严格的培训外,还将参观国内15家大型超市,然后进行8～10天的欧洲访问,参观家乐福在全球的分店及竞争对手的门店,最后举行隆重的毕业典礼及报告会。候选人同时会收到一份详细的报告,记录着他们的面试表现与培训成绩,毕业后,他们将迎来全新的职业生涯。

在家乐福,店长的聘任有个不成文的规定,即每个店长会在两年左右转换一个岗位,或到新店任职,或提升为区域经理等高管。杨孝全解释道:"每个人在一个职位上做久了,都会有一种倦怠情绪产生,这样做可以令员工保持更多的工作激情与活力。"

3. "一网打尽"的培训体系

在推出店长培训计划的四年后,家乐福又开始了自己的基层管理人员培训计划。他们从大学、社会上招聘一些优秀人员,进行为期18个月的半脱产培训,为公司培养课长等基层管理人员。杨孝全告诉《每日经济新闻》的记者,根据过去的经验,一名大学生需要两年半的工作经历才能成为一名课长,然后再经过两年半时间成长为一名处长,之后再需要一年多的锻炼才能升为一名店长。如此算来,一名店长的成长至少需要6年的时间。但随着人才需求速度的加快,快速的内部提升也会带来另外一个问题,即中层管理人员的不足。因此,家乐福加快了对中层管理人员的培养,他们以上海地区为试点,招聘MBA(工商管理硕士)及社会上有丰富经验的人员,进行为期6个月的培训,这种模式第二年在全国各地推广,培训结束后,这些人将成为各分店的中层主管的候选人。

至此,一个多层次、覆盖面广的管理人员培训体系,已将家乐福的员工从店长到基层人员"一网打尽",为其在华的持续快速发展打下了坚实的人才基础。"零售业每天都有预算,每天都有销售业绩,每天都可以看到成绩。就如同每天都有一座山要跨越,每天可以在不同的山上看风景,每天在超越中感受到实现目标的快乐。"杨孝全这样形容在零售业工作的快感。

讨论：
（1）结合本章内容分析家乐福（中国）公司管理人员选聘和培训计划的特点和可以借鉴的经验。
（2）家乐福公司管理人员选聘和培训模式是否存在不足？为什么？

思 考 题

1. 人员配备需满足组织和个人的哪些需要？
2. 人员配备包括哪些工作内容？从事这些工作需要遵循哪些原则？
3. 如何确定管理人员的需要量？
4. 人员培训的目标是什么？
5. 为什么会出现"彼得原理现象"？如何防止"彼得原理现象"的出现？
6. 人事考评的目的和作用是什么？
7. 人事考评方法有哪些，分别有哪些优、缺点？

第 9 章

组织力量整合与变革

教学要求

了解正式组织和非正式组织的概念和特点；熟悉直线和参谋的关系、矛盾及处理方法；理解委员会的特点及有效利用的方法；理解组织变革的动力和阻力因素；掌握变革的程序和变革方式的类型。

本章知识点

正式组织及非正式组织的概念及特点；直线与参谋的关系、矛盾及处理方法；委员会的优、缺点及有效利用的方法；组织变革的动力和阻力因素；变革阻力的克服；变革的程序和方式。

■ 导入案例

SL 有限公司的集体离职

广州滘口工业区的 SL 有限公司是一家生产皮鞋的中型企业，产品绝大部分按照出口订单生产，然后外销。公司一直都保持着稳定的发展，但自从公司的前任厂长两年前离职自己创业后，公司的情况就开始慢慢地发生变化。老总佟生一直在物色具有丰富皮鞋生产和出口经验的管理者，但是前后来了几任厂长都没能改变公司管理混乱的局面，成品皮鞋几乎每批都有近一半因质量不达标而被外贸公司退回返工。这一方面让公司大幅度亏损，资金周转出现危机；另一方面由于公司采取的是计件工资制，也导致员工的收入锐减。近几个月来，公司内部流传着各种消息，如又要换厂长了，刚做了一批订单又要返工，这个月的工资佟总会压着不发，老板准备申请破产等。

此时，佟总正在上海和一家外贸公司谈判，希望能获得一个 200 万元的出口订单。他也知道公司里人心不稳，但他认为只要能签到大额的订单就可以稳定军心，一切都会好起来。所以在离开公司前，他给员工发了拖欠的工资。但等他结束谈判返回公司，却发现已经有 43% 的员工在领到工资后就辞职离去。他发现这些一起离开的员工大多来自同一个省份，或者以前在同一家公司工作过。

9.1 正式组织与非正式组织

设计合理的组织机构中,各个部分要能协调地为组织目标的实现做出贡献,这就要求组织的全体成员能和谐一致地进行工作。为此,需要整合组织中的各种力量,建立高效的信息沟通网络,处理好组织的不同成员之间的各种关系,使分散在不同层次、不同部门、不同岗位的组织成员的工作,朝同一方向、同一目标努力。每个企业中除了存在正式组织外,还存在非正式组织形式,非正式组织的存在是任何管理者都不能忽视的问题。

9.1.1 正式组织

正式组织是经管理者通过正式筹划,并借助组织结构图和职务说明书等文件予以明确规定的组织。正式组织是组织设计工作的结果和表现。正式组织具有组织存在的目的及组织工作程序等一系列组织规则:设立的程序化、解散的程序化、运作的程序化。同时,组织内部存在着正式分工和职能结构,有明确的成员间的责权关系,具有固定的信息传递渠道,具有相应程序的强制力。

正式组织的基本特征有以下几点。

(1) 目的性。正式组织是为了实现组织目标而有意识建立的,因此,正式组织要采取什么样的结构形态,从本质上说应该服从于实现组织目标、落实战略计划的需要。这种目的性决定了组织工作通常是紧随于计划工作之后进行的。同时,为了更好地实现组织的目标,正式组织往往需要随着内外环境条件的变化而做出相应地调整。

(2) 正规性。正式组织中所有成员的职责范围和相互关系通常都在书面文件中加以明文的、正式的规定,以确保行为的合法性、准确性、纪律性和可靠性。

(3) 稳定性。正式组织一经建立,通常都会维持一段时间相对不变,以充分发挥组织的效能。过于频繁的变动对于正式组织来说,不仅不可能(因为组织运行的惯性及各种人为阻力都会抑制这种变动),而且也不利于提高组织工作的效率。只有在内外环境条件发生了较大变化,使原有组织形式显露出不适应时,才会提出进行组织重组和变革的要求。正式组织必须解决好稳定性与适应性的结合、持续性与变动性的平衡。

(4) 强制性。正式组织的权力具有强制性服从的特点,并且还有正统性和合法性等特点。这是由于正式组织的权力来源于组织规章和制度。

9.1.2 非正式组织

研究表明,一般成员自我组织的群体能够比专家更好地解决复杂问题。美国劳动部门对一些大公司的员工的调查结果显示,员工工作中所需要的知识70%不是从公司的培训资料、操作手册和说明书中获得,而是来自于非正式渠道。因此,了解和引导非正式组织是每一位管理者所必须面对的问题。

1. 非正式组织的产生

在正式组织中,可能存在若干非正式组织。非正式组织是伴随着正式组织的运转而形成的。在正式组织中,某些成员由于工作性质相近、社会地位相当,对某些具体问题的认识基本一致、观点基本相同,或者由于性格、爱好、志趣、感情比较相投,大家觉得彼此"合得来",于是在平时相处中会形成一些被小群体成员所共同接受并遵守的行为规则,从

第9章 组织力量整合与变革

而使原来松散的、随机形成的群体逐渐成为趋向固定的非正式组织。此外,当人们面临共同压力或危机时,就会组织起来共渡难关,就容易产生非正式组织,如当听闻公司要裁员时,员工们就会组织起来同公司进行理论。

管理学家发现其中有一个定则,即人们有互相结合的需要,倘若不能从正式组织或领导措施上获得需要的满足,则非正式的结合就会增多。因此,非正式组织是一种未经正式筹划而由人们在交往中自发形成的一种个人关系和社会关系的网络。由于不是经过程序化而成立的,因此非正式组织通常也被称为组织中的小团体,是组织成员在共同工作的过程中,由于抱有共同的社会感情而形成的非正式团体。

任何组织,不论规模多大,都可能存在非正式组织。非正式组织与正式组织相互交错地同时并存于一个单位、机构或组织之中,这是组织生活的一个现实。

 案例 9-1

600 名菏泽员工"罢工"留经理

2011 年 8 月 17 日,山东菏泽发生了感人的一幕:600 余名员工自发组织签名挽留总经理柳承佑,并以罢工的方式要求裕罗电器总部留人。据报道了解,柳承佑一向提倡人性化管理。进入夏天以后,他爽快地答应了员工提议的为每个人装配一台小电扇的要求,保证了员工可以在凉爽的条件下工作;此外,公司每天都给员工发两次雪糕、绿豆汤以便防暑。想必不是每个企业都可以这么细心地照顾到员工吧!在这里,员工的意见公司能及时给予反馈,因此很多人都愿意到这里工作。

对于这一次的辞退风波,员工知道以后立马表示不满,在准备好的横幅上,百人签名留经理。

2. 非正式组织的特点

非正式组织的作用在于维护其成员的共同利益,使之免受由于其内部个别成员或外部人员的干涉所造成的损失。为此,非正式组织中有自己的核心人物和领袖,有大家共同遵循的观念、价值标准、行为准则和道德规范等。与正式组织的特征相对应,非正式组织有其自身鲜明的特点,主要表现在以下几个方面。

(1) 自发性。非正式组织中共同的个体行为虽然有时也能形成某种结果,但人们并非本着有意识的共同目的参与活动的。他们只是由于自然的人际关系而自发地发生交互行为,由此形成一种未经刻意安排的组织状态。

(2) 内聚性。在非正式组织里,共同的情感是维系群体的纽带。人们彼此之间的情感较密切、互相依赖、互相信任,有时甚至出现不讲原则的现象。非正式组织的凝聚力往往超过正式组织的凝聚力。

(3) 行为一致性。由于有自愿结合的基础,非正式组织成员对某些问题的看法基本是一致的,因而情绪共振、感情融洽、行为协调、行动一致、归属感强。组织成员具有高度的行为一致性及很强的群体意识,如自卫性、排他性等。

(4) 沟通顺畅性。非正式组织成员之间感情密切,交往频繁,知无不言,信息传播迅速,成员对信息的反应往往具有很大的相似性。

(5) 不稳定性。非正式组织没有正式的组织结构,一般比较松散,人员不固定,容易受偶然因素的影响。它可以随着人员的变动或新的人际关系的出现而发生变动,因而非正式组织的结构会表现出动态的特征。

(6) 非强制性。非正式组织内的领导者是自然涌现出来的,成员对他的拥戴程度高,他的号召力强。但是,非正式组织的权力来自于组织内成员的认可,而不是上级部门的授

187

予，因而非正式组织的领导者权力的实施不具有强制性和稳定性。

案例 9-2

果意机电公司电子信息系统上的亲密群体

在果意机电公司中，广泛利用电子邮件是一种生活方式。管理者利用它来共享信息，市场部经理利用它促进产品推广，同时，它还是果意机电公司中几个员工组成的亲密群体的沟通命脉。它们是湖南人群体、广东人群体、质量控制（Quality Control，QC）小组群体、流行音乐爱好者群体等。这些亲密群体都使用果意机电公司的电子信息系统传递有关聚会、讨论的信息，而这一切并没有被公司高级管理层反对。

并非仅果意机电公司一家公司利用电子邮件系统加强亲密群体的内部联系。事实上，许多知名公司也都鼓励亲密群体的成员利用电子邮件作为沟通工具，如苹果电脑公司、太平洋贝尔公司等。

目前，虽然尚未有具体的统计数据说明到底有多少个亲密群体使用电子邮件，但是在全世界范围内，大约2/3的员工通过网络使他们的交往不仅仅局限在关系密切的同事圈内。在与其他公司或其他国家兴趣爱好相同的人建立联系方面，电子邮件也是一种有效的途径。

从积极的方面看，亲密群体利用电子邮件促进了沟通，巩固了社会交往，有利于工作场所的多样化。然而，它也使圈子外的人士产生了敌意。例如，2005年，在"超级女声"比赛火热的时候，支持不同选手的员工就利用该系统相互传递具有一定攻击性的信息。

9.1.3 正确对待非正式组织

1. 正式组织与非正式组织的关系

正式组织和非正式组织在组织目标、组织结构及职位、职责和职权对应程度上都是不同的。两者相比较，正式组织的活动以成本和效率为主要标准，要求正式组织的成员为了提高活动效率和降低成本而确保形式上的合作，并通过对他们在活动过程中的表现予以正式的物质和精神的奖惩以引导他们的行为。因此，维系正式组织的主要是理性的原则。而非正式组织则主要以感情和融洽的关系为标准，它要求其成员遵守共同的、不成文的行为规则。不论这些行为规则是如何形成的，非正式组织都有能力迫使其成员自觉或不自觉地遵守。对于那些不愿意就范或犯规的成员，非正式组织则会通过嘲笑、孤立等手段予以惩罚。因此，维系非正式组织的，主要是接受与欢迎或孤立与排斥等感情上的因素。

本质上来讲，非正式组织是为了满足人们的社会交往需要，通常是在友谊和共同爱好的基础上产生的，具有较强的亲和力。由于个体的需求是无止境的，在许多情况下，人们感情的影响要甚于理性的作用，而正式组织很难满足成员所有的需求，因此，非正式组织便常常伴随着正式组织相促而生、相伴而存，非正式组织的存在必然会对正式组织的活动及其效率产生影响。

2. 非正式组织的作用

非正式组织具有积极与消极两个方面的作用。

（1）从积极方面来看，首先，非正式组织可以满足职工的需要。非正式组织是自愿性质的，人们之所以愿意成为非正式组织的成员，是因为这类组织可以给他们带来某些需要的满足。其次，人们在非正式组织中的频繁接触会使人们相互之间的关系更加和谐、融洽，从而易于产生和加强合作精神。这种非正式的协作关系和精神若能带到正式组织中来，无疑会有利于促进正式组织的活动协调开展。最后，非正式组织为了群体的利益，为了在正式组织中树立良好的形象，往往会自觉或自发地帮助正式组织维持正常的活动秩序。

（2）从消极方面来看，非正式组织也可能造成危害。首先，非正式组织目标如果与正式组织冲突，则可能对正式组织的工作产生极为不利的影响。其次，非正式组织要求成员一致性的压力，往往也会束缚成员的个人发展。有些人虽然有过人的才华和能力，但非正式组织一致性的要求可能不允许这些人冒尖，从而使得个人才智不能得到充分发挥，对组织的贡献不能增加，这样便会影响整个组织工作效率的提高。最后，非正式组织的压力还会影响正式组织的变革，发展组织的惰性。这并不是因为所有非正式组织的成员都不希望改革，而是因为其中大部分人害怕变革会改变非正式组织赖以生存的正式组织的结构，从而威胁到非正式组织的存在。

 案例 9-3

警惕非正式组织的紧密化

公司本来是一家效益较好的机械制造企业，从 2006 年下半年起，由于行业竞争加剧，原材料价格急剧攀升，公司的生产成本上升，竞争力下降，利润下滑。工人们在上班时间常聚在一起闲聊，交换一些道听途说的关于公司发展的小道消息。面对严峻的市场形势，公司管理层决定缩减开支、适当裁员、开源节流。正在管理层逐步制定措施和方案，并一一实施的过程中，少数基层员工突然对管理层的做法提出了异议，很快这些异议在员工中得到反响和支持。在管理层还没来得及对新出台的措施进行详细说明时，大批员工同时停止了工作，在少数基层员工的带领下，来到行政楼，集体向管理层提出谈判要求。由于管理层对事情缺乏必要的准备和认识，所以此次突发事件使管理层陷入孤立，最后不得不做出极大的让步。

这是一起典型的、迅速紧密化的非正式组织推动的阻碍公司变革的事件。原本松散的成员关系变得紧密，内部的交流变得更加频繁，在沟通中逐渐出现了核心成员，并且核心成员在行动中进行了分工。这种紧密化不仅仅发生在某个非正式组织，不同的非正式组织之间在共同的利益驱动下也可以不断地趋于紧密和协作。

3. 积极发挥非正式组织的作用

1) 正确认识非正式领导者

非正式组织里拥有最高威望的成员通常成为它的非正式领导者，这些非正式领导者由组织内产生，经常拥有相当的非正式权力。由于非正式组织间相互重叠，所以在一个正式组织内可能有几个人作为不同类型的非正式领导者。正式的领导者必须知道各个非正式组织中关键的非正式领导者是谁，并与其携手工作，鼓励那些促进而不是阻碍组织目标实现的行为。对不利于组织发展的唱反调者，则应当加以控制。

对于某些员工来说，努力成为非正式领导者能满足自己在被尊重和社交方面的需求——以技术和经验赢得尊重，同时又可避免承担正式监管的责任。但正是因为这样，非正式领导者并不一定能够成为成功的管理者。有一些非正式领导者畏惧承担正式责任，在作为非正式领导者时，他们经常批判正式的领导者缺乏创新，不关心群众，而当他们自己承担管理工作时，他们会变得更谨小慎微，怕得罪人，不求有功，但求无过。还有一些非正式领导者在担任正式领导者后，权力覆盖的范围比他作为非正式领导者时要广泛复杂得多，力不从心，从而导致失败。

2) 对非正式组织实行有效的管理

管理者既不能创建非正式组织，也不能废除它们。但管理者可以学会与之共处并对它施加影响。

（1）接受并且理解非正式组织。非正式组织是在组织中普遍存在的，其存在有其合理性，至少它提供了一个让员工社交需求得到满足的场所。非正式组织一旦形成，人们只能去接受它的存在，而不大可能拆散这些小团体，强硬改变只会适得其反。

（2）辨明非正式组织中不同的态度和行为。一般来说非正式组织有其核心人物，也存在主流价值观，作为管理者应辨别其中不同的态度和行为。虽然每个非正式组织都能够提供给员工被关心的社会需求，但因其主流价值观不同，每个非正式组织对其内部成员行为、观念的影响有着很大的差别。因此，要识别非正式组织的态度和行为，善加引导，防止其阻碍组织的健康发展。

（3）采取行动时要考虑可能会对非正式组织产生的影响。聪明的管理者应该明白，他们的决策如果没有得到非正式组织的支持，是不可能达到预期效果的。有些决策，如果损害到组织中非正式组织的利益，非正式组织的成员就可能会以消极怠工、钻政策漏洞等形式来阻碍决策的实施。所以，管理者在制定决策时就应通盘考虑，使非正式组织的负面影响降到最低。

（4）尽可能将非正式组织的利益与正式组织的利益结合在一起。正式组织与非正式组织的利益在很多时候是一致的。管理者将二者的利益有机地结合在一起，既是一种手段也是一门艺术。管理者不一定要打入非正式组织中，但不妨偶尔参加他们的活动，与其中的重要成员维系良好的关系，从而影响这些非正式群体，将其转化成正式组织里一股正面的力量，协助正式组织实现目标。在工作任务的职责上，管理者仍需维持自己的权威与管理立场，但在员工福利等方面，不妨放手委任非正式组织的成员来分担。

（5）加强与非正式组织成员的沟通。任何矛盾的产生通常都源于缺乏沟通。有效的沟通，可消除隔阂，化解矛盾。在沟通中，管理者一定要注意以下几点：要以诚相待，没有诚意的沟通是无效的；要站在对方的角度思考问题，寻求非正式组织与正式组织的共同点；要消除对方的心理障碍，取得对方的信任；要以情感人，以理服人；同时在沟通中要注意重点，注重突破等。

总之，正式组织与非正式组织最理想的结合是，占有统治地位的正式组织伴随着健康发展的非正式组织。前者用以保证目标统一，后者则用以维持凝聚力和团队精神。换言之，非正式组织可以强大到起支持作用，但绝不能强大到占主导地位。

案例 9-4

华帝经销商网络的非正式组织效力

中山华帝燃具股份有限公司在网站上公布的组织结构图十分平常，上有股东大会、董事会，下设总裁、副总裁及各事业部等，虽然在通常情况下，华帝的经销商网络并不是华帝正式组织架构的一部分，但因为与华帝关系紧密，一直发挥着外围辐射式的非正式组织效力。这是一种以人情和互利关系夯实的忠诚而庞大的外围非正式组织，它构成了对华帝的稳固支撑和竞争优势。

华帝运用连续竞标的方式来挑选经销商，全方位考察和评价加盟者的品格、能力和资本实力。华帝的经销商队伍并不是一成不变的，但对经销商的淘汰机制，不是在利的基础上取舍，而是在义的角度上选择。有一年，珠海市有位经销商身体欠佳，请人代为管理，当年的业绩下降很大，华帝并不因此向他施压，反而向他传递正面的信息，让他不必因为暂时的业绩下滑而背负包袱，华帝会给他调整的时间。此后，该经销商在合作中对华帝更为忠诚，他明白：品牌做好了是华帝的，但市场还是自己的，实际上，作为经销商是分享了华帝的无形资产带来的利润，华帝给经销商一份心理上的保障。

华帝打造整个经销商网络，帮助经销商成长，实际上也就是帮助自己发展，经销商的实力越强，对华帝体系的贡献越大，这是一种共生关系。对于非正式组织来说，由于其比正式组织更开放和自由，经销商之间、经销商与华帝员工之间更容易在平等的基础上产生友谊，满足了经销商的归属感和寻求保护的需要，从而带来工作上的热情。因此，华帝不遗余力地把自己的终端服务、人员培训、内部管理、品牌传播等模式都输出到经销商中，通过整个"非正式组织"的通道，全盘考虑对等、互补、目标一致、文化认同四个合作要素，把"利益共同体"变成了"义利共同体"，其中："利"是显性的，可以模仿的；"义"是隐性的，无法复制的。

由于日久生情，许多经销商被内化为华帝的一部分，华帝也把经销商当作自己的一部分。

9.2 直线与参谋

组织中的管理人员是以直线主管和参谋两类不同身份来从事管理工作的。这两类管理人员或者更准确地说是与此相应的管理人员的两种不同作用，对组织活动的开展和目标的实现都是必需的。然而，在现实中，直线与参谋的矛盾经常是组织缺乏效率的重要原因。因此，正确处理直线与参谋的关系，充分发挥参谋人员的作用，是组织力量整合的重要内容。

9.2.1 直线和参谋的概念

直线与参谋的概念可以泛指部门的设置，也可以专指职权关系。

直线职权，是某个职位或部门所拥有的权力，包括决策、发布命令等，就是通常所说的指挥权。每一管理层的负责人都具有这种职权，只不过大小、范围不同而已。例如，总经理对部门经理、部门经理对业务人员都有直线职权，这样就形成了一个权力线，被称为指挥链或指挥系统。在权力线中，权力的指向由上到下，像金字塔一样。

拥有直线职权的管理者是指那些在企业中对目标负有直接责任的人，直线职权就是一条标准的命令链：从董事会开始向下扩展到企业中的各个层次，一直到指令得以实施的那个层面。因为直线职权是由企业的目标所确定的，所以直线职权在不同的企业有所不同。例如，一个生产型企业的管理者可以将直线职权的活动范围确定为生产和销售两个方面；而以购买行为为关键因素的零售企业的管理者，就会很自然地将购货与销货作为直线活动的两个方面；而在一个特别小的企业里，它的每个职位都有可能扮演直线角色。

参谋职权，是指那些向直线管理者提供建议和服务的个人或团体所拥有的职权，是某个职位或部门所拥有的辅助性权力，包括提供咨询、建议等。参谋职权的概念由来已久，源于军事系统。参谋的形式有个人及专业之分，前者是参谋人员，后者是一个独立的机构或部门，也就是一般所说的智囊团或顾问班子。

参谋人员或智囊团向管理者提供各种类型的专业帮助和建议，参谋职权主要基于专家的理性思考和专业知识。通过调研、分析，提出不同的选择，参谋能够向直线管理者提出计划和建议。参谋还可以在政策实施、法律和财务处理等方面提供积极的帮助。随着企业的扩大，参谋的角色通常会有所加强，以便能更好地开展实施直线管理的活动。

在直线和参谋的关系中要注意：生产系统和销售系统同是直线部门，但它们是不同的直线关系，如果销售部门主管跨系统对生产部门人员提出生产什么样的产品的要求，这就不是直线关系，而是参谋关系了。跨系统发生的非直线关系，以及参谋部门对直线部门提供的辅助关系，被统称为参谋职权或参谋关系。

直线和参谋的关系如图9.1所示（实线表示直线关系，虚线表示参谋关系）。

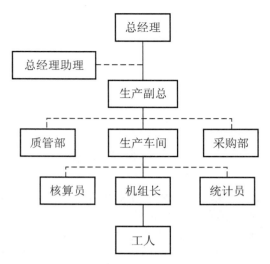

图9.1 直线和参谋之间的关系示意图

9.2.2 参谋的主要工作内容

作为组织管理职能的重要组成部分，参谋发挥了重要的作用，这些作用是通过参谋的工作内容体现出来的。

1. 提供个人性质的服务

例如，个人参谋中的经理助理，他主要是在直线经理的指派下，协助经理本人来处理某些问题，他是为经理本人提供专门服务的。

2. 提供对上的咨询服务

参谋人员仅仅负责对其直线上级提供咨询意见，而对下级没有任何的命令指挥关系，这是一种纯粹的参谋。

3. 按规定要求提供服务

直线主管人员对服务的内容、服务的方式、服务的时间等做出具体要求和规定，然后参谋部门和参谋人员就按质、按量、按时提供相应的服务。这种情形下的服务往往具有专门活动的性质。例如，企业组织一个大型的招商会议，主要由某一个产品事业部主持，但它可以要求人力资源部门提供辅助性的服务，它比一般性的咨询服务内容更广泛、更灵活。

4. 提供全方位的咨询服务

提供全方位的咨询服务与单纯只对直线上司提供咨询服务不同，参谋一方面要对其上司提供意见、建议与咨询，以及代为制定政策与计划；另一方面他也负责对下级直线人员提供咨询，并对下级参谋机构和参谋人员提供业务上的帮助与指导。例如，财务专家提供财务方面的服务，检查下属各分部的财务工作；技术专家为下属各单位解决技术上的问题等。

5. 提供独立的监督服务

在现代的大型企业里，建立起稳定、健康、严密的监督机制是十分必要的。为此，就需要设立独立的监督服务机构，如监事会、审计科等。它们要负责对包括各级直线人员在内的所有机构和人员行使独立的审计、监督和检查权，这时候的直线-参谋关系就变成了一种监督与被监督的关系。这是一种特殊的直线-参谋关系，是保证企业的依法经营所必需的。

案例 9-5

谁拥有权力

王华明近来感到十分沮丧。一年半前，他获得某名牌大学工商管理硕士学位后，在毕业生人才交流会上，凭着满腹经纶和出众的口才，他力挫群雄，荣幸地成为某大公司的高级管理职员。由于其卓越的管理才华，一年后，他又被公司委以重任，出任该公司下属的一家面临困境的工厂的厂长。当时，公司总经理及董事会希望王华明能重新整顿工厂，使其扭亏为盈，并保证王华明拥有完成这些工作所需的权力。考虑到王华明年轻，且肩负重任，公司还为他配备了一名高级顾问严高工（原厂主管生产的副厂长），为其出谋划策。

然而，在担任厂长半年后，王华明开始怀疑自己能否控制住局势。他向办公室高主任抱怨道："在我执行工厂管理改革方案时，我要各部门制定明确的工作职责、目标和工作程序，而严高工却认为，管理固然重要，但眼下第一位的还是抓生产、开拓市场。更糟糕的是他原来手下的主管人员居然也持有类似的想法，结果这些经集体讨论的管理措施执行受阻。倒是那些生产方面的事情推行起来十分顺利。有时我感到在厂里发布的一些命令，就像石头扔进了水里，我只看见了波纹，随后，过不了多久，所有的事情又回到了发布命令以前的状态，什么都没改变。"

9.2.3 直线与参谋的矛盾及处理

之所以要对直线和参谋进行力量整合，是因为在实践中，直线与参谋之间会产生各种矛盾和冲突，影响组织的效率。直线和参谋之间的冲突及矛盾主要表现为以下几个方面。

（1）教育因素。与直线人员相比，参谋人员一般都受过更高水平的正规教育，并对自己的专业过于关注，所以，往往自视甚高。一旦直线人员不采纳他们提出的意见，他们就容易情绪低落，积极性下降，牢骚满腹，抵触情绪严重。

（2）对于职权构成的威胁。直线人员会把参谋人员看做对自身权力的威胁，参谋人员指手画脚、喋喋不休的评论，甚至指责直线人员的工作，因此而产生不满；而直线人员则是不愿利用其专长，把参谋人员的意见看成是对自己职权的干预。直线人员对参谋人员的敌视和忽视会导致参谋人员的不满，影响其作用的发挥。

（3）由于参谋部门对直线部门只是协作和参谋建议的作用，不能直接命令直线部门该怎么做，所以，其作用的次要性可能会使参谋部门与直线部门不能很好地协作。

（4）观念不同。直线人员会认为参谋人员的意见过于理想主义，脱离实际，是纸上谈兵；而参谋人员又认为直线人员过于经验主义，难以接受新思想等，这样就会在协作中产生价值观上的冲突。

（5）容易造成相互推诿责任。参谋人员在自己的建议取得了预期的效果时，往往沾沾自喜，很有成就感；一旦自己的建议在实施中遇到了困难，往往把责任推到直线人员身上，认为是对方曲解了自己的建议，或者没有完全按照自己的要求去做，执行中走了样。

（6）如果权责不明确，容易造成多头领导。也就是说，参谋人员容易对直线下级直接发号施令，导致双重领导。

直线和参谋发生矛盾，一方面可能影响参谋人员发挥筹划、建议功能，使直线人员得不到必要的帮助；另一方面可能影响对下级的统一指挥，造成多头领导，这两种情况都会影响组织效率。因此，必须正确处理直线和参谋的矛盾。要解决直线与参谋之间的矛盾，必须在保证统一指挥与充分利用专业人员的知识这两个方面实现平衡，合理利用参谋工作，发挥参谋的作用。为此，应注意以下几个方面。

一是明确直线与参谋的关系，分清双方的职权范围，认识到双方的存在价值，形成互相尊重和相互配合的关系，这样才能防止矛盾的产生，以及以积极的态度解决出现的问题。一方面，参谋人员应经常提醒自己"不要越权"，尽自己所长扮演好"军师"的角色，独立地提出科学的建议和对策，不要受直线人员所左右；另一方面，直线人员也要尊重参谋人员所拥有的专业知识，充分吸收参谋建议中合理的成分，自觉地支持他们的工作，取长补短，但是否采纳要自己做决定，不为参谋所左右。

艾尔弗雷德·斯隆对彼得·德鲁克的要求

彼得·德鲁克1944年受聘于美国通用汽车公司任管理政策顾问，第一天上班，该公司总经理艾尔弗雷德·斯隆找他谈话："我不知道我们要你研究什么，也不知道该得到什么成果。这些都是你的任务。我唯一的要求是希望你把正确的东西写下来，你不必顾忌我们的反应，也不应该怕我们不同意。尤其重要的是，你不必为了使你的建议易为我们接受而想到调和折中。在我们公司中，人人都会调和折中，不必劳您大驾。你当然也可以调和折中，但必须先告诉我正确的是什么，我们才能做出正确的调和折中。"这段话，不仅说明了参谋的职责，而且说明了参谋人员要独立地发挥作用，直线人员才能获得真实的帮助。

二是授予参谋机构必要的职能权力，提高参谋人员的积极性。参谋机构的权力主要有以下四种。①建议权。参谋人员享有发言权，对问题进行评论。例如，财务部门有权针对逐步升高的产品成本，提醒生产部门要注意加强成本控制。②强制协商权。要求直线管理部门在采取行动前，必须征求参谋机构的意见。③共同决定权，直线管理部门在采取行动前，必须先征得参谋部门的同意，企业必须确保某项决策得到专家判定的情况下采用。④职能权限。职能权限是指参谋部门或人员被上级管理者授予的特定权力，可允许在其职能范围内对其他部门或下属直接行使指挥命令权。随着管理活动的复杂化，主管人员能力再强，也很难精通各种业务，只依靠参谋的建议往往还不能有效地执行某些决策，为了提高管理的效率，直线主管人员往往就会授权参谋部门产生职能职权。通常在参谋人员的专门知识和技能是开展某项工作的重要条件的情况下采用。例如，经过总经理的授权，作为参谋部门的人事部门拟订劳动纪律、劳动保护政策和劳动报酬的计划，允许其直接向直线部门发布指示，各分厂或车间等下一级直线部门必须无条件地执行。

三是直线管理人员应为参谋人员提供必要的信息条件，以便从参谋人员那里获得有价值的支持。直线部门（人员）和参谋部门（人员）之间的矛盾很大程度上是双方的信息不进行交流，双方相互之间不了解对方关注什么，应该关注什么。作为直线人员应该及时地把本部门的活动情况向参谋部门通告，告诉他们希望他们提出什么方面的建议。这样就可以避免参谋部门提出的建议不切实际。

直线与参谋的破坏性冲突

在《讽刺与幽默》上曾经登载过这样一则漫画：一个人不慎落水，在河中大叫救命，做垂死的挣扎，在河边站着另一个穿戴像军师样子的人正在长篇大论，口水飞溅。旁注："上次我提出的关于学习游泳的方案，你没采纳，后悔了吧，现在再提一个方案给你。"后面的文字是一大堆关于如何救生的技巧，可以利用竹竿、救生圈、绳子等工具把人救上岸，然后马上做心肺复苏术等详细步骤。河里的人最终淹死了，河边的人正在向赶来的人炫耀自己的提议如何正确。这只是个故事，但在企业的日常经营活动中，发生在直线人员和参谋人员之间的冲突也会造成类似的结果，这种类型的冲突我们称之为破坏性冲突。

9.3 委 员 会

委员会是指一群人有计划地聚合在一起，执行某方面管理职能并进行集体决策、集体领导的组织。

作为集体工作的一种形式，组织中存在着多种多样的委员会。组织内常见的委员会有董事会、工作委员会、预算委员会、咨询委员会等。它们可以是直线式的，也可以是参谋式的；既可以是正式的，又可以是非正式的；可以是永久性的，也可以是临时性的。

9.3.1 委员会的优点

1. 集思广益，提高决策的正确性

与个人决策相比，集体决策的质量要优于个人决策。因为委员会工作可以综合各种不同的专业知识，避免主管人员仅凭个人的经验造成决策失误。同时集体讨论可以产生更多的可供选择的方案，这样被选方案的正确程度或满意程度就可能越高。在集体讨论过程中，可以启发和活跃人的思维，开阔人的思路，促进人们思考，使设想不断产生、补充和完善。

2. 协调各种职能，加强部门之间的合作

委员会成员通常由各部门选派，当工作或问题涉及几个部门时，可以在委员会内互相沟通信息、交换意见，以开阔视野、了解其他部门的情况。这既有利于减轻上层主管人员的负担，又可以加强部门间的合作。

3. 民主管理

组织是由不同成员构成的，他们分属于不同的利益集团。委员会成员通常是各利益集团的代表，他们代表各自的利益集团参与决策。对于重大问题，需要委员会集体讨论决定。委员会开会讨论过程中，代表各自利益集团的委员们都有发言权与投票权，他们适当地使用这些权利，参与决策制定过程，既可以获得集体判断的益处，又可以防止或减少某些人独揽大权或以权谋私等问题的发生。

4. 下级参与管理，调动执行者的积极性

委员会工作不仅有利于决策的制定，而且有利于决策的执行。委员会作为群体决策组织，在研究和解决某个问题的方案时，不仅可以使下级主管人员甚至组织的一般成员有机会参与整个决策过程，使他们了解信息，增加知识，为计划的执行提供更好的条件，而且参与本身就是一种重要的激励方式，可以调动下属的积极性，推动他们在执行过程中更好地合作。

9.3.2 委员会的缺点

由于委员会是由一组人来执行某种管理职能的，委员会的决策要在这一组人的意见基本一致的基础上才能制定，所以运用委员会的工作方式有可能带来以下几点局限性。

1. 耗费时间多、成本高

委员会经常需要开会讨论有关问题，这样委员们花在会议上的时间可能很多，同时会议本身也需要花费一定的费用。而且为了取得大体一致的意见，制定出使各方面基本上都能接受的决策，委员会需要召开多次会议，在这个过程中，由于时间上的延误及委员们的离岗，组织往往需要付出极大的代价，因为行动的最好时机可能会在委员会的无休止的争论中失去。

2. 妥协与犹豫不决

虽然委员会是由不同或相同级别的成员组成的，但是在讨论问题时，由于只能由少数人控制会场，因而有可能出现少数人把自己的意志强加给他人甚至整体的现象。若委员会做出的决定只是少数人的意见，委员会将成为个别人的工具，这就从根本上否定了委员会产生的前提。委员会中人们常常出于礼貌互相尊敬，或屈于权威而采用折中方法，以求达到全体意见的一致。

3. 职责不清

同组织中任何其他机构或职务一样，当委员会被授予一定的权限时，必须对相应的权力使用的结果负责。因此，从理论上来说，作为集体中的每个成员都必须对委员会的每项决策及其执行情况负责。委员会中每个人提出的建议要想成为决定，都需要委员会集体讨论，最终的决策也是集体讨论的结果，这使得委员会的每位成员对决策负责的责任感下降。一般来说，委员会中的任何一个成员，对集体任务的责任感总是不如他对个人负责某事的责任感强。

委员会的群体决策

王厂长是佳迪饮料厂的厂长，回顾八年的创业历程，真可谓是艰苦创业、勇于探索的过程。全厂上下齐心合力，同心同德，共献计策，为饮料厂的发展立下了汗马功劳。四年前，很多厂家引进设备后，由于设备不配套和技术难以达到等因素，使高价引进的设备成了一堆闲置的废铁。王厂长在经过近三个月对市场、政策、全厂技术人员、工厂资金等厂内外环境的一系列调查研究后，决定采取引进二手设备，这些二手设备价格很低，但在我国尚未被淘汰。尽管有近70%的成员反对，有10%的人保留意见，但他仍强制推行。事实表明这一举措使佳迪饮料厂摆脱了企业由于当时设备落后、资金短缺所陷入的困境，佳迪饮料厂也由此走上了发展并领先于同行的道路。

但如今形势发生了很大变化。在各部门部长会议上，王厂长郑重地讲道："我们厂比起四年前已经发展了很多，但我想我们不能满足于现状，我们应该力争世界一流。当然，我们的技术、我们的人员等诸多条件还差得很远，为了达到这一目标，我们必须从硬件条件入手，即引进世界一流的先进设备，这样就会带动我们的人员、技术等一起前进；我想这也并非不可能，四年前我们不就是这样做的吗？现在工厂的规模扩大了，厂内外事务也相应地增多了，大家都是各部门的领导，我想听听大家的意见，然后再做决定。"王厂长见大家心有余悸的样子，便说道："大家不必顾虑，今天这一项决定完全由大家决定，民主决策，如果大部分人同意，我们就宣布实施这一决定；如果大部分人反对，我们就取消这一决定。现在大家举手表决吧。"于是会场上有近70%的人投了赞成票。

9.3.3 有效利用委员会

委员会的工作形式对于协调不同利益集团的关系，调动各方面的积极性，促进不同职

第 9 章 组织力量整合与变革

能部门和管理层次的沟通和协作是非常重要的。但是,如果应月不当,则有可能影响决策的速度和质量,增加决策的失败率。因此,要求组织有效地利用委员会,提高其工作的效率。

1. 审慎使用委员会工作的形式

由于委员会的工作需要消耗大量的时间和费用,所以对那些琐碎、繁杂、具体的日常事务,不宜采用委员会的形式去处理。相反,处理那些对组织的全局影响更重要、更长远,从而对时间要求往往不是很严格,组织可以而且必须进行详细论证的问题,则可采用委员会的工作方式。

另外,由于委员会通常可以用来进行协调,因此,处理问题只涉及一个职能或一个利益群体的内部时,利用委员会的工作似乎是多余的,而对于处理那些涉及不同部门的利益和权限的问题,委员会的工作往往是比较有效的。

2. 选择合格的委员会成员

委员会的成员应具有代表性,对委员的知识与能力的要求常常与委员会的目的、性质密切相关。委员会的目的是提供情报、咨询,还是协调和解决具体问题,这对委员会成员的要求是不同的。要尽可能地选择那些与目的相对等的专业人员作为委员会成员。同时,还要求其成员具有一定的集思广益的才能,成员的组织级别一般要相近,这样在委员会中才能真正广开言路,得出正确的结论。

3. 确定适当的委员会规模

委员会的规模主要受两个方面因素的影响:沟通的效果及委员会的性质。

委员会是利用开会、讨论的方式来开展工作的。参加讨论的人数过多,要使每一个与会者都有足够的机会去正确理解别人的观点或充分阐述自己的意见是比较困难的。信息沟通的质量与参会人数成反比:委员会的成员越少,沟通的效果越好;反之,成员越多,沟通的难度越大。因此,从信息沟通这个角度去考察,似乎倾向于较小的委员会规模。

但是,如果委员会的规模很小,那么就有可能与这种工作方式的逻辑使命相违背,只有少数人组成的委员会,不可能综合各种知识,不可能代表各方面的利益,不能使执行者有足够的参与机会。为了保证其代表性,可以成立小组委员会,从而使相关部门或全体代表都有足够的机会发表自己的意见。

4. 发挥委员会主席的作用

委员会主席是一个重要角色,委员会的工作成效无疑在很大程度上受到其领导才能的影响。为了避免浪费时间和无聊的争论,委员会主席应在每次会议之前制订详细的工作计划,选择恰当的会议主题,安排好议事日程,为与会者准备必要的、能够帮助他们熟悉情况的有关论题的背景材料;在讨论过程中,要有有效的组织和引导,既能公正地对待每种意见,不偏袒任何一种观点,尊重每一个成员,给他们以平等地自由发表意见的机会,同时,也要能从总体角度出发,综合各种意见,提出能够代表多方利益,从而易于被大部分成员所接受的新观点。

5. 考核委员会的工作

要提高委员会的工作效率,首先必须了解委员会的工作情况,对委员会的工作效率进行考核。由于委员会主要是通过会议来开展工作的,因此考核委员会的工作必须检查它的会议效率。会议的效率与召开会议所得到的有利结果及为取得该有利结果而支付的费用有关。

9.4 组织变革

要不是因为变革，管理者的工作会相对容易得多。然而，变革是组织的现实需要。应对变革是每个管理者工作中不可分割的部分。

任何设计得再成功的组织，在运行了一段时间后，要想维持和发展，都必须根据外部环境和内部环境的变化，不断地对组织进行变革。所谓组织变革，就是组织为适应环境变化而进行的，以改善和提高组织效能为根本目的的管理活动。

9.4.1 组织变革的必要性和驱动因素

组织变革实际上是而且也应该成为组织发展过程中的一项经常性活动，能否抓住时机推进变革是衡量组织管理有效性的重要标志。

1. 组织变革的外部驱动因素

（1）迅速发展的科学技术。现代科学技术在以空前的广度和深度影响和改变着社会生产和生活的各个方面，它给组织结构、组织管理层次与幅度、组织运行要素等都带来了巨大的变化。例如，电子计算机的发明与使用，使组织中的信息处理、决策等一系列管理过程与管理方式都发生了重大的变化，而这些变化有力地推动着组织不断地进行变革。

（2）激烈的市场竞争及消费者的变化。每个组织都面临着日趋激烈的竞争，竞争对手多而强大，替代品不断出现，消费者的需求水平、需求结构、价值观和生活方式、审美观和闲暇时间等都发生了一系列新的变化。组织必须进行变革，增强快速反应能力，及时占领市场。

（3）社会经济环境的变动。政府重大方针政策的出台、宏观调控措施的改变、经济结构的调整、通货膨胀的变化及各项法律法规、税收等方面的改变，都要求组织进行相应的变革。

美的集团的"分拆游戏"

2002年，由于受行业不景气等因素影响，美的集团的成长速度大大放缓。于是，美的开始寻求变革之路。2002年6月，美的毅然将家庭电器事业部一分为四，分拆为电风扇、电饭煲、饮水机、微波炉四大事业部。尽管受到质疑，但美的并没有停止变革的脚步。

2002年10月9日，美的的冰箱公司从空调事业部中分离出来；2002年11月4日，美的的洗碗机公司从厨具事业部中独立出来；2002年12月31日，美的日用电器制造有限公司正式成立，以OEM等形式，全面开拓更广泛的其他小家电市场。

时隔半年，2003年7月，美的再将厨具事业部与日用电器制造公司实施"业务重组"，并将厨具事业部一拆为三，变为电暖器公司、厨卫公司和热水器公司。

用美的总裁张河川的话说："企业出现了危机才会改革，改革那些不适应外部环境的东西。如果管不过来，那就要把它细分，让每个产品单位更专业化。"

2. 组织变革的内部基本动因

（1）组织目标的改变。组织目标的选择与修正决定着组织变革的方向，同时在一定程度上规定了组织变革的范围。要么组织既定的目标已经实现或即将实现，需要寻求新的发展、新的目标；要么组织的既定目标无法实现，需要及时地转轨变型；要么组织目标在实施过程中与环境不适应，出现偏差，需要及时进行修正与调整。

（2）组织结构的改变。组织结构的调整主要是指对组织结构中的权责体系、部门体系等方面的调整。组织结构的改变要求调整管理幅度和层次、划分合并新的部门、协调各部门的工作等，以改变现有结构设计不合理或不适应新的环境变化的状况，提高组织的运转效率。

（3）组织职能的转变。现代社会组织的职能更专业化、社会化，更强调职能细分、分工明确化，更要求强化社会服务职能，增强对社会的责任。这都要求组织变革原有的权责制度、管理层次与幅度及沟通渠道等。

（4）组织成员的变化。随着组织的发展，其成员的内在需要逐渐向高层次发展，纯粹的物质刺激所起到的作用越来越小，组织成员有更高的追求，如参与感、责任感、创造性的增强，要求相应地变革组织的激励环境，改进工作设计，变更工作内容，调整工资，改善工作环境，改变工作时间等，以满足组织成员不同层次的需要，以及逐步提升的需要。

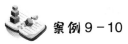

上海汽车工业销售总公司的组织变革

上海汽车工业销售总公司（原名为上海汽车工业供销公司），是上海汽车工业（集团）总公司下属生产企业的物资供应和产品销售的专业公司，是国家计委和国家工商行政管理局核准的全国小轿车经营单位，它主要承担上海大众汽车有限公司生产的桑塔纳轿车的国内总经销。

随着公司的快速发展，公司的高层领导已逐渐意识到，原来的组织机构暴露了许多弊端与不足，如不对原来的组织机构进行变革，则必然会严重影响公司的有效运转和进一步发展。

（1）公司经营环境的变化。公司原有组织结构带有明显的计划经济传统模式。在剧烈的市场竞争中必须改变"计划配给"的机制，必须以市场、顾客为导向，以营销为中心，主动地找市场、找用户并提供及时的良好储运和服务，这就需要建立起一个新的适应于市场需要的有效的组织机构体系。

（2）公司的目标有了变化。公司计划逐渐转向为一个集整车销售、配件经营、储运分流、材料供应、组织串换、采购协调、库存管理、财务核算以及汽车租赁等为一体的大型综合性物资流通公司。

（3）原公司的组织管理功能存在着严重的缺陷和问题。如决策缓慢，沟通不畅，权责混乱，本位主义等。

在公司和部门领导以及专家反复研究的基础上，明确了公司组织机构变革的重要性、问题的症结以及变革所要达到的目的要求，在此基础上向公司职工宣传，并听取职工的意见，绝大多数职工都支持变革。为了使变革更加稳妥，并使广大职工都能逐步适应，公司决定分阶段地推行组织机构的变革。第一阶段：重点变革原销售部门业务一部和业务二部的职责，对原销售部进行重组。第二阶段：随着公司的不断发展，使市场营销的其他职能，如营销调研、产品市场引导和顾客服务等更为突出。第三阶段：在经销部组织机构改革取得成效的基础上，使公司的管理干部和广大职员看到了变革的必要以及变革所带来的好处。公司还在考虑建立参谋顾问部、项目管理小组，以及完善审计部等机制。

管理启示：管理环境的变化是组织变革的客观因素，管理层对于组织目标的理解和组织结构的认知是组织变革的基础。组织变革需要找到最佳的切入点，并进行阶段性的思考和实践，最重要的是要获得组织成员的认同并最终为组织带来更大的收益。

9.4.2 组织变革的程序

组织变革既然面临着动力和阻力，那么对变革的程序就必须精心策划，化阻力为动力，保证变革取得最大的成效。长期以来，许多组织行为学家对组织变革程序进行了大量的研究，取得了一定成果。

1. 库特·卢因的模式

著名心理学家库特·卢因于 20 世纪 30 年代提出了著名的"解冻—变革—再冻结"的变革模式，如图 9.2 所示。

图 9.2　库特·卢因的变革模式

（1）解冻。在解冻阶段，组织的管理层认识到了现在的情况已经不能适应组织的发展，必须以全新的做法打破现有模式。作为实施变革的前奏，在这一阶段必须让个体、群体乃至整个组织都能清楚地认识到变革的必要性，产生必须变革的共识，以减少变革的阻力。

（2）变革。实施变革的过程，首先，要建立起有关组织发展方向的远景，这种远景可以通过战略的、结构的、文化的及个人的变化来实现。其次，组织变革本身需要通过组织结构、任务、技术、行为和过程的变革来完成，涉及发展组织成员的新的观念、态度和行为，要鼓励人们参与变革，共商变革的计划、措施和办法。最后，这一过程通常由组织变革领导小组推动。这个领导小组通常由组织内部人员和外部聘请的咨询人员共同组织，由他们向员工解释变革的目标、日程安排，鼓励组织成员参与变革计划的拟订和执行，实施变革计划，并随时解决变革中出现的新问题。

（3）再冻结。再冻结是指对支撑起这一变革的新行为的强化。这个阶段旨在采取各种方式和手段不断强化变革中所形成的新的心态、行为规范和行为方式，以及组织刚刚形成的新均衡状态，使之稳定、巩固并持久化。再一次冻结涉及建立支持该变革的控制体系，必要时采取更正措施，以强化变革所支持的行为和表现。管理部门应该对所有顺应趋势的转变给予支持和奖励，以增强他们进行变革的决心和信心。经过一定时间的强化之后，组织成员和工作群体通过自身改革以适应和维持新的组织平衡。这时，管理者就可以依赖正式的机制进行运作了。

2. 费里蒙特·E. 卡斯特模式

美国华盛顿大学的费里蒙特·E. 卡斯特教授把组织变革分为六个步骤。

第一步：回顾和反省。对组织取得的成就和存在的缺陷进行回顾、反省和检查，分析研究组织所处的内外部环境，为组织变革做好准备。

第二步：发现问题。总结组织内存在的问题，明确进行变革的必要性。

第三步：分析问题。将组织的现状与所期望的状态进行比较，进一步探明问题，发现差距，明确变革的方向。

第四步：提出方案。方案通常不止一个，对各个方案要进行评估和选优，确定最佳方案。

第五步：实行变革。按照选定的方法实行变革的具体行动。

第六步：反馈和修正。检查变革的成果，找出今后改进的途径。让变革的过程又回到第一步，如此循环，使组织不断得到完善。

案例 9-11
通用电气基于竞争环境的组织结构变革

1971年通用电气的战略事业单位改革，是因为它遇上了威斯汀豪斯电气公司的激烈竞争。这时企业所面对的最大问题是如何战胜竞争对手，巩固市场地位。基于这样的一个战略重点，通用电气致力于提升企业对市场信息的反应速度和企业市场竞争策略的灵活性，于是战略事业单位这种"特种部队"形式的组织单元应运而生。

20世纪70年代中期，美国遭遇能源危机与通货膨胀，经济一片萧条。这种时刻并不适合继续扩大投资和再生产，如何避免资源浪费和制定长期的发展策略成为通用电器的核心问题。在这样的情况下，雷吉·琼斯推行了执行部制的组织改革，企业最高层的领导从繁忙的日常事务里摆脱出来，把精力聚焦于长期战略的制定和资源在集团内的调控，为通用电气这条商界的巨轮驶出经济衰退的浅水区指明了方向。

到了20世纪80年代，美国经济再度复兴，加上世界经济一体化的发展，企业的经营环境日新月异，经常会出现战略赶不上环境的情况。在这种快速变化的经营环境下，雷吉·琼斯当初的组织改革给通用电气带来的积极意义已经逐渐消失。同时，由于通用电气两次组织变革所走的方向是正好相反的——战略事业部的改革是放权，而执行部的改革是集权。这种相互制衡的结果使通用电气出现明显的官僚化倾向。为了适应环境的变化，并消除组织内部的官僚习气，杰克·韦尔奇为通用开出了著名的"扁平化"药方。

9.4.3　组织变革的方式

组织针对现存的问题和面临的内外环境变化，以及所选定的组织变革方向目标和变革内容，需要采取适当的方式对现有组织进行切实的改造和变革。组织在选择变革方式时，需要本着权变与适用的原则，还必须根据所处的具体形势条件采用相应的组织变革方式。组织变革的方式，可以从多种不同的角度进行划分。

1. 按照变革的程度划分

1）量变式变革

量变式变革是以改变组织机构和人员的数量为主的一种变革方式。其变革的重点在于增设或撤销部门单位，增加或减少管理人员等。这种变革比较简单易行，适合于在组织关系结构、责权体制和行为规范等方面都基本适宜的情况下，用以解决机构臃肿、人员过多、管理费用开支过大等较为单一的问题，对管理职能强弱的调整也有一定的效果。但这种变革因为只涉及组织中的表层问题，是一种以控制管理组织的规模为主要目的的变革。

2）质变式变革

质变式变革是以解决组织的深层次问题为重点的，能使组织效能和内部关系发生根本变化的一种变革方式。例如，从机械式组织结构变革为有机式组织结构就是质变式变革。有机式组织结构的设计和变革，除在结构设计上要给人的能动性发挥留有适当的空间，进行权力下放以外，更要侧重于人们社会心理因素的变革，以使组织取得高效能。

2. 按照变革的对象划分

1）正式关系式变革

正式关系式变革以组织中经过正式筹划的，为实现组织的目标，而围绕着工作任务展开的，人与人或人与机构之间的关系作为变革对象。其变革主要是通过管理机构和管理体制的设计和再设计实现的，具体包括职位和部门组合、工作程序设计、等级层次划分、横向联系手段及职责权限分配等。

2）非正式关系式变革

非正式关系式变革以组织中由非正式权力关系规定而产生的人员之间相互影响相互作用的关系为变革对象，具体技巧和方法包括相互交往分析、敏感性训练、群体冲突处理和培训、组织内人事调解等。

3）人员式变革

人员式变革以改变组织成员的知识、技能、态度和价值观等为对象，具体变革策略包括各种管理发展和教育培训计划。

3. 按照变革的进程划分

1）突变式变革

突变式变革是指在短时间内一次性地变革组织。这种变革方式雷厉风行、一次到位，解决问题迅速，但由于涉及面广，速度猛，容易引起社会心理震荡，并招致成员抵制。特别是当其他配套措施未能及时跟上时，容易造成疏漏，甚至半途夭折。因此，内容广泛而又深刻的突变式变革，除非是危机之际对变革的客观要求十分迫切，否则必须在成员社会心理承受能力和国家政治条件都充分允许，并做了认真准备和周密计划的基础上进行。

2）渐进式变革

渐进式变革既不是迅猛的革命，也不是逐步的演变，而是在对组织现状和内外条件的全面诊断及综合分析的基础上，有计划、有步骤地逐个实现变革的分阶段目标，最终促成变革总目标的实现。

这种变革的优点是可以随时加以调整，因为它是分阶段进行的，每个阶段的目标实现后还可以及时总结经验教训，修正和完善下一阶段的目标。将总目标分解为若干具体目标分阶段实施，可以逐步释放变革可能引起的震荡，提高成员对变革的承受能力。但这种变革见效比较慢，甚至可能产生某些副作用。因此，这种变革一般适用于客观因素发生重大变故，需进行广泛、深入、大规模的组织变革，而内部承受能力和外部条件还不能一下子适应的情况。采用这种变革方式要注意使每一阶段的变革服从并服务于总体变革的需求，并把各阶段之间的变革有机地衔接起来，以保证有效地实现变革的总目标。

4. 按照变革方案的形成过程划分

按照变革方案的形成过程划分，变革可以分为强制式变革、民主式变革和参与式变革三种。强制式变革，指变革涉及者不参加变革方案的制定过程，这样形成的变革方案往往需要通过强制命令来付诸实施。民主式变革，是与强制式变革截然相反的变革方式，指在变革的有关人员相互协商的基础上形成变革方案。参与式变革，也称民主集中式变革，是在变革方案形成过程中，既广泛地动员各层次人员参与，又对人们的思想观念有意识地加以引导，以便尽快地形成统一的方案。

这三种方式具有不同的效果。采取强制式变革，变革方案的制定过程比较短，但由于有关人员对变革没有事先准备，推行中可能面临很大的阻力。民主式变革是在有关人员对变革有充分的思想和能力准备后，才开始实施变革方案，推行中的阻力较小，但变革形成过程历时很长，因而整个变革见效较慢。参与式变革的主要特点是寓实施于制定过程中，即在制定变革方案时就充分考虑推行的各种条件，如变革的时间紧迫性、变革人员的权威及减少阻力的需要等，所以其优、缺点介于强制式变革与民主式变革之间。

9.4.4 组织变革的阻力及其克服

任何发展都需要付出代价，组织变革的过程也不可能是一帆风顺的。能否减少和消除阻力是组织变革成败的关键。

1. 组织变革的阻力

1）变革的危机与失败的风险性造成的阻力

组织变革是需要一定的投资的，而组织变革的结果常常具有很大的不确定性和风险性。"变革是找死，不变革是等死。"此话虽然偏激，对变革结果的估计也过于悲观，但反映出领导者和员工对组织变革风险的恐惧和对变革前途的担忧，也说明了对变革心态不稳、信心不足、决心不大。这种基于对未来发展的不可预见性所产生的焦虑，使许多组织成员个体对组织变革采取消极甚至是敌对的态度——与其面对不可预见的未来，不如安于现状。由于变革必然会发生人员调动的情况，这些人也许会为调往新的工作岗位后如何与其他员工配合而焦虑。即使是职务晋升，也会有人疑虑：升职后结果如何？我将会处于一种什么样的境况中？我能与他们很快地熟悉并进行有效的沟通吗？新的上司会如何看待我？如果我不去，组织上又会怎样看待我呢？诸多的忧虑实际上都与变革带来的后果的不确定性有关。

2）利益因素造成的阻力

变革带来的常常是资源的重新分配、利益的重新调整、权力的重新安排，广泛涉及每个人的切身利益。变革会威胁到人们的既得利益，人们对现有组织体制投资越多，受到的威胁越大，他们反对变革的力量就越大。这种既得利益，既包括经济收入等有形的物质利益，也包括成员个体的职位、权利、荣誉等无形的利益。一旦组织成员的权利、地位在组织中确立起来，而组织变革将危及其成员的原有职权、荣誉、社会影响时，这些人很自然地从心理上产生一种退回到变革前的组织状态中寻求安全感的倾向。这种心理倾向所导致的后果就是组织成员对变革的消极反应，甚至是公开的抵抗行为。

3）心理因素造成的阻力

组织变革将使现有的已知的东西变得模糊不清和不确定，这就意味着组织要打破原有的心理平衡，破坏某些人的职业认同感、依赖感，对个体构成的心理压力，组织成员常常出现剧烈的情绪反应，内心出现很大的冲突与波动、压力与紧张、混乱与恐慌。变革对每个人的心理冲击都是空前的。

4）社会因素造成的阻力

任何人都生活在一个群体中，受到这一群体的思维习惯、行为方式、价值取向的影响，一旦实行变革，原有的隐含工作、生活模式的平衡将被打破，因而常常遭到群体的反对。

5）组织成员对原有组织架构的依赖性造成的阻力

长期处于某种组织架构中的成员自然而然会产生对组织架构的依赖性。例如，组织成员对上司的依赖、对其所处的职位、职权的依赖，甚至是对其下属的某种依赖。对原有组织架构过分依赖的个体，除非得到他所依赖的个体或群体的赞同并将其行为纳入他们的活动之中，否则他很可能会抵制对组织所做的任何变革。那些对其上司过分依赖的组织成员，那些希望得到上司对其工作的良好评价的成员，除非该上司对组织成员明确表示组织变革的必要性，说明新的组织架构对其工作效率的提高、对其未来表现的有益影响，否则他们很可能会对组织变革采取反对的态度。这种由于对原有组织架构的依赖性而产生的对变革的抵制很容易被人忽视。

6）组织固有的运行惯性造成的阻力

除非组织处于快速增长或内部剧烈动荡时期，否则组织发展越成熟，就越容易存在运行惯性。随着组织的日益成熟，其所经历的环境、所面临的问题越多，为了应付组织成长过程中所出现的各种问题、所经历的复杂境况，其内部发展起来的制度规则就越多、越细致周密。虽然这些规章制度在当时甚至在许多情况下被证明是有效率的，但同时也制约了组织对环境反应的灵活性，在组织变革的过程中，必然发展为阻碍变革的力量。

2. 组织变革阻力的克服

组织变革必然会遇到来自各个方面的阻力，要使变革取得成功，就需要设法疏导，力求将变革的阻力降至最小，赢得更多人对变革的支持。具体方法如下：

（1）进行说服宣传，使更多人了解变革的动因及其可能产生的好处。

（2）组织相关人员参与变革方案的设计，以便集思广益，使变革方案切实可行。

（3）认真分析变革的有利因素和不利因素，对变革可能出现的新问题，事先做妥善的处理，争取绝大多数人对变革的理解和支持。

（4）充分磋商与协调，尽可能使变革方案兼顾各方面的利益。

（5）正确选择变革的策略，妥善处理变革与稳定的关系。

（6）及时收集变革信息，评估和确定变革的发展趋势，及时纠正偏差。

案例 9-12

青岛啤酒（某城）有限公司的改革

青岛啤酒百年基业，其文化沉淀厚重、精深。

1999年，青岛啤酒兼并某城啤酒厂，青岛啤酒（某城）有限公司挂牌成立。2000年，青岛啤酒淮海事业部正式成立，青岛啤酒某城公司划归淮海事业部管理。因为青岛啤酒实行产销分离的经营管理体制，作为啤酒生产单位的某城公司只负责生产任务而不能直接干涉市场，在大大小小啤酒厂密集分布的淮北地区，市场是有限的，因此竞争异常惨烈，这使得具有12万吨产能的某城公司几乎有一半以上的资源处于闲置状态，企业连年亏损。

青岛啤酒为了改善这一状况，在2001—2004年的三年时间里，先后派去了五任领导，每一任领导到任后都不约而同大刀阔斧地对组织机构进行了调整，于是，部门间分分合合，岗位设置频繁更替，员工颇有怨言，青岛啤酒的企业文化也受到了前所未有的抵制，加之市场萎缩，人心涣散，企业形象受到严重损害，这个因青岛啤酒入驻而一度激情澎湃、焕发勃勃生机的当地支柱性企业又处在倒闭的边缘。这种情况直至第五任经理上任时才有所改观。第五任经理到任后，抵制住一些压力进行了大幅度的调整，内部实行服务链管理，按生产流程确定部门之间的权责关系，倡导"上级服务下级，部门服务一线"的管理理念，并明确提出"创建青岛啤酒在鲁西南地区的精准加工基地"的企业使命，公司发展状况日渐好转。

9.4.5 组织变革的发展趋势

20世纪90年代以来,在组织结构变革方面,谈论最多的热点可概括为扁平化、小型化、柔性化、虚拟化和网络化。

1)扁平化

就我国目前的情况来看,多数组织基本上还属于高耸的金字塔形结构,虽然这与我们传统文化有着一定的联系,但已经无法适应发展市场经济和迎接知识经济的要求,严重地束缚了员工手脚,极大地挫伤了下属的积极性,阻碍了人才的健康成长,不利于优秀人才的脱颖而出,其弊端已日益凸显,到了非改不可的时候。按照扁平化的原理变革传统的组织构架,已成为大势所趋,势在必行。

在扁平型组织结构中,由于管理层次减少,管理人员也就相应地会减少,可以大大降低人工费用。而且管理跨度加大,迫使上司必须适度授权,上司放权下属就能自主,这对开发员工潜能和发挥员工的创造性极为有利。同时,对管理人员的能力要求提高了,领导必须十分审慎地选用下属人员,这对改善和提高员工队伍的整体素质也非常有好处。更重要的是层次减少、人员精干后,加强了员工的工作责任心,增大了工作职位的挑战性,迫使员工自我加压,促使人才快速成长。当然,扁平型组织结构也有其弊端,如管理跨度加大后使得上司的负担加重,有出现失控的可能。

2)小型化

长期以来,有很多组织一直在追求组织规模,因为规模决定级别,级别决定待遇。时至今日,这种一味追求组织规模的做法已经不合时宜了。面对日趋复杂多变的信息时代,压缩组织规模,划小核算单位,已经成为现代组织的一种时尚。在竞争日趋激烈的今天,众多组织对"船小好掉头"的认识越来越深刻。不仅企业组织如此,就连国家机构也在走向流线型和灵巧化,小政府、大社会已经成为当今世界的一种潮流。我国的政府机构改革正在朝着这个方向迈进。小巧玲珑的组织架构已成为当今世界一切组织的普遍追求。可以预料,随着传统观念逐渐被破除,组织结构将会逐步走向小型化。

案例 9-13
小型化带来的发展

英国的壳牌公司原来是按地理分布设置管理机构的,后来公司决定取消4个洲际总公司,改为按勘探开采、石油产品、化工、天然气和煤炭五大产品类别建立了5个企业,实现了各个产品类别的独立经营和发展体系。

美国的荷莫电子公司1967年以前主要从事研究、开发和咨询业务,1967年至1983年的16年间致力于一些电子产品的生产和销售,但收效甚微,进展缓慢。20世纪90年代初,公司采取了"甩出去"的战略,将一些有发展前途的产品分离出去,成立独立公司,选派优秀的管理人才经营,年均收入增长率达到20%以上,获得了极大的成功。

3)柔性化

所谓柔性化,就是说组织为实现某一目标而把在不同领域工作的具有不同知识和技能的人集中于一个特定的动态团体中,共同完成某个项目,待项目完成后团体成员各回各处。现代组织应是客户利益导向的,并集产品开发、项目管理和客户服务于一体的交叉功能的团队,为适应这种跨部门职能的要求及加强和外界的联系,组织必须采取柔性运作的方式。在目前组织重新设计的浪潮中,"精益"和"灵活性"成了两个最主要的追求目标,因此减少非核心部门和柔性运作成了必不可少的手段。

柔性运作包括产品柔性化、创新柔性化、修改柔性化、批量柔性化、流程柔性化和物料柔性化等。柔性运作的关键是采用柔性技术,包括计算机数控、成组技术、计算机辅助设计、计算机辅助制造、柔性制造系统和计算机集成制造系统等。近年来,香港一些企业已经不再按专业设置科室,而是改为按任务设置科室,除办公室、人力资源部等必要的常设机构外,其他非常设机构一律随着任务的变化而变化。

案例 9-14
霍尼维尔公司的临时小组

美国著名的霍尼维尔公司曾通过设立临时团队巩固了它的顾客关系。它的一个大客户曾经警告这家公司,若不能很快生产出新的气象监控装置,它就将寻找别的合作者。这意味着一个大的客户即将离去,很大的一块市场要被公司的竞争者占领,公司的市场份额将会显著下降。霍尼维尔公司认识到问题的严重性,迅速地组建了由销售、设计和制造等部门参加的临时小组。这个临时机构按照公司的要求,把产品的开发时间由三年缩短为一年,完成了预定的任务,把即将离去的客户拉了回来。

临时团队对传统的垂直式组织模式是一个很大的冲击,它突破了传统层级制组织类型等级分明、层次较多、官僚主义特征明显的特性。

4)虚拟化

未来学家托夫勒曾经说过,在知识经济时代,经营的主导力将从经营力、资本力过渡到信息力和知识力。在知识经济时代,大量的劳动力将游离于固定的组织系统之外,分散劳动力、家庭作业等成为新的工作方式,虚拟组织大量出现。电脑软件及其网络技术的蓬勃发展,推动和保证了这种组织模式的进行。这样,不必再去建造庞大的办公大楼,取而代之的是各种形式的流动办公室。据了解,美国、加拿大等国的大型跨国公司的科技人员目前在家办公的人数已达40%以上。随着组织结构的虚拟和家庭作业人数的增多,如何利用网络技术来实施管理将成为组织的领导者和管理者需要认真解决的新课题。

5)网络化

企业组织结构的网络化主要体现在以下几个方面。

(1)组织形式集团化。随着组织经济全球化和经营国际化进程的加快,集团化的组织大量涌现。集团组织是一种新的利益共同体,这种新的利益共同体的形成和发展,使得众多组织之间的联系日益紧密起来,构成了组织形式的网络化。

(2)经营方式连锁化。很多组织通过发展连锁经营和商务代理等业务,形成了一个庞大的销售网络体系,使得营销组织正在网络化。美国的麦当劳已在全世界上百个国家和地区建起了连锁店;德国的西门子公司已在多个国家和地区建起了商务代表处等。

(3)信息传递网络化。随着网络技术的发展和计算机的广泛应用,组织的信息传递和人际沟通已逐渐数字化、网络化。

第9章 组织力量整合与变革

本章小结

为了使不同层次、不同部门、不同岗位的组织成员能够协调地为组织目标的实现提供贡献,必须整合组织中的各种力量,处理好正式组织与非正式组织、直线主管与参谋人员及高层管理人员之间的各种关系。

非正式组织是伴随着正式组织的运转而形成的。非正式组织的形成过程、形成目标及存在条件虽然有别于正式组织,但它的存在对正式组织目标的实现和管理的进行既可能起到积极的促进作用,也可能产生消极的影响。要提高组织管理的效率,必须有效地发挥非正式组织的积极作用。

参谋本是为了方便直线主管的工作而设立的,但实践中两者在工作中常常发生矛盾,从而导致组织中虽然保证了命令的统一性,但参谋的作用不能充分发挥,或者参谋作用发挥不当,破坏了统一指挥的原则,从而降低了组织活动的效率。为了充分发挥参谋的作用,必须明确直线与参谋的职权关系,要给参谋人员授予必要的职能权力,提供必要的工作条件。

委员会是综合各种意见、代表各方利益、组织参与管理的一种重要工作形式,但由于委员会是由一组人来执行某种管理职能,因此委员会决策也可能导致时间延误、决策折中、甚至是权力和责任的分离。为了提高委员会的工作效率,必须审慎使用委员会的工作形式选择合格的成员、确定适当的规模、发挥其主席的作用,并定期考核其工作。

组织变革是组织为适应内外环境变化而进行的,以改善和提高组织效能为根本目的的管理活动。组织变革过程中会遇到变革的危机与失败的风险性、利益因素、心理因素、社会因素、组织成员对原有组织架构的依赖性、组织固有的运行惯性等原因造成的阻力,变革者应找到合适的方式克服,并寻求科学的变革程序。

关键术语

正式组织——formal organization 非正式组织——informal organization
非正式领导者——informal leaders 直线职权——line authority
参谋职权——staff authority 职权关系——terms of relationship
破坏性冲突——destructive conflict 委员会——committee
委员会主席——the chairman of the committee 组织变革——organizational change

案例应用分析

海尔集团组织结构的变革

20世纪80年代,海尔同其他企业一样,实行的是工厂制。企业做大做强,业务不断发展,海尔的组织结构也随着企业战略目标的转移和市场环境的变化而改变。从实现海尔名牌战略的职能型结构,到实现海尔多元化战略的事业本部结构,再到实现海尔国际化战略的流程型网络结构,海尔走过了一条组织结构创新之路。

为了应对网络经济和加入WTO(World Trade Organization,世界贸易组织)带来的挑战,海尔从1998年就开始实施以市场链为纽带的业务流程再造。在第一个五年中(1998—2003年),海尔主要实现了组织结构的再造:变传统企业金字塔式的直线职能结构为扁平化、信息化和网络化的市场链流程结构;以订单信息流为中心,带动物流、资金流的运动,加快了用户零距离、产品零库存和营运零资本的"三零"目标的实现。

为适应国际化经营并实现资源利用效率的提升，2007年，海尔进行了第二次以子集团形式出现的组织结构调整。

第一次组织结构的调整，以业务流程再造为出发点，以顾客满意度为目标，以速度为核心。这种变革，主要是基于过去传统金字塔形结构造成企业基层员工和市场终端（即客户）之间的脱节，致使客户的需求得不到最大限度的满足。并且由于市场信息不能完全准确、迅速的传递造成了库存周转效率和资源利用效率的低下。

海尔业务流程再造正如张瑞敏所描述的，在海尔的市场链流程图上，第一个大圈是全球供应商资源，通过互联网可以在全球范围内找到最好的供应商，供应方也可以去满足客户的需求，物流把全集团的资源整合起来，找到最好的供应商。另一个大圈是产品制造部门，包括ODM、OEM。第三个大圈是全球用户资源，寻求有价值订单。

在这一战略思路下，为了适应国际化发展，1999年8月，海尔对企业内部组织机构进行了重大调整，成立了物流、商流、资金流三个职能部门推进本部的改革。

物流与商流是把原来各事业部的职能部门剥离出来。物流，使海尔实现在全球范围内采购零部件和原材料，为全球生产线配送物资，为销售中心配送成品，降低了成本，提高了产品的竞争力；商流，通过整合资源降低费用、提高效益；资金流，保证资金流转顺畅。海尔本部物流、商流、资金流的建立，使整个企业管理与国际接轨。"三流"推动，是海尔创业以来组织结构调整幅度最大的一次。这种模式已列入欧盟高等学院的管理案例。

这种组织结构使海尔的整个组织形态从传统金字塔形向流程型方向转变，优化了管理资源和市场资源的配置，实现了组织结构的扁平化和网络化，提高了管理系统的效率和柔性，开始向海尔变革时所设想的"速度制胜"的目的进发。

而2007年，第二次以子集团形式出现的组织结构调整，新成立的各子集团再次拥有了产供销资源。是海尔对市场链的组织结构的推翻吗？事实不然，尽管各子集团重新拥有了自己的产供销资源，但是商流集团仍然保留下来，虽然其职能受到削弱，但并不代表海尔否认了业务流程再造的成果。同时，金融集团的成立还加强了海尔内部资金运作的监管力度。因此，这次组织结构的调整，是在以业务流程再造为基础上的市场链与事业部两者优势结合、强化不同产品运营模式的结构变革。子集团组织结构的变革，更多的是基于适应不同类别产品运营模式的差异性及竞争策略的调整。正如海尔内部管理人员所说的，"目的是以产品运营模式为核心，重组现有集团下属的各个事业部，以提高运营的效率。"

在流程型组织结构的管理模式下，海尔以物流、商流推进本部进行统一管理可能就会过多地考虑统一性，而不是不同产品运营模式之间的差异性。

另外，以子集团形式出现的组织结构，既吸收事业部制模式的部分优势，同时又通过产品线在子集团内部的组合，规避了事业部制模式的弊端，如重复建设的相类似职能部门。例如，以前海尔的冰箱、空调、洗衣机事业部都各自有公关公司，帮助进行品牌或者产品推广活动，但是，新组织结构调整后，白电运营集团将会选择一家公关公司帮助它对所有"白色家电"进行市场推广活动，这样能够节约宣传成本，将"白色家电"统筹进行宣传，也更有助于海尔整体品牌形象的提升。同时，在事业部模式下，由于各种因素的影响，各事业部之间不可避免地会有资源的冲突，这时就必须有另一载体——集团总部来协调这些资源冲突。在原有事业部下，由于个别事业部之间产品及资源需求的雷同性带来集团总部调拨资源的难度，而随着同类型产品线划分在同一子集团之下，各产品线之间的资源共享和协同作战能力则将得到加强。

2010年，海尔实施全球化品牌战略进入第五年。很久没有听到张瑞敏针对管理模式发出的声音了，在过去的中国企业几轮模式变革中，海尔一直处于前端，是中国企业学习的目标。而今，张瑞敏带着他的全新管理模式再次站到风口浪尖，接受考验。在探索新管理模式的过程中，海尔结合互联网发展趋势，推出了"倒三角"组织结构、虚实网结合的零库存下的即需即供商业模式，以及业务流程再造等新的管理实践模式。海尔似乎从不走可借鉴的探索路线。新模式的推行，或许显得更加艰难。《经理人》杂志对海尔的这一大胆尝试表示赞同，并称"'零度创新'是一套适应中国企业发展新阶段，并且可持续的创新哲学和创新方法，是中国企业未来持续成长的'金钥匙'。"

讨论：

(1) "市场链"管理模式下海尔的组织结构是怎样的？这一结构的优点是什么？

(2) 海尔的组织变革是属于哪种方式的变革？变革的驱动因素有哪些？

思 考 题

1. 非正式组织与正式组织有何区别？
2. 非正式组织的存在及其活动对组织目标的实现可能产生何种影响？
3. 如何有效利用非正式组织？
4. 直线职权、参谋职权之间是什么关系？
5. 直线主管与参谋人员在工作中为什么会发生矛盾？
6. 如何正确发挥参谋人员的作用？
7. 委员会工作方式有何优、缺点？
8. 如何提高委员会的工作效率？
9. 组织变革的动因有哪些？
10. 组织变革可能会面临哪些阻力？如何克服？
11. 组织变革的方式有哪些？各有什么优、缺点？

领导篇

第 **10** 章　领　导

> **教学要求**

了解领导的概念；明确领导与管理的区别；熟悉相关领导理论；理解领导在实际活动中的作用及领导艺术的运用。

> **本章知识点**

领导的概念；领导与管理；领导作用及特点；领导理论的内容和评析；领导艺术的内容和作用。

■ **导入案例**

有效的领导者

1997年10月，道格拉斯·艾华士走上了美国企业界最棘手的岗位之一：接替罗伯特·戈伊苏埃塔，成为可口可乐的首席执行官。在过去20多年的时间里，艾华士勤勤恳恳，十分得力地辅佐戈伊苏埃塔。如果你想知道艾华士究竟是如何"处心积虑"的，那么你得知道，他早在十多年前就为自己制定了担任可口可乐首席执行官和董事长的目标。他还把打算实现这两项目标的最后期限写了下来，他希望在1996年11月1日当上首席执行官，1998年11月1日当上董事长。这些日期与现实情况很接近。

戈伊苏埃塔无疑将被作为20世纪创造财富的大师之一而被后人铭记。从1981年戈伊苏埃塔出任可口可乐董事长兼首席执行官到1997年秋天因肺癌并发症去世，可口可乐公司的市场价值从43亿美元增长到了1 470亿美元。戈伊苏埃塔已成为一个备受赞美的传奇人物，这不仅是因为他擅长使股东得到满意的回报，还由于他那热情的拉丁魅力、嘴里俏皮的古巴谚语和催人奋进的个人经历。

相比之下，艾华士似乎只是个默默无闻的替补角色而已。他受过正规的会计师训练，性格内向，为了汲取一位现代的首席执行官必备的丰富知识，他进行了系统的学习——他从传媒中获取知识，并且把

第10章 领　导

相当于三年时间里的每一个星期六(每次六小时)用来学习市场营销。他性格直爽，总是激励手下的主管们"做事要做到点子上"。他注重纪律，恪守本分，穿着得体，迅速回答电话留言。每当给下属下达命令时，他总是要求他们制定"更大的目标"，他坚信要让全世界学会如何销售——当然最好是销售可口可乐。

如果说戈伊苏埃塔毕生都在为可口可乐公司获得成功而呕心沥血，那么艾华士则是有过之而无不及；如果说戈伊苏埃塔将作为20世纪末期首席执行官的典范而名垂青史，那么艾华士也许能让我们管窥21世纪首席执行官的风范——他整理数据和管理下属的方式令信息时代以前的任何行政主管都望尘莫及。

在艾华士担任过的所有职务中，他的重点一直放在人才的发展上。作为首席财务长，他在世界范围内招募了数以百计的财务专家，并提供给他们施展才能的资源和机会。20年后的今天，许多年轻的财务经理们已经在公司的全球业务中担当起财务或经营的重任。

10.1　领导的内涵

"领导"一词其实是我们非常熟悉的字眼，领导活动是人类管理活动中最常见的活动。从古至今，从国际到国内，从社会、企业到家庭，从职业到行业，人们总是在摸索着领导行为及其规律。

10.1.1　领导的概念

1. 领导的概念与要素

领导是在社会共同活动中，具有影响力的个人或集体，在特定的组织结构中，通过指挥、引导、激励组织成员为了实现共同目标及个人价值而努力的过程。同时，领导也是一个系统，这个系统包括领导者、领导者的影响力、被领导者、领导环境和领导目标五个基本要素。这五个要素之间良性的互动作用构成了领导活动的过程，换言之，这五个要素如何有效地结合在一起，就成为影响领导效能的关键。

1）领导者

领导者包括领导个体和群体两个层面。大部分情况下，领导者是以个人的形式出现的，如埃德温•P. 霍兰德说："一般情况下，领导者就是指一个人，该人拥有一定的地位，可以对特定的其他人施加影响。"但并不排斥群体成为领导者的情况，如企业中的董事会便是在组织中扮演着领导者的角色。领导者在领导活动过程中处于一个极其重要的地位，它不仅要树立正确的领导理念，而且还要有激发下属的潜能，更为重要的是他要把组织目标内化为下属为之奉献的引导力量，使整个组织在一种积极的状态中运转。与此同时，领导者还要根据组织内部条件和外部环境的变化，及时调整领导战略和领导方法，以提高组织抵御和抗击各种风险的能力。

案例 10-1

通用电气公司的招聘

通用电气公司每年都招募大批的年轻毕业生，有工程、销售、财务等各方面的人才，公司会去仔细观察，发现他们的潜能，培养他们的领导力。"我们很少招募只有专业知识而没有领导力的人。"鲍伯•科卡伦说。在他的理解中，一个好的领导人绝不只是规划前景，而是会给团队一个明确的目标，提供充分的资源，给员工充分发挥自身能力的自由，能激励别人去达到集体共同的目标，这个人还要有出色的影响力，具有热情和激情，能令大家热爱自己的工作，自觉为公司的目标努力奋斗。"另外，一个好的领导人绝不是机械地教下属怎么做事,而是会启发他们思考,给别人留下发挥潜能的余地,而且让员工感受到你对他们的关心。"

基层员工的领导力怎样得到体现呢?鲍伯·科卡伦对这一点的回答是,对领导力的理解并非那么狭隘,并不是只有在领导岗位上的人才需要领导力,一个基层的员工也应该具有自我领导力,对自身具有高标准的要求,不断学习,并对工作保持热爱之情。公司需要愿意挑战自我的人。那些乐于学习和迎接挑战、自我要求比较高的人会以身边优秀的人为尺度,渴望做得更好,所谓"见贤思齐"。

在通用电气公司,工作并不容易,竞争和挑战的氛围很浓,公司需要发现能够自然适合这种文化的人。例如,在一场考试中,如果测试的结果相当理想,已经处在所有被测试者中前5%的水平,仍会有些学生不满足,会重新审视试卷,找出错误,有时他们会经过反复核算,坚信自己是对的,然后找到教授加以证明。"我们喜欢这样的人,我们寻找这样的人,因为他们具有最大程度的自觉。"

2)领导者的影响力

领导者必须拥有影响其成员的能力,这个能力既包括组织赋予领导者的权力,也包括领导者个人的影响力。组织赋予的权力是领导的职权,是在职位基础上产生的,没有职位就没有权力。个人的影响力,是指领导者因为自身的经历、背景、专业知识和品格等受到组织成员的尊敬而产生影响下属的能力。正是靠这种影响力,领导者才能把组织中的人吸引到身边,进而获得他们的信任,才能使组织成员心甘情愿地为实现组织目标而努力工作。

3)被领导者

被领导者是指在领导活动中执行具体方案和实现组织目标的行动者,是领导活动得以发生的基础。被领导者具有以下特征。

(1)处于被支配地位。被领导者执行领导者的命令,在领导者的指导下工作。

(2)具体工作的执行者。领导者制定的决策、命令等,被领导者给予贯彻执行。

(3)被领导者在一定条件下可能变成领导者。随着被领导者知识、经验的增加,以及人际沟通能力、决策能力的提高,被领导者可能变成领导者。

(4)被领导者面对领导者的统领、引导行为,也并不是全部被动地接受。领导者的思想和行为方式在一定条件下也要受被领导者的制约与影响。

4)领导环境

领导环境是指制约和推动领导活动开展的各类自然要素和社会要素的组合。任何领导活动都是在一定的环境中展开的,领导活动不但受到广泛的、外围的社会大环境的影响和制约,包括政治、经济、文化、技术、自然等因素;还受到具体的、内部的组织小环境的影响和制约,包括物质的、精神的等因素。离开领导环境,领导活动就失去了存在的可能性和现实性。领导环境是客观存在的,但并不意味着人们在客观环境面前无能为力。相反,人们可以发挥主观能动性,正确地认识领导环境,分析和掌握领导环境发展变化的规律,很好地利用、改善领导环境。

5)领导目标

所谓领导目标,是指领导活动为之服务并期望达到的目的或结果。在实施领导活动过程中,目标具有双重意义:一是对领导者来说,目标是进行领导活动的依据,实施领导的目的,就是为了实现预先确定的目标;目标不仅规定了领导活动的方向和任务,为领导活动提供了借以遵循的导向,而且为考核领导者的工作成效提供了客观的标准和尺度。二是对被领导者来说,明确适当的目标,可以激励人们的动机,引导人们的行为方向,协调人们的行动,使人们为实现统一的目标而奋斗。因此,制定正确的领导目标,是领导活动成功的基础。

2. 领导的权力

1）权力的来源

（1）强制性权力，也称为惩罚权。它是指通过精神、感情或物质上的威胁，强迫下属服从的一种权力。从组织的角度来讲，如果 A 能解雇 B 或使其停职、降级，并且 B 很在乎他的工作，那么 A 对 B 就拥有了强制权力。同样，如果 A 能给 B 分派他不喜欢的工作或以 B 感到尴尬的方式对待 B，那么 A 对 B 也拥有强制权力。惩罚权源于被影响者的恐惧，部下感到领导者有能力将自己不愿意接受的事实强加于自己，使自己的某些需求得不到满足。惩罚权在使用时往往会引起愤恨、不满，甚至报复行动，因此必须谨慎对待。

（2）奖赏性权力。它是基于被影响者执行命令或达到工作要求而给其进行奖励的一种权力。奖赏权源于被影响者期望奖励的心理，即部下感到领导者能奖赏他，使他的某些需要得到满足。这些需要是人们认为有价值的任何东西。在组织情境中，奖赏可以是金钱、良好的绩效评估、职位晋升、有趣的工作任务，也包括良好的工作环境（如友好的同事、有利的工作转换等）。奖赏权的关键是奖赏内容与被影响者的需求相一致，奖赏权的大小取决于人们追求这些东西的程度。例如，领导者给予某部属一些重要责任，自认为对部属是一种信任与提拔，但部属却认为这样会使自己太累，心里感到不高兴。在这种情况下，领导者实际上没有真正实施奖赏权。

（3）法定性权力。它是指组织内各管理职位所固有的、法定的、正式的权力。按照组织条例规定或法规的规定，领导合法地掌握对下属所做事情的决定权和指挥权。合法权源于被影响者内在化的价值观，下属认为领导者有合法的权力影响他，他必须接受领导的影响。

（4）专家权力。专家权力指某人由于拥有组织所需要的专长、特殊技能或知识，而在工作中事实上能够对组织其他成员产生的一种影响力。具有多种技能和能力的领导者更能令下属尊敬和信服，这种权力来自于下属对具有这种影响力的领导者的信任。当然，在非领导岗位的员工，如德高望重的元老、经验丰富的技师，也具有专家权力，能在工作中对其他成员提出建设性的建议，并影响他们的行动。

（5）感召性权力。它是指与个人的品质、魅力、经历、背景等相关的权力，也常被称为个人的影响权。一些体育、文艺明星和传奇的政治领袖都具有这种权力，有着巨大而奇妙的影响力。它是一种无形的，很难用语言来描述或概括的权力。它是建立在超然感人的个人素质之上的，这种素质吸引了欣赏它、希望拥有它的追随者，从而激起人们的忠诚和极大的热忱。

强制性权力、奖赏性权力和法定性权力都与组织中的职位联系在一起，是从职位中派生的权力，因此统称为职位权力。专家权力和感召性权力都是与组织的职位无关的权力，因此也称为非职位权力。这种权力是由于领导者自身的某些特殊条件才具有的。显然，有效的领导者不仅要依靠正式的职位权力，还必须具有个人的影响力，这样才会使被领导者心悦诚服，才能更好地进行领导。

2）权力的基础

权力依赖关系的性质和依赖程度的差异往往由相互关系中所掌握资源的稀缺程度、重要程度和替代性程度所决定。

重要性反映了个人或部门在一个公司主要活动中扮演的角色。对重要性的一种衡量方式就是个人或部门对组织目标最终产生的影响程度。越是重要的个人或部门，其权力就越大。

如果你所掌握的是某种充足性资源，拥有这种资源就不会增加你的权力。对于富豪来说，掌握金钱的人不再对其有影响力，因此拥有稀缺资源才能使他人依赖于你。例如，在现代企业中，协调性知识成为稀缺资源，因此拥有协调性知识的"知本家"替代了资本的拥有者，成为企业权力的核心。

不可替代性也可决定权力的大小。不可替代性能增强部门或个人的权力。如果某一雇员不能被轻易地替代，他的权力就要大一些。如果一组织没有可供选择的技巧和信息等资源，那么掌握这种资源的部门权力就会变大。

10.1.2 领导与管理

领导与管理是领导学和管理学的核心范畴，二者关系密切，而又存在本质的区别。

1. 领导与管理的联系

著名管理学家斯宾蒂芬·P. 罗宾斯在《管理学》一书中写道："管理者是受到上级任命在岗位上从事工作的，他们的影响力来自这一职位所赋予的正式权力；与此形成对照，领导者可以是上级任命的，也可以是从群体中自发产生出来的，领导者可以运用正式权力之外的活动来影响他人。"由此可见，领导和管理往往为同一个行为主体所并用，互为补充、互为作用、互相渗透并互相转化。

1）主体的共同性

领导与管理的联系，最明显地表现为行为主体的共同性。尽管现代社会的发展已经越来越促使领导与管理的职能分开，由此也使得领导者与管理者有了一定的分工。但是，这种分工并没有也不可能促使领导与管理主体彻底分离。例如，企业的销售经理既是承担销售职能的管理者，又是销售团队的领导者。这种行为主体的共同性决定了领导与管理实际上密不可分。

2）目标的互动性

任何组织既需要设计远景目标，又需要确立近期的奋斗目标，而且这两者之间总是密切联系和相互作用的。一般来说，领导的远景目标可以产生巨大的感召力，它使人们看到前途，产生理想，受到鼓舞；而管理的近期奋斗目标则总与人们的现实需要和利益结合在一起，是既可望也可及的，所以必然对人们产生现实的激励作用。在大多数情况下，管理目标也会对领导的远景目标产生重大影响：当管理目标总是能够顺利达成时，就会大大增强领导远景目标的感召力；反之，如果管理目标屡屡受挫，就会影响甚至从根本上动摇领导远景目标的感召力。

3）职能的互补性

正如约翰·科特所言："组织要发展，领导与管理两者缺一不可。"的确，对一个组织来说，如果只注重管理而不注重领导，那么组织就会僵化、失去活力，甚至走向衰亡。反之，如果领导过分宽松而管理不足，那么组织就会失去应有的规范和秩序，变得软弱涣散，或者使变革和创新变成狂热，向着不理智的方向发展。所以，只有有序的管理和有力的领导联合起来，才能收到满意的效果。

4）行为的转化性

从本质上看，领导即是变革和创新。如果组织没有变革和创新的需要，那么有管理也就足够了。而一旦组织预期需要变革，或者正处于变革当中，那就必须要有领导。这是因为，变革能否指出能够被人们接受的远景目标和前进方向，并说服和引导人们树立新的价值观念和思维方式，引领着人们朝着新的目标和方向前进，就成为变革能否顺利进行并最后达成的关键。这就需要领导来影响、引导、率领人们进行这种变革和创新。而一旦变革告一段落，创新任务基本完成，组织进入一个相对平稳的发展时期，卓越的领导就必然要让位于高效的管理。

2. 领导与管理的区别

杰克·韦尔奇有一句名言："多一点领导，少一点管理。"美国前国家安全顾问兹比格涅夫·布热津斯基也在他的《大抉择》中说："美国不是要做世界的警察管理世界，而是要去领导世界。"翟鸿燊在其《领导的力量》前言中也感叹我们正处在一个管理者太多，而领导者太少的时代，这是因为太多的领导者，仅仅把自己扮演成管理者，忘记了他是组织前进的领袖、群体行动的导师。那么，领导与管理究竟有什么不同？

1）领导与管理的目标不同

通过计划、组织、控制等手段，合理组织人、财、物等资源，提高组织运行的效率和效益，这是组织管理所追求的最高目标。所以管理的工作重心是解决效率、效益、效果问题，主要是要根据既定的目标政策，进行战术运行的职能性工作，尤其关注工作的完成过程，追求把工作完成得出色。而领导的本质是领导者通过教育、鼓励、引导等手段，带领人们实现共同的目标。其重点是解决方向、目标、路线问题，主要是进行战略指导的综合性工作，研制目标规划、方针政策、规范章法，尤其关注组织的长期发展，重视组织战略发展目标的确定和长远发展方向的把握。

2）领导与管理的着眼点不同

管理强调维持目前的秩序，它的价值观建立在一个假设前提下：现存的制度、法规是至高无上的。制度和法规的存在就是为了规范人们的行为，使其按照管理当局的愿望运行，不出问题、不出差错、不折不扣地服从命令，完成组织交代的任务，这就是优秀的管理。我们常说"要加大管理力度"，其原因何在？就是害怕失去了秩序。霍斯特·舒尔茨和凯文·戴门德认为："领导的精华在于对前景的不断关注。"这说明领导不同于管理，它强调未来的发展。

3）领导与管理的权力基础不同

管理者总是偏爱法定权力的行使，不仅是因其具有强制性，容易达到控制的目标，更在于他们本身缺乏专家权力和感召权力，也在于他们的目标就是简单维持秩序。领导者不能偏爱职权的行使，他的目的是引导人们实现共同的目标，而这个目标不可能由领导一个人实现，因为这一目标的一部分具有不可替代性，如完善人格、提升人性、实现人生的价值等。所以，领导者只能通过专家权力、感召权力来鼓励、引导人们，激发他们内在的动机，由其自主实现他们已经认同的愿景。

4）领导与管理的工作对象不同

管理的对象主要是对人、财、物、时间、信息的支配和控制，挖掘物质资源潜力，因此管理有强制性，注重权力、法律、制度的力量，主要依靠约束力和人们的被迫服从。领导的对象只能是人（包括个体和群体），所以领导主要是对人的思想和行为进行指导，调动人的智力资源的潜力，这也要求领导有导向性，手段要让人信服。注重思想、威信、榜样的力量，主要依靠吸引力和人们的自愿服从。

领导与管理的这些联系和区别由来已久，但在当今的条件下，更加显得突出和重要。无论在理论的角度，还是在现实的实践中，绝对的领导与绝对的管理都只是一个人为的构造概念，支撑这一构造的一系列二元对立并不存在，相反，二者相互联系、相互区别。

10.1.3 领导的作用

随着信息技术的迅猛发展及世界各国的变革浪潮带来的竞争加剧，各种矛盾从来没有像今天这么尖锐。领导问题不但关系到组织的工作能否顺利开展，而且与组织的命运与前途紧密相连。

1. 领导是个人影响力的放大器和给人激励的变压器

真正的领导者并不是职位的占有者，而是依靠个人权力这一放大器使其影响力能够跨越组织边界、超越时空的特殊角色。也就是说，一个优秀的领导者不仅属于一个封闭的组织，而且属于整个社会。这样，领导者的个人影响力就成为影响社会的重要力量，领导者不仅能够为一个组织创造一种传统，缔造一种精神力量，而且也能够创造一种被整个社会所共享的精神财富。单纯追求个人和组织效益的领导恐怕难以为整个社会所承认，故高尚的领导价值观必须建立在有益于社会的标准之上，以确保组织共同理想和个人价值的实现，引领人们走向更高品质的生活。

领导的魅力和价值就在于它是一种提出希望和理想，并能将其转化为现实的行动。杰克·韦尔奇曾经说过："虽然我不是吊灯中最耀眼的一个，但多年以来，我始终相信自己能使所有的'灯泡'发射出最大的光亮。"台地石油公司创始人之一布勒·皮肯斯说："领导能力是那种把良好的意图转变为积极的行动的品质，它能够将一群散漫的个体组织成一个强大的团队。"

2. 领导是引领变革与创新的先导力量

领导作为组织的一种引导力量，具有发展趋向和变革趋向。李嘉诚曾说："企业从呱呱落地到长大成人必然要经过许多阶段和历程，希望一个管理模式走到头是幼稚的，也是不现实的。"摩托罗拉公司董事会主席罗伯特·W.加尔维说："革新是一个了不起的词。它是我们的企业前进的推动力。"在领导活动中，矛盾经常出现，冲突时常发生，更为重要的是领导者要在艰苦多变的社会环境中带领整个组织向前发展，这是一种前瞻性、预测性、冒险性的行动。在这个过程中领导者必须发现挑战的时机，以驱动变革、生长、创新和提升，任何过度的延误都会使问题恶化。领导者要不断实践、不断冒险并从错误中吸取教训，他们要为组织提供一种变革力量，催生新的价值观念。

3. 领导也是生产力，是提高组织竞争力的发动机

21世纪的领导与领导者，是国家竞争力的核心、企业竞争力的核心，也是领导力的直接来源。从理论上讲，领导的强弱、正误将是决定组织在各个方面乃至整体上能否胜出的关键因素，这意味着领导力已经成为组织新世纪制胜的关键力量。领导虽然不像科学技术那样直接创造财富，但是它可以通过对资源的有效整合和领导体制的规范作用使物质资源在组织中的配置效果得以提升。

从人力资源的观念来看，人是唯一一种能够扩大资源的资源，而领导活动的主要对象就是人。领导活动通过人与人的组合产生一种放大效应，从而领导活动便起到了生产力的作用。由此可见，领导活动之所以被社会所必需，关键在于领导相对于科学技术这一第一生产力来说也是一种必不可少的生产力要素。领导作为组合资源、扩大能量的力量，对现代社会的发展日趋重要。

10.2 领导理论

长期以来,西方各国的管理学家、行为科学家及心理学家从不同的角度对领导行为进行研究,提出了有关领导行为的多种诠释和理论。大体看可以分为以下几个阶段。

第一阶段从 19 世纪末到 20 世纪 40 年代。研究的重点主要是具备什么样素质的人才适合当领导,即作为领导者需具备什么样的素质修养,或者当了领导之后需要具备哪些素质才能成为一个出色的领导者。人们把这一时期关于领导者特质的研究统称为领导特质理论。将这一时期称为特质研究时期。

第二阶段从 20 世纪 40 年代中期到 70 年代早期。研究的重点主要集中于领导行为,探讨什么样的领导行为、领导风格才能提高领导绩效。人们把这一时期关于领导行为的研究称为领导行为理论。将这一时期称为领导行为研究时期。

第三阶段从 20 世纪 70 年代早期到 90 年代。这一时期研究的重点是影响领导绩效的情境因素,如工作任务、团体类型、下属特征等。将这一时期称为权变理论研究时期。

第四阶段从 20 世纪 90 年代至今。这一时期的研究可以说比较分散,人们从多方面、多角度来研究影响领导绩效的各种因素,产生了多种领导理论,如魅力型领导理论、交易型领导理论等,形成了领导理论的百花齐放的繁荣景象。

独具一格的领导

安东尼与布伦达同时被提升为美国东海岸东部大学的基层管理人员。安东尼领导着学校一个由五个人组成的绿化小组,这个小组主要负责校园东区的花草树木的修剪工作。布伦达则是校邮电所的负责人。布伦达在工作中表现出许多领导才能,邮电所的同事们一致推荐她为负责人。邮电所是全校最安定、出勤率最正常的一个单位之一。人们问布伦达,为什么她与职工的关系能这么融洽同时又将邮电所管理得这么好,她说:"我把我的同事当作家人看待,我关心他们的疾苦,同时,我也使大家都了解我们要做什么。这样,大家就能共同努力。我还经常注意别人在工作中好的表现,在总结评价时进行表扬,大家也通过总结懂得了今后如何更好地改进工作。除此之外,最主要的是,我注意在不同的情况下采用不同的管理方式。对于日常性的工作,用不着我每天去讲怎么做和做得怎么样,但有了新的工作内容,我就向大家讲一下,使大家知道如何去做。"

而安东尼的情况则与布伦达很不一样。在他的小组里,职工情绪低落,缺勤情况严重。根据记录,最近有几个组员表现很不好,对工作不负责任。当人们问起安东尼这是怎么回事时,他回答说:"我还不知道问题的症结在哪里。但是,我认为应该平等地对待工人。我也尽量使大家能了解我对工作的计划和要求,对每一件工作,我都给他们讲清楚应如何去做,而且我总是在他们身边进行监督。同时,在发奖金时,我也平均地发放,我没有亏待任何一个人。"

从以上案例可以发现,同时提升的两个领导者,他们的管理实践时间相同,其管理的结果却完全不相同。这种不同来自于他们对工作的态度、对职责的划分和对下属的关心。作为一名领导者,布伦达的工作做到了高水平和高关心,取得了良好的效果。安东尼平等对待每一个人,认真做每一件工作,似乎也没有错,却没有得到好的效果。这就说明作为一个领导者,不仅仅需要具备优秀的道德品质和个人素质,还要有一些作为领导独有的特质和行为。

10.2.1 领导特质理论

"领导是天生的",这是领导特质理论的出发点和基本前提。领导特质理论就是通过大量考察、分析和研究，从领导者的性格、生理、智力及社会因素等方面寻找领导者特有的素质或应有的品质的理论，也叫"素质理论"。它强调领导者先天的个性和行为，认为领导者天生就具有领导他人的特殊才能与素质，是天生的"伟人"。这种特定的领导才能和品质意味着不管在什么情况下，具有这些特质的人最终将被推向领导者的位置。对人格力量和先天品质的信念，使人们把研究的重点集中在领导品质的研究上，形成了一些理论观点和假设。

1. 领导特质理论的相关研究

1）拉尔夫·斯托格蒂尔的六类领导特质

美国俄亥俄州立大学工商研究所的拉尔夫·斯托格蒂尔教授曾两次对特质理论做过详细的研究，从163位领导者的素质分析中找到了六种类型的领导特点，见表10-1。

表10-1 成功领导者具备的特点

领导特点	具体项目
身体特性	精力、身高、外貌等
社会背景特征	社会经济地位、学历等
智力特性	判断力、果断力、知识的深度和广度、口才等
个性特征	适应性、进取性、自信、机灵、见解独到、正直、情绪稳定、不随波逐流、作风民主等
与工作有关的特性	高成就需要、愿承担责任、毅力、首创性、工作主动、重视任务的完成等
社交特性	善交际、广交游、积极参加各种活动、愿与人合作等

此外，拉尔夫·斯托格蒂尔还明确地表示以下观点：拥有一些品质和技能能增强领导的有效性，但它们不能保证领导者真正有效；拥有一定的品质的领导者可能在一种情境下是有效的，但是在另一种情境下却是无效的；两个拥有不同品质的领导者可能在同一情境下都是成功的。

2）威廉·包莫尔的领导特质论

美国普林斯顿大学的威廉·包莫尔教授提出了领导者应具备的十大条件，颇具代表性。

（1）合作精神。即愿与他人一起工作，能赢得人们的合作，对人不是压服，而是感动和说服。

（2）决策能力。即依赖事实而非想象进行决策，具有高瞻远瞩的能力。

（3）组织能力。即能发掘部属的才能，善于组织人力、物力和财力。

（4）精于授权。即能大权独揽，小权分散。

（5）善于应变。即机动灵活，善于进取，而不抱残守缺、墨守成规。

（6）敢于求新。即对新事物、新环境和新观念有敏锐的感受能力。

（7）勇于负责。即对上级、下级、产品、用户及整个社会抱有高度的责任心。

（8）敢担风险。即敢于承担企业发展不景气的风险，有创造新局面的雄心和信心。

（9）尊重他人。即重视和采纳别人的意见，不盛气凌人。

（10）品德高尚。即品德为社会公众和企业员工所敬仰。

案例 10-3

宠物食品

瑞士雀巢公司发展到 20 世纪 70 年代和 80 年代初时,世界爆发了严重的危机,雀巢公司的经营业绩也受到了巨大的影响,一度出现停滞不前甚至滑坡的局面。当时哈勒姆特·马歇尔出任公司总裁。他敏锐地发现,广大消费者的口味越来越世界化,根据这一情况,他提出把食品按各地不同的口味略加调整及改进,以及开发在世界各地畅销的新型食品的设想。这个设想最终迎来了雀巢公司的重新崛起。

20 世纪 80 年代中期,雀巢公司经过调查发现:欧美的物质水平发展很高,但有些有钱、有闲阶级的人士情感十分空虚,他们把情感寄托在小猫、小狗身上,对待小动物宠爱有加、呵护备至。哈勒姆特·马歇尔意识到,如果经营与这些动物的衣食住行、生老病死有关的行当,肯定有厚利可图。根据这一判断,雀巢公司开发了宠物食品,短短几年时间,雀巢公司生产和销售的宠物食品就占了 75% 的市场份额。

3)埃得温·吉塞利的研究成果

美国著名心理学家埃得温·吉塞利通过对 300 名经理人员的研究,在 1971 年出版的《管理才能探索》中研究探索了八种个性特征和五种激励特征,见表 10-2。

表 10-2　吉塞利的八种个性特征和五种激励特征

八种个性特征	五种激励特征
才智:语言与文字方面的才能; 首创精神:开拓创新的愿望和能力; 督察能力:指导和监督别人的能力; 自信心:自我评价高、自我感觉好; 适应性:善于同下属沟通信息、交流感情; 判断能力:决策判断能力较强,处事果断; 性别:男性与女性有一定的区别; 成熟程度:经验、工作阅历较为丰富	对工作稳定性的需要; 对物质金钱的需要; 对地位权力的需要; 对自我实现的需要; 对事业成就的需要

4)马文·鲍尔的领导特质理论

麦肯锡公司创始人之一马文·鲍尔在他 1997 年出版的著作《领导的意志》中指出,领导应具备十四种品质。

(1)值得信赖,即行为正直。马文·鲍尔特别指出一个领导应该说实话,这是赢得信赖的良好途径,是通向成功的入场券。

(2)公正。办事公正才能赢得别人的尊敬,办事不公正是个严重的问题,因为意味着为某些人开了先例,会产生不好的影响。

(3)谦逊的举止。随和、平易近人、不拘小节对领导者赢得尊重是有益的,有利于其更好地领导工作。

(4)倾听意见。领导者只有善于倾听,才能获悉洞察到别人没有察觉的机会或问题。

(5)心胸宽阔。领导者的命令加控制的体制容易使一些领导者陷入自我吹嘘或狂妄自大的自我陶醉境界,从而变得心胸狭窄。

(6)对人要敏锐。领导者应该养成能够推测人们内心想法的能力,如果能了解其内心想法,便能更好地说服他们。

(7)对形势要敏锐。这里的形势不是指政治形势、经济形势等宏观形势,而是指工作中出现的各种各样的情境，领导者应该善于观察事实并做出选择。

（8）进取。领导者应不满足现状，不断进取，不断创新，更好更快地发展。

（9）卓越的判断力。领导者应该具有有效解决问题的能力，制定战略的能力，确定重点及直观和理性判断的能力，以及对合作者、对手的潜力加以评估的能力。

（10）宽宏大量。领导者能容忍各种说法，不管好的坏的，不要因为小事而大动干戈，要以宽容来赢得各界的尊重。

（11）灵活性和适应性。领导者应该能适应各种不断变化的环境，并且能很好地处理不断出现的问题。

（12）稳妥而及时的决策能力。领导者要认准时机，把握好决策的时机、内容和质量。

（13）激励人的能力。领导者能通过榜样、奖金、分红、表彰等形式表扬一些表现好、进步明显、有突出贡献的人，使他们获得满足感，并且激发这些人的工作热情，同时也为其他人更加努力工作提供动力。

（14）紧迫感。领导者有了紧迫感，对组织和领导工作会有很大的推动力，同时也为员工做了好榜样，这在竞争激烈的环境中很重要。

2. 对领导特质理论的评析

1）领导特质理论的有效性

领导特质理论的研究对改善和提高领导的状况起到了一定的积极作用。可以借助领导特质理论的研究来认识领导者的内在情况，发现其优点，以此来选拔人才、使用人才和培训人才会更有借鉴性，更符合实际，更有针对性，效率更高。同时，通过对领导素质的研究，不仅可以揭示许多领导者成败的缘由，还可以给那些准备进入领导行列及在领导职位上不能得心应手的人们一些借鉴，让他们不断地完善自我，更好地领导组织运作，促进组织发展。

2）领导特质理论的不足

领导特质理论主要是指有效的领导者要具有一定的品质与特征，才能把有效领导者和差绩领导者区别开来。但总的说来，用领导者的特征来解释领导行为并不成功，这表现在三个方面：①并非所有领导都具备该理论指出的领导特征，而许多非领导也可能具备其中大部分或全部特征；②这些研究都是描述性的，该理论没有指明哪一项特征应该达到多大程度；③许多已经完成的研究对哪些特征是领导者应该具备的并无一致看法，各研究者所列的领导特性说法不一，内容包罗万象。

10.2.2 领导行为理论

由于在特质理论的研究中没有取得预期的成果，一些学者开始转而研究领导行为，通过调查研究找出领导行为与领导效果之间的关系。

1. 领导行为理论的相关研究

1）领导四分图理论

1945年美国俄亥俄州立大学商业研究所发起了对领导行为的研究最终将领导行为的内容归结为两个方面，即以人为重和以工作为重。以人为重，是指注重建立领导者与被领导者之间的友谊、尊重和信任的关系。包括尊重下属的意见，给下属以较多的工作自主权，体察他们的思想感情，注意满足下属的需要，平易近人，平等待人，关心群众，作风民主。以工作为重,是指领导者注重他与工作群体的关系,建立明确的组织模式、意见交流渠道和工作程序,包括设计组织机构,明确职责、权力、相互关系和沟通办法,确定工作目标和要求,制定工作方法和制度等。

他们依照这两方面的内容设计了领导行为调查问卷,就这两方面各列举 15 个问题,发给企业,由下属来描述领导人的行为如何。调查结果表明,以人为重和以工作为重并不是一个连续带的两个端点,这两方面常常是同时存在的,只是可能侧重点不同,领导者的行为可以是这两个方面的任意组合,即可以用两个坐标的平面组合来表示,如图 10.1 所示。由这两方面可形成四种典型的领导行为,这就是所谓的领导四分图。

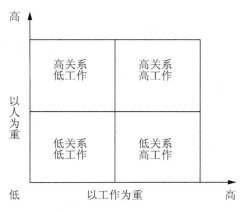

图 10.1 领导行为四分图

该项研究的研究者认为,以人为重和以工作为重,这两种领导方式不应是相互矛盾、相互排斥的,而应是相互联系的。一个领导者只有把这两者相互结合起来,才能进行有效的领导。

2)管理方格理论

在俄亥俄州立大学提出的四分图基础上,美国心理学家罗伯特·布莱克和简·莫顿提出了管理方格图理论。他们将四分图中以人为重改为对人的关心度,将以工作为重改为对生产的关心度,将关心度各划分为九个等分,形成 81 个方格,从而将领导者的领导行为划分成许多不同的类型,如图 10.2 所示。

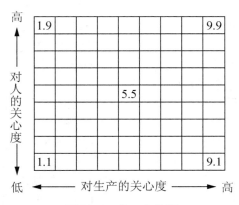

图 10.2 管理方格图

在评价管理人员的领导行为时,就按他们这两方面的行为寻找交叉点,这个交叉点就是其领导行为类型。纵轴的积分越高，表示他越重视人的因素，横轴上的积分越高，就表示他越重视生产。罗伯特·布莱克和简·莫顿在管理方格图中列出了五种典型的领导行为。

（1）贫乏型管理(1.1)。采取这种领导方式的管理者希望以最低限度的努力来完成组织的目标，对职工和生产均不关心，这是一种不称职的管理。

（2）俱乐部型管理(1.9)。管理者只注重搞好人际关系，以创造一个舒适的、友好的组织气氛和工作环境，而不太注重工作效率，这是一种轻松的领导方式。

（3）任务式的管理(9.1)。管理者全神贯注于任务的完成，很少关心下属的成长和士气。在安排工作时，尽力把人的干扰因素减小到最低限度，以求得高效率。这种管理只关心生产不关心人。

（4）团队型管理(9.9)。管理者既重视人的因素，又十分关心生产，努力协调各项活动，使它们一体化，从而提高士气，促进生产。这是一种协调配合的管理方式。

（5）中间型管理(5.5)。管理者对人和生产都有适度的关心，保持完成任务和满足人们需要之间的平衡，既有正常的效率完成工作任务，又保持一定的士气。

到底哪一种领导方式最好呢？罗伯特·布莱克和简·莫顿组织了很多研讨会。绝大多数参加者认为(9.9)型最佳，是其他类型领导者努力的方向。

3）利克特的四种领导方式

密歇根大学利克特教授和他的同事对领导人员和经理人员的领导类型和作风做了长达30年之久的研究。利克特认为，有效的管理者坚决地面向下属，依靠人际沟通使各方团结一致地工作，包括管理者或领导者在内的群体全部成员都采取相互支持的态度。在这方面，他们具有共同的需要、价值观、抱负、目标和期望。利克特于1967年提出了领导的四系统模型，即把领导方式分成以下四种类型。

（1）专制－权威式。采用这种方式的领导人员比较独断专权，将权力集于一身，非常专制，很少信任下属，偶尔兼用奖赏来激励人们，经常用控制惩罚的方式逼迫下属进行工作，采取自上而下的沟通方式。决策权也只限于最高层，不允许下属参与，很少听取下属的意见，对他们的情况也不关心，下属只有遵从命令来行事，要按照领导的控制来完成任务。领导者与下属之间很少有互动关系，彼此缺乏信任感。

（2）开明－权威式。采用这种方式领导，和下属有一定的沟通，在做出决策时适当地听取下属的意见，但主要决策还是领导做出，下属只有参与提出意见，并没有做出决策的权力。上级与下级之间有一定的互动关系，有一定的沟通，但下属仍然不能自如地在领导面前提出意见，对领导还有一种仰视甚至恐惧的心理，和领导交流时仍要选择好时机。交流并不在平等的气氛中进行，激励的手段是报酬制度和某些惩罚。

（3）协商式。采取这种方式的领导人员对下属抱有相当大的但又不是充分的信任和信心，他常设法采纳下属的想法和意见；采用奖赏，偶尔用惩罚和一定程度的参与；采取上下双向沟通信息；在最高层制定主要政策和总体决策的同时，允许低层部门做出具体问题决策，并在某些情况下进行协商。

（4）群体参与式。采取这种方式的领导人员对下属在一切事务上都抱有充分的信心和信任，上下级在一种平等的气氛下进行工作。领导者总是让下属参与决策、提出想法和意见，并且积极地加以采纳；对于确定目标和评价实现目标所取得的进展方面，组织群体参与其事，在此基础上给予物质奖赏；更多地从事上下级之间与同事之间的沟通；激励是通过工作设计、员工参与来实现的。

以上四种领导方式的对比见表10－3。

表 10-3 四种领导方式的对比

领导作风	专制-权威式	开明-权威式	协商式	群体参与式
下级对领导者的信心与信任	毫无信心与信任	有点信心与信任	有较大信心与信任	有充分的信心与信任
下级感到与领导者在一起的自由度	根本没有自由	只有非常少的一点自由	有较大的自由	有充分的自由
在解决工作问题方面领导者征求和采纳建议的程度	很少采纳下属的意见和建议	有时采纳下属的意见和建议	一般能听取下属各种意见和建议并积极采纳	经常听取下属意见和建议，总是积极采纳和运用这些意见和建议
奖惩措施	恐吓、威胁和偶然报酬	报酬和有形无形的惩罚	报酬和偶然惩罚	优厚报酬，启发自觉

2. 对领导行为理论的总体评价

1）领导行为理论的有效性

领导行为理论着重从领导者的作风和行为分析领导的有效行为，试图探求什么样的领导行为能导致领导成功。领导行为理论的提出为领导者的培训提供了广阔的天地，通过总结具体行为和经验进行有针对性的培训，可获得大量的、有效的、卓越出色的领导者。

通过对领导行为理论的研究分析可以看出，注重团队精神的领导所带领的组织的绩效会比较高，但这仍然有一些情况要具体问题具体分析，要根据当时的环境改变自己的领导方式。例如，消防队队长在紧急状态下，不可能花费长时间开会商量灭火的最佳方案，而采取专断的作风应该更有效。如果在组织中领导表现出高关怀或非常注重员工的行为，这样的领导往往会很受员工的欢迎，也很能带动部下高效率地完成任务；但组织如果遇到紧急、相对含糊不明的任务时，果断指挥员工完成任务的领导会更受欢迎、更有成效。

2）领导行为理论的不足

虽然领导行为理论的研究者做出种种努力，但在确定领导行为类型与群体工作绩效之间的一致性关系上仅获得了有限的成功。它所欠缺的是情境变化时，领导风格未发生相应变化。领导的类型与绩效之间的关系显然依赖于情境因素。领导是一个动态过程，领导工作的效率取决于领导者、被领导者及环境的相互作用。可见，脱离了环境特性因素，去寻找一种"万能的"领导行为或作风，自然与特质理论一样，也无法得出科学的结论。但是研究者们已渐渐认识到，领导的效能不仅仅取决于领导者的行为方式，还取决于领导环境给领导者提供的控制和影响结果的程度。也就是说，领导行为与领导者所处环境的相互影响、相互作用对领导效能产生作用。不存在任何环境下都与领导的成功相关、普遍适用的领导者行为。

10.2.3 领导权变理论

1. 领导权变理论的相关研究

1）菲德勒权变领导理论

弗雷德·菲德勒经过长达 15 年的研究，认为领导方式应该根据环境而定。他认为有效的领导不仅和领导者自身的个性有关,还与不同的情境因素、领导者及群体成员之间的相互作用有关,可归结为两个因素:领导者的风格和情境类型。

(1) 关于领导者的风格。弗雷德·菲德勒设计了 LPC 量表(least-preferred-co-worker,即最不愿意共事的同事测度表)来测度领导者的风格。测度结果表明,如果你把与你最难共事的同事描述成积极的,说明你注重与同事的关系,那么你就是关系导向型的;相反,如果你把最难共事的同事描述成消极的,说明你是以生产效率为重的,那么你是任务导向型的。但仍会有一些人(约 16%)是处于中间部分的,这些人是属于什么类型的,弗雷德·菲德勒倾向于由他们自己来决定。不管是什么类型的领导,弗雷德·菲德勒认为其领导风格是与生俱来的,是不可改变的。让一个关系导向型的领导来组织一个应该注重生产的任务时,若想达到好的绩效,要么改变情境,要么替换领导人,不然是不会取得好的绩效的,因为领导风格是不可改变的。

(2) 关于情境类型。弗雷德·菲德勒使用了三个因素来描述领导情境:领导与下属的关系、任务结构和领导者的职位权力。

① 领导与下属的关系。领导与下属的关系这个因素是指的组织氛围,领导者对职工的信任和依赖及下属对领导者的满意度和尊敬感、依赖感等。这个因素非常重要,因为一个组织就是一个团队,就是一个整体。领导者既能有效地安排任务,组织工作,又能和下属建立融洽的关系,得到下属的依赖和尊敬,那么这样的领导必定会带领组织很好地发展。

② 任务结构。任务结构指分配给下属的任务结构化程度、组织任务的指标、任务的性质、任务的内容,以及下属是否明确、是否知道自己应该做什么、该朝哪个方向努力。如果这些东西明确,那么下属的责任心会加强。

③ 职位权力。职位权力是指领导者所拥有的指挥控制下属的权力,或者说领导的强制权、法定权和奖励权。这种权力拥有的大小可能对领导者的领导起到不同的效果。例如,领导者的权力较强,那么领导者在完成任务时就可以按照自己的意志来指挥下属工作,对下属的控制力和影响范围就比较大,在一些情况下效率会比较高。若领导者的职位权力比较弱,领导者就需要与下属搞好关系来使组织任务得以完成,在一些情况下这样的领导者可能会被动一些。

弗雷德·菲德勒通过对 1 200 个小组的研究,调查了 1 200 个团体的领导者,收集了将领导风格对领导的有利条件或不利条件的三维情境因素联系起来的数据,得出如下结论:在组织情况极有利或极不利时,任务导向型是有效的领导形态;在组织情况一般时,关系导向型是有效的领导形态,其结果列于表 10-4。

表 10-4　弗雷德·菲德勒八种情境类型

情境	第一种	第二种	第三种	第四种	第五种	第六种	第七种	第八种
领导与下属的关系	好	好	好	好	差	差	差	差
任务结构	明确	明确	不明确	不明确	明确	明确	不明确	不明确
领导者的职位权力	强	弱	强	弱	强	弱	强	弱
领导的有效性程度	最有利	比较有利	比较有利	中等有利	中等有利	不太有利	不太有利	最为不利

弗雷德·菲德勒指出当处于两个极端时,即条件最有利或最不利的情况下,采用任务导向型的指令性的领导方式是最有效的。而当处于中等位置时,采用关系导向型的领导方式最有效。

2) 路径-目标理论

路径-目标理论是由罗伯特·豪斯提出的,该理论采纳了俄亥俄模型的工作取向和关系取向的思路,并同激励的期望理论相结合。路径-目标理论认为,领导者的主要任务是帮助下属达到他们的目标,并提供必要的支持和指导以确保下属的目标与群体或组织的目标相互配合。

该理论认为领导的激励作用:第一,使绩效的实现与员工需要的满足相结合;第二,为实现有效的工作绩效提供必需的辅导、指导、支持和奖励。为此,罗伯特·豪斯确定了四种领导行为。

(1) 指导型领导。领导者对下属需要完成的任务进行说明,包括对他们有什么希望,如何完成任务,完成任务的时间限制等。指导型领导者能为下属制定出明确的工作标准,并将规章制度向下属讲得清清楚楚,指导不厌其详,规定不厌其细。

(2) 支持型领导。领导者对下属的态度是友好的、可接近的,他们关注下属的福利和需要,平等地对待下属,尊重下属的地位,能够对下属表现出充分的关心和理解,在部下有需要时能够真诚帮助。

(3) 参与型领导。领导者邀请下属一起参与决策。参与型领导者能同下属一道进行工作探讨,征求他们的想法和意见,将他们的建议融入团体或组织将要执行的那些决策中去。

(4) 成就取向型领导。领导者鼓励下属将工作做到尽量高的水平。这种领导者为下属制定的工作标准很高,寻求工作的不断改进。除了对下属期望很高外,成就取向型领导者还非常信任下属有能力制定并完成具有挑战性的目标。

在现实中究竟采用哪种领导方式,要根据下属特性、环境变量、领导活动结果的不同因素,以权变观念求得它们与领导方式的恰当配合。那么领导者如何选择领导类型呢?路径—目标理论认为有两种因素在影响领导者对领导类型的选择,即下属的个人性格特点和环境因素。

下属的个人性格特点包括专业技能、交际能力、教育程度、动机、满足感、对成就的需求等,是影响领导者选择什么类型的领导方式的重要因素。如果职工的素质能力低,或不愿意参与决策,这时领导者选择指导型领导方式会比较有效。如果员工素质能力高,对公司决策的制定比较积极,那么,选择参与型领导方式会比较有效。

环境因素包括工作任务的明确程度、工作群体的关系、完成任务的资源条件等。如任务比较明确,员工掌握得比较充分,则不需要领导过多指导,那么指导型领导就是不合适的;当任务不明确、工作压力过大时,就需要指导型的领导。当工作群体存在着激烈的冲突时,指导型领导会带来更高的工作满意度;当下属执行结构化任务时,支持型领导会给员工带来更大的满足感和高绩效。

3) 领导者-参与模型

另一个早期的权变模型是由维克多·弗罗姆和菲利普·耶顿开发的领导者-参与模型,该模型提出领导者的行为和决策参与之间的关系,提出领导者的行为必须加以调整,适应任务的结构。任务的结构可能是常规的、非常规的,或介于二者之间的某种形式,维克多·弗罗姆和菲利普·耶顿的模型可以说十分规范,它根据不同的情境类型,给领导者提供了一系列应该遵循的规则或规范,以确定领导者在决策中的参与类型和参与程度。由于相关研究不断为有效的领导风格增加新观点和新见解，领导者参与模型也进行着不断的修订。

与旧版相比，这一模型的新版依然反映了决策如何做出，以及由谁做出的过程，但在五种领导风格的阐述上有一定的变化，见表 10-5。

表 10-5　五种领导风格

领导网络	特　点
独裁	领导者独自做出决策，以宣布或以说服方式告知群体成员
个别磋商	领导者与个别群体成员交流问题所在，获得他们的建议，最后做出决策
群体磋商	领导者通过会议形式向所有群体成员说明问题所在，获得他们的建议，并在此基础上做出决策
推动与促进	领导者通过会议形式向群体告知问题所在，领导者扮演助推器的角色，明确具体的问题并规定决策的范围
授权	领导者让群体做出决策，但要求在规定的限制条件内完成

4）领导生命周期理论

领导生命周期理论（Situational Leadership Theory，SLT）又称情境领导理论，是由美国学者 A. K. 科曼首先提出，后由保罗·赫西和肯尼斯·布兰查德进一步发展完善的。该理论是在俄亥俄州立大学的领导四分图理论基础上建立起来的，并与克里斯·阿吉里斯的不成熟－成熟理论结合起来，创造一个三维结构的有效领导模型。这一理论的特点是不仅考虑领导者的风格，还要考虑下属的成熟程度。依据下属的成熟度，选择正确的领导风格，就会取得领导的成功。

下属的成熟度是可通过下属的工作能力、专业技能、受教育程度、承担责任的能力等方面来衡量的。保罗·赫西和肯尼斯·布兰查德将成熟定义为，个体对自己的直接行为负责的能力和意愿，它包括工作成熟度和心理成熟度两项要素。前者包括一个人的知识和技能；后者指一个人做某事的意愿和动机。由此，他们把下属的成熟度由低到高设定为四个阶段：第一个阶段为不成熟阶段，这些人对于执行某任务既无能力又不情愿；第二个阶段为初步成熟阶段，这些人缺乏能力，但愿意从事必要的工作任务；第三个阶段为比较成熟阶段，这些人有能力却不愿意干领导者希望他们做的工作；第四个阶段为成熟阶段，这些人既有能力又愿意干领导者让他们做的工作。科曼认为，任务行为、关系行为和下属的成熟度之间不是一种直接的关系，而是一种曲线的关系，如图 10.3 所示。

这条曲线可以使领导者了解领导方式与下属成熟度之间的关系，从曲线中可以看出四种情况的四种领导方式。

（1）命令型领导方式（高工作－低关系）。在这种领导方式下，因为下属不够成熟，由领导者进行角色分类，并告知人们做什么，如何做，何时及何地去完成不同的任务。它强调指导性行为，通常采用单向沟通方式。

（2）说服型领导方式（高工作－高关系）。在这种领导方式下，由于下属只处于初步成熟阶段，领导者既提供指导性行为，又提供支持性行为。领导者除向下属布置任务外，还与下属共同商讨工作的进行，比较重视双向沟通。

（3）参与型领导方式（低工作－高关系）。在这种领导方式下，下属有一定的自我管理、自我控制的能力，掌握了一定的技能，一般是业务骨干或基层领导人员，希望有机会参与决策，不希望事事由领导做主。因此，领导者极少进行命令，而是与下属共同进行决

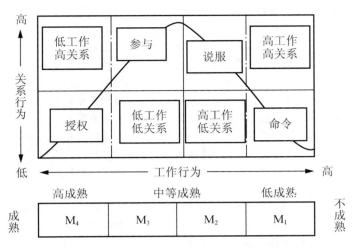

图 10.3　领导生命周期与下属成熟度之间的关系

策。领导者的主要作用就是促进工作的进行和沟通。

（4）授权型领导方式（低工作－低关系）。在这种领导方式下，由于下属有较高的工作能力，有完成工作的责任心和自信心，能够自己胜任工作。因此，领导者几乎不提供指导或支持，通过授权鼓励下属自主做好工作。

这四种方式分别应用于下属的不同时期，领导生命周期理论也强调领导行为的灵活性和动态性，在领导中一方面要根据下属的不同成长阶段来采取不同的领导方式，另一方面也要对不同的下属分别进行适合他们的培训，使他们能很快成长起来。

2．对领导权变理论的评析

上述几种领导权变理论，虽然在如何评价领导的有效性问题上有所不同，但这些理论都强调情境的作用，强调领导行为应随情境的变化而变化。各种权变理论从不同的角度和侧面，具体研究和分析了领导者如何根据不同的环境改变自己的领导方式，以及如何改变环境中的某些因素，使之适合自己的有效领导方式。权变理论告诉我们，任何一种具体的领导方式都不能处处适用，领导的行为要想有效，就必须随着被领导者的特点和环境的变化而变化，不能一成不变。

权变理论有辩证的思想，强调具体问题具体分析，特殊环境特殊对待。如果着重于提高领导者的绩效，那么菲德勒权变理论和路径－目标理论比较有效；如果强调下属的成熟度，领导生命周期理论比较有效。

一次重大的人事任免

某钢铁公司的领导班子会议正在研究一项重大的人事任免案。总经理提议免去公司所属的有2 000名职工的主力厂——炼钢一厂厂长姚成的厂长职务，改任公司副总工程师，主抓公司的节能降耗工作；提名炼钢二厂党委书记林征为炼钢一厂厂长。姚成、林征二人都是公司的老同志，从年轻时就在厂里工作，大家对他们的情况可以说了如指掌。

姚成，男，48岁，中共党员，高级工程师。20世纪60年代从南方某冶金学院毕业后分配到炼钢厂工作，一直从事设备管理和节能技术工作，勤于钻研，曾参与主持了几项较大的节能技术改造，成绩卓著，在公司内引起较大震动。1983年他被晋升为工程师，先被任命为一厂副总工程师，后又任生产副厂长。1986年起任厂长至今，去年被聘为高级工程师。该同志属于技术专家型领导，对炼钢厂的生产情况极为熟悉，上任后对促进炼钢一厂能源消耗指标的降低起了巨大的推动作用。他工作勤勤恳恳，炼钢转炉的每次大修理他都亲临督阵，有时半夜入厂抽查夜班工人的劳动纪律，白天花很多时间到生产现场巡视，看到有工人在工作时间闲聊或乱扔烟头总是当面提出批评，事后通知违纪人所在单位按规定扣发奖金。但群众普遍反映，姚厂长一贯不苟言笑，没听姚厂长和他们谈过工作以外的任何事情，更不用说和下属开玩笑了。他到哪个科室谈工作，一进办公室大家的神情便都严肃起来，犹如"一鸟入林，百鸟压音"，大家都不愿和他接近。他对自己特别在行的业务，有时甚至不事先征求该厂总工程师的意见，直接找下属布置工作，总工程师对此已习以为常。姚厂长手下几位很能干的"大将"却都没有发挥多大的作用。据他们私下说，在姚厂长手下工作，从来没受过什么激励，特别是当他们个人生活有困难需要厂里帮助时，姚厂长一般不予过问。用工人的话说是"缺少人情味"。久而久之，姚厂长手下的骨干都没有什么积极性了，维持现有局面而已。

林征，男，50岁，中共党员，高中毕业，在基层工作多年。该同志脑子灵活，宣传、鼓动能力强，具有较突出的工作协调能力。1984年出任炼钢二厂厂办主任，1986年调任公司行政处副处长，主抓生活服务，局面很快被打开。1988年炼钢二厂原党委书记离休，林征又回炼钢二厂任党委书记。林征擅长做人的工作，善于激励部下，据说对行为科学很有研究。他对下属非常关心，周围的同志遇到什么难处都愿意和他说，只要是厂里该办的，他总是很痛快地给予解决。民主作风好，工作也讲究方式方法，该他做主的事他从不推三阻四。由于他会团结人（用他周围同志的说法是"会笼络人"），工作力强，因此在群众中享有一定的威望。他的不足之处是学历低，工作性质几经变化，没有什么专业技术职称（有人说他是"万金油"），对工程技术理论知之不多，也没有独立指挥生产的经历。

姚、林二人的任免事关炼钢一厂的全局工作，这怎么能不引起公司领导们的关注？公司领导们心里在反复掂量，考虑着对炼钢一厂厂长这一重大人事变动提议应如何表态。

10.2.4 当代领导视角

1. 领袖魅力型领导

什么是魅力？如何获得魅力？魅力是指远远超出一般的尊重、影响、钦佩和信任的，对追随者的情感具有震撼力的一种力量。富于领袖魅力的领导者专制且异常的自信，对他们信念的道德正义性有强烈的信心，同时他们努力为其追随者建立一种富于竞争、成功与信任并传递高度期望值的氛围。富于领袖魅力的领导者还唤醒了他人的兴奋和冒险意识，他们一般都是富于雄辩的演讲者，显示出高超的语言技巧，而这种技巧能够帮助他们传递憧憬，鼓舞群众。

魅力型领导风格兴起的原因主要有两个：一是在复杂动荡的环境中，组织需要魅力型领导者来有效地实施变革，以适应外界环境的变化；二是组织面临着不断提高员工忠诚度和绩效的挑战，魅力型领导者与下属之间基于情感依附形成的领导者——下属关系，能够改变下属的价值观、信仰和态度，使其对领导者高度忠诚、信任和服从，进而取得超越组织期望的业绩。这种理论给人们展示了领袖魅力，并且为培养具有魅力的领导提供了很好的素材。为了使领导能够更好地团结下属，更好地感召下属，更好地提高领导效果，为了能够有更多的富有魅力的领导者出现，对于领袖魅力型领导理论的研究还在不断地进行。

案例 10-5

魅力领导——周恩来

周恩来是新中国革命和建设中最具有魅力的领导人之一。周恩来的政治家风度，堪称楷模，一直为人们所敬仰。美国人克拉默·威利这样评价道："周恩来年轻时是一位精神抖擞的英俊小伙子，即使到了老年,他那乌黑发亮的眼睛,富有表达能力的双手,以及高雅的风采都构成毫无疑问的吸引力。"一位为之倾倒的人士曾经说,"周可以望你而且就凭那么一看,便可以博得你的好感,使你着迷。"法国前总理孟戴斯·弗朗斯的谈话中说:"他(指周恩来)的态度和谈吐与众不同,有时连讥笑的态度也是具有魅力的。"理查德·尼克松在《领导者》一书曾经这样写道:"当一出戏闭幕时观众一贯退出剧场,回家去继续他们的生活;而当一位领袖的生涯结束,帷幕降下时,观众自己的生活也就起了变化,同时历史的进程也可能会发生深刻的变化。"

历史的发展何尝不是这样呢?当1976年1月8日,周恩来不幸逝世时,世界各国开展了广泛的悼念活动,其规模之大是历史罕见的。他的逝世,全世界都向他致敬,没有任何人唱反调,这也是世界历史中罕见的事。马来西亚《诗华日报》在评论中写道:"不必提到他的官名荣衔,不必提到他的国籍,不论是他的朋友抑或是他的敌人,不论你认识或是不认识他……当听到如下一句噩耗时——'周恩来逝世了!'就这么一句消息,就会如同听到雷殛泰山的巅石一般,遽然地感到惊讶,继之是大地为之震动,终于在沉默哀痛中不期而然地流出一股热泪来。"

2. 变革型领导

"变革型领导"首先由唐顿于1973年在《反叛领导》中提出,但是变革型领导理论的发展,是由巴斯于1985年在《领导与超越期望的绩效》一书中建构而成的。变革型领导理论强调领导者必须具有远见卓识,为下属提供工作价值和目标愿景,热衷于满足下属更高的需求,使下属成为更完备的人,他们鼓励下属为了组织的利益而超越自身的目标,其结果是使上下级之间建立一种互相刺激和提高的关系。

这种领导往往通过三种方法来确保自己领导行为的有效性:一是想办法提高自己的追随者的层次;二是创造优秀的组织文化,整合下属的个人价值观,使其价值观与整个组织的目标价值一致,使他们能为组织的利益而奋斗;三是激发追随者的奉献精神,使他们把组织和自己看成一个整体,愿意为组织的利益而牺牲自己个人的利益,培养他们舍小家为大家的精神。

具体来说,变革型领导的特征主要包括以下四个因素:具有领袖魅力、对下属有感召力、智力刺激、个别化关怀。具备这些特征的领导者通常具有强烈的价值观和理想,他们能成功地激励员工超越个人利益,为了团队的伟大目标而相互合作、共同奋斗。美国管理学家理查德·傅伊德在前者的基础上又提出了变革型领导所必备的五种新的领导技能,列于表10-6。理查德·傅伊德认为这些领导技能不是与生俱来的,而是通过不断学习、实践培养起来的。

表10-6 理查德·傅伊德提出的五种新的领导技能

技 能	内 容
有远见卓识	对组织的内外部环境能够清楚地掌握,并能高瞻远瞩地制定一些决策,推动组织更高更远地发展
控制技能	有控制下属的能力,能够用自己独特的领导魅力感召下属按照自己的意图进行工作
价值观的综合技能	把员工的一些需求整合起来,使其个人价值观与组织的价值观统一、一致,达到组织的高效
授权技能	愿意与下属分享权力,让下属适当地管理自己,并指导下属正确行使权力
自知能力	明确自己的需求和目标,也了解下属的需求和目标

10.3 领导艺术

领导工作并不是一件轻松的差事。早在几千年前，孔子就曾说过："为君难，为臣亦不易。"这句话可谓"一语中的"，非常深刻、贴切地道出了从古至今众多领导者普遍都有的切身感受。实事求是地看，领导工作的确是复杂繁重且千变万化的，堪称一项富有创造性、极具挑战性的活动。从根本上说，领导工作不仅仅是一门实实在在的严整的科学，具有内在的规律性、原则性，更是一门地地道道的、值得推敲的特殊艺术。

10.3.1 领导艺术的含义和作用

1. 领导艺术的含义

一般而言，领导艺术可以这样表述：领导者以一定的智慧、学识、经验、能力为基础，以领导者应普遍遵循的领导原则为准则，在领导活动中熟练运用富有创造性的领导思维方式和行之有效的领导策略，以及各种独特、灵活、恰当的领导方法和技能。

领导艺术的基本内容和精神实质说明领导艺术可以通过后天的学习和锻炼来培养，领导者也可以通过不断学习和自我锻炼，逐步提高自己的领导艺术，使自己的领导方式变得更加科学有效。领导艺术强调创造性和有效性。一方面是创造性，是真善美在领导活动中的自由创造："真"是把握规律，在规律中创造升华，升华到艺术境界；"善"就是要符合政治理念；"美"是指领导使人愉悦、舒畅。另一方面是有效性，领导实践活动是检验领导艺术的唯一标准，没有实效的领导艺术称不上真正的领导艺术。

领导艺术具有创造性、经验性、灵活性等特点。

1）独特的创造性

创造性是领导艺术的灵魂，也是领导艺术的集中体现。离开了创造，就根本没有什么领导艺术可言，更谈不上丰富的领导艺术。

当然，对于什么是领导艺术的创造性，我们应当有一个明确的理解。创造常常是以模仿为基础的，领导者学习和借鉴他人的领导艺术，并把所学用于自己的实际领导工作中，这一过程本身也是一种创造性活动。

2）鲜明的经验性

无论是多么高超的领导艺术，都必然具有"经验"的痕迹。实际上，经验正是领导艺术深深植根的肥沃土壤和不断成功的源源动力。

在许多历史典籍中，都记载着丰富多彩的领导故事，总结了切实可用的领导经验；在古往今来众多优秀领导者的身上，也都凝聚着弥足珍贵的领导实践活动，体现了人类社会中可以通用的领导艺术。

3）高度的灵活性

领导艺术不是按照规范化的程序和数学化的公式来认识和解决问题，而是根据不同的时间、地点、对象和具体条件，灵活运用领导者已有的知识、经验、阅历和判断来应对和处理各种现实问题，特别是一些突发事件。因此，领导者必须善于审时度势、随机应变，只有这样，才能使自己的领导艺术到达炉火纯青、出神入化的境界。

2. 领导艺术的功能和作用

美国前总统尼克松曾说："伟大的领导是一种特有的艺术形式，既需要超群的力量，又需要非凡的想象力。"尼克松还根据自己丰富的领导经验，特别指出这样一点："尽管领导需要技术，但领导远远不是有技术就行。领导者必须既能说服他们，又能感动他们。"

由此可见，一个领导者要想取得成功，不能只依靠自己手中的法定权力、组织中明文规定的规则、自己娴熟的业务知识和卓越的个人能力。尽管这些因素是非常重要的，也是不可缺少的，但是，如果不能有效发挥领导艺术的作用，不能把它们与领导艺术有机结合起来，领导者仍然难以走向成功。具体来说，领导艺术的功能和作用体现在如下六个方面。

1）有利于领导者树立威望、增强影响力

领导者个人的威望和影响力，绝不是依靠抽象的领导职位和领导者手中的权力而产生、维系的，只有通过领导者在其工作实践中正确地运用领导艺术才能够获得。

2）有利于使下属产生服从感，主动实现领导者确定的目标

古人曾说："徒法不足以自行。"因此，领导者作为组织中关键的"执法人"，就必须善于运用富有艺术性的领导方法和手段，将组织中的各项规则发挥作用，使下属既乐于自觉遵守这些规则，也能够心甘情愿服从领导者的命令。

3）有利于增强领导者的亲和力、向心力与组织的凝聚力

一个领导者要想获得人们的普遍认可和拥戴，成为组织成员团结的核心，并不是依靠领导职位就可以实现的。无论是领导者的亲和力、向心力，还是组织成员的归属感、凝聚力，都不是自然而然产生的。所有这些，都只能依靠领导者充分发挥自己的领导艺术才能，使之化为现实。

4）有利于有效化解矛盾和冲突，保持组织的协调运转

不论在什么样的组织中，都存在矛盾和冲突。面对矛盾和冲突，领导者既不能仅仅根据各种明文规定的法则来处理，也不能凭借手中的权力予以压服。正确而有效的做法，应该是运用领导艺术加以巧妙地解决。这是一种"标本兼治"的办法。

5）有利于使领导者手中的权力产生实际效果

凡是那些真正明白领导之道的领导者都深知一点，权力所产生的实际效果并不仅仅取决于权力本身的大小，而是与领导者能否善于运用领导艺术息息相关。

6）有利于使复杂、繁重的领导工作变得更加轻松

美国学者亨利·明茨伯格认为，由于领导者工作的繁忙和多样化，往往使他们不易深入思考问题，工作往往陷于肤浅；而且，领导者往往采用口头沟通和直觉反应来从事领导工作，所以很少采用富有艺术性的领导方法。领导者往往处于工作压力与工作肤浅的恶性循环之中，只有运用领导艺术，才能够打破这种恶性循环。

10.3.2 领导艺术的内容

1. 领导用人艺术

如何用好人，除了要端正用人思想，让那些想干事的人有事干，能干事的人干好事外，在用人技巧上还要注意以下问题。

1）善于用人所长

用人之秘诀在于用人所长，且最大限度地实现其优势互补。用人所长，首先要注意"适位"。陈景润如果不是被华罗庚发现，并被调到数学研究所工作，他就难以摘取数学皇冠上的明珠。唐僧之所以能西天取经成功，主要是他能做到知人善任，把孙悟空、沙和尚、猪八戒安排到最适合他们的岗位上去，实现了人才所长与岗位所需的最佳组合。其次

要注意"适时",即"用人用在精壮时"。界定各类人才的最佳使用期,不能单纯以年龄为依据,而应以素质作决定,对看准的人一定要大胆使用、及时使用。再次,要注意"适度"。领导者用人不能搞"鞭打快牛"。"快牛"只能用在关键时候、紧要时刻,如果平时只顾用起来顺手、放心,长期迫使那些工作责任心和工作能力都较强的人在"快车道"上超负荷运转,这些"快牛"必将成为"慢牛"或"死牛"。

2)善于用人所爱

有位中学生曾向比尔·盖茨请教成功的秘诀,比尔·盖茨对他说:"做你所爱,爱你所做。"爱因斯坦生前曾接到要他出任以色列总统的邀请,对这个不少人垂涎的职务,他却婉言谢绝了,仍钟情于他的科研工作。正因为有了他这种明智的爱,才有了爱因斯坦这位伟大的科学家。领导者在用人的过程中,就要知人所爱、帮人所爱、成人所爱。

3)善于用人所变

鲁迅、郭沫若原来都是学医的,后来却成了中华民族的文坛巨人。很多名人名家的成功人生告诉我们:人的特长是可以转移的,能产生特长转移的人,大都是一些拥有创新思维的人与能力较强的人。对这种人才,领导者应倍加珍惜,应适时调整对他们的使用,让他们在更适合自己的发展空间里去施展才华。

案例 10-6

用 人 之 道

用人之道,最重要的,是要善于发现、发掘、发挥属下的一技之长。用人得当,事半功倍。

楚将子发爱结交有一技之长的人,并把他们招揽到麾下。有个人其貌不扬,号称"神偷"的人,也被子发待为上宾。有一次,齐国进犯楚国,子发率军迎敌。交战三次,楚军三次败北。子发旗下不乏智谋之士、勇悍之将,但在强大的齐军面前,简直无计可施。这时"神偷"请战,在夜幕的掩护下,他将齐军主帅的睡帐偷了回来。

第二天,子发派使者将睡帐送还给齐军主帅,并对他说:"我们出去打柴的士兵捡到您的帷帐,特地赶来奉还。"当天晚上,"神偷"又去将齐军主帅的枕头偷来,第二天再由子发派人送还。第三天晚上,"神偷"连齐军主帅头上的发簪子都偷来了,子发照样派人送还。

齐军上下听说此事,甚为恐惧,主帅惊骇地对幕僚们说:"如果再不撤退,恐怕子发要派人来取我的人头了。"于是,齐军不战而退。人不可能每一方面都出色,但也不可能每一方面都差劲,再差的人总有一方面较他人之长。企业老板们要能清楚地了解每个下属的优缺点,千万不能夹杂个人喜好,也许你今天看不起的某个人,他日正是你事业转机的干将。

2. 领导决策艺术

决策是领导活动的关键,是领导者的重要职责和权力,当然也是领导艺术的核心内容。正确的决策有利于工作和事业的开展,错误的决策贻害无穷。为了尽可能地避免出现错误,领导决策应该遵循一定的原则,讲究策略,增强决策艺术,提高决策水平。

1)决策前注重调查

领导者在决策前一定要多做些调查研究,搞清各种情况,尤其是要把大家的情绪和呼声作为自己决策的第一信号,不能不准备就进入决策状态。

2)决策中注意民主

领导者在决策中要充分发扬民主精神,优选决策方案,尤其碰到一些非常规性决策,应懂得按照"利利相交取其大,弊弊相交取其小,利弊相交取其利"的原则,适时进行决策,不能未谋乱断,不能错失决策良机。

3) 决策后狠抓落实

决策一旦定下来,就要认真抓好实施,做到言必行、行必果,绝不能朝令夕改。一个领导者在工作中花样太多,是一种不成熟的表现。

3. 领导激励艺术

管理要注意以人为本,人本管理的核心是重激励。领导者要调动大家的积极性,就要学会如何去激励下属。运用激励艺术最根本的目的是正确地诱导员工的工作动机,使他们在实现组织目标的同时实现自身的需要,增加其满意度,从而使他们的积极性和创造性继续保持和发扬下去。激励的原理和创新也是领导艺术的研究重点。美国国际电报电话公司总裁赫拉尔德·格尼恩说道:"无论在一个公司里,还是在政法领域中,无论是在战场上,还是在足球场上,领导的一生都意味着领导要具备这样的能力:能够激励自己的下属为了实现一个共同的目标和理想,紧密团结起来,万众一心,精诚合作,服从他的领导和安排。"

1) 激励注意适时进行

美国前总统里根曾说过这样一句话:"对下属给予适时的表扬和激励,会帮助他们成为一个特殊的人。"一个聪明的领导者要善于经常适时、适度地表扬下属,这种"零成本"激励,往往会"夸"出很多为你效劳的好下属。

2) 激励注意因人而异

领导者在激励下属时,一定要区别对待,最好在激励下属之前,要弄清被激励者最喜欢什么?最讨厌什么?最忌讳什么?尽可能"投其所好",否则,就有可能好心办坏事。

3) 激励注意多管齐下

激励的方式方法很多,有目标激励、榜样激励、责任激励、竞赛激励、关怀激励、许诺激励、金钱激励等,但从大的方面来划分主要可分为精神激励和物质激励两大类。领导者在进行激励时,要以精神激励为主,以物质激励为辅,只有形成这样的激励机制,才是一种有效的激励机制,才是一种长效的激励机制。

4. 领导运时艺术

时间是一种无形的稀缺资源,领导者不能无视它,更不能浪费它。

1) 强化时间意识

有人做了统计:一个人一生的有效工作时间大约是1万天。一个领导者的有效当"官"时间是10~15年。一旦错过这个有效时间,你思想再好、能力再高,也常常是心有余而力不足。所以,领导者要利用这宝贵的时间多做点有意义的事。

2) 学会管理时间

领导者管理时间应包括两个方面。一是要善于把握好自己的时间。当一件事摆在领导者眼前时,领导者应先问一问自己"这件事值不值得做?"然后再问一问自己"是不是现在必须做?"最后还要问一问自己"是不是必须自己做?"只有这样才能比较主动地驾驭好自己的时间。二是不要随便浪费别人的时间。有人做过统计:某领导者有五分之三的时间用在开会上。领导者要力戒"会瘾",不要动不动就开会,不要认为工作就是开会,如果要开会,也应开短会,说短话,千万不要让无关人员来"陪会"。"浪费别人的时间等于谋财害命。"

3) 养成惜时习惯

人才学的研究表明:成功人士与非成功人士的一个主要区别,就是成功人士年轻时就养成了惜时的习惯。要像比尔·盖茨那样,能站着说的东西就不要坐着说,能站着说完的东西就不要进会议室去说,能写个便条的东西就不要写成文件。只有这样,才能形成好的惜时习惯。

5. 领导说话艺术

说话是一门艺术，它是反映领导者综合素质的一面镜子，也是下属评价领导者水平的一把尺子。领导者要想提高说话艺术，除了要提高语言表达基本功外，关键要提高语言表达艺术。

1）做到言之有物

言之有物，就是领导者在下属面前讲话时，不能空话连篇，套话成堆，要尽量做到实话实说，让大家能经常从领导者的讲话中，获取一些新的有效信息，听到一些新的见解，受到一些新的启发。

2）做到言之有理

领导者在下属面前讲话，不能官气十足，应注意情理相融。要做到情理相融，一是要讲道理。讲道理不能空对空，一定要与下属的思想、工作、生活等实际紧密结合起来，力求以理服人。二是要注意条理。讲话不能信口开河，语无伦次，一定要让人感到条理清晰，层次分明。三是要通情理。不能拿大话来压人，要多讲些大家眼前最关心的问题、大家心里最担忧的问题。

3）做到言之有"味"

领导者在下属面前讲话时，语言要带点甜味，要有点新意，要有点幽默感。邓小平同志有一句话大家耳熟能详，"白猫黑猫，抓住老鼠就是好猫。"这句话说得形象生动，意味十足。

 本章小结

领导是管理活动中最重要的职能之一，是指在社会共同活动中，具有影响力的个人或集体，在特定的组织结构中，通过指挥、引导和激励组织成员为了实现共同目标及个人价值而努力的过程。包括领导者、领导者的影响力、被领导者、领导环境和领导目标五个要素。对管理各个方面起到至关重要的作用。

领导实践需要科学理论的指导，领导理论的研究源远流长，先后出现了领导特质理论、领导行为理论、领导权变理论、当代领导视角。领导特质理论认为领导的成效与领导者身上的特质相关；领导行为理论认为领导者在领导过程中的领导行为与他们的领导效果之间有密切的关系；领导权变理论强调领导应该随情境的变化而变化；当代领导视角根据当代领导面临的新形势，主要介绍了领袖魅力型领导和变革型领导。这些理论的研究为领导实践提供了坚实的理论基础，同时领导实践的进一步发展也推动了领导理论的丰富和发展。

领导不仅是一门科学，更是一门艺术。领导艺术是指领导者以一定的智慧、学识、经验、能力为基础，以领导者应普遍遵循的领导原则为准则，在领导活动中熟练运用的富有创造性的领导思维方式和行之有效的领导策略，以及各种独特、灵活、恰当的领导方法和技能。领导艺术强调的是领导过程中的"真""善""美"，注重领导的创新性、经验性和灵活性。包括领导的用人艺术、决策艺术、激励艺术、运时艺术和说话艺术等。在领导活动中发挥着无可替代的作用，包括有利于领导者树立威望、增强影响力；有利于使下属产生服从感，主动实现领导者确定的目标；有利于增强领导者的亲和力、向心力与组织的凝聚力；有利于有效化解矛盾和冲突，保持组织的协调运转；有利于领导者手中的权力产生实际效果；有利于使复杂的领导工作变得更加轻松六个方面。

 关键术语

领导——leadership   领导者——leader
领导环境——leadership environment   领导理论——leadership theory
特质——qualities   行为——behavior

权变——expedient
变革——change
激励——excitation

魅力——charm
领导艺术——leadership art

案例应用分析

润物细无声的领导

通用汽车公司成立于 1908 年 9 月 16 日,自从威廉·杜兰特创建了美国通用汽车公司以来,先后联合或兼并了别克、凯迪拉克、雪佛兰、奥兹莫比尔、庞蒂克、克尔维特、悍马等公司,拥有铃木公司(Suzuki)3% 的股份。从 1927 年以来一直是全世界最大的汽车公司之一。1985 年通用汽车公司决定新建土星(Saturn)分部,试图开发先进的土星牌轿车以抵御外国轿车大规模进入美国市场。土星分部是通用汽车公司建成最晚的分部,也是唯一从通用汽车公司内部建立起来的分部,他们用全新的设计理念指导生产,以"制造消费者所需要的汽车"为指导,研制了 SL 轿车、SW 旅行车及 SC 运动车系。他们依据这一思想设计了土星商标。

土星是通用汽车公司最年轻的品牌,不存在背历史包袱,不存在有损害传统的顾忌,以市场需求为准绳,创新立异,轻装上阵,这就是土星车的特点。其标志为土星轨迹线,给人一种高科技、新观念、超时空的感觉,寓意土星汽车技术先进、设计超前且最具时代魅力。通用汽车公司的副总裁,主管土星汽车部门的申士亚·杜德尔女士是加拿大人,杜德尔女士对汽车行业了如指掌,因为在车厂生产线与工人一起工作多年。从 1979 年她拿到物化博士学位后,她就在车间工作,1981 年,她加入通用汽车的转动轴工厂任车间主任,六年后,她被升为密歇根汽车制造厂经理,管理制造工程。在她掌管土星汽车部门之前,她是通用汽车英国鲁通厂的总裁。在那里她要平衡工会的要求,方能维持员工的士气。

通用汽车要她主管土星汽车部门的理由是因为她的知识及热诚使她能把工会的工人及管理人员团结起来围绕一个共同的目标,生产出令人难忘的汽车。杜德尔女士说:"我热爱我的工作。"杜德尔女士有清楚的远见及耐心,她还有激励别人的能力。她说:"最基本的,是领导有听的能力,以及领导其他人的能力。"她也说过领导要有方向感及幽默感。杜德尔女士指出,汽车工业处在迅速变化中,因此需要有动量的领导,这些领导必须把集中力聚焦在自己核心业务上,并且能不断创造新的产品及服务,当领导有好的"聆听技巧"时,就会使其他员工愿意接近他,并且提供意想不到的新想法。

杜德尔女士表示,要使土星部门成功,她首先要找出公司的文化,这文化是用团队精神来致力于顾客满意,她说:"我很努力地使员工愿意尽力,我有意识地从土星各员工中找寻新的意见,力量从共同努力及伙伴精神中创造出来是很大的。"最后,杜德尔女士说:"领导是有水晶般清楚的远见,用诚实来沟通,并且建立一个团队明白要达到的结果——你必须清楚你要去哪里。然后为自己及公司定出较高的标准,这包括行为标准及对员工执行工作的期望,一个伟大的领导知道如何有效地动员一个组织。"

讨论:

(1) 请列出杜德尔女士能胜任土星汽车部门的领导,她具备哪些特质?
(2) 杜德尔女士说"聆听是领导的基本条件",对此你怎么看?
(3) 你认为在领导应具备的条件中,哪一个是最重要的?为什么?

思 考 题

1. 领导的定义和特点是什么?
2. 领导的作用有哪些?
3. 领导理论有哪些?其内容是什么?
4. 领导艺术的含义和特点是什么?
5. 领导艺术的内容包括哪些方面?
6. 领导艺术的作用有哪些?

第 11 章 激 励

教学要求

了解激励的概念、对象、过程等相关原理；熟悉各种激励理论；掌握激励的原则、方法和具体运用；能正确分析激励中出现的问题。

本章知识点

激励的概念、过程；内容型激励理论和过程型激励理论；激励的原则、激励的方法。

■ 导入案例

管理者的困境

在努力证明某些东西的过程中，人们可以超越他们认为所能达到的高度。汤姆·德普雷可以证明，事实的确如此。他管理着 Storage Technology 在波多黎各的庞塞（Ponce）的生产工厂。公司的首席执行官考虑将生产转移到成本更低的中国，这也给了汤姆及其员工一次证明自己的机会。他们做好准备，开始行动了。

汤姆刚刚被任命为波多黎各工厂的总裁兼总经理时，他延续了前任的做法，强调培训、技术和结果。许多生产商一直在努力使员工接受工作流程的变革，而在 Storage Technology 规模最大的工厂中，员工已经完全接受了全面质量管理、六西格玛、灵活生产和其他流程改进方法。他们将高产量产品和高组合产品进行分离，并重新配置了生产线。在员工数量不变的情况下，经过这些方面的改进，仅工厂一个地方的产量就提高了 33%。更令人兴奋的是，2004 年，员工减少的成本达 250 万美元。公司打算庆祝一下，打电话到工厂，确保员工已经下班，这样他们都能在开饭之前到家。但是，那之前，公司的一位重要顾客订购了 13 个较大的存储系统，而库存中准备好装运的系统只有 11 个。于是，员工哪儿也没去，直到完成这两个余下的系统。汤姆说："我不敢相信，员工们居然没有拒绝顾客的要求。"

德普雷不仅激发了员工的激情，在他的领导和大家的共同努力下，工厂还被《商业周刊》评为 2005 年年度最佳工厂之一。如果你处于德普雷的位置，你觉得，如果他们想要继续保持低成本而又不打算提高员工的工资，德普雷应当做什么以确保他的员工继续付出他们最大的努力？

在管理者从事的工作中，激励员工是最重要也是最具有挑战性的活动之一。成功的管理者，如本章开篇"管理者的困境"中的主人公汤姆·德普雷，认识到在一个团队中工作并非每个人都会受到鼓舞，对某个人具有激励作用的刺激物对其他人可能作用很小甚至根本不起作用。作为有效的管理者，要想让所有的员工付出最大的努力，必须了解员工为什么会被激励及如何受到激励，并调整自己的激励活动以满足员工的需要，从而很好地实现组织目标。

11.1 激 励 原 理

11.1.1 激励的概念与作用

1. 激励的概念

激励（Motivate）有两层含义：一是激发、鼓励；二是训导、斥责。就个体而言，激励是一种精神力量或状态，对人的行为起加强、激发和推动作用，并指导行为的指向目标。就组织而言，激励是组织通过设计适当的奖励措施和工作环境，以一定的行为规范和奖罚性措施，来激发、引导、保持和规范组织成员的行为，以使组织成员或群体为达成组织目标而积极行动、努力工作，从而有效实现组织目标的系统活动。就管理者而言，就是通过设计适当的外部奖酬形式和工作环境，以一定的行为规范和惩罚性措施，借助信息沟通，激发、引导、保持和规范组织成员的行为，以有效地实现组织及其成员个人目标的系统活动。我们在理解激励概念时应该把握以下几个要点。

（1）激励通常情况下是和动机连在一起的，主要指人类活动的一种内心状态。动机一般指个体通过高水平的努力而实现组织目标的愿望，而这种努力又能满足个体的某些需要。因此，无论是激励还是动机，都包含三个关键要素：努力、组织目标和需要。

（2）企业对员工进行激励涉及企业的整个制度和文化环境。激励不仅仅是一个奖惩制度和具体工作环境的设计问题，企业的组织结构、价值观及整个企业文化，都对企业激励发挥着重要作用。

（3）激励需要综合运用各种激励手段，最终目的是要使个人目标和组织目标保持一致并得到有效实现。

（4）激励过程同时也是一个信息沟通过程。组织的不同层次和部门之间、管理者与下属及员工之间都依赖于及时、顺畅的信息沟通，以达到各方面协调，使人们的积极性都能得到充分的激发，提高组织的运行效率和各方面的满意度。

2. 激励的作用

在传统的组织和人力资源管理中，激励的作用根本没有得到足够的和系统的认识。管理者们只是自觉或不自觉地运用激励手段，进行人力资源的管理和开发工作。但随着人的因素在组织生存和发展中的作用日益增强，人们越来越发现作为组织生命力和创造力源泉的人的状态往往直接影响着组织的面貌，其作用主要表现在以下几个方面。

（1）激励是实现企业目标的需要。企业的目标是靠人的行为实现的，而人的行为是由其积极性推动的。实现企业的目标要有人的积极性、人的士气。当然实现企业的目标还需要其他多种因素，但不能因此而否定、忽视人的因素。

（2）激励是充分发挥企业各种生产要素效用的需要。企业的生产经营活动是人有意识、有目的的活动。人、劳动对象、劳动手段是企业的生产要素,在这些要素中,人是最活跃、最根本的因素,其他因素只有同人这个生产要素相结合,才会成为现实的生产力,才会发挥各自的效用。因此没有人的积极性或者人的积极性不高,再好的装备和技术、再好的原料都难以发挥应有的作用。

(3) 激励可以提高员工的工作效率和业绩。激发人的积极性,是古今中外政治家、军事家、思想家、管理学家们都十分重视的问题。通过激励可以激发员工的创造性与革新精神,提高员工的努力程度,取得更好的业绩。日本丰田公司采取激励措施鼓励员工提建议,结果仅 1983 年一年,员工就提了 165 万条建议,平均每人 31 条,为公司带来了 900 亿日元的利润,相当于公司当年总利润的 18%。

(4) 激励有利于员工素质的提高。提高员工素质,不仅可以通过培训的方法来实现,还可以运用激励的手段达到。企业可以采取措施,对坚持学习科技与业务知识的员工给予表扬,对不思进取的员工给予适当的批评,并在物质待遇、晋升等方面区别考虑。这些措施将有助于形成良好的学习风气,促使员工提高自身的知识素养。员工在激励措施的鼓舞下,为了能取得更好的工作绩效,必定会主动熟悉业务、钻研技巧,从而提高自身的业务能力。

11.1.2 激励的对象与原因

1. 激励的对象

从激励的定义可以看出,激励是针对人的行为动机而进行的工作。因而,激励的对象主要是人。或者准确地说,是组织范围中的员工或领导对象。

正确认识激励的对象,有助于体现领导的管理职能。从激励的内涵看,意味着组织中的领导者应该从行为科学和心理学的基础出发,认识员工的组织贡献行为,即认识到人的行为是由动机决定的,而动机则是由需要引起的。动机产生以后,人们就会寻找能够满足需要的目标,而目标一旦确定,就会进行满足需要的活动。从需要到目标,人的行为过程是一个周而复始、不断进行、不断升华的循环。需要是人类行为的基础,不同的需要在不同的条件下会诱发出不同的行为。

2. 激励产生的原因

如何对组织中的人或员工进行激励,是建立在对人的行为规律的认识基础上的。而人不是孤立存在的,而是生活在特定的环境之中。这个环境包括气候、水土、阳光、空气等自然环境和社会制度、劳动条件、经济地位、文化条件等社会环境。外界环境对人的影响是客观存在的。

因此,激励产生的根本原因,可分为内因和外因。内因由人的认知知识构成,外因则是人所处的环境,从激励基础看,人的行为可看成是人自身特点及其所处环境的函数。显然,激励的有效性在于对内因和外因的深刻理解,并达成一致性。

这样,为了引导人的行为达到激励的目的,领导者既可在了解人的需要的基础上,创造条件促进这些需要的满足,也可以通过采取措施,改变个人的行动的环境。这个环境被研究人员称为人的行动的"力场"。对企业而言,领导者对在"力场"中活动的员工行为的引导,要借助各种激励方式,减少阻力,增强驱动力,提高员工的工作激情,从而改善企业经营的效率。

11.1.3 激励的过程

心理学家认为，人的一切行为都是由动机支配的，动机是由需要引起的，行为的方向是寻求目标、满足需要。当人们产生需要而未得到满足时，会产生一种紧张不安的心理状态；当有能够满足需要的目标时，这种紧张不安的心理就转化为动机，并在动机的驱动下向目标努力。目标达到后，需要得到满足，紧张不安的心理状态就会消除。随后，又会产生新的需要，引起新的动机和行为。人们在满足需要时，并非每次都能实现目标，在需要没有得到满足、目标没有实现的情况下，人会产生挫折感。此时，有人可能会积极进取，动机更强；有人可能消极防范，动机削弱。具体激励过程如图 11.1 所示。

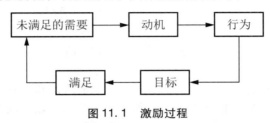

图 11.1　激励过程

（1）未满足的需要。未满足的需要是指个体缺乏某种生理或心理的因素而产生的与周围环境的某种不平衡状态，也是个体对某种目标的渴求和愿望。未满足的需要引起个体内心的紧张，为了消除内心的紧张，个体将会形成采取某种行动的动机。

（2）动机。动机是引起个体活动，维持并促使活动朝向某一目标进行的内部动力。动机是行为产生的内在直接原因，它引起人们从事某种活动，规定行动的方向。动机是由个体未满足的需要产生的。动机是一种主观的精神状态，它驱使个体的行为趋向预定的目标。实际上一个人同时可以有许多动机，动机之间不仅有强弱之分，而且会有矛盾。一般来说，只有强烈的动机可以引发行为，这种动机称为优势动机。

（3）行为。行为是指个体在环境影响下所引起的内在生理和心理变化的外在反应。一般情况下，内在因素是根本，起着决定作用，外在因素是条件，起着催化作用。

行为的结果可能会出现两种情况：第一种是当人们通过某种行为实现了目标，获得了生理和心理上的满足后，紧张的心理状态就会消除，随后又会产生新的需要，引起新的动机，树立新的目标；第二种是行为没有使目标实现，那么，或目标不变重新努力，或降低目标要求，或变更目标从事别的活动以满足相同或类似的需要。

 案例 11-1

对洗碗工的激励

大卫为自己的饭店感到自豪。这家名为"金彩虹"的饭店，有着理想的店址，高品位的装修，充足的客源，效益十分好。当他在一年前接手这家店时，他曾担心当地劳动力的缺乏可能会使雇用到合格工人成为一个难题。但后来他同地方大学的学生签了一些合同，雇用了一批服务生，这批服务生的服务让客人们感到满意，而且他们彼此之间也相处融洽。他还需要解决的唯一问题就是洗碗工的问题。在最开始，当大卫找到艾迪时，他感到很幸运。艾迪是一名地方高中辍学生，他有一些洗碗的经验。大卫给洗碗工的工资不超过每小时 4 美元，但艾迪好像并不太介意。艾迪似乎把碗盘洗得挺干净，但干活儿的速度实在太慢了。

大卫原先认为艾迪干什么事都慢条斯理，但观察了艾迪在厨房中的行为表现后，大卫的想法改变了。艾迪爱和厨师们聊天，他常常丢下活儿连续几分钟去闲侃。他还贪吃撤下的盘子中的剩余甜点，而且一旦服务生走近他，他就用水浇射他们。厨房里总是一团糟，每天饭店关门后两小时，为明天开业的一切准备工作都就绪了之后，仍然有那么多的碗盘堆在那儿，艾迪仍在那儿刷、冲和唠叨。大卫开始考虑，艾迪的乱糟糟可能有其原因：艾迪是按工作小时计酬的，因此他为什么不拖拖拉拉的呢？但是大卫不希望总是看到一个乱成一团的厨房，因此他决定和艾迪谈一谈。

大卫认为艾迪需要一个目标。大卫计算了一下，艾迪在一个有合理效率的晚上可挣28美元。然后他约见了艾迪并提出了一个建议。首先，他问艾迪，在最后一名客人离开后最快什么时候能结束他的工作。艾迪回答说大约需要75分钟时间。当大卫问到他是否有兴趣比他现在提前45分钟结束时，艾迪的情绪变得激动起来。当大卫许诺每天晚上干完活儿就付给艾迪28美元，而不管他什么时候结束工作时，艾迪简直有点不敢相信。这证明艾迪并不喜欢一直工作到深夜两点，但他需要他所能挣到的每一块钱。

到了下周，在厨房通往餐厅的门旁，挂上了一块新的黑板，上面写着"艾迪的目标记录"。在头一个星期末，大卫在上面写上了"75分钟"。大卫提高了检查碗盘的频率，但他没有发现艾迪工作的质量下降了。因此到了星期天，他对艾迪说："让我们试试提高到一个小时。"

11.2 激 励 理 论

激励是一个复杂的概念，人们从很多不同的角度去认识和理解它，围绕着人的需求的实现、需求特点的识别、如何根据需求类型和特点的差异采取不同的激励措施、激励对个体行为的影响等各个方面做了大量的研究，由此形成了不同的激励理论。

11.2.1 内容型激励理论

早期的激励理论始于20世纪50年代。这段时期的激励理论主要是从动机的内容来思考，因此被称为内容型激励理论。内容型激励理论主要包括5种理论，虽然这些理论中，有些理论因为有其局限性，经常受到日后学者的批评，但这些理论却是后来及当代最新理论的基础，管理者也常在实务上以这些理论及其术语来解释员工的动机，因此这些理论仍是我们了解激励作用所不能忽视的基本理论。本节主要介绍亚伯拉罕·马斯洛的需要层次理论、双因素理论和成就需要理论这三种典型的内容激励型理论。

1. 马斯洛的需要层次理论

1）主要内容

人类所有行为都是为了满足其需要，因此，商业活动和组织成员的行为背后也有其所要满足的需要。心理学家亚伯拉罕·马斯洛于1943年初次提出了"需要层次"理论，他把人类纷繁复杂的需要分为生理需要、安全需要、社交需要、尊重需要和自我实现需要五个层次，如图11.2所示。

图11.2 需要层次理论内容图

马斯洛的需要层次理论包括四个重点。

（1）人类的需要可以分成五类。马斯洛研究人类与生俱来的需要，发现尽管人们的需要与欲望千变万化，但大致上仍可将其分成五类。

其一，生理需要。这是人类维持自身生存的最基本要求，包括饥、渴、衣、住、性等方面的要求。如果这些需要得不到满足，人类的生存就成了问题。在这个意义上说，生理需要是推动人们行动的最强大的动力基础。

其二，安全需要。这是人类要求保障自身安全、摆脱事业和丧失财产的威胁、避免职业病的侵袭、摆脱严密的监督等方面的需要。马斯洛认为，整个有机体是一个追求安全的机制，人的感受器官、效应器官、智能和其他能量主要是寻求安全的工具，甚至可以把科学和人生观都看成满足安全需要的一部分。

其三，社交需要。这一层次的需要包括两个方面的内容：一是友爱的需要，即人人都需要伙伴之间、同事之间的关系融洽或保持友谊和忠诚；人人都希望得到爱情，希望爱别人，也渴望得到别人的爱；二是归属的需要，即人都有一种归属于一个群体的感情，希望成为群体中的一员，并相互关心和照顾。社交上的需要比生理上的需要更细致，它和一个人的生理特性、经历、教育、宗教信仰有关系。

其四，尊重需要。人人都希望自己有稳定的社会地位，要求个人的能力和成就得到社会的承认。尊重的需要又可分为内部尊重需要和外部尊重需要。内部尊重需要是指一个人希望在各种不同情境中有实力、能胜任、充满信心、能独立自主。总之，内部尊重需要就是人的自尊。外部尊重需要是指一个人希望有地位、有威信，受到别人的尊重、信赖和高度评价。马斯洛认为，尊重需要得到满足，能使人对自己充满信心，对社会满腔热情，体验到自己活着的地位和价值。

其五，自我实现需要。这是最高层次的需要，它是指实现个人理想、抱负，发挥个人的能力到最大程度，达到自我实现境界的人，接受自己也接受他人，解决问题能力增强，自觉性提高，善于独立处事，要求不受打扰地独立完成与自己的能力相称的一切事情的需要。也就是说，人必须干称职的工作，这样才会使他们感到最大的快乐。马斯洛提出，为满足自我实现需要所采取的途径是因人而异的。自我实现的需要是努力发挥自己的潜力，使自己越来越成为自己所期望的人物。

（2）马斯洛指出，这些需要有其优先顺序，低层次的需要要先获得满足，当某一层次的需要获得大致满足后，下一个层次的需要就变成主要的激励力量。人总是先满足低层次的需要再满足高层次需要，一旦某种需要已得到满足就不能产生高激励力。每个需要层次必须得到实质的满足，才会激活下一个目标。例如，工会为了提高薪水、增加福利、提高安全标准和就业保障而进行谈判，谈判的焦点总是与满足低层次需要直接相关。只有在生理和安全需要得到合理满足之后，人们才关心社交需要、尊重需要和自我实现需要。

（3）五种需要可以分为两级：其中生理需要、安全需要和社会需要都属于低一级的需要，这些需要通过外部条件就可以满足；而社交需要、尊重需要和自我实现需要是高级需要，他们是通过内部因素才能满足的，而且一个人对尊重和自我实现的需要是无止境的。同一时期，一个人可能有几种需要，但每一时期总有一种需要占支配地位，对行为起决定作用。任何一种需要都不会因为更高层次需要的发展而消失。各层次的需要相互依赖和重叠，高层次的需要发展后，低层次的需要仍然存在，只是对行为影响的程度大大减小。

（4）马斯洛和其他的行为心理学家都认为，一个国家多数人的需要层次结构，是同这个国家的经济发展水平、科技发展水平、文化和人民受教育的程度直接相关的。在不发达国家，生理需要和安全需要占主导的人数比例较大，而高级需要占主导的人数比例较小；在发达国家，则刚好相反。

2）评价

马斯洛的需要层次理论得到了普遍的认可，特别是20世纪六七十年代很受一线管理者的欢迎，可是由于种种原因马斯洛的需求层次理论还是过于简单，存在一定的局限性。

（1）马斯洛的需要层次理论的作用。马斯洛的需要层次理论，在一定程度上反映了人类行为和心理活动的共同规律。马斯洛从人的需要出发探索人的激励和研究人的行为，抓住了问题的关键；马斯洛指出了人的需要是由低级向高级不断发展的，这一趋势基本上符合需要发展的规律。在实际管理工作中，这一理论发挥了一定的指导意义，告诉管理者在对员工进行激励之前，首先要搞清楚员工需要什么，属于哪个层次，以便"投其所需"。此外，还要知道员工的需要不是一成不变的，而是动态的，管理者要经常性地用各种方式进行调查，及时掌握员工的状况。因此，需要层次理论对企业管理者如何有效地调动人的积极性有启发作用。

（2）马斯洛的需要层次理论存在的不足。包括：

第一，马斯洛需要层次理论存在着人本主义局限性。马斯洛是离开社会条件、离开人的历史发展及人的社会实践来考察人的需要及其结构的。其理论基础是存在主义的人本主义学说，即人的本质是超越社会历史的、抽象的"自然人"，由此得出的一些观点就难以适合一些国家的情况。

第二，人的动机是行为的原因，马斯洛需要层次理论强调人的动机是由人的需要决定的。但实际上，从心理角度来说，人们的行为除了受现实需求、欲望、愿望影响外，还受人们的信念及其信心的影响，所以说需要并不是决定人们行为动机的唯一因素。

第三，需要层级的划分也欠科学。五种需要的高低排序只是揭示了人类行为的大致规律，忽视了其中的复杂性、多变性、层次性等特征。

2. 双因素理论

1）主要内容

这种激励理论也叫"保健-激励理论"，是美国心理学家弗雷德里克·赫茨伯格于20世纪50年代后期提出的。这一理论的研究重点，是组织中个人与工作的关系问题。赫茨伯格试图证明，个人对工作的态度在很大程度上决定任务的成功与失败。为此，在20世纪50年代后期，和他的助手们在美国匹兹堡地区对200名工程师、会计师进行了调查访问。访问主要围绕两个问题：在工作中，哪些事项是让他们感到满意的，并估计这种积极情绪持续多长时间；又有哪些事项是让他们感到不满意的，并估计这种消极情绪持续多长时间。大量研究后，赫茨伯格提出，影响人们行为的因素主要有两类：保健因素和激励因素，见表11-1。

表11-1 保健因素与激励因素

保健因素（外在因素，与环境有关）	激励因素（内在因素，与工作有关）
企业的政策与行政管理 技术监督系统 上下左右的人事关系 工作环境或条件 工资、薪金、福利待遇 个人的生活 职务、地位 工作安全性	工作上的成就感 工作中得到的认可和赞赏 工作本身的挑战性和兴趣 工作上承担责任 工作的发展前途 个人成长、晋升的机会

保健因素是那些与人们的不满情绪有关的因素，如公司的政策、管理和监督、人际关系、工作条件等。保健因素处理不好，会引起员工对工作不满情绪的产生；处理得好，可以预防或消除这种不满。但这类因素并不能对员工起激励的作用，只能起到保持人的积极性，维持工作现状的作用，所以保健因素又可称为维持因素。激励因素是指那些与人们的满意情绪有关的因素。与激励因素有关的工作处理得好，能够使人们产生满意情绪；如果处理不当，其不利效果最多只是没有满意情绪，而不会导致不满。赫茨伯格认为，激励因素主要包括工作表现机会和工作带来的愉快，工作上的成就感，由于良好的工作成绩而得到的奖励，对未来发展的期望，以及职务上的责任感等。

2）评价

（1）重要意义。双因素激励理论能对传统的满意—不满意的观点进行拆解，认为满意的对立面是没有满意，而不是不满意；同样，不满意的对立面是没有不满意，而不是满意。这种理论对企业管理的基本启示是，要调动和维持员工的积极性，首先要注意保健因素，以防止不满情绪的产生。但更重要的是要利用激励因素去激发员工的工作热情，努力工作，创造奋发向上的局面，因为只有激励因素才会增加员工的工作满意度。

（2）固有缺陷。双因素激励理论也有欠完善之处，如在研究方法本身、研究方法的可靠性及满意度的评价标准这些方面都存在不足。另外，赫茨伯格讨论的是员工满意度与劳动生产率之间存在的一定关系，但他所用的研究方法只考察了满意度，并没有涉及劳动生产率。

3. 成就需要理论

在激励的内容理论方面，有一种比较有名的理论，就是成就需要理论，由美国哈佛大学教授戴维·麦克利兰通过需求和动机进行研究，于20世纪50年代在一系列文章中提出的。他认为，人们的行为受到三种需要的支配：成就需要、归属需要、权力需要。

（1）成就需要。指渴望完成困难的事情，获得某种高的成功标准，掌握复杂的工作，以及超过别人。

（2）归属需要。指渴望建立友好和亲密的人际关系、回避冲突的愿望。

（3）权力需要。指渴望影响或控制他人、为他人负责及拥有高于他人的职权的权威。

同时，麦克利兰指出，一方面，有着强烈成就感需要的人，是那些倾向于成为企业家的人。他们喜欢比竞争者做得更好，并且敢冒商业风险。另一方面，有着强烈归属需要的人，是成功的"整合者"，他们的工作是协调组织中几个部门的工作。整合者包括品牌管理人员和项目管理人员，他们必须具有过人的人际关系技能，能够与他人建立积极的工作关系。不过麦克利兰也指出，这种需要一直未能引起研究人员的足够重视。高归属需要者喜欢合作而不是竞争的环境，希望彼此之间的沟通和理解。而有着强烈权力需要的人，则经常有较多的机会晋升到组织的高级管理层。相比之下，有强烈的成就需要，但没有强烈的权力需要的人，容易登上他们职业生涯的顶峰，只不过职位的组织层次较低。原因在于，成就需要可以通过任务本身得到满足，而权力需要，只能通过上升到某种具有高于他人的权力层次才能得到满足。

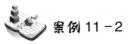

案例 11-2

油漆厂工人为什么闹事

钱兵是某名牌大学企业管理专业毕业的大学生，分配到宜昌某集团公司的人力资源部。前不久，因总公司下属的某油漆厂发生工人集体闹事事件,钱兵被总公司委派下去调查情况,并协助油漆厂高厂长理顺管理工作。

到油漆厂上班的第一周,钱兵就深入"民间",体察"民情",了解"民怨"。一周后,他不仅清楚地了解到油漆厂的生产流程,同时也发现工厂的生产效率极其低下,工人们怨声载道。他们认为工作场所又脏又吵,条件极其恶劣,冬天车间内的气温只有零下八摄氏度,比外面还冷,而夏天最高气温可达40多摄氏度。而且他们的报酬也少得可怜。工人们曾不止一次地向厂领导反映,要求改善工作条件,提高工资待遇,但一直未引起厂里的重视。

钱兵还了解了工人的年龄、学历等情况,工厂以男性职工为主,约占92%。年龄在25~35岁的占50%,25岁以下的占36%,35岁以上的占14%。工人们的文化程度普遍较低,初高中毕业的占32%,中专及其以上学历的仅占2%,其余的全是小学毕业。钱兵在调查中还发现,工人的流动率非常高,50%的工人仅在厂里工作一年或更短的时间,能工作五年以上的不到20%,这对生产效率的提高和产品的质量非常不利。

于是,钱兵决定将连日来的调查结果与高厂长做沟通,他提出了自己的一些看法:"高厂长,经过调查,我发现工人的某些起码的需要没有得到满足,我们厂要想把生产效率搞上去,要想提高产品的质量,首先得想办法解决工人们提出的一些最基本的要求。"可是高厂长却不这么认为,他恨铁不成钢地说:"他们有什么需要?他们关心的就是能多少工资,得多少奖金,除此之外,他们什么也不关心,更别说想办法去提高自我。你也看到了,他们很懒,逃避责任,不好好合作,工作是好是坏他们一点也不在乎。"

但钱兵不认同高厂长对工人的这种评价,他认为工人们不像高厂长所说的那样。为进一步弄清情况,钱兵采取发放调查问卷的方式,确定工人们到底有什么样的需要,并找到还未得到满足的那些需要。他也希望通过调查结果来说服厂长,重新找到提高士气的因素。于是他设计了包括15个因素在内的调查问卷,当然每个因素都与工人的工作有关,包括报酬、员工之间的关系、上下级之间的关系、工作环境条件、工作的安全性、工厂制度、监督体系、工作的挑战性、工作的成就感、个人发展的空间、工作得到认可情况、升职机会等。

结果表明,工人并不认为他们懒惰,也不在乎多做额外的工作,他们希望工作能丰富多样一点,能让他们多动动脑筋,能有较合理的报酬。他们还希望工作多一点挑战性,能有机会发挥自身的潜能。此外,他们还表达了希望多一点与其他人交流感情的机会,他们希望能在友好的氛围中工作,也希望领导经常告诉他们怎样才能把工作做得更好。

11.2.2 过程型激励理论

过程型激励理论试图说明员工面对激励措施,如何选择行为方式去满足他们的需要,以及确定其行为方式的选择是否成功。

1. 公平理论

公平理论也被称为社会比较理论,是由美国心理学家约翰·亚当斯在1965年首先提出来的,主要讨论的是报酬的公平性对员工工作积极性的影响。亚当斯认为,要使组织成员保持较高的工作热情,必须使工作报酬公平合理,至少使组织成员感觉到组织分配是公平合理的。那么组织成员如何评价报酬的公平与否呢?

亚当斯提出了"贡献率"的公式,描述员工在横向和纵向两方面对所获报酬的比较及其对工作态度的影响。

$$O_p/I_p = O_x/I_x$$

在上式中,O_p为自己对所获得报酬的感觉;O_x为自己对他人所获得的报酬的感觉;I_p为自己对付出的感觉;I_x为自己对他人的付出的感觉。

如果这个等式成立,那么进行比较的员工觉得报酬是公平的,他可能会为此而保持工作的积极性和努力程度;如果该等式不成立,就会有两种情况发生。一是$O_p/I_p > O_x/I_x$,

则说明该员工得到了过高的报酬或付出较少的努力。在这种情况下，一般来说，他不会要求减少报酬，而且有可能会自觉增加自我的付出。但过一段时间他就会因重新过高估计自己的付出而对高报酬心安理得，于是其产出又会回到原来的水平，如果 $O_p/I_p < O_x/I_x$，则说明员工对组织的激励措施感到不公平。此时他可能会要求增加报酬，或者自动地减少付出以便达到心理上的平衡，也可能离职。

基于公平理论，当员工感到不公平时，可能会采取以下几种做法：①曲解自己与他人的付出或所得；②采取某种行为使他人的付出或所得发生改变；③采取某种行为改变自己的付出或所得；④选择其他的参照对象进行比较；⑤离职。员工的这些反应方式都得到了研究证据的支持。一篇研究综述再次有力地证实了公平性这一主题，它指出：员工的工作积极性显著地受到相对报酬和绝对报酬的影响。无论任何时候，只要他们感觉到不公平，就会采取行动调整这种状态，其结果可能会提高也可能会降低生产率、产品质量、缺勤率、主动离职率。

长期以来，公平理论一直着眼于分配公平，即人们感觉个体之间在报酬分配上的公平性。近来关于公平的研究主要着眼于考虑程序公平，即用来确定报酬的程序是否让人觉得公平。研究表明，分配公平对员工满意度的影响比程序公平更大。但是，程序公平更容易影响到员工的组织承诺、对上司的信任和离职意向。因此管理者应当考虑把分配的决策过程公开化，遵循一致和无偏见的程序，以及采取其他类似措施增加员工的程序公平感。通过增加程序公平感，即使员工对薪水、晋升等其他个人报酬感到不满意，他们也可能以积极的态度对待上司和组织。

总之，公平理论表明，对大多数员工来说，动机不仅受到绝对报酬的影响，而且受到相对报酬的影响。但是，该理论中还有一些关键问题不够清晰。例如，员工怎样界定自己的付出与所得？他们又是怎样把付出与所得的各个因素进行累加和分配权重的？这些因素是否随时间而变化？个体如何选择参照对象？不过，尽管仍然存在诸多问题，公平理论仍不失为一个颇具影响力且被众多研究证据所支持的理论，它为我们了解员工的激励问题提供了很多真知灼见。

案例 11-3

公平与公平感

因现有生产线设备落伍，为应对激烈的市场竞争，青田乳胶制品厂了解后决定从英国一家公司引进了一条号称"世界前沿水平，全电脑控制"的自动化生产线。陈厂长请示公司，认为兵贵神速，应当机立断。经过与该英国公司短期接触，青田乳胶制品厂以 120 万美元的高价达成购买协议。英方答应尽快供货，并派专家来现场指导安装调试，保证设备到货后四个月内达到设计水平，投入生产。

随后厂里精心挑选了配合英国专家工作的高级工程师黄师傅、姜师傅和工作踏实、英语过关的小王。然而调试工作一开始便不顺利，许多重要部件远低于设计性能，如卷边机合格率仅为 10% 左右，洗模机干脆不能运作等。青田乳胶制品厂很快发现此台设备竟是从设计图纸转为实物的首部样机，设计意图虽想多用尖端技术，但因考虑欠周或失误，到实践中检验，便破绽百出。英国专家使出浑身解数，还是一筹莫展。眼看四个月限期将至，英方老板带上另一位专家亲来支援。又经一个多月的努力，未见起色。英国老板声称不堪负担，否则便将破产云云。青田乳胶制品厂据合同力争，然而英方死皮赖脸，摊手耸肩，强行撤离。

厂班子研究认为如果与英方打官司，由于不熟悉国际诉讼，法庭相见，并无把握，且费用高昂，拖延时日，难以承受，而设备闲置，吃亏的仍是青田乳胶制品厂，于是青田乳胶制品厂决定依靠本厂内部技术力量，自力更生，组建攻关组。黄师傅却以身体、精力不济推辞，姜师傅主动请战。连续一个半月，姜、王二人每天三班倒，六周下来，居然进展显著，许多难点都有不少突破，总产品合格率提高到60%，虽然距离能实现盈利运行的80%的成品率标准还有点差距，但总是令人鼓舞的。

领导班子决定，给攻关组姜、王两人各发1 000元奖金，其余组员各发500元，以资鼓励。陈厂长承认奖金是显得少了点，但再多发又怕别人不服气。果然，很快就听到许多怪话："英国专家干得差不多了，他们去摘桃子，有啥了不起，就发那么多钱？难道我们没干活！""没让我去，要不会比他俩干得好！""不是并没有达到要求吗？干啥还给奖金？"甚至公司也来电话质问。

陈厂长遇到姜师傅和小王，想安慰几句。姜师傅先说："厂长，听见了吧？我不是为了几个奖金去干的，是不服那几个'鬼佬'，也不愿看见这么贵的机器闲着。可苦干了一场，还得受这么多气。不是不能再改进，可如今谁还愿意再干。"小王没多话，只说了声："真没意思，还不如调走好。"

2. 期望理论

另一种被许多人认为是专门阐释怎么样激励员工的方法被称为期望理论。这种理论的奠基人之一是心理学家维克托·弗洛姆，他认为，人们若能相信目标的价值，并认定所做的一切有助于实现这一目标时，他们就会受到激励而努力工作，完成目标。更详细地说，维克托·弗洛姆的理论认为，人们从事任何工作的激励作用将取决于经其努力后取得的价值（不管是正的或是负的），即效价，乘以经其努力后将在实质上有助于目标实现的信心，即期望值。用公式表示如下：

$$激励力度 = 效价 \times 期望值$$

公式中的激励力度是指一个人受到的激励程度，效价是指这个人对某种结果的期待程度，而期望值则是指某一具体的活动导致预期结果的概率。当一个人对实现某个目标认为无所谓时，效价为零；而当他不愿去实现这个目标时，效价是负的。这两种结果当然都不会产生激励作用。同样，如果期望值为零或负数时，就不会激励一个人去实现目标。因此，促使人们去做某件事的激励力度将取决于效价和期望值。

期望理论的上述分析可以为管理人员提供许多启发。第一，管理不要只抓一般的激励措施，而应当抓多数组织成员认为效价最大的激励措施。第二，设置某一激励目标时应尽可能加大其效价的综合值。如果每月的奖金多少不仅意味着当月的收入状况，而且与年终分红、工资调级和获得"先进工作者"称号挂钩，则将大大增大效价的综合值。第三，适当加大不同人实际所得的效价的差值，加大组织期望行为与非期望行为之间的效价差值。例如，奖金平均分发与分成等级并拉开距离分发，其激励效果很不一样，只奖不罚与奖惩分明，其激励效果也大不一样。第四，期望心理的疏导。在激励过程中，经常会发生员工期望心理过强的情况，及时地疏导其期望心理，以防止出现强烈的挫折感，就成为领导者的难题。疏导的方法，最常用的是"目标转移"，即将其目标转移到新的领域中去。

3. 强化理论

强化理论是美国的心理学家和行为科学家斯金纳、赫西、布兰查德等人提出的一种理论。斯金纳所倡导的强化理论是以学习的强化原则为基础，关于理解和修正人的行为的一种学说。所谓强化，从其最基本的形式来讲，指的是对一种行为的肯定或否定的后果（报酬或惩罚），它至少在一定程度上会决定这种行为在今后是否会重复发生。管理人员就可以通过强化的手段，营造一种有利于组织目标实现的环境和氛围，以使组织成员的行为符合组织的目标，从而修正其行为或影响行为后果，这就是强化理论，也叫作行为修正理论。

1）强化的具体方式

（1）正强化。奖励那些符合组织目标的行为，以便使这些行为得以进一步的加强、重复出现。当个体采取某种行为时，能从他人那里得到某种令其感到愉快的结果，这种结果反过来又成为推进人们趋向或重复此种行为的力量。

（2）负强化。它是指通过某种不符合要求的行为所引起的不愉快的后果，对该行为予以否定。若职工能按所要求的方式行动，就可减少或消除令人不愉快的处境，从而也增大了职工符合要求的行为重复出现的可能性。负强化强调的是一种事前的规避。

（3）惩罚。当员工出现一些不符合组织目标的行为时，采取惩罚的办法，可以约束这些行为少发生或不再发生。即在消极行为发生后，以某种带有强制性、威慑性的手段（如批评、行政处分、经济处罚等）给人带来不愉快的结果，或者取消现有的令人愉快和满意的条件，以表示对某种不符合要求的行为的否定。惩罚是力图使所不希望的行为逐渐削弱，甚至完全消失。

（4）自然消退。它是指对原先可接受的某种行为强化的撤销。由于在一定时间内不予强化，此行为将自然下降并逐渐消退。就是对已出现的不符合要求的行为进行"冷处理"，达到"无为而治"的效果。

强化的主要功能，就是按照个体的心理过程和行为的规律，对人的行为予以导向，并加以规范、修正、限制和改造。它对个体行为的影响，是通过行为的后果反馈给行为主体这种间接方式来实现的。人们可根据反馈的信息，主动适应环境刺激，不断地调整自己的行为。正强化是用于加强所期望的个人行为；负强化、惩罚和自然消退的目的是为了减少和消除不期望发生的行为。这四种类型的强化相互联系、相互补充，构成了强化的体系，并成为一种制约或影响人的行为的特殊环境因素。

2）强化理论对管理实践的重要启示

（1）奖励与惩罚相结合。对正确的行为，对有成绩的个人或群体给予适当奖励；同时，对于不良行为，对于一切不利于组织工作的行为则给予处罚。大量实践证明，奖惩结合的方法优于只奖不罚或只罚不奖的方法。

（2）以奖为主，以罚为辅。强调奖励与惩罚并用，并不等于奖励与惩罚并重，而是应以奖为主，以罚为辅，因为过多运用惩罚的方法，会带来许多消极的作用，在运用时必须慎重。

（3）及时而正确强化。及时强化是指让员工尽快知道其行为结果的好坏或进展情况，并尽量予以相应的奖励；正确强化就是要"赏罚分明"，当出现良好行为时就给予适当的奖励，而出现不良行为时就给予适当的惩罚。

（4）奖人所需，形式多样。要使奖励成为真正强化因素，就必须因人制宜地进行奖励。每个人都有自己的特点和个性，其需要也各不相同，因而他们对具体奖励的反应也会大不一样。应该奖人之所需，形式多样化，只有这样才能起到激励的效果。

11.3　激励实务

11.3.1　激励的原则

由于实际情况的不同，不同的组织会制定不同的激励政策和措施，激励政策和措施的好坏直接影响到企业的发展。因此，在制定激励的政策和措施时，一定要谨慎。成功的激励讲求一定的原则，归纳为以下几点。

【拓展期刊】

1. 按职工需求激励原则

由于不同员工的需求不同,所以,相同的激励政策起到的激励效果也会不尽相同。即便是同一位员工,在不同的时间或环境下,也会有不同的需求。由于激励取决于内因,是员工的主观感受,所以,激励要因人而异。因此,在制定和实施激励政策时,首先要调查清楚每个员工真正需要的是什么。将这些需要整理、归类,然后来制定相应的激励政策帮助员工满足这些需求。

腾讯独具一格的激励

腾讯公司对员工的激励措施见表 11-2。

表 11-2　腾讯公司对员工的激励措施

激励项目	做 法	激励对象
股票期权和限制性股票	① 高管激励原则:冻结副总裁及其以上级别的高级管理人员的薪酬,集中以业绩奖励和长期激励为导向; ② 离职亦可享受期权; ③ 2010 年 12 月腾讯召开股东大会,更新了购买股权计划的上限,派发股息,回购部分公司股票,让新进入的员工和老员工可以持有更多的公司股票	有技能和经验的员工,对公司具有重要价值的员工(公司上市前,员工持股比例比较高,采用全员期权制,占当时总员工总数的 98%;公司上市后,截至 2010 年 10 月,60% 左右的员工拥有期权)
"iHome" 置业贷款计划	① 为购买首套住房的员工提供 20 万至 30 万元的免息贷款; ② 首期运行期限为四年	在腾讯服务满两年的员工,符合相关要求,且为工作地首套住房者(服务期在两年以上(含两年)三年以下的员工,贷款额度上限为 20 万元;服务期为三年以上(含三年)的员工,贷款额度上限为 30 万元)
腾讯教育基金	和相关教育机构共同办学,以及和杭州已有学校进行合作,帮助普通员工解决子女的学前和小学教育的问题,已投入 5 亿元	目前只针对杭州地区的所有员工,随后会在全国扩展
培训	① 针对不同层级的员工都有完善的培训项目:新员工入职培训、在职员工岗位技能培训、管理人员管理技能培训; ② 在时间频率上,几乎每周都有培训	全体员工
股权激励	① 股权直接奖励给员工,由独立受托人购入,成本由腾讯公司支付; ② 2010 年确定 1 454 位员工作为激励对象,授予 3 662 975 股	奖励给对公司业务发展做出贡献的雇员(不论是全职或兼职)、行政人员或高级职员、董事等
多种福利项目	带薪休假,各种员工俱乐部、年度旅游、免费班车和夜宵、婚育礼金及入职周年纪念 Q 币、员工救助计划等	全体员工

2. 公平性原则

公平性原则是组织行为的基本原则，因此在实施激励时必须做到：①所有组织成员在获得或争取奖酬方面的机会要均等；②奖惩的程度与组织成员的功过相一致，奖惩的原因必须是相关事实的结果。为此，奖惩制度与事实必须明确；③奖惩措施实施的过程要公正、公开，即奖惩必须按章行事、公开与民主化，不得夹杂私人感情因素。

3. 适度性原则

适度性原则就是要恰当地掌握激励力度，这直接影响到激励作用的发挥。奖励和惩罚不适度都会影响激励效果，同时增加激励成本。奖励过重会使员工产生骄傲和满足的情绪，失去进一步提高自己的目标的欲望；奖励过轻会起不到激励效果，或者使员工产生不被重视的感觉。惩罚过重会让员工感到不公，或者失去对公司的认同，甚至产生怠工或破坏性的情绪；惩罚过轻会让员工轻视错误的严重性，从而可能还会犯同样的错误，甚至使错误严重化。

4. 能级适应原则

能级适应原则指企业应该按照员工的才能为员工安排合适的工作岗位。能级即能力的大小级别。能力大的员工被称为具有高能级，反之则为低能级。作为管理者如果不能根据员工能力安排工作并实施激励，会犯人才配置上的错误。例如，让低能级的员工去从事高能级的活动会使工作无法正常进行，高能级的员工从事低能级的工作会造成人才的流失。此外，能级的平衡是一种动态的平衡。随着时间的推移，员工的能力会发生变化，这就要求管理者必须不断地进行考核、调查，及时掌握员工发生的变化，及时地做出调整，保证员工时时处于一个最合适的岗位，以发挥其最大的潜力。

5. 正激励和负激励相结合原则

正激励和负激励都是激励必不可少的手段，研究证明，在实际激励中两者均有不同的效果，激励的实质是为了调动人的积极性，因此要根据不同的情境合理使用，并使之有机结合。就两者的作用而言，正激励是第一位的，负激励是第二位的，因此在实施激励时应以正激励为主，负激励为辅。

案例 11-5

联想的激励

联想公司刚创业的时候，工作人员懒散，管理较松懈。柳传志下定决心要改变这种状况，于是就颁布了一个制度，谁开会要迟到，不仅要罚款还要罚站五分钟。罚款大家并不在乎，但是罚站还是挺丢面子的。这个制度的实行很严格，连高层领导，如副总裁、总裁这一级别的都被罚站过，甚至柳传志本人也被罚站过。正是企业领导人这种下决心要把事情干好的气魄，把联想的管理搞了上去。有记者在采访柳传志的时候问道："联想的核心竞争力是什么？"柳传志回答说："我们联想的管理体系中最重要的就是我们科学的激励体系。"

11.3.2 激励的基本方法

心理学原理把人的需求分为两大类，即物质需求和精神需求。物质需求是人类生存的起码条件和基础；而精神需求则是人类所特有的一种精神现象。激励，作为管理中重要的手段，其基础就是首先考虑到人的精神需求，进而在工作中把满足个人需要与满足组织需要有机地结合起来。

在具体实施激励的过程中，一般使用两种方法——物质激励和精神激励。

1. 物质激励

所谓物质激励，是指通过合理的分配方式，将人们的工作业绩与报酬挂钩，即以按劳分配的原则，通过分配量上的差异作为酬劳或奖励，以此来满足人们对物质条件的需求，进而激发人们更大的工作积极性。

1) 基本收入激励

基本收入是员工生活费用的基本来源，其中工资是最主要的部分。利用工资作为激励的方式有两种：第一，用工资来反映员工的贡献大小、业务水平的高低，鼓励员工以多贡献和高业务来取得相应的报酬；第二，改革工资制度，采用工资晋级择优原则、浮动工资制度等作为激励的手段。

2) 奖金激励

从理论上讲，奖金是超额劳动的报酬。但在现实中，许多企业将奖金变成了工资附加部分，没有起到"对在工作上具有倡导和鼓励价值的表现予以额外奖励"的作用。奖金应该是组织对符合企业倡导的精神的员工的一种奖励方式。奖金激励时奖金的多少，并不在于物质上、经济上的制约，重要的是心理上的提示作用，即从人的自尊需求层次上起激励作用。

3) 福利激励

福利激励是指企业采取措施负担职工工作之外的基本生活设施的建设，如职工福利设施、社会保险、公费医疗等。

4) 其他物质激励

对有创造发明、重大贡献或在一定期间成绩突出、弥补或避免了重大经济损失的员工，除前面叙述的物质奖励手段外，还可给予大笔奖金或较高价值的实物奖励。

2. 精神激励

人的精神活动非常独特，除了生存必不可少的物资需求外，还有尊重需要和自我实现的需要。因此，抓好员工的精神奖励是使员工热爱团队、焕发工作积极性的重要措施。当员工的物质需求得到满足后，一方面他们会对物资需求从更高层次上去继续追求，另一方面他们会进一步追求精神满足。

1) 成长激励

管理者要多为员工创造发挥才能的机会，做到人尽其才，要帮助员工在平凡的工作中寻找发挥聪明才智的机会。此外，要顺应员工自我实现的愿望，帮助其解决能力不足方面的问题。积极主动地为他们提供各种长见识、增才智的机会，培养和强化员工对工作的自信心。成长激励的形式通常有：利用各种机会把员工有选择地送到各级院校、培训中心学习，送到国内外考察、进修学习；员工通过深造具备一定能力后及时给予相应的专业技术职称。

2) 关怀激励

管理者对员工各方面的情况应尽可能多地了解，如身体状况、家庭条件、亲属身体状况、个人工作愿望、能力上的长处与不足之处、上下班路途、交通方便程度等，经常给予关心和必要的帮助，员工会感到上级不是把自己当作一部工作机器，而是把自己真正当作人来尊重、来关怀的。这种激励方法在员工感情上产生的效应是积极、强烈而持久的，对培养员工工作的良好动机可产生积极有效的影响。

第 11 章 激 励

案例 11-6

"与员工爱心互动"

微软公司是家喻户晓的跨国集团。然而,微软公司起初只是一个私人小公司,发展成为在世界各地有拥有员工近万人的大企业的主要原因,除了比尔·盖茨总裁本身就是一个电脑专家、工作认真负责之外,还有他对员工的关爱、体贴和信任。

比尔·盖茨对员工的"爱""恩""信"就是微软成功的秘诀。他认为,微软公司是一个全球性商业服务机构,各地的职员要直接与客户接触、交易,只有他们最了解市场信息,最了解客户需求。因此他对员工更是处处关心,绝对信任,并鼓励他们放手工作。

微软公司大部分决策都是由一些忠心能干的员工提议的。比尔·盖茨的管理方法和绝对信任让微软公司所有员工把自己的命运与公司联系到一起,并调动了他们的工作热情、积极性和责任感。所有员工随时随地都在为公司出主意,想点子,而比尔·盖茨也始终是微软公司建立以来最受广大员工尊敬、爱戴和信任的人。

微软公司员工的福利、待遇各方面都是世界一流的,公司不但为员工免费提供早餐、饮料,还提供免费的室内、室外运动场。记得当公司设计新的行政大楼时,微软公司为了让员工在无压力的最佳环境下愉快工作,自己投资建立了一个现代化托儿中心,给孩子们创造一个优美、舒适、设备齐全的生活和学习环境,让员工没有后顾之忧。

3) 形象激励

管理者的形象可尊重、可信赖,员工的工作热情就能有基本的保证。如果管理者在人们心目中是一个自私自利、吃拿卡要、任人唯亲、处事不公的形象,员工的工作热情就会受到极大削弱。要想调动员工的积极性,靠强权管制是无法奏效的,只有管理者的言行得到员工心理上的认同,人们才会心甘情愿服从其领导。员工只有跟随一心为公、清正廉洁、处事公正的管理者,自己的利益才有保障,勤奋才有回报,自己才会受到承认与尊重,才会有真正的前途。因此,任何一个企业管理者绝不要忽视自身的形象激励作用。

4) 命运共同体激励

企业与员工双方互为依托、相依成体即是命运共同体。命运共同体的基础是企业和员工目标一致、相互依赖、相互承认、相互融合,企业的声望、地位、效益、前途与个人利益息息相关。为了企业的兴旺发达,也为了自身的前途,员工会以命运共同体为动力而积极奋斗。

命运共同体激励包括以下内容。

(1) 企业经常向员工灌输命运共同体思想。
(2) 实行民主管理,尽量让员工参与各种决策,确立员工的主人翁地位。
(3) 创造良好的企业文化,使员工感到在企业工作心情舒畅。
(4) 各级管理人员以身作则,以自己对企业的责任感、自己和企业的共同命运来影响员工。
(5) 在工作上支持员工,帮助其解决问题。
(6) 在生活上支持员工,切实为员工办实事。
(7) 开展多种形式的集体活动,使员工感到集体的温暖。
(8) 与员工互相沟通思想,融洽情感。

激励作为管理学中的一个比较核心课题,其内容十分广泛,方式也多种多样,管理者可根据具体情况灵活掌握,找到对本企业本部门最有效的激励方法。

案例 11-7

N 公司命运共同体激励

N 公司的最高管理层在饭店集中开会，讨论企业如何扭亏为盈。但是就在他们开会的期间，宾馆发生事故造成客房倒塌，管理层无一人生还。这个时刻，董事长 W 夫人不得不站出来主持大局，由她来暂时主持公司的日常工作。

W 夫人：各位同仁，现在我把公司遇到的困境如实地汇报给大家。我要说明的是，我对公司的业务不太熟悉，因此公司的前途就依靠各位了。希望各位能理解公司现在的处境，愿意与我同甘共苦的，愿意留下的，我个人表示衷心的感谢；不愿意留下我也绝对不勉强。我们要重新选拔总经理和副总经理……

员工 A：咱们怎么也不能就这么走了啊，公司一向对咱们不错，我看咱们得帮公司度过难关，帮公司就是帮自己啊！

员工 B：是啊！现在正是咱们出力的时候。我还觉得前几天我提的那个营销方案是有效的，咱们再讨论讨论……

此时，大部分员工都会被老板的真诚所感动，发挥出日常潜在的创造力，积极地为企业出主意想办法。最后通过总结员工们好的建议和想法，帮助企业扭亏为盈，发展成为优秀的大型企业。所以信任和尊重是最大的激励，作为经理人，一定要牢记这一点。

11.3.3 当代激励面临的问题

1. 跨文化挑战

在当前的全球商业环境中，管理者不能想当然地认为，在一个地方有效的激励方案在其他地方也同样有效。目前绝大多数激励理论是由美国人提出的，而且主要是基于对美国人的研究。这些理论可能隐含的一个最明显的美国化特点：对个人主义和成就等文化特征的强调。例如，公平理论和期望理论都强调目标的实现和理性的个人想法。

1）文化对激励的影响

文化因素对管理激励的影响是全方位、全过程的，因为它渗透在激励的方方面面，从激励因素到激励过程。文化的观念，将会深层次地影响着激励机制的形成和运作。

（1）文化在个体需要的形成过程中产生重要影响。除了一些生理的需要之外，人的社会需要基本是受文化因素的影响的。在美国、英国等国家的个人主义文化中，个体成就对他们来说很重要，因此，对他们而言，更有效的激励是对个人的激励，工作中的人际关系特别是上下级的关系对个体来说并不重要。相反，在日本、新加坡这些强调集体主义的国家中，人际关系在群体中的重要性要高于个人成就，所以良好的人际关系需要高于个体成就需要。

（2）满足社会需要的激励方式也是受文化影响的。文化价值观不仅影响人们的社会需要的形成，也决定了人们可以接受的激励方式。在男性化的社会中，如日本，物质财富和成就是工作中较重要的激励因素，所以为了获得满足感，他们总是拼命工作，甚至不惜占用私人的时间加班；而在女性化的社会中，如丹麦、挪威，人们更关心的是生活质量，所以为了获得满足，人们甚至愿意放弃工作而去享受生活。

（3）文化影响管理者对激励模式的选择。在不同的文化中，管理者对激励措施有不同的偏好。在日本等一些倡导集体主义的国家中，管理者侧重的是基于集体的激励措施，而在美国等一些倡导个人主义国家中，管理者的激励措施是基于个体的。

2）跨文化激励中应注意的问题

（1）企业在进行跨文化激励时，必须承认并理解各国之间文化差异的客观存在，要尊重他国文化,理解文化所造成的对跨国公司管理的影响,这是增强跨文化激励效果的必要条件。

(2) 要辩证地对待文化差异,特别是运用国外的激励理论与方法时,看到其有利的一面的同时还应看到其不利的一面,并恰当、充分地利用不同文化所表现的差异。只要能正确对待不同文化的矛盾和冲突,不仅不会使其成为企业激励的障碍,反而会使之成为企业发展的动力和创新的源泉。

(3) 注重文化的融合。在跨文化激励模式的选择中,会选择以下几种战略模式:实地文化模式、母公司文化移植模式、母公司文化嫁接模式、文化融合创新模式。在跨文化背景下,跨国公司需根据来自不同文化背景的个体的需要及其价值观的不同,选择一种让不同员工满意的文化融合的跨文化激励模式。

总之,尽管在不同的文化中激励的过程是相似的,但文化的差异性导致了人们对不同的需要赋予不同的重要程度,同时也影响激励的方式与达到目标的手段及人们对激励措施的反应,从而跨文化激励模式的选择要尤其考虑文化因素的影响。

2. 激励对象多元化的挑战

当今,在世界上很多地方,工作的员工都比以往更加多元化,具体表现在年龄、知识水平、社会群体等多个方面。在一个极度多元化的工作群体中,对员工的激励就变得特别具有挑战性。本书特别列出以下两个群体加以阐述。

1) "80后"的知识型员工

(1) "80后"知识型员工的特点。可以归纳为:

第一,"80后"知识型员工有非常好的想象力、创造力和独创精神,由于受到西方思想的影响,在思想上比前辈更为开放和非传统,追求创新,崇尚个性主义和自由主义,喜欢我行我素,并且他们对周围事物有非常强烈的好奇心,乐于接触新鲜事物。

第二,"80后"知识型员工较为懒散马虎,在生活和工作中独立性都比较差,做事情不够周到细心,他们凡事都强调以自我为中心,偏向于无拘无束和自由自在的状态,较缺乏自律性,且表现出较差的责任心。

第三,"80后"知识型员工在情绪方面存在着一定的矛盾性,一方面他们崇尚快乐,追求无忧无虑的生活,另一方面他们缺乏独立性,抗压能力较差,情绪变化大,但是他们面对的社会竞争十分激烈,面临着巨大的社会压力和经济压力,这些使得他们压力更大,时常处于情绪焦虑和迷茫状态。

第四,"80后"知识型员工还存在个性张扬、藐视权威、缺乏吃苦耐劳的精神、对企业的忠诚度降低、频繁跳槽等问题,但是,他们同时也容易接受新鲜事物,有较高的学历和专业技能,以及快速学习的能力。

(2) 对"80后"知识型员工的激励。鉴于"80后"知识型员工独特的个性,我们应该认识到当前激励存在的一些问题,并加强对这一群体的关注,在对他们进行激励时,我们要注意以下几个方面。

第一,"80后"知识型员工非常重视个人成长激励因素。他们虽然初涉职场,对企业情况不甚了解,自身定位也很迷茫,但是他们仍然希望能够充分发挥自己的才干,希望通过自主工作取得一定的成就,得到领导的认可和赏识,并获得个人工作能力的提高和职位的提升。

第二,"80后"知识型员工在工作氛围上也存在着一定的需求,希望在进入企业之初就能有良好的人际关系和交流沟通，从而能更为顺利地了解企业，并为企业、为同事所接受。团队合作对"80后"知识型员工来说也是非常重要的，虽然"80后"群体在个性上崇尚个人主义，以自我为中心，且爱出风头，但是由于他们在企业中仍然是新手，对于工作内容及一些具体的工作技能还不太了解，必须在他人的帮助指导下，以及和他人的合作下才能够完成，因此，团队合作对于他们仍然是非常重要的激励因素。

第三，对于"80后"知识型员工来说，只有个人在工作中感受和谐友好的环境氛围，并时刻感受到积极的工作情绪和愉快的心情的时候，他们才能更为努力地工作；从另一个角度而言，只有当工作能够为"80后"员工带来积极快乐的情绪的时候，他们才会受到很大的激励作用，从而更加努力地工作。

第四，"80后"知识型员工中有很大一部分是独生子女，他们在成长期间得到父母全部的关爱，因此他们在工作中对于领导的关心也十分看重；同时由于他们在成长期没有兄弟姐妹的陪伴，从小就感觉到比较孤独，因此他们更渴望有良好的人际关系，对于人际关系的需求更大。

华大"80后"知识型员工

在深圳华大基因研究院，有一支号称"特种兵团"的年轻而富有活力和向心力的知识型员工群体。他们大部分人20出头，有的甚至还是本科生，但他们的研究成果令人侧目。他们的领头人，24岁的李英睿已经在国际知名的权威杂志《自然》和《科学》上发表了五篇论文。而团队中来自华南理工大学的四名本科生也在《自然》杂志发表了两篇论文。以至于《自然》杂志专门发表社论《科学家需要博士文凭吗》来探讨华大现象。那么，华大是怎样促进它的知识型员工成长的呢？今年第22期的《中国企业家》给出了答案："华大有一整套培养这些年轻人的教育体系，包括每年100多场国内外科学家的讲座，与国际上多所大学联合培养博士等。最令这些年轻人激动的，是能够参与重大的科研项目，他们可以边干边学。他们好奇、有想象力、冲劲十足。"

2）新生代农民工

（1）新生代农民工的特征表现。目前并没有关于新生代农民工的确切概念，一般认为新生代农民工具有以下几个特点。

第一，在成长背景上，首先，他们大多数接受过中学教育，有的甚至是中专或技校毕业，具有一定的知识水平。在这些外出打工的新生代农民工里面，不乏很多优秀分子，由于偶然的中考或高考失利，或虽已考入大学而家庭无力继续支撑其学业选择外出打工。其次，在他们成长过程中，已经接受很多现代信息的熏陶，从心理、思维等各方面已经具有开放性，与城市人口的差异也在缩小，由于接受了一定教育，其对未来生活的预期，也比第一代农民工的要求高很多。

第二，在工作表现上，首先是对工作的重复性和无聊性表现出了强烈的反感，这与第一代农民工重点关注工资高低有一定的差异。其次是离职率居高不下。由于这部分群体对工作和生活具有较高的期望，而单位所能提供的待遇，无法满足他们的要求时，他们很容易想到离职。最后，新生代农民工更容易对工作产生不满，即使部分企业提供了一些保障和激励措施，对农民工的吸引力也不大，他们更容易关注工作中不如意的地方。而当对工作产生不满或出现劳资纠纷时，他们会更懂得利用法律手段维护自己的权益。

第三，在职业心理上，新生代农民工与第一代农民工相比，在工作中表现出了很大差异，这与他们对职业有自己独特的认识有关。新生代农民工由于有一定的教育背景，在成

第11章 激 励

长过程中接受了较多的现代知识,他们在工作一段时间后,便开始思考自己的未来,关注自己的长远职业生涯,并逐步把当前职业与未来的发展结合起来,这使得他们对目前的工作衡量较多。另外,为了考虑职业发展规划,新生代农民工对技能培训的欲望越来越强烈。一项调查表明:有17%的新生代农民工有一定的技术技能,75%的农民工有要求进行技能培训的欲望,仅有8%的农民工对此没有考虑过。

第四,在生活消费上,与第一代农民工往往将大部分收入寄回家不同,新生代农民工具有强烈的现代生活意识和消费观念,尽管收入水平不高,但他们大多数会将工资消费掉,这种观念也会激励其对工作待遇有一定的要求,希望能从工作中获得更多,而且这种要求往往是不可逆的。生活习惯上的差异也会促使部分新生代农民工更加注重工作的自由性。

(2)对新生代农民工的激励。鉴于新生代农民工独特的个性心理特征,企业必须意识到当前激励方式的不足,并应该对这一群体加强关注,充分针对这一群体的正当利益诉求,改变传统的粗放式激励模式,采用精细化的激励手段。

第一,关注员工的发展,提供个性化的培训。将员工的岗位与其职业生涯规划结合起来。事实上新生代农民工的上进意识还是很强的,与在校大学生相比,他们更加务实,更加意识到自己的不足,他们欠缺系统学习一门学科的条件,所以企业应通过聘请职业规划专家,为其提供职业生涯规划的正确理念,再对他们进行专业技能方面的培训。同时如果能在农民工内部形成互相学习的风气,将有利于发挥榜样的力量。还应该将员工未来的职业发展与目前的培训相结合,建立农民工技能学习的奖励机制,使其与薪酬适当挂钩。

第二,构建和谐、良好的企业人际关系。根据新生代农民工的年龄特点和心理特征(他们有着较强的心理归属需求),企业一方面应该继续探索职工文体活动的内容和方式,为广大新生代农民工提供充分交流的平台。另一方面,从企业文化构建的角度出发,将和谐、良好的人际关系融入企业文化中,给员工切实的体验,使他们感受到被尊重和公平对待,加强对职工的团队性激励。

第三,为农民工提供保障措施。企业提供的社会保险可以起到稳定军心的作用,尤其是医疗保险和养老保险,可以消除农民工的后顾之忧,成为留住和激励他们的重要因素。遵守国家和地方有关劳动合同的法律规范,避免出现恶性的劳资纠纷,善待工伤员工。

第四,提供公平、畅通的升职渠道,满足新生代农民工自我成长的需求。在员工入职之初,企业公布员工的升职路线及晋升依据,并提高这些政策的执行力度,让员工对自己的职业前景和发展有明确的认识。

第五,对农民工进行人性化的管理。提高农民工在企业里面的参与度,同时提高新生代农民工的福利待遇,实现工人的"体面劳动"。新生代农民工迫切希望融入城市当中,希望身份得到切实转换,并最终在城市落户,有的还希望能拥有自己的住房,所以企业应该在这方面给予适当关注。

总之,加强对新生代农民工的激励,探索适应这一群体的管理模式,已经越来越成为大量使用新生代农民工企业面临的重大问题。伴随着社会对这一群体的关注和我国人口红利的逐步消失,他们的正当利益诉求将逐步得到重视和满足。

 **案例 11-9**

新生代农民工的追求

三年前来到北京一家酒店打工的年轻小伙子小孙,到现在已经换了十多家企业。在采访中,记者发现像小孙那样频繁跳槽的新生代农民工并非少数。对于跳槽的原因，他们给出一个类似的答案：要"饭碗"，更要有发展。新生代农民工生活在城市，心理预期高于父辈，耐受能力却低于父辈。

"昨天去佛山，今天去东莞，明天可能又要去惠州"，这是老李对儿子李安强的评价。老李来自江西宜春，在广东打工已经有九个年头了。他告诉记者，他们这一代人进城打工的目的很简单，就是尽可能多地挣钱，然后将钱寄回家，让在农村的老婆、孩子过得好一点。等到将来自己老了干不动的时候，能回到农村舒舒服服地养老。

但是，作为年轻一代，儿子李安强已不满足于此，现在进城打工，挣钱固然重要，但更重要的是学习技术和寻找发展空间。"我希望能尽早地融入城市生活中，在城里找到立足之地。"李安强对未来有着自己的规划，"如果岗位有前途，即使不给钱，从学徒做起，我也愿意。"李安强说，做普工学不到东西，没有发展空间。自己频繁跳槽，是为了找到有发展前途的岗位。

 本章小结

激励是管理的重要职能活动之一，是通过设计适当的外部奖酬形式和工作环境，以一定的行为规范和惩罚性措施，借助信息沟通，来激发、引导、保持和规范组织成员的行为，以有效地实现组织及其成员个人目标的系统活动。激励理论分为内容激励理论和过程激励理论两种。内容激励理论着眼于研究组织应该提供哪些方面的刺激或激励因素，使其同员工的内在需要相匹配并发生共鸣，以产生激励作用。最具影响的主要是需要层次理论、双因素理论及成就需要理论。过程激励理论主要研究人们从动机产生到采取行动满足需要的内在心理和行为的过程。公平理论、期望理论和强化理论是其中三个代表性的理论。

在选取合适的激励方式时，应注意遵循按职工需求激励原则、公平性原则、适度性原则、能级适应原则和正激励与负激励相结合原则。在管理实践中，人的需要是多种多样的，激励的方法也应该是多种多样的。物质激励方法包括基本收入激励、奖金激励、福利激励、其他物质激励等；精神激励方法包括成长激励、关怀激励、形象激励及命运共同体激励等。

 关键术语

激励——motivate 需要——demands
动机——motivation 保健—激励理论——motivation-hygiene theory
公平理论——equity theory 期望理论——expectancy theory
强化理论——reinforcement theory 物质激励——material incentives
精神激励——spirit incentives 基本收入——basic income
形象激励——image of incentives 绩效工资方案——pay-for-performance program

 案例应用分析

百思买——最好的工作

以顾客为中心是百思买新的战略重点，其首席执行官布拉·安德森打赌这个新的战略重点不会使公司步Woolworth（胡禾夫公司）或马特等零售业牺牲品的后尘。什么是以顾客为中心？简单地说，就是弄清楚哪些顾客是最有利可图的，然后尽可能地满足他们，以使他们成为回头客，再次消费。作为美国最大的电子产品的零售商，百思买面临着很大的风险。在使战略重点从推销小型器械转移到满足顾客需要的过程中，公司的十万多名员工将起到关键性的作用。公司使员工接受这个新的战略重点的最好方法是什么？毫无疑问，公司对待员工的一贯方式会是一个好的开头。

第 11 章 激 励

"在百思买，员工是促使我们成功的动力。"这是公司职业发展中心的醒目标语。对于百思买而言，这可不是一句空口号。公司一直在营造一种环境，即不管员工在哪里，他们都拥有大量的学习、工作、玩耍和取得成功的机会。为此，他们为员工提供了从新技术到产业变革举动等所有的信息。在店面会议和内部互联网上，员工可以获得工作所需的信息，从而出色地完成工作。而且，这只不过是公司为员工所做的事情的一部分。

像其他许多公司一样，百思买的员工也在重重压力之下努力工作，以满足公司业务发展的要求，即比竞争对手更好、更快、成本更低地完成工作。公司的文化一直都是嘉奖长时间的工作和牺牲精神。例如，一位管理者用饰板来记录早上开灯和晚上关灯的员工。但是，这种方法对员工不利。然而百思买并没有尝试另一种平衡工作和生活的方案，而是决定对工作的概念进行研究。长久以来，这个概念都是与工作的时间联系在一起的。现在，百思买的上千名员工都是在以结果为导向的工作环境中工作，这也意味着，只要他们能完成工作，他们可以选择工作的时间和地点。管理者不能成为控制狂，而应当授权给员工，让员工用他们认为最好的方式完成工作。由于实行了以结果为导向的工作环境，整个部门都能立即参与到工作中去。这些工作群体可以采用不同的方法保持灵活性，而不至于陷入混乱当中。例如，有一个团队在工作中使用了传呼机，以确保员工在出现紧急状况时能随叫随到。还有一些人认为，他们只需要定期每周或每月召开员工大会，而其他所有没有成效的会议都可以取消。

百思买还改变了公司的员工奖励方案。此次变革是由首席执行官布拉·安德森推行的，旨在帮助公司留住最优秀、最有前途的管理人员。他想弄清楚为什么公司没有一个创新性的奖励方案来促进鼓励创新文化。布拉·安德森对于为员工提供可供选择的奖励项目特别感兴趣。不过，由于由此带来了沟通和管理需要重组，许多公司没有使用这种方法。但是，有关员工奖励方案的专家说："提供选择是招聘和留住员工的好方法，而且对于员工的管理而言也是重要的，因为它认识到了员工的生活环境不同，其需求也不同。"试验了几种不同的计划方案之后，2005 年 9 月 30 日，公司采用了奖励计划方案，根据不同的绩效水平为员工提供了可供选择的四个奖励项目。到目前为止，正如最近一项调查所表明的，员工对这个变革感觉良好。但是现在，员工可能会面临其他挑战，因为以顾客为中心的新的战略重点可能会改变他们的工作方式。

讨论：

（1）根据需要层次理论、强化理论和期望理论，解释一下百思买所实行的不同的员工方案的优点和缺点。

（2）设计一个与布拉·安德森的激励理念相符的、员工认可的方案。

思 考 题

1. 何为需要层次理论？该理论对管理者有何启示？
2. 试描述期望理论的主要内容。
3. 何为激励因素？何为保健因素？双因素理论对我们可提供哪些启示？
4. 激励要遵守哪些原则？
5. 试对企业管理实践中的不同激励方式进行比较。

第 12 章 沟 通

教学要求

掌握沟通的概念和作用；了解沟通过程；区分人际沟通和组织沟通；理解有效沟通的障碍以及克服障碍的方法；熟悉冲突的含义、特点、类型和作用；能正确运用各种应对冲突的方法。

本章知识点

沟通的概念、方式及过程；人际沟通与组织沟通；有效沟通的障碍和实现有效沟通的途径；冲突的含义、类型；冲突的管理方法。

■ 导入案例

一封电子邮件

尼尔·L. 帕特森是堪萨斯城一家健康护理软件开发公司（Cerner，塞纳）的首席执行官。尼尔·L. 帕特森对于员工似乎没有花足够的时间来工作而感到懊恼，他向公司大约400名管理者发送了一封愤怒的电子邮件，部分内容如下：

看看堪萨斯城总部的这么多员工，工作时间越来越不够40个小时。早晨八点以前停车场上稀稀拉拉，下午五点以后情况又是如此。身为管理者，你要不就是不知道你的员工在干什么，要不就是你不在乎这样的事……是你们对工作的不努力造成Cerner内部发生了这种情况，营造了一种不良的氛围……不管怎么样，你们都存在着问题，要么找出问题解决它，要么辞职，我不会轻易地放过你们。事情发展到这个地步，你们还有两周的时间弥补，好好干吧。

虽然这封电子邮件只是针对公司的管理者，但是它被泄露了出来并张贴在了雅虎的讨论板上。这封电子邮件的语气震惊了行业分析师和投资者，当然，还有Cerner的管理者和员工。公司的股票价格在接下来的三天中下跌了22%。尼尔·L. 帕特森向他的员工致歉并承认，"是我引发了这次事件，也使公司遭受了非议和损失。"这个例子很好地说明了为什么对于管理者而言理解沟通的影响是重要的。

12.1 沟通原理

对管理者来说，有效的沟通不容忽视，这是因为管理者几乎所做的每件事中都包含着沟通。管理者没有信息就很难做出决策，而信息只能通过沟通得到。做出的决策也需要进行沟通后才能执行。因此，管理者需要掌握沟通的基本原理。

12.1.1 沟通的概念和作用

1. 沟通的概念

沟通是指信息的传递和理解。其要点首先是，它强调了信息的传递。如果信息或想法没有被传递到，则意味着沟通没有发生。例如，说话者没有听众，或者写作者没有读者，这些就都不能构成沟通。不过，更重要的一点是，沟通包含信息的理解。如果写给某人的一封信使用的是其不懂的外国语言，那么不将之翻译为收信人能读懂的语言，就不能称之为沟通。完美的沟通，如果存在的话，应是经过传递之后，接受者所认知的想法或思想恰好与发送者发出的信息完全一致。

从管理的角度，把沟通定义为，沟通是指信息从发送者到接收者的传递和理解的过程。根据这一概念，沟通有以下三个方面的含义。

（1）沟通是双方的行为，必须有信息的发送者和接收者，其中双方既可以是个人，也可以是群体或组织。

（2）沟通是一个传递和理解的过程。如果信息没有被传递给对方，则意味着沟通没有发生。而信息在被传递之后还应该被理解，一般来说，信息经过传递之后，接收者感知到的信息与发送者发出的信息完全一致，才是一个有效的沟通过程。

（3）沟通要有信息内容，并且这种信息内容不像有形物品一样由发送者直接传递给接受者。在沟通过程中，信息的传递是以一定的符号通过中介来实现的，这些符号经过传递，往往都附加了发送者和接收者一定的态度、思想和情感。

2. 沟通的作用

在企业的实际经营管理中，有效的沟通所起的作用是显而易见的，主要有控制、协调、激励、情绪表达四个方面。

（1）控制。企业中员工必须遵守组织中的指导方针、战略政策和行为规范，而要做到这些，必须通过沟通才能把企业的方针、政策和规范传达给员工，并把员工的不满和抱怨反馈给管理层，以进行适时的调整，使控制真正得以实现。

（2）协调。有效沟通是协调各个体、各部门，以便形成良好企业氛围的途径。企业部门间能否密切合作，不仅关系到同事间的团结，而且关系到工作能否顺利完成，甚至会影响到企业的生死存亡。例如，业务部门间合作一笔业务，在工作中需要大量的合作、交流，有时难免会有一些误解，甚至利益分配上的冲突。此时就需要各部门认清目标，明确各自的职责，进行有效沟通，即在实际操作中互相帮助、互相信任，避免暗箱操作；同时，不断调整自己的沟通风格，保证信息的接收和理解的准确性，促进部门间的团结和合作，保持工作的高效性，避免不必要的损失。

（3）激励。在实际生活和工作中，每个员工都有得到他人尊重和自我价值实现的需要。对于员工来说，他们能否有效地工作，是否会对企业及其经营目标产生责任感、忠诚心和热情,以及他们能否从自己工作中得到满足感,在很大程度上取决于组织与员工之间"心理契约"的实现程度。构建"心理契约"的过程,是一个充分发挥员工的积极性、创造性与智慧的过程,也是保证员工产生高水平的内聚力和承诺(表现为高能量、延长工作时间、愿意多干并对工作充满热情等)的过程。管理者在实际工作中只有根据每个员工的不同情况采取不同的沟通方式去关心、鼓励他们,及时肯定他们的成绩,才能构建"心理契约"。一个优秀的管理者就是要通过有效的沟通转变职员对工作和生活的态度,从而促使员工从拖拖沓沓的精神状态中解脱出来,激发他们的工作热情和潜能,把员工改造成充满乐观精神、积极向上的人。因此,管理者的有效沟通能创造出和谐的工作环境和气氛,增强员工的责任感和对公司的归属感,激励员工更好地完成工作。

(4)情绪表达。对许多管理者而言,工作群体是主要的社交场所。群体内部的沟通是组织的一种基本机制,成员们可以通过群体内部的沟通来表达自己的失落感和满足感。因此,沟通提供了一种释放情感的情绪表达机制,并满足了成员的社会需要。

这四种作用无轻重之分,要使群体运转良好,就需要在一定程度上控制员工、协调员工、激励员工,提供情绪表达的手段,并做出抉择。其实,每一次群体或组织中的沟通机会都能实现这四个作用之中的一种或几种。

案例 12-1

麦当劳的沟通

雷·克罗克是"麦当劳王国"的缔造者,他很早就意识到沟通的好坏将直接影响公司的经济效益。于是,他通过频繁的走动管理,既获得了丰富的管理资料,又可以通过与数百人以私人朋友交际,达到很好的沟通效果。

但是在雷·克罗克退休以后,随着麦当劳事业的迅速壮大、属下员工的增多,企业高层忙于决策管理,在一定程度上忽视了上下级之间的沟通,致使美国麦当劳公司内部的劳资关系越来越紧张,以致爆发了劳工游行示威。

这次抗议,使麦当劳公司的高级管理者重新认识到加强上下级沟通、提高员工使命感和积极性的重要性。为解决此问题,麦当劳公司经过研讨制定了一整套缓解员工压力的沟通和鼓舞士气的制度。与此同时,麦当劳还任命汉堡大学的寇格博士,解决沟通的理论问题,而擅长公共关系的凯尼尔为公司解决实际操作问题。就这样,员工意见发表会出现了,它同时还变成了麦当劳的"临时座谈会"。

"临时座谈会"在解决同员工的沟通问题上起着特别重要的作用,极大地增强了管理者与员工之间的感情联络。座谈会的形式不一,多以自由讨论为主要形式,虽以业务项目为主要讨论内容,但也鼓励员工畅所欲言,甚至倾吐心中不快。会议上,员工可以利用这个机会指责他们的任何上司,把心中的不满、意见和希望表达出来。

12.1.2 沟通的过程与方式

1. 沟通的过程

简单地说,沟通过程涉及信息的发送者、通过选定的渠道传递信号,以及信号接收者,如图 12.1 所示。

在这个过程中,主要包含以下要素。

(1)发送者(信息源)。发送者指主动将其思想、观念、情报、意见、要求传递给另一方,以期对方产生某种反应的人。在一些情况下,发送信息是为了获得其他信息,为了实现沟通,发送者必须要把他所要传递的信息转换为自己和对方都能理解的某种"信号"

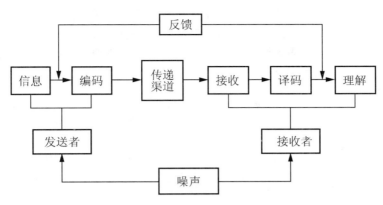

图 12.1 沟通过程模式

或"语言",这就是图 12.1 中所说的"编码"。在一个组织中,如果组织成员之间没有共同语言,用于编码的工作量就大为增加,就很难进行有效的沟通,除非借助"翻译"进行。发送者回答"谁正在发起行动(沟通)""信息从哪里发出的""为什么要信任他"等问题。发送者的动机、态度及其可靠性对沟通效果有重要作用。

(2) 信息传递渠道。信息传递渠道指传递信息所需的载体。编码后的信息必须要通过某种方式、工具、手段才能传达到接收者那里。信息传递渠道有很多,如谈话、信件、文件、会议、电话、电视、广播、互联网等。选择什么样的信息传递渠道,既要看信息的内容,也要看渠道的效率和成本。

(3) 接收者(信宿)。接收者指沟通过程中处于相对被动地位的,接收某种意见、看法、要求、请求的一方。接收者收到传递渠道所传来的"信号"后,要运用相应的方法将其转换为自己的语言,这就是图 12.1 中所说的"译码",然后加以理解。接收者回答"是什么促使他们接收和理解这些信息""他们对发送者的建议态度是积极的还是消极的,或者是不冷不热的""有一个还是几个关键的听众""那些会受到发送者信息影响的次要听众是谁""有没有还没考虑到的听众"等。

(4) 噪声。噪声指沟通过程中那些干扰、妨碍、影响信息发送、传递、接收、理解的各种因素。这是影响接收、理解和准确解释信息的障碍。根据噪声的来源,可将它分成三种形式:外部噪声、内部噪声和语义噪声。外部噪声源于环境,它阻碍人们听到和理解信息。最常见的噪声就是谈话中其他声音的干扰,如车间里机器的轰鸣声、课堂外的喊叫声、隔壁邻居家装修房子的声音等。不过这里所说噪声并不单纯指声音,它也可能是刺眼的光线、过冷或过热环境。有时,在组织中人们之间不太友好的关系,过于强调等级和地位的组织文化等也是有效沟通的障碍。内部噪声发生在沟通主体身上,如注意力分散、存在某些信念和偏见等。语义噪声是由人们对词语情感上的拒绝反应引起的,如许多人不听带有贬义语言的讲话,因为这些词语是对他们的冒犯。

(5) 反馈。指信息接收者收到信息后对发送者所做出的反应。这是发送者和接收者相互间的反应。沟通是为达到某种结果而进行的动态过程,一个信息引起一个反应,而这个反应又成为一个信息。反馈意味着沟通的每一个阶段都要寻求听众的支持,更重要的是给他们回应的机会。只有这样,你才会知道你的听众在想什么,才可能相应调整你发布的信息,使他们更加有可能感觉到参与了这个过程并对你的目标做出承诺。例如,你的同事向你诉说一件倒霉事,你会安慰他几句;你批评下属工作质量下降时,他会竭力为自己争辩，这些都是反馈。由于反馈能让沟通主体参与并了解信息是否按他们预计的方式发送和接收、信息是否得到分享，所以它对沟通效果的好坏是至关重要的。相比之下，两个人面对面的沟通使沟通主体有最大的反馈机会，而在一个礼堂或报告厅里所进行的演说，不论演说者还是听众，其反馈都十分有限。总之，交流中包含的人越少，反馈的机会就越大。

2. 沟通的方式

信息沟通可能通过多种方式进行，其中最常见的有口头交谈、书面文字、非语言形式、电子媒体等。

（1）口头交谈。人们最常采用的信息传递方式就是口头交谈，包括开会、面谈、电话、讨论等形式。它的优点是用途广泛，交流迅速，有什么问题可直接得到反馈。缺点是事后无据，也容易忘记，当一个信息要经过多人传递时，由于每一个人以自己的方式传递信息，传到最后信息会发生失真。

（2）书面文字。以书面文字形式的信息沟通往往显得比较正规和严肃。它的优点是有文字依据，信息可长久被保存，若有有关此信息的问题发生，可以进行检查核实，这对于重要信息的沟通是十分必要的。另外，通过文字准备，可斟字酌句，以便更准确地表达信息内容；它可使许多人同时了解到信息，提高了信息反馈机制。缺点是书面传递难以确知信息是否送达，接受者是否能正确理解；同时也存在耗时长，以及不能及时直接反馈等缺点。

一封赞美信

艾森曾经领导过一家规模庞大的洲际性保险公司。他对员工有个十分特别的称赞方式：当任何一位下属达成或是超越基本业绩的要求时，便寄给他们一封赞美信！

在第一封信中，艾森还会附上一个印着红色"成功档案"醒目字样的档案夹，然后才是信的内容："将这封信，以及日后不论是我、公司其他领导或是任何人写给你的赞美信函全部存放在这个档案夹中。在未来的日子里，你也许会遭遇失败、挫折，也许会对自己丧失信心，但是不论遭遇到如何不如意的事，请你拿出这个档案夹，重新阅读这些写满赞美的信函。这些历史性的信函证明了你曾经是成功者，是个令人赞叹的实力派人物——你绝不是个泛泛之辈。你曾经登上成功的高峰，现在，你一样可以做得更棒！"

这一特殊的称赞方式，得到了很多员工的理解和支持。他们喜欢这样的表扬方式，也默默努力着，希望收到更多这样的信函。一些员工反映，每当他们反复地阅读这些信函时，似乎真的可以克服业绩不佳及事事不顺心时期的沮丧心态。

这些"成功档案"中的信函，调整了员工因挫折而产生的消极心态，并且为他们输入了一股新的力量和勇气，使他们充满自信地面对问题、接受挑战。美国大企业家李·艾科卡在其自传中曾提到自己处理人际关系的准则："如果要责备人，我只是口头说说；但是如果要赞美人，我一定将它用文字表达出来，通过信函的方式送给这位值得赞美的人。"将赞美的话语用文字表达出来，似乎更有永恒的鼓舞价值。

（3）非语言形式。非语言沟通指的是除语言沟通以外的各种人际沟通方式，它包括形体语言、副语言、空间利用及沟通环境等。非言语沟通涉及人们面对面沟通中的诸多方面，有时候人们有意识地运用非言语沟通技巧，而有时候却是一种下意识的行为。非言语沟通在实际沟通活动中起着非常重要的作用，甚至比通过言语表达信息更为重要。根据有关研究表明，在人们实际沟通过程中，非言语信息量占人们所接受的总信息的60%以上。显然，非言语沟通所包含的信息远远超出言语所提供的信息，正所谓"此时无声胜有声"。

（4）电子媒体。随着电子技术的发展，电子媒介在当今世界信息传递过程中充当着越来越重要的角色。除了电信和邮政系统外，我们还可以通过闭路电视、计算机网络、录像等传递或保存、处理信息。通过电子媒体，可迅速提供准确信息，同时有些还可以用很小的空间保存大量的信息。电子媒体的缺点是成本高和存在安全风险。另外，某些电子媒介不能提供信息反馈。

12.1.3 人际沟通

人际沟通是指两个或两个以上的人之间的信息沟通。管理者在一个组织中充当着各种不同的角色，而这些角色都要求管理者掌握人际沟通的技能。为了提高人际沟通技能，就有必要了解和掌握人们接受信息的过程，人的个体行为对沟通的影响，以及人际沟通中可能出现的障碍，从而探寻有效沟通的方法。

【荐公开课】

1. 信息接收过程

一个人接收信息始于其受到外界的刺激。外界的刺激可分为两种：一种是显性刺激，它会使人有意识地、明显地感受到某种信息的刺激；另一种是隐性刺激，它只是使人感受到，但不一定能使人意识到已收到某种信息的刺激。例如，有些事听人讲过，当时没有意识到什么，直到后来才醒悟过来，这种信息刺激，在当时来说就是隐性的。

当一个人收到了外界刺激时，可以认为信息到了接收者这里，但这并不等于说这个人已完全接受了外界刺激所带来的全部信息。接收者还要进行一个有选择的知觉过程，个体所接受的只是那些他认为比较重要的那一部分信息。例如，一个十分关注投资的管理人员，他在审查项目书时，可能只注重报告中有关预算的部分，而对其他一些他认为无关的部分很可能不会仔细看。

当个体接收了外界刺激所带来的信息后，他将从三个方面展开他的分析过程。一个是认识过程，通过对信息的记忆存储、分类检索、归纳合并、联想分析等逻辑思维过程，进行信息处理；一个是情感过程，通过逻辑思维所认识到的事物，在情感上不一定能予以接受，在这个过程中起主要作用的是信念、价值观、态度和偏好等；还有一个是生理过程，大脑的活动、血压、体温、心跳速度等生理因素会由于外界的刺激而改变，从而影响感觉和行动。综合三个方面的结果，接收者才会对所接受的外界信息做出相应的反应。

2. 有效沟通的影响因素

我们在沟通过程的讨论中提到过信息失真的广泛潜在性。哪些因素会导致信息失真？除了沟通过程中提到的所能识别的一般类型的噪声之外，管理者还面临一些其他影响有效沟通的因素。

1）自我认知的偏误

认知指人类认识客观事物，获得知识的活动，包括知觉、记忆、言语、思维和问题解决等过程。按照认知心理学的观点，人的认知活动是人对外界信息进行积极加工的过程。每个人的认知水平都是有限的，相对的，很多人都带有偏见，这些偏见开始时是组织内某个或某几个人的说法或者是抱怨，久而久之就行成了一种偏见，造成认知的偏误。例如，有人说，同样一个职位用男职员比用女职员好。这句话是一个偏见。因为社会学家证明的结果，女人和男人的智慧是差不多的，只有对某些危险的事情，女人的体力差一点，重大的事情女人的精神负担不了，但是不能因此就否定女人的工作能力。因此，认知的偏误就形成了沟通的个人障碍。

2）情绪的影响

情绪是从人对客观事物所持的态度中产生的主观体验。德国心理学家威廉·冯特认为，情绪可从愉快－不愉快、紧张－放松和激动－平静三方面做出描述。对客观事物持肯定态度时，就会感到愉快、满意等；持否定态度时，就会感到憎恨、恐惧、愤怒或悲哀等。情绪发生时，往往伴随着一定的生理变化和外部表现。情绪与人的自然性需要有关，具有较大的情景性、短暂性，并带有明显的外部表现。日常生活中所说的情绪多指兴奋的心理状态或不愉快的情感。日常的行政沟通工作中，沟通的两端主体是人，每天要面对很多事，对事情肯定持有一定的态度，进而肯定经常产生这样或那样的情绪，并伴随着生理变化和外部表现，影响到或影响着正常工作的进行，形成沟通的障碍。

男性与女性的沟通风格

你说过或者听到过男女之间诸如"你不理解我所说的，并且你从来没有听""你什么事情也没有做"等抱怨吗？大多数人可能有这种经历。有关研究表明，男人和女人有不同的沟通风格。让我们仔细讨论这些不同的风格和问题，尽量提出减少这些问题的方法。

德博拉·坦嫩研究了男人和女人沟通的方式，并且报告了一些有趣的结果。她的研究结果是男人沟通时强调地位，而女人则强调联系。她说不同性别之间的沟通是一种持续地歪曲了男女对亲密关系的不同需要的欺骗行为。这种行为强调保持友好、共同利益和独立性，也强调个人利益和差异性。于是，沟通问题的出现就不奇怪了。在听和说时，女人关注关怀度和亲密感，男人关注地位和独立性。对许多男人来讲，沟通仅仅是一种在等级制度的社会中保持独立性和维持地位的工具而已。然而，对许多女人来讲，沟通则是一种为了保持亲密度，以及为了寻求支持和信心而进行协商的方式。让我们来看几个德博拉·坦嫩举出的例子。

男人经常抱怨女人喋喋不休地讲述她自己的问题。然而，女人则批评男人没有听她讲。存在这种差别的原因是当男人听女人讲一个问题时，他们常常维护他们的独立性和提供解决方法时对局面进行控制。与此相反，许多女人把讨论问题当作一种促进关系的方式。女人讨论问题的目的是寻求支持和联系，而不是为了得到男人建议的解决方法。

这里还有个例子：在谈话时，男人常常比女人更直接地说出自己的观点。男人会说："我认为关于这个问题你的观点是错误的。"女人则会说："你看过市场部门有关这个问题的研究报告了吗？"女人这种说法暗含了市场研究报告能够证明你的错误。男人常常把女人的含蓄误解为不坚定和鬼鬼祟祟的，但是女人往往并不像男人那样在乎地位和高人一等的作风。

最后，男人常常批评女人喜欢道歉。男人往往把"对不起"看成是一种懦弱的象征，因为他们常常把女人所说的"对不起"看成是女人接受了责备。而女人则认为她没有错，女人说"对不起"的真正含义是"我知道你一定为此感觉非常糟糕，我也是如此"。

由于在任何组织中异性之间的有效沟通是重要的，那么企业的管理者应该如何处理这些不同的沟通风格呢？为了克服不同风格之间的沟通障碍，有效的沟通需要被接受、被理解，以及寻找双方都能够适应的沟通方法，男人和女人都应该认识到存在不同的沟通风格，以及应该努力做好沟通工作。

3）已有经验的影响

作为组织内部成员，遇到问题时常常说这是我的经验。什么是经验？哲学上指感觉经验，是人们在实践过程中，通过自己的感官直接接触客观外界而获得的对客观事物的表面现象的认识。过去的经验不一定是正确的，也有错误的经验。过去的经验常常使我们产生依赖感，而不是根据具体情况，根据事物的发展和变化来进行沟通和处理事情，从而造成沟通的障碍。

4）语言障碍

这一点显而易见，语言是人类最重要的交际工具，当然也是最重要的组织内部沟通工具。它同思维有密切的关系，是人类形成和表达思想的手段，也是人类社会最基本的信息载体，人们借助语言保存和传递人类文明的成果，语言是人区别于其他动物的本质特征之一。共同的语言一般是民族的特征，就语言本身的机制来说，是社会约定俗成的音义结合的符号系统。语言没有阶级性，一视同仁地为社会各个成员服务，但社会各阶级阶层或社会群体会影响到语言，从而造成语言在使用上的不同特点或差异。正是特点的不同，差异的存在，造成语言障碍，从而形成沟通的障碍。

5) 沟通双方地位的差异

地位的差异造成心理的沟通障碍，特别是组织中上下级之间非常明显。根据行政沟通的方向性，将其分为向下、向上和平行三个方向。一般来说向上沟通在实际中有不少障碍，心理研究表明，下级在向上级汇报工作或主动沟通中，常常带有担心说错，怕承担责任，有焦虑等心理，致使沟通常常不是在宽松流畅的氛围中进行，形成沟通障碍。而在向下沟通的过程中，主动沟通的是上级，虽然会受到欢迎和拥护，但毕竟有时会居高临下，造成下属的压迫感和紧张，也会形成沟通障碍。平行的沟通虽然地位的差距不大，但并不会有地位完全相等的两个人，位置职务的重要与否、职称的高低、资历深浅、组织中成员的认可度等，都可能会形成地位的优越感、重要感或压迫感、低下感，从而引发心理障碍，造成沟通的不畅。

3. 促进人与人之间有效沟通的技巧

鉴于上述人际沟通的障碍，管理者如何克服这些障碍，成为更有效的沟通者呢？以下建议将使人际沟通变得更加有效。

1) 运用反馈

所谓反馈是指一种信息，通过这些信息，组织及员工可以将自身实际的表现与给定的标准或预期进行比较分析。反馈要求你客观地描述和分析自己的感受，向他人提供足够的信息以便帮助他们分析并调整自己的行为。反馈也有助于设定目标，改进工作。多数人急切地想了解他们的实际表现，如一名学生可以从作业中得到反馈信息，通过这些反馈，他（或她）得到相关的针对目前表现和未来努力方向的信息，这些信息教导他（或她）如何扬长避短，提高成绩。假如这些反馈是建设性的（真实、公正的反馈，而不是具有个人攻击性的反馈），那么这些信息对于改进工作、帮助我们个人成长和工作完成就具有重要意义。

2) 简化用语

由于语言可能成为沟通的障碍，因此，管理者应选择好措辞，并注意表达的逻辑，使发送的信息清楚明确，易于接收者理解。管理者不仅需要简化语言，还要考虑到信息所指的听众，以确保所用的语言能适合于该类信息的接收者。有效的沟通不仅需要信息被接收，而且需要信息被理解。通过使用收受者熟悉的语言，可以增进理解。例如，一家医院的院长在沟通时应尽量使用清晰易懂的词汇，并且对医务人员传递信息时所用的语言应该和对办公室工作人员的不同。在理解其含义的群体内使用专业术语，有助于促进理解，但在该群体之外使用太多的专业术语则会造成诸多问题。

3) 积极倾听

倾听是成功沟通的关键，它的功能不仅仅在于你听到别人所说的话，真正的倾听意味着全神贯注地听别人说话，并尽量理解它，要使积极倾听有效，你必须对说话者真正感兴趣。借助于倾听，你可以深入理解同事们所做的事情，他们的感受，以及他们为什么要这样做，为什么会有这样的感受；你也可以更好地理解组织成员的希望，他们害怕的事情，以及所面临的困难。倾听为你打开一个新的视野，它是学习的关键。一旦别人认为你是一个很好的倾听者，他们会接近你，跟你讲有关的他们事情，并且认为你尊重他们。你听的越多，收获也就越大，学的也会越多。

4）保持理性，避免情绪化

情绪使人无法进行客观的、理性的思维活动，从而代之以情绪化的判断。沟通时，接收方的情绪会影响到他们对信息的理解。因此，领导者在与员工进行沟通时，应尽量克制情绪并保持理性，一旦情绪出现失控，则应当暂停进一步沟通，直至恢复平静。

5）注意非语言提示

在沟通过程中，有些时候我们要借助一些非语言方式。因此，很重要的一点是要注意自己在沟通时运用的非语言方式，要确保这些非语言方式和你所说的语言相匹配，并起到强化语言的作用。有效的沟通者经常会重视自己的非言语形式的沟通，保证其在传达你所期望的信息过程中起到提示作用。

 案例 12-4

两个沟通案例的比较

许多家长即使对幼儿园和教师有看法，也往往藏在心里，不敢与教师沟通。原因是许多家长担心向教师提要求会对自己孩子不利，或担心自己讲话不够得体，把握不好分寸。下面是家长与教师沟通的两个虚拟案例，它向我们展示了幼儿园沟通的必要性和交谈方式的重要性。

例一：

家长：老师，我可以进来和您谈谈吗？

老师：欢迎！请坐到这儿吧。（微笑着用手势示意家长坐下）

家长：你们老师真是辛苦，每天要带那么多孩子，真是不简单啊！

老师：（给家长倒茶）是呀。孩子小，自控能力差，而家长的期望值又那么高，我们的压力真是不小！

家长：（接过茶杯）谢谢！是啊，现在的孩子都是独生子女，每个家庭都对孩子宠爱有加。

老师：是的。独生子女存在的问题确实比较多，孩子不仅生活自理能力差，各种习惯也差。家长一边宠爱孩子，一边又对孩子寄予高期望。哎，可怜天下父母心呐！（摇头，很无奈的样子）哦，我忘了，你是不是有什么话要对我讲？（笑）

家长：（微笑着）是的。我家馨馨最近对跳舞的兴趣特别浓厚，每天嚷着要跳舞给我和她爸爸看，她爸爸看她这么感兴趣就特地给她买了一面大镜子，她对着镜子跳舞可开心了。

老师：哦？可是，在幼儿园我问她是不是不想跳舞，她对我说"是"。

家长：会不会馨馨在幼儿园跳舞跟不上同伴，不够自信？

老师：说实在的，馨馨对舞蹈的感受力和表现力确实一般。考虑到她最近腿脚不方便，我就让她坐在旁边看。

家长：谢谢您为馨馨想得那么多。我和她爸爸看她在家里那么喜欢跳舞，实在不忍心让她只看着小朋友跳舞。我们猜想她内心还是喜欢跳舞的，您说是不是？

老师：看来是的。

家长：我想，馨馨可能因为腿不好怕在老师和同伴面前丢脸才说不想跳舞的，她说的可能并不是心里话。

老师：可能是吧。馨馨在幼儿园表现欲得不到满足，就想在家里得到满足，有这种"补偿"心理是很正常的。是我太大意了，我应该考虑到这一点。对不起，馨馨妈妈，从明天起我就让馨馨"归队"。

家长：（起身）谢谢了！再见！

例二：

家长：老师，我可以进来和你谈谈吗？

老师：欢迎！请坐到这儿吧。（微笑着用手势示意家长坐下）
家长：很忙是吗？
老师：（给家长倒茶）还可以，有什么话您尽管说好了。
家长：（责问）你们班每个孩子是不是都参加了舞蹈排练？
老师：是的。
家长：那你怎么就不让我家馨馨跳舞？她回家说，每次跳舞老师都让她坐着。
老师：那是因为最近馨馨的腿脚不方便，我问她是不是不想跳，她说"是的"，我才让她坐在旁边看的。
家长：你知不知道她每天回家就嚷着要跳舞给我和她爸爸看，她爸爸看她对跳舞这么感兴趣还特地买了一面大镜子。这样喜欢跳舞的孩子你说她在幼儿园不想跳舞，谁相信？（情绪有些激动）
老师：我体谅动作不便的孩子，我尊重孩子的意愿有什么错？（语气加重）
家长：馨馨在家那么喜欢跳舞，你这怎么叫尊重孩子的意愿？（站了起来）
老师：馨馨在家的情况你可以向我反映，完全用不着用这种态度呀？
家长：你这样的态度就算好吗？什么老师！我这就去找园长，如果可以，馨馨最好换个班级。（气冲冲地走出教师办公室）

12.1.4 组织沟通

在这一部分，我们要讨论组织沟通的一些重要内容，包括正式沟通与非正式沟通，沟通信息的流向，以及组织沟通的网络。

1. 正式沟通与非正式沟通

组织中的沟通经常被区分为正式沟通与非正式沟通。

1）正式沟通

所谓正式沟通，是指按照规定的指挥链或者作为工作的一部分而进行的沟通。例如，当管理者要求一名员工完成某项任务时，他是在进行正式沟通。员工将某一问题提交和上报给他的主管时，也是正式沟通。任何发生于组织中既定的工作安排场合的沟通，都可称为正式沟通。

2）非正式沟通

非正式沟通，是指不由组织的层级结构限定的沟通。员工们在餐厅或过道里的交谈或者在公司体育锻炼场所中的沟通都属于非正式沟通。现在，各种形式的非正式沟通也在管理中被广泛应用。例如，英特尔公司有开放式沟通，管理层通过网上聊天，与员工进行一对一"面谈"，并由员工决定谈话内容；摩托罗拉总裁和各级经理通过"每周一信"，就经营活动和内部事务与员工进行沟通，征集意见、建议；三菱重工从总裁到各级管理人员以至普通员工，则借助别开生面的"周六例会"，以周末聚会为机会进行沟通……员工之间建立了朋友关系后，会经常相互沟通。

案例 12-5

杰克·韦尔奇的便条

素有"世界第一首席执行官"之称的通用电气公司前总裁杰克·韦尔奇，创造过许多别具特色的管理方法。"便条式沟通"就是比较经典的一种非正式的沟通方式。这种沟通方式，让员工感受到他的存在以及企业的温馨。

担任通用电气公司执行总裁近20年的杰克·韦尔奇，每天必做的事情之一就是亲自动笔给各级主管、普通员工乃至员工家属写便条，或征求对公司决策的意见，或询问业务进展，或表示关心、关注。

写这些便条的目的是为了鼓励、激发和要求行动。杰克·韦尔奇通过便条表明他对员工的关怀，使员工感到他们之间已从单纯的管理者与下属的关系升华为人与人之间的关系。而杰克·韦尔奇知道，从他手中发出的只言片语都很有影响力，它们比任何长篇大论的演说都更能拉近和员工的距离，而且这也是他对下属们有效地传达重要观念的最佳方式，所以他乐此不疲。久而久之，"韦尔奇便条"便演变、升华为一种非正式沟通的氛围，一条"通心路"，一种凝聚力、亲和力。员工们则把收到和答复杰克·韦尔奇的便条作为荣耀和情谊，倍感幸运、倍加珍视。不仅如此，每个星期，杰克·韦尔奇都会不事先通知地造访某些工厂和办公室；临时安排与下属共进午餐；工作人员还会从传真机上找到杰克·韦尔奇手书的便条，上面是他既遒劲有力又干净利落的字体。

1987年，杰克·韦尔奇向公司员工发表演说时指出："我们已经通过学习明白了'沟通'的本质。它不像一场演讲或录音谈话，它也不是一种报纸。真正的沟通是一种态度、一种环境，是所有流程的相互作用。它需要无数的直接沟通。它需要更多的倾听而不是侃侃而谈。它是一种持续的互动过程，目的在于创造共识。"

2. 沟通信息的流向

组织中的沟通可以是向下的、向上的、横向的或斜向的。

1）下行沟通

每天早上，UPS公司（United Parcel Service，联合包裹速递服务公司）的管理者都会召集员工召开短短三分钟的临时会议，有时候一天中还会召开好几次。在这180秒中，管理者传达了公司的通告，并查看了交通状况和顾客抱怨等当地信息。每次会议都会以一个安全提示结束。这种三分钟的会议很有效，因此，公司办事处的许多人员都使用了这个方法。任何一种信息从管理者流向下属人员的沟通，都可称为下行沟通。下行沟通常用于通知、命令、协调和评估下属。当管理者将目标和任务分派给员工时，就是运用了下行沟通。管理者也常通过下行沟通的方式，向员工颁发职务说明书，通告组织的政策和程序，指出需注意的问题，或者评估他们的业绩。下行沟通可以采用我们前面介绍过的各种沟通方法。

2）上行沟通

下属人员获取的信息、有关工作的进展和出现的问题，通常需要上报给管理者。上行沟通就是信息从下属人员流向管理者的沟通。它使管理者能了解下属人员对他们的工作、同事及整个组织的看法。管理者也需依靠上行沟通来获得改进工作的意见。上行沟通的一些例子，如下属提交的工作绩效报告、合理化建议、员工意见调查表、投诉程序、上下级讨论和非正式的牢骚会。

组织中使用上行沟通方式的程度，与该组织的文化有关。如果管理者能够创造一个相互信任和尊重，以及参与式决策和向员工授权的氛围，则组织中会有许多上行沟通，因为员工会在决策过程中提出许多意见。例如，联邦快递的首席执行官罗伯特·卡特每六个星期就与他的员工举行一次集会；每个月都会随机挑选几个员工，与他们讨论有关问题及他们认为的重要事情。他营造了一种员工愿意分享信息的氛围，并从中获得了大量的有关员工近况的信息。而在一种高度刻板、专权的环境中，上行沟通虽然仍会发生，但是在沟通的风格和内容方面却会受到很大的限制。

3）横向沟通（平行沟通）

在同一组织层次的员工之间发生的沟通，被称为横向沟通。在当今时常动荡多变的环境中，为节省时间和促进协调，组织常需要横向的沟通。例如，跨职能团队就急需通过这种沟通方式形成互动。不过，要是员工不向管理者通报他们所做出的决策或采取的行动，则会造成冲突。

4）斜向沟通

斜向沟通是发生在跨工作部门和跨组织层次的员工之间的沟通。当信用部门的信用分析师就某顾客的信用问题，直接与地区销售经理沟通时，就是斜向沟通的情形，因为这两个人既不在同一个部门，也不属于同一个组织层次。从效率和速度角度看，斜向沟通是有益的。电子邮件的普及使用更促进了斜向沟通。现在许多组织中，一个员工可通过电子邮件与任何其他的员工进行沟通，不论他们的工作部门和组织层次是否相同。在许多组织中，首席执行官们已经实施了"公开信箱"的电子邮件政策。

3. 组织沟通的网络

1）沟通网络的类型

沟通网络就是指组织各成员之间联系的一种结构化形式。通过组织沟通网络可以更好地了解组织内沟通的行为。传播学者彼得·蒙日认为，一个沟通网络是通过个人在群体之间传递信息建立的。组织由许多结构组成，每个结构依靠组织内某种类型的沟通存在。一些学者通过研究，指出沟通网络有五种类型：链型、Y型、轮型、环型和全渠道型，如图12.2（a）～（d）所示。

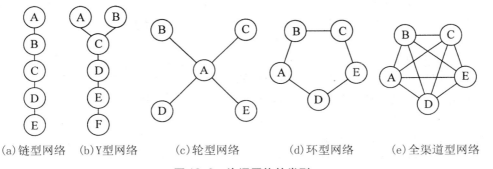

图 12.2　沟通网络的类型

（1）链型网络。在链型网络中，相关层次非常清楚，信息由上至下或由下至上逐级传递，但沟通的双方是单线联系，团体中心人物只和两个成员交换信息，再由他们与相近的成员之间进行沟通。链型网络，还可以是双链或多链结构。链型网络中每个成员只能向上或向下两个方向进行沟通，沟通的自由度和范围都比较小。

（2）Y型网络。Y型网络的层级也比较清楚，信息也是逐级进行传递的，团体领导处于不同位置，其沟通方式也会有所不同。Y型网络包括单型和多链型等。Y型网络由于主管位置不同，可派生出另外一些结构形式，但其内涵和分析的方法是一样的。

（3）轮型网络。轮型网络中，一个主管向多个下级进行信息的沟通，但下级成员之间的沟通很少，几乎是闭塞的，这适合那些传统组织及部门中，以科层为代表的形式，在这种状况下领导实行严格的集权和控制，任务也是分配型的，因此处于领导位置的主管为了解团体的全面情况，倾向于采取这种关系方式。

（4）环型网络。在这种结构中，成员的沟通较为自主和自由，相互之间形成了一个封闭的环，这样每个成员之间都能直接或间接地发生关系或进行沟通。而且在这个环境中，信息的反馈过程非常明显，不管主管处于哪个位置，发生的信息总要反馈到他所处的地方，这种反馈对于促进沟通的有效性有积极作用。在这种环型网络关系中，团体表现出平等关系，企业员工在这种关系中是协商互助的状态，沟通线路非常开阔。

（5）全渠道型网络。在环型网络中，如果每两个成员之间都进行直接的沟通，这个团体就成为全渠道型团体。在这种团体中，成员享受完全的沟通自由，任何两个成员之间可以直接沟通，处于平等的地位，团体领导人或中心人物作用不明显。这种网络信息沟通的速度最快，是一种全方位的团体沟通结构。在当前企业组织结构和管理创新的过程中，通过网络化组织、团体自主管理和流程再造，企业内部越来越推崇全渠道型的团体网络结构。

2）小道消息

在结束沟通网络的讨论前，还有必要介绍一下小道消息传播的非正式网络。因为几乎在任何组织中都存在着小道消息。一项调查发现，63%的员工最初是通过谣言和闲言碎语的传播而得知重要消息的。

小道消息会有助于管理者识别出员工普遍关注且感到疑惑的那些问题，以及由此产生的焦虑。它既是信息的过滤器，也是一个信息反馈手段，使员工们认为对其有关联的问题能凸显出来。更重要的是，从管理者的立场看，对小道消息网络传播的信息，也应做出分析，如正在传播什么消息，按什么样的方式传播，谁是其中的关键人物等。了解小道消息网络的信息流动及传播方式，管理者就能掌握员工们的关注点，并利用小道消息网络传播一些重要的信息。因为小道消息是不可能杜绝的，所以管理者应当将之作为一个重要的信息网络加以管理。

通过小道消息网络传播的谣言，也是不可能完全清除的。管理者应当做的是，通过限定其传播的范围和影响力度，尽量减少谣言的负面作用。具体有什么办法呢？与员工进行开放、全面、坦诚的沟通，特别是在所提议的或正在实施的管理决策或行动不受员工欢迎的情形下，这种沟通更为必要。与员工开诚布公地进行沟通会对公司产生深远的影响。华信惠悦咨询公司的一项研究得出结论，有效的沟通"将员工和企业联系起来，不仅支持了组织的愿景，还促进了流程的改进，降低了不确定性，并通过改变员工行为促成了工作成果"。对那些沟通高度有效的公司来说，股东五年中的总体回报比沟通效果不理想的公司高出了57%。这项研究也显示，沟通高度有效的公司可使离职率降低20%。

12.2 组织沟通的障碍与消除

12.2.1 有效沟通的障碍

在沟通的过程中，由于存在着外界干扰以及其他种种原因，信息往往丢失或被曲解，使得信息的传递不能发挥正常的作用。因此组织的沟通存在有效沟通的问题。所谓有效沟通，是指沟通的发起人通过接收者的反馈确定管理信息已经被理解和执行，即沟通已经收到预期效果，这样的沟通便是有效沟通。

一般情况下，有效沟通的障碍主要来自以下几个方面。

1. 个人因素

个人因素即认知或者知觉过程，是人们依赖自己的经验，对所获得的信息进行选择、解释和评价的心理过程。人们在沟通过程中，会把信息转换成对他人有意义、能被理解的符号或文字。在转换的过程中，我们会将过去发生的事件、经验，现在的动机和对未来的预期等作为参考，而接收者也会依赖自己的一个特别的参考框架来解读这些信息。接收者将处理和分辨信息,而不是简单地对事件本身做出反应。人们相互间的参考架构和解释判断越相似,沟通也就越容易进行。

但事实是,人们不都是按相同的方式获取和判断信息的,即使是面对相同的信息,也可能按不同的方式挑选、组织和理解。由于认知的不同,误解在沟通中时常出现,因此认知上的差异是有效沟通的主要障碍之一。由于不同的个人受到价值、文化背景及当时其他环境因素的影响,知觉过程是因人而异的。站在不同立场上的人们,对于同一个信息的评价各有不同。人们把距离自己远的观点,常常评价为比实际上更远的观点;而对于接近他们立场的信息,却认为比实际上更加接近自己的观点,甚至认为与自己的观点完全相同。这表明,站在各种不同立场上的人们,评价那些与立场有关的现象时常常是不客观的。

2. 人际因素

人际因素即信息发送者与接收者之间的相似程度。双方如果相互猜疑,会增加抵触情绪,影响交流;双方若坦诚相待,就会有利于有效沟通。人际关系和谐,沟通自然容易;人际关系紧张,沟通难度也就加大了。如果沟通的一方认为信息给自己带来危害时,他就会对这些信息做一些有利于自己的加工,这样就会造成信息失真,另一方将收到不完整甚至错误的信息。沟通是发送者与接收者之间"给"与"收"的过程。信息传递不是单方面的,而是双方面的事情,因此,沟通双方的诚意和相互信任至关重要。上下级间的猜疑只会增加抵触情绪,减少坦诚交谈的机会,也就不可能进行有效的沟通。

沟通的准确性与沟通双方间的相似性有着直接的关系。沟通双方特征的相似性影响了沟通的难易程度和坦率性。沟通一方如果认为对方与自己很接近,那么他将比较容易接受对方的意见,并且达成共识。相反,如果沟通一方视对方为异己,那么信息的传递将很难进行下去。

3. 结构因素

结构因素主要包括地位、信息传递链、团体规模、空间约束四个方面。研究表明,地位的高低对沟通的方向和频率有很大的影响,地位悬殊越大,信息越趋向于从地位高的流向地位低的。在沟通中,地位高的人往往居于沟通的中心地位,地位低的人常常通过尊敬、赞扬和同意来获得地位高的人的重视,这种沟通对于一个组织的发展十分不利。可见,地位是沟通中的一个重要障碍。

信息通过的等级越多,到达目的地的时间也越长,信息失真则越大。这种信息连续地从一个等级到另一个等级时所发生的变化,被称为信息链传递现象。一项研究表明,企业董事会的决定通过五个等级传递后,信息损失平均达到80%。

当工作团体规模较大时,人与人之间的沟通也相应变得较为困难。这一方面是由于沟通渠道的增长大大超过人数的增长,另一方面是随着团体规模的扩大,沟通的形式将非常复杂。

企业中的工作常常要求员工只能在某一特定地点进行操作,这种空间约束的影响往往在员工单独在某位置工作或在数台机器之间做往返运动时尤为突出。空间约束不利于员工之间的交流,限制了他们的沟通。一般来说,两个人之间的距离越短,他们交往的频率也越高。

12.2.2 实现有效沟通

1. 有效沟通的"7C原则"

美国著名的公共关系专家斯科特·卡特里普、艾伦·森特在他们合著的被誉为"公关圣经"的著作《有效的公共关系》中提出了有效沟通的"7C 原则"。

（1）可信赖性（Credibility），即建立对传播者的信赖。

（2）一致性（Context）（又译为情境架构），指传播须与环境（物质的环境、社会的环境、心理的环境、时间的环境等）相协调。

（3）内容的可接受性（Content），指传播内容须与受众有关，必须能引起他们的兴趣，满足他们的需要。

（4）表达的明确性（Clarity），指信息的组织形式应该简洁明了，易为公众接受。

（5）渠道的多样性（Channels），指应该有针对性地运用传播媒介，以达到向目标公众传播信息的作用。

（6）持续性与连贯性（Continuity and Consistency），这就说，沟通是一个没有终点的过程，要达到渗透的目的，必须对信息进行重复，但又须在重复中不断补充新的内容，这一过程应该持续地坚持下去。

（7）受众能力的差异性（Capability of Audience），这是说沟通必须考虑沟通对象能力的差异（包括注意能力、理解能力、接受能力和行为能力），采取不同方法实施传播才能使传播易为受众理解和接受。

上述"7C 原则"基本涵盖了沟通的主要环节，涉及传播学中控制分析、内容分析、媒介分析、受众分析、效果分析、反馈分析等主要内容，极具价值。这些有效沟通的基本原则，对人际沟通来说同样具有不可忽视的指导意义。

2. 实现组织有效沟通的主要途径

1）明确沟通的重要性，正确对待管理沟通

随着社会经济的不断发展，企业竞争日趋激烈，越来越多的企业家们意识到企业发展的根本动力还是来自于企业内部的员工。因此，为了充分调动企业员工的主动性、积极性和创造性，有效地解决员工与经理人员之间的信息沟通是必不可少的。传统管理十分重视计划、组织、领导和控制，而对管理沟通常有疏忽。不少国内企业认为信息的上传下达，有了组织系统就可以了，对非正式沟通中的小道消息常常采取压制的态度。这表明管理层还没有从根本上重视管理沟通问题。只有企业的管理人员和普通员工都认识到管理沟通对提高组织绩效、实现和谐管理的重要意义，才能真正实现有效的管理沟通，提高企业的整体管理水平。

2）保证信息完整和有效

有效沟通的信息组织原则要求沟通者在沟通过程中掌握三个方面的完全信息。首先，沟通中是否提供全部的必要信息——"5W1H"，即 who，when，what，why，where，how。在提供全面信息的同时，沟通者还要分析所提供信息的精确性，如分析数据是否足够、信息解释是否正确、关键因素是什么等问题。其次，是否回答询问的全部问题，信息的完全性就是要求沟通者回答全部问题，以诚实、真诚取信于人。最后，是否在需要时提供额外信息，就是要根据沟通对象的要求，结合沟通的具体策略向沟通对象提供原来信息中不具有的信息或不完全信息。

3）健全组织的沟通渠道，提高沟通效率

（1）结合运用正式沟通渠道和非正式渠道。应设法缩短信息传递链，拓宽沟通渠道，保证信息的畅通和完整，如减少组织机构重叠，降低信息的损耗率；在利用正式沟通的同时，开辟高层管理人员至基层管理人员的非正式沟通渠道等。组织的沟通渠道对组织沟通效率的提高具有决定意义。

作为一个组织，要充分考虑组织的行业特点和人员心理结构，结合正式沟通渠道和非正式沟通渠道的优、缺点，设计一套包含正式沟通和非正式沟通的通道，以使组织内各种需求的沟通都能够准确、及时而有效地实现。

在正式沟通渠道方面，目前大多数企业的管理沟通还停留在指示、汇报和会议这些传统的沟通方式上，它们不能顺应社会经济的发展、组织成员心理结构及需求层次的变化，从而使得组织成员的精神需求不能得到充分满足。定期的领导见面会和不定期的群众座谈会是一种很好的方式。领导见面会是让那些有思想有建议的员工有机会直接与主管领导沟通，群众座谈会则是在管理者觉得有必要获得第一手的关于员工真实思想、情感的信息，而又担心通过中间渠道会使信息失真时，采取的一种领导与员工直接沟通的方法。与领导见面会相比，群众座谈会是由上而下发起的，上级领导是沟通的主动方，而领导见面会则是应下层的要求而进行的沟通。至于具体形式的采用，还是应根据组织的实际情况来决定。

在非正式沟通渠道方面，大多数企业也同样存在着类似的问题。它们没有利用现有的资源、技术条件，及时、有效地对沟通渠道进行改进和完善，从而使得一些非正式渠道显得过于呆板和陈旧，同时也不易控制。许多企业近年来采用的郊游、联谊会、聚会等形式，都是非正式沟通的良好方式。这些渠道既能充分发挥非正式沟通的优点，又因它们都属于一种有计划、有组织的活动，而易于被组织领导者控制，从而大大减少了信息失真和扭曲的可能性。

（2）减少沟通的层级。人与人之间最常用的沟通方法是交谈。交谈的优点是快速传递和快速反馈。在这种方式下，信息可以在最短的时间内被传递，并得到对方回复。但是，当信息经过多人传送时，口头沟通的缺点就显示出来了。在此过程中涉及的人越多，信息失真的可能性就越大。每个人都以自己的方式理解信息，当信息到达终点时，其内容常常与开始的时候大相径庭。因此，管理者在与员工进行沟通的时候应当尽量减少沟通的层级。越是高层的管理者越要注意与员工直接沟通。

4）塑造利于沟通的组织文化

任何组织的沟通总是在一定背景下进行的，受到组织文化类型的影响。企业组织的精神文化直接决定着员工的行为特征、沟通方式、沟通风格，而企业组织的物质文化则决定着企业的沟通技术状况、沟通媒介和沟通渠道。

（1）塑造提供沟通机会的组织文化。首先要鼓励所有员工去思考问题并将想法表达出来，塑造这样的文化要创造条件，创造机会让人沟通。要让人感觉到沟通的正面效果，使之有诱因去进行新的沟通，有些特别的奖励机制要建立。组织中和谐的人际关系是优化沟通环境的前提，平时组织领导者可以多开展一些群体活动（球赛、观看演出、聚餐等），鼓励工作中员工之间的相互交流、协作，强化组织成员的团队协作意识。这些措施在一定程度上都能起到促进人际关系和谐的作用。

（2）营造平等、理解、信任的组织文化氛围。组织成员之间也应相互承认并尊重彼此的差异，促进相互理解，在此前提下的人际沟通将会更有效地改善人际关系。信任不是人为的或从天上掉下来的，而是诚心诚意争取来的。组织中民主的文化氛围和科学的领导者作风是良好的沟通环境的核心要素。所以，组织者应致力于营造一种民主的组织氛围，组织领导者也应适当地改善自己领导风格和提高领导水平。

在这方面，美国企业的一些做法值得我们借鉴。在这些企业，管理人员办公室的门总是敞开的，随时欢迎下属来沟通情况，交换想法。同时，他们还在组织内部设立了奖励基金，奖励那些善于提出自己的想法和意见并有利于组织发展的组织成员。在领导方式上，他们善于充分发挥管理者非权力性影响力的作用，凭借自身的人格魅力去领导人，而不是凭借权力去领导人；并且，他们善于和组织成员进行私人性的沟通，准确、全面地了解组织成员的思想感情，为组织的管理沟通打下了良好的基础。摩托罗拉的每一个高级管理人员都被要求与普通操作工在人格上千方百计地保持平等。所有的员工，甚至包括总裁、副总裁都在同一个餐厅排队，等候同样的软烧茄子和狮子头。更能表现摩托罗拉"对人保持尊重不变"个性的是它的"open door"，所有管理者办公室的门都是绝对敞开的，任何职工在任何时候都可以直接推门进来，与任何级别的上司平等交流。

5）掌握沟通技巧

在国内的很多企业中，沟通只是单向的，即领导向下传达命令，下属只是象征性地反馈意见，两者并没有实现有效的沟通，也就没有真正解决问题。所以，管理者应学习掌握良好的沟通技巧，以提高沟通的效果。如：①明确角色与换位思考；②针对不同沟通对象的特点采用不同的沟通方法；③直接、清楚的语言表达；④利用反馈技术，变单向沟通为双向沟通；⑤选择适当的沟通气氛和时机。

对于"80后"的独特沟通

腾讯公司是国内最大的互联网沟通平台提供商之一，其用户超过2亿，同时在线人数有数千万，且绝大多数为"80后"。腾讯公司在八年的时间里发展到了3 000名员工左右的规模，从2002年开始，员工人数以每年100%的速度递增。在这些员工中，有近一半是"80后"。这样一个庞大的群体，确实给腾讯公司带来了管理上的挑战。

他们知道，对这类年轻的"80后"管理者不能过于政治化和教条化，于是建立了内部便捷的电子化沟通平台：腾讯公司的企业版即时通信产品、公司内部的BBS。在公司内部的BBS上，大家可以把各种问题在各个分论坛上抛出，总裁办公室成员或者公司某一领域的专家会进行答疑，从如何快速、有效地解决用户申诉到咖啡厅饮料味道不好等问题都有。公司还聘请专门的健康顾问，不仅能解决员工平日里的头疼脑热问题，还可与员工进行心理咨询、交流谈心。

腾讯公司深知自己的团队成员中有着一群个性鲜明的"80后"，他们想尽一切办法与他们建立沟通，让员工在保持激情的同时，成为可以胜任工作的职业人。他们甚至还抓住"80后"年轻活泼的特点，在前台、过道两侧，甚至大厦的电梯等公共空间进行宣传。例如，在电梯里张贴一组漫画，提醒员工注意不要逆向乘坐电梯，出电梯时要向前面的人说"对不起"等细节。漫画的主角是只可爱的小企鹅。不仅如此，公司还设有两周一次的"总办午餐交流日"，员工可自由报名，通过抽签选其中12人和总裁办公室成员代表一起吃饭。在腾讯公司办公室的每层楼里，都设有一个"总办信箱"，接受对越过公司规定的"高压线"的行为的检举和投诉。这些"润物细无声"的沟通比直接张贴规章制度要有效得多。

12.3 冲 突 管 理

12.3.1 冲突的含义、特点及类型

1. 冲突的含义

《汉语大词典》中对冲突的解释是：①冲击、突击，尤指战争场合；②水流冲击堤岸；③直闯，指个人的行动状态；④碰撞、冲撞，尤指冒犯；⑤争执、争斗，如人与人之间的

对立与对抗行为；⑥相矛盾，指人们在立场观点、思想感情、情感愿望及利益的矛盾；⑦矛盾的心理状态。由这些解释，我们可以看出关于如何定义冲突，学者们的观点各不相同。但是，冲突的本质内涵主要包括以下四个方面。

1) 冲突是一种相互作用的对立紧张状态

冲突是不同主体或主体的不同取向对特定客体处置方式发生分歧，而产生的行为、心理的对立或矛盾的相互作用状态。前者主要表现为行为主体之间的行为对立状态，后者主要表现为主体内部心理矛盾状态。

2) 冲突的主体、客体具有多元性

冲突的主体可以是组织、群体或个人，冲突的客体可以是利益、权力、资源、目标、方法、意见、价值观、感情、程序、信息、关系等。

3) 冲突是一个过程

这一特征可以从两个方面来理解：首先，从冲突的演变来看，冲突是一个过程。这一观点最早由路易斯·庞迪在1967年提出，他认为冲突应被看作一个动态过程。他将冲突的发展分为五个阶段：潜在的冲突（冲突产生的条件）、知觉的冲突（对冲突的认知）、感觉的冲突（冲突造成的影响）、显现的冲突（冲突行为）和冲突的结果（产生冲突的新条件）。其次，从冲突的产生来看，冲突也具有过程的特征。冲突是从人与人、人与群体、人与组织、群体与群体、组织与组织之间的相互关系和相互作用的过程中发展而来的，它反映了冲突主体之间交往的状况、背景和历史。

4) 任何冲突都是相互对立与相互依赖，这两种关系的对立统一状态，冲突的各方既存在相互对立的关系，又存在相互依赖的关系

冲突各方的相互依赖关系是冲突管理的基础，正是在这一基础上，可以对冲突各方的相互对立关系状况进行诊断和转化，发挥冲突的建设性作用并制约其破坏性作用，调整彼此的对立统一关系。

综合以上的观点，本书对冲突的定义做出如下概括：冲突是指存在于主体内部及各主体间的对立紧张过程。

2. 冲突的特点

1) 全面性

企业是现代社会的基本组成单位，从本质上讲，企业首先是一个经济组织，但企业同样具有社会性的特征，也就是说社会的政治文化特征都会在企业中有所体现。因而，在企业内部冲突中，既有一般性的人际关系冲突，又有不同层次之间的雇佣关系冲突；既有利益冲突，又有文化冲突；既有个体冲突，又有群体冲突等。各类冲突相互交织，企业内部冲突呈现出显著的综合性特征。

2) 经济性

在研究企业内部冲突时，我们要牢牢把握住企业内部冲突的经济性特征。这是由企业的特性和冲突主体的经济动机决定的。企业组织的根本目的是获得最大利润，获取经济利益，这是企业组织存在和发展的根本动力。而企业成员加入企业的基本目的也是获得报酬，实现自身的经济目的。正是在此基础上，不同个性的企业成员相互协作、交换信息，在企业内部产生各种交互行为，其中也包括冲突。

3) 动态性

随着企业的内外部环境发生变化，企业内部的各种冲突的表现和水平也在发生变化。

企业是一个开放系统，必须与环境相互作用，才能生存。为了对环境的变化做出应对，企业须从内部着手，对企业的各子系统进行调整，这些子系统包括生产系统、管理系统、技术系统等。处于企业内部的员工也是一个开放系统，企业内外系统的调整和变化将对企业员工的各种行为和反应产生影响，其中也包括冲突。因而，在企业发展过程中，企业内部冲突会呈现出不同的特点，在企业进行冲突管理的过程中，须予以特别注意。

4）普遍性

普遍性是指冲突存在于企业内部的各个层次，如上下级之间、同事之间、不同部门之间以及部门成员之间等。

3. 冲突的类型

在企业内部，各种关系错综复杂，由此产生的冲突也多种多样，不同的研究者出于不同的研究需要，将企业冲突划分成了多种类型。

1）现实性冲突和非现实性冲突

冲突按照达到的目的不同，可以分为现实性冲突和非现实性冲突。

现实性冲突是指在某些企业关系中，由于某种需求得不到满足或者由于对其他参与者所做所得的估价不满而引发的冲突，其目的在于追求尚没有达到的目标；非现实性冲突是指在企业组织关系中，至少有一个个体或群体出于发泄压力、释放紧张状态而与其他方发生的冲突。现实性冲突是实现目标的一种手段，具有手段的功能替代性。在现实性冲突中，一旦行动者找到了同样可以满足自己需求的满意的替代方式，冲突就会停止。

而非现实性冲突是由一种寻求占有的进攻性冲动所引起的，具有对象的功能替代性。在非现实性冲突中，行动者只是为了释放进攻性紧张状态，某种对象之所以会成为进攻的对象，完全属于"情境的偶然性"。也就是说，对象是谁，对行动者而言并不重要。

在企业中，冲突的发展往往兼具现实性冲突和非现实性冲突的特征，是两者的混合体。当对于实现所要实现的目标的手段选择不当时，就容易导致冲突过程当中产生一些非现实性因素。另外，在企业当中，也确实存在一些与工作无关的非现实性冲突。

2）企业内部不同层次的冲突

按照企业内部冲突发生层次的不同，可以将企业内部冲突分为个体层次和群体层次的冲突。这两个层次的冲突又可以进一步分类。个体层次的冲突可以分为个体内部的冲突、个体之间的冲突、个体与群体之间的冲突和个体与组织之间的冲突四种类型；群体层次的冲突可以分为群体间的冲突、群体与组织之间的冲突。这些不同层次的冲突在企业内部相互联系、相互作用。

（1）个体层次的冲突。个体层次的冲突可以分为以下四种类型。

第一，个体内部的冲突。个体内部冲突常常包含多选一的情形，其中角色冲突作为个体层次冲突的一种特殊表现形式，在企业中普遍存在。

第二，个体之间的冲突。个体之间的冲突包括横向关系冲突和纵向关系冲突。横向关系冲突即同一层级的个体之间发生的冲突，如一般员工之间的冲突、同一级别管理人员之间的冲突；纵向关系冲突是指不同级别、地位的个人之间的冲突，如管理人员和员工之间的冲突。另外，这种个体之间的冲突可以发生在群体内部成员之间，也可以发生在两个不同的群体成员间。

第三，个体与群体之间的冲突。个体与群体之间的冲突不仅包括个体与正式部门的规章制度要求及目标取向等方面的不一致，也包括个体与非正式团体之间的利害冲突。

第四,个体与组织之间的冲突。这主要是指由于个体与组织的目标不一致所引发的冲突。

(2) 群体层次的冲突。群体层次的冲突可分为以下两种类型。

第一,群体间的冲突。群体间的冲突是组织内群体之间由于各种原因而发生的对立情形。这种对立情形源于两种情况:一是由于同一群体内部成员间的冲突,导致成员分化成两个或更多个小团体,此时,群体内的冲突转化为了群体间的冲突;二是由分别处于两个群体内的成员间的个人冲突逐渐升级而成。其根源在于不同群体片面强调自己的利益,从而忽略了与对方的共同利益。在企业内部,群体间的冲突通常有以下四种形式:①垂直冲突。垂直冲突是指在企业组织中由于纵向分工形成的不同层次间的冲突,也就是指上级部门与下级部门间的冲突。②水平冲突。水平冲突是指企业组织中由于横向分工不同而产生的不同部门间的冲突,也被称为职能冲突。③指挥系统与参谋系统的冲突。这主要指直线指挥人员与职能参谋人员之间的冲突。④非正式组织与组织正式部门的冲突。这是指企业中一些员工自发形成的非正式联合体——非正式组织与正式部门之间发生的冲突。

第二,群体与组织之间的冲突。这主要是指部门与组织、非正式组织与组织的冲突,还包括资产所有者与雇佣劳动者之间的劳动争议与冲突。

3) 建设性冲突和破坏性冲突

根据冲突对企业产生作用和效果的不同,企业内部冲突被划分为建设性冲突和破坏性冲突。决定冲突是否具有建设性,有以下三个判断标准。

(1) 如果企业中的相关成员之间关系稳固,彼此之间能够在工作中很好地相互影响和相互配合,那么冲突具有建设性作用。

(2) 如果企业中的相关人员对冲突的结果感到满意,那么冲突具有建设性作用。

(3) 如果企业中的有关人员提高了未来解决冲突的能力,那么冲突具有建设性作用。

在建设性冲突中,冲突双方出于对共同目标的关心,乐意了解别人的观点和意见,在冲突过程中以争论问题为中心,互相交换意见的情况增加;在破坏性冲突中,冲突出于对赢得自己观点胜利的关心,不愿听取他人的观点和意见,在冲突过程中以人身攻击为中心,互相交换意见的情况减少。但有一点需要特别注意,那就是在企业中,建设性冲突和破坏性冲突不是绝对的,若处理得当,破坏性冲突可以转化为建设性冲突;反之,建设性冲突也会转化为破坏性冲突。

4) 认知冲突与情绪冲突

为了研究冲突对组织绩效的影响,冲突被划分为认知冲突与情绪冲突。

认知冲突是一种与任务有关的冲突,由决策时的不同意见或分歧引起。在决策过程中,由于人们所处的位置和思考角度的不同,产生认知差异是不可避免的。在组织中的管理团队的成员之间,认知冲突经常发生,特别是企业的高层管理团队常常利用认知冲突实现高质量的战略决策。通过团队成员之间的持续争论和广泛交流,可以更加全面和深入地理解决策任务,分析可能的条件和潜在的问题,获得尽可能多的备选方案,形成网络性决策思路;同时,也可以促进团队成员更好地了解有关最后决策的各种信息,有助于提高决策的执行水平,提高组织绩效。

情绪冲突是指向于人的冲突,由个性差异、人际关系方面的不协调、工作中的误解及挫折等引起。认知冲突通常仅仅发生在工作中,表现为对工作任务的决策和实施在认识上的不一致;情绪冲突则远远超出了工作范围,表现为冲突双方的不相容性,即从根本上不喜欢对方。因此,认知冲突是针对客体的理性行为,而情绪冲突则是针对主体的情绪化行为。

从对认知冲突与情绪冲突的定义中，我们发现，在企业中，这两类冲突并不以独立的形式呈现出来，也就是说，我们不能完全区分单纯的认知冲突与情绪冲突。认知冲突和情绪冲突总是相伴而生和相互转化的。在冲突管理中，如果处理不当，认知冲突会发展成情绪冲突。例如，如果认知冲突被一方知觉为另一方在向自己表达不满时，情绪冲突更会随即发生。因此，有研究者建议应尽可能消除决策沟通方面的误解，防止认知冲突向情绪冲突转化；同时要求冲突双方将工作和个人感情区别开来，逐步使情绪冲突转化为认知冲突。

5）潜伏性冲突和外显性冲突

大多数冲突都有潜伏（隐含）部分和外显（公开）部分。

（1）许多冲突在外显化之前属于潜伏性的冲突。也就是说，在冲突中，冲突各方在能够清楚地向对方表达或展现冲突之前，他们都会对冲突的发生有所感觉或感受。在企业内部出于维护某种权力平衡的需要，这种潜伏期还会有意加以维持，以便各方能够维持现状。

（2）大多数冲突都有潜伏性的内容。例如，工作中的同事在执行工作任务时相互之间经常出现冲突，然而其背后却深藏着价值观或个性之间的冲突。

12.3.2 冲突的作用

1．冲突的积极作用

1）对企业内部群体具有凝聚整合功能

当与其他部门发生冲突时，处于同一部门的内部成员之间最为团结，每个成员都有强烈的忠于所在群体的意识，而且随着冲突程度的加剧，群体内部的团结程度也会加强。群体内部成员间的分歧受到压制，个人的从众心理开始变得十分明显。从企业中群体协作的要求来看，冲突的发生使成员自觉而积极地关心组织整体目标，甘心服从于上级的领导和指挥，群体士气旺盛，在竞争中整个群体团结一致。在冲突中获胜的一方在获胜后会更加团结，失败的一方则可找出失败的原因，不断提高和完善自己。由此可见，经历冲突的群体可以消除分歧、统一认识、协调行动，会大大增强群体成员的归属感，因此企业内部冲突可以增强群体的凝聚力，提高群体竞争力。但是，冲突的聚合功能的产生必须有一个前提条件：只有当冲突没有涉及企业根本的组织原则和核心价值时，冲突才能起积极的作用，否则，冲突将促成或加剧企业组织的分裂。

2）对企业创新具有促进功能

企业创新的来源有很多种，其中一个重要方面就是组织中的不协调现象——企业内部冲突的出现。著名的管理大师彼得·德鲁克认为当实际情况与人们的主观判断或通常认识不一致或相矛盾时，不协调的现象就产生了，不协调的现象是创新的一个重要来源。对企业组织而言，这种不协调的现象是企业组织冲突的一种表现形式，也就是说，企业组织的冲突促进了企业创新的产生。

案例 12-7

索尼的内部跳槽

索尼公司的内部跳槽制度是在处理员工抱怨的过程中产生的。有一天，索尼董事长盛田昭夫走进员工餐厅和职工一起就餐，这是他多年来一直保持的习惯。当时，他发现有一位员工郁郁寡欢，满腹心事。

盛田昭夫主动和他攀谈，这位员工向他倾诉道："能够进入索尼，让我感到欣喜若狂。可是，现在才发现，我不是在为索尼干活，而是在为课长干活。我所有的小发明，课长不仅不支持、不理解，还会嘲笑我。这令我对索尼感到非常失望。"盛田昭夫听后十分震惊，他觉得类似的情况在公司内部员工中恐怕不少，于是他产生了改革人事管理制度的想法。之后，索尼公司开始每周出版一次内部小报，刊登公司各部门的"求人广告"，员工可以自由而秘密地前去应聘。这一制度创新使索尼公司能够留住优秀人才，并且可以使人力资源管理部门发现那些经常"流出"人才的上司存在的问题。

3）对企业成员的认知具有矫正功能

企业内部冲突可使企业成员对企业行为的认识更加全面。企业行为是一个内涵非常丰富的动态变化过程，人们要获得对其合乎规律和理性的认识，就应不放弃各种机会和条件，将其设定于各种状态下，去进行观察和思考。这种观察和思考，有时是自觉地、有意识地去主动进行的，有时则是受客观事物及其状态所驱动或逼迫，不自觉地、被动地去进行的。企业内部冲突状态一旦形成，成为必须正视、无法回避的一种组织现象，就变为人们正确认知企业行为的一种重要的内驱动力。尽管这种认知有时可能是被动的、不得已的。企业内部冲突是企业成员在利益、思想、方法、观念和观点等方面的矛盾，特别是剧烈的矛盾，会对企业成员产生强烈触动，从而迫使人们去认识那些在利益、思想、方法、观念和观点等相一致的情况下，所无法认识的东西。通过冲突，冲突双方从彼此间的差异和不一致中，能够发现自己认识问题的片面性，从而会查找和发现自己的不足，以及工作和交往中需要改进的地方。

其次，冲突有利于企业的管理者对企业内部存在的问题形成全面的认识，做出正确的判断，形成科学的决策。企业组织中的不同成员、部门和一些非正式群体在目标、信息、认知等方面存在着差异性，但是在他们的交往过程中，受到文化、权威等因素的影响和约束，在组织行为中常表现出谦让、随和等和睦现象。可是有时这种看似和谐融洽的人际关系只是一种假象，也就是说，当很多组织成员隐瞒了各自的真实感受和观点时，实际上在企业中已经隐藏着潜在的冲突。特别是当管理者需要对企业发展的重大问题做出决策时，管理人员可能无法看出问题的本质，并受表面假象的迷惑，可能做出错误的判断和决策，采取不适当的管理行为，这会对企业发展产生不良影响。此时企业内部冲突如同沉在海面下的冰山，尽管没有显露出来，却有可能对企业产生致命的影响。而冲突可使冰山浮出水面，企业管理者可以采取相应的管理措施，使企业绕开冰山继续前进。所以一定程度的企业内部冲突可以将组织中存在的问题暴露出来，将很多隐藏和潜在的矛盾以显性冲突的形式表现出来，在各方对企业发展问题表达不同意见的同时，企业管理者可以获得各种信息，从而对企业的现状做出科学的判断，推动企业的发展。

另外，一定程度的企业内部冲突可以活跃组织气氛，增强企业活力。因为冲突双方之间的不同观点和意见的交锋有利于打破沉闷单一的组织气氛，冲突各方都能旗帜鲜明地公开表达自己的观点，在此气氛的影响下，安于现状、盲目顺从的现象会大大减少。

2. 企业内部冲突的消极作用

1）冲突会使组织成员承受精神压力

企业成员作为企业中的一员，会对其所在的群体或企业产生强烈的归属感。这种归属感有利于企业成员的心理健康，提高其满意度。但当企业内部发生激烈冲突时，企业成员在一定时期形成的相对稳定的心理平衡状态会被打破，人们在承受冲突所带来压力的同时，原有的归属感已不复存在。处于激烈冲突中的个人，在情绪上会产生紧张、焦虑的状态,对工作缺少激情,情绪低落。同时处于冲突中的各方在阻挠对方达成目标的同时也在承受着对方施加的压力及对于失败的担忧和恐惧。不仅是冲突的主体承受着冲突的压力,其他的组织成员在这种不和谐的环境中,也会感受到冲突的压力,也就是说这种紧张情绪带有蔓延效应,会影响到组织中的其他成员。

2)使企业的组织功能丧失

在企业内部发生激烈冲突时,冲突双方往往会因为相互之间的分歧和对抗而极力否定对方。此时,冲突双方所关注的是如何在冲突中获胜,而不是实现组织的整体目标。为了在冲突中战胜对手,轻则冲突双方会消耗大量的时间和精力在冲突上,互相阻挠,互不配合,在此情况下,组织的力量汇聚功能和放大功能已经无从发挥,造成组织资源的大量浪费,严重影响组织效果。而在企业冲突不断升级演化的情况下,在严重时,还会导致各种违法的非理性的行为。由此产生的成本已不仅局限在企业内部,对社会也会产生严重危害。

案例12-8

亚通网络公司的冲突

亚通网络公司是一家专门从事通信产品生产和电脑网络服务的中日合资企业。公司自成立以来发展迅速,销售额每年增长50%以上。与此同时,公司内部存在着不少冲突,影响着公司绩效的继续提高。

因为是合资企业,尽管日方管理人员带来了许多先进的管理方法。但是日本式的管理模式未必完全适合中国员工。例如,在日本,加班加点不仅司空见惯,而且没有报酬。亚通公司经常让中国员工长时间加班,引起了大家的不满,一些优秀员工还因此离开了亚通公司。

亚通公司的组织结构由于是直线制,部门之间的协调非常困难。例如,销售部经常抱怨研发部开发的产品偏离顾客的需求,生产部的效率太低,使自己错过了销售时机;生产部则抱怨研发部开发的产品不符合生产标准,销售部门的订单无法达到成本要求。

研发部胡经理虽然技术水平首屈一指,但是心胸狭窄,总怕别人超越自己。因此,常常压制其他工程师。这使得工程部人心涣散,士气低落。

12.3.3 冲突的管理方法

【拓展期刊】

1. 缓解冲突的方法

根据上面的分析,我们知道有时冲突存在消极作用,那么对于不希望出现的冲突,管理者应该如何处理?以下策略将有助于提高管理者冲突管理的技能。

1)隔离法

管理人员可以直接通过组织设计减少部门之间的依赖性。分别向各部门提供资源,使之独立于其他部门的供应,将它们隔离起来,从而降低部门之间冲突发生的可能性。不过,由于隔离需要花费精力和设备,这种可能会提高成本。

2)运用职权控制法

管理人员可通过发出指示,在职权范围内解决冲突。这些指示明确指出期望下级遵循的行动步骤。例如,在同一家企业的两位副总裁可能都在拟定组织的策略。一位副总裁可能倡导以增产为基础,而另一位副总裁要求把权力集中到组织的最高层,这样,增产和集中权力的目标发生了直接的冲突。此时,总裁则应该行使权力来确定执行什么目标。

3）分析法

冲突不会无缘无故产生，它的出现总是有理由的。解决冲突策略的选择在很大程度上取决于对冲突发生原因的判断，因而管理者需要很好地了解冲突源。研究表明，虽然组织中产生冲突的原因可能多种多样，但是总体上可以分为两类。一类是沟通差异。沟通不良容易造成双方的误解，从而引发冲突。管理者必须清醒地认识到，良好的、无障碍的沟通，与别人同意自己的观点，实际上是两回事。另一类冲突源是性格差异。人们在各自的背景、教育、经历及培训中会形成独特的个性特点和价值观，其结果是使有些人表现出尖刻、隔离、不可信任、不易合作的特点，这些人格上的差异也会导致冲突。

2. 提升冲突的方法

冲突在有些时候也能发挥积极的影响，因此，冲突管理的另一层含义是在必要的时候激发一定水平的冲突。管理者激发冲突可以采用的策略主要有以下几种。

1）重建法

企业可以考虑调整工作群体，变更纵向层次和横向部门的划分，提高工作中的相互依赖性，重新分配决策和指挥的权限，以及改变规章制度等，这些结构设计的变更会在不同程度上使组织现有运行方式发生改变，从而引发组织的结构性冲突。

2）树立对立面法

树立对立面能促成更好的决策，它可能使组织不把任何个人或群体的建议当作既定方案，同时树立起一个对立面，这样很可能会使员工对所推荐对立面的行动方案表示肯定或否定的资料更加敏感，从而有助于冲突的提升。

3）改变法

管理者想激发功能正常的冲突，首先需要向下属传递他们的信息，即冲突具有合法的地位；同时以实际行动对那些敢于向现状挑战、倡议革新观念、提出不同看法和进行独特思考的个体给予大力支持和奖励，以形成一种倡导和鼓励冲突的价值观念和文化氛围。

4）沟通法

模棱两可的、具有威胁性的信息，可以促发和提高组织的冲突水平。例如，宣布有些工厂可能要倒闭，某些部门可能被取消或被合并，公司将被迫进行裁员等信息，会使组织成员减少往常的漠然态度，对现状提出积极的反思和重新评价，从而增加新思想，提高冲突水平。

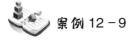 案例 12-9

如何对待"恃才傲物"的员工

恃才傲物是有普遍性的，因为有才者一般都认为自己比他人、比领导聪明，所以当他的顶头上司管理他时，他内心有一种逆反情绪。这就是管理者常说的"不服管"，进而管理者也往往带着情绪和偏见来管理这样的员工。有一家企业就发生过这样一件事。一位业绩突出的员工，认为一项具体的工作流程应该改进，她也和主管包括部门经理提出过，但没有受到重视，领导反而认为她多管闲事。一天，她就私自违反工作流程进行改变。主管发现了，就带着情绪批评了她。而她不但不改，反而认为主管有私心，于是和主管吵翻了。主管反映到部门经理那里，经理也带着情绪严肃地批评了她，她置若罔闻。于是经理和主管决定严惩，甚至提出开除或扣三个月奖金的处理预案。但这位员工拒不接受，随即旷工一天，以示不满。最后，部门经理不得不把问题报告到老总那里。老总分别与这名员工和她的上级领导谈了话。由于采取了适当的处理方法，原本"不服管"的员工不仅心服口服地接受了处罚，还改变了原来的傲慢情绪，积极配合主管的工作，工作热情大增；主管和经理也认识到自己在管理中存在的问题，及时调整了工作方法，改进了工作流程。一场冲突最终得以圆满解决。

本章小结

沟通是企业管理中的重要职能之一，具有控制、协调、激励和情绪表达的作用。沟通是一个复杂的过程，包括信息发送者、信息传递渠道、信息接收者、噪声和反馈五个因素。沟通方式包括：口头交谈、书面文字、非语言和文字形式、电子媒体。沟通可以分为人际沟通和组织沟通。人际间的沟通障碍有自我认知的偏误、情绪的影响、已有经验的影响、语言障碍、沟通双方地位的差异。克服人际间有效沟通的障碍的方法包括：运用反馈；简化用语；积极倾听；保持理性，避免情绪化；注意非语言提示。组织沟通可以包括正式沟通与非正式沟通、沟通信息的流向、组织沟通网络等内容。有效沟通的障碍包括个人因素、人际因素和结构因素；实现有效沟通我们要遵守"7C原则"，同时在实践中我们应该明确沟通的重要性、正确对待管理沟通，保证信息完整和有效，健全组织的沟通渠道、提高沟通效率，塑造利于沟通的组织文化，掌握沟通技巧。

冲突是一个复杂的概念，具有全面性、经济性、动态性、普遍性等特点。冲突既有积极作用又有消极作用。依据不同的标准，可以把冲突划成不同的类型。冲突管理的方法包括缓解冲突的方法和提升冲突的方法。

 关键术语

沟通——communication　　　　　　　噪声——noise
倾听——listen　　　　　　　　　　　　反馈——feedback
障碍——obstacle　　　　　　　　　　　人际沟通——interpersonal communication
组织沟通——organizational communication　渠道——channel
正式沟通——formal communication　　　非正式沟通——informal communication
上行沟通——upward communication　　　下行沟通——downward communication
横向沟通——lateral communication　　　斜向沟通——diagonal communication
冲突——conflict

 案例应用分析

惠普的沟通制度

惠普公司非常重视为员工创造最佳的沟通氛围，制定了很多相关的政策，不但增强了员工个人的满意度和成就感，更确保了公司能够有效进行信息沟通，及时制定并执行解决问题的方案。同时，惠普公司通过与客户进行有效沟通，与客户之间建立了紧密的联系，更为其产品的开发与推广提供了高价值的全面信息。从《惠普之道》以及惠普公司的诸多政策、大量案例和调查问卷中，可以总结出惠普独特的沟通方式。

第一，实行"走动式的管理"，进行走动式沟通。

这项政策是惠普公司的一个帮助经理们和监督者们了解他们手下的人和他们正在做的工作，同时使他们自己也更加平易近人的办法。"走动式的管理"是经理们同工厂工人一起致力于解决问题的做法，它解决了书面指令难以面面俱到的缺点，使管理者亲自参与、深入实际。"走动式的管理"的做法总的来说在惠普的海外工厂像在美国的工厂一样有效，通常惠普每年都在国外进行国际分部的回顾会议。比尔·休利特和戴维·帕卡德经常一起参加这种会议，他们的视察始终包括一项到处走走看看的内容，有机会无拘束地会见雇员并和他们交谈，看看他们正在进行的工作。《惠普之道》中特别指出"走动式的管理"虽然听起来是简单明了的，但做起来却也有一些微妙之处和必要的条件。例如，并非每个经理都

第12章 沟 通

能轻松自然地做到这一点。如果做得勉强或不经常进行,那就不会管用。它必须是经常的、友好的、不特别专注某个问题的,而且是不安排时间表的——但绝不是漫无目标的。由于它的主要目的是要弄清楚人们的思想和意见,这就需要虚心倾听。

第二,实行"开放式管理"政策,保证公开沟通。

惠普公司制定了"开放式政策"(Open Door Poliyc),对员工、职能直线经理、人力资源经理、人力资源部雇员关系等作用和责任进行明确规定,用以确保惠普的开放式工作环境。例如,在其员工的责任条款中规定:员工有责任公开提出问题,并表示关注;与直接上司讨论解决问题是最佳选择,如不可行可以向其他主管经理或人力资源部门寻求解决方案;一旦有问题就及时提出,寻找每个人的最佳解决方案;明朗而真实地进行沟通交流;了解解决方案应该包括与他人进行交谈;清晰表述具体需要的管理行动等。职能直线经理的责任条款包括:公开倾听员工提出的问题和关注点,争取充分理解;做主解决问题;识别并寻求人力资源经理的帮助以找到解决方案;采取清晰、决定性的行动解决问题等。"开放式管理"政策旨在建立相互信任和理解的氛围,以及创造一种环境,使人们感到可以自由表达他们的思想、意见和问题。不管雇员的问题是属于个人的,还是同工作有关的,"开放式管理"政策鼓励他们同一个合适的经理讨论这种问题。从大量的情况来看,这个经理将是雇员的顶头上司。但是,如果这个雇员不太愿意同这位上司谈,他(或她)可以越级同较高一级的经理讨论种种的误解或任何其他问题。通过这项政策发现,人们是乐意提出他们可能有的问题或关心的问题,而且经理们通常也能够很快地找出令人满意的解决办法。比尔·休利特和戴维·帕卡德都经常各自参加不同雇员的"开放式管理"沟通工作,通常是讨论普遍关切的问题,而不是个人的不满。"开放式管理"政策在惠普公司是很重要的,因为它体现了惠普的管理风格。它意味着,经理们平易近人、坦诚、爽快。惠普公司的每个人,包括最高主管,都是在没有隔墙、没有门户的大办公室里工作的。这种随时可以见到的做法虽然也有其缺点,但是惠普公司发现这种做法的好处远远超过其不利之处。"开放式管理"政策是惠普管理哲学的不可分割的一部分。而且,这个做法鼓励并保证了沟通交流不仅是自上而下的,而且是自下而上的。

第三,比尔的"戴帽子过程"——惠普的高效沟通案例。

在《惠普之道》中特别提到了一个有效的沟通案例,即比尔的"戴帽子过程"。一些革新者经常会提出富有创造性的革新思路,但是,经别人仔细地进行客观分析以后,这些思路很可能被否决。经理们该如何鼓励和帮助这些失望的革新者继续保持热情呢?多年来,惠普的许多经理们十分赞赏比尔·休利特处理这类问题的办法,并称之为比尔的"戴帽子过程"。惠普公司1967年在纽约市电气和电子工程师学会的贸易展览会上展示它的一台计算机。一位富有创造性的革新者满怀热情地提出一种新思想,并找到比尔。比尔马上戴一顶"热情"帽子。他认真地倾听着,在适当的地方表示惊讶,一般是表示赞赏,同时问一些十分温和的、不尖锐的问题。几天以后,他把创新者又叫来,戴的是"询问"帽子。这回提出了一些非常尖锐的问题,对他的思路进行了彻底的探讨,有问有答,问得很详细,然后就休会了,未做出最后决定。不久以后,比尔戴上"决定"帽子,再次会见这位革新者。在严格的逻辑推理和敏锐的思索下,做出了判断,对这个思路下了结论。即便最后的决定否定了这个项目,这个过程也给予这个创新者一种满足感。这是"惠普之道"中倡导的使人们继续保持热情和创造性的一个极为重要的沟通方式。

第四,亲密的情感沟通。

惠普的创始人在公司内部营造了浓郁的家庭气氛,并在早期的企业里也创造了对这种亲密的情感沟通方式的认同感。"野餐"被惠普的创始人们公认为"惠普之道"的重要内容之一。在早期,惠普公司每年在帕洛阿尔托地区为公司所有员工及其家属举行一次野餐。这是一件大规模活动,主要由雇员自己计划和进行。比尔·休利特和戴维·帕卡德以及其他高级行政人员负责上菜,从而使大家有机会会见所有的雇员及其家属。这是一项很受欢迎的福利,因此后来决定在世界其他地区有惠普人聚居的地方也这样做。公司的发展壮大也波及了公司野餐的规模和性质,随着公司的扩大,每个分公司都将举行自己的野餐会。比尔·休利特和戴维·帕卡德以及惠普公司的许多行政人员尽可能多地参加这些野餐会,因为它们使公司高层有机会同在美国、欧洲及世界各地的许多雇员见面和交谈。此外,惠普公司还采取了包括会见所有雇员及其家属的多种多样的感情交流方式。例如,惠普公司的经理们很好地利用了喝咖啡时的交谈和其他非正式的雇员集会。雇员的刊物、电影和录像带都是有益的沟通工具,但是没有什么东西比亲自的相互沟通更能促进合作和团队精神,更能在雇员之间建立一种信任和理解的气氛。

第五,有效的外部沟通——倾听客户。

惠普公司获得成功的根本基础,是努力满足顾客的需要。惠普鼓励公司的每一个人经常考虑使自己的活动围绕为顾客服务这一中心目标,认真地倾听客户的意见。"热忱对待客户"位于惠普公司提出的七个价值观的首位,"倾听客户的意见"也是《惠普之道》的核心部分。在惠普公司,为顾客服务的思想,首先表现于倾听客户意见,并据此提出新的思路和新的技术,在这个基础上开发有用的重要产品。这些新的思路成为开发新产品的基础,而新产品将满足顾客潜在的重要需要。除此以外,惠普公司还提供许多不同种类的产品,以满足不同顾客的需要。向特定客户提供的产品必须是能够最好地满足顾客全面长远需要的产品。这就要求其推销人员能同顾客密切合作,以便用最恰当而有效的办法解决他们的问题。当顾客购买惠普的一件产品时,他们不仅期望在买到产品之日起它能运转正常,而且还应辅之以最好的服务,从而使这种产品可以为顾客长期地、无故障地服务。兼有彩色打印功能的台式喷墨打印机的问世和成功推广就是惠普有效客户沟通的一个很好的例证。在惠普1991年推出台式喷墨500C型彩色打印机以前,彩色打印机是非常昂贵的,只有那些有特殊需要的用户,才肯出高价购买它。惠普公司的市场调查表明,顾客并不急于购买彩色打印机。当问他们最需要什么样的打印机时,顾客总是把彩色打印机放在末位。但是当被问及"如果我们满足了你的黑白打印的所有需要,同时又使你具有彩色打印的能力,而且基本上不需要增加价钱,那么你是否会买这样的打印机?"绝大多数的回答是肯定的。尽管顾客并不想买彩色打印机,但他们对兼有彩色打印能力的打印机是非常感兴趣的。因此惠普公司在认真倾听客户的意见后,决定应当提供兼有彩色打印功能的打印机。其沟通的成效是显著的,1991年各种非撞击式"彩色"打印机在全世界的销售量约为36万台,而1994年单是惠普公司销售的"彩色"打印机就几乎达400万台。惠普公司通过有效地与客户沟通,成功地打造了其业务上的辉煌。

讨论:

(1) 惠普的沟通有何特点?

(2) 惠普的沟通制度有何影响?

(3) 从惠普的沟通制度来看,企业应该如何实现有效的沟通?

思 考 题

1. 简述沟通的过程和沟通的重要性。
2. 描述人际沟通过程的障碍,如果出现应如何克服?
3. 正式沟通与非正式沟通的渠道有哪些?
4. 有效沟通障碍有哪些?怎样实现有效沟通?
5. 如何区分组织中不同类型的冲突?如何解决?

控制篇

第13章 控制

教学要求

了解控制的概念和特点、目标与内容；理解各种控制的优、缺点；熟悉控制的基本过程；理解有效控制系统的特点、设计原则与影响因素。

本章知识点

控制的原理；控制的类型；控制的基本过程；有效控制系统的设计。

■ 导入案例

美国联邦速递公司的服务质量控制

美国联邦速递公司（Federal Express）从20世纪80年代开始起记录客户的投诉，建立客户意见信息系统，并根据此系统提供的信息来改进客户服务的质量。

其实在最初的公司管理中，该信息只是简单地记录有关客户的投诉、抱怨等情况，方便服务部门采取相应的补救性措施，以解决客户当前的不满意为工作目标。

随着该类信息的增多，公司从1988年开始扩充信息系统，采用统计分析的方法，编制12个项目组成的服务质量指数，并指定12位高级管理人员分别负责这12个服务属性的质量管理工作，还根据服务质量指数，确定每个部门、岗位的奖金。并且，公司每周会将服务质量指数报告通过各种手段传达给每位员工，要求员工分析服务质量差错产生的原因，提出改进的措施。

该服务质量控制手段最终的效果体现出它可以有效地预防服务差错，是实现公司100%客户满意目标的重要管理控制措施。最终该公司获得美国"波多里奇国家质量奖"。

联邦速递公司的服务质量控制是根据客户提供的信息、完善的服务统计与监控系统、服务质量与绩效报酬挂钩的评价体系、预防与事后补救相结合的控制手段而设立的。那么，企业该如何系统地、全面地加强管理的控制职能，使企业在经营过程中能够很好地完成生产经营计划，实现企业目标呢？本章将给出答案。

13.1 控制原理

企业的各项业务活动要按照预定的方案、轨道运行，并确保能实现企业设定的目标，就必须进行有效控制。控制在协调组织成员的行动、规范成员行为、衡量计划完成情况、确保工作进展与计划亦步亦趋、规避风险、提高组织运营绩效、实现组织战略等方面发挥着重要作用，是每一位管理者必须具备的管理职能。

13.1.1 控制的概念

自从 1948 年罗伯特·维纳首次提出控制论以来，控制论的思想和方法渗透到了所有的自然科学和社会科学领域，特别是在管理科学领域得到日益广泛和深入的运用。

斯蒂芬·罗宾斯认为，控制是对各项活动的监视，从而保证它们按计划进行，并纠正偏差的过程。托马斯·贝特曼认为，控制就是采用正确的标准衡量计划的执行过程，目的是引导人的行为，以达到组织目标。简单地说，控制就是监视组织各方面的活动，保证组织实际运行情况与组织计划保持动态一致的管理过程。

要全面理解控制的含义，需要把计划与控制联系起来。在某种程度上，计划与控制是一个问题的两个方面。首先，计划为控制提供衡量工作绩效的标准。如果只有控制而没有计划，人们将不知道要控制什么，也不知道要怎样控制。其次，控制是计划的保证。如果有目标和计划，而没有控制，人们可能知道自己干了什么，但不知道干得怎样，存在什么问题，需要做哪些改进。再次，许多有效的控制方法本身就是计划方法，如预算、目标管理等。最后，计划工作本身也需要控制，才能保证计划的科学性。因此，计划与控制密不可分，计划越明确、全面，控制的效果越好；控制工作越科学、有效，计划越容易实现。

值得注意的是，控制工作不仅仅意味着组织活动偏离计划时，采取措施纠正偏差，以保证计划的实现，而且还包括在组织内外环境出现重大变化时，对原计划做出重大修改，甚至制订新的计划，因为原来的计划可能因为环境的变化而变得不适应，无法再实现。在现实中，组织的运行往往是"非零"起步的，上一阶段控制的结果可能导致组织确立新的目标、提出新的计划，并在组织机构、人员配备和领导方面做出相应改变。在管理工作中，很难区分计划与控制究竟哪个是开始，哪个是结束，控制可以说是一个管理过程的终点，又是另一个新的管理工作过程的开始。

在控制中所采用的控制措施，则要通过组织结构中每个层次贯彻下去，而组织结构的高效运作，为控制措施顺利执行提供了组织保障。组织结构的设计也要考虑控制职能的需要，明确命令执行的路径和各级管理者的职责。此外，控制措施的贯彻与执行，也离不开各级管理者的领导作用，尤其是对下属工作绩效的控制，更离不开管理者的指挥与激励。同样，有效的控制系统也为管理者发挥领导作用提供了保证。所以，管理工作本质就是一个计划、组织、领导、控制等职能有机联系在一起的过程。

第 13 章 控 制

案例 13-1

刘丰收的目标与控制

刘丰收担任某化工厂的总经理已经一年多了，上任初始时他想解决的重要问题是减少浪费，因此，他在年初提出目标：一年内将原材料费用下降10%～15%，工人的超时工资费用从80万元降低到50万元，废料运输费用下降3%。并将目标告诉了各部门负责人。

然而到了年末，他发现当年的浪费比往年更严重。原材料费用上升了8%，工人超时工资费用只下降到77万元，废料运输费用根本没有降低。他当即召开各部门负责人开会，并提出批评。但生产部长却辩解称他已经要求过工人减少浪费，但是效果不明显。人事部长也说自己已经尽最大努力控制加班，并只对必需加班的工时支付费用。运输部长则说他一点也不奇怪废料运输费用没有下降，并预测明年将继续上升。

刘丰收听了后，觉得自己也无计可施。只好再次强调减少浪费的重要性，并对明年的各项费用提出了新的下降目标。

13.1.2 控制的特点

不论是管理控制还是物理、生物、经济及其他方面的控制，控制的基本原理和过程没有明显的区别，除了一般控制所具有的目的性、纠偏性外，管理控制又有其自身的特点。

（1）整体性。这包含三个方面的意思：其一是管理控制的对象是组织的各个方面；其二是管理控制是全体成员的职责，完成计划内任务是全体成员的共同责任；其三是管理控制是全过程的活动。确保组织中各部门和单位彼此在工作上均衡与协调是管理工作的一项重要任务，为此需要了解和掌握各部门和单位的工作情况，并予以控制。

（2）动态性。管理工作中的控制不同于简单的工艺过程控制，如对温度、压力、物料成分、化学反应等方面的调控，后者的控制是高度程序化的，具有静态的特征；而组织的运行是动态的，其内外环境在发生持续的变化，因而控制标准和控制方法不可能保持一贯性。管理控制具有动态的特征，所以必须提高控制的有效性与适应性。

（3）主观能动性。管理控制是保证工作按计划进行，并实现组织目标的管理活动，而组织中的各项工作必须由员工来完成，各项控制活动也必须由人去执行。人是具有主观能动性的，在管理控制中所有的人都是一个控制主体，都有意或无意地企图影响和控制别人的经济活动，并且这些人都有采取反控制行为的能力。因此，在这种控制中，控制者和被控制者的地位是相对的，而且是可以相互转化的。这一特点说明，作为一个管理控制者，如果他把其下级单位或个人看成单纯的、被动的、被控制的对象，无视他们自己的控制目的和选择对策的主动性，那么，他所制定的种种控制规则，就有可能被对方的对策反应所打乱，反而使自己处于被动地位，甚至反而会被人所控制。这是管理控制中的一个极其重要的特征。通常所说的"上有政策，下有对策"，就是这一特征的具体表现。

（4）前提条件性。管理控制工作在开展之前，必须具备一定的前提与基础，包括明确、完整的计划，明确的组织结构，有效的信息等。

13.1.3 控制的重要性

控制工作的重要性，概括而言，就是保证组织活动有条不紊地进行，以达到组织目标的实现。一个组织若缺少有效的控制，就会产生混乱，甚至偏离组织的正常活动的轨迹。具体而言，控制的重要性表现在以下几个方面。

（1）组织及组织活动的复杂性。随着一国经济向全球经济转化的趋势，当今的组织变得越来越复杂，出现了跨国公司及复合企业。一个企业可以跨地区、跨国界经营，也可以同时进入不同的市场及互不相关的行业，组织规模日益庞大，组织活动、组织机构变得日益错综复杂，组织的分权在所难免，所有这些都要求持续地、适当地应用控制系统来衡量各方面工作的成效，保证各方面协调，以确保公司整体目标有效地完成。

（2）组织未来环境的不稳定性。任何组织的目标和计划都是基于对未来一定时期的组织内部和外部环境预测的基础上制定的，是组织对未来一定时期内的努力方向和行动步骤的描述。由于环境是不断变化的，且管理人员对环境的预测也不能做到完全准确。因此，为使目标和计划适应环境的变化，组织中的管理人员就必须通过控制活动来及时了解环境变化的程度和原因，分析这种变化对原定计划有何影响，并采取适应性的措施，或对原定计划进行修改和校正，来使组织活动控制在正常的运行轨道中。

（3）管理权力下放的责任性。组织中各项工作由各阶层的管理者共同完成，管理者在授权过程中，责任是绝对的。要使员工真正负起责任来，做到尽职尽责，首先必须让员工知道他们的职责是什么，他们的工作业绩如何进行评价和考核，以及评价的标准是什么。没有控制，也就无所谓责任，这样就很难授权。而通过制定控制标准，不断对下级员工的工作进行评估，就可以给其造成持续不断的压力与动力，从而促使其更好地负起责任，高效地完成上级分配的任务和子目标。

（4）管理者失误的不可避免性。人总是难免犯错，管理者也不例外，管理人员在执行工作过程中，由于个人能力限制、个人动机或个性差异，也会犯各种错误。认识并纠正错误是管理水平提高的重要标志，同时也是组织不断完善、不断发展的必要前提。而控制则是组织发现错误，纠正错误的重要手段。控制本质上就是一个信息的反馈过程，通过不断地检查、评价，发现偏差，认识偏差产生的原因，采取纠正措施来改进工作，推动工作不断前进。

巴林银行倒闭事件：28 岁交易员搞垮巨头

1995 年 2 月 27 日，英国中央银行宣布，英国第四大银行巴林银行因经营失误而倒闭。消息传出，立即在亚洲、欧洲和美洲地区的金融界引起一连串强烈的波动。

尼克·里森于 1992 年在新加坡任期货交易员时，巴林银行原本有一个账号为 "99905" 的 "错误账户"，专门处理交易过程中因疏忽而造成的错误。这原是一个金融体系运作过程中正常的错误账户。1992 年夏天，伦敦总部全面负责清算工作的哥顿·鲍塞给里森打了一个电话，要求里森另设立一个 "错误账户"，记录较小的错误，并自行在新加坡处理，以免麻烦伦敦的工作。这样，账号为 "88888" 的 "错误账户" 便诞生了。

1992 年 7 月 17 日，里森的一名手下犯了一个错误：当客户要求买进 20 口日经指数期货合约时，此交易员误操作为卖出 20 口，这个错误在里森当天晚上进行清算工作时被发现。要想纠正此项错误，需要买回 40 口合约，按当日的收盘价计算，其损失为 2 万英镑，并应报告伦敦总公司。但在种种考虑下，里森决定利用错误账户 "88888"，承接了 40 口日经指数期货的空头合约，以掩盖这个失误。数天之后，由于日经指数上升 200 点，此空头部位的损失便由 2 万英镑增为 6 万英镑（注：里森当时年薪还不到 5 万英镑）。

此后，至少有三个问题困扰着他：一是如何弥补这些错误；二是将错误记入 "88888" 账号后，如何躲过伦敦总部月底的内部审计；三是新加坡国际金融交易所（Singapore International Monetary Exchange Ltd，SIMEX）每天都要他们追加保证金。为了遮掩错误，此后他不停地在规避监管的情况下，继续进行巨额交易。

1994年，里森对损失的金额已经麻木了，"88888"账户的损失，由2 000万英镑、3 000万英镑，到7月份已达5 000万英镑。

令人难以置信的是，巴林银行在1994年年底发现资产负债表上显示5 000万英镑的差额后，仍然没有警惕到其内部控制和管理的松散及疏忽。在发现问题至倒闭的两个月时间里，有很多巴林的高级及资深人员曾对此问题加以关注，更有巴林总部的审计部门正式加以调查。但是这些调查都被里森以极容易的方式蒙骗过去。里森对这段时期的描述为，"对于没有人来制止我的这件事，我觉得不可思议。伦敦的人应该知道我的数字都是假造的，这些人都应该知道我每天向伦敦总部要求的现金是不对的，但他们仍旧支付这些钱。"

13.1.4 控制的目标

在组织的动态发展中，目标既是控制活动的方向和依据，又是控制过程循环发展的终点，目标贯穿于整个管理过程的始终。控制为组织提供了适应环境的变化、限制偏差的积累、处理内部复杂的局面和降低成本的有效途径。控制的这四项功能也就构成了控制的目标。

（1）适应环境的变化。如果管理者能够建立目标并立即实现，那么就不需要控制。事实上，制定目标到实现目标之前，总有一段时间，在这期间组织内部和外部的环境会发生变化。例如，竞争对手可能推出新产品或增加了新的服务，新的技术和新的原材料会出现，行业内出现重大并购事件，政府对宏观经济进行干预，组织重要高层管理人员的调整等。这些变化不仅会阻碍目标的实现，甚至要求对目标本身进行修改。因此，需要构建有效的控制系统帮助管理者预测和确定这些变化，并对由此带来的机会和威胁做出反应。

（2）限制偏差的积累。小的错误和失误并不会立即给组织带来严重的损害，然而时间一长，小的偏差就会被积累、放大，并最终变得非常严重。管理工作中的偏差就像一个锐角的扇形，在靠近圆心的地方，所得到的圆弧线并不长，而离圆心越远，圆弧线越长。我们常说的"蝴蝶效应"也反映了偏差的积累可能造成的危害。"蝴蝶效应"是指一只蝴蝶在巴西扇动翅膀，有可能在美国引起一场龙卷风。由此可见初始条件的十分微小的变化经过不断放大，对其未来状态会造成极大的偏差，也就是我们平常所说的从量变到质变。工作中出现偏差是不能绝对避免的，关键是及时获取偏差信息，采取有效的纠正措施。

（3）处理组织内部的复杂局面。如果一个企业只购买一种原材料，生产一种产品，组织设计简单，并且市场对其产品需求稳定，那么管理者只需要一个非常简单的系统就能保持对企业经营管理活动的控制。但在现实中大多数企业要选用多种原材料，制造多种产品，市场区域很广阔，组织设计复杂，竞争对手林立，它们需要复杂的系统来保证有效的控制。组织的复杂局面使授权成为必然，而有效的控制系统可以给管理者提供有关下属工作绩效的信息，那么管理者对授权的担心就会减轻，并使组织内的复杂局面变得井然有序。

（4）降低成本。低成本优势是企业获得竞争优势的一个主要来源，它要求积极建立起达到有效规模的生产设施，强化成本控制，减少浪费。为了达到这些目标，有必要在管理方面对成本控制予以高度重视，通过有效的控制可以降低成本，增加产出。

此外，还可以通过控制使产量、质量标准化；也可以通过控制给管理人员提供员工工作绩效方面的信息，以利于对员工进行正确评价；良好的控制更可以保护好企业的资产，使之不受损失。

13.1.5 控制的内容

控制的内容主要包括以下五个方面。

（1）人员控制。控制工作从根本上说是对人的控制，因为企业的任何活动都离不开人的努力，企业要实现经营目标，必须依赖于员工认真完成各种计划安排的任务。要想员工的行为趋向于目标与计划进度，就需要对员工进行控制。

（2）财务控制。企业的所有经营活动同时伴随着资金运动，包括资金的筹集、使用、分配等，同时资金的使用本来就带有一定的成本性、收益性，企业的最终经营效果大部分也是用资金来衡量的。因此，需要对财务活动进行控制。

（3）作业控制。企业是否在市场上相对于竞争对手具有竞争力，取决于它生产产品或者提供服务的能力、效果，无论是产品质量、功能还是生产规模，能否体现效率的提升，都需要对生产过程、工艺过程等进行控制。

（4）信息控制。企业的生产经营活动伴随着大量的信息流动，管理人员决策的依据也来自于信息，其他管理职能（如计划、沟通、激励、领导等）无一不是信息流动与反馈的过程。可以说管理的过程事实上就是信息的收集、加工、整理、运用的过程。甚至，信息可以决定一个企业的命运。因此，必须对信息进行控制。

（5）绩效控制。企业的管理人员更加关心企业绩效，从而看企业是否达到目标。同时企业外部的人员也关注企业的绩效，如证券分析师、投资者、贷款人、供应商等。企业绩效是公司总的经营成果的体现，好的企业绩效对内可以增强凝聚力，对外可以塑造公司形象，是企业进行经营活动、开展各项业务的基础。因此，需要对企业绩效进行控制。

东亚航空公司总经理的助手

东亚航空公司总经理鉴于开支失去控制，请来一位年轻有为的会计师做他的助手。此人在一个大的公用事业公司负责内部审计部门的工作。总经理告诉他有关公司开支增加问题的严重性，要求他帮助解决。

新助手召集一批高级工业工程师、财务分析人员及一位刚从一个全国有名的工商管理学院毕业的优秀生，开会讨论。在摆出公司的问题之后，指定他们研究公司的经营、维修、工程和销售部门的开支问题。经过多次调查研究之后，总经理的助手发现，各部门效率低下的根源是由于部门太多，就在经营管理方面进行了许多改革。此外，他向总经理打了许多报告，逐项概述他的下属所发现的效率低的情况和长期的改正措施。这些报告还指出，如果各项工作能够得到充分的支持，他的行动将为公司节省数百万美元。

在执行这些节省开支的计划期中，负责经营、维修、工程和销售部门的副总经理都向总经理表示，他们反对这样做，坚持要解雇这位助手。

13.2 控制的类型

根据不同的方法，控制可以分为不同的类型。按控制发生的时间分类，控制可以分为前馈控制、实时控制和反馈控制；按控制所采取的手段划分，可以分为直接控制与间接控制；按照控制的力量来源划分，可分为正式组织控制、非正式组织控制和自我控制；按控制的层次划分，组织首先进行简单的控制，然后再转为较复杂的控制，控制可以分为简单控制、自动化控制、操作员控制、监督控制、信息控制。

13.2.1 按控制发生的时间划分

按控制发生的时间分类,控制可以分为前馈控制、实时控制和反馈控制。

组织内的所有活动都可以被认为是将各种资源由输入到转换再到输出的过程。将控制集中到上述各个阶段,便形成了三种基本的控制类型:前馈控制、实时控制和反馈控制,如图13.1所示。

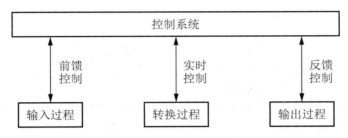

图13.1 不同阶段的控制类型

1. 前馈控制

在工作开始之前就进行控制,被称为前馈控制。前馈控制集中注意力进入组织的各种资源或工作的输入,使它们在进入转换过程之前就得到数量和质量的有效控制。前馈控制以未来的目标为导向,在工作开始前对工作可能产生的偏差进行预测和估计,采取预防措施,以便在实际偏差产生之前,管理者就能运用各种手段对可能出现的偏差进行纠正。

前馈控制有许多优点。首先,它克服了时滞现象,前馈控制的工作重点是对输入过程进行控制,在偏差发生之前就采取了纠正措施,消除了不利影响,保证了系统平稳运行。其次,前馈控制在工作开始前就针对计划所依赖的条件进行控制,而不是针对具体的人员,因此,在控制实施过程中不易造成管理者与被管理者的对立情绪,使控制措施能顺利实施。最后,前馈控制采取了预防措施,将偏差消除于萌芽状态,有效地限制了偏差的积累。

但是,前馈控制在实施过程中却有很大困难。首先,前馈控制的关键是对系统产生偏差的原因进行准确的预测,因而,收集的信息是否及时和准确,成为前馈控制的成败所在。其次,系统环境是动态的,随时会有新问题出现,原先制定的前馈控制措施有可能失效,管理者必须了解这些情况,调整预定方案。最后,控制者必须充分了解前馈控制因素与计划工作的影响关系,熟悉工作过程,做好预测工作,这就对管理者的个人素质与业务能力提出了较高的要求。

2. 实时控制

实时控制又称同步控制、现场控制,即当组织活动开始以后,对活动中的人或事进行指导和监督而实施的控制。它发生于系统的实际转换过程中,作用于正在进行的计划执行过程中,其取得实效程度的大小取决于实时信息的获得。在许多经营管理活动中,通过利用各种先进的信息技术手段就有可能取得实时信息,从而进行实时控制。

实时控制的优点在于它可以充分利用管理者的丰富经验来指导系统运行,从而提高工作效率和工人的业务水平;它能及时发现实际工作与计划的偏差,并采取相应的针对性的措施，控制损失进一步扩大；通过实时控制，还有利于提高员工的自我控制能力，形成良性循环，促进组织素质的提高。

实时控制也有弊端。首先，运用这种控制方法容易受管理者的时间、精力、业务水平的制约，管理者不能时刻对事事进行实时控制。其次，实时控制的应用范围较窄，对生产工作容易进行实时控制，而对那些问题难以辨别、成果难以衡量的工作（如科研、管理工作）很难进行实时控制。最后，实时控制容易在管理者和被管理者之间造成对立，容易损害被管理者的工作积极性与主动性。

3. 反馈控制

反馈控制又叫事后控制，指系统的输出通过一定的通道返送到输入端，从而对系统的输入和再输出发生影响的过程。反馈控制根据系统活动的结果来调整系统未来的活动，使系统稳定地保持或达到某种特定的状态。

反馈控制的优点在于为管理者提供执行计划的结果的真实信息，管理者通过对真实信息和计划之间的差异进行分析，总结规律，为计划的进一步实施创造条件，提高工作效率。如果差异很大，管理者能及时采取纠正措施，或者制订新的计划。反馈控制的各种报表和数据齐全，可靠性高，为总结评审提供依据，为制定正确的纠正措施提供条件。

反馈控制的缺点是在管理者发现偏差，采取纠正措施前，偏差已经客观存在，并且已经影响到了系统的运行，对目标的完成已经造成实质性的影响，反馈控制只能起到亡羊补牢的作用。另外，反馈控制还存在时滞问题，从信息反馈到发现偏差再到采取纠正措施，这需要一个过程，而可能在采取措施时，新的情况又会出现，该措施有可能起不到对症下药的作用。

13.2.2 按控制所采取的手段划分

按控制所采取的手段可以分为直接控制与间接控制。

1. 直接控制

计划的结果往往受到计划执行者的影响，要消除可能出现的偏差，必须通过各种方法改善管理者的行为。直接控制就是用来改善员工行为的一种控制方法，它的核心是培养更好的管理人员，使他们熟练应用管理概念、技能、原理和方法，能以系统的观点来改进和完善他们的管理工作，从而防止因管理不善而造成不良后果的出现。此时控制的主体就是直接责任者。

1）直接控制的优点

（1）由于直接控制注重对管理人员的遴选、培训和考核，使分派任务时有较大的准确性，并使管理者有较高的素质，较少犯错误，具有较强的管理能力，从而提高控制的效率。

（2）充分发挥管理者的主观能动性，使管理者主动确定他们应具有的职责，提高自我管理能力。

（3）直接控制可以获得较好的心理效果，高素质的管理者，其威信自然也高，下级会更好地听从指挥和领导，有利于目标的实现。

（4）能适应快速变化的环境。

2）直接控制的缺点

直接控制也有缺点：首先，直接控制主要依靠管理者的丰富经验和个人威信来进行管理,如果管理人员自身素质有限,往往会阻碍直接控制的进行;其次,直接控制的控制面较窄,要花费大量的人力成本。

2. 间接控制

间接控制是通过建立控制系统对被控制对象进行控制,这种控制方法往往是预先制订计划和标准,通过对比和考核实际结果,追查造成偏差的原因和责任,并进行纠正。这时控制的主体是直接责任者的监督人。间接控制是基于人们会犯错误这一事实,重点在于对管理者的管理活动的结果进行监督和调整,对于因管理人员缺乏知识、经验和判断能力造成的工作偏差,可以通过间接控制来进行纠正;同时还可以帮助管理人员总结经验和教训,提高管理水平。因此,间接控制对比较规范化和程序化的工作较为有效。

间接控制的缺点如下。

(1) 对环境的变化反应较慢,所制定的标准实施时难度各异,执行困难。

(2) 在纠正偏差和改正错误前已经发生了损失,浪费已经造成。

(3) 只考核业绩,忽视了其他因素,如外部环境的趋好,可能会提升业绩,掩盖内部控制的偏差。

(4) 可能导致管理者反对控制的消极态度,如相互推卸责任,不愿纠正错误等。

因此,间接控制并不能独立发挥良好作用,只有与直接控制结合使用时,才能取得较好的控制效果。

新控制方法的使用

正明公司是从一家小施工队发展起来的建筑公司。其董事长是位苦干实干、讲信用、重义气的人,他对下属特别照顾。因业务需要,公司任命学习企业管理的毕业生王小聪担任计划工作。小王觉得公司传统的计划方法不完善,不利于项目的管理控制,决定使用自己在大学学到的计划评审技术(PERT法)对工程项目进行控制。

受董事长影响,小王工作也很勤奋,经常加班到深夜。董事长对小王很欣赏,但见他在纸上画了许多小圆圈,又用箭头连起来,加上一些英文与数字,不知道小王在干什么。一个晚上,董事长终于忍不住问小王:"你到底在干什么?"小王一听很不痛快,心里在想:"我这不正在根据计划与实际工作进度调整资源的分派吗?"但他什么也没有说,只是继续干活。

第二天,董事长想知道最近计划工作完成的情况,便拿来"计划表"查看,发现已经很久没有增加新内容,但他看见小王桌上有一堆画了圆圈与箭头的纸张,标题上写着PERT-NO.1,一时怒气冲天,将小王从工地召回。

因为这事,小王与董事长闹得很不愉快,小王的新方法也只好暂时搁置一旁,仍然采用原来的老方法。小王为此很苦恼。

13.2.3 按控制的力量来源划分

按照控制的力量来源,可分为正式组织控制、非正式组织控制和自我控制。

1. 正式组织控制

正式组织控制是为实现一定的共同目标而明确规定各成员之间职责范围的一种结构,它是通过管理人员设计和建立一些结构和规定来进行控制的。例如,通过规划来指导组织成员的活动,通过预算来控制资源的分配,通过审计来检查任务是否按规定进行,对违反规定者进行处理并提出改正措施，通过作业指导书来指导操作人员的动作，通过质量控制标准来控制生产系统的运行过程等，这些都是正式组织控制。

正式组织控制具有较强的强制性，其内容通常涉及组织活动的各个方面：①质量标准化，包括产品质量、服务质量；②工作标准化，组织制定统一的管理标准和规范的工作流程及正式的操作规程等；③保护组织的财产不受侵犯，如设计账簿，记录报表、审计作业程序等预防财产的非正常损失；④防止滥用权力，通过设计组织结构来相互制约；⑤对员工进行指导与考评，促使其行为规范符合组织目标。

2. 非正式组织控制

非正式组织控制是基于非正式组织成员之间不成文的价值观念和行为准则来加以维持，也被称为群体控制。非正式组织是相对于正式组织而言的，它不是由正式组织建立或需要的，而是由人们相互联系而自发形成的个人和社会关系网络，成员之间以共同的感情、爱好、价值观为纽带。非正式组织没有明文规定的行为规范，但是成员都清楚这些规范的内容，并且只有遵守这些规范才能得到其他成员的认可，否则，将会遭到排斥。非正式组织控制的力量不可轻视，它常常左右一定范围人群的行为，形成一股强大的势力，如果指导得当，它将使工作取得事半功倍的效果，否则将会带来危害。

3. 自我控制

自我控制指一个人有意识地按某一行为规范进行活动。例如，公司财务人员能够严守财务纪律，确保账目分明，这不仅仅是因为受到国家法律和单位制度的约束，还取决于他对自己的控制；技术开发人员在正常上班时间以外，虽然公司并没有特别要求，仍然潜心钻研，待在实验室做实验，期待尽早拿出成果等，这些都属于自我控制。

自我控制能力取决于控制者个人的素质。一般来说，具有良好修养的人，自我控制能力较强；具有集体利益高于个人利益价值观的人，自我控制能力较强；具有较高层次需求的人相比较低需求层次的人，也具有较强的自我控制能力。但自我控制力会随着环境、经验、阅历、思想及其他条件的变化而变化。因此，自我控制并不能单独发挥作用，仍然需要与其他控制手段结合起来使用，才能取得较好的控制效果。

正式组织控制、非正式组织控制和自我控制有时是一致的，有时又相互抵触，这主要取决于组织文化。管理者应充分认识这三种控制的长处与不足，综合运用，使它们和谐协调地发挥控制作用，促进组织计划的实施。

13.2.4 按控制的层次划分

根据约瑟夫·朱兰的观点，组织首先进行简单的控制，然后再转为较复杂的控制。

（1）简单控制。这类控制涉及的是重复性的活动，几乎不需要思考。组织中的一般业务流程中已经包含了许多这类活动的控制，如会议流程。

（2）自动化控制。这类控制不需要太多的人工干预就能产生反馈回路，如工厂的反应器温度、交叉路口的信号灯控制等。这些系统需要监控，但可以利用机器或者计算机来实现。

（3）操作员控制。这类控制需要人做出反应，如检查存货数量、销售记录等。这类控制的关键点在于让控制人员理解这种控制。

（4）监督控制。这类控制由监督者控制着人或者实施控制的人，如总经理审阅各部门的工作计划。组织必须确保这类控制的效果，并使之能被成员接受。

（5）信息控制。这是最终的反馈回路，管理者必须汇总由其他控制提供的所有信息，如工作总结报告。

控制的层次如图 13.2 所示。

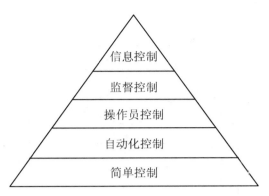

图 13.2 控制的层次

案例 13-5

Brueger's 的面包圈

Bruegger's 面包圈店制造与出售各种面包圈，无馅的、加洋葱的、加栗子的和加提子的。它有 450 家连锁店，每家店的年均收入达 80 万美元。

面包圈的生产方式是根据风味进行批量生产，每种风味只制作一天的需要量。Bruegger's 的面包圈的生产始于同一个加工车间，在那里，面粉、水、酵母、调味品等基本成分都在一台特制的搅拌设备中充分搅拌。等面完全和好后，再送往另一台机器成型，出来就是一个个单个的面包圈。面包圈成型后被送往冷藏车运往各连锁店，一抵达就马上卸下并储备。最后的两个加工步骤是将面包圈放在一壶煮沸的有麦芽的水中煮一分钟，以及在火炉中焙烤 15 分钟。

对于成功企业来说，产品质量是一个非常重要的方面。顾客主要依据其外貌（大小、形状、光泽等）、味道和软硬度判断面包圈的质量。此外，顾客对购买过程中体会到的服务也很敏感。Bruegger's 对运作过程中各阶段的产品质量投入了大量的精力，从选购原料、监控搅拌过程、使设备处于良好的运作状态，一直到监控加工过程各步骤的输出。

各商店员工被告知，要密切注意已经变形的面包圈，一旦发现，就立刻将它们剔除出去。各商店的雇员都是经过精挑细选和严格培训才上岗的。

为了保持产品的绝对新鲜，需要持续不断地向商店供应新鲜产品，因此 Bruegger's 车间内的半成品与原材料库存量也很低。

13.3 控制的过程

有效的控制除了要以正确的目标计划为前提外，还必须遵循管理控制的有关步骤。一般说来，管理控制的基本过程可以分为三个基本步骤：确定标准、衡量绩效和纠正偏差。管理控制的三个基本步骤构成一个有机联系的、完整的、统一的控制循环。在控制循环过程中，随着控制的进行，偏差不断缩小，保证管理工作按既定的目标方向发展。控制循环的过程如图 13.3 所示。

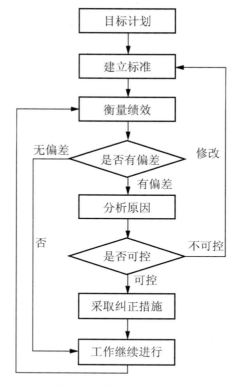

图 13.3　控制循环的过程

13.3.1　确定标准

1. 控制标准的要求

标准是一种测量尺度，是一种模式与规范，标准具有权威性。因此可以这样描述标准：标准就是一种作为模式和规范而建立起来的测量单位。控制标准是控制目标的表现形式，是测定实际工作绩效的基础。没有一个完整的标准体系，衡量绩效与纠正偏差就会没有客观依据。在管理控制中，标准一般应能满足以下几个属性。

1）可行性

可行性即对标准的测量范围、使用单位、允许偏差等要有详细说明，标准不能过高，也不能过低，要使员工经过努力能够达到标准的要求。所以在建立标准时，在客观上要考虑资源的分配，在主观上要考虑员工的能力。标准过高可能会损伤员工积极性，过低又无法保证目标的实现，员工的潜力也发挥不出来。因此，控制标准必须在现实与理想之间达到平衡，力求可行。

2）适用性

控制标准要能对每一项工作都有明确的评价内容与要求，以利于组织目标的实现。例如，在加工装配工厂中，规定每个工序的生产提前期和加工批量及在制品数量，保证生产的连续均衡进行。

3）相对稳定性

所建立的标准在一定时间内要保持不变，又要具有一定的弹性，能对环境的变化有一定的适应性。特殊情况可以例外处理。

4) 可操作性

在使用标准对实际工作进行评价、比较与考核时,要使标准能反映部门或个人的工作绩效,当出现偏差时,能有相应的单位或部门承担责任。同时,控制标准要能全面系统地反映部门的工作绩效,不能顾此失彼。

5) 一致性

建立的标准应尽可能体现协调一致、公平合理的原则。在实际工作中,会按部门、专业建立许多横向、纵向的控制标准,各项控制标准应彼此协调,不可相互冲突。同时,控制标准应在所规定的范围内保持公平性,如果某项标准适用于每个组织成员,就必须一视同仁。

6) 前瞻性

前瞻性即建立的标准既要符合现实的需要,又要与未来的发展相结合。控制标准实际上是对组织成员的一种规范,它反映组织的期望,也为员工提供了努力的方向。因此,在制定标准时,要把组织当前的需要与未来的目标进行有效的结合,即控制标准要有预见性。

2. 控制对象的选择

1) 选择控制对象——影响成果实现的因素

进行控制首先要解决的问题是"控制什么",这是在决定控制标准前需要思考的问题。组织活动的成果应该作为优先控制的重点对象,这样,组织、部门、个人的目标会作为成果进行控制。然而,对成果的控制是一种反馈控制,理想的情况是对全部影响实现成果的因素都进行控制,但这是不经济的,也是不现实的。因此,在现实工作中,一般选择那些对目标成果有重大影响的因素进行控制。影响成果实现的因素主要有环境的变化、资源的投入、活动的过程等。对于这些因素,哪些是重点,需要根据实际情况来确定。

2) 找出关键控制点

在所有控制对象确定下来后,还必须坚持有所为与有所不为相结合,即要抓住主要矛盾,确定关键控制点。对于关键控制点的选择,一般应该考虑以下三个因素。

首先,是那些对整个工作运行过程有重大影响的操作与事项,它们当然是管理者应该予以重点关注的领域。

其次,能在重大损失出现之前显示差异的事项。这意味着,并不是所有的重要问题都必须作为关键控制点。一般管理者应该选择那些容易被检测出偏差的环节进行控制,这样可以及时发现问题,采取纠正措施。

最后,若干能反映组织主要业绩水平的时间与空间分布均衡的关键控制点的组合,要能使管理者及时掌握组织任何一个时点的运行状态。

对于管理者来说,正确选择和控制好关键控制点,会使管理工作效率显著提高。值得注意的是,设置关键控制点要避免过多、过少或过滥,要充分考虑设置的合理性、可行性、均衡性、及时性和经济性。否则,不但起不到有效控制的效果,还会出现"为控制而控制"的本末倒置现象。

案例 13-6

通用电气的关键绩效领域选择

通用电气公司在分析影响和反映企业经营绩效的众多因素的基础上，选择了以下八个方面作为关键绩效领域，并制定了相应的控制标准。

（1）获利能力。通过提供商品或服务获取利润的多少是企业经营成败的标志，通常用利润与销售额或资金占用量的相对比值来衡量。

（2）市场地位。市场地位是指对企业产品在市场上占有份额的要求，它反映了企业的竞争能力。如果市场占有份额下降，则意味着产品的价格、质量、服务等方面出现偏差。

（3）生产率。用来衡量企业中各种资源的利用效果，通常用单位生产资源能够提供的产品数量或产值来表示。

（4）产品领导地位。通常指产品的技术领先水平与功能完善程度。为了维持企业产品的领导地位，必须定期评估企业产品在质量、成本方面的状况及在市场上的受欢迎程度。

（5）人员发展。企业的长期发展依赖于员工素质的提升，因此必须定期测定企业当前及未来的经营活动对人员素质的要求，并与他们的实际能力进行比较，以采取必要的教育与培训措施。

（6）员工工作态度。员工态度对企业目前与未来的经营有重要影响。如果发现企业员工态度不符合预期，并且任其恶化，那是非常危险的。测定员工工作态度的方法有分析离职率、缺勤率、建议数、忠诚度等。

（7）社会责任。企业履行社会责任直接影响到企业的社会形象，关系到公众是否认同企业。企业应该通过对公众态度的调查，了解社会形象与预期的差异，改善对外政策。

（8）短期利益与长期利益的平衡。企业的生存与发展相互依存，企业应该经常分析各时期的经营成果，讨论当前的高利润是否影响到未来的收益，确保当前的利益不是以牺牲未来的收益与经营的稳定性换取的。

3．控制标准的制定

1）控制标准的种类

控制标准的制定最简单的情况是，把计划中的可考核目标直接作为控制标准。但是计划中所列目标往往是成果目标，对于过程往往忽略。在实际工作中，往往需要用一些科学的方法将某一目标分解为具体可以操作的控制标准。控制标准可以分为定量标准和定性标准两大类。

（1）定量标准：就是可以用数字量化的标准。定量标准便于比较与度量，是控制标准的主要形式。定量标准有绝对标准和相对标准两大类，绝对标准如产品产量、成本、销售收入、交货期、工时定额等；相对标准如销售增长率、产品合格品率、工艺指标合格率等。定量标准按照表现形式又可以分为实物标准（吨、件、套）、价值标准（成本、利润、收入）和时间标准（生产提前期、生产周期）。

（2）定性标准：就是一些难以量化的标准，如服务质量、顾客满意度等。尽管这些标准具有非定量的性质，有时还是可以将它们进行定量化处理的。例如，对于顾客满意度这一控制标准，可以设置及时服务率、顾客投诉率、顾客回头率等指标。商业银行为了提高服务水平，在银行柜台上设置有顾客意见反馈电子系统，每一名顾客在接受服务完成后，可以对本次服务进行评价：非常满意、很满意、满意、不满意等，客户只需要选择按钮即可，数以万次的评价数据被电脑自动保存、处理、分析。这是定性标准定量化的实例。

2）制定标准的方法

控制对象不同时，为它们建立标志着正常水平的标准的方法也存在差异，主要方法有统计方法、工程方法等。

（1）统计方法。统计方法确定标准的前提是历史会重演、过去的经验可以推论未来的趋势，它是以分析企业经营活动在历史上各个时期状况的数据为基础来为未来活动建立标准。这些历史数据可以是本企业，也可以参考其他企业，数据可能是平均数、中位数、高位数等。但是据此制定控制标准有可能低于同行业的卓越水平，甚至平均水平，造成竞争能力不够。因此，用统计方法制定控制标准时，在充分考虑行业平均水平的基础上，研究竞争对手的经验是非常必要的。

（2）工程方法。工程方法是通过对工作情况进行客观的定量分析来进行的。例如，劳动时间定额是利用秒表测定受过训练的普通工人以正常速度按照标准操作方法对产品或零部件某个工序进行加工所需要的平均必要时间。机器的产出标准是其设计者计算出的正常情况下的最大产出量。

13.3.2 衡量绩效

衡量绩效是控制的第二个步骤。衡量绩效就是搜集信息，测定工作实绩，将它们与控制标准进行比较，对工作实绩进行评估，以便为下一步的工作奠定基础。

1．测量绩效的方法

测量绩效的方法主要有以下几种。

1）个人观察

个人观察是一种最简单和最常用的测定方法。它通过实地观察来了解和掌握作业方法、工作进度、工作质量和员工积极性等。个人观察能掌握第一手资料，尤其是获得面部表情、沟通的语调、懈怠情绪这些被其他信息来源所忽略的信息，所以是其他方法无法替代的。例如，一个生产主管在生产现场例行检查，并不需要太多的询问，只需观察主要的控制参数和员工的状态，即能判断生产系统是否控制正常。参数在可控范围之内波动，员工表情轻松，则系统基本正常；员工忙得满头大汗，控制室气氛紧张，参数大幅波动，则表示系统已经出现偏差。个人观察法的不足之处在于只能获得感性的认识，缺乏具体的数据分析，并且受制于主管个人业务素质与知识范围的影响。

2）口头报告

口头报告主要通过下级对上级的汇报，使上级能及时掌握实际情况，了解工作成果、现状及存在的问题与困难等。这种方法比较灵活，听取报告的人可以随时提出自己需要了解的问题，双方可以进行互动交流，互相传递相关信息，包括语言信息和非语言信息。因此，它比个人观察能够获得更广泛和深入的信息。不过，口头汇报时，报告者通常会对信息进行过滤，报告内容也不能进行存档和重复使用，有可能会加剧上下级的信息不对称，不利于协调工作。

3）书面报告

控制所需要的信息大多数是书面报告提供的。书面报告的形式有很多，主要有统计报告和专题分析报告。统计报告由各种指标和必要的图形、文字、表格构成，如每月的财务报表、工作进度甘特图、原材料库存报告等。专题分析报告则是根据有关资料和信息对某一问题进行深入的专门分析，如组织每周一次的经营分析，每月的生产计划完成情况总结，区域市场的销售量调整情况分析等。

随着计算机的广泛使用，越来越多的主管依靠统计报告来获得衡量实际工作的信息，这种报告图文并茂，并能对数据进行各种排序、分析，能方便地比较各种数据之间的关系。但是统计报告只能提供有具体基础数据的指标，不能方便获得基础数据的指标则被忽略。专题报告与统计报告相比，速度要慢一些，但是与口头报告相比，要显得正式一些，也比口头报告更全面。但不论是哪一种类型的报告，其内容都应包括计划与实际两方面的资料，并且详细程度应该与标准一样。书面报告不仅可以供现在使用，还可以为以后的研究提供基础资料。

2. 确定衡量的内容

衡量什么是比如何衡量更关键的一个问题。如果错误地选择了衡量的内容，将会导致严重的不良后果。衡量什么还将会在很大程度上决定企业中的员工追求什么。衡量什么，简单来说就是与计划实施相关的进度、费用、质量等，往往能反映出计划实施的状况。

有一些衡量绩效的内容是在任何管理环境中都通用的。例如，营业额或出勤率可以考核员工的基本情况；费用预算可以将管理者的办公支出控制在一定的范围之内。但是必须承认内容广泛的控制系统中管理者之间的多样性，所以控制的内容也各有不同。例如，一个制造业工厂的经理可以用每日的产量、单位产品所消耗的工时及资源、顾客退货率等进行衡量；一个政府管理部门的负责人可以用每天起草的文件数、每天发布的命令数、电话处理一件事务的平均时间等来衡量；销售经理常常可用市场占有率、每笔合同的销售额、属下的每位销售员拜访的顾客数等来进行衡量。但是，在实际工作中，有些绩效是难以衡量的，如管理人员的工作成效评价、单件产品定制的定额问题等。

 案例 13-7

利奇公司的控制系统

利奇公司是一家总公司设在美国波士顿的全国性超级连锁店，在美国共有 15 家分店。该店的集中控制是由总公司高级管理人员把全国划分为不同地区，每一个地区任命一位主任，同时又进一步分为几个小区，每一个小区设经理和副经理，副经理负责协助经理每月走访各个商店，由地区主任评估该地区所有商店的经营管理状况，包括财务、清洁卫生、为顾客服务、营业记录、货品陈列、执行公司政策和程序的情况等，发现问题立即提醒商店经理注意改进。店内的每一个部门，如日用品、食品部门等，都由其部门负责人直接对商店经理负责，其他员工从事体力劳动，如装货卸货、摆设商品、清洁商品等。

总公司以每一个地区可能的销售额为基础，为每个商店确定一个利润定额，不但给地区主任下达利润指标，而且通过地区主任传递给商店的经理，以保证利润目标的达成。虽然没有写好的书面政策，但当定额未能完成时，商店经理和地区主任常会被辞退。

麦克是一家商店的经理，他相信民主的管理方式是最好的控制方式，通过民主建立团队，管理者也成为团队的一分子。他每天负责开门和关门，并且帮助员工做体力工作。麦克公平地对待下属，同时他也获得了回报：员工尊重他，可以经常加班加点，又不要奖金。虽然他们知道麦克所承受的营业定额的压力，但自从麦克也成为团队成员以后，他们从未直接感受到这种压力，结果，这家商店在这个地区中是销售情况最好、利润最高的。然而，一些所谓"重要的"顾客开始向地区主任抱怨，麦克从来不坐在办公室里，并且认为他比较喜欢体力劳动而不喜欢管理工作。结果，麦克和地区副经理一起被辞退，理由是不执行总公司的规定。

接替麦克的约翰上任后的第一件事是把开门和关门的事交给商店的副经理去做，并且把来自总公司的利润定额分解到每位员工,他自己则主要负责监督和指导。于是,员工之间开始相互竞争,谁也不希望丢掉饭碗。当约翰在场时,他们拼命表现,唯恐经理没有看到自己在工作。约翰不在时,有些员工开始偷懒。他们认为经理不通情达理。有时副经理还会下达一些与经理不一致的指令,这就使员工更加紧张。员工开始抱怨,但没有人理睬。而地区主任说这是临时性问题,因为他刚上任,员工对他的管理方式需要适应。

3. 检验标准

衡量绩效是以预定的标准为依据来进行的,在出现偏差的时候,我们要考虑的是偏差是怎么出现的:是在执行过程中出现的问题,还是标准本身存在问题?如果是前者,当然是采取纠正措施;如果是后者,则需要修正和更新预定标准。因此,利用标准去检查各部门工作的过程同时也是对标准的客观性和有效性进行检验的过程。

4. 绩效评价

对绩效进行评价,并将评价结果及时传递给有关方面,既有利于及时采取各种措施,进行有效控制,又有利于提高工作人员士气,争取获得更大的成绩。一般情况下,对绩效的评价应该定期进行。例如,每天对生产情况进行一次总结,每周对市场价格趋势进行分析,每月进行一次成本核算等。绩效评价的周期或频率应该根据工作性质、工作复杂度、工作重要性、工作人员的技术水平、工作经验等因素来决定。评价结果出来后,应该及时传递给受检部门或当事人,以便他们及时采取措施。如果上级部门有要求,或者需要上级帮助解决的问题,还需要将评价结果报告上级部门或主管人员。

13.3.3 纠正偏差

纠正偏差是控制过程的第三个步骤,也是控制过程中最重要、最有意义的活动。这一步骤包括三项工作:分析偏差的性质,分析产生偏差的原因,拟定纠正偏差的措施。

1. 分析偏差的性质

在偏差出现后,我们要对偏差的性质进行分析。首先是进行定性的分析,即偏差是大还是小,是否在可以接受的范围内,是否对目标的完成有重大影响,是否对其他工作有影响,是否对今后的工作有影响。如果偏差不大、无关大局,或纠正偏差的成本太大,这时最佳的选择是什么也不做。其次是进行定量分析。如果偏差较大,且对其他工作或目标的完成有较大的影响,则需要对影响的范围、规模、损失的大小、采取纠正措施的成本等进行准确分析,以利于对采取何种纠正措施进行决策。

2. 分析产生偏差的原因

偏差纠正措施的确定以正确分析导致偏差出现的原因为依据。现实工作中,同一偏差可能会由各种不同的原因所造成。这就要求管理人员认真了解偏差的相关信息,对影响因素进行深入分析,找出主要的原因,以便针对性地采取措施。偏差的出现有可能是计划本身的问题:一种情况是标准定得过高,出现负偏差;另一种情况是标准定得太低,出现正偏差。需要注意的是,无论出现正偏差还是负偏差,都必须将计划本身的问题与计划执行中的问题区分清楚。属于计划本身的原因造成的偏差,则需要通过调整计划和修改标准加以纠正。

如果出现偏差是计划执行过程中的问题,根据造成偏差的原因又可以分为两大类:一类是当事人主观原因造成的,另一类是客观原因造成的。如果是主观原因造成的,可以通过落实经济责任制，由当事人承担经济责任或其他责任等，来促使其分析具体原因和采取纠正措施进行校正。同时，管理人员也应该帮助其分析原因，总结经验，提出纠正措施。客观原因包括内部客观条件和外部客观环境发生了较大变化，这些原因对于当事人来说一般都是不可控因素，因此是无法追究责任的。对于客观原因造成的偏差只能进行实事求是的分析，以采取必要的纠正措施。

3. 拟定纠正偏差的措施

针对偏差产生的原因，管理者在控制中可采取的处理措施有以下三种。

（1）对于因工作失误所造成的偏差，控制的办法主要是进行"纠偏"，即通过加强管理与监督，确保工作与目标接近或吻合。

（2）若计划目标不切实际，控制工作主要是按实际情况修改计划目标。

（3）若组织运行环境发生了重大变化，致使计划失去客观依据，那么应该启动备用计划或重新制订计划。

以上第二、第三种措施都是对计划的调整，所以被称为"调适"。因此，管理控制中的纠正偏差的措施主要包括"纠偏"与"调适"两大类别。

13.4 有效控制系统

组织运行从计划到实施，从控制的角度来看，就是一个控制系统，整个过程由施控者、受控者、作用过程、反馈过程构成。要使控制工作卓有成效，必须分析控制系统的有效性。所有的管理人员都希望有一个适宜的、有效的控制系统协助他们的工作，使一切活动按计划进行。虽然控制的基本原理和过程具有普遍性，但实际的控制系统仍然需要特殊的设计和制定。

13.4.1 有效控制的特点

有效控制系统具有一些共同的特点，主要表现为以下几个方面。

1. 整体设计

组织的控制系统应该是一个整体，而非针对局部问题设计一个控制方案，这样才不至于产生头痛医头、脚痛医脚的效果与感觉。因此，组织的控制系统应该从战略的高度出发，首先由高层管理者提出控制目标，采取自上而下与自下而上相结合、以自上而下为主的方式进行设计。

2. 标准合理

控制的标准必须是合理的且能达到的，太高或太低的标准都起不到激发士气的作用，反而会引起员工的精神涣散。因此，控制标准应该既具有挑战性，又能发展员工的潜能，不能让人感到泄气或鼓励欺诈。并且，要尽可能建立多重标准，防止因标准单一化给组织带来绩效衡量的不准确性，以及获得失真的评价信息等。

3. 控制准确

控制准确包括两个方面：一方面，控制的内容要准确，即控制哪些作业、程序、环节要准确；另一方面，控制系统产生的信息要准确。如果控制不准确，将会导致管理层在应该采取行动的时候而没有采取行动，或者在不需要采取行动时却错误地进行了调整。

4. 重点突出

管理层不可能控制一个组织中的每一件事情，而应该控制那些对组织行为有重大影响的因素，控制应该包括组织中关键性的活动、作业、事件，控制的重点应该放在容易出现偏差的地方，或者是出现偏差后会发生较大危害的地方。例如，企业中的产品质量控制、投资项目控制、费用开支控制等。

5. 及时控制

及时控制主要是指信息的收集与传递要及时，以及纠正措施的制定与执行要及时。如果信息的传送与采集不注意时效性，信息的处理就会变得毫无意义，偏差也就不能及时得到矫正，管理者还有可能因为延误的信息做出错误的处理措施，给控制工作带来消极的结果。如果纠正措施的拟定不及时，同样会贻误战机。

6. 经济高效

为了进行控制而支出的费用与由控制而得到的收益都直接与控制程度有关，所以控制要坚持经济的原则，要做到有所为有所不为。从经济角度考虑，控制系统并不是越复杂越好，控制力度也不是越大越好。理想的情况是，在满足控制目标的前提下，尽量节省为控制而增加的投入，这个尺度的把握一般取决于管理人员的专业素养、管理技能和工作经验及组织对管理人员绩效考评的价值取向。

7. 成员接受

对于一个有效控制系统，员工应该理解它，并愿意在控制系统内工作，这样才能对组织生产率产生积极作用。如果员工对控制系统产生抵触情绪，或不理解控制系统对提高生产率的意义，他们就会采取一些措施和手段来抵制控制系统。

8. 弹性控制

弹性控制是指控制系统能适应主客观环境的变化，持续地发挥作用。如果事先制订的计划因为不可预见的原因而无法继续进行，而事先规定的控制系统仍在运转，那么组织将在错误的道路上越走越远，与目标背道而驰。因此，控制工作本身也是变化的，控制的标准、方法、原则可能会随着环境的变化而变化。例如，一些过去的非关键控制点有可能会变为关键控制点；对于总经理而言，过去的工作重心可能是生产过程控制，强调产量与质量，现在则转变为以顾客需求为导向，控制的重心变为满足市场需要。

9. 明确责任

标准的确立，仅仅为控制提供了衡量的尺度，只有贯彻落实才会起到控制作用。因此必须建立控制责任制，使组织中的每个成员明白自己在控制中的职责与要达到的标准，在工作中自觉地履行职责。

10. 组织保证

控制要有组织，一方面要建立专门的施控机构，配备专门的施控人员，授予其相应的权力，明确其责任，解决由谁来控制的问题。另一方面要注意协调，因为组织中各部门及员工的目标、步调并不完全一致，需要协调来解决目标冲突问题。

案例 13-8

南方汽车公司的产品质量控制

南方汽车公司高层管理人员长期以来一直在关注一个问题，无论是制造零部件的工人还是最后装配整车的工人，他们对自己的工作都缺乏兴趣，其后果是产品质量不得不靠检验部门来保证。分析那些不符合检验标准的汽车，公司发现问题在于一组技术难度大的机器都在一个特别的车间里制造，而其所有的质量问题都放在生产线的终端来检验。这样不仅费用耗费大，而且引起了许多麻烦，因为大多数的质量问题是由于零部件和整车的装配不认真造成的。

在公司总裁的督促下，各部门负责人开会研究对策。生产经理认为，有些质量问题是由工程设计造成的；另外一些则是由于人事部门的责任，没有对工人进行甄选，也没有对工人进行培训，装配工人的每月流动率达到5%，周一的缺勤率达20%，这样的工人不足以保证生产的正常进行。总工程师认为，零部件与整车的设计都是完美的，如果制造公差再严格一点，将使加工与装配变得很困难，产品成本也会上升。人事部经理进行了辩解：一是公司工会力量比较强，不能随意解雇工人；二是装配工作本身枯燥，只能用金钱来激励。他的建议，一是让工人在装配线上轮换工作，二是每周轮换工作地点，以保持工人对工作的新鲜感。

然而，新的建议被采纳实施后，工人们对这种方案并不满意，认为只是管理层使的一个花招，让员工干比以前更多的活，并训练他们替代其他工人而又不增加工资。产品质量依然无法提高，还引发了员工的对立情绪。

13.4.2 有效控制的原则

有效控制的原则包括以下几个方面。

1. 适应计划与组织结构

控制的目的是为了保证目标的实现，它需要组织内的各部门、各单位的全体人员来实施，所以控制应该与计划和组织的特点相适应。不同的计划有不同的特点，需要控制的信息也不一样。同样，控制还应当反应组织结构的类型和特征。组织结构既然明确规定了企业内各成员所担负的职务和相应的职责职权，因而它就成为确定计划执行的职权所在和产生偏差的职责所在的依据。

2. 突出重点，强调例外

管理者应该掌握"关键的少数与次要的多数"的统计规律，找出和确定最能反映经营成果的关键因素，并加以控制。控制也要强调例外，管理者将控制工作的重点放在计划实施中的例外情况上，可以使他们把有限的精力集中在真正需要引起注意和重视的问题上。只要偏差在预先规定的允许波动范围内浮动，管理者就不必特别关注。

3. 避免出现目标扭曲

组织将规则、程序、预算这些低层次的计划作为控制标准时，最容易发生目标与手段的本末倒置问题。规则、程序、预算本来是实现组织目标的手段，但在实际工作中，有关人员对它们的关注往往超过对组织目标的关注，出现"为控制而控制"的现象。例如，销售部门在市场竞争越来越激烈的环境下，不愿意采取针对性的促销行动，是为了遵守规定或完成预算。这种不顾实际控制效果的刻板、扭曲的行为，使控制功能发生障碍。

4. 符合主管人员个性

控制系统必须与个人的性格相适应。例如，对于统计员和会计员，他们喜欢把信息归

第13章 控 制

纳成复杂的数据表格形式，或者喜欢用计算机把信息大量打印出来，而另一些人，可能喜欢图表的格式，就应该让他们采取这种方式。因此，高明的管理人员并不是去向别人显示他有多内行，而是宁愿去设计一个别人易于理解的方法，便于人们能够利用它。也就是说，有效的控制系统应该使管理人员易于理解和操作。

5. 适应组织环境

要使任何控制系统或控制技术收到最大成效，必须使其与组织环境相适应。例如，在一家员工享有相当大的自由并让员工参与管理的企业，运用严格的控制系统，就可能触犯众怒，而最终注定要失败；而在一个习惯于听取上级领导下达指令的组织中，实行员工自我控制，也很难获得成功。

6. 控制趋势

对于控制全局的管理人员而言，重要的是现状所预示的趋势，而不是现状本身。控制变化的趋势比改变现状重要得多，同时也困难得多。趋势是多种复杂因素综合作用的结果，对管理工作的成效起着长期的制约作用，它是逐渐形成的，且不易被察觉。例如，一家企业的销售量增长了6%，而实际上行业增长率为12%，如果只看前者，管理者会放松警惕，满足于管理成效，如果两者一起看，则会发现该企业的经营管理趋势并不乐观。

7. 提出纠正措施

如果控制不能提出纠正措施，那么它只不过是一次有趣的练习而已。一个有效的控制系统应该能揭示失误的环节在哪里，并且揭示应该由谁来负责，从而确保采取某些纠正措施。值得注意的是，控制系统的正确性只有通过适当的计划工作、组织工作、人员配备和领导工作来纠正那些已经揭示出来的偏差来证明。

8. 直接控制

直接控制的原则强调，管理人员及其下属的素质越高，他们的工作质量就会越高，就越不需要间接控制。因为高素质的管理人员能事先觉察出实际工作与计划之间的误差，并能采取预防措施防止偏差的扩大及产生不利于目标实现的影响。

13.4.3 影响有效控制的因素

1. 组织规模

组织规模与采取有效控制的手段与方法有着密切的联系。一般来说，组织规模较大，通常采取前馈控制与反馈控制的方法对组织进行控制，采用正式的报告、严密而广泛的规章制度建立官僚式的控制系统。小规模组织更多采用现场同步控制，管理者通过直接观察建立非正式的、个人特征很强的控制系统。

案例13-9
麦当劳公司的店面控制

麦当劳公司主要通过特许权的方式开辟连锁分店，公司在出售其特许经营权时非常谨慎，总是通过各方面调查了解后挑选那些具有卓越经营管理才能的人作为店主，而且如果在经营过程中发现其能力不符合要求便撤回这一授权。

公司要求所有分店的经营者和员工都遵循一种标准化、规范化的作业，对制作汉堡包、炸土豆、招待顾客和清理餐桌等工作事先进行翔实的动作研究，确定各项工作开展的最好方式，然后再编成书面的规定,用以指导各分店管理人员和一般员工的行为。公司在芝加哥开办了专门的培训中心——汉堡包大学,要求所有的特许经营者在开业之前都接受为期一个月的强化培训。

为确保所有特许经营分店都能按统一的要求开展活动,麦当劳公司总部的管理人员经常走访、巡视世界各地的经营店,进行直接的监督和控制。例如,有一次总部管理人员在巡视中发现某家分店自作主张,在店里摆放电视机和其他物品以吸引顾客,这种做法因与麦当劳的风格不一致,立即得到了纠正。除了直接控制外,麦当劳公司还定期对各分店的经营业绩进行考评。为此,各分店要及时提供有关营业额和经营成本、利润等方面的信息,这样总部管理人员就能把握各分店经营的动态和出现的问题,以便商讨和采取改进的对策。

麦当劳公司的另一个控制手段,是在所有经营分店中塑造公司独特的组织文化,这就是"质量超群,服务优良,清洁卫生,货真价实"口号所体现的文化价值观。麦当劳公司的一个主要利益团体——顾客也被包括进这个建设队伍中,麦当劳的顾客虽然被要求自我服务,但公司特别重视满足顾客的要求,如为他们的孩子们开设游戏场所、提供快乐餐和组织生日餐会等,以形成家庭式的氛围,这样既吸引了孩子们,也增强了成年人对公司的忠诚感。

2. 员工在组织中的位置

因员工在组织结构内的位置和级别的不同,即职位和层次不同,对其采取的控制标准是多重的,而且标准也不同。例如,对总经理的控制评价标准与对基层员工的控制评价标准就不同。应该对组织内不同层级的员工建立控制程度不同的评价标准,以达到组织对不同层级员工有效控制的目的,也促进员工的不断进步。一般而言,高级别员工的评价标准是多重的,低级别员工的评价标准是少而易于衡量的。

3. 组织的分权程度

组织的分权程度同样也会影响控制的有效性。分权程度高的组织,管理者将决策权下放给被授权者,管理者需要更多地获得被授权者的行为信息和工作绩效,最终还要对被授权者的工作绩效负责,因此,分权程度高的组织,需要增加控制的数量和宽度。

4. 组织文化

组织文化同样影响控制的有效性。组织越来越重视其文化建设,当控制系统与组织文化一致时,已建立的控制系统会发挥相应的作用。当组织文化是开放的、积极的、民主的、信任的,员工会产生主动的、非正式的自我控制,积极完成组织目标。相反,组织文化是封闭的、消极的、独裁的、怀疑的,员工可能会增强自我保护,被动接受领导权威、领导决策来实现组织目标。如果组织采用开放而积极的组织文化,控制系统应该采用非正式的自我控制,反之则采用正式而广泛的控制。

5. 活动的重要性

活动的重要性对控制也会产生影响,在重大活动中,即使是微小的偏差也会产生重大影响,这就需要采用复杂而广泛的控制。相反,活动重要性低,只需要采取松散的、非正式的控制系统,以减少控制成本支出。

6. 控制信息的有效性

对实际工作情况进行衡量的目的,是控制提供有用的信息,纠正偏差提供依据。然而,并不是所有衡量实绩的工作都由直接负责制定纠正偏差措施的管理人员或部门来进行,因此就有必要建立有效的控制信息系统,使反映实际工作情况的信息既能迅速收集上来,又能适时地传递给需要这项信息的管理人员,并且能将纠正偏差的指令迅速传递到有关人员以便对问题做出处理。

信息要能有效服务于控制工作，至少必须满足及时性、可靠性、适用性三个基本要求。

 本章小结

控制是管理的一项非常重要的职能，是保证组织实际运行情况与组织计划保持动态一致的管理过程。控制具有整体性、动态性、主观能动性、前提条件性等特点。控制的必要性体现在组织及组织活动的复杂性、组织未来环境的不稳定性、管理权力下放的责任性、管理者失误的不可避免性等方面。因此控制要能实现适应环境的变化、限制偏差的积累、处理组织内部的复杂局面、降低成本等目标。控制的内容包括人员控制、财务控制、作业控制、信息控制、绩效控制。

按控制发生的时间分类，控制可以分为前馈控制、实时控制和反馈控制。按控制所采取的手段可以分为直接控制与间接控制。按照控制的力量来源划分，可分为正式组织控制、非正式组织控制和自我控制。按控制的层次分，控制可以分为简单控制、自动化控制、操作员控制、监督控制、信息控制。

控制的基本过程可以分为三个基本步骤：确定标准、衡量绩效和纠正偏差。控制标准具有可行性、适用性、相对稳定性、可操作性、一致性、前瞻性等特点，并在控制过程中需要检验标准的合理性。控制对象要选择关键控制点。控制标准有定量标准与定性标准两类，制定标准的方法有统计方法、工程方法。测量绩效的方法主要有个人观察、口头报告和书面报告。在纠正偏差的环节要分析偏差的性质，分析产生偏差的原因，拟定纠正偏差的措施。

有效控制系统具有整体设计、标准合理、控制准确、重点突出、及时控制、经济高效、成员接受、弹性控制、明确责任、组织保证等特点。设计有效控制系统需要遵循以下原则：适应计划与组织结构；突出重点，强调例外；避免出现目标扭曲；符合主管人员个性；适应组织环境；控制趋势；提出纠正措施；直接控制。影响有效控制的因素有组织规模、员工在组织中的位置、组织的分权程度、组织文化、活动的重要性、控制信息的有效性。

关键术语

控制——control
控制论——cybernetics
控制标准——control standards
财务控制——financial control
信息控制——information control
前馈控制——feedforward control
反馈控制——feedback control
间接控制——indirect control
测量绩效——measuring performance
有效控制——effective control
弹性控制——flexible control
关键控制点——key control points
非正式组织控制——informal organizational control
正式组织控制——formal organizational control

偏差——deviation
控制目标——control objectives
人员控制——personnel control
作业控制——job control
绩效控制——performance control
实时控制——real-time control
直接控制——direct control
自我控制——self control
绩效评价——performance evaluation
目标扭曲——target distortions
控制系统——control system
定量控制——quantitative control

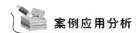

案例应用分析

中国石油化工集团公司的内部控制

1. 案例背景

中国石油化工集团(以下简称中国石化)公司是1998年7月由国家在原中国石油化工总公司的基础上重组成立的特大型石油石化企业集团,公司注册资本1 306亿元,总部设在北京,集团公司对其全资企业、控股企业、参股企业的有关国有资产行使资产受益、重大决策和选择管理者等出资人的权力,对国有资产依法进行经营、管理和监督,并承担保值增值责任。

中国石化公司于2003年成立了公司内控领导小组,设立专门机构负责协调内控制度建设的相关工作。2005年1月1日在股份公司率先实施内控制度,2006年在集团公司部分非上市公司也开始试行内控制度,并于2008年正式实施。内控制度建立以来,根据外部监督和内部管理的变化,结合执行中发现的问题和建议,每年都进行补充完善、修订更新。

中国石化公司的内部控制定位来自法律、法规的要求,主要有美国的《萨班斯·奥克斯法案》、中国香港联合交易所的《企业管制常规守则》、上海证券交易所的《上市公司内部控制指引》、国资委的《中央企业全面风险管理指引》、五部委(财政部、证监会、审计署、银监会、保监会)发布的《企业内部控制基本规范》。

2. 内部控制措施

中国石化编制了《内部控制手册》,以内部控制整合框架为框架,按照业务目标、业务风险、业务流程步骤、控制点业务流程图表、相关制度目录和主要控制点相关资料等规范格式,设计了43个重要的内部控制业务流程和权限指引,并制定了内部控制检查评价方法和标准。

1) 中国石化公司的组织结构

中国石化参照国际模式,构筑了新的公司架构,初步建立起了规范的法人治理结构,实行集中决策、分级管理和专业化经营的事业部制管理体制。该体制的框架是以一级法人为主,实行三级管理,即:总部是投资决策和资金运营中心;事业部、专业公司和子公司是利润中心;分公司是成本控制和生产管理中心,从而较为清晰地界定了有关规划、执行、控制和监督活动的内部控制框架。在职能分解上按照业务范围组成由油田勘探开发、炼油、化工和油品销售四个事业部为主体的利润中心,分别管理作为成本中心的下属分公司及它们之间的协调。中国石化与事业部之间、事业部与分(子)公司之间均采用承包方式,层层落实委托、受托方控制责任。职能部门、各事业部及下属分(子)公司彼此独立,职责范围没有重叠和交叉。

2) 全面预算控制

中国石化公司把所有业务活动全部纳入预算管理,把预算嵌入到"授权指引"和ERP系统中,使所有授权均为预算(计划)项目下的授权,规范了每项业务流程中预算的编制、上报、批复程序,加强了预算执行的监督考核工作,从而使各部门和各个分(子)公司,都把预算作为约束日常业务和推动优化经营管理的重要手段。在预算责任体系上,中国石化公司层面建立了由董事会审查年度财务预算,各事业部和各职能部门监控预算执行和分(子)公司、研究院等全面落实预算目标的预算管理体系;分(子)公司层面建立了分级预算网络。目前,中国石化各事业部、分公司、子公司实施预算管理率达到了100%。通过实施全面预算管理体制,企业整体效益得到了提高,有力地促成了企业整体经营目标的实现。

3) 以"授权指引"为核心的授权批准控制

为了提高运营效率和最大限度地规避风险,中国石化公司针对内控制度列出业务流程,运用定性控制和定量控制方法,以控制点上的管理和决策权限为重点,通过"权限指引"构建了"五层两级"的梯形授权体系,并基于一级法人的经营管理体系,将下属分(子)公司的权限较多地集中在经理一级,只将少数授权分至副经理和处、室负责人,通过明确执行部门及与之对应的会签部门的授权控制或通过复核岗位,进一步落实控制责任。总经理批准的预算项下的业务授权,分为一般授权和特殊授权。对于常规

第13章 控 制

性的重要经济业务实施一般授权，并按照批准层级的降低，权力依次递减；对于非常规、高风险业务则实施特殊授权，从而将可能发生的风险全面纳入授权体系，避免出现真空地带。

4) 以《内部控制手册》为载体的制度控制

中国石化公司为加强规章制度的建设与管理，确保有效实施各项管理制度，实现管理工作系统化和规范化，促进生产、技术、经营活动顺利进行，在实施内部控制过程中，还在清理内部原有规章制度的基础上，制定了与《内部控制手册》相配套的《〈内部控制手册〉配套规章制度汇编》，其中包含126个规章制度分目录、索引和正文三部分，均标明了与《内部控制手册》相对应的业务流程，并与手册同步更新，保证了制度的时效性和执行力，共同构成了中国石化公司的内部控制制度体系。

5) 关于财务管理信息系统的建设

中国石化公司为建立现代企业制度，建立了统一的财务管理信息系统，从而提高了会计信息的及时性、准确性，为决策支持提供了更丰富的财务信息。建立了全公司三级(决策中心、利润中心、成本中心)统一标准的财务管理和会计核算网络系统。

6) 健全风险防范控制

针对各个风险控制点，中国石化公司建立起有效的风险管理系统，通过风险预警、风险识别、风险评估、风险控制、风险报告等措施，对财务风险、经营风险和合规风险进行全面防范和控制。其控制方法突出体现在销售业务的信用控制、采购支出业务的市场准入、招标投标、合同控制及资金业务管理等环节。

7) 先进的ERP管理信息系统控制

中国石化公司的ERP管理信息系统分为会计核算、资金管理、物资管理等业务的自成体系的管理信息系统。目前公司正在规划实施与财务信息系统高度集成并以财务管理为核心的ERP管理信息系统。它通过把不同业务部门的人员统一在ERP系统上进行业务操作，使业务数据一经录入，即可对企业产、供、销各环节完全集成，按相应的业务流程和规范自动生成物流、资金流和信息流"三流合一"的相关信息，并将之适时传输到中国石化公司总部统一的数据仓库中，进行监控和分析，保证风险始终处于"受控"状态。

8) 科学、完善的内部控制检查评价机制

中国石化公司内部控制检查评价与考核工作实行"总部检查评价"和"单位自查评价"两级检查评价体制，从而在纵向上形成了由公司内控领导小组检查，公司总部各职能部门自查及对口抽查，以及分(子)公司自查组成的三级监督网络；在横向上形成了由派驻的内控抽查组、公司各职能部门、分(子)公司分别提交综合评价报告，再由公司内控领导小组最终形成年度综合评价报告并由董事会核准的二级报告制度，做到程序规范、依据科学、报告准确。同时，根据考评需要，绘制了完整、规范的评价流程，使内部控制评价体系始终遵循统一的方法步骤，确保监督、考评的公正性。

9) 客观、公正的考核机制

为了顺利地推进公司内部控制检查评价与考核工作的开展，内控办公室在公司各有关专业领域内公开选拔若干名业务骨干，组成内部控制专业人员队伍，并定期进行培训，考试合格者颁发"内控专业人员"资格证书。年度综合检查评价时，以"内控专业人员"为主，组成检查评价小组，对各单位进行现场检查和评价，各类检查评价结果必须由"内控专业人员"签字确认，以确保年度综合检查评价的独立、客观和公正。

讨论：

(1) 中国石油化工集团公司的内部控制有何特点？
(2) 在编制《内部控制手册》的过程中，公司应该考虑到哪些问题？
(3) 中国石油化工集团公司的内部控制业务流程和权限指引与组织结构有何关系？
(4) 预算管理、信息管理在中国石油化工集团公司的内部控制中有何作用？
(5) 内部控制检查、评价与绩效考评有何关系？
(6) 大型企业的控制体系与中小企业的管理控制有何区别？

思 考 题

1. 试述控制的过程。
2. 影响有效控制的因素有哪些?
3. 试述控制与其他管理职能的关系。
4. 试述控制的类型及各自的优、缺点。
5. 有效控制应该遵循哪些原则?
6. 组织为何需要控制?
7. 管理控制的主要内容包括哪些?
8. 控制标准有何特点?

第14章 控制方法与危机管理

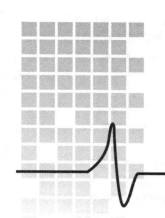

教学要求

了解预算控制；熟悉视察、报告、程序、标杆管理等非预算控制方法；理解各种控制模式、危机管理的概念和特点、危机管理的原则与程序。

本章知识点

员工行为控制模式；财务控制模式；综合控制模式；预算控制方法；视察、报告、程序控制、标杆管理等非预算控制方法；危机管理。

■ 导入案例

红星洗衣机公司的全面绩效管理

红星洗衣机公司，2006—2010年一直占据洗衣机市场全国销量前五位的位置。但2011年，据全国各大商场统计数字表明，其洗衣机市场占有率下降了20%，跌出全国前七位。公司领导班子经过调研，发现消费者反映的问题集中表现为对产品的售后服务不满意。售后服务由各地经销商负责，但这也是由于公司各地办事处工作消极所致。

起因是2008年公司采取了绩效管理体系，用考评的办法刺激销量增长，对销售公司的高额奖励使得营销人员全力实现当年目标，但与此同时重量轻质也导致了对渠道的管理与控制的疏漏，短期的突击使得2010年年底销售额增长较快，由此公司也提高了指标设置的基数。

2011年，由于洗衣机市场竞争变化，以及渠道基础管理工作不扎实，各地销售额大幅度滑坡，销售公司内部对企业绩效考核的标准不满，质疑标准的合理性，普遍认为营销部门的绩效标准高于生产部门与职能部门。而制造部门也开始埋怨营销部门根本没有预测到市场的变化，导致产品大量积压，造成资金周转困难、设备闲置率较高。

公司的高管层领导班子研究认为，企业之所以出现这种局面，与前几年片面追求增长，忽视企业的战略规划与制定均衡发展的绩效管理机制有直接关系。于是公司接受咨询公司的建议，决定在内部试行全面绩效管理制度的改革，在强调业绩增长的前提下，要更重视企业战略规划的贯彻与均衡发展的实现。

具体方法如下。

第一步：企业内部由总部高层牵头，协调采购、生产、营销、人力资源、财务等部门的负责人成立厂绩效管理的专门部门，独立负责制定与落实全公司绩效管理方案，并报送集团公司备案。

第二步：由总经理与各主要部门负责人制定本企业三年内进入全国市场占有率三强这一战略目标的具体规划，并逐层分解企业的战略目标，将企业各层级的控制指标分为两大类——利润绩效管理类和均衡发展考评类，实施平衡计分卡体系。

第三步：将所有考核指标分解到各个部门或利润中心，由其负责人按月报送绩效报告（包括完成两类绩效目标的具体推进手段、目标完成进度图），并及时反馈上月达到基础目标的原因与超越优秀目标的经验总结，确定纠偏措施。

第四步：各部门、利润中心根据各自特色制定流程改进方案，衔接整个作业链的上下环节，在报送计划中，要明确对内部小组与个人给予明确扶持的方案。

第五步：作业链的下一环节即上一环节的"客户"，对上一环节部门的评价由下一环节给出。如采购部门的客户得分由制造部门给出，职能部门的客户得分由各直线部门给出。

第六步：根据市场变化情况，及时调整企业的战略推进步骤。如在2012年年底，公司在高端洗衣机市场采用新型材料，执行低价位差异化的产品战略后，绩效管理部门及时进行市场价格倒算的成本核算，并将成本控制指标赋予采购、制造、营销各部门的日常考评中。

第七步：特殊的市场及行业出现情况导致指标的异常变动，与绩效管理部门协商，确定当期修正评价指标。

应用全面绩效管理的控制方式，主要是帮助企业的各层管理人员统一战略思想，甚至全员参与战略制定与实施，通过控制绩效实施的全部流程，实现对企业战略推进过程的监控与灵活调整，使整个企业稳步发展。红星洗衣机公司依靠全面绩效管理实现了对生产经营过程的全面控制，那么在管理控制中，有哪些控制方法与手段呢？本章将给出答案。

14.1 控制模式

根据管理控制中解决问题的思路不同，控制一般包括员工行为控制模式、财务控制模式、综合控制模式三种。

14.1.1 员工行为控制模式

管理控制中最主要的方面就是对员工的行为进行控制，这是因为任何组织中最关键的资源是人力资源，任何高效的组织都配备着有能力高效地完成指派任务的优秀人员。怎样选择员工，怎样使员工的行为更有效地趋向组织目标，这就涉及员工行为的控制问题。然而，人的行为是由人的思想、性格、经验、社会背景等多种因素综合作用的结果。而这些因素本身又很难用精确的方法加以描述，这就使对员工行为的控制成了管理控制中相当复杂和困难的一部分，在这部分控制过程中，对人的行为和绩效进行评价最为困难。

面对这些困难是否有良好的评价方法呢？常用的绩效评定方法有以下几种：鉴定式评价方法、实地审查方法、因素加权评分方法、强制比较法及偶然事件评价法。

1. 鉴定式评价方法

这种方法是最简单、最常用的员工绩效评价办法，适用于调换或任免等人事方面的决策工作。具体做法是，评价人写一篇针对被评价者长处和短处的鉴定，管理者根据这种鉴定给予被评价者一个初步的估计。这种方法的基本假设是评价人确切地知道被评价者的优缺点，对他有很好的了解，并且能够客观地撰写鉴定。然而，在实际工作当中，上述基本假设有时并不完全满足。况且，由于鉴定的内容不同，标准也不一致，所以用此种方法只能给人一种初步的估计，完全依赖这种办法往往会造成评价的失误。

2. 实地审查方法

这种方法往往是复查的一种手段。当通过其他方法对被评价者有了初步的估计之后，为了核实这种估计的准确性，而到被评价者所在单位或工作现场进行实地调查了解。这时要召集当地评价者共同讨论，确定评价的统一标准。然后对这些评价者的不同意见加以审查。管理者在实地审查时能够发现这些评价人的宽严态度，从而对被评价者有了更加深入的了解。但是这种方法将耗费相当多的时间和精力，因此只适用于重要的人事决策工作。

3. 因素加权评分方法

这种方法是为了克服偏见和主观意念，建立比较客观的评价标准。做法是管理者列出一系列有关被评价者的可能情况，然后让评价者在其中选择最适合被评价者的条目，每个因素被赋予一定的权重。管理者据此加权评分，得分高者就是好的，得分低者就是差的。这种方法比较准确，但它只限于应用在性质类似或标准的工作中，若超出这个范围其准确性将大为降低。

4. 强制比较法

这种方法基点是把要评价的人员两两进行比较，即每个人都同所有的人比较一次，然后按照某种评价标准进行选择。例如，被评价的人员一年来对企业的贡献，或在工作中的开拓精神和进取精神等。在两两比较时，选择较好的一个打上标记。当全部比较完毕，标记最多者就是根据所定标准评出的最出色的人，而无标记者则是最差的人。表 14-1 是一种实用的选择表格，根据这个表格就能准确地确定出该组员工中赵勇是最佳者，而刘义是最差者。

表 14-1　强制比较法

比较标准	贡献 员工序号	序号	1	2	3	4	5	合计
		姓名	赵勇	李信	张仁	王智	刘义	
对公司业绩的贡献	1	赵勇	×	1	1	1	1	4
	2	李信	0	×	1	1	1	3
	3	张仁	0	0	×	1	1	2
	4	王智	0	0	0	×	1	1
	5	刘义	0	0	0	0	×	0
		合计						10

5. 偶然事件评价法

采用此种方法时，管理人员要持有一份记录表，随时记录员工积极或消极的偶然事情，以便定期对员工的工作绩效进行评价，根据这种偶然事件进行评价比较客观，但关键是能否把员工的所有偶发事项全部记录下来。另外，对员工来说有各种责任制，如果责任制所规定的工作标准得到员工的赞同，这种方法就能有效地调动员工的积极性，否则员工会有不公平感。这种方法和目标管理配合起来使用，可以有效地监控员工的工作。

除了上面介绍的几种对员工的绩效评定方法外，还有一些类似的方法。这些方法的基本原则都是要尽量客观、准确地对人员绩效进行评价，以满足组织的各方面工作对人的要求。

案例 14-1

中兴诚达公司的员工鉴定

中兴诚达公司是一家大型制造型企业，产品品种涵盖通用机械、特种机床、数控模具、电厂配件等，有员工 4 000 余人，年产值 15 亿元。

公司对于员工行为的鉴定分为以下两部分。

一是在试用期结束时对新员工的鉴定，由用人部门的主管对新员工做出是否留用的鉴定。

二是在每年结束时，由部门主管、业务领导、协作同事对员工进行年终鉴定，以确定员工的各项行为是否符合公司的预期。评价指标包括责任意识、职业素养、专业能力、学习能力、工作效率、心态情绪、沟通协调、工作业绩、岗位匹配、文化适应十个方面，每个指标分为六个级差，总分值为 60 分。

具体的鉴定指标与评价标准见表 14-2。评价分值记入员工档案，作为晋升、升级的依据。

表 14-2 中兴诚达公司的员工鉴定表

评价 \ 分值	评估标准（总分60分）					
	6分（优秀）	5分（好）	4分（良好）	3分（一般）	2分（较差）	1分（很差）
责任意识	工作主动性很强，非常勤勉，尽职尽责	主动性较强，能按要求完成工作	有责任心，但需一定的监督	责任心一般，经常需要监督	责任心较差，必须监督，常忽视其工作	缺乏责任心，工作敷衍
职业素养	职业素养优秀，品行端正	具有良好的职业操守	遵守公司制度，执行力好	基本能遵守公司制度	素质较低，制度执行力较差	职业素养低
专业技能	专业技能强，善于发现并解决领域内问题	有较强的工作技能，极少需要指引	有相当的知识运用能力，较熟悉业务	专业知识一般，能在指导下完成工作	知识运用能力不足，难以满足岗位需要	知识明显不足，无法胜任岗位
学习能力	主动参加培训，能学以致用	参加学习培训，考试成绩好	能按要求参加培训	被动学习，能基本完成培训任务	不主动学习，经常缺席培训	不按时参加培训，成绩差
工作效率	经常优质且提前完成任务	按时完成工作任务，质量好	按时完成工作，基本保证质量	按时完成工作任务，但需要多次修改	效率较低，需要帮助才能完成任务	效率低，常完不成任务并拖延时间

续表

分值 评价	评估标准（总分60分）					
	6分（优秀）	5分（好）	4分（良好）	3分（一般）	2分（较差）	1分（很差）
心态情绪	积极进取，情绪掌控力强，有感染力	心态好，乐观进取，善于掌控情绪	有进取心，能有效调节自己的情绪	进取心一般，偶尔需要开导	没有上进心，不善于自我情绪调节	情绪消极，爱钻牛角尖，影响身边同事
沟通协调	沟通协调能力很强，大家对其评价很高	沟通协调能力较强，大家对其评价高	与同事相处较好，多数员工评价较高	与同事相处一般，平时沟通较少	沟通协调能力较弱，不善于交流	协调相容性较差，缺乏团队精神
工作业绩	绩效相当突出，超额完成工作	绩效好，圆满完成工作任务	绩效较好，完成工作目标85%以上	绩效一般，基本完成工作任务	绩效较差，任务完成不及格	绩效很差，未完成任务，经常出现失误
岗位匹配	能力超出岗位要求，非常胜任该工作	符合岗位要求，能胜任岗位	与岗位比较匹配	离岗位要求有些差距	离岗位要求有较大差距	不符合岗位要求，不能完成岗位工作
文化适应	掌握公司历史，认可公司文化并很快融入	熟悉公司部分历史，对公司文化理念比较认可	积极了解公司历史，基本认可公司文化理念	对公司了解较少，能遵守大部分公司制度	不了解公司文化，制度执行较差	不理解且抵制公司文化及制度

14.1.2 财务控制模式

财务控制模式主要通过对财务报表的分析，用相关财务指标来进行管理控制。财务报表是用于反映企业经营期末财务状况和计划期内的经营成果的数字表。财务报表分析，又称经营分析，就是以财务报表为依据来判断企业经营好坏，并分析企业经营的长处和短处。

财务报表分析方法主要有实际数字法和比率法两种，前者是用财务报表中的实际数字来进行分析，后者是求出实际数字的各种比率后再进行分析。由于后者更加容易辨识，所以较常采用。常用的比率分析主要有财务比率分析和经营比率分析。

1. 财务比率分析

财务比率及其分析可以帮助我们了解企业的盈利能力和偿债能力等财务状况。

1）盈利比率

盈利比率是企业利润与销售额或全部资金等相关因素的比例关系，它反映了企业在一定时期从事某种经营活动的盈利程度及其变化情况。常用的比率有销售利润率和资金利润率。

（1）销售利润率。销售利润率是销售净利润与销售总额之间的比例，它反映了企业在一定时期的产品销售中获得的利润程度。将企业不同产品、不同时期的销售利润率进行比较分析，能为企业的经营活动提供更多的信息。

（2）资金利润率。资金利润率是指企业在某个经营时期的净利润与该时期占有的全部资金之比，它是反映企业资金利用效果的一个重要指标。同销售利润率一样，资金利润率也需要与其他单位和其他时期进行比较。一般来说，要为企业的资金利润率规定一个最低的标准。

2）负债比率

负债比率是企业总负债与总资产之比，它反映了企业所有者提供的资金与外部债权人提供的资金的比例关系。只要企业全部资金的利润率高于借入资金利息率，且外部资金不在根本上威胁企业所有权的行使，企业就可以充分地向债权人借入资金以获取额外的利润。确定合理的负债比率是企业成功举债经营的关键。

3）流动比率

流动比率是企业的流动资产与流动负债之比，它反映了企业偿还需要付现的流动债务的能力。一般来说，企业资产的流动性越大，偿债能力越强；反之，则偿债能力较弱，这样会影响企业再次举债的信誉与短期偿债能力。因此，企业资产应该保持一定比例的流动性。资产如果用现金形式表现，则它的流动性最强，但盈利能力却最低；固定资产能给企业带来稳定的现金流入，但是流动性最低。所以，企业需要对全部资产进行合理配置，在保持营利性的同时，兼顾流动性的要求。

2. 经营比率分析

经营比率也被称为活力比率，是与资源利用有关的几种比例关系。它们反映了企业经营效率的高低和各种资源是否得到充分利用。常用的经营比率有以下三种。

1）存货周转率

存货周转率是销售总额与平均库存价值的比例关系，它反映了与销售收入相比、库存数量是否合理，表明了投入库存的流动资金的使用情况。

2）固定资产周转率

固定资产周转率是销售总额与固定资产之比，它反映了单位固定资产能够提供的销售收入，表明了企业固定资产的利用程度。

3）销售收入与销售费用比率

这个比率表明单位销售费用能够实现的销售收入，在一定程度上反映了企业营销活动的效率。由于销售费用包括了人员推销、广告宣传、销售管理费用等组成部分，因此还可以进行更为详细的分析。

以上财务比率与经营比率分析指标，通常需要结合起来进行考虑，除了与不同企业或部门进行横向比较外，还应该对企业的各个时期或阶段进行纵向比较，才能更为有效地进行管理控制工作。

案例 14-2

中国华能集团非电力子公司的业绩考评

中国华能集团以电力建设为中心，以能源、原材料等基础产业开发为主导，由九个核心成员企业与400多家子公司组成。集团公司对于电力公司、非电力公司、分公司的业绩考评实行差别化的控制模式。

第 14 章　控制方法与危机管理

1997年以来，华能集团使用以下四个标准对非电力子公司每年的经营业绩进行考评：一是实际净资产收益率与计划净资产收益率；二是实际总资产收益率与计划总资产收益率；三是实际与计划月还款额和利息支付额；四是实际资本性支出额与计划资本性支出额。计分方法如下。

（1）净资产收益率的基本分是60分。如果实际净资产收益率高于计划数，则每增加0.5%，加1分，直到加完20分为止。相反，如果实际净资产收益率低于计划数，则每下降0.5%，减1.5分，直到减完20分为止。

（2）总资产收益率的基本分是40分。计划的总资产收益率要考虑银行贷款利息率和华能集团的财务状况。如果实际总资产收益率比计划总资产收益率高，每增加0.5%，加1分，直到加完10分为止。如果实际总资产收益率比计划总资产收益率低，每下降0.5%，减1分，直到减完10分为止。

（3）财务标准没有基本分。但是它取决于华能集团的内部贷款合同。任何低于计划金额20%的延期付款额，都减5分；如果延期付款的金额超过计划金额的20%，那么每延付20%，在前面基础上再减1分，直到减完10分为止。

（4）资本性支出标准没有基本分。每个子公司在每年7月1日前都要支付母公司投资于子公司的8%的资本额。任何延期支付款金额低于应付金额20%的子公司，都减少5分。如果延期支付款金额超过应付金额的20%，那么每延期付款20%，再减少1分，直到减完10分为止。

满足所有四项标准的最高分、标准分、最低分分别是130分、100分、50分。

14.1.3　综合控制模式

综合控制方法与财务控制方法和员工行为控制方法的差别在于它的适用范围较宽，几乎在任何种类的管理控制中都可采用。例如，资料设计法可以帮助各层管理人员收集控制资料，审计法可以帮助管理人员正确地控制各种工作，以使其符合标准。下面我们就介绍这两种综合控制方法。

1. 资料设计法

资料设计就是设计一个专门系统或程序，以保证为各种职能或各层管理人员提供最必需的资料。缺乏必要的信息就无法进行控制，但信息太多，又不加处理和选择，就会产生信息"消化不良"，使领导淹没在浩如烟海的资料报表之中。一个管理人员只需要那些对实际工作有价值的与达成目标有关联的信息，这些信息能够指出何处没有达成目标，其原因是什么，以及与工作计划有关的社会、经济、政治、技术和竞争等信息。为此我们对各种管理人员所需要的信息要加以事先筹划设计。各种管理人员需要些什么资料，这些资料应当如何收集，如何汇总处理，这就是资料设计。例如，一个厂长并不需要下层向他提供所有的报表，通常由他指定提供几项即可。当文件很多时，就请秘书找出他所要看的部分。

2. 审计法

审计是常用的一种控制方法，它包括财务审计与管理审计两大类。所谓财务审计是以财务活动为中心内容，以检查并核实账目、凭证、财物、债务及结算关系等客观事物为手段，以判断财务报表中所列出的综合的会计事项是否正确无误，报表本身是否可以信赖为目的的控制方法。通过这种审计还可以判明财务活动是否合法，即是否符合财经政策和法令。所谓管理审计，就是检查一个单位或部门管理工作的好坏，评价人力、物力和财力的组织及利用的有效性。其目的在于通过改进管理工作来提高经济效益。此外，审计还有外部审计和内部审计之分，外部审计是指由组织的外部人员对组织的活动进行审计，内部审计是组织自身专门设有审计部门，以便审计本组织的各项活动。

审计工作有一些公认的原则，以保证审计的有效性。具体原则有：①政策原则，即审计工作必须符合国家的方针政策；②独立原则，审计监督部门应能独立行使职权，不受任何干涉；③客观原则，审计一定要实事求是地进行，客观地做出评价和结论；④公正原则，审计工作必须站在客观的角度上，不偏不倚，公正地进行判断；⑤群众原则，审计工作要走群众路线，依靠群众才能解决许多困难问题；⑥经常性原则，审计工作应经常化、制度化。

在具体评价被审计对象的管理水平时，可采用比较法，即以查明的实际情况和标准进行比较，利用评分方法表述评价结果。最后综合评价结果，得出审计结论。审计结论应在成本效益分析的基础上提出解决管理问题、提高管理水平的具体建议。

除上述两种综合控制方法外，网络计划技术和目标管理也是非常好的综合控制方法。

案例 14-3
AB 公司收购哈尔滨啤酒后的审计控制

哈尔滨啤酒集团是中国第四大啤酒集团，2002 年在香港联合交易所挂牌上市，有大中型成员企业 13 家，年产销售量超过 100 万吨。哈尔滨啤酒诞生于 1900 年，是中国最早的啤酒品牌，以清爽的口味、高品位、高档次的形象赢得消费者的赞誉与喜爱。

美国 AB(Anheuser-Bush) 公司于 1852 年创立，总部位于美国密苏里州圣路易斯市，旗下有世界最大的啤酒酿造公司安海斯-布希公司，生产的百威啤酒名扬世界，年产量 1 300 万吨，占有美国市场份额的 46%，占世界份额的 9%。2004 年，AB 公司通过私有化方式，收购哈尔滨啤酒集团 99.66% 的股份。

在完成收购后，AB 公司开始对哈尔滨啤酒集团进行全面而系统的审计，范围涵盖企业经营的各个重要方面，从原材料采购招标到产品的销售。这次审计的目的是在完成收购后，对哈尔滨啤酒集团的实际经营情况、管理水平进行再次评价，为今后的整合工作提供最基础的资料。

在这次审计后，就内部控制评估提出了以下建议。

(1) 通用会计政策。整合小组将在 2004 年 11 月采用权责发生制的会计准则，以保证会计报告符合中国通用的会计政策。

(2) 销售及应收账款。整合小组将建立一套信用评估体系，并定时检查和修改，以保证销售和清理应收款的工作做到真正的责权分离。

(3) 销售折扣。整合小组将建立一套关于销售折扣的标准工作流程，以保证所有客户的折扣记录都是完整连续的。

(4) 存货盘点。整合小组将建立和实施一套有效率的标准工作流程以确保存货盘点工作，检查和批准账存与实存之间的差异，确保这些记录被记录在正确的会计期间。

(5) 报废材料。整合小组将建立一系列的政策来保证以下工作：存货的月度对账按月进行，对账差异要进行分析，经过相关授权批准后记录在当月的财务报表当中；报废材料要在规定的会计期间做出会计处理。

(6) 周转瓶箱的摊销。哈尔滨啤酒集团管理层需要对 2004 年 12 月 31 日前的周转瓶箱的余额进行摊销。整合小组将负责建立一系列的政策保证周转瓶箱的摊销按月进行。

(7) 固定资产管理。哈尔滨啤酒集团管理层应正确记录闲置的固定资产，记录正确的修理费用、在建工程以及支付给工程服务提供商的预付款以保证固定资产的记录的真实性。整合小组将建立和实施一套标准的工作流程，以保证对资本项目审批的正确性，以及相关会计核算的正确性。

(8) 现金及银行存款的控制。整合小组会立即建立银行余额调节表的编制、审阅和批准的工作流程。所有在此次评优中发现的有关现金管理的疏漏和权责分享的不足之处都需要进行立即纠正。

(9) 银行账户。整合小组应保证所有的收入和支出都记录在正确的银行账户之下，不允许将公司存款放在个人银行账户之下。

（10）预算审阅。整合小组应负责建立有关预算审阅的标准工作流程，以保证对预算审阅的效率和效益，同时该流程还应对建立预算管理结果的负责性进行管理。

（11）财务报表审阅。（略）

（12）人事工资管理。（略）

14.2 预算控制方法

预算控制是在管理控制中应用较为广泛的一类方法。预算的编制是计划工作的一部分，也是保证计划完成的有力措施与控制手段。在一些组织中，预算的编制往往是依据过去的结果加以外推与追加，预算的控制作用难以得到有效的发挥。因此，在管理实践中，大家通过对预算方法的改善与创新，使人们对预算控制的方法越来越重视。

14.2.1 预算的性质与种类

1. 预算的性质

企业在未来的几乎所有活动都可以利用预算来控制。所谓预算，就是用数字，特别是财务数字的形式来描述企业未来的经营计划，它预估了企业在未来时期的经营收入或现金流量，同时也为各部门或各项活动规定了在资金、劳动、材料、能源等方面的支出不能超过的额度。预算控制就是根据预算规定的收入与支出的标准来检查和监督各个部门的生产活动，以保证各种活动或各个部门充分完成既定目标，以及实现利润过程中对经营资源的有效利用，从而使费用支出受到严格有效的约束。

预算是数字化了的计划，是用数字来表示预计的结果。一个组织需要通过预算来估计和协调计划，所以预算是计划的一个重要组成部分，但是预算同时又是常用和广泛的控制手段之一。人们根据预算的使用情况来评价工作效果，并且由于有了预算，使得各项管理工作具有可考核的标准，有利于根据标准来评价工作成效，找出偏差并采取纠正措施，以至消除偏差，使计划工作得到改善，并使各项活动都受到控制。

2. 预算的种类

预算的种类很多，但是就一个企业来说可以把各种预算归纳为三大类：财务预算、经营预算、投资预算。

1）财务预算

财务预算是指企业以资金为主要对象的计划与控制活动，包括收入预算、现金预算、资产负债预算等。

（1）收入预算。由于企业收入主要来源于产品销售，因此，销售预算是收入预算的基础。除销售收入预算之外，企业收入预算通常还包括对外加工收入、专利转让收入、利息及其他收入的预算。

（2）现金预算。是对现金的实际收支做预先的安排，以免票据到期不能支付而出现透支情况。资金成为设备、库存、材料或成品后就不能流动。在市场经济中，资金周转不开是个严重的问题，往往造成工厂倒闭。但也并不是现金存得越多越好，关键是取得平衡，能保持正常现金流转。

（3）资产负债预算。这种预算是表示某一个会计期末（即人为规定的结算日期）的资产、负债和净值这几项计划的预计成果。作为各预算的汇总，管理人员在编制资产负债预算时，虽然不需要做出新的计划或决策，但通过对预算表的分析，可以发现预算的问题，从而有利于及时采取调整措施。例如，通过对流动资产与流动负债的分析，可能发现企业未来的财务安全性不高，可能要求企业在资金的筹集方式、来源及其使用计划上做出相应调整。

2）经营预算

经营预算是指企业日常发生的各项基本活动的预算，包括采购预算、生产预算、销售预算、人工预算、单位生产成本预算、管理费用预算等。

企业销售的产品是在内部生产过程中加工制造出来的，在这个过程中，企业需要消耗一定的劳动力、物资、资金等资源。因此企业必须编制生产活动的预算，它主要包括材料费、人员工资、燃料、动力、折旧、低值易燃品和办公差旅费等。

由于企业不止生产一种产品，这些产品也不仅仅在某一个区域市场进行销售，因此，为了能为控制活动提供详细的依据，往往需要按产品、区域市场、消费层次等为各单位编制分项销售预算。

有些计划成果可用货币来表示，但在不少情况下用物理单位来表示更便于控制。例如，生产系统的产品产量用吨/年来表示，产品质量优级品率用百分比来表示，房地产公司的住房竣工面积，产品的工时和台时消耗等。对这些内容也可以制定预算。

3）投资预算

投资预算是指对工厂的投资，如对厂房、机器和存货等方面的投资进行长期资本性支出的安排。这些资金有时需要相当长的一段时间才能还本。因此，对这部分资本的投入一定要慎重地进行预算，必须使这部分资金的使用符合企业的长期计划和整个资金的分配使用计划。

除了直接投资预算外，长期资本性支出还可用于增加新的产品品种、完善产品性能或改进工艺研究与开发的支出；用于提高员工和管理队伍素质而进行的人事培训与发展支出；用于广告宣传、寻找顾客的市场发展的支出等。长期资本性支出预算与收入、支出、现金等预算的区别主要在于前者需要跨几个经营阶段，而后者往往是某一个经营阶段的预算。

案例 14 - 4

奇胜公司对子公司是否失控

奇胜公司经营范围为电子行业，有八个子公司，各子公司经营状况优劣不等，总公司盈利状态比较可观。公司之所以成功，在于它有完备有效的计划与控制系统。企业计划系统包括三个层次：总公司长期计划、子公司年度计划及职能部门的业务计划。

子公司的年度计划通过审查后，只要不超出预算范围，子公司有很大的机动余地。子公司可在资本预算范围内自行决定投资，如果所需资金超出预算，则可向总公司申请。

其中有一个子公司——信用信息公司，它的业务是通过中心银行信息系统向贷方提供信用信息，需要了解某个消费者或企业的信用状况时，只需要操作终端，便可从该公司提取相关信息。该子公司每年的营业额平均增长20%～50%，目前拥有2 000万个消费者的信用信息，每月更新信息达1亿次人，信息中心可在一小时内处理10万个查寻请求，目前在全国各地有8 000个终端。

该子公司对自己的经营状况引以为豪，总公司也相当满意。然而，公司总部职能部门的人员却颇有微词，认为公司总部对该子公司已经失去控制。意见体现在以下两个方面。

(1) 信用信息公司在预测未来方面比较保守，低估了自身的发展能力。然而，信用信息公司的经理

第 14 章　控制方法与危机管理

们却不认可这种指责，如果对发展的可能性估计过高，有可能盲目乐观，从而导致较低的收益水平。他们还认为，实现利润高于计划目标，则很容易解释，而假如比预算低，则很难说清楚。因此，在制订经营计划时，保守一点是正常的。

（2）信用信息公司的资本费用支出经常超出预算标准，总公司认为这是缺乏控制的表现。为了纠正这种状况，通过分析，他们发现其资本费用主要用于购置计算机设备：一种是大型程序机处理系统，另一种是微型的终端处理系统。他们认为资本费用开支应该与业务增长相适应，该子公司预测业务增长速度为35%，而对于设备的购置却按50%的增长率来预算。

因此，总公司规定，为保证重点需要，必须专门编制计算机设备预算，在订货前必须报总公司批准。信用信息公司对此表示不满，认为采购周期延长，并会使公司的业务增长速度达不到35%的增长水平。

14.2.2　预算的编制程序与方法

1. 预算的编制程序

1）建立预算制度

一个组织要编制预算，首先必须建立一套预算制度。它包含以下内容：①估计预算制度的效益和限制；②满足建立预算制度的先决条件；③建立和健全权责分明的组织结构；④拟定完善的组织政策作为编制预算的基础；⑤建立有关预算项目的预测制度，以获得编制预算的资料；⑥建立有效的记录，以便能估计各部门的费用并能根据过去的记录检查目前的情况；⑦选择预算类型；⑧决定预算期限；⑨决定预算的分类；⑩遵循预算的编制步骤。

2）在建立了上述预算制度后，遵循以下步骤编制预算

（1）高层管理者将可能列入预算或影响预算的计划和决策提交预算委员会，预算委员会根据客观条件与环境的变化估计与确定未来某段时间的产销量，以及与之相关的价格和成本。

（2）负责编制预算的管理者向其他部门提出预算的建议并提供必要的资料，各部门根据企业计划与自己所拥有的资料，编制本部门的预算。

（3）各部门根据过去的统计数据进行趋势外推，并在考虑工资、物价适度增长的前提下，对本部门预算进行修正。

（4）企业负责编制预算的管理者将各部门的预算汇总整理成总预算，并将预算初步汇总方案报预算委员会和高层管理者审查批准。

预算被批准后，在实施过程中，必须经常检查和分析其执行情况，必要时可修改预算，使之能与组织目标动态适应。

2. 预算的编制方法

1）固定预算与弹性预算

固定预算是指为特定的作业水平编制的预算，使用固定基础做预算，展示的是针对某一个时段的一组预期数字，而且在预算期内不发生任何变化。例如，对预算期内的产销量与市场价格维持一个不变的估计，针对这种情况做出的预算即为固定预算。

由于在实际工作中，费用的变化往往是随着产销量的变化而变化的。事实上，固定费用并非一成不变，而只是在一定的产销量范围内保持不变，固定费用随着产销量的变化呈现一种阶梯状的变化关系；另外，单位可变费用不变时，可变费用总额随着产销量的变化而变化。因此，无论是固定费用还是可变费用，都需要根据产销量的变动而发生相应变动，据此制定的预算即为弹性预算。

2）增量预算与零基预算

（1）增量预算。它是以上一期间的实际发生数为基础，再结合预算期内的具体情况加以调整，而很少考虑某项费用是否必须发生，或其预算额有没有必要这么大。

（2）零基预算。它不受上一期间预算水平及实际预算执行情况的影响。它对现有各项业务进行分析，根据未来一定期间生产经营活动的需要和各项业务的重要性次序，对每项费用进行效益分析和评定等级，从而确定费用的必要性、合理性与优先顺序。

零基预算的程序包括四个基本步骤：①构建组织目标体系，包括长远目标与短期目标、重要目标与一般目标等；②预算主管在审查预算时，将所有的活动都当作重新开始，新增项目必须有可行性报告，上期未完成项目提交计划完成情况报告；③根据目标体系对活动的重要性排序；④根据优先次序编制预算，尽可能满足较重要工作的需要。

3. 预算控制方法的评价

1）预算控制的优点

作为一种有效的控制工具，预算控制的优点很多：①使各项工作成果均数字化，使人一目了然；②控制很方便，因为任何活动最终都会反映到财务上，都需要用钱；③便于授权，同时又保证不会失去控制，凡预算内批准的项目均可授权下级处理。

2）预算控制的缺点

尽管预算是一种普遍适用、行之有效的计划与控制方法，但在实际工作中，也存在一些缺陷。

（1）预算工作过于烦琐会使组织失去灵活性。如果预算过于详细与全面，容易导致管理者丧失必要的自主权，使组织的授权名存实亡。预算作为一种计划，在获得批准后会对组织成员产生"刚性"的硬约束力，但在实际工作中，往往会发生与计划不一致的情况，如果管理者仍然受到预算的约束，此时预算有可能成为组织目标实现的障碍。

（2）发生目标置换。预算工作中经常出现的问题是会发生目标置换，即让预算目标取代了组织目标。应该注意预算只是一种工具，工具要为任务和管理服务，而不能让任务管理为工具服务，上级领导在汇总审批预算时要对人、财、物心中有数，要按目标顺序来决定资源的分配。

（3）效率低下。预算有一种惯性，即过去所花费的某些费用可能成为今天预算同样一笔费用的依据。另外，预算申报者知道上级部门与领导在预算的层层审批中，原来申请的预算可能会被削减一部分，因此申报者往往有意扩大费用的预算金额，超出实际的支出需要，造成预算的效率可能达不到预期。

14.3　非预算控制方法

14.3.1　传统的非预算控制方法

1. 视察

视察主要指上级管理人员到下级机构或岗位检查工作，它通过获取第一手资料对管理活动进行直接控制。各级管理人员通过视察，可以判断运营活动的完成进度和执行情况，了解各环节与计划是否一致，并且通过直接交流可以从与下级的交谈中了解员工的真正需求与感受，及时获取他们的一些有益的建议。

基层管理者通过视察，可以判断产品产量、质量、技术参数的完成情况及了解设备运行情况与员工的工作态度情况等；职能部门的管理者通过视察，可以了解工艺规程、技术文件等是否得到贯彻，生产计划是否按预定进度执行，规章制度是否被严格遵守，运营过程中是否存在潜在的偏差等；上层管理者通过视察，可以了解到组织的方针、目标、政策是否被大家理解并执行，发现职能部门的报告是否属实，了解员工的情绪与士气及合理化建议是否被认真对待等。总之，视察可以使组织的管理者保持和不断更新自己的感觉，使他们感觉到事情是否进展顺利及组织是否运转正常，并且有利于发现人才、创造一种良好的组织气氛。

2. 报告

报告是下级向上级管理者全面、系统地说明计划的进展情况、存在的问题与困难，原因分析情况及措施采取情况，对措施的效果、不能解决的问题提出进一步的计划等一种重要的上下级沟通方式与管理控制手段。

运用报告进行控制的效果，取决于上级管理人员对报告的要求。一般情况下，上级管理者根据掌握下属工作完成情况的需要，对报告中以下几方面的内容特别关注。

（1）投入程度。管理者需要确定他本人对管理活动的参与程度，他需要确定他应该在该项活动中介入多深、花费多少时间与精力等。

（2）进展情况。管理者需要获得应该为其向上级部门或上级主管汇报的有关计划的完成情况、进度水平。例如，各项资源投入是否正常，产出是否达到预定比率等。

（3）重点情况。管理者需要在向其汇报的报告中选择出那些应该由其本人注意与决策的事项。

（4）全面情况。管理者需要了解管理活动的各环节的具体活动，以判断该项活动的整体情况及该活动对其他活动的影响。

案例 14-5

通用电气的报告制度

为了满足上级管理者的控制要求，通用电气公司建立了一套有效的报告制度，报告的内容主要包括以下八个方面。

（1）客户的鉴定意见及上次会议以来外部的新情况。这方面的报告在于使上级管理者判断情况的复杂程度与严重程度，以便决定其是否介入及介入程度。

（2）进度情况。这方面报告的内容是将工作的实际进度与计划进行比较，说明工作进展情况。

（3）费用情况。要说明费用的开支情况，将其与预算进行比较，并回答实际费用开支为什么会超出计划，以及据此趋势估算的总的费用开支情况，以便上级管理者采取措施。

（4）技术工作情况。技术工作情况是表明工作的质量和技术性能的完成情况与当前的水平。其中重要的是说明设计更改情况，以及更改的理由与方案，并说明这种更改是客户提出的要求还是我们自己做出的决定。

（5）当前的关键问题。报告者需要检查各方面的工作情况，并从所有存在的问题中挑出三个最为关键的问题。报告不仅要指出问题所在，还必须说明对整个计划的影响，列出准备采取的行动，指定解决问题的责任人，规定解决问题的期限，并说明需要上级领导帮助解决的问题。

（6）预计的关键问题。预计的关键问题内容同上条。这可以帮助上层领导者制定长期决策，也可以避免他们自己陷入日常问题而对未来漠不关心。

（7）其他情况。提供与计划有关的其他情况。

(8)组织方面的情况。报告的内容是向上层领导提交名单,名单上的人可能会去找上层领导。同时还要审查整个计划的组织工作。

3. 程序控制

程序是对操作或事务处理流程的一种描述、计划与规定。组织中的常见程序很多,如决策程序、投资审批程序、费用审批程序、活动开展审批程序、主要活动的计划与控制程序、操作程序、核算程序、审计程序等。凡是连续进行的,需要多道工序,由多个部门或岗位参与的管理活动或生产技术活动,只要具有重复发生的特点,组织就应当为它制定管理程序。

程序规定了如何处理重大问题,以及日常经营中的物流、资金流、信息流、商流等事项的例行办法,对经营管理中出现的事项涉及哪些工作、部门与人员、进行的顺序与路线、各部门的责任与协调主体,以及所需要的校核、审批、记录、存储、报告等进行分析、研究与计划,从中找出最简捷、最有效、最便于实施的准确方案,要求人们严格遵守。同时,它通过文字说明、格式说明和流程图等方式,把一项业务的处理方法规定得很清楚,既便于执行者明确地遵照执行,也便于管理者进行例行检查与控制。

管理人员在对程序进行计划与控制时,应该遵循以下准则。

(1)使程序精简到最低程度。程序控制有一些固有的缺点,如增加文书工作费用,习惯程序的工作流程会压抑人们的创造性,对改变了的情况不能及时做出反应等。这些都需要管理人员在制定程序之前考虑到,要尽可能发挥程序控制的优点,规避程序控制可能出现的管理惯性,要对需要程序控制的活动进行斟酌,要对程序的数量进行限制。

(2)确保程序的计划性。程序的设计必须考虑到有助于实现整体目标而非局部目标,要有助于提高整个组织的效率而非局部效率。因此,管理对于哪些活动需要程序进行控制要做到心中有数并列好计划,对于管理程序本身也需要进行控制,即程序是否必要,是否能达到预期的效果,是否有助于实现计划,是否还可以改进等。

(3)把程序看作一个系统。任何程序,如工作安排、会议组织、采购招标、成本核算、产品开发、市场拓展等,其本身是由许多相互联系的活动组成的,同时,组织又是由许多程序构成的,程序具有系统的特质,所以要用系统的观点来开发与设计程序,要对程序进行优化。

(4)程序要有权威性。程序要发挥作用,除了设计合理外,还必须严格执行。首先,程序的制定与发布要有权威性,要设立专业的委员会来统一制定、协调与发布程序及其控制标准,并监督实施。其次,各级管理者要带头遵守程序,如果上级管理者带头破坏规则,不按程序进行各项管理活动,便会上行下效。最后,要长期坚持既定程序的实施与监督,要将程序以文件形式分发给各有关部门,并通过培训使员工理解程序的必要性及其目的,通过审计、审核等职能活动定期检查程序的实施情况,对违反程序造成的损失要有追责措施。

4. 标杆管理

标杆管理的基本思想是鉴于多数组织在功能、活动、流程等方面具有相似之处,因而可以寻找与确定某方面或整体绩效突出、领先的组织,分析他们在产品、服务、过程等方面的成功因素,并进行结构化的衡量,以此来改进自身的绩效。

企业在开展标杆管理时,往往采用团队或工作小组的方式。团队或小组成员非常熟悉所要改进的领域,并具有相关领域的专业知识及问题分析、方案提出能力,具有团队协作精神，能将本企业的实际情况与标杆企业进行定量化的评价与比较，并在此基础上选取改进本企业的最佳策略，通过资料收集、比较分析、重新设计、付诸实施等一系列规范化的流程，争取赶超对手，提高竞争能力。

标杆管理一般有以下几个步骤。

（1）确定实施标杆管理活动的领域或对象。由于企业资源有限，开展标杆管理活动的领域或对象应当集中于在改进企业绩效与客户满意度方面最具有影响力的因素。

（2）分析与明确自身现状。通过调查、观察与数据分析，了解当前活动、过程的运行方式，花费的时间与成本，存在的缺点与失误等，并使团队成员达成共识。

（3）选择标杆管理的标杆对象。标杆对象往往来源于企业的其他部门、直接竞争对手、同行企业、全球范围内的领先者。通过资料分析，了解标杆对象良好绩效产生的过程，找出其优于自己并成为行业优秀者的能力所在。

（4）衡量并找出绩效差距和潜在需要提高的领域。可以将本部门的工作程序与标杆对象加以对比，确定两者之间的差异，并分析差异产生的原因及如何消除这种差异，确定能够成为最佳实践的因素。

（5）确定并实施改进方案。由团队成员提出并优选改进方案，在组织内部达成共识，并制定具体的行动方案，包括实施计划、人员安排、技术支持等，以推动最佳实践的实施。

（6）检查执行结果，评价实施情况。标杆管理强调持续的过程，随时根据研究结果重新做出调整，使组织绩效得到提高。在方案实施后，应该将新的绩效与最佳实践的期望绩效进行比较，以确定目标达成度，并对存在的障碍加以排除，以努力达到最佳实践水平，进而超越标杆对象。

（7）总结经验，重新修订绩效考评标准，进行更高水平的标杆管理活动。

联想的精益生产与六西格玛管理

精益生产起源于日本的丰田公司，其本质是最大限度地减少浪费，用更少的资源来完成更多的事情。联想在2000年开始接触精益生产，当时在工厂开展"5S"（Seiri、Seiton、Seiso、Seikeetsu、Shituke，即整理、整顿、清扫、清洁、素养）活动和全员生产维护（Total Productive Maintenance，TPM），并对部分供应商进行准时生产方式（Just In Time，JIT）管理。2005年联想考虑在制造系统中建立完整的精益生产系统，开始对部分中层管理人员进行相关培训，并派去日本学习。之后，在四家工厂中组建了专门的团队，开始精益生产系统的建设。

联想的精益生产系统包括12个关键步骤：5S管理、标准化生产、培养员工的技能、ANDON（信息显示）看板、连续流、节拍时间、拉式系统、可视化管理、TPM、工厂设计和单元/流水线布局、LEVEL排程、库存管理，并在工厂进行普及培训。

联想精益生产以关键绩效指标法（Key Performance Indictor，KPI）管理、项目管理、信息系统、文化及团队建设等构成生产系统的基础，其核心是标准化与持续改进。持续改进以六西格玛为重点，辅以质量控制圈（Quality Control Circles，QCC）、提案改善。

联想在2001年开始就引进了六西格玛方法，当时挑选了两家工厂、行政后勤部、供应链管理部、客户服务部进行了六西格玛计划的试点。在具体的实施过程中，采用理论与实践相结合的方法，非常讲求"干中学"，培训结束后，要求学员就要做项目。

从理论上来看，六西格玛旨在最大限度地消除变异，而精益生产则在关注减少浪费与降低成本，两者都是旨在实现持续改进的管理控制模式。它们的结合将有助于通过低成本快速向顾客提供完美的价值，保持顾客的满意和忠诚，最终获得竞争对手难以模仿的竞争优势。

14.3.2 典型领域的非预算控制方法

1. 成本控制

1）全面成本控制

成本与费用管理是企业管理的重要领域之一，全面成本控制是指对企业生产经营过程发生的全部成本、成本形成的全过程、企业内所有员工参与的成本进行控制，是对系统的所有工作全面详细的分析后，层层分解成本指标，以其作为衡量控制标准，也就是以成本控制为主线，确保在预定成本下获得预期利润。

全面成本控制的内容包括以下三个方面。

（1）全部成本控制。全部成本控制是指对企业生产经营过程中所耗费的全部成本，包括原材料、人工、间接费用各项支出进行严格的监督与限制，不仅要对变动成本进行控制，而且对固定成本也要进行控制。

（2）全过程的成本控制。全过程的成本控制是指对产品设计、工艺开发、采购、制造、销售、物流、使用的整个过程发生的成本进行控制，也就是说产品的整个寿命周期都要进行成本控制。

（3）全员的成本控制。全员的成本控制是指发动企业管理人员、工程技术人员、生产员工树立成本意识，参与成本的控制。成本是一项综合性的指标，涉及各项职能管理部门、执行单位，必需调动组织内部全体员工的积极性，并建立经济责任制，明确每个员工、每个部门在成本控制中的职责。对各项费用定额、开支标准、成本目标和降低成本的措施，应该广泛发动全体员工进行讨论，使成本控制成为全体员工的工作职责，并付诸行动。

2）战略成本控制

传统成本控制重在成本节省，它表现为成本维持和成本改善两种执行形式。减少废品损失、节约能耗、零库存、作业分析与改进等皆属此列。

企业战略成本控制的目标在于建立成本优势，重在成本避免，立足于预防。因而战略成本控制更重视企业的长久发展，它不再局限于单一的经营期间而是充分考虑不同发展阶段的特点，使各个发展阶段都服从于企业的长远目标，甚至不惜牺牲短期利益来追求持久的竞争优势，以不断扩大企业的市场份额。

实际工作中往往有降低成本、获取成本优势、获取最大利润、提高资源利用率四个方面的目标取向。因此降低成本的途径包括两个方面：一方面，在企业现有经济规模和生产技术水平下，采取降低消耗、提高劳动生产率、合理组织管理的手段；另一方面，通过优化生产要素配置不断改进生产技术水平。

2. 库存控制

企业的生产要正常连续地进行，原材料供应就不能断，就需要一定的库存，但库存需要占用流动资金，所以必须对库存进行控制，以降低库存占用费用。库存控制的基本思想是既能保证日常生产的需要，又要使与库存相关的费用最少，从而使物资储备量保持在一个经济合理的水平。

1）库存品种的控制

企业生产所需的物资种类繁多，应根据其使用数量与资金占用情况区别对待，运用ABC分类法，可以找出关键的少数，保证重点，照顾一般。ABC分类法是将企业的物资按资金占用比重排列,分为 A、B、C 三类:A 类物资资金占用比重为 70%~80%,品种为 10%~15%;B 类物资资金占用比重为 15%~20%,品种为总品种的 20%~30%;C 类物资资金占用比重为 5%~15%,品种为总品种的 50%~65%。

通过分类,对物资实行分类管理,A 类物资品种较少,资金占用量大,是库存控制的重点,应该严格控制库存品种,采购间隔期尽量减短,以利于资金周转。C 类物资品种多,资金占用量小,可采取较粗放的管理,以节约采购费用为主。B 类物资的管理介于 A 类与 C 类之间,其库存控制方式可根据具体情况而定。

2)库存量控制

库存量控制要考虑总体采购资金、服务质量等因素,企业可通过控制采购间隔期或采购批量来满足需要,也可以设立一个订货点来控制,当库存量低于订货点时就开始再次订货。

经济订货批量是指使全年总的订货费用与库存占用资金费用最小的每批订货数量。大量的订货意味着较少的订货费用,但是平均库存量会增加,物资存储费用、保管费用也会随之升高;小批量订货则相反。所以物资的采购应该在订货费用与保管存储费用之间寻求一种平衡,以获得总的库存费用最低的采购批量。

3)库存控制模式

库存控制模式主要有两种:推动式与拉动式。

(1)典型的推动式库存控制的方法如 MRP(Material Requirement Planning,物料需求计划)。在这种体系下,生产计划是根据对需求的预测和物料的可得性来安排的。一旦计划形成后,每个工序就会推动部件到下一生产工序。由于要避免各种不确定性因素的影响,又要保持相当水平的安全库存,因此推动式库存管理模式会掩盖许多管理中的问题。

(2)拉动式库存控制模式。是指根据客户的需要安排生产,每个工序只生产下个工序需要的产品,将库存降低至最低限度。JIT 是拉动式库存控制模式的典型,它的理念是"在需要的时候,按需要的数量生产所需要的产品",来减少生产过程中的库存浪费。它采取的措施是适时适量地生产产品,严格地按生产进度准时生产,全面及时的质量检测与控制,最大限度地减少工人,缩短交货周期和快速做出决策,追求生产过程中的零库存境界。

此外,还有质量控制、信息控制等非预算控制方法,也能为企业一定领域的控制工作起到相应的作用。

14.4 危机管理

14.4.1 危机与危机管理

1. 危机

1)危机的概念

危机指潜在的祸端,有两层含义:①意味着重大困难或危险的决定性时刻;②存在着转机,需要做出决定。因此,危机是一把双刃剑,危险与机遇同时存在。对于组织来说,危机指危及组织利益、生存与发展的突发性或灾难性的事故与事件,处理不当会使企业受损,处理得当则会得到使企业比危机前更加强大的结果。危机是企业在发展过程中不可避免的，中外许多知名企业在经营过程中，均遭遇过危机的袭击，区别在于危机的大小、程度、持续时间、处理方式有所不同。

2）危机的特点

（1）广泛性。一方面，市场竞争日益激烈，市场风险无处不在，有风险就有潜在的危机。另一方面，企业生产的产品最终会与消费者的生活息息相关、联系紧密，消费者对企业的各种信息也极为敏感，当危机发生后，如果不能妥当处理，消费者会对类似产品普遍产生不信任感，引起更大的危机，形成"蝴蝶效应"。

（2）预兆性。企业对危机并不是完全不可预知的，在危机发生之前，会出现一些产生危机的征兆。例如，消费者抱怨增多、市场占有率持续下降；遭到相关行政管理部门例行检查以外的质量抽查或调查，生产与营销系统无法稳定地按计划运行；突发同行业相关的公共危机事件；有假冒伪劣的冒牌产品经常出现等。

（3）危害性。危机产生的危害有三类。首先，对社会公众的心理产生不良影响，形成心理冲击，甚至损害公众的利益，可能使公众原来的信任感不复存在。其次，对危机事件涉及的企业产生危害，生产、销售规模急剧下降，公司信誉受损并难以恢复，问题产品的处置等，将会给企业带来巨大的经济损失，而且损失是非线性的。最后，对区域经济、行业经济甚至整个国家的经济带来消极的影响。

（4）紧迫性。危机往往不期而至，往往在企业毫无准备的情况下突然发生，使企业的生产经营管理立即陷入混乱状态，因此，企业对危机的反应与处理的时间非常紧迫，反应迟钝将会使危机扩散，危害产生的损失也将扩大。

（5）传播性。在资讯的传播手段与速度日新月异的今天，不断出现的企业危机事件，使得公众对企业危机事件的关注度不断提高，政府对企业的监管力度也逐渐增强，社会媒体对此类事件的报道也乐此不疲。尤其是进入网络时代以后，借助虚拟社区，危机事件的传播速度之快、范围之广，是企业难以想象的。

（6）不确定性。危机是不确定的，主要表现在三个方面：①出现或不出现危机是不确定；②危机出现以后，危机处理采取的措施、使用的方法、事态的发展不确定；③危机处理的结果、造成的损失、产生的社会影响不确定。

（7）发散性。企业一旦发生危机，可能会产生多米诺骨牌效应，波及为行业危机、产业链危机、连带品牌危机，形成外部负效应。

（8）双面性。危机发生后，并不是必然会危害企业的生存，如果处置得当，危机事件往往会转变为一个契机，使企业走上良性发展的道路。

3）危机的种类

（1）按照危机涉及范围与对象的不同，可以将危机分为个人危机与组织危机：个人危机有健康危机、家庭危机、社会活动危机、心理危机等；组织危机有企业危机、政府危机、社会危机等。

（2）按照来源不同，危机可以分为外部危机与内部危机。外部危机往往来源于自然、政治、经济、市场、法律等方面。例如，自然灾害、流行传染病、地质灾害、政府政策调整、执政党丑闻、政府危机、金融危机、通货膨胀等。

（3）按照危机的严重性程度不同，危机可分为重大危机、一般危机、轻微危机。事实上，不同的行业，所面对的风险程度本身也存在差异。据1981年以来的100多起商业危机的调查报告，按照企业可能发生危机程度的高低划分，高风险类企业主要包括制造商（尤其是医药与化学制品）、银行、金融机构、服务机构（宾馆、酒店、航空、旅游）等；

第14章 控制方法与危机管理

中风险类企业包括商业连锁、石油供应商、电信公司、超市等；低风险类企业包括保险代理、软件公司、财务会计公司、咨询公司等。最易受到危机袭击的企业有四种类型：高知名度企业与大企业、连锁经营企业与多元化企业、经营状态不稳定的企业、内部存在某种缺陷的企业。

4）危机的形成过程

危机的演变有一个过程，一般包括以下四个阶段。

（1）危机酝酿期。在这个阶段，危机甚至还不能被人们所感知，但是各种不利的信息正在形成，犹如星星之火，有各种征兆与苗头，一旦发现很容易被扑灭，如果发现或处理不及时，则会酿成大火。

（2）危机爆发期。在这个阶段，危机信息开始被传播，危机已经暴露，但只要及时反应，采取果断正确的手段，还是可以控制的。

（3）危机扩散期。此时火势顺风以燎原之势蔓延，由于公众与媒体的关注，危机成为舆论关注的热点与焦点。如果此时沟通不畅或有误，公众与媒体将会出现信息真空，导致谣言四起，危机以爆炸式扩散，呈现失控状态。

（4）危机消失期。通过利用各种手段对事件进行处理，此时信息得到最大限度的披露，组织或个人逐渐走出了公众与媒体的视线。危机处理得当，组织会走上复兴之路，如果处理不当，则会走上衰亡之路。

2. 危机管理

1）危机管理的概念

美国公共关系专家罗伯特·希斯认为，危机管理包括对危机事前、事中、事后的管理，有效的危机管理应该通过寻找危机的根源、本质及其表现形式，分析危机的冲击与影响，通过缓冲管理来更好地转移危机或缩减危机的范围与影响，提高危机初始管理的地位，改进组织对危机冲击的反应管理，完善修复管理，以迅速有效地减轻危机造成的损害。杰利·格林认为，危机管理是尽可能将损失控制在一定范围之内，在事态失控之后要采取行之有效的措施重新控制住局势。史帝文·芬克认为，危机管理是指组织对危机的发生因素进行预测、分析、化解、防范而采取的行动。魏加宁认为，危机管理是防止与回避危机，使组织在危机中生存下来，并将危机造成的损失降低到最低程度。储节旺认为，组织在面对危机时，应该用正确的态度和方法应对危机，尽可能将危机转化成机遇，在危机化解后，对危机产生的原因进行分析、总结，用相应的措施避免危机的再次发生。

综上，危机管理是指通过一定的组织与措施，有计划地预测危机、防范危机、处理危机、缩减危机，控制危机造成的危害，消除危机造成的不利影响，使企业在处理危机的过程中不断提升自己的生存与发展能力的过程。

2）危机管理的心态

危机发生后，凡是能妥善处理危机的企业，其高层管理人员都具有良好的心态与正确的价值观，即将公众的利益放在首位。企业面对危机的心态主要有以下几种。

（1）逃避型。在危机发生后，企业一味守着过去的荣誉与成绩，更多地关注当前的利益，不去认真思考危机产生的原因及长效的解决措施，而是懊恼、沮丧、怨天尤人，无法看清楚什么是急需解决的问题，也不愿意或不敢承担责任，试图以逃避来化解危机。

（2）应付型。危机发生后，公司行动迟缓，希望通过时间的推移来淡化危机，只有在公众的一再要求及媒体的连续报道的压力下，才勉强进行调查，其态度消极，常常是迫于外界的压力才略微处理危机，也可能根本就没有意识到危机。

（3）抗拒型。企业遇到危机后，不从自身找原因，找差距，更多地强调客观因素，甚至为挽回声誉，依仗权势指责媒体与公众。

（4）掩饰型。遇到危机后，企业对真实信息不公开，甚至运用各种手段掩盖事实真相。

（5）矛盾型。企业遇到危机后，既愿意承担责任，又顾虑说明真相会对企业产生不利的影响，对外传播信息讳莫如深，迟迟不表态，结果错过最佳解决危机的时机。

（6）直面型。企业遇到危机，不回避、不推诿，敢于面对现实、承担责任，优先考虑公众利益，及时采取有效措施处理危机。

3. 危机管理的原则

任何企业的发展，不可能一帆风顺，偶尔经历失误或碰到危机也是难以避免的，所谓"智者千虑，必有一失"，关键是看企业如何面对与处理。企业在处理危机时应该遵循一些基本的原则，以下是危机管理的"6F"原则。

（1）事先预测原则（Forecast）。树立未雨绸缪的意识，及早发现危机的征兆，防患于未然，做危机处理的"消防员"是危机管理的必要条件；而通过事先分析、科学预测，做防范危机发生的"安全员"是有效的危机管理的充分条件。

（2）快速反应原则（Fast）。危机事件爆发的突发性和极强的扩散性决定了危机处理必须果断、迅速，危机的破坏性也往往随着时间的推移呈现非线性爆炸式增长趋势，快速处理危机有利于危机的妥善解决与减少损失。

（3）尊重事实原则（Fact）。对于危机事件中的企业来说，最大的致命伤害是失信，犯了错误并不可怕，可怕的是不敢承认错误，因此，危机管理必须坚持实事求是的原则。

（4）承担责任原则（Face）。危机发生后，公众关注的焦点除了感情外，更多的是关注公众的利益是否得到保护，企业是否主动承担责任。三鹿奶粉事件与强生泰莱诺尔事件的危机管理案例，对此做了最好的诠释。

（5）坦诚沟通原则（Frank）。企业在危机发生后，应该遵循坦诚沟通的原则及时向员工、公众、利益相关者发布信息，为危机处理创造良好的环境，体现组织的社会责任感。

（6）灵活变通原则（Flexible）。危机管理既是科学也是艺术，企业如果能够结合危机事态的发展形势的变化与内外部资源条件，进行灵活的处理与应对，不仅可以力挽狂澜成功跨越危机，甚至还可以转危为机，将危机事件转变成提升企业管理水平的契机。

案例 14-7

强生公司的泰莱诺尔"致命污染"危机

美国强生公司是一家生产和销售健康用品的跨国公司，1981年全美500家最大工业企业排名中，强生公司名列第68位。在消费者看来，强生公司的产品总是与周到和安全联系在一起。1982年出现的泰莱诺尔"致命污染"一案充分体现了强生公司的价值观，更重要的是人们可以从中学到优秀企业的危机管理经验和危机处理艺术。

泰莱诺尔是强生公司生产的一种乙酰氨基止痛药，1982年，泰莱诺尔已占据了止痛药店面交易市场额的35.3%，总销售额1982年为3.5亿美元，占强生公司总销售额的7%。而更重要的是，它贡献了公司总利润中的17%。

1982年9月底的一周内，先后有6名消费者因服用泰莱诺尔胶囊而死亡，死亡是由氰化物造成的。

公司迅速收集了有关受害者、死因、有毒泰莱诺尔的批号、销售该药的零售点、药的生产日期及它

第 14 章　控制方法与危机管理

们在分销网中所经过的途径等信息。同时，强生公司立即撤回了成批的产品，并劝告人们，在事情还未弄清前绝不要购买特效泰莱诺尔胶囊。全国的药店和超市都从它们的货架上取下了泰莱诺尔产品。

不久，调查者们得出结论：毒物污染并不是发生在生产过程中，证明这次中毒事件的责任不在强生公司。

为了尽快消除这次危机对泰莱诺尔及公司本身的影响，强生公司决定把这次危机的处理工作提上公司一级议事日程，并制定了一项详细计划。这项计划分三步进行：第一步是澄清事实；第二步是评估并遏止损害的继续；第三步是努力使泰莱诺尔重振雄风。

第一步：一向保持低姿态的强生公司开始求助于各个媒体，希望它们提供最准确及时的信息，并帮助阻止恐慌的发生。公司还从其他公司抽调了 25 名公关专家协助处理这次事件。广告宣传一律暂停，所有的泰莱诺尔胶囊都被收回。公司还向消费者承诺以新生产的泰莱诺尔药片换回胶囊，通过发给医生、医院、商家的 50 万份电报和对媒体的声明及时传达了这些信息，目的是不使形势继续恶化。

第二步：此次事件在财务上的损失超过 1 亿美元，更重要的是，如何减少这次毒害事件对泰莱诺尔商标本身造成的影响。为了掌握真实情况，公司在毒害事件发生后一个月后进行了民意调查，其中有 50%的消费者说，他们今后甚至连卡装泰莱诺尔也不会买了。唯一能令公司感到安慰的一点是，经常使用泰莱诺尔的人中有 49%的人表示他们仍会继续使用这种药。这更让公司进退两难。强生公司认为，要知道顾客们到底会怎么做，最好的办法是把产品摆回货架上去，让顾客们用自己的手来表决。

第三步：为了重新赢得常客们的信任，公司在电视广告中承诺它将尽其所能为顾客服务，以赢得他们的信任。强生公司也鼓励泰莱诺尔胶囊的使用者们能去试用泰莱诺尔药片，因为后者不容易被人做手脚。甚至，公司还设计出一种防破坏包装，来杜绝类似事件的再次发生。

危机发生后，强生公司在止痛药市场上的份额一度由 35.3%急降至不足 7%，然而，成功的危机处理策略又很快使强生公司东山再起：到 1983 年 5 月份，泰莱诺尔已然赢回了几乎所有于头年（1982 年）9 月份失去的市场份额，达到了 35%，并一直保持到 1986 年。强生公司真诚的行动有了回报。

14.4.2　危机管理的程序

危机管理包括危机预防、危机处理、危机善后三个阶段。

1. 危机预防

危机产生的原因是多种多样的，不排除偶然的原因，多数危机的产生有一个变化的过程。如果企业管理人员有敏锐的洞察力，根据日常收集到的各方面信息，能够及时采取有效的防范措施，完全可以避免危机的发生或使危机造成的损害和影响尽可能减少到最低程度。因此，预防危机是危机管理的首要环节。

（1）树立强烈的危机意识。企业进行危机管理应该树立一种危机理念，营造一个危机氛围，使企业的员工面对激烈的市场竞争，充满危机感，将危机的预防作为日常工作的组成部分。首先，对员工进行危机管理教育。教育员工认清危机的预防有赖于全体员工的共同努力。全员的危机意识能提高企业抵御危机的能力，有效地防止危机发生。其次，开展危机管理培训。危机管理培训的目的是让员工掌握危机管理知识，提高危机处理技能和面对危机的心理素质，从而提高整个企业的危机管理水平。

（2）建立预防危机的预警系统。预防危机必须建立高度灵敏、准确的预警系统。信息监测是预警的核心，随时搜集各方面的信息，及时加以分析和处理，把隐患消灭在萌芽状态。预防危机需要重点做好以下信息的收集与监测：一是随时收集公众对产品的反馈信息，对可能引起危机的各种因素和表象进行严密的监测；二是掌握行业信息，研究和调整企业的发展战略和经营方针；三是研究竞争对手的现状、进行实力对比，做到知己知彼；四是对监测到的信息进行鉴别、分类和分析，对未来可能发生的危机类型及其危害程度做出预测,并在必要时发出危机警报。

(3) 建立危机管理机构。这是企业危机管理有效进行的组织保证,这不仅是处理危机时必不可少的组织环节,而且在日常危机管理中也是非常重要的。危机发生之前,企业要做好危机发生时的准备工作,建立起危机管理机构,制定出危机处理的工作程序,明确主管领导和成员职责。成立危机管理机构是发达国家的成功经验,是顺利处理危机、协调各方面关系的组织保障。危机管理机构的具体组织形式,可以是独立的专职机构,也可以是一个跨部门的管理小组,还可以在企业战略管理部门设置专职人员来代替。

(4) 制订危机管理计划。企业应该根据可能发生的不同类型的危机制订一整套危机管理计划,明确怎样防止危机爆发,一旦危机爆发立即做出针对性反应等。事先拟订的危机管理计划应该囊括企业多方面的应急预案。在计划中要重点体现危机的传播途径和解决办法。

2. 危机处理

(1) 危机调查与确认。一旦危机预警系统提供的信息显示危机的征兆,企业危机管理部门应该进行危机确认,并按照相关计划启动危机处理程序。在确认危机后,首先要立即收集信息,并形成基本的调查报告,内容包含:危机事件的基本情况,包括时间、地点、原因、环境等;事件的现状与趋势,包括事态目前的情况、发展方向、采取了什么措施、措施效果等;事件产生的原因与影响;查明事件发生的当事人与责任人;查明事件波及的公众与受害者及与企业有利害关系的部门与组织等。

【相关案例】

(2) 分析危机,确定对策。根据上述危机事件报告,企业应该及时会同有关部门,进行分析与决策,针对不同公众确定相应的对策,制定消除危机影响的处理方案。值得注意的是,对策除了预案外,还需要根据危机的发展进行动态的调整。

(3) 分工协作,实施处理方案。企业在制定危机处理决策后,要协调各级组织力量,实施既定的解决危机、消除影响的方案。

3. 危机善后

危机的善后工作主要是消除危机处理后的遗留问题和影响。危机发生后,企业形象受到了影响,公众对企业会非常敏感,要靠一系列危机善后管理工作来挽回影响。

(1) 进行危机总结、评估。对危机管理工作进行全面的评价,包括对预警系统的组织和工作程序、危机处理计划、危机决策等各方面的评价,要详尽地列出危机管理工作中存在的各种问题。

(2) 对问题进行整顿。多数危机的爆发与企业管理不善有关,通过总结评估提出改正措施,责成有关部门逐项落实,完善危机管理内容。

(3) 寻找商机。危机给企业制造了另外一种环境,企业管理者要善于利用危机探索经营的新思路,进行重大改革。这样,危机可能会给企业带来商机。

总之,危机并不等同于企业失败,危机之中往往孕育着转机。危机管理是一门艺术,是企业发展战略中的一项长期规划。企业在不断谋求技术、市场、管理和组织制度等一系列创新的同时,应将危机管理创新放到重要的位置上。一个企业在危机管理上的成败能够显示出它的整体素质和综合实力。成功的企业不仅能够妥善处理危机,而且能够化危机为商机。

第14章 控制方法与危机管理

 本章小结

根据管理控制中解决问题的思路不同,控制一般包括员工行为控制模式、财务控制模式、综合控制模式三种。员工行为控制模式的控制方法有鉴定式评价方法、实地审查方法、因素加权评分方法、强制比较法及偶然事件评价法。财务控制模式主要通过财务报表分析来进行,财务报表分析方法主要有实际数字法和比率法两种,前者是用财务报表中的实际数字来进行分析,后者是求出实际数字的各种比率后再进行分析。常用的比率分析主要有财务比率分析和经营比率分析。综合控制模式有两种:资料设计法和审计法。资料设计法可以帮助各层管理人员收集控制资料,审计法可以帮助管理人员正确地控制各种工作。

预算,就是用数字,特别是财务数字的形式来描述企业未来的经营计划。预算可归纳为三大类:财务预算、经营预算、投资预算。编制预算的方法有固定预算与弹性预算、增量预算与零基预算。传统的非预算控制方法有视察、报告、程序控制、标杆管理等方式。典型领域的非预算控制有成本控制、库存控制等。

危机指危及组织利益、生存与发展的突发性或灾难性的事故与事件。危机一般包括酝酿、扩散、爆发、消失四个阶段。危机管理是指通过一定的组织与措施,有计划地预测危机、防范危机、处理危机、缩减危机,控制危机造成的危害,消除危机造成的不利影响,使企业在处理危机的过程中不断提升自己的生存与发展能力的过程。危机管理主要有不确定性、应急性、预防性等特点。危机管理要做到"6F"原则。危机管理的程序包括危机预防、危机处理、危机善后三个阶段。

 关键术语

审计——audit　　　　　　　　　　　预算——budget
视察——inspect　　　　　　　　　　报告——report
程序——program　　　　　　　　　　危机——crisis
标杆管理——benchmarking　　　　　成本控制——cost control
库存控制——inventory control　　　危机管理——crisis management
员工行为控制模式——the staff behavior control mode
综合控制模式——integrated control mode
财务控制模式——financial control mode

 案例应用分析

华润公司的"6S"管理体系

中国华润公司的"6S"管理体系是从多年的管理实践中总结出来的系统管理模式,它是将集团内部多元化的业务及资产划分为责任单位并作为利润中心进行专业化管理,其组织领导及监督实施机构是集团董事会下设的"6S"管理委员会。"6S"既是一个全面预算管理体系,也是一个多元化的信息管理系统。

1. 利润中心编码体系

在专业化分工的基础上,将集团及下属公司按管理会计的原则划分为多个业务相对统一的利润中心,每个利润中心再划分为更小的分支利润中心,并逐一进行编码,使管理结构清晰。这种结构体系较清晰地包括集团绝大部分资产,同时使每个利润中心对自身的管理也有清楚的界定,便于对每项业务实行监控。

2. 利润中心管理报告体系

在利润中心编码体系的基础上,每个利润中心按规定的格式和内容编制管理会计报表,具体由集团财务部统一制定并不断完善。管理报告每月一次,包括每个利润中心的营业额、损益、资产负债、现金流量、成本费用、盈利能力、应收账款、不良资产等,并附有公司简评。每个利润中心的报表最终汇总为集团的管理报告。

3. 利润中心预算体系

在利润中心分类的基础上,全面推行预算管理,将经营目标落实到每个利润中心,并层层分解,最终落实到每个责任人每个月的经营上,这样不仅使管理者对自身经营业务有较长远和透彻的认识,还能从背离预算的程度上去发现问题,并及时加以解决。预算的方法由下而上,再由上而下,不断反复和修正,最后形成整个集团的全面预算报告。

4. 利润中心评价体系

预算执行情况需要进行评价,而评价体系要能促进经营目标的实现。根据每个利润中心业务的不同,度身定造一个评价体系,但总体上主要通过获利能力、过程及综合能力指标进行评价。每一个指标下再根据各业务的不同情况,细分为能反映该利润点经营业绩及整体表现的许多明细指标,目的是做到公平合理,既可以兼顾到不同业务点的经营情况,又可以促进业务改进提高,加强管理。其中有些是定量指标,有些是定性指标,而对不确定部分集团则有最终决定权。集团根据各利润中心业务的好坏及前景,决定资金的支持重点,同时对下属企业的资金使用和派息政策,将根据业务发展方向统一规定,不实行包干式资金管理。而对利润中心非经营性资产转让或会计调整的盈亏,则不能与经营性业绩混在一起进行评价,但可视具体情况给予奖惩。

5. 利润中心审计体系

集团内部审计是管理控制系统的再控制环节,集团通过审计来强化全面预算管理的推行,提高管理信息系统的质量。

6. 利润中心经理人考核体系

预算的责任具体落实到各级责任人,从而考核也要落实到利润中心经理人。利润中心经理人考核体系主要从业绩评价、管理素质、职业操守三方面对经理人进行评价,得出利润中心经理人目前的工作表现、今后的发展潜力、能够胜任的职务和工作建议。根据以上三部分的考核结果,进一步决定对经理人的奖惩与使用。

围绕"6S"管理体系的建设,集团还做了一些完善与配套工作。

(1) 建立服务中心考核体系。将集团职能部门设定为服务中心,并对这些与利润没有直接联系的管理部门,如何进行考核及以民主形式进行监督做出规定。主要做法是,对各服务中心进行定位,明确其主要职能,提出评价及量化服务中心工作质量的指引,规定服务中心考核办法,根据考评结果决定奖惩办法。

(2) 改革人事制度。对利润中心经理人的聘任增加了内部公开招聘的程序。公开报名,统一考试,人事部门进行综合评议,推荐候选人名单,经常务董事会面试后聘任。这一做法已经在多家单位进行。另外,根据利润中心、服务中心的考评结果,对表现优异者由集团总经理向常务董事会建议入选新一届领导班子。这样,使干部提拔使用进一步透明化、规范化,并促使"6S"管理体系真正落到实处。

讨论:

(1) 华润公司的"6S"管理体系主要是针对什么来设计的?主要内容是什么?

(2) 华润公司的"6S"管理体系有何优、缺点?适用于什么类型的企业?

(3) 试分析为何要建立服务中心考核体系及改进人事制度。

思 考 题

1. 员工行为控制模式的特点是什么?在哪些部门更适合使用员工行为控制模式?为什么?
2. 审计控制应该注意哪些问题?管理审计的侧重点与财务审计有何不同?为什么?
3. 预算控制的内容有哪些?预算控制应该注意哪些方面的问题?
4. 程序控制包括哪些阶段?请为某零售商制定采购程序。

5. 如何设计报告制度？请为某家电制造企业的销售部门设计报告制度。
6. 如何进行标杆管理？设立标杆的依据有哪些？
7. 什么是危机？危机有何特点？如何判断危机已经来临？
8. 危机管理有何特点？危机管理应该遵循哪些原则？
9. 简述危机管理的程序及注意事项。

创新篇

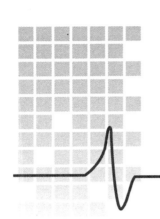

管理创新、领导创新与文化创新

教学要求

了解管理创新、领导创新、文化创新的概念、特点与内容；理解管理创新、领导创新、文化创新在现代企业管理中的重要性与现实性，建立创新意识。

本章知识点

管理创新的概念、特点与内容；领导创新的概念、特点与内容；文化创新的概念、特点与内容。

■ 导入案例

乔布斯与苹果公司

电子产品企业在制定营销策略时首先要对消费者的购买心理和行为有一个准确的把握。消费者需要怎样的消费产品，企业采取哪些措施才会使消费者购买的产品满意？

早在 20 世纪七八十年代，乔布斯就已证明了他是世界上最富前瞻性的企业家。1976 年联合创办苹果电脑时，他即相信电脑将变成大众消费品。而 1984 年推出的麦金塔电脑，率先将图形操作界面和鼠标介绍给世界。

乔布斯在业界一贯以固执和大胆著称，甚至在多数人抱相反态度时，他仍一往无前。自从 1985 年乔布斯被董事会解职后，苹果公司马上变成了一家再平庸不过的公司。十年内它换过三任首席执行官，年销售额却从 110 亿美元缩水至 70 亿美元。以至于原本有意收购它的 SUN 公司选择了放弃。迈克尔·戴尔则揶揄说："如果我在苹果，我会关掉这家公司，把钱还给股东。"

后来，重新拥有乔布斯的苹果公司，再次显得生机勃勃。这家完全依靠出色的工业设计和大胆创意发展的公司，完全不像其他 PC（Personal Computer，个人计算机）厂商那样依赖于庞大制造能力和行销体

第 15 章　管理创新、领导创新与文化创新

系。2004 年年初，当乔布斯驱车穿越麦迪逊大道时，几乎在每一个路口，他都能看到行色各异的人摆弄着苹果公司生产的数码音乐播放器 iPod。甚至苹果公司的对手微软公司总部内 80% 的员工都在用 iPod。你可将此视为过去十年间最富成效的公司再造，不过，与路易斯·郭士纳或李·艾科卡的故事大不相同，乔布斯从未试图扮演战略家或管理大师。他所做的是，恢复苹果公司的创新能力。

苹果公司的成功是建立在乔布斯管理创新的基础之上的。那么企业应该如何进行创新？创新包括哪些具体内容？本章将给出答案。

15.1　管理创新

创新是企业生存和发展的不竭之源，管理创新则是企业从事创新活动的基本内容。成功企业无一例外地重视创新活动，并在创新活动中自觉运用了创新的管理模式。企业开展创新活动不仅要研究创新理论，而且要研究创新的发展及其与管理之间的关系。

15.1.1　创新与竞争优势

1. 创新的内涵与外延

西方经济学家约瑟夫·熊彼特在几十年前就提出了创新的概念。他认为世界的发展，经济的飞跃是要通过企业家来实现的，因为企业家能够创新。他的创新理论包括以下五个方面：新市场、新产品、新技术、新原料、新组织。例如，要开拓创新市场，北方市场不够就开拓南方市场，国内市场不能满足就开拓国际市场。同时他还提出创新不但要适应环境，而且还要创造环境。需求也同样，不仅要适应需求，还要创造需求，领导需求，吊着消费者的胃口，消费者还不知有什么东西的时候，你创造出来了，消费者就跟着你走。总之，作为企业家，要不断主动地去创造需求，而不是消极地去适应需求，这是至关重要的，也是创新的内涵。

知识经济时代，创新归根结底强调的是人的思想。科学技术、市场经济均是由理论、思想引发出来的。想要有新的技术、市场、方法、制度等产生，首先要有新思想、新思路、新观念，有了这些才有新出路，进一步讲，要创新思想、创新经营，企业才会有新的出路。有新的观念，才有新的发展。在企业界，不论是搞服装的、做家电的、还是做食品的、造汽车的，表面上看是在经营产品，实质上是经营资本。一般认为，资本的运营包括土地、人才、品牌、金融、资产等，但实际上还不够。一个企业家在知识经济时代，不仅要经营以上所包括的内容，很重要的一点，还要经营思想，这也是至关重要的，也就是创新的外延。

2. 创新和竞争优势之间的关系

随着知识经济的到来，企业环境的动态性和不确定性日益加剧，企业发展面临前所未有的挑战。环境的动态性和不确定性决定了曾经成功的企业经营战略难以再适应新形势的发展需要，情况的变化迫切要求企业在动荡复杂的环境中逐步形成新的能力，即动态适应能力，以赢得竞争优势。

早在 20 世纪 80 年代初期就有学者注意到了创新的重要性，认为创新对企业取得辉煌成就有重要作用。随后的学者也发表了类似的观点，认为企业需要创新以获得竞争优势，以便更好地生存和发展，成功的企业取决于内部创新能力的开发。创新是企业持续成长，获得长期成功的重要因素，公司如果不能持续追求创新，很快就会不适应环境的变化。如

今，市场变化迅速，知识老化和更新速度日益快速和频繁，变化和动态成了知识经济时代最显著的特征，企业经营管理人员必须不断制定新战略和调整战略，以取得并维持竞争优势。基于此，企业在适应动态竞争和市场变化而拥有持续竞争优势的过程中，创新能力的重大作用更加凸显，创新是维持企业竞争优势的源泉。

15.1.2 创新的种类

创新虽有大小、层次之分，但无领域、范围之限。虽然创新的种类是无穷尽的，但是若按大的属性划分，我们可以将它们粗略地分为知识创新、技术创新、管理创新和方法创新四大类。

知识创新就是对现有知识构成要素进行新的组合或分解，是在现有知识基础上的进步或发展，是在现有知识基础上的发明或创造。知识是人们在探索、利用或改造世界的实践中所获得的认识和经验的总和。我们的知识一般分为自然科学知识和社会科学知识两类。因此，知识创新也可以进一步划分为自然科学知识创新和社会科学知识创新。

技术创新就是对现有技术构成要素进行新的组合或分解，是在现有技术基础上的进步或发展，是在现有技术基础上的发明或创造。"技术"一词一般有两个方面的含义：第一个含义是指人们在探索、利用和改造自然界和社会的各种物质或现象的过程中积累起来并在生产劳动或社会实践中体现出来的经验和知识；第二个含义是泛指各种操作技巧。技术一般可以分为自然科学技术和社会科学技术两大类。技术创新也可以进一步分为自然科学技术创新和社会科学技术创新。

管理创新就是对现有管理构成要素进行新的组合或分解，是在现有管理基础上的进步或发展，是在现有管理基础上的发明或创造。"管理"一词一般有三个方面的含义：一是负责某项工作，使其顺利进行；二是保管和料理；三是照管并约束。虽然管理有这三个方面的意思，但是从本质上看，管理的主要构成要素都是管理知识、管理制度、管理技术和管理方法。管理可进一步分为行政管理、企业管理、事业管理、团体管理和个人管理五类。管理创新也可以进一步分为行政管理创新、企业管理创新、事业管理创新、团体管理创新和个人管理创新。

方法创新就是对现有方法构成要素进行新的组合或分解，是在现有方法基础上的进步或发展，是在现有方法基础上的发明或创造。方法创新就是人们观察问题、分析问题或解决问题的途径、程序和诀窍的创新的总称。方法创新是永无止境的，方法创新的种类也是无穷尽的。

案例 15—1

路易斯·郭士纳让 IBM 跳舞

1993 年，当毫无科技从业背景的路易斯·郭士纳成为 IBM 的首席执行官时，人们以为他只是这个帝国的末代皇帝而已。他觉察到自己面临的最大挑战是 IBM 企业文化的异化。但是，改变并非一蹴而就。这些问题"几乎都与那些有关公司及公司员工的良好的、聪明的和有创意的观点错综复杂地纠缠在一起——这使得任何试图摧毁它们甚至触动它们的努力都显得十分疯狂"。他意识到，建立成本控制、财务、库存管理、供货链管理、现金管理、客户服务、基准评价等系统，都不是企业机构的改变能做到的，只能通过管理和企业文化的转变以实现。正如他自己后来所说："在 IBM 任职十年间，我发现，公司文化并不仅仅是游戏的一个方面——它就是游戏本身！"再造 IBM 的过程令人痛苦和难忘，尤其是当他一反公司不裁员的规定，半年内就果断裁掉 4.5 万人。九年时间，路易斯·郭士纳奇迹般地使一个连续三年累计亏损已经达到157亿美元的巨型公司变成了年盈利81亿美元的传奇企业，同时成功地将这个巨人从硬件制造商改造为一家以电子商务和服务为主的技术集成商，完成重大转型。IBM的经历使路易斯·郭士纳明白了管理创新的意义，他醒悟道："从根本上来说，我的文化改革最深层的目标，就是要让IBM的员工重新相信自己。"而这种变革是所有变革中最深刻、最艰难、最危险的变革。因为"从终极意义上来说，并不是管理者去改变文化，而是去邀请员工自己来改变文化，自己改变自己"。

15.1.3 管理创新的要素与原则

1. 管理创新的要素

（1）企业文化。企业文化是企业内部影响企业变革最有效的工具。它是将企业凝聚起来的"胶水"。这种凝聚效应全面体现于企业的各个方面。这也是为什么文化能够作为企业转型的如此重要的一个工具。当然，能否成功使用这个工具也是一个挑战。任何为了提高企业创造力的举措必然应该有相应的企业文化转型计划。

最有助于创新的企业文化应该是这样的：更加外向型而非封闭型的文化；更加灵活、适应变化的文化，而非一味求稳的文化；扁平化而非等级化管理的文化。企业文化中还应强调持续学习和不断适应。在支持和鼓励创新中，企业文化如果想起到关键作用，就必须着力将文化的作用和影响渗透至企业战略的各个层面，如员工、政策、企业行为、激励机制、企业的语言和系统架构等。总之，将企业创新战略置于企业核心议程之中。

（2）领导风格。一个企业的领导者在推动创新方面起着至关重要的作用。同员工、预算和项目等维度一样，企业创新也需要被管理、支持和维护。由于创新天生就应该是个系统工程，影响商业世界的各个角落，同时也被它们所影响，因此创新应该被视为企业管理中的头等大事。

如果领导者仅仅是作为创新活动的守门人和把关者，而非创新的倡导者和极力推动者，不会为创新活动配置足够的资源，也无法提出良好整合的战略来克服和消除创新过程中所遇到的各种阻力，那么，带给企业创新变革的必将是灾难。

案例15-2

李·艾科卡拯救克莱斯勒

1979年年初，李·艾科卡正式入主克莱斯勒时，该公司上一季度的亏损已近1.6亿美元，这是有史以来最严重的时期。李·艾科卡决定马上采取措施，增加对新工厂和新产品的投资额。但美国正值经济衰退，全国汽车销售量降低了50%，大量投资付出巨大的代价：回收的资金只有投资的一半。为了生存，李·艾科卡开始一反克莱斯勒原有的管理风格而大举裁员，先辞退公司高层，35个副总裁先后辞退了33个，并先后解雇9万多名工人，裁员率超过50%。而后，他又提出"牺牲均等"的口号，首先给自己降薪，每年只拿一块钱，工人平均每人每年少拿了近1万美元。最后，重要一步是，李·艾科卡采用新的营销策略大力团结经销商，化解了克莱斯勒的经营危机。李·艾科卡管理创新的成功使得克莱斯勒起死回生，并开创一个明星首席执行官的新时代，《时代》周刊把他的头像放在封面上，并加以大字标题："他说的每一句话，美国都在听！"

（3）培训及工具。不断学习的员工构成了企业中创新力的根基。必须要有一个持续进行的培训项目来鼓励员工，告诉他们拥有创新思维对整个企业的发展至关重要。在这个持续进行的培训项目中,还必须应用各种工具,这些工具必须既能够促进分化又能够促进和谐。这里的分化是指要让不同意见无所保留地表达出来,好的理念能够形成头脑风暴,而和谐是指团队应协作执行创新理念。在已经形成的技能训练项目中应考虑加入更广泛层次的内容,让这些技能能够使员工注重直觉、形象思维和彼此之间的默契。

(4)创新评估机制。企业层面的创新是可以被测量的。在企业现有的绩效考核过程中,应该将创新纳入评价体系,这才是平衡的考核标准。如果将创新纳入个人和企业的绩效评估体系,就应该有相应的激励机制和奖励体系。而创新是否成功,往往要经过数年的考验才能被衡量。因此,短期和长期的评估体系应同时具备、同时到位。

(5)知识管理。信息技术使得企业里的好点子和新理念能够打破企业等级、原有的职能部门甚至跨越地域,让企业各层面的员工参与到创新过程中来。而且,合理的知识管理程序和规章制度,以及丰富的资源也显得十分重要。

(6)创新环境。创新发生的环境是最容易被忽略但却是无比重要的一个因素。一模一样的人组成的研发团队,选择在硅谷还是在澳大利亚内陆组建,得到的是两个截然不同的结果。当然这个例子有些极端,不过也揭示了地理位置和环境等条件对于创新的重要性。想想你的员工在哪儿工作,他们待的地方工作环境如何。将一个创新团队放到繁华的市区,那里离大学校园很近,而且可以接触到最新、最前沿的科技信息或产品。办公环境是支持创新的重要手段之一。创新的办公环境应该提供多样的办公场所:既支持团队合作,又支持独自工作。

2. 管理创新的原则

管理创新原则是指在管理创新活动中所应遵循的行为准则。它在创新的行为中起到一定的判定和筛选管理创新意念的作用,也对创新行为具有一定的导向作用。管理创新原则主要有以下几个方面的内容。

(1)调查研究原则。创新活动是既要有理论,又要付诸实践的工作。为了获得真知灼见,必须在理性思考的基础上,进行认真的调查研究,针对创新对象所涉及的范围,到生产第一线,到市场中,到社会基层,了解客观事物的真相,了解顾客的需要,了解人们的期望、需要和价值观。

(2)分析综合原则。创新的过程是一个系统地分析综合、探索事物的运行规律的过程。因此,必须在调查研究的基础上,对创新的每一个机会和来源进行有目地、系统地分析,不放过任何蛛丝马迹,洞察秋毫,从中发现事物之间的内在联系和相互关系。

(3)突出重点原则。要想创新成效快,绝不可以搞烦琐哲学,只能以解决一件事、一个问题为中心。

(4)大处着眼、小处着手原则。有成效的创新大多是从小处着手的,但是从长远来看,又要有明确的目标。从小处起步,不追求一时的辉煌,认真地做好每一件小事,积累起来,就是大成就。这是因为,从小规模开始,需要的人才少、资金少、市场开拓快,而且,即使出现问题也容易调整。

(5)可行性原则。包括两个方面:一是客观条件的可行性,主要指为完成某项创新必须具备的诸如设备、仪器、工具等各种物质手段,以及必要的资金、人才和信息等条件;二是主观条件的可行性,这是指从事管理创新的人员为完成某个特点的目标所必须具备的科学知识和研究能力。

15.1.4 管理创新的过程及方法

1. 管理创新的过程

（1）创新准备。该阶段需要进行以下活动：对现状不满的调查及关键问题进行分析，知识和经验的积累，客观与主观压力的刺激。

（2）寻找机会。看环境变化是否有可能为创新提供重大的契机，如生产技术、经济发展、文化与价值观、经营管理、企业意外的成功与失败等。

（3）提出构想。敏锐捕捉机遇，透过现象究其本源，分析和预测其发展趋势，估计其给组织带来的积极或消极后果，大胆提出创新构想，争取内外部的认可。

（4）实施构想。有构想就要立即付诸行动，光想不干就等于没想，构想不能等到完美时才能行动，到那个时候早就贻误了时机。

（5）坚持不懈。构想要经过尝试才可能成功。但尝试就存在着很大的风险，创新中就会不可避免地产生失败，最终的成功就在坚持之中。

2. 管理创新的方法

（1）有意识地进行管理创新。企业应建立研发实验室，或是为某些个人指定明确的创新职责，建立专门的组织架构来培育管理创新。要成为一个管理创新者，第一步需向整个组织推销其创新观念。

（2）创造一个怀疑的、解决问题的文化。当面临挑战时，公司员工会如何反应？他们会开始怀疑吗？他们是会借助竞争者采用的标准解决方案，还是会更深入地了解问题，努力发现新的解决之道？只有最后一条路才能将公司引向成功的管理创新，管理者应当鼓励员工主动解决问题而非选择逃避。

（3）寻求不同环境中的类比和例证。企业应该向一些高度弹性的社会体系学习，如学习议会民主制度等。如果企业希望提高员工的动力，就应该去观察、学习各种志愿者组织。鼓励员工去不同的国家工作也非常有价值，这可以开阔员工的视野并激发其思维。

（4）培养低风险试验的能力。有一家企业的管理人员不断鼓励员工及其团队提出管理创新办法。但他们很快意识到，要想使能动性转化为有效性，就不能放任所有的新主意在整个组织内蔓延。他们规定，每种创新只能在有限的人员范围和有限的时间内进行。这既保证了新创意有机会实施，同时也不会危害到整个组织。

（5）利用外部的变革来源来探究你的新想法。当企业有能力自己推进管理创新时，有选择地利用外部的学者、咨询顾问、媒体机构及管理大师们。他们有三个基本作用：新观念的来源；作为一种宣传媒介让这项管理创新更有意义；使公司已经完成的工作得到更多的认可。

（6）持续地进行管理创新。真正的成功者绝非仅进行一两次的管理创新。相反，他们是持续的管理创新者。通用电气公司就是一个例子，它不仅成名于其"群策群力"原则和无边界组织，还拥有很多更为古老的创新，如战略计划、管理人员发展计划、研发的商业化等。

 **案例 15-3**

春兰创新型矩阵管理

在"第八届中国机械行业企业管理现代化创新成果奖"大会上，"春兰创新型矩阵管理"夺得新中国成立以来我国企业管理领域评选的唯一特等奖。

春兰创新型矩阵管理有一个"16字方针",主要内容是"横向立法,纵向运行,资源共享,合成作战"。前八个字重点解决集团和产业公司集权与分权的矛盾,力求放而不乱,提高运行效率。所谓"纵向运行",指保留扁平化,组织结构按产业公司运行的特点,以产业为纵向;"横向立法"是指针对原来管理有所失控的问题,将集团的法律、人力、投资、财务、信息等部门划为横向部门,负责制定运行的规则,并依据规则对纵向运行部门实施监管。这样一来,横向部门"立法"并监管,纵向部门依然大权在握,能充分发挥主观能动性和积极性,不过是在"法"定的圈子里,要依"法"运行。"16字方针"中的后八个字,重点解决原来资源不能共享的问题。把横向职能部门划分为A系列和B系列,制定运行规则,"立法"的是横向中的A系列;B系列则负责实现对春兰内部资源的共享,为产业公司提供专家支持和优质服务。例如,春兰的整个法律事务,在公司总部设一名法律副总裁,分管法律事务工作,对首席执行官负责;集团下设法务处,在法律副总裁的领导下,具体实施对集团所属各子公司法务工作的指导和管理;集团所属子公司根据工作需要设立法务部门,在子公司负责人领导下开展本单位的法务工作,业务上接受集团公司法务处的指导和管理。按照原先的运行制度,48个部门都需要律师。而根据矩阵管理模式,现在只设立一个法律顾问组,为集团所有部门服务,大大节约了管理成本,而且,容易规范化。

春兰不断发展,不断进入新的产品领域和竞争领域,同时也可能退出一些经营不好的领域。公司需要一种易于扩展的组织模式,以避免每次随经营范围调整而导致的结构调整使企业伤筋动骨。矩阵结构可以很容易迅速地以产品事业部的形式扩充新的建制,也容易退出经营不好的领域,而不必对整体架构做出调整。

15.2 领 导 创 新

领导创新是创新活动在领导理论及实践中的应用,指的是将新的思维、方式引入领导活动中,革新原有的领导关系和情境,创造新的领导方法和途径,塑造新的领导者与被领导者,从而提高领导活动的绩效,更好地实现领导活动的预期目标。它包括领导观念创新、领导关系创新、领导方式创新等多个方面。

15.2.1 领导创新的特征及作用

1. 领导创新的特征

(1) 首创性。领导创新不是在原有的组织领导活动的基础上进行简单的模仿和修改,创新意味着突破与创造,因此,领导创新活动必然要产生首创性的成果,如新的领导方式、新的领导观念、新的领导关系等。这其中虽然有继承和延续,但是必然包含过去所没有的新的因素在内。

(2) 风险性。领导创新是对当前领导活动的扬弃,对未来的安排和规划。而未来总是充满了诸多变数。在领导创新过程中,人们详尽地总结过去,评估现在,预测未来,可是仍然很难精确地预期未来及其发展趋势。特别是当今环境的变动越来越呈现出加速度的趋势,而人们是不能左右环境的变化及其发展的。

环境的变动性决定了领导创新具有相当的风险性。一方面,领导创新一旦成功,可以改变整个领导活动的面貌,提高组织的活力和效率,取得可观的物质和精神效益。另一方面,如果创新没有取得成功,不仅在创新过程中投入的所有资源无法收回,而且考虑到领导活动在组织运行中的统率作用,将不可避免地在一定程度上带来组织运行的紊乱,甚至给组织带来不可预期的损失,这种损失有时是难以弥补的。另外,新的领导方法、领导方式、领导观念尽管具有先进性,但是能否适应组织的现状,能否被组织成员所接受,能否融入组织的运行流程和制度中，都不以人们的意志为转移。因此，风险性使得创新成为高收益与高风险并存的双刃剑。

（3）应用导向性。领导创新的组织者必须明确创新本身不是目的，我们不是单纯为了创新而创新。将创新成果应用于组织，提高组织的绩效，这既是创新活动的出发点，也是创新活动的最终归宿。

为此，任何领导创新必须从组织的现实需要出发，根据组织的现状、领导活动的弊端与不足、组织的发展趋势及领导活动的客观规律，有针对性地开展创新活动，进行创造和变革。创新成果不一定必须具有技术上的先进性，只要能适应组织的需要、提高领导活动的绩效，就是好的创新。

（4）收益性。创新成果应当具有一定的社会价值，能取得相当的收益。领导创新最终体现在改善组织的领导关系和现状，增强组织的活力和环境适应性，使组织能以更少的资源消耗实现更多的产出。这种收益既可以体现在经济收益方面，也可以体现在非经济收益方面，如体现在增强组织的凝聚力，改善领导活动的方式和程序，实现组织的持续发展等方面。收益性应该体现在领导创新的整个过程之中。

（5）整体性。任何创新都是一项系统性工程，需要组织各部分力量和组成因素的协同作用。各自为政、单打独斗只会消耗组织的资源，带来组织的混乱，这是不以人的意志为转移的。领导创新活动的顺利进行，需要组织物资、资金、文化、战略、内外部环境等因素的协调配合，需要整合组织的内外部各种资源。

另外，必须明确的一点是，领导创新并不是组织的领导者单方面的工作，了解被领导者或组织成员的需要和想法，双方共同参与、集思广益，创新活动才能取得切实的成效。领导创新是组织所有成员的共同使命，被领导者的参与程度往往决定了领导创新的成败。

（6）进步性。在领导创新活动中产生了新的领导方式、领导观念，这些毫无疑问具有新颖性。但是一项创新不能仅仅追求新想法、新事物的出现，追求标新立异。领导创新的成果必须要比原有的领导方式、领导观念更适应组织的环境，特别是组织未来可能面对的环境，能改变组织运行过程中原有的痼疾，明显提高组织的绩效，这些都是原有的领导活动所不可能产生的。新事物代替旧事物，必然体现了其中的进步性。进步性体现出更好的适应性、效益性和前瞻性。

2. 领导创新的作用

21世纪是一个创新的世纪，创新在整个人类的发展和进步过程中都发挥着不可替代的重要作用，成为改变世界的最强有力的力量。将创新引入领导活动中，也将深刻地改变领导活动的面貌，带来领导活动新的变革和突破。没有创新的领导必然是僵化的领导、停滞的领导。领导创新的作用主要体现在以下几个方面。

首先，使领导活动能更好地适应不断变动的环境。领导活动是认识世界、改造世界的活动，它必然要面对组织内外部的客观环境因素，包括一切影响领导活动的政治、经济、历史、文化传统等环境，还包括组织内的文化、权力关系、惯例、制度等。

人们创造自己的历史，但是他们并不是随心所欲地创造，并不是在他们自己选定的条件下创造，而是在直接碰到的、既定的、从过去继承下来的条件下创造。领导活动能否适应客观环境、符合客观的发展规律，是决定领导活动最基本的客观因素。

进入新的世纪后，在科学技术的进步和发展的推动下，环境的变化越来越快，由此增加了环境的动荡性和复杂性。环境的变化推动了领导活动的变革，过去的领导活动适应的是当时的组织环境，新的环境因素需要全新的领导方式、领导制度和领导活动来配合。环境的发展变化决定了领导活动是一个动态的发展过程，环境变化的加速对领导创新的速度和时效性也提出了更高的要求。

其次，对于提高领导活动的绩效也有很大的作用。领导活动绩效包括领导活动的效率和领导活动的效果。领导活动的效率是指领导活动过程中支出的成本和取得的收益之间的比率。领导活动的效果则是指领导活动对环境产生的影响程度，或者说领导活动在多大程度上实现了预期的目标。

领导活动的绩效既取决于领导者和被领导者的素质、领导方式、领导手段、领导制度等领导活动的内在因素，也取决于组织文化、组织凝聚力、组织资源状况、创新活动的开展等组织内部环境，以及组织可以从外部环境中获取的资源。领导创新活动正是将领导活动与外部环境连接起来的纽带，所以，它对于提高领导活动的绩效起着特殊的重要作用。领导创新可以提高领导者和被领导者的素质，提供新的领导方式和领导手段，改善领导关系中领导者和被领导者的关系，进而使领导活动能够更加适应变动的环境，从而保证领导活动目标的顺利实现，不断改善和提高领导活动的绩效。

领导活动的实质是一种影响力，领导活动中的双方，领导者和被领导者之间是一种互相影响和互相制约的关系。这种影响力不仅来源于领导者在组织中的特殊地位——领导者掌握着组织对于资源分配的权力，而且也来源于领导者自身的素质，最重要的也是最为关键的是被领导者对于这种影响力的认同和接受程度。没有这种认同和接受，领导活动是不可能顺利进行的，领导活动中的绩效提高和目标实现更是无从谈起。

领导活动创新可以改变传统的、僵化的领导方式，特别是在领导活动创新的过程中可以积极建立和发展民主的作风和制度，鼓励所有组织成员积极参与，提出对领导活动的设想和意见，从而增强员工在领导活动中的主人翁意识，提高员工的积极性和主动性，激发领导者和被领导者的创造性，从而使得领导活动的认同程度和接受程度不断得到提高。领导者在领导创新的过程中，也会更加关心组织事务，关心环境变化对领导活动的要求，主动发现领导活动中的问题，改变一些僵化的、不合理的传统作风和领导方式，使领导方式不断趋于合理，领导关系更加融洽。领导者在创新过程中通过表率作用可以激励和鼓舞组织成员，树立自身的威信和影响力。

案例 15-4

英国石油魁首理查德·乔达诺

1979 年理查德·乔达诺任英国伯马石油公司总裁时，公司产品质量是无懈可击的。但公司在另一方面也开始出现一些问题。20 世纪 70 年代初期，公司委员会已决定扩大其主要市场，并转入焊接及更广泛的经营范围，其范围从金属贸易到生产意大利式馅饼，从参与北海石油的开发到通过联合王国最大的计算机系统向其他公司提供信息——这一计算机系统被安放在牛津大街一个复杂的装置系统中。

但 1973—1974 年的石油危机动摇了公司的信心。理查德·乔达诺执事时，公司已开始卖掉一些财产。因而他接手的是一个不易察觉的千疮百孔的企业，等着他的任务是十分艰巨的。而对他能否扭转企业困境，人们则将信将疑。但理查德·乔达诺还是成功了。理查德·乔达诺上任后就发现，集中管理方式对石油公司已不适应，必须采取措施把战线过长的业务公司组合成一个共同的整体。"我知道，如果我们继续这种分散的组织管理方式，那么我们将失去对许多地域性企业的战略进攻地位。"石油公司经营的本质主要是基于对地方公司的管理。在任何情况下，理查德·乔达诺都坚信责任制应尽量落实到最底层。他解决这一问题的方法是把石油公司变成一个生产组织化的公司。"生产组织化试图打破地区间

第 15 章 管理创新、领导创新与文化创新

的障碍,不搞集中化,而是鼓励搞专业化、搞生产和技术流水线。换言之,就是让一个熟悉汽油生意的人来经营汽油生意,他可与 9 000 公里以外的另一位经营同一行业的人直接对话,并可以用技术术语进行交谈。这种对话注定要比一个经营汽油生意的人与一个负责全面生产的地方经理之间的对话有效得多。"地方公司可照常经营他们自己的业务,生产的组织化已摒弃了那种地方体系而建立了理查德·乔达诺所称的"网络组织"。

理查德·乔达诺花费了大量时间使公司的每一个成员都了解他的计划。"我们发布了一条明确的声明,讲明公司是怎样组建的,为什么以这种方式组建,为什么于 1982 年将公司的名字改为英国石油公司集团,以及我们希望工人们干什么、怎样干。"

在公司,没有人怀疑他制定的公司准则。"我们一而再、再而三地向职员们说明过。"这似乎有点专制,但事实的确如此。理查德·乔达诺的杰出才能是有效地使用权力。他口头上高唱民主,"每一个系统都必须进行核查和平衡。如果你的经营管理是一元化领导,那就很危险了。因为没人来纠正你的错误。"理查德·乔达诺认为检查员和评审员必须有他们自己的权力。而实际上,他本人施行的却是独裁统治。"我并不是说要听取秘书、接待员或者清扫工的意见。他们没有权力基础,他们没资格说'迪克,这么做太愚蠢了!'我是指那些有身份、有地位、有自己谋士的领导组织内部人员,他们可以说'迪克,这并非万全之策',因为这我必须听。举例说,大约四五年前,我们有一位很聪明的年轻谋士,很显然他经验不足,而且在高级管理机构中没有地位,所以讲话分量不足。还有,我在外面雇了一位波士顿顾问团的高级合作人,他以重要身份来到公司,当然付给的薪水也相当高。我听取了他的建议,培养了自己的专家集团。一旦他对企业有意见,他便以权威的口气讲出来。通过起用他,使公司内部汇聚了一股强大的、独立的声音,这声音我是必须听的。"

正因为如此,有人认为理查德·乔达诺是石油公司的上帝,又有人说他是魔鬼,但奇妙的是将这两者绝妙化于一身的人——理查德·乔达诺,在 20 世纪 80 年代领导伯马石油公司创造了一个公司历史上从无前例的黄金时代。

15.2.2 领导创新的内容

1. 领导观念创新

观念是行为的先导,人们的行为都是受着一定思想观念的支配和约束。观念的创新就是运用新的观点、新的思维方法去研究领导实践中出现的现实问题,寻求解决问题的新途径,利用全新的创新成果来改造组织的领导活动过程,为领导活动开辟新局面。观念创新也意味着思想解放,需要使每个组织成员果断地摒弃陈旧、僵化的观念,不断让自身的思想跟上时代进步和环境发展的步伐,以用来指导组织的领导实践,更好地参与领导活动。观念创新是整个组织的共同使命,不仅仅是领导者,每个员工都应将观念创新作为自己的职责。

2. 领导方式创新

领导方式是领导者从事领导活动所遵循的比较稳定的领导模式。一般组织中常见的领导方式有集权式领导、分权式领导、重事式领导、重人式领导、人事并重式领导、专断式领导、民主式领导、放任式领导等。一个组织在长期发展过程中,往往形成比较固定的领导模式,有着一套习惯的领导方式。显然,这样的领导方式是适应当时的组织环境、工作任务特点、领导者和被领导者的状况的。

随着客观环境的变化、任务性质的变化,领导方式不是教条式一成不变的。领导者要根据对各种因素的分析和掌握,因地制宜、因时制宜、因人制宜,根据不同的对象和情况,进行领导方式的创新。领导方式创新既包括在领导活动中探索出具有突破性的全新的领导方式,也包括在组织中引入已经产生但从未在本组织运用过的领导方式。由于思维和制度的惯性,对原有领导方式的摒弃和新的领导方式的引入必然存在着较大的阻力,领导

者应该知难而上，协调有关因素，善于将压力转化为动力。

3. 领导环境创新

环境是客观的，不以人的意志为转移的，但这并不意味着人们在环境面前是消极被动的。

首先，环境创新需要正确认识环境，这是人们能否驾驭环境和开展创新活动的基础和前提。创新者必须对领导活动环境中的各个因素进行把握，既要看到有利的方面，也要看到问题和困难的方面；既要了解历史和现时的环境，又要预测和把握未来的环境。只有全方位、多层次、多角度的认识环境，才能为环境创新打下基础。

其次，环境因素的客观性决定了在领导活动中必须遵循环境及其客观发展规律。适应环境，要求适应环境的发展规律，要求按照环境的客观规律办事。违背了环境发展的趋势和力量，注定是要碰壁的。

再次，环境创新不能局限于适应环境，它不仅包括组织为适应外界环境变化而调整组织自身的领导活动和关系，而且包括发挥人的主观能动性，通过领导创新活动去影响、改变环境，使环境更加有利于未来领导活动的顺利开展。

最后，领导环境创新不仅要积极改变组织内部环境，如工作氛围、工作关系、领导者与被领导者的关系，也要积极改变组织外部的大环境，这需要有意识地去组织开展一系列的公关活动，积极改善外部环境，参与社区活动等。

15.3 文 化 创 新

企业作为一种以人与人的组合为基础的经营活动主体，其经营行为必然最终都要人格化，也就是说，企业是人格化的企业，企业的所有活动最终都要靠人来执行。正是因为如此，企业的管理创新，企业的领导创新，最终都必然会体现在人的价值理念中，也就是以企业文化的形式表现出来。这里所讲的企业文化，就其形式来讲，属于人的思想范畴，是指人的价值理念；而就其内容来讲，则是企业管理与领导等与企业相关的活动在人的理念上的反映。因此，企业文化也是企业高效发展的一个极其重要的问题。

15.3.1 企业文化及其创新

1. 企业文化的重要性

1）企业文化是企业的灵魂

任何企业都会倡导自己所信奉的价值理念，而且要求自己所倡导的价值理念成为员工的价值理念，从而使自己所信奉的价值理念成为指导企业及其员工的灵魂。因此，企业文化实际上是指导企业及其员工的一种价值理念，这种价值理念体现在每个员工的意识中，当然最终就会成为指导员工行为的一种思想，因而企业文化最终作为企业的灵魂而存在。从现实状况来看，任何一个企业所倡导的企业文化，恰恰就是这个企业在制度安排及经营战略选择上对人的价值理念的一种要求，也就是要求人们在价值理念上能够认同企业制度安排及企业战略选择，并以符合企业制度安排及战略选择的价值理念指导自己的行为，因而企业文化实际上是作为企业的灵魂而存在的。

2）企业文化是保证企业管理制度与经营战略实现的重要思想保障

企业实际上是人的组合体，而人又是有思想的，任何人的行为都会受到自身思想的指

第 15 章　管理创新、领导创新与文化创新

导和约束，因此，企业文化作为每个企业员工的一种价值理念存在，当然就会对企业员工的行为发生应有的作用，企业文化是企业员工的行为准则，从而会对企业发生重要的作用，这种作用既包括激发企业活力的作用，也包括约束企业行为的作用。正是因为企业文化作为员工的价值理念存在，而员工又会受到自身理念的作用，所以企业文化能够使员工自觉主动地执行企业制度，贯彻企业经营战略，因而企业文化是实现企业制度与企业经营战略的思想保证。

3）企业文化是企业管理创新的理念基础

企业文化是企业管理制度和企业经营战略的要求在员工价值理念上的反映，反过来，企业文化也会对企业管理制度的安排及企业经营战略的选择有一种反作用，因为人的价值理念支配人的选择及行为。正是因为如此，企业文化的创新，必然会带来员工价值理念的创新，而这种价值理念的创新，会推动企业管理制度和经营战略的创新。由此可见，企业文化在企业管理制度和经营战略的创新上，具有非常重要的意义。

4）企业文化是企业活力的内在源泉

企业活力最终来自于人的积极性，只有人的积极性被调动起来了，才能使企业最终充满活力，而人的积极性的调动，则往往又要受到人的价值理念的支配，只有人在价值理念上愿意去干某件事的时候，人才有内在的积极性，如果人对某件事在理念上不认同，即使强迫他去干，也不一定会干好。因为他虽然会被动地被迫执行命令去干这件事，但他并没有内在的积极性，因而不一定会干好。所以，要让企业中的每一个人能够积极地去从事某项活动，就要首先让他在理念上认同这件事。所以企业文化作为员工所信奉的价值理念，必然会直接涉及企业的活力，作为企业活力的内在源泉而存在。

5）企业文化是企业行为规范的内在约束

在企业运营过程中，所有员工的行为都应该得到规范，而规范的准则，就是要求员工能够很好地遵守和贯彻企业管理制度的安排及企业经营战略的内在要求。因此，所有员工的行为规范，都来自于企业管理制度的安排及企业经营战略的选择。但是如前所述，人是有思想的，人的行为受思想的支配，思想是人的内在约束，因而对于人在企业运行过程中的规范，应该要有一种内在的约束才行，这种内在约束就是指，当一个人在思想上觉得自己应该如何去干的时候，他才能形成内在约束。也就是说，当人在价值理念上对企业管理制度安排和企业经营战略的选择认可的时候，那么企业管理制度安排和企业战略选择就作为一种价值理念而存在，从而人才能内在地约束自己的行为，也就是自己约束自己，使得约束有自我性，被称为自我约束。只有在这种内在约束起作用的条件下，企业才能最终保证企业管理制度和企业经营战略的有效实行。总之，企业文化是企业管理制度和企业经营战略在人的价值理念上的反映，必然会从内在性上约束企业员工的行为，从而成为规范企业行为的内在约束力。

总之，从上述五点中我们可以清楚地看出，企业文化实际上是企业的一个极其关键的问题，我们绝不能忽视企业文化的问题，企业文化同企业管理制度、企业经营战略一样重要，也是企业问题的一个极其重要的组成部分。

 案例 15-5

海尔文化的启迪

海尔总裁张瑞敏被哈佛商学院请去讲怎样用海尔文化激活"休克鱼"。当时去听的人都认为张瑞敏

会讲很多方法,但张瑞敏主要讲的是认识问题,他告诉大家海尔为什么成功。他说:"《老子》教育我怎么战略思考,《孙子》教育我怎么战术思考,《论语》教育我怎么做人。如果你感到自己的德行还不够,你千万不要去当老总,你肯定做不好。要做事,先做人。"

张瑞敏最喜欢《道德经》中一句话:"无为而治。"张瑞敏说自己主要抓两件事,一件是海尔文化,一件是战略决策。人类管理经历三个阶段:最初是靠暴力管理,随着人类文明的进步开始用制度管理,现在聪明的企业领导开始用企业文化来管理。所以现在很多优秀企业都在构建自己的企业文化。海尔管理大楼外面是方的,走进门去里面是圆的,这就是海尔文化。通过管理大楼告诉管理者怎么才能把企业管理好,要有方圆,要有规矩。大楼旁边有高高的石碑,张瑞敏在上面写了海尔"海的文化":

海尔今天就像大海一样能容纳百川,海尔的员工不光容纳山东人,海尔要搞好就得容纳各个地方的优秀人才;海尔要像大海那样洗涤污毒,世界上有各种乌烟瘴气的东西,但海尔要做社会的净化剂;海尔要像大海那样汹涌澎湃、势不可当。

中国的许多经济学家在研究青岛现象,为什么存在很多问题、困惑的时候,青岛有这么多国有企业这么辉煌,出现这么多优秀的企业家?张瑞敏与海尔为中国人、中国的企业争了光。在法国的高速公路上能看到的中国企业的广告只有海尔;美国有一条路叫 Haier Blvd(海尔路),海尔没花一分钱,是当地州政府为感谢海尔为本州经济发展所做的贡献,用海尔去命名那条路;2001 年 3 月 4 日海尔在曼哈顿把美国纽约的一座标志性建筑,有 77 年历史的大楼买下来,命名为"海尔大厦",作为海尔的美国总部,为中国的企业、中国人树立了良好的形象。

2. 企业文化创新的概念

企业文化理论产生于 20 世纪七八十年代。企业文化创新作为企业文化的一种新发展,其定义也众说纷纭,其中具有代表性的主要有以下几种。

(1) 文化创新能引发多种思考方式和行为方式,在公司内创造、发展和建立新的价值观,能够唤起涉及公司效率与职能发展进步方面的观点和变化,并且使这些观点与变化得到接受和支持,即使这些变化可能会引起与常规和传统行为的一些冲突。文化创新需要满足以下四种价值观:公司管理者乐于冒险、公司所有员工的参与、激发创造性、共同的责任。

(2) 文化创新是具有长期性、多样化、创造性和强风险意识等特点的,并以未来发展为导向的文化。

(3) 文化创新是一种培育创新的文化,这种文化能够唤起一种不可估计的能量、热情、主动性和责任感,来帮助组织达到一种非常高的目标。

(4) 文化创新是指建立一种有利于创新的文化环境,无论是技术创新、知识创新,还是制度创新、组织创新,都需要有相应的机制体系和文化环境。

(5) 所谓企业文化创新是指在一定的社会历史条件下,企业在创新及创新管理活动中所创造和形成的具有本企业特色的创新精神财富及创新物质形态的综合,包括创新价值观、创新准则、创新制度和规范、创新物质文化环境等。

(6) 文化创新是组织内一种奖励创新和鼓励冒险的文化,这种文化能够激励和奖赏杰出工作者,对快速变化的环境,突然出现的危机和突发情况做出迅速反应。这种文化要求我们重新检查一切事情,它不像一个工程一样有一个具体的结尾,它要不停地继续再继续。作为一种文化,它必须渗透到组织的骨髓中去。这就是所谓的创新文化。

仔细推敲上述不同文化创新的定义,我们可以概括出其共同特征:文化创新就是能够激发创造力和创新的文化,有利于组织内创新行为的发生,能够适应复杂环境变化的组织文化。因此,我们对文化创新做出如下定义:文化创新就是指能够激发和促进企业内创新思想、创新行为和创新活动的产生,有利于创新实施的一种组织内在精神和外在表现相统

第 15 章　管理创新、领导创新与文化创新

一的综合体，主要包括有利于创新的价值观念、行为准则和制度等。

企业文化创新是在一定的社会历史条件下，企业在创新和创新管理活动中所创造和形成的具有本企业特色的精神财富及物质形态的总和，它拥有相当广泛的内涵。企业文化创新是一种吸引与培养创新人才，支持创新人才脱颖而出，有利于创新效率的提高和创新成果的取得的企业文化，它是一种以人为本的文化。加强企业文化创新建设，就是要大力营造有利于吸引与培养创新人才的创新文化环境，推动企业的全面创新。

3. 文化创新已经成为当今成功企业的核心竞争力

在知识经济时代，创新的作用得到空前强化，并升华成一种社会主题。由于企业文化的独特性，文化创新将越来越表现为企业的差异化战略和企业的核心竞争力，创新变成了企业的生命源泉，在剧烈变动的时代，成功者往往是那些突破传统游戏规则，敢于大胆创新，不畏风险的人，敢于改变游戏规则的人，也就是在思维模式上能迅速更新的人。

1）企业竞争的核心将在于企业文化

企业竞争的核心因不同时期而各不相同，在高度发达的今天，企业硬件的较量已经逐渐开始淡化，20 世纪 60 年代竞争的核心内容在于技术，70 年代在于管理，80 年代在于营销，90 年代在于品牌。继技术竞争、管理竞争、营销竞争、品牌竞争之后，21 世纪企业竞争的核心将在于企业文化。企业文化能使企业在新世纪保持长久的竞争力，企业文化创新也由一种全新的文化理念，转变为对提高企业竞争力有决定性作用的新型经营管理模式。企业文化有助于增强企业的凝聚力，增强产品的竞争力。企业文化的核心是其思想观念，它决定着企业成员的思维方式和行为方式，能够激发员工的士气，充分发掘企业的潜能。一个好的企业文化氛围建立后，它所带来的是群体的智慧、协作的精神、新鲜的活力，这就相当于在企业核心中装上一台大功率的发动机，可为企业的创新和发展提供源源不断的精神动力。

2）企业文化创新是企业可持续发展的重要依托

创新的客观要求可以理解为"崇尚创新，宽容失败，支持冒险，鼓励冒尖"，文化创新建设的过程，实际上就是一个企业活力被激活的过程。文化创新要求企业员工在工作中创新，同时要求企业管理层在管理中创新，并且以宽容、支持的态度去鼓励创新。创新使企业的每一个构成元素都活跃起来，以新的构成形式重新组合，形成新的体制，使企业在这场没有硝烟的战斗中更为积极和主动。文化创新建设不能特指某一个时间段，创新应该作为一种文化，长期作用于企业。文化创新建设不能是前期鼓励创新，后期扼杀创新；文化创新建设也不是在生产方面鼓励创新，在生活方面阻止创新。文化创新建设是营造一种有利于创新的文化氛围，鼓励创新。它主要涉及两个方面：一是文化对创新的作用；二是如何营造一种有利于创新的文化氛围。企业对文化创新的建设必然以提升企业创新能力为目标，提升企业创新能力要通过环境氛围的营造、创新激励机制的建立，实现从观念引导到行动实现的过程，这一过程就是文化创新建设的过程。

案例 15－6

招商银行的文化创新

招商银行文化的基因缘于招商银行的出身。招商银行是没有政府背景的，不是政府的"亲儿子"，所以无法获得"厚爱"，没有政策优惠，没有什么试点，如不良资产核销等。最初的时候，招商银行心里也有若干不服，但现在看来，总的趋势不是"保护"和"厚爱"，而是公平和市场充分竞争，招商银

行受的那一段委屈,反而变成了如今的优势。正是在这个基础上,招商银行建立了自己独特的服务文化、创新文化、风险文化和人本文化。文化是招商银行的核心竞争力之一,尤其是创新文化。

招商银行的文化创新,是从一卡通开始起步的。一卡通的快速发展使招商银行认识到,只有依靠创新产品,才能在竞争中生存和发展,于是不断加大投入,充分发挥拥有全行统一的电子化平台的优势,在国内同业中推出一网通、金葵花理财、公司理财等一系列金融产品。2008年6月,招商银行在全国率先设立小企业贷款中心,这是招商银行创新文化结出的又一果实。全社会都对小企业融资难问题很重视,但很长一段时间以来,实际行动却不多。招商银行看到了这一问题背后的市场潜力,有针对性地推出了适应小企业特点的贷款制度,创造了"易速贷""贸易融资贷""特色贷"等五大系列30多种产品。

这些创新,不仅满足了市场需求,也为招商银行开辟了新的利润增长点。使企业能够获得发展的不是一个人,而是一种文化的传承。美国前国务卿基辛格先生曾说:"伟大的事业需要丰富的想象力。"

15.3.2　企业文化创新的内容

建立优秀企业文化的根本目的是提高企业的竞争力,以便能够在激烈的市场竞争中立足甚至发展壮大。在企业文化创新的建立上每个企业有着区别于其他企业的特性,但一个优秀的文化创新具备着以下几点共性。

1)给员工自由

允许"来去自由",为自由创新提供自由竞争的条件,营造有利于企业创新的文化环境,最大限度地减少妨碍信息流通和迅速行动的组织构造层次障碍,打破雇员之间死板僵硬的、只能按企业组织层次进行互动的模式。人与人之间可以自由交叉相互沟通,允许非正式群体的存在,使他们在自由沟通中产生创造的火花,企业文化有利于"创新个人"或"创新小组",给他们以特别鼓励和保护,以保证成员的新思想及时得到研究和开发,奇妙的设想才有可能迸发出来,并付诸实施。企业意识到给员工自由的时间去做自己认为有价值的事情,必要时可以得到公司资金或人力方面的资助,这种自由应融入企业的创新文化氛围中。

2)鼓励创新和宽容失败

企业文化创新建设是由若干个连续不断的创新项目组成的。企业的创新项目是企业经营管理者或企业员工在长期的工作过程中总结经验、教训,对产品、工艺、原材料、市场、组织及制度等提出的更能适合企业持续发展的建议。对这些建议进行研究、实施便形成了企业的创新项目。既然是创新,就存在着成功与不成功两种可能性。企业的经营管理者为了实现企业的持续发展,不仅要能够接受一些奇思异想,鼓励创新,更要能够宽容创新失败。传统的失败观,往往以成败论英雄,认为失败给企业带来的只是损失。能够正确对待失败的失败观,是指全方位、多角度,从新的视野去看失败,认为失败是新的起点,是合理的,是机会,是财富。所谓起点,是因为每次失败就意味着此路不通,另找一条路是一个新的起点,会使人们离目标的距离越来越近。"合理"指创新环境的不确定,创新本身具有难度与复杂性,失败是难免的,也是合理的。所谓"机会"是指如果坦然面对失败,人们就会大胆冒险,从而创造出更多的机会来。所谓"财富"是指失败中的经验与教训,恰恰是组织中非常宝贵的。所以,要创新,企业就应当创造出一个自由宽松的人文环境,让"接收失败和容忍失败"成为一种普遍认同的理念。

3)决策机制公平、民主

创新思想更容易在宽松、民主、愉悦的环境下孕育和产生。透明、公平、民主的决策机制能让创新者直抒胸臆、坦诚相见,而不会由于惧怕权威而压抑自己内心的思想。公

第15章 管理创新、领导创新与文化创新

平、民主的决策机制体现了企业内员工竞争的公平,能够让员工通过自己对企业的贡献不但能获得满意的物质追求,更能获得人生价值的体现。从而充分调动员工的积极性,激活员工的创新思想。哈佛大学管理杂志提出:要笼络员工的心,公平民主的决策过程比加薪更重要。

4)企业的创新意识和创新精神

企业的创新意识和创新精神是企业文化创新建设的核心,并具有强大的凝聚力和导向作用。其凝聚力体现在企业的吸引力上,是一种能够使企业的大多数员工自觉地为企业奋斗的内在动力;而其导向作用则体现在企业所提倡的、最具有本企业特色的、崇高的价值取向。在激烈的市场竞争中,企业只有具备积极向上、开拓进取、敢于创新的企业创新意识和创新精神,才能实现企业的可持续发展目标。思想即出路,创新精神是创新事业成败的关键,思想观念的创新是企业创新活动的先导。我国正处在市场经济体制建立和发展、知识经济扑面而来的重要转型期,谁能首先解放思想、转变观念,谁就能抓住变革时代所蕴含的宝贵机遇迅速发展。

15.3.3 企业文化创新建设的途径

企业文化创新建设要以对传统企业文化的批判为前提,对构成企业文化诸要素包括经营理念、企业宗旨、管理制度、管理流程、仪式、语言等进行全方位系统性的重建或重新表述,使之与企业的生产力发展步伐和外部环境变化相适应。

1)建立明确的战略目标

任何一种文化的塑造都离不开企业自上而下正确的有效的引导。而创新型文化是基于战略的思考。传统的战略竞争主要注重的是市场地位的竞争,即在产业中的产品或服务的概念已经明确的基础上,关于产品的功能、成本、价格等方面为夺取市场地位的竞争;而新式战略除了关注市场地位的外显竞争之外,更加关注企业深层次的竞争,即对未来产业变化的预见的竞争,以及为使产业预见变为现实而塑造核心能力的竞争。创新型文化以这种新战略为基础,着眼于企业和产业的未来开展和引导创新活动,以推动企业各方面的创新活动来逐步塑造和增强企业的核心能力。

因此,企业应结合企业发展现状,根据企业自身情况,找出当前企业文化创新建设存在的问题与先进企业之间的差距,明确企业文化创新建设要达到的预期目标。在建设企业文化创新过程中,要确定企业文化创新在企业管理中的核心地位,确立企业目标,制定出各阶段,各层次的细分目标,使企业文化创新建设工作能够有计划、有步骤地开展。

2)形成共同的价值观念

价值观是企业的基本思想和信念,是企业文化创新的核心和灵魂,是企业员工对某件事物正确与否,是应该仿效还是摒弃的共识,是企业形成凝聚力的基础。正如美国管理学家汤姆·彼得斯和罗伯特·沃特曼指出的:"我们研究的所有优秀公司都很清楚他们主张什么,并认真地建立和形成了企业的价值标准。事实上,如果一个公司缺乏明确的价值准则或价值观念不准确,我们很怀疑它是否有可能获得经营上的成功。"因此,在企业文化创新建设过程中,企业高层领导者要根据企业文化创新建设的一般模式,在经营战略付诸实施的过程中,善于及时总结经验,并将之上升为员工共同认可的价值观念。

3)企业高层领导者要做带头人

从某种意义上说,企业文化创新是企业家的文化,是企业家的人格化,是其事业心和责任感、人生追求、价值取向、创新精神的综合反映。从企业文化创新建设过程中可以看

出，企业文化创新建设是一个自上而下的过程，企业高层领导者在企业文化创新建设中起着至关重要的作用。他们必须以身作则，通过自己的行动向全体成员灌输企业的价值观念，要求一般员工做到的，自己应首先做到；要求一般员工克服的困难，自己应首先克服。只有这样，企业的行为规范才能逐渐改变，从而才能使文化创新建设产生预期的效果，使倡导和培植的企业文化创新落到实处，并被员工所接受。

企业文化创新的前提是企业经营管理者观念的转变。因此，进行企业文化创新，企业经营管理者必须转变观念，提高素质。

（1）要对企业文化的内涵有更全面、更深层次的理解。要彻底从过去那种认为搞企业文化就是组织唱唱歌、跳跳舞、举办书法、摄影比赛等思维定势中走出来，真正将企业文化的概念定位在企业经营理念、企业价值观、企业精神和企业形象上。

（2）要积极进行思想观念的转变。要从原来的自我封闭、行政命令、平均主义和粗放经营中走出来，牢固树立适应市场要求的全新的发展观念、改革观念、市场化经营观念、竞争观念、效益观念等。

（3）要认真掌握现代化的管理知识和技能，同时要积极吸收国外优秀的管理经验，用于企业发展，并且在文化上要积极融入世界，为企业走国际化道路做好准备。

（4）要有强烈的创新精神，思维活动和心理状态要保持一种非凡的活力，双眼紧盯着国际、国内的各种信息，紧盯着市场需求，大脑中要能及时地将外界的信息重新组合，构造出创新决策。

4）营造企业创新环境

企业创新环境的建设包含硬环境建设与软环境建设两个方面。硬环境建设是创新工作赖以进行的各种物质环境条件，如创新所需的工具、设备、仪器，创新试验的条件，创新资料，工作场所及生活环境等。软环境即企业内的创新氛围，这主要是一种无形的推动和激发力量。大多数人愿意在有情趣、有事业目标和创新气氛的环境中工作，而不仅仅满足于完成例行工作。创新文化本身是营造这种氛围的一个重要方面。在群体创新文化条件下，应设立共同的目标，激起人们的奋斗精神、建立愿为事业共同努力信念。同时，它提倡挑战性思维，鼓励广大员工对现实状态提出质疑，不断思考和创新，虽然企业为此可能承担一定风险，但企业这种文化氛围和对待风险与失误的态度会激发员工的创造性，增强员工的竞争能力，并会以此吸引大批优秀人才。氛围良好应表现为企业员工个个努力创新，争取创新成果，企业领导者言传身教，大力倡导管理创新，并对成功者给予荣誉等激励。

案例 15-7
苹果公司与 3M 公司：谁是企业文化创新的榜样？

如果问中国企业应该向谁学习创新文化，我想大部分人的回答是乔布斯。那么，乔布斯真的值得中国企业家学习吗？我们的答案是学习乔布斯，是件危险的事情，要慎之又慎。

乔布斯是一个精英主义者，在他眼中，一个人要么是天才，要么就是蠢材。苹果公司的产品体现的是乔布斯的个性、品位与观念，苹果公司的创新能力集中在乔布斯和他的百人精英团队上，目前为止，没有什么证据可以表明苹果公司的创新来源于其组织能力。因而吉姆·柯林斯认为，乔布斯看起来是一个创造者，而不是打造伟大公司的领导者。

从个人创新能力的角度，当然可以学习乔布斯，但是从组织文化创新的角度，就不要学习乔布斯，那是一件危险的事情。所以，如果区分不开这二者，如果自我驾驭的功力不够，那么最好不要学习他。

因为那不但不会增强组织能力，还会为你的英雄主义、狂妄自大、独断专行和粗暴找到心安理得的合法性。

那么，要学习创新文化，或者说打造基于组织能力的创新文化，应该向谁学习？我们的答案是3M公司。3M公司的首席执行官是谁？我想大部分人都不知道，这本身就是3M公司组织能力的一种反映。事实上，3M公司在其百余年的历史中，开发了6万多种创新产品，平均每天三个，每年约有35%的收入来自于近五年内开发的新产品。3M公司的创新经受住了历史和市场的考验，因而完全可以说，3M公司的创新是一种不依赖于任何人的组织能力的创新。就像其强调的那样，"不光需要英雄，更重要的是需要一个系统。"

3M公司的创新文化何以产生如此卓越的成果？我们认为至少在以下三个关键点上，3M公司做得非常出色。

第一，尊重人性。尊重人性包括两个方面，一个是尊重员工，另一个是尊重消费者。这看似简单，但是要做到却很难，要持续地做到就更难了。

第二，尊重消费者。这一点不想过多说，道理很简单，如果企业懂得尊重员工，拥有正确的员工，那么做到尊重消费者是自然而然的事情。之所以要尊重消费者，是要彻底弄清楚消费者究竟需要的是什么，让创新聚焦在某点上。3M公司强调，"最有魅力的产品是人们需要但又难以言表的产品"，因而3M公司十分注意与消费者保持紧密的联系，"随时获得来自市场和用户的反馈和声音"，以挖掘出最有价值的创新点。

第三，善于管理。善于管理是管理大师詹姆斯·马奇所说的"利用与学习"的平衡。利用不足，容易导致浅尝辄止，不能充分地将已有创新转化为商业价值；而利用过多，容易导致固守现有阵地，缺少创新。学习不足，难以创新；学习过多，容易迷失。

那么，如何找到二者的平衡点。3M公司的做法是发展可以应用在多个完全不同领域的核心技术。例如，最早由3M公司研发出来的老式投影仪技术，这项技术如今可以在医疗领域作为药物缓释技术，如做成微型针涂上药物，在药物对皮肤最有效的释放层释放。

如果还是觉得3M公司不够伟大，那么从结果上看看吧！世界上每天有50%的人直接或间接地接触着3M公司发明和生产的报事贴、透明胶带、增亮膜、合成橡胶、有机玻璃、清洁剂、反光路牌、广告贴膜和高电压输送配件等。

5）树立自主创新的观念

自主创新是指企业依靠自己的力量独立完成创新工作，创新的核心技术和主导技术依靠企业自身力量独立研究开发而获得。建设创新型国家、创新型企业，对企业的自主创新能力建设提出了更高要求，企业必须增加科技投入，加强研发机构和人才队伍的建设。许多创新型国家、创新型企业对此十分重视。我国在建设创新型国家发展战略的引领和推动下，不仅要切实加强大型企业的技术中心建设及国家级、省级企业技术中心的建设，而且要大力扶持和推进中小型企业的技术中心或研究开发机构的建设，不断提升广大企业尤其是中小企业的研发水平和科技实力，为推进创新型企业建设奠定科技基础，为建设创新型国家奠定"群众"基础。

6）建立多样化激励制度

企业财富的创造、利用与增值，资源的合理配置，最终都要靠员工来实现。所以建立激励机制来留住人才是至关重要的。激励机制有物质的和非物质的。注重物质、精神相结合的报酬方式和激励手段，体现出重视人性需要、重视人的价值的文化特点，这样的激励机制是一种比较完善的激励制度。

（1）物质激励。对于有形的物质激励，企业在报酬的决策上应首先提供一个经过市场调查的、有竞争力的薪酬体系，同时这个激励机制的中心思想也要体现出员工分享企业的成功，也就是体现出个人与企业共同成长，个人的收入与企业的整体业绩挂钩的特点。这样的机制可以使员工产生强烈的归属感，因为企业的业绩增长会在每个人的收入中得到体现，而每个人的点点滴滴的努力又可以推动企业的进一步发展。在基本薪酬的制定上，首先要考虑到职工安全感和职业保障的心理需求，而奖金等额外报酬应该有较强的鼓励性。

（2）精神激励。企业对于优秀人才也需要给予精神奖励。同时，还要为优秀人才提供更多的提升和发展机会，尊重个人的意见，根据他们的能力和特点，帮助他们实现职业发展目标。例如，从事技术研发工作的员工，因为上一级职位的有限，或研发条件、背景发生变化，他可能会改变原来的发展方向，而希望能从事产品管理等相关方面的工作。企业如果有条件，可优先为他们提供这样的机会。

7）加强员工培训

建立一套渗透到各个阶层，包括从经理到职工的完善的培训制度，每人每年必须接受一定时间的正规培训。除了为某些员工提供一定的培训机会外，还可以鼓励员工自修，允许他有时间去上课，去进一步提高，这是一个良性的互动。创新型企业文化是一个方向盘，它可以长期引导员工为实现企业目标而自觉努力，而员工也潜移默化地认同了企业共同的价值观，朝着企业目标而奋斗；创新型企业文化也是一种强力黏合剂，它以微妙的方式来沟通员工的思想感情，融合他们的理想、信念、作风、情操，培养和激发员工的群体意识。

首先，要转变企业职教观念，培养职工的创新精神。随着知识经济时代的到来，知识更新和技术更新的步伐日益加快，人们原来所掌握的知识和技术将随着时间的推移，逐渐变成陈旧的知识和过时的技术。因此，企业职教工作要着力转变以继承、模仿和重复练习为中心的教育培训观念，确立以培养职工创造性学习能力、实践操作能力和创新能力为中心的职教观念。要建立企业学习的激励约束机制，把科技文化教育扩展和延伸到职工的整个一生。激发全体职工终身乐于继续学习，乐于在职教育，乐于知识更新和技术更新，努力把企业改造成为"学习型企业"和"创新型企业"。

其次，要重视职工素质教育，培养复合型人才。传统的职教工作忽视对学员（学徒）们创造性思维和创新精神的培养，往往导致"知行脱节"，要么理论一大套，讲起来头头是道，就是不会动手操作；要么动手操作很熟练，并掌握较多的"绝活"，但就是在理论上说不清道不明。转变职教观念就是要把职工培养成为手脑并用、具有创造性思维、学习能力、实践能力和创造精神的创新人才，为企业源源不断地输送一专多能的复合型人才。

8）建立自主知识产权制度

大力推进专利战略的实施。创建创新型企业，建设企业文化创新，若仅仅强调自主创新，那是不够的。因为在当今社会日益法制化，尤其是知识产权制度已经成为国际经济新秩序的一种游戏规则的背景下，企业自主创新仅仅是向创新型企业迈出的重要一步，只有与此同时实行知识产权保护战略，才能使自主创新的利益得到保护，并实现更大的利益。国外一些大型高技术企业对知识产权管理和知识产权战略都高度重视。

9）企业文化创新与人力资源开发相结合

人力资源开发在企业文化的推广中起到不可替代的作用。全员培训是推动企业文化变革的根本手段。企业文化对于企业的推动作用得以实现，关键在于全体员工的理解认同与身体力行。为此，在企业文化变革的过程中，必须注重培训计划的设计和实施，督促全体员工接受培训、学习。通过专门培训，可以增进员工对企业文化的认识和理解，增强员工的参与积极性，使新的企业文化能够在员工接受的基础上顺利推进。除了正式或非正式的培训活动外，还可以利用会议及其他各种舆论工具，如企业内部刊物、标语、板报等大力

第15章 管理创新、领导创新与文化创新

宣传企业的价值观,使员工时刻都处于充满企业价值观的氛围之中。

相应的激励和约束机制是企业文化创新的不竭动力。强制性制度变迁过程往往会在下级组织招致变相的扭曲或遇到其他阻力,况且价值观的形成是一种个性心理的累积过程,这不仅需要很长的时间,而且需要给予不断的强化。因而新的企业文化的建立和运行过程必须通过相应的激励和约束机制予以强化和保障,使之形成习惯,稳定下来。例如,分配机制的变革就可以作为一个切入点,因为分配机制同时体现了激励和约束机制的有机结合。另外,也要注意精神激励的重要性,按照亚伯拉罕·马斯洛的需求理论,在物质的满足达到一定程度后,对自我实现的评价将压倒其他因素。企业应该增强管理过程的透明度,对员工实行公正对待。

现代企业之间的竞争主要是人才的竞争,也是企业凝聚力的较量。这归根结底又是以人为本的企业文化的竞争。顽强的企业团队精神,是企业获得巨大成功的基础条件。要把企业成千上万名员工凝聚起来,只靠金钱是不够的,企业必须具备共同的价值观、目标和信念。对共同价值的认同会使员工产生稳定的归属感,从而吸引和留住人才。事实证明,企业只有形成了优秀的企业文化,才能打造一支战无不胜的员工队伍。

10)建立学习型组织

企业间的竞争是人才的竞争,实际上应该是学习能力的竞争。如果说企业文化是核心竞争力,那么其中的关键是企业的学习能力。建立学习型组织和业务流程再造,是当今最前沿的管理理念。为了在知识经济条件下增强企业的竞争力,在世界排名前100家企业中,已有40%的企业以"学习型组织"为样本,进行脱胎换骨的改造。知识经济,知识资本成为企业成长的关键性资源,企业文化作为企业的核心竞争力的根基将受到前所未有的重视。成功的企业将是学习型组织,学习越来越成为企业生命力的源泉。企业要生存与发展,提高企业的核心竞争力,就必须强化知识管理,从根本上提高企业综合素质。

企业文化的创新与发展是一个大课题,需要有一个逐步探索,逐步深入的过程,要下很大的功夫,才能实现质的突破,才能在现代企业制度的环境下,实现真正意义上的企业文化创新与发展,这是时代的要求,是企业追求的永恒主题。

 本章小结

创新是企业在现代市场环境下生存和发展的根本保证,成功企业无一例外地重视创新活动,并在创新活动中自觉运用了创新的管理模式。本章主要介绍了管理创新、领导创新、文化创新的概念与内容。

在管理创新一节中,介绍了创新的内涵与外延、创新的种类、管理创新的要素与原则、管理创新的过程及方法等内容。

在领导创新一节中,介绍了领导创新的特征及作用、领导创新的内容等内容。

在文化创新一节中,介绍了企业文化及其创新、企业文化创新的内容、企业文化创新建设的途径等内容。

 **关键术语**

创新——innovate 　　　　　　　　战略先导——strategy guide
竞争优势——advantage in competition　　管理创新—— management innovation

企业文化——enterprise culture   关键成功因素—— critical success factor
领导创新——leader innovation   领导风格——style of leadership
评估机制——evaluation mechanism   知识管理——knowledge management
创新模式——innovation mode   核心能力——core competence

通用电气公司的企业文化

通用电气公司的成就,与它采用的注重员工情感的人本管理方式是分不开的。通用情感管理方式之所以获得成功,是因为通用电气成功地解释并实施情感管理,揭示了情感管理的内涵。通用电气公司认为情感管理由以下几个要素构成,即理解雇员心理、企业就是大家庭、公司内民主、员工第一等。一般公司按个人或部门业绩、个人专业能力等依据来实施管理者的晋升和考核,可通用电气公司制定的经理晋升考试制度不同寻常。升级考试命题并不是来自经济学典籍,也不是来自那些晦涩难懂的经营理论专著,而是莎士比亚作品中的一部,试卷则是写一篇我们常说的"读后感"而已。开始时许多人百思不解,甚至提出意见。后经专家一语破的,才恍然大悟,这是对企业高级管理人员的基本心理素质要求。试想,连一部世人皆知的文学作品中的人物心理尚不得而知的人,又怎样去理解公司内部成千上万的雇员心理呢?通用电气抓住了情感管理的要素,即经理人员理解雇员心理是情感管理的先决条件。

将企业培养为一个大家庭是一种"高感情"管理方式。通用电气公司作为高技术企业所面临的竞争激烈,风险大,更需要这种"高感情"管理。它是医治企业官僚主义顽症的"良药",也是减少内耗、理顺人际关系的"润滑剂"。通用电气公司总裁斯通就努力培养全体职工的"大家庭情感"的企业文化,公司领导和职工都要对该企业特有的文化身体力行,爱厂如家。从公司的最高领导到各级领导都实行"门户开放"政策,欢迎本厂职工随时进入他们的办公室反映情况,对于职工的来信来访都能负责地妥善处理,公司的最高首脑与全体职工每年至少举办一次生动活泼的"自由讨论"活动。通用电气公司像一个和睦、奋进的大家庭,从上到下直呼其名,无尊卑之分,互相尊重,彼此信赖,人与人之间关系融洽、亲切。

至于公司内民主,不但有利于企业部门及人员之间的关系融洽,而且有利于决策的科学性和提高生产率。公司为使民主典型地反映在公司人事管理上,近年来改变了以往的人事调配的做法(由企业单方面评价职工的表现、水平和能力,然后指定其工种岗位),而是反其道而行之,开创了由职工自行判断自己的品格和能力,选择自己希望工作的场所,尽其可能由其自己决定工作前途的"民主化"人事管理制度,这项制度被称为"建言报告",引起管理界的瞩目。专家们认为,"让棋子自己走"的这种"建言报告"式人事管理,比传统的人事管理更能收集到职工容易被埋没的意见和建议,更能发掘人才和对口用人,从而对公司发展和个人前途更加有利。此外,通用电气公司还别出心裁地要求每位雇员写一份"施政报告",从 1983 年起每周三由基层员工轮流当一天"厂长"。"一日厂长"九点上班,先听取各部门主管汇报,对全厂营运有了全盘了解后,即陪同厂长巡视部门和车间。"一日厂长"的意见,都详细记载在《工作日记》上。各部门、车间的主管依据其意见,随时改进自己的工作,并在干部会上提出改进后的成果报告,获得认可后方能结案。各部门、车间或员工送来的报告,需经"一日厂长"签批后再呈报厂长。厂长在裁决公文时,"一日厂长"可申诉自己的意见供其参考。这项管理制度实行以来,成效显著。第一年施行后,节约生产成本就达 200 万美元,通用电气公司将节约额的提成部分作为员工们的奖金,全厂上下皆大欢喜。所谓员工第一,不但强调尊重员工,而且表明在企业发展中的作用优先性。1990 年 2 月,通用公司的机械工程师伯涅特在领工资时,发现少了 30 美元,这是他一次加班应得的加班费。为此,他找到顶头上司,而上司却无能为力,于是他便给公司总裁斯通写信:"我们总是碰到令人头痛的报酬问题。这已使一大批优秀人才感到失望了。"斯通立即责成最高管理部门妥善处理此事。三天之后,他们补发了伯涅特的工资,事情似乎可以结束了,但他们利用这件为职工补发工资的小事"大做文章"。第一,向伯涅特道歉;第二,在这件事情的带动下,了解那些优秀人才待遇较低的问题,调整了

第 15 章 管理创新、领导创新与文化创新

工资政策,提高了机械工程师的加班费;第三,向著名的《华尔街日报》披露这一事件的全过程,这在美国企业界引起了不小轰动。事情虽小,却能反映出通用电气公司"员工第一"的管理思想。"员工第一"思想在通用电气的日本公司——左光兴产公司表现得更为明显。左光兴产公司实施该思想的要点包括:不开除员工,不设打卡机,不规定员工退休制度等。左光兴产公司规定,即使在公司经营最困难的时候也绝不许开除任何一个员工,公司要与员工共渡难关。左光兴产公司是一家经营石油的公司,第二次世界大战后,日本作为战败国,其石油经营权受到限制,该公司在国内外的分公司被迫关闭。公司在经营十分困难的情况下,社长向各级主管下了一个严格的命令:绝不允许开除任何一个员工。公司到处找活干,从社长到每个员工同心协力拼命干,终于度过了难关。总而言之,因为通用电气公司理解了情感管理,实施了这一金牌原则,自然会取得成功。这并不令人费解。

讨论:
(1) 通用电气公司的在情感管理上有何特点?
(2) 通用电气公司的"一日厂长"制对公司内部员工、消费者及组织本身有何影响?
(3) 通用电气公司的管理方式有何创新之处?

思 考 题

1. 如何理解创新的内涵与外延?
2. 结合实例分析管理创新的过程。
3. 影响管理创新的因素有哪些?
4. 领导创新的内容包括哪些方面?
5. 领导者怎样去营造一个创新型文化氛围?
6. 企业文化创新的内容包括哪些方面?

第 16 章 组织创新

教学要求

了解组织创新的含义和基本原则、组织创新的影响因素、作用和内容;理解业务流程重组的作用、业务流程重组的关键成功因素;理解学习型组织的内涵和特征、学习型组织的策划。

本章知识点

组织创新的含义和内容;业务流程重组的作用和重组的关键成功因素;学习型组织的内涵和特征;学习型组织的策划。

■ 导入案例

海尔集团流程再造

海尔集团从 1984 年开始创业,经过多年的艰苦奋斗和卓越创新,从一个濒临倒闭的集体小厂发展壮大成为在国内外享有较高美誉的跨国企业。海尔集团几十年来的业绩大家有目共睹,现已跻身于家电行业的前列。

海尔国际化经营战略的目标使海尔成为一个国际化企业。但是随着企业规模的迅速扩大,员工队伍不断壮大,为了更好地发展,借鉴世界各国著名企业的经验,海尔集团认为:组织变革是不容置疑的趋势,而流程再造可以提升企业的效率,可以将员工的素质和工作责任心与顾客满意度结合起来,带动企业持续不断地发展。1998 年海尔开始实施国际化战略以来,在全集团范围对原来的业务流程进行了重新设计和再造,并以市场链机制对再造后的流程进行了整合,在业务流程上与国际化大公司全面接轨。在有效根治"大企业病"的同时,有效地解决了管理团队的创新协作精神和员工投入回报机制内部化的问题,提高了企业员工的整体素质,强化了企业的市场应变能力,大大提升了海尔的国际竞争力,促进了企业的可持续发展,取得了前所未有的经营效果。

海尔集团在 1999 年 3 月达沃斯会议上就提出了国际化企业的三条标准,即企业内部组织结构必须适应外部市场的变化,造就一个全球化的品牌,以及建立一个基于网络系统的营销战略。围绕这三条标准,

第 16 章 组织创新

海尔在 1999 年 3 月份就提出企业必须完成两方面转变：一是从职能型结构向以市场链为纽带的流程型结构转变；二是由主要经营国内市场向国外市场转变以及从制造业向服务业转变。

海尔以其成功的、富有创新性的管理变革和流程再造，使其在商流信息化建设上取得了公认的成功。面对 21 世纪经济全球化和知识经济带来的各种机遇和挑战，中国制造企业如何在激烈的国际竞争中赢得优势，实现可持续发展，海尔以市场链为纽带的业务流程再造模式和其信息化建设经验为我们提供了一种全新的管理变革方向和值得借鉴的思路。

16.1 组织创新概述

16.1.1 组织创新的含义与原则

1. 组织创新的含义

任何组织机构，经过合理的设计并实施后，都不是一成不变的。它们如同生物的机体一样，必须随着外部环境和内部条件的变化而不断地进行调整和变革，才能顺利地成长、发展，避免老化和死亡。应用行为科学的知识和方法，把人的成长和发展与组织目标结合起来，通过调整和变革组织结构及管理方式，使其能够适应外部环境及组织内部条件的变化，从而提高组织活动效益的过程，就是组织创新，也被称为组织开发。

组织创新的内容随着环境的变化与组织管理需求发展方向等而各有所不同。但一般可涉及以下几个方面。

（1）功能体系的变动。即根据新的任务目标来划分组织的功能，对所有管理活动进行重新设计。

（2）管理结构的变动。对职位和部门设置进行调整，改进工作流程与内部信息联系。

（3）管理体制的变动。包括管理人员的重新安排、职责权限的重新划分等。

（4）管理行为的变动。包括各种规章制度的变革等。

上述开发工作往往需要经历一定的时间，从旧结构到新结构也不是一个断然切换的简单过程，一般需较长的过渡、转型期。所以，作为领导者要善于抓住时机，发现组织变革的征兆，及时地进行组织开发工作。以企业为例，企业组织结构老化的主要征兆有企业经营业绩下降；企业生产经营缺乏创新；组织机构本身病症显露；职工士气低落，不满情绪增加等。当一个企业出现上述征兆时，应当及时进行组织诊断，以判断企业组织结构是否有开发创新的需要。

2. 组织创新的基本原则

组织创新是组织所进行的一项有计划、有组织的系统变革过程。它应当遵循以下基本原则。

（1）必须按照组织管理部门制定的规划来进行。

（2）应当使组织既能适应当前的外部环境要求和组织内部条件，又能适应未来的外部环境要求及未来的内部条件的变化。

（3）应当预见到知识、技术、人员的心理和态度的变化，以及工作程序、行为、工作设计和组织设计的改变，并根据这些变化采取相应的措施。

（4）调整必须建立在提高组织的效率及个人工作绩效的基础上，促使个人和组织的目标达到最佳配合。

16.1.2 组织创新的影响因素

管理心理学对影响和推动组织创新的因素进行了大量的研究与分析。归纳起来,主要影响因素可分为内部原因和外部原因两大类。

1. 组织内部因素

从企业组织自身的角度讲,有三类影响因素对于激发组织创新起着重要的作用,即组织结构与资源因素、组织文化因素和人才资源因素。

1) 组织结构与资源因素

根据大量的研究结果,组织结构与资源因素对组织创新的作用很显著。

(1) 灵活的有机式组织结构对组织创新有着正面的影响。这是因为在有机式组织结构下,其专业化、正规化和集权化程度比较低,有利于提高组织的应变能力和跨职能工作能力,从而更易于发动和实施组织创新。

(2) 富足的组织资源是实现组织创新的重要基础。组织资源充裕,使管理部门有能力开发创新成果,推行整体性组织创新。

(3) 多向的组织沟通有利于克服组织创新的潜在障碍。例如,委员会、项目任务小组及其他组织机构等,都有利于促进部门间交流,达成共识,采用组织创新的解决方案。

2) 组织文化因素

创新型组织通常具有独特的组织文化,例如,鼓励试验,赞赏失败,注重奖励等。研究表明,创新型组织的文化以创新导向为核心,通常具有以下特征。

(1) 鼓励多样思路。不强调专一性,鼓励多种工作思路,容忍不切实际的想法和主张。

(2) 减少组织监控。组织把规章、条例、政策之类的监控减少到最低限度,加大管理的自由度。

(3) 鼓励承担风险。鼓励干部员工大胆试验,不用担心可能失败的后果。把可能的错误作为学习的机会。强调开放系统,随时监控环境的变化并做出快速反应。

(4) 容忍群体冲突。鼓励群体中的不同意见,中等程度的群体冲突有利于调节群体气氛,从而实现更高的经营绩效。

(5) 注重结果导向。鼓励设置明确具体的目标,积极探索实现目标的各种可行途径。注重结果获取与评价,对于给定的问题,需要有若干种正确的解决方法。

3) 人才资源因素

人才资源是组织创新的基本保证。创新型组织积极地对其干部和员工开展培训,加快知识与经历的更新。同时,通过职业生涯设计,给员工提供高工作保障,鼓励员工成为创新能手。一旦产生新思想,创新者会主动而热情地将新思想深化提高并克服阻力,以确保组织创新方案得到推行。有研究表明,创新型企业家具有以下共同的个性特征:自信性、坚持性、精力旺盛、敢冒风险等。另外,他们一般处于拥有相当大决策自主权的职位,这使他们能在组织中引入并推行所提倡的组织创新。

2. 组织外部影响因素

从组织的外部环境因素讲,市场的变化和组织所处的政治经济及社会文化环境等都会影响组织创新的整个过程。

1) 产品与服务市场的变化

市场变化是组织创新的首要外部因素,其中最重要的是需求变化。组织作为市场中的供给方是为满足市场需求而存在的。另一重要的市场变化是竞争变化,激烈的竞争往往使组织更倾向于成为适应市场的创新型组织,并通过更低成本和更高质量取得竞争优势。此外,资本与劳务市场变化也能激发组织创新。例如,许多工业发达国家的资本市场结构最适于激发创新,某些风险资本专门寻找有发展前途的小型创新公司,实行高风险、高回报率的投资策略。

2)政治经济及社会文化因素

政治经济与社会文化因素是推动管理创新的重要外部因素。企业经营规模的不断扩大和技术层次的不断提高,使得管理理念与文化价值观的更新日趋急迫,成为组织创新的必要条件。而管理理念与文化价值观在很大程度上受到政治经济与社会文化因素变化的制约,如政府的政策、法令、法律、规划、战略等,都直接对组织创新行为具有指导意义和约束力。

组织创新过程是一个系统,不仅会受到组织内部个体创新特征、群体创新特征和组织特征的影响,还会受到整个社会经济环境的制约;组织创新行为又会直接影响组织绩效,包括市场绩效、竞争能力、盈利情况、员工的态度等。同时,组织创新是一个渐进的过程,往往从技术与产品开发入手,逐步向生产、销售系统、人力资源、组织结构发展,进而进入战略与文化的创新,表现为一种渐进创新的过程。

16.1.3 组织创新的作用和内容

1. 组织创新的作用

企业组织创新是指随着生产的不断发展而产生的新的企业组织形式,如股份制、股份合作制、基金会制等。换句话说,就是改变企业原有的财产组织形式或法律形式,使其更适合经济发展和技术进步。组织创新是企业管理创新的关键。现代企业组织创新是为了实现管理目的,将企业资源进行重组与重置,采用新的管理方式和方法,以及新的组织结构和比例关系,使企业发挥更大效益的创新活动。

企业组织创新是通过调整、优化管理要素,如人、财、物、时间、信息等资源的配置结构,提高现有管理要素的效能来实现的。作为企业的组织创新,可以有新的产权制、新的用工制、新的管理机制,实行公司兼并和战略重组,对公司重要人员实行聘任制和选举制,企业人员的调整与分流等。

组织创新的方向就是要建立现代企业制度,真正做到"产权清晰,权责明确,政企分开,管理科学"。企业的组织创新,要考虑企业的经营发展战略,要对未来的经营方向、经营目标、经营活动进行系统筹划;要建立以市场为中心的信息系统;要不断优化各项生产要素组合,开发人力资源;在注重实物管理的同时,应加强价值形态管理,注重资产经营、资本的积累等。

2. 组织创新的内容

组织创新的主要内容就是要全面、系统地解决企业组织结构与运行及企业间组织联系方面所存在的问题,使之适应企业发展的需要,具体内容包括企业组织的职能结构、管理体制、机构设置、横向协调、运行机制和跨企业组织联系六个方面的变革与创新。

1)职能结构的变革与创新

要解决的主要问题包括:第一,走专业化的道路,分离由辅助作业、生产与生活服务、附属机构等构成的企业非生产主体,发展专业化社会协作体系,精干企业生产经营体系，集中资源强化企业核心业务与核心能力；第二，加强生产过程之前的市场研究、技术开发、产品开发和生产过程之后的市场营销、用户服务等过去长期薄弱的环节，同时加强对信息、人力资源、资金与资本等重要生产要素的管理。

2）管理体制（组织体制）的变革与创新

管理体制是指以集权和分权为中心、全面处理企业纵向各层次特别是企业与二级单位之间权、责、利关系的体系，亦被称为企业组织体制。其变革与创新要注意以下几个问题：

（1）企业的不同层次，正确设置不同的经济责任中心，包括投资责任中心、利润责任中心、成本责任中心等，消除因经济责任中心设置不当而造成的管理过死或管理失控的问题。

（2）突出生产经营部门（俗称一线）的地位和作用，管理职能部门（俗称二线）要面向一线，对一线既管理又服务，从根本上改变管理部门高高在上、对下管理、指挥监督多而服务少的传统结构。

（3）作业层（基层）实行管理中心下移。作业层承担着作业管理的任务。这一层次在较大的企业中，还可分为分厂、车间、工段、班组等若干层次。可以借鉴国外企业的先进经验，调整基层的责权结构，将管理重心下移到工段或班组，推行作业长制，使生产现场发生的问题，由最了解现场的人员在现场迅速解决，从组织上保证管理质量和效率的提高。

3）机构设置的变革与创新

考虑横向上每个层次应设置哪些部门，部门内部应设置哪些职务和岗位，怎样处理好他们之间的关系，以保证彼此间的配合协作。改革方向是推行机构综合化，在管理方式上实现每个部门对其管理的物流或业务流，能够做到从头到尾、连续一贯的管理，达到物流畅通、管理过程连续。具体做法就是把相关性强的职能部门归并到一起，做到一个基本职能设置一个部门、一个完整流程设置一个部门。此外，推行领导单职制，即企业高层领导尽量少设副职，中层和基层基本不设副职。

4）横向协调的变革与创新

（1）自我协调、工序服从制度。实行相关工序之间的指挥和服从。

（2）主动协作、工作渗透的专业搭接制度。在设计各职能部门的责任制时，对专业管理的接合部和边界处，有意识地安排一些必要的重叠和交叉，有关科室分别享有决定、确认、协助、协商等不同责权，以保证同一业务流程中的各个部门能够彼此衔接和协作。

（3）对大量常规性管理业务，在总结先进经验的基础上制定制度标准，大力推行规范化管理制度。这些标准包括管理过程标准、管理成果标准和管理技能标准。

5）运行机制的变革与创新

建立企业内部的"价值链"，上下工序之间、服务与被服务的环节之间，用一定的价值形式连接起来，相互制约，力求降低成本、节约费用，最终提高企业整体效益。改革原有的自上而下进行考核的旧制度，按照"价值链"的联系，实行上道工序由下道工序考核、辅助部门由主体部门评价的新体系。

6）跨企业组织联系的变革与创新

前面几项组织创新内容，都是属于企业内部组织结构及其运行方面的内容，除此之外，还要考虑企业外部相互之间的组织联系问题。重新调整企业与市场的边界，重新整合企业之间的优势资源，推进企业间组织联系的网络化，这是新世纪企业组织创新的一个重要方向。

16.1.4 组织创新的模式

1. 企业组织创新的基本模式

企业组织创新可划分为三种基本模式：战略先导型组织创新模式、技术诱导型组织创新模式、市场压力型组织创新模式。

1）战略先导型组织创新模式

从创新的动力源看，战略先导型组织创新的动力主要来自于企业战略导向的变化。在企业高层管理者对内外环境变化的预见或快速反应的驱动下，企业首先将企业家的智力和时间资源及相应的物质和组织资源集中投入到企业战略的变革上，分析外部环境和内部条件，确立组织视野，明确目标规划，调整产品结构，实现战略创新。在此基础上，一方面转变观念、形成新规范、调整人际关系，进行文化创新；另一方面，则着眼于重新配置企业责权结构，使结构创新适应战略创新和文化创新的需要。

战略先导型组织创新的本质在于，由企业战略创新启动，文化创新、结构创新同步进行，从而实现企业战略创新、文化创新和结构创新的动态匹配。正是这三类创新的协同匹配，使战略先导型组织创新表现出带有企业内源性根本的组织创新的特点。战略先导型组织创新模式的实现除了要求企业家具有战略眼光和超前决策能力外，还要求企业必须在快速发展的产业环境中，具有充分的成长空间，并能够有效利用各种信息源，尤其善于创造性地学习借鉴外部组织创新的经验，以尽量减少创新成本。

2）技术诱导型组织创新模式

从创新的动力源看，技术诱导型组织创新的动力主要来自于企业新技术的发展，尤其是企业带有根本性的产品创新导致的产品结构的变化。由于产品结构的变化，企业的部门设置、资源配置及责权结构都要有相应的调整，从而引发结构创新。在结构创新的基础上，企业价值观念和行为规范会发生潜移默化的转变，完成渐进的文化创新。结构和文化的逐渐变化又会进一步促进企业技术创新。

技术诱导型组织创新的最大特点是源自企业内部产品结构的变化，并且由此引起的结构和文化调整也是逐渐进行的，一般不至于导致企业组织在短期内的整体变化。因而，技术诱导型组织创新属于企业内源性的渐进组织创新。技术诱导型组织创新是企业中常见的组织创新类型，尤其是对于那些正由单一品种生产向多元经营转化的企业来说，适应新产品生产经营的需要，就要进行相应的组织创新。应该注意的是：①这种类型的创新应该先从开发、生产和销售的技术条件和管理条件的角度，考察新产品与企业原有产品之间的关系，以避免机构重叠和资源浪费；②结构创新和文化创新应该保持连贯性和循序渐进性，以避免打破企业原有的平衡；③一旦结构创新和文化创新得以实现，应适时进行战略调整，使企业战略真正转移到多品种生产经营上来。

3）市场压力型组织创新模式

从创新的动力源看，市场压力型组织创新的动力主要来自于市场竞争压力。市场竞争压力迫使企业求生存、谋发展，努力通过战略创新、文化创新和结构创新来保持和提高企业的核心能力，靠持续的技术创新赢得竞争优势。对于大多数企业来说，市场压力型组织创新更多地表现为由文化创新启动，进而诱发大规模战略创新，最终以反复的结构创新来实现企业组织创新的逻辑顺序。

市场压力型组织创新属于企业外源性创新，但它既可能是渐进的，又可能是根本性的，这要视企业具体的内部和外部环境而定。市场压力型组织创新多表现为从文化创新开始的企业根本性创新。而这种转轨或过渡一旦完成，市场压力型组织创新将主要表现为渐进性创新，而且将成为企业日常占主导地位的创新类型。

一般来说，表现为企业根本性创新的市场压力型组织创新对企业的要求：首先，要有转变观念的内在需要，最高管理层和基层员工都要意识到竞争的压力；其次，要有进行根本性战略创新的勇气，适应市场的需要重新配置企业资源；最后，要熟悉市场变化、明确竞争来源、及时准确地把握各种内外部创新源的变化，尤其要善于学习外部组织成功创新的经验，以尽量降低创新成本。

2. 企业组织创新模式的选择

从根本上说，组织创新要有利于培育、保持和提高企业的核心能力，在市场竞争中赢得持续的竞争优势。因而，企业组织创新模式的选择最终还是要看其是否有利于提高企业的核心能力。可以说，核心能力是衡量企业组织创新的成效及其模式选择的最终标准。具体地说，核心能力是企业不同的技术系统、管理系统、社会心理系统、目标与价值系统等系统的有机结合，而体现在这种组合中的核心内涵是企业所专有的知识体系。正是企业的专有知识使核心能力表现得独一无二、与众不同和难以模仿。核心能力建立于企业战略和结构之上，以具备特殊技能的人为载体，涉及众多层次的人员和组织的全部职能，因而，核心能力必须有沟通、参与和跨越组织边界的共同视野和认可。

对于企业组织创新模式的选择来说，核心能力的影响主要通过企业核心能力的定位和核心能力未来发展战略的确定表现出来。因为，核心能力定位直接决定了企业在战略、结构和文化方面的定位，即组织定位。没有恰当的组织定位，创新模式的选择将难以符合企业的实际。组织创新模式的选择必须紧紧围绕两个问题展开：一方面保证企业核心技术的创新持续不断；另一方面，保证作为核心能力载体的人才能够得到全面的培养、发展及合理使用和有效聚集。在此基础上，组织创新的模式选择还要考虑技术环境与制度环境的变化，分析组织创新动力的来源和可能获得的创新信息的源泉。所以，环境分析、创新源分析和核心能力分析一起构成了企业组织创新模式选择的重要前提，其中核心能力分析是组织创新模式选择的分析框架的基础。

3. 中国企业组织创新的主流模式

目前，我国企业组织创新的主流模式为战略先导型组织创新模式，此模式之所以成为主流，既与其符合我国经济转型时期的特点有关，又与当前世界经济发展大趋势相联系。我们可以看到即使在市场经济相对发达的国家，由于近年来高新技术的飞速发展和产业经济结构的调整，经济发展正逐步由资源依赖型向知识依赖型转变，致使企业带有根本性的战略先导组织创新也层出不穷。而战略先导型组织创新模式又有两个具体的主导模式：一是业务流程重组，二是分权制。

1) 业务流程重组

业务流程是企业为达到一个特定的经营成果而执行的一系列逻辑相关的活动的总和，而业务流程重组则是企业为达到组织关键业绩（如成本、质量、服务和速度）的巨大进步，而对业务流程进行的根本性再思考和再设计，其核心是业务流程的根本性创新，而非传统的渐进性变革。业务流程重组属于企业内源型的根本性组织创新，创新的动力源来自于企业家的精神或企业战略导向的变化，强调由战略创新启动，战略、文化和结构创新密切配合,因而,业务流程重组是典型的战略先导型组织创新。另外,选择这种模式,必须考虑以下几个方面的影响因素。

首先,企业所处的外部环境正在发生深刻变化。例如,我国经济体制改革这样的大规模制度创新或像世界范围的高新技术革命引发的技术经济模式的变革,而这种创新或变革又深刻地影响到企业所在产业的发展,使产业结构发生深刻变化。这一切将成为企业重新考虑自身生存和发展问题的必要条件,也是进行战略先导型组织创新的重要外部环境。

其次,这种根本性的创新必须源自企业自身的内在需求,必须由企业家的战略眼光和超前决策来推动,而且还能够从企业家思想、经验及外部组织变革的启示中获得足够的创新信息,以顺利实现创新。围绕核心能力的提高和未来发展,战略、文化和结构的创新必须紧密配合。

最后,战略、文化和结构的根本性创新必须能够保证企业核心能力的稳定和持续提高。我国企业在选择业务流程重组这种战略先导型组织创新模式时,必须考虑企业内外两个方面的影响因素。如果不能对内外两个方面的影响因素做全面而细致的分析,就选择进行企业业务流程重组,那将是非常盲目的。我国企业在进行业务流程重组时,必须要有明确的战略视野,也要有相应的管理哲学和观念变革的方法,这样才能达到适应环境变化、重新配置企业资源的目的。

2)分权制

分权制组织是现代企业特别是大企业所普遍采取的一种组织结构形式,也是目前我国企业组织创新中的重要目标模式。对于我国企业来说,实行分权制组织创新是一种战略先导型组织创新,因此,研究这个问题对于我国企业国际化组织创新具有十分重要的意义。我国企业面临着规模扩大、市场竞争加剧、竞争核心环节向研发和营销转移、环境动荡性增加及人员成长需求增强等趋势,因此从整体看,分权制组织创新是不可避免的趋势。同时,相对西方企业而言,我国企业的分权基础能力普遍较弱,这是造成我国企业实施分权代价过高的根本原因。因此,提高企业的分权基础能力是我国企业取得分权制组织创新成功的关键所在。分权是一种必然趋势,分权必须在一定能力的基础之上进行才能取得预期效果。

案例 16-1

松下电器的组织结构

松下电器产业公司(以下简称松下电器)是世界最大的家用电器公司之一,松下电器成功的主要因素之一是其合理的组织结构。松下电器采用分级管理、分级核算,实行事业部制。公司经营管理分为两级,即总公司一级,事业部一级。总公司的最高领导层是董事会,董事会设会长(即董事长)一人,在会长主持下,由社长(总经理)、副社长、专业董事参加的经营战略会议是公司的最高决策机构。在董事会之下,由社长主持、副社长和常务董事参加的常务会议是公司的最高经营管理部门。

在总公司一级设有一套健全的职能机构,包括总务部、人事部、资料部、经理部、技术本部、生产技术部、制品检查本部、法规管理本部、海外事业本部、营业本部、宣传事业部、经营计划室、环境管理室、中国室等几十个部门。

总公司下面按产品建立事业部,如电视机事业部、录像机事业部、电子零件事业部、电池事业部等。事业部设部长一人,对事业部的经营管理负总责。他定期召开事业部各职能部长和工厂厂长参加的部务会议,研究决定事业部经营管理方面的重大问题。事业部也设有一套职能机构,包括总务部、人事部、经理部、技术部、品质保证部、财务部、采购部、营业部等。

松下电器在 1933 年就建立了三个事业部，是日本最早采用事业部制的企业。事业部是一个自负盈亏、独立核算的经营单位，因此，事业部制可以更好地明确各部门的职责和权限，发挥他们的积极性和主动性，进一步进行专业化分工。然而，各事业部门独立以后，比较容易脱离中央控制，各部门间的合作也日益困难。同时高度专业化的部门不一定会有全局观念去应付所有产品的危机。因此，总裁松下幸之助以集中四个主要功能来平衡分权之举。首先，松下幸之助设立严格的财务制度，由其财务主管负责直接向总公司报告其财务状况，并且制定了严格的会计制度；其次，松下幸之助建立公司内部银行，各部门的利润都汇总于此，同时，各部门增加投资时，必须向公司银行贷款；再次，实行人事管理权的集中，松下幸之助认为人才是公司最重要的资源，每位超过初中学历的员工都必须经过总公司的仔细审核。所有管理人员的升迁都必须经过总公司的仔细审查；最后，松下电器公司采取集中训练制度，所有松下电器的员工都必须经过松下电器价值观的训练。这样就形成了一种分权与集权的结合。

16.2　业务流程重组

在当今信息化时代，经济全球化趋势不断加强，市场竞争呈现为多层面竞争。面对复杂的市场环境，要适应外界环境的迅速变化，在激烈的竞争中求生存、求发展，不仅需要采用先进的技术方法，而且要尽快改变与现代生产经营不适应的管理方法，使企业建立起对外部环境变化能够做出灵活、快速反应的管理机制和组织结构。业务流程重组作为一种新的管理变革思想，被视为获得竞争优势的重要战略方法，得到了学术界和企业界的高度重视。

1990 年由美国的迈克尔·哈默和詹姆斯·钱皮率先提出了企业流程重组（Business Process Reengineering，BPR）的概念，即"以经营过程为改造对象和中心，以关心客户的需求和满意度为目标，对现有的经营过程进行根本的再思考和彻底的再设计，利用先进的制造技术、信息技术及现代化的管理手段，最大限度地实现技术上的功能集成和管理上的职能集成，打破传统的职能型组织结构（Function-organization），建立全新的过程型组织结构（Process-oriented Organization），以实现企业经营在成本、质量、服务和速度等方面的巨大改善。"

16.2.1　业务流程重组的特征和作用

1. 业务流程的特征

企业在将市场导向战略融入业务流程重组时，为了应对不确定性日益加强的外部环境，需要综合考虑客户导向、竞争者导向及跨部门协调等这些市场导向的组织行为对业务流程重组的影响，变原来的内部导向为外部导向，努力从顾客的需求及其外界环境的变化中发现价值并实现这些价值，整合企业的内外部资源以适应市场的变化。这必然会改进业务流程的原有模式，使之呈现出一些新的特征，具体有以下六个特征：

（1）本性的改变。业务流程重组不是基于原来流程的小改进，而是从系统全局的角度将技术、人员和流程进行优化重组，往往会改变原有的组织管理模式，人员、角色、权限都随之变化，各种资源将被进行重新配置。通过业务流程重组，主要的绩效指标能部分或全部得到显著的提高，从而提高整个组织的绩效。

（2）基于流程的组织形式。为快速响应外部的需求和变化，保持系统的灵活性，形成以流程为中心的组织模式，一般呈扁平化的组织，按照业务流程形成工作团队。

（3）具有潜在的利益。通过业务流程重组，能使管理机制更加灵活、信息畅通，增强工作流程的柔性,提高了顾客的满意度,从而提升了竞争力,为今后进一步的成功奠定基础。

(4) 面向顾客。重组的目标是要能及时满足顾客(包括内部和外部)的需要,以顾客为驱动,业务流程中的每项活动都要能为顾客增值。

(5) 信息技术担任重要角色。信息技术不仅可以大幅度提高原有系统的效率,同时还会对原有流程的结构与方式产生影响,在许多业务流程重组中信息技术具有重要作用。

(6) 高风险性。统计表明业务流程重组具有很高的失败率,业务流程重组往往投入巨大,同时涉及多方面的变革,因此极具风险性。

2. 业务流程重组的作用

BPR 对企业的改造是全面的、彻底的,大部分的现行体制将被打破、重组。企业只有重视顾客、关心流程、提高效率,才能生存和发展于今后的市场中。业务流程是一组为客户创造价值的相关活动,它的主要特征是协同。流程式管理强调:管理面向业务流程,流程决定机构;管理以流程为中心,将决策点定位于业务流程执行的地方;在业务流程中建立控制程序,压缩管理层次,建立扁平式管理组织,以提高管理效率。作为一种前卫的管理思想,业务流程重组具有管理理念更新、管理思想解放和流程模式创新的意义。

业务流程重组的作用如下。

(1) 能极大地调动员工积极性。BPR 能充分调动企业员工的积极性,让那些需要得到流程产出的人员能自己执行流程。过去由于专业化精密分工,企业的各个专业化部门只做一项工作,同时又是其他部门的顾客。例如,会计部就只做会计工作,如果该部门需要一些新铅笔就只能求助于采购部,于是采购部需要寻找供货商,讨价还价,发出订单,验收货物然后付款,最后,会计部才能得到所需的铅笔。其过程琐碎冗长,效率低下,员工工作疲乏,绩效不高。BPR 使现代企业的职能部门数量及级别大大压缩,企业的组织机构不再是多级管理,而是呈现扁平化趋势。以专业技术组织的职能部门仍将存在,但部门之间的边界大大淡化。部门经理权力倾向发生质变,一般只是制定战略、培训及管理人员,员工的直接服务对象是顾客,而不是上司。在运作中,员工将分为具有领导及沟通能力的流程领导者和各类应用专家,每个人可以根据自身特点选择自己的发展方向,这样,只要认真努力,自然会拥有名誉及地位。在此情况下,每个人追求的将不再是各级经理或处长等,而是各种专家。

(2) 能合理地利用信息技术。信息技术的巨大飞跃是业务流程重组的物质基础和促进条件。由于数据库、通信、网络技术的巨大成就,人们可以快速、方便、实时地共享信息,了解以往潜藏在企业各个文件柜中的数据,从而在物质上保证了能够打破劳动分工,进行业务流程重组,创造更高的生产效率。重组活动要重视信息技术的力量,利用最新的信息技术来重塑具有竞争优势的、新的业务流程。但值得注意的是,信息技术仅仅是基础。

(3) 实现了人力资源的现代管理。能使企业坚持以人为本的团队式管理。在以流程为中心的企业里,团队是动态结合在一起的,具有多种技能,并能完成多项任务的一组人。它通常是以生产作业流程为基础组织起来的,在打破企业内部传统的功能部门、等级界限的基础上进行,面向的不再是单一职能,而是综合性任务。让人们从"要我做"变为"我要做",这是企业业务流程重组的最高境界,也是坚持团队式管理的精髓所在。

(4) 促成以流程为中心、以顾客为导向、以市场为基础的竞争格局。业务流程重组同亚当·斯密的分工理论反其道而行之，提出了"合工"的思想，其要点就在于凭借信息技术，以企业业务流程重组为突破口，进而带动组织、人员、企业的重组。因此，在实施过程中，企业不应将精力全部集中在狭小的任务上，而应彻底突破企业内组织部门间的界限，打破传统的思考方式，围绕工作过程组织开展工作，争取将原分散在各个功能部门的作业整合成单一流程。正如一些观点所说，组织结构应该以产出为中心，而不是以任务为中心。

当今的市场竞争决定了企业必须充分满足顾客的需求，坚持以顾客为导向。因此，企业必须建立能够快速了解顾客需求、获得顾客反馈的组织结构，使流程中每一环节的员工都能够获取最新的资料，了解自身工作对顾客、对整个流程的贡献；改变过去那种职能林立、各自为政的结构；员工的业绩也不应该按照其本职工作完成的结果来评价，而是应该放在整个流程的运行中来评价；要通过组织、制度来引导员工从顾客的角度出发看待自己的工作，以顾客的满意为评价标准。一方面，要减少管理的层次，促使组织结构扁平化，减少信息传递的距离和时延，加快对顾客意见的反馈速度；另一方面，促进信息的横向交流，信息传递不再需要沿着"金字塔"上下流动，而是应该按照流程的需要在部门之间横向地平行传递。打破传统的树状机构，以网状的、多向互联的、新型的组织结构取而代之，通过数据共享，电子化直接传递，减少不必要的重复的监督、检查和核对等工作。

 案例 16-2

中国电信的业务流程重组

2001年6月，中国电信原总经理周德强一行前往美国、日本等国考察，形成了一个初步的想法：将 BPR 作为转换企业运营机制、调整内部管理、加快市场反应速度和提高企业效益的重要项目在中国电信进行尝试，并选择具有代表性的苏州、昆明两个中国电信分公司进行试点。

2001年9月，中国电信本地网流程重组试点项目正式启动，成立了由集团公司常务副总经理和三位分管业务的副总经理分别担任组长和副组长，由集团公司主要二级部门领导组成的 BPR 项目领导小组，负责项目的决策；由国际著名的咨询公司及集团公司试点省市的业务骨干组成 BPR 项目组，负责项目的具体运作。

通过对试点本地网内外部的访谈和调研，项目组确定了中国电信在运营和发展中急需解决的六大突出问题，即所谓的"标"。这些问题包括：第一，市场反应慢，对竞争反应不敏感，甚至造成业务流失；第二，企业内部分工不明晰，各部门本位主义比较严重，相互之间扯皮较多，流程不畅，经常出现多头管理或无人管理的现象；第三，绩效和奖惩没有挂钩，对员工激励不足，存在人才流失的现象；第四，本地网定位与整体职责不明确，责、权、利不统一；第五，信息透明度差，在部门之间沟通不顺畅，难以共享，大大降低了市场的响应速度；第六，投资回报低于世界领先水平，2001年已投资本回报率（Return On Investment, ROI）仅为2.5%左右，远低于世界电信业7%~10%的水平，在投资过程中，强调收入和用户数的绝对数量，而忽视了投资的收益率和对成本的考核。

通过对这些问题进行细致的分析，项目组从组织结构、运作机制、人员、考核等多方面入手寻找问题的根源和症结，即所谓的"本"。在此基础上，项目组运用科学的设计方法完成了两个试点本地网的流程重组方案设计，即所谓的"药"。两个试点本地网根据生产实践罗列了囊括客户、网络、新产品、计划建设、人力资源、财务等方面的80多个业务和管理流程。按照各流程对业务和管理的重要性、存在问题的严重性、流程实施的可行性及预期成效，项目组充分征求各方面的意见，最终确定了能带来高效益和具有很强可行性的六个流程，即以客户为中心的大客户管理流程、快速响应市场的网络资源调配流程、注重投资效益的滚动性投资流程、追求实效的前后端型组织结构、与岗位及业绩挂钩的关键绩效指标考核和薪酬激励机制、IT 支撑，作为首先重组的主要流程。

这六大关键流程模块是相辅相成、相互关联的一个有机整体。针对大客户竞争最为激烈的现状，从大客户流程重组做起。为了更好地支撑大客户服务，在有资源的条件下通过网络资源调配流程解决后端对前端的及时响应；在没有资源的条件下，运用滚动性投资流程解决新建资源的市场导向问题，并设计出支撑流程化运作要求的组织结构与绩效考核体系；IT 的优化改造提供了保障手段。可以说，六大关键流程体现了市场决定流程、流程决定组织、组织决定机制的指导思想。

16.2.2 业务流程重组的关键成功因素

1. 关键成功因素的概念

关键成功因素（Critical Success Factors，CSF）的概念最初由约翰·罗卡特引入信息系统研究领域，用于需求分析和信息系统规划。按照约翰·博因顿·普里斯特利的定义，CSF 是指组织为了获得较高的绩效，必须给予特殊和持续关注的管理问题和组织领域。1987 年，罗伯·斯莱文和杰弗里·K. 宾图把关键成功因素的概念应用于项目管理研究。他们指出，通过确定关键成功因素，管理者可以将有限的资源用于最重要的地方，还可以通过对关键成功因素的监控，来指导项目实施。在 BPR 研究领域，很多学者都不约而同地用关键成功因素法来研究 BPR 的实施问题，希望通过对少数关键因素的管理和控制，来提高 BPR 实施的成功率。由于文化背景、经济体制和企业管理模式的不同，中国企业在实施 BPR 的过程中，可能会遇到与西方企业完全不同的问题，适用于西方企业的关键成功因素在中国企业未必适用。

尽管 BPR 形成了世界性的浪潮，并且国外有许多非常成功的案例，但是在中国仍有超过一半的业务流程重组项目走向失败或是达不到最初设定的目标。这中间最大的障碍有四个方面的因素：第一是缺乏高层管理人员的支持和参与；第二是不切实际的实施范围与期望；第三是组织对变革的抗拒；第四是错误选择流程重组的时机。

2. 引导业务流程重组走向成功的关键因素

BPR 的内涵是从根本上重新思考并彻底地重新设计现有的业务流程，以期在目前衡量企业绩效的关键指标上，获得巨大的改善。在分析失败原因的基础上，结合对 BPR 内涵的理解，要真正实现重组的成功，就必须重视和了解其过程中的关键因素。

1）企业的战略引导

古尔登和雷克认为业务流程再造的秘密不在于深入理解 BPR 如今的执行方式，而在于思考未来如何改造。迈克尔·哈默和詹姆斯·钱皮提出的业务流程重组的定义是"根据企业的愿景和战略目标，对企业过程进行彻底的重新设计"。业务流程再造是实现企业经营目标的管理手段，因而它有必要成为企业经营战略体系中的组成部分，如果将业务流程再造游离于企业经营战略体系之外，很容易徒劳无功甚至增加风险。因此，企业在重新设计业务流程时应充分考虑以下问题：企业经营目标是什么；现有流程是否的确阻碍了企业经营目标的实现；设计新的流程是否能有效达到企业目标；按上述原则设计出来的业务流程应具备哪些特点；对业务流程再造进行可行性论证及绩效分析后，才能着手实施计划，否则只会在错误的道路上越走越远。

2）高级管理层的直接领导

高级管理层必须直接领导重组而不是仅仅参与或管理重组，这是重组取得成功的最根本、最关键的因素。企业主要业务流程的重组势必将引起工作领域内相关流程、技术、工作角色和文化等方面的变革,高级管理层对重组坚定不移的信心是这些变革能够持续获得必要的资金、人力等资源的基本保障;高级管理层强有力的、持续的支持也是重组能够克服各种阻碍获得成功的必要条件。

3) 灵活组成团队人员

灵活选择重组团队对重组的成功与否事关重大。从广义的角度而言,重组团队应该由一个决策层、一个核心团队和若干个辅助团队组成。决策层为重组提供指导方向,消除重组的障碍,并提供资金等方面的支持;核心团队直接对重组方案的设计和实施负责;由企业各部门其他员工所组成的辅助团队在项目需要时才协助实施重组方案。因此通常所说的重组团队主要是指核心团队。

核心团队可由经理主管人员、业务骨干、技术精英、相关部门代表、客户支持人员、专业咨询人员、供应商和客户等跨部门的人员组成。团队的人员应从各部门中最优秀的员工中选拔,为确保重组的成功。这些人应当心胸开阔、乐观向上、受人尊敬、责任心强、富有创造力并具有合作精神。根据项目的大小,核心团队通常由3~12人组成,人数较少时具有效率优势;而人数较多时应将团队划分为3~5人的子团队以兼顾效率和知识的平衡。

4) 专业咨询公司参与重组

专业咨询公司因为具备各类综合人才和丰富的重组实践经验,能够协助缺乏重组经验的企业在设计、测试、执行等各个阶段内实施重组战略。专业咨询人员不受企业内部人际关系和政策的制约,因此方便与企业领导、员工、客户之间相互沟通,同时他们熟悉业务流程重组,更可带来其他公司最好的重组实践和信息。所以聘请专业BPR咨询人员帮助企业获得竞争优势的策略越来越广泛地被高级管理层所接受。

但是需要注意到,专业咨询人员也经常存在以自己为中心、和企业脱钩、照搬已有的方案来解决企业现有问题等缺点。因此,管理层必须确定好企业所需的专业咨询人员所扮演的角色,如是具有业务流程重组知识和方法的顾问,还是具备相关业务流程重组知识并且能够不受企业内部问题所制约、协助实现业务流程重组方案的团队成员,或者是具有相似业务流程重组的经验可协助解决企业某类特定问题或任务的专家。

5) 制定稳定的绩效度量标准

成功的企业总是不断地从各个角度评估并改善它们的业务,而度量标准是评估的基石和改善的基础。超过一半的经理认为他们缺乏一致的、可靠的重组绩效的度量标准。度量标准是用于评估某个特定领域性能的标准,它是面向客户流程管理系统和任何旨在获得持续性改善系统的核心。一个完备的绩效度量标准至少应从客户(企业满足客户需求的能力、客户的满意度等)、供应商(供应商满足企业需求的能力等)、员工(同事的满意度等)、财务(盈利能力、市场占有率等)和内部业务流程性能(循环周期、产品或服务质量、成本状况等)五个方面反映企业的运作情况。

16.2.3 业务流程重组融合的趋势

BPR在我国经历了十多年发展,随着管理理念的更新和技术的进步及新工具和新方法的出现,BPR又被赋予了新的内容,必将随着管理理念的更新和科学技术的进步而不断产生新的发展趋势。其中在流程管理和核心能力这两方面表现得尤为突出,下面就从流程管理和核心能力这两个角度说明国内外重组方式日益融合的发展趋势。

1. 流程变革管理的融合趋势

流程变革管理是一种提倡运用整合的方法来管理点对点（end to end）流程的管理哲学，它包括为特定的顾客提供产品或服务的活动。流程变革管理主要包括三个阶段：流程变革的要求、流程的重新设计、渐进式的流程变革。

1）流程变革的要求

该阶段基于企业使命、战略或业务计划的变化，要求对原有的沉程进行变革。如果收回以前外包出去的职能或者将现有的薄弱职能分离出去，就要求对流程进行重新设计。

2）流程的重新设计

流程的重新设计不仅可以导致输出的产品和劳务需求的显著性变化，而且会导致支持业务流程的技术平台发生显著性变化，此外还可能导致财务资源配置的有效性发生显著性变化。流程的重新设计经常跨越组织的边界，对外部供应商和顾客有着重要影响，因此，流程重组必须是跨职能的。重组的第一步是直接根据使命和战略计划来诊断流程；然后，分析从供应商获取原材料开始直至向顾客提供产品为止的价值链所包含的流程中的所有活动，巩固并优化产品和劳务增加价值的活动，删除或减少不能增加价值的活动，然后采取循序渐进的方法来实施。

3）渐进式的流程变革

渐进式的流程管理虽然可以为企业的流程管理带来很大的帮助，但还有其需要改善的地方，只有对其进行改善，才能让企业如期实现组织的目标。持续的流程改善体现了产品无论多么好，总可以做得更好的哲学思想，如果企业自身不能做得更好，那么其他企业将可以做到，顾客就会随之流失。持续的流程改善可以使外部供应商、顾客及内部员工的影响与冲突最小化。渐进式流程改善的焦点是强调降低与控制有关的一般管理费用和由于冲突而产生的制度成本，消除不能增加价值的活动及由此产生的成本，可以达到优化企业资源配置的目的。

某化工集团公司采购中心组织设计

某化工集团公司是一家产品门类繁多，产、供、销业务齐全，人、财、物数量庞大，物流、资金流、信息流复杂的大型集团公司。公司除了财务部、人力资源部、项目管理部、综合办等职能管理部门外，还设有一个采购中心、一个技术中心、五个事业部、两个营销部、四个生产厂、六家控股子公司等相对独立的单位，这些单位在物品、信息、财务等方面联系密切，商务协同和集成管理成为公司全面提升综合效益的重要内容和途径。经通盘考虑，公司决定先从采购环节开始，进行探索。

公司最高管理层通过基层调研和反复讨论，考虑到生产、销售、财务、效益、管理等多方面的因素，明确了采购中心组织设计必须抓住以下要点。

1. 对所有采购部门有一定的示范作用

因采购中心负责全公司的采购业务，其组织结构和运行模式相对复杂，管理范围相对大，因此，为了使全公司采购业务规范化、制度化，采购中心的组织结构和业务流程管理制度应该对事业部、生产厂、控股子公司、技术中心、项目管理部等其他单位的原辅材料、机器设备、配件备品等物资的采购过程起到示范作用，使所有单位都可以通过对比、分析并根据自己的实际需要设计出既上下统一又各具特点的合适的组织结构。

2. 组织结构支持多种采购模式（任务或流程导向）

采购中心的组织结构应该能灵活、有效地支持不同的采购模式和流程，集团公司从不同角度划分出的采购处理模式包括以下几种：①计划内采购和应急采购；②在合格供应商内采购和非合格供应商内采购(紧急采购)；③大宗原材料采购与辅助材料(包括包装物、设备等)采购；④国内采购和国外采购。

3. 组织结构支持多种采购和存货策略

为保证生产经营计划的顺利完成，根据不同物质的消耗量、使用频率、易获性、采购和存货成本、供应商供货能力等因素，公司制定了三种采购和存货策略：①原材料实行适量储备定额加日均衡计划采购策略；②包装物实行极少量储备，供应商按月度计划备货并按需准时送货策略；③辅助材料及设备确定用量定额后，大部分物资先由供应商备货在采购中心仓库，实行代存代销策略。采购中心的组织结构要能够支持不同采购和存货策略的实现。

4. 组织结构支持供应链整合的需要

从系统的角度看，公司上游供应商，公司的采购部门，仓库，公司领料、用料单位组成了一个供应链，采购中心仅仅是这条供应链中的一环。为了提高整个供应链的效率，采购中心应该对供应链进行整合，并在组织结构上与供应链的运行相适应。因此，在公司内部，采购中心要与仓库、原辅助料需求单位的生产管理部门、计划行政部门协调一致，使需求计划申报、审批、备料领料过程高效顺畅；在公司外部，随着条件的成熟，逐步做到有控制地向供应商开放采购需求信息，与供应商的仓库管理、生产管理等相关信息系统对接，实现与供应商的网上交易等。

2. 核心能力的融合趋势

为了能够清楚地说明中式的资产重组与西式的企业重组(BPR)基于核心能力的融合趋势，我们从核心能力发展的纵向和横向两个层面加以分析。

从纵向来看，J. N. 洛文塔尔将企业重组定义为：以组织核心竞争力为重点，对企业流程和组织结构进行根本性的再思考和彻底的再设计，以达到组织业绩的巨大提高。加里·哈默尔又将组织核心竞争力划分为三个阶段：开发和获取核心竞争力的组成要素阶段；竞争力要素整合阶段；核心产品的市场开发阶段。因此，对应核心竞争力的划分，资产重组与第一阶段相对应，业务流程重组与第二阶段相对应，而第三阶段则是一种催化剂，它为其他两个阶段提供物质基础。所以，企业重组过程也就是"资产重组—业务流程重组—资产重组……"不断往复循环地螺旋式上升、渐进提高核心竞争力的过程，如果资产重组是一个量变过程，那么业务流程重组则是一个质的飞跃。

由于市场需求变化加速及技术开发的复杂性显著增加，没有一个企业能在短时期内具备组成核心竞争力的所有要素或资源，一般而言，任何企业的资源相对于整个外部市场来说都是极其有限的，因而在企业内部总有一些稀缺的资源或要素制约着核心竞争力的开发。在这种情况下，企业一方面可以通过内部积累的方式，另一方面可以通过兼并、收购等资产重组方式来获得组成核心竞争力的短缺要素，以弥补自身的不足，这是企业快速发展壮大的充分条件。为了发展企业的整合能力，企业必须对这些构成要素进行整合，即通过重新设计业务流程将各种资源、技能有机结合起来。

从横向角度看，除了外延和内涵之外，业务流程重组的内容也发生了极大的变化，由简单的业务流程重新设计发展到企业文化、核心能力、管理模式的重新塑造。此外，德温鲍特认为业务流程重组要与组织的资源和能力相匹配，这一观点把业务流程重组同企业核心能力理论及企业资源基础论联系在一起，从而使得企业在进行业务流程重组时开始注重培养、发展企业的核心能力。

企业兼并、收购历经五次浪潮，从企业间的横向兼并到纵向兼并，再到混合兼并，使企业的生产要素得以优化配置，但多样化兼并战略的低效率使得企业普遍开始关注"回归主业"，将注意力重新置于传统的经营项目上，从而培育和发展了企业的核心能力，而这正是企业参与竞争赖以依靠的基础。国外大量陷入困境的企业的复兴都证明了关注企业核心能力的重要性，任何偏离核心能力的努力都会造成资源的浪费和竞争优势的削弱。企业内因被看作企业竞争优势中更重要的因素，企业兼并与企业能力理论已经紧密相连。

16.3　学习型组织

学习型组织最初的构想源于美国麻省理工学院的杰伊·佛瑞斯特教授。他是一位杰出的技术专家，是20世纪50年代早期世界第一部通用电脑"旋风"创制小组的领导者。他开创的系统动力学提供了研究人类动态性复杂的方法。所谓动态性复杂，就是将万事万物看成是动态的、不断变化的，仿佛永不止息之流。1956年，杰伊·佛瑞斯特以他在自动控制中学到的信息反馈原理研究通用电气公司的存货问题时有了惊人的发现，从此致力于研究企业内部各种信息与决策所形成的互动结构究竟是如何影响各项活动的，并回过头来影响决策本身的起伏变化的形态。杰伊·佛瑞斯特既不做预测，也不单看趋势，而是深入地思考复杂变化背后的本质——整体动态运作的基本机制。他提出的系统动力学与目前自然科学中最新发展的混沌理论和复杂理论所阐述的概念，在某些方面具有相通之处。1965年，他发表了一篇题为《企业的新设计》的论文，运用系统动力学原理，非常具体地构想出未来企业组织的理想形态——层次扁平化、组织信息化、结构开放化，逐渐由从属关系转向为工作伙伴关系，不断学习，不断重新调整结构关系。这是关于学习型企业的最初构想。

彼得·圣吉是学习型组织理论的奠基人。作为杰伊·佛瑞斯特的学生，他一直致力于研究以系统动力学为基础的、更理想的组织。1970年在斯坦福大学获航空及太空工程学士学位后，彼得·圣吉进入麻省理工学院斯隆管理学院攻读博士学位，师从杰伊·佛瑞斯特，研究系统动力学与组织学习、创造理论、认识科学等理论的融合，发展出一种全新的组织概念。他用了近十年的时间对数千家企业进行研究和案例分析，于1990年完成其代表作《第五项修炼——学习型组织的艺术与实务》（以下简称《第五项修炼》）。他指出，现代企业所欠缺的就是系统思考的能力。它是一种整体动态的搭配能力，因为缺乏它而使许多组织无法有效学习。之所以会如此，正是因为现代组织分工、负责的方式将组织切割，而使人们的行动与其时空上相距较远。当不需要为自己的行动的结果负责时，人们就不会去修正其行为，也就无法有效地学习。

《第五项修炼》提供了一套使传统企业转变成学习型企业的方法，使企业通过学习提升整体运作群体智力和持续的创新能力，成为不断创造未来的组织，从而避免了企业"夭折"和"短寿"。该书一出版即在西方产生极大反响，彼得·圣吉也被誉为20世纪90年代的管理大师，未来最成功的企业将是学习型企业。学习型组织的提出和一套完整的修炼方法的确立，实际上宣告整个管理学的范式在彼得·圣吉这里发生了转变。正是在这个意义上，不少学者认为，《第五项修炼》及随后的《第五项修炼·实践篇》《变革之舞》的问世，标志着学习型组织理论框架的基本形成。

16.3.1　学习型组织的内涵

知识经济迅速崛起，对企业提出了严峻挑战，现代人工作价值取向的转变，终身教育、可持续发展战略等当代社会主流理念对组织群体的积极渗透，为组织学习提供理论上的支持。学习型组织的内涵主要有以下内容。

(1) 学习型组织的基础——团结、协调及和谐。组织学习普遍存在"学习智障",个体自我保护心理必然造成团体成员间相互猜忌,这种所谓的"办公室政治"导致高智商个体、组织群体反而效率低下。从这个意义上说,班子的团结,组织上下协调及群体环境的民主、和谐是建构学习型组织的基础。

(2) 学习型组织的核心——在组织内部建立完善的自我学习机制。组织成员在工作中学习,在学习中工作,学习成为工作的新形式。

(3) 学习型组织的精神——学习、思考和创新。此处学习是团体学习、全员学习,思考是系统、非线性的思考,创新是观念、制度、方法及管理等多方面的更新。

(4) 学习型组织的关键特征——系统思考。只有站在系统的角度认识系统,认识系统的环境,才能避免陷入系统动力的旋涡里去。

(5) 组织学习的基础——团队学习。团队是现代组织中学习的基本单位。许多组织不乏就组织现状、前景的热烈辩论,但团队学习依靠的是深度会谈,而不是辩论。深度会谈是一个团队的所有成员摊出心中的假设,从而进入真正一起思考的能力。深度会谈的目的是一起思考,得出比个人思考更正确、更好的结论;而辩论是每个人都试图用自己的观点说服别人同意的过程。

微软公司的"学习三理念"

微软公司在创建学习型组织时提出了"学习三理念"。

(1) 通过自我批评学习。自我批评就是反思,通过反思学习是微软公司的第一理念。

(2) 通过信息反馈学习。今天人类已经进入信息时代,学习型组织理论是信息时代的管理理论。我们今天要创建学习型组织,就要充分利用今天的信息网络技术来搭建一个学习的架构,支撑整个企业的学习,通过信息网络技术不断地给每个人以信息反馈,让每个人、每个团队都知道自己在企业的发展中起的是正效应还是负效应。这个人或团队为了生存发展会调整自己,因为他会反思,这是最重要的学习。

(3) 通过交流共享学习。微软公司非常注重交流共享。哪个部门最后把交流共享系统建立起来了,微软公司就承认这个部门已经是学习型组织。

16.3.2 学习的层次

学习有三个层次:首先是个体学习,其次是组织学习,最后是学习型组织。

1. 个体学习

个体学习指的是个体为使自己的行为更有效而获取知识与技能的过程。它包括两个方面:其一是行为学习(Operational Learning),或被称为知其然(Know-how),即达到特定状况的能力。例如,一个学徒工通过师傅指导、个人观察、实践,学会做木工,就是行为学习的一个例子;其二是概念学习(Conceptual Learning),或被称为知其所以然(Know-why),指的是对经验的理解或形成见识。对于上面那个学徒工,通过长期做木工而了解了各种木材的特性,从而形成经验和解决办法的过程,就是概念学习。

企业员工个体的学习一般经历初级学习、维持学习和创造性学习三个阶段。

1) 初级学习

初级学习是指企业员工通过熟练员工的指导或自己生活经历而获得知识的过程。企业的基层员工大部分以生存需要为主,包括生理需要和安全需要,属于基本需要层次范畴。虽然是低层次需要,但是满足这些需要也要有相应的技能。员工会努力去学习基本技能,提高自己的能力，使生活更好。因此，生存需要对员工的刺激属于低层次的，相应这个层次的学习也就是一种初级学习。该层次员工一般从事一些低技术的工作，这些技术可以通过熟练员工的指导或自己本人的社会经历就可获得。不过经过长期的经验积累，具有突出技术的员工会逐渐成为中层管理人才的储备力量，那么他就会进入个体学习中更高一层次的学习（维持学习）。

2）维持学习

维持学习是指员工获得固定的见解、方法、规则以处理已知的和再发生的情形的学习。对于企业的中层管理者来说，其需求以社会需要为主，他们更注重友谊、爱与被爱、与他人建立良好的社会关系以及受尊重的需要。无论是归属感或者是受尊重的需要，这些都要求管理者有相当的能力。只有具备了这些能力，才能使管理者散发出领导者的个体魅力，才能为人们所关注，也更愿意和他们相处，并且心甘情愿地接受领导。管理者只能不断地努力去提高自身的素质，达成自己的社会需要。所以管理者就必须进一步学习，由于这时候的管理者已有了多年的工作经历，有了相当的经验，他们更需要的是理论方面的提升，使自己能具备与职位相匹配的能力。参加学习培训或是自学相关的科学理论成为中层管理者学习的主要内容，然后用自己学习的理论知识指导自己的工作。同时，其他管理者的成功经验也是这个层次的管理者学习的对象，这就是模仿学习，但绝不是简单模仿，而是将这种模式注入自己的理念、观点、知识，使这种模式能够适合自己的管理。

3）创造性学习

创造性学习是指管理者运用自己掌握的理论知识去指导自己的实践，并将自己多年的工作经验融于其中来解决不确定的、未知问题的过程。企业的高层管理者对现实和环境的认知能力较佳，并且较能与它们安然相处。同时，他们的认知度比较清楚和准确，所以他们主要从宏观上把握企业的发展。那么，对于不确定因素的把握就是这个层次的管理者的工作，再加上这个层次的管理者的需求主要是精神需求，他们更注重追求成就感，希望自己能充分发挥自己潜在的能力，成为所期望的人物，是一种创造的需要。这样的管理者会竭尽所能，使自己趋于完美。由于自己工作的性质和自己追求的需求，决定了高层管理者的学习是创造性学习。面对不确定的环境，根本就没有可以遵从的惯例，所有的一切都需要通过不断的探索而完成。创造性学习是一个多阶段的学习过程，它包括对环境的分析、提出问题、准备、产生思想及评价。

作为企业的高层管理者，在做出判断的时候，必须认真分析政治法律环境、经济环境、技术环境、社会文化环境这些因素变化的影响。在此前提下，明确企业自身面临的机遇和危险，提出明确要解决的问题，明确问题空间、问题的类型及其特点。然后，收集与要解决的问题相关的信息，逐步使之概念化、系统化寻求解决问题的可行方案、思想，并最终通过选择合理的方法和有效的技术对可行方案集和有效思想库进行筛选，选择出实际的行动方案和指导思想。创造性学习常常会得出一个较为成功的结果，经过实践检验，通过企业层的选择，会成为企业学习的一个新起点。

2. 组织学习

最早提出组织学习概念的是美国哈佛大学的克里斯·阿吉瑞斯。1977年，他在《哈佛商业评论》上发表《组织中的双环学习》一文，首次提出并初步定义了组织学习的概念。1978年，他与唐纳德·舍恩合著的《组织学习：一种行动透视理论》一书，正式界定了组织学习的概念，并划分了组织学习的类型。

1) 组织学习的概念

组织学习是一个持续的过程，是组织通过各种途径和方式，不断地获取知识、在组织内传递知识并创造出新知识，以增强组织自身实力，带来行为或绩效的改善过程。

要确认一个组织是否在学习，必须具备以下三个条件：①能不断地获取知识，在组织内传递知识并不断地创造出新的知识；②能不断增强组织自身能力；③能带来行为或绩效的改善。

2) 组织学习的类型

克里斯·阿吉瑞斯认为组织学习包括两种类型：适应性学习和创造性学习。

（1）适应性学习（Adaptive Learning）是组织学习的起步阶段。单环学习（Single-loop Learning）是这种学习的主要方式。按照克里斯·阿吉瑞斯的界定，单环学习只有单一的反馈环，当发现错误时，组织按照过去的常规和当前的政策、规范对错误进行修改。修改行为不触动组织规范本身，有关产品质量、销售额或工作绩效的规范等保持不变。

（2）创造性学习（Creative Learning）是组织学习的发展阶段。这种学习能够对组织规范进行探索与重建，它类似于双环学习（Double-loop Learning）。根据克里斯·阿吉瑞斯等人的研究，当组织在学习时，由于只注意效果而与规范本身产生冲突时，为了解决这种冲突，首先，组织的管理者必须对冲突本身有所认识；其次，组织的管理者必须探索、寻求如何解决冲突；再次，他们的探索结果集中于重建组织规范，与这些规范相联系的策略和假定也需要重新制定；最后，组织需要将这些重建的规范和假定等都植根在组织的印象和图景之中。这就意味着，在这样的组织中，组织成员已经培养起一种对组织本身批评的态度，并且，组织成员具有意愿和能力改变已往既定的一系列规范。创造性的学习充分体现了学习的本质意义。

3. 个体学习与组织学习

克里斯·阿吉瑞斯和唐纳德·舍恩等学者深入探讨了个体学习与组织学习的关系，他们指出，组织学习主要是具有共同思维模式的个体行为的结果。组织学习过程比个体学习过程更为复杂。

一方面，从理论上说，组织拥有比个体更大的储存知识、应用知识和创新知识的潜力，特别是具有将个体知识创新纳入特定方向并加以支持扩大的能力，因此，组织可以更好地推动个体学习，产生远远大于组织中个体学习总和的整体学习效果；另一方面，在实践中很多组织在传播、共享、储存和应用知识的过程中往往会发生过程损失，致使组织学习的效果可能远远低于个体学习效果的总和。过程损失一般是由组织内部各种权力和关系冲突所引起的，为组织学习制造各种障碍。

斯泰塔认为，我们趋向于认为个体学习的过程是个体获得新知识和洞察力，修正他们的行为和行动的过程，组织学习承担着新的洞察力和修正行为，但它在以下几方面不同于个体学习：首先，组织学习通过分享洞察力、知识和心智模式而产生；其次，学习是建立在过去的知识和经验上，组织的记忆依靠制度化机制（如政策、策略和外在的模型），被用来保留知识，当然，组织也可以依靠个人的记忆。

那么，在学习型组织中的个体学习是如何转化为组织学习的？这其中的机制究竟是什么？如果将组织作为一个系统，重要的将不是系统的各个组成部分，而是各组成成分之间的关联性，即人与人之间的相关性，个体学习和组织学习之间关联性和转化机制，应是组织学习的重心。同时，还有传递机制，包括知识在组织内部的传输和运送，即知识结构形成和社会化进程中的扩散过程。

1) 个体学习和组织学习之间的转化过程

仅仅通过分享心智模式的组织学习，如果不是为实现组织的共同愿景，而是为了某一小团体的利益，就不是学习型组织的组织学习。在学习型组织中，个体学习和组织学习的转化，是经过系统思考、自我超越、改善心智模式、建立共同愿景和团队学习的过程。

2) 个体学习和组织学习的知识传递机制

托马斯·达文波特和罗伦斯·普赛克认为："组织最重要的资产，是人与组织的知识。"日本学者野中郁茨郎和竹内广隆人为，组织学习也是组织内获取、创造和传播知识的过程，认为知识分为隐性知识（Tacit Knowledge）和显性知识（Explicit Knowledge）两种。隐性知识是存在于组织个体的知识，依赖于个人的不同体验、直觉和洞察力。显性知识是在个人之间能系统地表达、明确和规范的知识。他们提出了知识螺旋的观点，提出显性知识和隐性知识的互动和转换，即社会化转化过程是人们拥有共同经历而分享隐性知识的过程，它主要是通过个体之间面对面的交流，感受其情绪变化而潜移默化来实现的。外在化是挖掘隐性知识并发展成外在显性知识的过程，它也是知识创新的关键。组合化是把显性知识连接起来形成新的知识系统的过程。内在化是在"干中学"，通过练习，将其内化，重构个体的隐性知识系统，使显性知识内化为隐性知识的过程。此后，新一轮的组织学习循环又开始了。

3) 个体学习和组织学习的终极目标

对个体学习而言，个体学习目标可以说是生存—持续发展—自我实现；对组织而言，组织学习一般来说是为了组织生存—组织持续发展—提高组织绩效，在这个学习过程中，最终达到个体自我实现和提高组织绩效相结合，实现真正意义上的学习型组织理念。

16.3.3 学习型组织的特征

1. 组织成员拥有一个共同的愿望

组织的共同愿望，来源于员工个人的愿望而又高于个人的愿望。它是组织中所有员工共同愿望的景象，是他们的共同理想。它能使不同个性的人凝聚在一起，朝着组织共同的目标前进。

2. 组织由多个创造性个体组成

在学习型组织中，团体是最基本的学习单位，团体本身应理解为彼此需要他人配合的一群人。组织的所有目标都是直接或间接地通过团体的努力来达到的。

企业的工作有两类：一类是反映性的，另一类是创造性的。反映性就是上级来检查了，下级反映一下，出了事故反映一下。反映有什么作用？最多能维持现状，绝大多数人、绝大部分精力都用于反映，而没有用于创造。企业的发展是创造性的工作，没有创造，企业就会被淘汰。

3. 善于不断学习

善于不断学习是学习型组织的本质特征。所谓善于不断学习，主要有四点含义。

（1）强调终身学习。组织中的成员均应养成终身学习的习惯，这样才能形成组织良好的学习气氛，促使其成员在工作中不断学习。

（2）强调全员学习。企业组织的决策层、管理层、操作层都要全心投入学习，尤其是经营管理决策层，他们是决定企业发展方向和命运的重要阶层，因而更需要学习。

（3）强调全过程学习。学习必须贯彻于组织系统运行的整个过程之中。约翰·瑞定提出了一种被称为"第四种模型"的学习型组织理论。他认为，任何企业的运行都包括准备、计划、推行三个阶段，而学习型企业应该是先学习，然后进行准备、计划、推行，不要把学习和工作分割开，应强调边学习边准备，边学习边计划，边学习边推行。

（4）强调团队学习。不但重视个人学习和个人智力的开发，更强调组织成员的合作学习和群体智力（组织智力）的开发。在学习型组织中，团队是最基本的学习单位，团队本身应被理解为彼此需要他人配合的一群人。组织的所有目标都是直接或间接地通过团队的努力来达到的。

4. 扁平式结构

传统的企业组织结构是金字塔式的垂直组织结构，上下级之间是决策输送和信息反馈的关系，上情下达或下情上传都同样要经过中间层层结构的传递，这导致了诸如信息损耗大、传递成本高、传递速度慢等不良后果。另外，企业内部的不同职能部门，往往形成部门职员之间沟通与合作的障碍。这种严格定位、分级负责的模式在传统经济发展阶段由于行业发展的可预测性较强而比较有效。但面对变化多端的现代化市场行情则变得反应迟缓，缺乏灵活机动性。西方经济学者把传统企业组织模式的失效归因于传统企业组织里一贯的"边界"，认为传统企业之所以存在边界，其原因在于按照需要把员工、业务流程及生产进行区分，使各要素各有专攻、各具特色，但是经济发展的现实是经济信息化和全球化根本改变了企业生存的内外环境，要求企业从内部到外部建立合作、协调、高效的机制，改变大规模生产观念为灵活生产，变分工和等级为合作，调动员工积极性，协调外部经营环境，这就是对企业边界改革的呼唤。

学习型组织结构是扁平式的，即从最上面的决策层到最下面的操作层，中间相隔层次极少。它尽最大可能将决策权向组织结构的下层移动，让最下层单位拥有充分的自主权，并对产生的结果负责。例如，美国通用电气公司目前的管理层次已由九层减少为四层，只有这样的体制，才能保证上下级的不断沟通，下层才能直接体会到上层的决策思想和智慧光辉，上层也能亲自了解到下层的动态，汲取第一线的营养。只有这样，企业内部才能形成互相理解、互相学习、整体互动思考、协调合作的群体，才能产生巨大的、持久的创造力。

案例 16-5

联想集团的合作学习方式

早期，联想集团从与惠普公司的合作中学习到了市场运作、渠道建设与管理方法，学到了企业管理经验，对于联想集团成功地跨越成长中的管理障碍大有裨益；现在，联想集团积极开展国际、国内技术合作，与计算机界众多知名公司，如英特尔公司、微软公司、惠普公司、东芝公司等，保持着良好的合作关系，并从与众多国际大公司的合作中受益匪浅。因此，我们有理由说：联想是一个非常善于从合作中学习的公司。

首先，联想集团把向合作伙伴学习作为实现自己战略目标的重要一环。在联想集团的战略规划中，联想集团迈向高技术企业的发展方式有五条路：一是与外国科研机构合作；二是购买外国专利；三是与国内科研单位合作；四是兼并、收购国内外高技术企业，以坚实的市场和生产为基础，实现高技术产业化；五是在与外国企业合作的过程中，学到先进的生产制造和管理经验后，加速培养本企业的人才，提高企业各方面的能力。这五种方式本身就是一个个学习过程，而每一项的成功实施又都离不开组织的学习能力。

其次，虽然联想集团与其他企业进行合作的着眼点是为了实现自己的承诺，"把世界最先进的技术，最快捷地以最便宜的价格提供给中国用户",但更深层次的含义则在于弥补自身的不足。同时,在每一次合作中,联想集团都能做到以我为主,积极消化、吸收国际最先进技术,学习国际性大公司在技术、产品开发、生产管理、组织管理及市场运作等多方面的管理经验和科学方法,并能创造性地加以运用,带动自身管理水平的不断提高。

5. 无边界行为

学习型组织的边界的界定,建立在组织要素与外部环境要素互动关系的基础上,超越了传统的根据职能或部门划分的"法定"边界。

无边界行为是通用电气公司第八任总裁杰克·韦尔奇提出的,提倡员工之间、部门之间、地域之间广泛的相互学习,汲取新思想。他说:"你从越多的人中获取智慧,那么你得到的智慧就越多,水准被提升得越高。"这种"无边界"的推广,使得通用电气公司将注意力集中在发现更好的方法和思想上,促使公司发展不断升级。"无边界"成为通向学习型文化和自我实现的关键一步。为了真正达到"无边界"的理想状态,杰克·韦尔奇坚决执行减少管理层次的决定,加强公司硬件建设,大力提倡全球化思维,创立听证会制度。听证会制度不仅使普通员工参与公司的管理,而且成为领导者和员工相互沟通、学习的场所,大大提高了工作效率。

"无边界"行为是企业组织结构的创新。"无边界"原理认为,企业组织就像生物有机体一样,存在各种隔膜,使之具有外形或界定。虽然生物体的这些隔膜有足够的结构强度,但是并不妨碍食物、血液、氧气、化学物质畅通无阻地穿过。得益于这一现象的启发,企业各部门、上下级之间虽然存在边界"隔膜",但信息、资源、构想也应该能够快捷便利地穿过企业的"隔膜",像没有边界一样。虽然企业各部分的职能和界定仍旧存在,仍旧有权高位重的领导,有特殊职能技术的员工,有承上启下的中层管理者,但组织作为一个整体的功能,却可能已远远超过各个组成部分的功能。可以看出,"无边界"原理其实是以有边界为基础,并非对所有边界的否定,其目标在于讨论让各种边界变得更易于渗透扩散,更利于各项工作在组织中顺利开展和完成。

6. 自主管理

按照学习型组织理论,现在的企业管理方式有两类,一类是权力型的,一类是学习型的。权力型的基本管理模式是等级式的,一级一级管下来,问题要一级一级上报。这种方法的一个致命弱点就是任何问题都是权力大的人在做主,虽然上级大多情况下是正确的,但不可否认也有下级正确的时候,有许多工作基层的员工有好的想法和经验,要充分发挥员工的管理积极性,实行自主管理。自主管理是使组织成员能边工作边学习,使工作和学习紧密结合的方法。通过自主管理,可由组织成员自己发现工作中的问题,自己选择伙伴组成团队,自己选定改革进取的目标,自己进行现状调查,自己分析原因,自己制定对策,自己组织实施。自己检查效果,自己评定总结。团队成员在自主管理的过程中,能形成共同愿望,能以开放求实的心态互相切磋,不断学习新知识,不断进行创新,从而增加组织快速应变、创造未来的能量。日韩企业几乎都实行自主管理,不定期地召开会议,气氛很活跃,领导们坐在后面以示支持。一个聪明的领导不仅要让员工的手动起来,还要让他们的脑动起来,给他们以自主管理的机会,肯定他们的工作成果,让他们体会到人生价值,他们就会乐于奉献,这样,领导也就成功了,企业也就成功了。当然,实行自主管理,必须拥有高素质的员工,这就需要学习。

7. 员工家庭与事业平衡

学习型组织努力使员工丰富的家庭生活与充实的工作生活相得益彰,达到家庭与事业之间的平衡。学习型组织对员工承诺支持每位员工充分地自我发展,而员工也以承诺对组织的发展尽心作为回报。这样,个人与组织的界限将变得模糊,工作与家庭之间的界限也将逐渐消失,两者之间的冲突也必将大为减少,从而提高员工家庭生活的质量(满意的家庭关系、良好的子女教育和健全的天伦之乐),达到家庭与事业之间的平衡。

案例 16-6

善于学习的联想集团

联想集团是一个非常有心的"学习者",善于从竞争对手、本行业或其他行业优秀企业及顾客等各种途径学习。

(1) 前车之辙,后车之鉴。在美国硅谷,每年都有几百家公司诞生,同时也会有几百家公司破产。凭借一个好产品,一项新技术,公司的股价可以涨十倍,但当这个产品被人超过以后,公司也可能就此一蹶不振。而在中关村,潮起潮落,你方唱罢我登场,各领风骚三五年的戏也唱了很久。置身于商战的潮头,联想集团领略了太多酸甜苦辣,他们学会了"跳出画面看画",学会了"照镜子",懂得了"前车之辙,后车之鉴"的道理。因此,联想集团不仅经常反思、总结自己的成败得失,而且特别关注别人的成功与失败。对于别人的失败,联想集团不是幸灾乐祸,而是从中品味其失败的原委,力求达到"别人摔跟头,我们长见识"的目的。因为别人今天摔的跟头,明天可能也会轮到联想集团自己头上。所以,从别人的失败中学习,就像为联想集团打了"预防针",提高了公司的"免疫力"。正如柳传志所说:"联想集团今天能与国外厂商竞争到这种程度,确实反复研究过人家的管理方法。"

(2) 他山之石,可以攻玉。联想集团现在已成为中国计算机世界的"领头羊",其一举一动都已成为别人注目的焦点,同业其他公司对于联想集团来说似乎没有什么值得学习的地方。但联想人并不因此而目空一切,傲气凌人。他们清醒地认识到,虽然联想集团在中国市场上取得了市场占有率第一的成绩,但总体份额还不高,也就 11% 左右,竞争对手还很强大;联想集团一年产销 40 万~50 万台微机,而 IBM 公司或康柏公司(Compaq)一年的产销量就是 500 万~600 万台,联想集团只是在局部战场上打了个小胜仗,在国际市场上力量还很弱小,还远没有什么值得骄傲的资本。因此,联想集团本着海纳百川的宽广胸怀和谦虚好学的态度,积极向同行优秀企业学习,"边打边学",积累了大量经验。

同时,联想集团也放远眼光,善于向不同行业的企业学习。例如,联想集团在向著名家电企业海尔集团学习的基础上,提出了"五心服务"的口号,极大地拓宽了服务范围,改善了服务质量,在计算机界刮起了一股"服务热"。

(3) 向顾客学习。联想集团于 1997 年 10 月首家推出对方付费电话热线咨询服务,它能够解决联想电脑售前的机型、售价及售后服务内容等用户常见的问题。联想热线开通了一个联想与用户相连的窗口,每天都有上万位用户打进热线,咨询有关电脑售前、售后的各种问题。另外,公司还专门设立技术支持服务电话,负责解答用户在使用电脑中出现的各种问题,能当时解决的问题当时解决,不能马上解决的及时转到有关技术部门妥善处理。

另外,联想热线既接进来,也打出去,经常主动电话回访用户,了解市场需求,发现问题,并将用户无序的问题综合归纳,以求对电脑市场的重要问题有的放矢,对症下药。"联想天琴",这一凝聚着联想人心血与汗水,包含了 14 项专利技术的高科技产品的推出,就是在对用户需求进行了深入了解的基础上厚积薄发的成功典范。在联想系统集成公司,回访用户、了解用户的需求,不仅是一种服务,更成为联想集团的学习市场、获取市场信息的重要手段。

8. 领导者的新角色

在学习型组织中,领导者是设计师、仆人和教师。领导者的设计工作是一个对组织要素进行整合的过程，他不只是设计组织的结构和组织政策、策略，更重要的是设计组织发展的基本理念；领导者的仆人角色表现在他对实现愿望的使命感，他自觉地接受愿望的召唤；领导者作为教师的首要任务是界定真实情况，协助人们对真实情况进行正确、深刻的把握，提高他们对组织系统的了解能力，促进每个人的学习。

在传统的等级权力控制型企业中，领导者主要负责思考、决策，被领导者只负责做，负责行动。被领导者的行动往往是被动的，是接受命令式地去行动，长此以往，被领导者的行动就会变得很消极。而学习型企业的领导者除了思考、决策之外，更重要的是主动与被领导者进行多方面的沟通。所以，学习型企业的领导者所做的决策往往有的放矢，有效地克服了等级权力控制型企业的领导者单线做决策的盲目性。

在等级权力控制的企业中，领导者被认为是万能的决策者，任何事都要向他们请示，他们也似乎可以给任何事提供答案。领导者常常是坐在办公室中想当然地下命令，于是也就想当然地等待结果。其实，这样的领导方式是很被动的，因为这样的领导者总是在等待，等待被领导者执行命令，也等待被领导者汇报执行的结果。这样的领导方式只会导致工作的低质、低效。学习型企业强调的却是被领导者的被尊重。领导虽然身居高位，虽然也要负责思考决策，但是他们没有现成的答案。他们不仅要自己进行认真而全面的思考，而且要通过上下互动来推动被领导者也进行有创造力的思考，让被领导者的思考和自己的思考彼此推动、彼此激发，这样就使被领导者的行动越来越有效，也使领导者的决策越来越完善。

学习型组织强调一种上下互动的力量，这种力量越大，企业的能量也就越大。如果一个企业上面推不动下面，下面也推不动上面，那么企业的能量必然都会消耗在中间。这样的企业在竞争中必然会处于劣势。学习型企业和等级权力控制型企业的根本区别就在于一个处于主动状态，另一个处于被动状态。学习型企业提倡"没有现成的答案"，这是一条真理，也是一个事实。

16.3.4 学习型组织的策划

1. 彼得·圣吉的《第五项修炼》

著名的管理学者彼得·圣吉在《第五项修炼》中所提出的建立学习型组织的关键，即汇聚五项修炼或技能：第一项修炼是自我超越；第二项修炼是改善心智模式；第三项修炼是建立共同愿望；第四项修炼是团队学习；第五项修炼是系统思考。

学习型组织管理理论对于五项修炼的定位如图 16.1 所示。

1）自我超越

自我超越（Personal Mastery）是指能突破极限的自我实现或技巧的精熟。自我超越以磨炼个人才能为基础，却又超乎此项目标；以精神的成长为发展方向，却又超乎精神层面。自我超越的意义在于以创造的现实来面对自己的生活与生命，并在此创造的基础上，将自己融入整个世界。个人学习是组织学习的基础，员工的创造力是组织生命力的不竭之源，自我超越的精要在于学习如何在生命中产生和延续创造力。通过建立个人"愿望"（Vision）、保持创造力、诚实地面对真相和运用潜意识，便可实现自我超越。自我超越是五项修炼的基础。

2）改善心智模式

心智模式（Improving Mental Models）是指存在于个人和群体中的描述、分析和处理问题的观点、方法和进行决策的依据和准则。它不仅决定着人们如何认知周围世界，而且影响

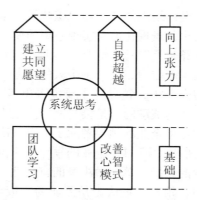

图 16.1　五项修炼的地位、作用与相互关系

人们如何采取行动。不良的心智模式会妨碍组织学习，而健全的心智模式则会帮助组织学习。心智模式不易察觉，也就难以检视，因此它不一定总能反映事情的真相。另外，心智模式是在一定的事实基础上形成的，它具有一定的稳定性。而事物是不断变化的，这导致了心智模式与事实常常不一致。改善心智模式就是要发掘人们内心的图像，使这些图像浮上表面，并被严加审视，即时修正，使其能反映事物的真相。改善心智模式的结果是，使企业组织形成一个不断被检视、能反映客观现实的集体的心智模式。

3）建立共同愿望

共同愿望（Building Shared Vision）是指组织成员与组织拥有共同的目标。共同愿望为组织学习提供了焦点和能量。在缺少愿望的情况下，组织充其量只会产生适应性学习，只有当人们致力于实现他们深深关切的事情时，才会产生创造性学习。根据吉姆·柯林斯等人的研究，组织的愿望是由指导哲学和可触知的景象（Tangible Image）组成的。建立共同愿望的修炼就是建立一个被组织成员衷心拥护、全力追求的愿望景象，产生一个具有强大凝聚力和驱动力的伟大梦想。

4）团队学习

团队学习（Team Learning）是建立学习型组织的关键。彼得·圣吉认为，未能整体搭配的团队，其成员个人的力量会被抵消、浪费掉。在这些团队中，个人可能格外努力，但是他们的努力未能有效转化为团队的力量。当一个团队能够整体搭配时，就会汇聚出共同的方向，调和个别力量，使力量的抵消或浪费减至最小。整个团队就像凝聚成的激光束，形成强大的合力。当然，强调团队的整体搭配，并不是指个人要为团队愿望牺牲自己的利益，而是将共同愿望变成个人愿望的延伸。事实上，要不断激发个人的能量，促进团队成员的学习和个人发展，首先必须做到整体搭配。在团队中，如果个人能量不断增强，而整体搭配情形不良，就会造成混乱并使团队缺乏共同目标和实现目标的力量。

5）系统思考

系统思考（Systems Thinking）是一种分析综合系统内外反馈信息、非线性特征和时滞影响的整体动态思考方法。它可以帮助组织以整体的、动态的而不是局部的、静止的观点看问题，因而为建立学习型组织提供了指导思想、原则和技巧。系统思考将前四项修炼融合为一个理论与实践的统一体。

五项修炼是一个有机的整体，其中个人的自我超越是整个学习型组织的基础，它为学习型组织提供了最宝贵的人力资源。团队学习的许多工作最后都依赖于个人的努力，如改善心智模式、建立共同愿望、系统思考等。团队学习是一种组织内部的学习，它不仅在规模上超越了个人学习，而且在内容上完全不同于个体学习。团队学习既是团队的活动内容，同时又是检视心智模式、建立共同愿望的载体和手段。检视心智模式和建立共同愿望，从时间上看前者针对已形成的"组织记忆"，是组织从记忆中学习的体现；后者则是对未来生动的描述，它对组织的成长起到牵动作用。系统思考是学习型组织的灵魂，它提供了一个健全的大脑、一种完善的思维方式，个人学习、团队学习、检视心智、建立愿望，都因为有了系统思考的存在而连成一体，共同达到组织目标。

2. 学习型组织的创建

学习型组织的创建是一个过程，从某种意义上讲，所有的组织都是学习的组织，但是，学习的组织并不一定是学习型组织。学习型组织就是要在组织内部唤醒一种原属人性的至善至纯的一面，唤醒人类潜意识中的合作和信赖，从而构建没有阻隔的人际关系，构建促进人们共同进步的团队，最终形成拥有不断学习能力并在此基础上不断发展的、新的社会结构。在建立学习型组织的过程中，必须做到培育卓越的学习型领导；打造高效的学习型团队；明确构造原则；澄清共同愿望；培养团队规范，树立团队精神。

【拓展期刊】

1）培育卓越的学习型领导

学习型组织的关键是企业家或经营者本人，他的学习能力是经营决策成功的关键。同时，他的思维方式改变和眼光的扩大，将为企业创造更大的发展空间。同时，他的学习为下属树立榜样，他也是"校长"或"教授"，指导着其下属和员工的学习与互动。因此，在学习型组织中，我们不赞成高层领导人整天沉浸于企业内部的日常事务的处理上，他们应当抽出更多的时间出去走走，参加有关的各种活动，接触方方面面的人，以扩充其知识和视角，只有这样，他们才能站在更高更远的角度来统帅企业。因此，我们说，学习型组织首先需要有学习型的企业家。在知识经济时代，学习型组织面临着来自组织内外的诸多挑战，作为知识组织的领导者，其角色是成员而非官员，是领导者而非管理者，是授权者而非控制者。伴随着这一流程，组织中的工作执行单位从职能部门变为过程团队；业务工作从单一化转变为多面化；人员角色从受控转变为授权；工作准备方式从培训变为正规教育；绩效评价和报酬从关注活动转移到关注结果；晋级标准从注重工作表现到注重工作能力；员工价值观从自保变为自强；领导角色从控制者转换为指导者和支持者；组织结构从等级制改变为扁平制；高层领导角色从指令者变成务实的领袖。

2）打造高效的学习型团队

团队是从工作群体发展起来的，团队学习在学习型组织中的作用体现在，既是学习型组织的基本构建单位，又是学习型组织的基本的学习方式，是构建学习型组织的基本过程。从另一个角度看，学习型组织是团队思想的一种引申，或者说它是以团队运行为基础的。因此，团队成了构建学习型组织的基本前提。打造高效的学习型团队，是建构学习型组织的重中之重。

3）明确构造原则

以形成核心能力为中心，以培养学习能力为出发点，以人本主义为根本立足点。在结合组织的能力再造、流程再造、功能再造，组织学习型团队，使团队真正成为组织的核心能力。要注重团队学习动力机制的形成，把团队学习的内在动力与外在动力统一起来，形成强有力的合力。人本主义强调以人为本、以人为中心，人既是考虑组织活动的出发点，又是考虑组织结果的立脚点，使得无论组织活动本身，还是组织活动结果，都充分有利于人的需要和人的发展。

4）澄清共同愿望

共同愿望的简单说法就是"我们想要创造什么？"正如个人愿望是人们心中特有的意象，共同愿望则是组织中人们共同持有的意象或景象，它创造出众人一体的感觉，并遍布组织活动的全部，使组织的各种不同的活动融为一体。学习型团队的愿望是双重的，其一是组织的愿望，其二是团队自身的愿望。一般来说，团队的愿望是组织愿望的一部分，是组织愿望在某个方面的具体化、意象化、景象化，团队愿望是服从于和服务于组织的愿望的。既要明白组织的共同愿望，又要努力建构为团队每个人都衷心向往、全力为之奋斗的团队愿望，真正使团队成为"我们的团队"而不是"他们的团队"，真正使团队"创造性地学习"而不是"适应性地学习"，并真正使团队的行动具有焦点和能量。

5）培养团队规范，树立团队精神

学习型团队的运作特别强调合作、贡献、共享，其运作过程也是一个自我管理和相互协调的过程，必须要有规范可循。学习型团队的规范，是指学习型团队的共同的价值观，以及必须共同遵守的行为准则。学习型团队的规范，有助于团队成员之间采取积极的、一致的行动。团队的共同价值观念，可以指导团队成员的行动，指导自己与团队外部的团队的关系；团队共同的行为准则，有助于界定哪些是成员间适当的社会行为，有助于成员的社会交往。学习型团队的核心规范应该是，团体学习，互动互促；知识共享、不断创新；共同协商；自由主创，以人为本；高效全面，完成任务。

团队精神是指团队的成员为了团队的利益和目标而相互协作、尽心尽力的意愿和作风。团队精神是高绩效团队中的灵魂，是成功团队身上难以琢磨的特质。吉姆·麦卡锡在《微软团队——成功秘诀》中总结学习型团队精神时说到，一群人同心协力，集合大家的脑力，共同创造一项智能财产，其产生的群体智慧将远远高于个人智慧。学习型团队的团队精神包含三个层面的内容：团队凝聚力、团队合作意识、团队士气。团队的成员为了团队的利益和目标而相互协作、尽心尽力的意愿和作风。没有多少人能清楚地描述团队的精神，但每一个团队成员都能感受到团队精神的存在和好坏。倘若忽视了团队精神，则只会有平庸的成果。

 本章小结

任何组织机构，经过合理的设计并实施后，都不是一成不变的。它们如同生物的机体一样，必须随着外部环境和内部条件的变化而不断地进行调整和变革，才能顺利地发展。组织创新是组织所进行的一项有计划、有组织的系统变革过程。本章主要介绍了组织创新、业务流程重组、学习型组织的内容。

在组织创新一节中，介绍了组织创新的含义与原则、组织创新的影响因素、组织创新的作用和内容、组织创新的模式等内容。

在业务流程重组一节中，介绍了业务流程重组的特征和作用、业务流程重组的关键成功因素、业务流程重组融合的趋势等内容。

在学习型组织一节中，介绍了学习型组织的内涵、学习的层次、学习型组织的特征、学习型组织的策划等内容。

第16章 组织创新

关键术语

学习型组织——learning organization　　企业制度创新——enterprise system innovation
概念学习——conceptual learning　　　　行为学习——operational learning
适应性学习——adaptive learning　　　　创造性学习——creative learning
自我超越——personal mastery　　　　　精神基础——spiritual foundation
团体学习——team learning　　　　　　改善心智模式——improving mental models
系统思考——systems thinking　　　　　流程再造——business process reengineering

案例应用分析

联想集团的组织学习活动

联想集团的成功原因是多方面的，但不可忽视的一点是，联想集团具有极富特色的组织学习实践，使得联想集团能顺应环境的变化，及时调整组织结构、管理方式，从而健康成长。

1. 组织学习机制

在不断向别人、向自己的经验学习的同时，联想集团在组织内部也形成了几种朴素但行之有效的组织学习机制，包括开会、教育与培训、领导班子议事制度、委员会和工作小组等。

1）开会

联想集团从来就是以爱开会而出名的。联想的会也有很多名堂：有统一思想、振奋精神的誓师会；有回顾过去、展望未来的总结会；有征求意见、探讨工作的研讨会；有协调会、工作会等。通过开会，不仅能统一思想，贯彻精神，而且还能交流经验，集思广益，提高决策的科学性。例如，联想集团是一个特殊的企业群体，整合后还保持着事业部的架构，班子的磨合多源于会议。

2）教育与培训

教育与培训是统一思想、提高骨干队伍素质的主要手段，同时又是个人学习的重要方式。联想集团注重全员、全方位、全过程的教育培训，截至目前已初步建成较完善的教育培训体系：从新员工"入模子"培训，接受联想集团企业文化的熏陶，到高级干部研讨班及管理培训班；从专业技能培训到理论务实研讨，每年都坚持不懈地搞，并且不断将其健全、完善，力求搞出实效。通过教育与培训，联想集团已经培养了一支稳定的、高素质的、对企业目标和企业文化有着强烈认同感和归属感的核心员工队伍。

3）领导班子议事制度

为了建立起一个强有力的领导班子，提高领导班子的战斗力，同时加强信息交流，提高决策的科学性，联想集团在总结公司内有效领导集体的工作经验的基础上，有意识地在公司内推行良好的领导班子议事制度，包括每周一次总经理晨会，通报日常工作，部署安排工作，主要解决具体问题；每月一次总经理例会，通报、分析经营中的重大问题和情况，决策发展中的重大问题；每季度一次总经理沙龙，研讨未来发展战略和公司重大组织管理问题。

4）委员会和工作小组

为加强横向综合管理力度，联想集团计划陆续成立投资委员会与技术委员会，规划、领导和协调集团重大投资活动和研发工作。这是联想集团适应环境变化和公司发展需要的重要举措。委员会将由来自不同部门的领导、技术人员和专家学者组成，便于加大企业对投资和研发工作的领导力度。同时还将针对具体工作成立专门委员会与工作小组，确保重点工作快速推进，协调一致。建立这种工作机制虽然着眼点并不是为了进行组织学习，但却会在客观上产生这种效果。

2. 组织学习保证与促进机制

除了以上几种学习机制以外，联想集团内部还存在一些组织学习保证与促进机制，有力地配合了组织学习活动，它们包括以下几点。

1) "鸵鸟理论"——学习的理论基础

联想集团之所以能虚心学习，原因在于联想集团总裁柳传志有一个很有趣的"鸵鸟理论"：当两只鸡一样大的时候，对方肯定觉得你比他小；当你是只火鸡，对方是只小鸡时，你觉得自己大得不得了，而对方才会认为咱俩一样大；只有你是只鸵鸟时，小鸡才会承认你比他大。提出"鸵鸟理论"是为了提醒自己要有自知之明，千万不要把自己的力量估计得过高。你想取得竞争优势，就得比别人有非常明显的优势才行。

2) 建立共同远景

自创办之初，联想集团就抱定了"要把联想办成一个长久的、有规模的高技术企业"的信念，并逐渐为自己定下了更清晰的目标：到2010年力争进入世界500强。现在，这个目标虽然已经实现，但还是深深植根于每个联想员工的内心深处，它就像一盏明亮的灯，指引着全体联想员工继续奋勇前进。同时，柳传志总裁也有着独特的魅力，能够把大家凝聚起来，指引大家向着目标前进。

3) 企业文化认同

柳传志总裁反复强调，人力资源管理的一个重要工作就是建立一支稳定的、高素质的、对企业目标和企业文化有强烈认同感和归属感的员工队伍。企业文化认同对于维护整体、保持战斗力具有重要作用。因此，公司采取了几种行之有效的措施来保证员工对企业文化的认同，增强企业的凝聚力。首先，新员工在进入联想之后都要接受"入模子"培训，深入了解联想集团的历史、现状，接受企业文化的熏陶。其次，联想人善于通过开会来统一思想，贯彻企业文化和经营理念、决策准则。通过这些朴素而行之有效的措施，联想集团已形成稳定的企业文化和一支稳固的核心员工队伍。而组织学习理论认为，只有形成组织共有的心智模式，才能有效地进行组织学习。因此，企业文化认同在促进组织学习方面具有独特的作用。

4) 领导以身作则

联想集团认为，成熟的"领军人物"有四项标准：一要有强烈的事业心，能以大局为重，不争尺短寸长；二要立意高，能经得住表扬，不因点滴成功而骄傲自满；三要有自知之明，能看到别人的长处和自己的不足，能够接受别人的批评，开展自我批评；四要善于总结，勤于思考，努力找出规律。由此可见，一个成熟的领导者本身就应该是一个好的学习者。领导以身作则可以在公司内培养起良好的学习风气，从而带动整个组织进行学习。

5) 及时调整组织结构

昨天的成功不能保证今天和明天的成功，因为昨天的经验可能已经不适应今天的形势。因此，在科技、社会日新月异的今天，企业要想生存和发展，就必须根据内外环境的变化，及时调整组织结构，绝不能因循守旧，故步自封。在短短十几年时间里，联想集团的组织结构变了好几茬：从大船结构到舰队模式；从众多的事业部到整合为六大子公司；从北京联想、香港联想分而治之到统一平台……联想集团几乎每年都在变。但经过几次"折腾"，联想集团已经摆脱了大多数民营企业小作坊式的经营模式，走向大集团、正规化、协同作战的现代企业管理模式。通过调整，联想集团不断打破阻碍自己发展的"瓶颈"，从而不断走向成熟。这种调整，更多地是为了适应市场环境变化和公司发展的需要，但客观上也起到了促进组织学习的作用。

6) 人员流动

伴随着组织结构调整而来的是公司人员的频繁流动。在联想集团内，人员流动一般有以下几种情况：一是为培养后备干部而进行的工作轮换；二是在人岗不相称的情况下，称职的员工要么给更大的舞台，更重的职责，要么尝试新的岗位，不称职者降职；三是由于现工作环境不适合或组织业务发展需要而进行的调整。通过人员流动，不仅可以提高人才的适应性，增长才干，而且可以发现人的潜能，以做到人尽其才，发挥每位员工的聪明才智。除此之外，伴随着人员流动，知识可以在组织内流动，提高了组织学习的效果。

7) 建立健全管理制度

在不断调整组织结构的基础上，联想集团也在不断积累经验，建章立制，力争完善组织管理，堵塞漏洞，提高效率。今天，联想集团已发展成拥有六大子公司，几十个事业部，成百上千个分公司，成千上万名职工的大型企业集团。如何将这些人凝聚起来，协同配合，共同作战，是对联想集团的一次新的考验。自1997年业务整合之后，联想集团又在摸索适合自己发展的管理制度、组织方式和激励方式，如推广岗位责任制、领导与下属面谈制度、领导班子议事制度、改革薪酬制度、建立全员培训制度等。它们也构成组织学习顺利进行的必要保证。

8）知识的收集、传播与利用

知识将成为21世纪知识经济时代最重要的战略资源，应用知识、提高知识的附加价值将成为经济活动的核心。信息对于企业经营具有举足轻重的作用。同样，联想集团的成功也离不开广泛搜集信息、充分利用信息和促进信息在组织内的传播。在联想集团内部有以下几种收集信息、促进信息在组织内传播与利用的机制：

（1）广泛收集外部信息。联想集团善于向国外大公司学习，向国内的兄弟企业学习，善于总结别人的成败得失，从中汲取经验教训，并力图找出规律，用于指导自己的工作。为此，联想集团采取各种方式，广泛收集外部信息。首先，在公司内部设立专门的信息收集部门——市场部信息处，设立热线电话、公开信箱及Internet主页；其次，由总公司信息管理部和业务发展部综合负责信息的规划与处理。

（2）促进知识传播。为了传播知识、信息，联想采取了以下几种办法：首先是开会。联想以爱开会而闻名。其实，开会、研讨这种普通的形式有着巨大的作用。通过开会，不仅能传播知识、交流经验，而且能统一思想，贯彻企业文化。其次是制度保证。目前，联想已形成一整套领导班子议事制度、决策保证制度和培训制度，从制度上保证了知识、经验在公司内的传播。最后，通过公司内部刊物传递信息。目前，公司内有五六种内部刊物，包括《联想报》《新闻集锦》《参考资料》《政策与动态》《沟通与交流》《LAS动态》等，从不同角度反馈公司内外各种信息。

讨论：

（1）联想的学习型组织有何特点？
（2）联想学习型组织对公司发展的作用表现在哪些方面？
（3）联想学习型组织中有哪些构建的关键因素？

思 考 题

1. 影响组织创新的因素有哪些？
2. 组织创新的模式有哪几种？
3. 影响业务流程重组的关键成功因素有哪些？
4. 业务流程重组的作用包括哪些方面？
5. 什么是学习型组织？它的特点是什么？
6. 谈谈你对学习型组织的组建的看法。

参 考 文 献

[1] [美]赫伯特·G. 赫尼曼，蒂莫西·A. 贾奇. 组织人员配置[M]. 王重鸣，陈学军，译. 北京：机械工业出版社，2005.
[2] [美]加里·戴斯勒. 管理学精要[M]. 吕廷杰，等译. 北京：中国人民大学出版社，2003.
[3] [美]理查德·L. 达夫特. 组织理论与设计[M]. 王凤彬，张秀萍，译. 北京：清华大学出版社，2003.
[4] [美]斯蒂·P. 罗宾斯. 管理学[M]. 4版. 黄卫伟，等译. 北京：中国人民大学出版社，1996.
[5] [美]彼得·圣吉. 变革之舞：学习型组织持续发展面临的挑战[M]. 王秋海，等译. 上海：东方出版社，2001.
[6] [美]彼得·圣吉. 第五项修炼：学习型组织的艺术与实务[M]. 郭进隆，译. 上海：上海三联书店，1998.
[7] [美]彼得·德鲁克. 管理的实践[M]. 齐若兰，译. 北京：机械工业出版社，2009.
[8] [美]彼得·德鲁克. 管理：任务、责任、实践[M]. 北京：中国社会科学出版社，1990.
[9] [美]彼得·圣吉. 第五项修炼：学习型组织的艺术与实践[M]. 张成林，译. 北京：中信出版社，2009.
[10] [美]迈克尔·波特. 竞争优势[M]. 陈小悦，译. 北京：华夏出版社，2005.
[11] 常修泽. 现代企业创新论[M]. 天津：天津人民出版社，1994.
[12] 陈兵兵. 供应链管理：策略，技术与实务[M]. 北京：电子工业出版社，2004.
[13] 陈传明，周小虎. 管理学原理[M]. 北京：机械工业出版社，2012.
[14] 陈京. 组织行为学[M]. 北京：机械工业出版社，2011.
[15] 陈树文. 领导学[M]. 北京：清华大学出版社，2011.
[16] 陈维政，余改成，程文文. 人力资源管理[M]. 3版. 北京：高等教育出版社，2011.
[17] 陈秀梅，甘玲，于亚博. 领导者应对突发事件的理论与实务[M]. 北京：人民出版社，2005.
[18] 储节旺. 管理学原理[M]. 北京：清华大学出版社，北京交通大学出版社，2010.
[19] 达庆利，李勇. 企业重组的演变与发展趋势[J]. 东南大学学报，2001.
[20] [美]丹尼尔·A. 雷恩. 管理思想史[M]. 孙建敏，共小勇，李原，译. 北京：中国人民大学出版社，2009.
[21] 单宝玲. 管理学原理[M]. 天津：天津大学出版社，2004.
[22] 丁宁. 企业战略管理[M]. 北京：清华大学出版社，2005.
[23] 方振邦. 管理学基础[M]. 2版. 北京：中国人民大学出版社，2008.
[24] 傅夏仙. 管理学[M]. 杭州：浙江大学出版社，2005.
[25] 郭咸纲. 西方管理思想史[M]. 北京：世界图书出版社，2010.
[26] [美]海因茨·韦里克. 管理学[M]. 郝国华，等译. 北京：经济科学出版社，2012.
[27] 赫连志巍，张敬伟，王立国. 企业战略管理[M]. 北京：机械工业出版社，2005.
[28] [美]亨利·明茨伯格. 战略历程：纵览战略管理学派[M]. 刘端红，等译. 北京：机械工业出版社，2002.
[29] 胡飞虎，张涛，孙林岩. 业务流程重组成功因素分析[J]. 工业工程，2000.
[30] 黄丹，余颖. 战略管理[M]. 北京：清华大学出版社，2003.
[31] 姜杰. 西方管理思想史[M]. 北京：北京大学出版社，2007.
[32] 孔维民. 东西方领导者行为分析：领导心理学新论[M]. 济南：山东人民出版社，2007.
[33] [美]莱斯利·W. 鲁，劳埃德·L. 拜厄斯. 管理学：技能与应用[M]. 刘松柏，译. 北京：北京大学出版社，2006.
[34] 李杰，张秋来，盛丽. 管理学原理[M]. 北京：清华大学出版社，2011.

[35] 李新庚，熊钟琪. 管理学原理[M]. 长沙：中南大学出版社，2004.
[36] [美]理查德·达夫特. 管理学[M]. 杨宇，闫鲜宁，译. 北京：机械工业出版社，2004.
[37] 刘玉玲. 管理学[M]. 南京：南京大学出版社，2011.
[38] 卢润德，蒋志兵，蔡翔. 管理学[M]. 北京：机械工业出版社，2010.
[39] 罗明星. 创新的种类[J]. 西昌农业高等专科学校学报，2004.
[40] 骆建彬. 卓越领导学讲堂[M]. 北京：北京大学出版社，2008.
[41] 乔忠. 管理学[M]. 3版. 北京：机械工业出版社，2012.
[42] 乔忠. 管理学[M]. 北京：机械工业出版社，2003.
[43] 任浩. 现代企业组织设计[M]. 北京：清华大学出版社，2005.
[44] 沈迎春. ERP软件中的业务流程与BPR[M]. 南京：南京理工大学出版社，2003.
[45] 司徒达贤. 战略管理新论[M]. 上海：复旦大学出版社，2003.
[46] [美]斯蒂芬·P. 罗宾斯，等. 管理学[M]. 9版. 孙建敏，等译. 北京：中国人民大学出版社，2008.
[47] [美]斯蒂芬·P. 罗宾斯，大卫·A. 德森佐. 管理学原理[M]. 毛蕴诗，译. 大连：东北财经大学出版社，2004.
[48] [美]斯蒂芬·P. 罗宾斯. 管理学[M]. 孙建敏，译. 北京：中国人民大学出版社，2003.
[49] [美]斯蒂芬·P. 罗宾斯，大卫·A. 德森佐，玛丽·库尔特. 管理学原理与实践[M]. 7版. 毛蕴诗，译. 北京：机械工业出版社，2010.
[50] 苏保忠. 领导科学与艺术[M]. 北京：清华大学出版社，2004.
[51] 孙成志，史若玲，刘美玉. 管理学[M]. 大连：东北财经大学出版社，2001.
[52] 孙耀吾，祁顺生，陈立勇，等. 管理学教程[M]. 长沙：湖南大学出版社，2003.
[53] 孙永正. 管理学[M]. 2版. 北京：清华大学出版社，2007.
[54] 孙元欣. 管理学——原理·方法·案例[M]. 北京：科学出版社，2010.
[55] 谭劲松，陈国治. 现代领导方法与领导艺术[M]. 杭州：浙江大学出版社，2007.
[56] 谭力文，徐珊，李燕萍. 管理学[M]. 武汉：武汉大学出版社，2004.
[57] 汪克夷，刘荣，齐丽云. 管理学[M]. 北京：清华大学出版社，2010.
[58] 王方华，陈继祥. 战略管理[M]. 上海：上海交通大学出版社，2003.
[59] 王心娟，庞学升，崔会保. 管理学原理[M]. 北京：清华大学出版社，2011.
[60] [美]迈克尔·A. 希特. 战略管理：竞争与全球化[M]. 吕巍，译. 北京：机械工业出版社，2012.
[61] 熊钟琪. 管理学基础[M]. 长沙：国防科技大学出版社，2006.
[62] 徐国华. 管理学[M]. 北京：清华大学出版社，2005.
[63] 许庆瑞. 管理学[M]. 北京：高等教育出版社，2002.
[64] 许玉林. 组织设计与管理[M]. 上海：复旦大学出版社，2003.
[65] 杨文士，焦叔斌，张雁，等. 管理学[M]. 3版. 北京：中国人民大学出版社，2009.
[66] 杨文士，张艳. 管理学原理[M]. 北京：中国人民大学出版社，2000.
[67] 杨文士. 管理学原理[M]. 2版. 北京：中国人民大学出版社，2009.
[68] 姚泽有，张建国. 人力资源管理[M]. 北京：北京理工大学出版社，2012.
[69] 尹少华，罗友花. 管理学[M]. 长沙：国防科技大学出版社，2012.
[70] [美]约瑟夫·A. 雷林. 实践性学习：学习型组织的实现途径[M]. 贺广勋，等译. 北京：电子工业出版社，2002.
[71] 臧有良，暴丽艳，林冬辉，等. 管理学原理[M]. 北京：清华大学出版社，2007.
[72] 曾旗，胡延松，王晓君. 管理学原理[M]. 武汉：武汉理工大学出版社，2006.
[73] 翟学智，王强，刘元元. 管理学基础教程[M]. 北京：清华大学出版社，北京交通大学出版社，2010.
[74] [美]詹姆斯·S. 奥罗克. 管理沟通[M]. 康青，译. 北京：中国人民大学出版社，2011.

[75] 张剑渝. 论流程重组理论在中国的实践[J]. 经济学家,2002.
[76] 张康之,李传军. 一般管理学原理[M]. 北京:中国人民大学出版社,2010.
[77] 张丽. 每天读一个管理学案例[M]. 北京:中国纺织出版社,2012.
[78] 赵国杰. 管理与管理学[M]. 天津:天津大学出版社,2003.
[79] 赵继新,吴永林. 管理学[M]. 北京:清华大学出版社,北京交通大学出版社,2006.
[80] 郑文哲. 管理学原理[M]. 北京:科学出版社,2011.
[81] 周菲. 组织行为咨询与诊断[M]. 北京:中国经济出版社,2003.
[82] 周健临. 管理学教程[M]. 上海:上海财经大学出版社,2001.
[83] 周三多,陈传明,鲁明弘. 管理学:原理与方法[M]. 上海:复旦大学出版社,2003.
[84] 周三多. 管理学[M]. 3版. 北京:高等教育出版社,2010.
[85] 周三多. 管理学[M]. 2版. 北京:高等教育出版社,2005.